普速铁路信号设备维护

《普速铁路信号设备维护》编委会◎编

中国铁道出版社有限公司

2024年·北 京

内 容 简 介

本书为铁路信号专业培训教材。全书共十二章，根据普速铁路既有信号设备类型划分，包括道岔转辙设备、25 Hz 相敏轨道电路、ZPW-2000 系列无绝缘轨道电路、信号机、信号电缆、计算机联锁系统、铁路列车调度指挥和调度集中系统、电源屏、驼峰设备及编组站综合自动化系统、信号集中监测系统、车载设备、常用专业仪表及工具的使用等内容。

本书可作为现代化铁路建设及标准化、规范化建设配套培训及电务从业人员学习用书，也可作为大学毕业生上岗前强化培训及高职院校"2＋1"选修教材。

图书在版编目(CIP)数据

普速铁路信号设备维护/《普速铁路信号设备维护》编委会编．—北京：中国铁道出版社有限公司，2024.11

ISBN 978-7-113-31302-9

Ⅰ．①普… Ⅱ．①普… Ⅲ．①铁路信号-信号设备-维修 Ⅳ．①U284.92

中国国家版本馆 CIP 数据核字(2024)第 111245 号

书　　名：普速铁路信号设备维护
作　　者：《普速铁路信号设备维护》编委会

责任编辑：李嘉懿　　**编辑部电话：**(010)51873147　　**电子邮箱：**ljy_jtu@163.com
编辑助理：李嘉圆
封面设计：郑春鹏
责任校对：刘　畅
责任印制：高春晓

出版发行：中国铁道出版社有限公司(100054，北京市西城区右安门西街 8 号)
网　　址：https://www.tdpress.com
印　　刷：北京盛通印刷股份有限公司
版　　次：2024 年 11 月第 1 版　2024 年 11 月第 1 次印刷
开　　本：787 mm×1 092 mm 1/16　**印张：**26　**字数：**622 千
书　　号：ISBN 978-7-113-31302-9
定　　价：118.00 元

编 委 会

前言

根据中国铁路广州局集团有限公司(以下简称广州局集团公司)关于现代化铁路建设及标准化、规范化建设相关要求,结合铁路发展实际需要,组织编写本教材。

全书共十二章,根据普速铁路既有信号设备类型划分,依次为道岔转辙设备、25 Hz相敏轨道电路、ZPW-2000系列无绝缘轨道电路、信号机、信号电缆、计算机联锁系统、铁路列车调度指挥和调度集中系统、电源屏、驼峰设备及编组站综合自动化系统、信号集中监测系统、车载设备、常用专业仪表及工具的使用等内容。

除"常用专业仪表及工具的使用"外,本书其他章节均分为设备认知、设备维护及风险提示三部分。设备认知部分以图为主,辅以必要的说明文字,有助于提高学员的学习效率,及对设备结构与功能的认知水平;设备维护部分又细分为设备标准化作业、常见问题处理及常见故障处理三项内容,旨在加深学员对设备标准化作业流程及内容的认知与理解,提升学员对常见问题及常见故障处理的思路与方法水平;风险提示部分可帮助学员了解现场信号设备应用与维护过程中存在的安全风险,提高学员的安全风险意识。

本书以"实践为主,理论为辅,实用第一"为原则进行编写,"理论内容少而精,实践内容多而全"是本书的最大特色。大量的现场实际案例增强了本书的实用性。通过对本书的学习,新进员工能够较全面地了解铁路信号现场设备的类型、作业标准、设备更换及测试、故障处理的思路与方法等,加深理解"理论来源于实践,理论指导实践"的内涵,在职在岗电务技术人员也能获取宝贵的第一手现场技术资料。本书可作为电务从业人员的学习用书,也可作为新入职毕业生上岗前的强化培训教材。

因编者水平有限,加之时间仓促,书中难免存在疏漏、不妥之处,恳请各位专家、读者提出宝贵的意见和建议。

编　者

2024年6月

目录

第一章　道岔转辙设备 …… 1

第一节　ZD6-D 型电动转辙机 …… 1

第二节　ZYJ7 型电液转换设备 …… 13

第二章　25 Hz 相敏轨道电路 …… 34

第三章　ZPW-2000 系列无绝缘轨道电路 …… 48

第四章　信　号　机 …… 77

第五章　信号电缆 …… 90

第六章　计算机联锁系统 …… 98

第一节　TYJL-ADX 型计算机联锁系统 …… 98

第二节　DS6-K5B 型计算机联锁系统 …… 118

第七章　铁路列车调度指挥系统和调度集中系统 …… 143

第一节　中心设备 …… 143

第二节　车站站机 …… 150

第八章　电　源　屏 …… 170

第九章　驼峰设备及编组站综合自动化系统 …… 185

第一节　电空转辙机 …… 185

第二节　车辆减速器 …… 196

第三节　测速雷达 …… 203
第四节　测长设备 …… 208
第五节　编组站调车机车无线综合控制系统 …… 214
第六节　编组站综合自动化系统 …… 219
第七节　JWXC-2.3 型交流闭路式驼峰轨道电路 …… 245
第八节　T·ZY 型压磁式测重机 …… 254

第十章　信号集中监测系统 …… 264

第十一章　车载设备 …… 275

第一节　机车信号 …… 275
第二节　无线调车机车信号和监控(STP)系统 …… 286
第三节　列车运行监控装置(LKJ) …… 295
第四节　轨道车运行控制设备(GYK) …… 357
第五节　BDZ 型调机自动化系统 …… 376

第十二章　常用专业仪表及工具的使用 …… 385

第一节　常用专业仪表的使用 …… 385
第二节　常用专业工具的使用 …… 404

第一章 道岔转辙设备

第一节 ZD6-D 型电动转辙机

一、设备认知

(一)外部设备

ZD6 系列电动转辙机目前除角钢安装方式外,亦有托板安装方式,此节以角钢安装方式为例。ZD6-D 型电动转辙机外部设备如图 1-1 所示。

图 1-1 ZD6-D 型电动转辙机外部设备

(二)内部结构

ZD6-D 型电动转辙机内部结构如图 1-2 所示。

(三)工作原理

道岔控制电路(图 1-3)由启动电路和表示电路组成。启动电路使电动转辙机动作以转换道岔,表示电路则将转换后的道岔位置反映到信号楼内来,给联锁提供条件。

1. 启动电路工作原理

四线制单动道岔控制电路采用分级控制方式,首先由第一道岔启动继电器 1DQJ 检查联锁条件;然后由第二道岔启动继电器 2DQJ 控制电动机旋转方向,确定道岔向定位转换还是向反位转换;最后由直流电动机转换道岔。

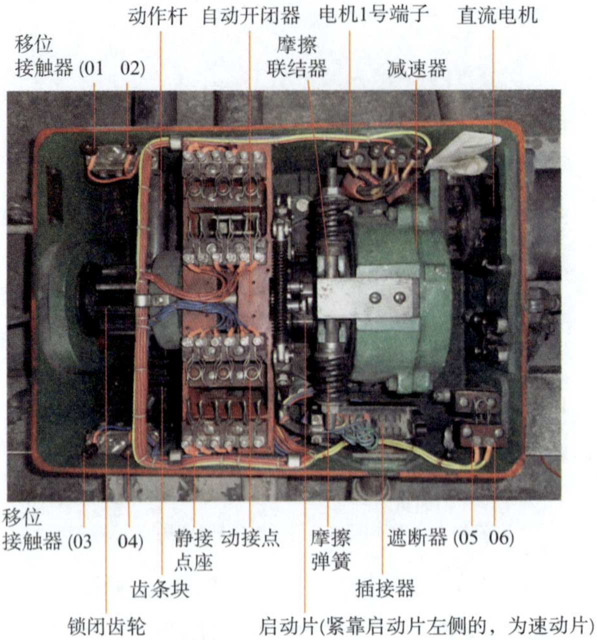

图 1-2 ZD6-D 型电动转辙机内部结构

道岔控制方式分为进路式操纵和单独操纵。进路式操纵是通过办理进路,使电路中的 DCJ 或 FCJ 励磁,接通启动电路,转换道岔至规定位置。单独操纵是按压道岔相关按钮,接通道岔启动电路,转换道岔至所需位置。

2. 表示电路工作原理

在道岔控制电路中,当道岔启动电路工作完毕,应接通道岔表示电路,将室外站场上道岔的实际位置反映到信号楼内,以便值班人员对信号设备进行控制和监督。由电动转辙机的自动开闭器接点接通道岔表示电路,由定位表示接点接通道岔定位表示继电器 DBJ,用反位表示接点接通道岔反位表示继电器 FBJ。DBJ 和 FBJ 不仅是控制台道岔位置表示灯的控制条件,也是关系安全的重要联锁条件。道岔表示电路必须是“故障—安全”电路,应满足以下技术要求:

(1)道岔表示继电器的吸起状态和道岔的正确位置相对应,不允许用一个继电器的吸起和落下表示道岔的两种位置,即只能用 DBJ 的吸起表示道岔在定位,用 FBJ 的吸起表示道岔在反位。

(2)当室外联系电路发生混线或混入其他电源时,必须保证不致使 DBJ 和 FBJ 错误励磁。

(3)当道岔在转换或发生挤岔、停电、断线等状况时,应保证 DBJ 和 FBJ 失磁落下。

二、设备维护

(一)标准化作业

1. 作业前

(1)准备工作

班前布置会,工具、仪表、防护用具准备。

召开班前布置会;检查、试验仪表、联络工具良好;维修工具整套齐全,工具包内应有应

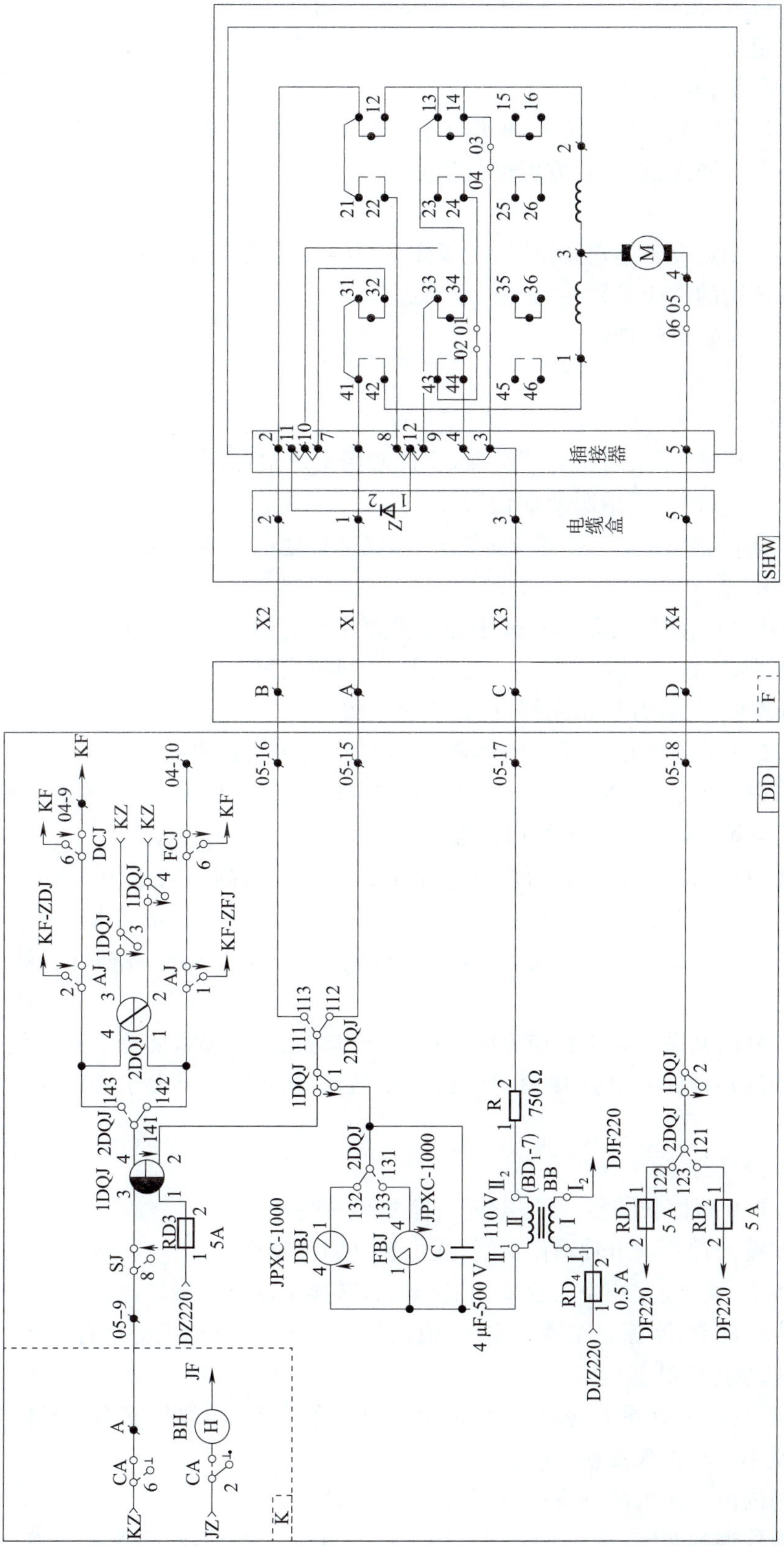

图 1-3 装备 ZD6-D 型电动转辙机的单动道岔控制电路

急小零件和维修材料；按规定穿戴防护用品，携带防护用具。

(2)联系、登记

电务联络员联系、登记、要点。

联系车务人员了解列车运行情况，根据天窗修计划、日常巡视以及整修作业内容进行登记、要点，经车务人员同意、签认后方可进行作业。

(3)说明事项

①日常巡视应制定设备巡视线路图，巡视作业应按巡视线路图完成。

②影响设备使用的作业必须在“天窗”点内进行。

③上道作业应设安全防护员。

2. 作业中

(1)日常巡视

①访问车务值班员，了解道岔运用情况，掌握使用中道岔存在的问题。

②检查箱盒、转辙机盖壳情况及加锁情况。

a. 电缆箱盒无破损、裂纹，不倾斜，安装牢固，底部距地面不少于 150 mm，排水良好；箱盒基础牢固、无裂纹。

b. 转辙机纵侧面的两端与基本轨或中分线垂直距离的偏差不大于 10 mm。

c. 蛇管无破损、腐蚀，安装牢固，接头连接牢固，封堵良好。

③紧固外部螺栓，检查开口销完好，检查安装装置完好。

a. 角钢、转辙机安装方正，上下左右倾斜度不大于 10 mm。

b. 各杆件及其螺丝紧固，螺纹部分的内外调整余量应不小于 10 mm，各部螺栓紧固，螺纹长度要求螺帽满丝；开口销齐全，开口标准 60°～90°。

c. 各杆件无弯曲(带有弯度的杆件，其弯角不大于 30°，弯高不大于 100 mm)、裂纹，连接销良好，无过大旷动(表示杆旷动量不大于 0.5 mm，其余杆件旷动量不大于 1 mm)。

d. 各杆件应与直股基本轨相垂直，两端垂直偏差不大于 10 mm；各杆件两端高低偏差不大于 5 mm。

e. 密贴调整杆的密贴调整螺帽应有防松措施(开口销、防松箍)，防松措施有效，无脱落。

f. 穿越轨底的各杆件及其连接销、开口销，距轨底的净距离应大于 10 mm，杆件不碰枕木。

g. 防水罩紧固良好。

④检查减速器及摩擦联结器、摩擦电流的检测和调整。

a. 减速器的输入轴及输出轴动作灵活，通电转动时无噪声。

b. 各部件齐全、无破损，外壳无裂纹，安装牢固，转换中动作正常。

c. 道岔正常转动时，摩擦联结器不空转；道岔转换终止时，电动机应稍有空转；道岔因故不能转换到位时，摩擦联结器应空转。

d. 摩擦弹簧无损伤、有弹力；弹簧在规定摩擦电流条件下，相邻弹簧圈最小间隙应不小于 1.5 mm；弹簧不得与夹板接触。

e. 摩擦带与内齿轮伸出部分应保持清洁，不得锈蚀或沾油。

f. 摩擦电流检测和调整：将 MF14 型万用表置于直流 5 A 挡，红表笔插入遮断器 05 号端子,黑表笔插入遮断器05号端子,操动道岔在其空转的状态下(在该牵引点处基本轨和尖轨间卡密贴试验锤6 mm以上钢片)。ZD6-E、J型电动转辙机摩擦电流标准为2.0～2.5 A(现场须调整为2.2～2.4 A),其余ZD6型为2.3～2.9 A(现场须调整为2.6～2.9 A)。

⑤开口测量:测试位置均在安装有密贴调整杆的工务方钢的中部,且大小同边,根据不同道岔型号标准而定,ZD6-D型电动转辙机为152 mm±2 mm,ZD6-E、J型电动转辙机分别为180 mm±2 mm、80 mm±2 mm。

⑥密贴检测。

a. 在第一牵引点处,目测检查基本轨和尖轨应密贴无缝隙。试验道岔密贴机械强度,单机牵引或多机牵引的第一牵引点2 mm道岔锁闭、4 mm道岔不能锁闭,不能接通表示;双机、三机牵引的第二、第三牵引点6 mm道岔不能锁闭,不能接通表示,牵引点间10 mm不接通表示。

当不密贴或密贴过紧时,需调整杆架两侧相应的螺帽,螺帽每旋转360°,密贴松、紧变化3 mm。

b. 密贴调整杆动作时,其空动距离大于5 mm(ZD6-J型电动转辙机空动距离应大于80 mm)。

⑦表示杆缺口的检查和调整

a. 操动道岔检查机外表示杆缺口检查窗口或开盖检查表示杆缺口,缺口为1.5 mm±0.5 mm(ZD6-J型电动转辙机缺口为4 mm±1.5 mm)。

b. 表示杆缺口需要调整时,应先调主杆缺口,再调整副杆缺口。不能倒置,因为调主杆缺口时,副杆缺口会随之变化。调副杆缺口时,主杆缺口不会随之变化。

⑧滑床板清扫、注油

a. 滑床板无锈蚀、污垢,光亮油润。

b. 尖轨与基本轨间无异物,转换无卡阻。

⑨配线及插件检查

a. 配线线头良好,断股不超过1/5。

b. 各部螺栓紧固,螺帽、垫片齐全,电气螺栓均应采用双螺帽。

c. 线把整齐、美观、不破皮,固定良好,各种标记、铭牌齐全。

d. 插接件安装牢固,接触良好。

⑩检查电机

a. 固定螺栓紧固,不松动。

b. 定子、转子引出线接头焊接良好,无锈蚀、断线。

c. 碳刷磨耗后的长度不少于10 mm(磨耗不得超过五分之二),碳刷引线良好,碳刷与整流子面接触良好,转动时无过大火花。

d. 将整流子面清扫干净,清除氧化层及槽内积碳粉。

e. 操动道岔时电机无过大噪声。

⑪检查自动开闭器、遮断器

a. 自动开闭器、遮断器绝缘座安装牢固、完整、无裂纹,动接点不松动,静接点长短一致,相互对称,接点片不弯曲、不倾斜,辅助片作用良好。

b. 在开盖或插入手摇把时，遮断器应能自动断开启动电路，断开距离不小于 2 mm，不拨动管制肘，接点不得重新接触。

c. 动、静接点安装牢固，接点片不歪斜，无伤痕，磨耗不超过厚度的 1/2。

d. 动接点打入静接点片时，动接点在静接点片内接触深度不小于 4 mm，用手扳动动接点，其摆动量不大于 3 mm；动接点与静接点座应保持 3 mm 以上间隙；动接点环不低于静接点片，同时静接点片下边不应与动接点绝缘体接触；

e. 动静接点接触良好，接点接触压力不小于 4.0 N，且左右平衡；动作过程中，动接点在静接点内窜动，接点接触深度不少于 2 mm；动静接点相对位置调整适当，动接点应处于两静接点片的中间位置，在任一静接点片受力横向位移时，动接点环与另一静接点片应动程相同并接触良好。

f. 速动爪与速动片的间隙在解锁时不少于 0.2 mm，锁闭时为 1～3 mm。

g. 速动爪落下前，动接点在静接点内有窜动时，应保证接点接触深度不小于 2 mm。

h. 速动片的轴向窜动，应保证速动爪滚轮与滑面的接触不少于 2 mm；转辙机在转动中速动片不得提前转动。

i. 速动爪的滚轮在转动过程中应在速动片上滚动，落下后应距启动片缺口底部不少于 0.5 mm，人工拨动滚轮应能转动。

j. 拉簧作用良好，弹力适当，能保证动接点迅速转接并带动检查柱上升和下落。

k. 拐肘无变形，连接轴油润、转动灵活，花键连接良好。

l. 检查块能在表示杆中空腔内灵活滑动、无阻卡。

⑫检查主轴及动作杆

a. 齿条内各部件和联结部分须油润，各孔内不得有铁屑及杂物。

b. 锁闭齿轮圆弧与动作齿条削尖齿圆弧应吻合，无明显磨耗，接触面不小于 50%，在动作齿条处于锁闭状态下，两圆弧面应保持同圆心。

c. 止挡和止挡栓无损伤，不活动。

⑬移位接触器检查

a. 线头无伤痕、断股，端子螺帽紧固，线头固定良好、不松动。

b. 胶木座及复位器按钮无裂纹。

⑭挤切销检查、更换，连接销检查

a. 挤切销和连接销无弯曲、伤痕，拔出主销时应可靠断开表示电路。

b. 挤切销和连接销固定在齿条块圆孔内壁上，不得顶住或压住动作杆。

⑮机内检查、清扫、注油

a. 机内清扫。转辙机整机密封性能良好，能有效防水、防尘，机内无积水、灰尘、油垢及杂物。

b. 减速器注油孔、速动片注油孔、表示杆检查柱、齿条块、锁闭齿轮及活动摩擦面清扫干净并油润。

⑯工电结合部检查测试

a. 尖轨、基本轨无旁(硬)弯、反弹，尖轨与基本轨密贴。人工拨动尖轨，尖轨尖端至第一牵引点间间隙不大于 0.5 mm，其余刨切部分不大于 1 mm。

b. 尖轨无吊板、翘头、拱背、旁弯，其底部与滑床板密贴。牵引点前后尖轨与滑床板之间无离缝（其他部位不能有连续三块以上滑床板离缝超过 2 mm）。

c. 尖轨、基本轨爬行小于 20 mm，尖轨根部应有间隙。

d. 基本轨横移小于 1 mm。

e. 尖轨、基本轨肥边小于 1 mm。

f. 滑床板无影响道岔转换的压痕、凹槽，无划痕、不侧斜等。

g. “三道缝”：滑床板与基本轨内侧轨底之间无离缝（小于 1 mm），外侧轨距块、轨撑铁上下额边与基本轨无离缝（小于 0.5 mm）。

h. 顶铁与尖轨间隙不大于 1 mm。

i. 道床捣固良好，岔枕无失效、空吊，列车通过时转换设备无过大起伏。

⑰其他测试

道岔安装装置，杆件绝缘测试。

（2）集中检修

①同日常巡视内容。

②换件整修。

更换磨耗部件；更换安装装置角钢、托板；更换转辙机；更换蛇管、机内配线、二极管；整组更换机内静接点组；更换转辙机内电机、自动开闭器、减速器等机械部件。

③检查挤切销防护装置。

a. 断开遮断器，测试移位接触器顶杆与齿条块平面距离，顶杆须低于齿条块平面。

b. 断开遮断器，用手摸齿条块侧面的大螺母，大螺母不能凸出齿条块面。

c. 检查动作杆与齿条块轴向移位量不大于 1 mm。

说明事项：发生挤脱现象、移位接触器断表示时，现场须整机更换。

④结合部整治，对检查发现的结合部问题，联系工务一并整治，达到结合部标准。

⑤测试。

a. 同日常巡视测试项目。

b. 牵引点间 10 mm 不接通表示。

c. 动作电流：60 kg/m AT 道岔不大于 1.8 A，其余不大于 1.2 A。

d. 动作电压：不小于 160 V。

⑥油饰、标识。

箱盒、安装装置进行油漆补强、标识。

（3）作业后

①试验

室内、外设备检查试验：

a. 对比分析作业前后道岔动作曲线、缺口。

b. 室内外彻底试验良好，并会同车站值班员试验。

②销记

室内、外设备检查试验：

经试验良好后，停止作业，由电务联络员在“行车设备检查（施工）登记簿”（运统 46）内登记销点，交车务签认。

检修的基本步骤：

①安装螺栓紧固；

②摩擦电流的测试、调整；

③开程的调整；

④密贴检查、调整；

⑤表示杆缺口的观察、调整（先检查调整主杆缺口，后调整副杆缺口，道岔动作杆在伸出位时，显示的是主杆缺口）。

上述的检修步骤，一般情况不要颠倒，否则可能会造成返工的情况，其他检修项目，可安排在其中同步或随后进行，对一些需要时间较长且影响较大的项目，须尽量安排在检修时段的前期完成，如密贴、表示缺口的调整，若“天窗”点即将结束时再进行，时间上已不允许。

（二）常见问题处理

1. 问题描述：基本轨位移，导致密贴监测不达标，表示缺口经常变化。

处理方法：联系工务部门紧固钢轨紧固件，更换枕木，捣固道床。

2. 问题描述：在测试摩擦电流时，转辙机抖动，摩擦电流不稳定。

处理方法：这是摩擦带或摩擦接触面不清洁造成，须分解摩擦带，打磨、清洁摩擦面。

3. 问题描述：尖轨根部螺栓过紧，道岔解锁困难。

处理方法：先到控制台观察启动电流，再判断是电路故障还是机械故障，扳动道岔试验，电流表在道岔启动时摩擦电流为 2.6～2.9 A，应为机械故障。到现场仔细检查发现尖轨根部螺栓过紧，道岔密贴力大造成道岔不能解锁。松动螺栓后，故障恢复。

4. 问题描述：减速器别卡。

处理方法：更换减速器。

注意事项：更换新减速器后一定要检查启动片与速动片的间隙（保证两片间隙控制在 0.5～2 mm，如图 1-4 所示），因为大于 2 mm 可能会造成速动爪压不住速动片而失效，而小于 0.5 mm 又有可能造成两片粘连，在启动片先启动时带动速动片同步动作，卡速动爪，造成无法解锁的故障。

图 1-4　启动片、速动片间隙示意

（三）常见故障处理

1. 四条控制线的用途

ZD6 系列电动转辙机电路故障处理，应先掌握 X1、X2、X3、X4 四条控制线的用途，为便于记忆，拟“六字”口诀如下：“X1”定，“X2”反，“X3”表示，“X4”动作。

“六字”口诀的含义：

定位表示：由 X1、X3 构通；反位表示：由 X2、X3 构通；反操定：由 X1、X4 构通；定操反：由 X2、X4 构通。

其中 X1、X2、X3、X4 指的是由分线盘至该道岔电缆盒的电缆芯线。控制线的编号与分线盘该道岔所用的端子编号对应。“六字”口诀中，涉及动作的控制线，在应用中容易造成混淆。注意：反操定或定操反，道岔动作的目标位置，对应口诀的控制线，如“反操定”三个字中，目标位置为“定”，对应“X1”，那么，反操定就由“X1”和专用于动作的“X4”构通。掌握 X1、X2、X3、X4 四条控制线的用途，是跑通 ZD6 系列电动转辙机控制电路、分析和判断电路故障的基础。

2. 故障处理流程

ZD6 系列电动转辙机故障处理流程如图 1-5、图 1-6 所示。

3. 故障案例

(1)启动电路故障(室外)。

故障现象：操纵道岔时，启动外线上能测到 220 V 电压，但室外电机不转。

故障分析：从现象推理出，室外动作电路断路。

故障处理：在道岔电缆盒处，先判断故障范围在室内至电缆盒还是电缆盒至机内。若为电缆盒至机内，可用以下 2 种方法查找。

①电压法：先将道岔向所需位置操动一次，使 2DQJ 转极，利用表示电路的交流电压来导通启动电路。将万用表置交流 250 V 挡，将万用表一表笔接在 X3，另一表笔接 X2(定操反)或 X1(反操定)→自动开闭器 11(41)→自动开闭器 12(42)→电机端子 2(1)→电机端子 3→电机端子 4→安全接点 05-06→电缆盒端子 5 逐点测试。在上述测量过程中，电压从有到无点即为断路点。

②电阻法：在道岔单锁的情况下，将万用表置×1 Ω 挡，在电缆盒测动作回路的电阻应为无穷大，沿动作回路逐点测试，电阻由无穷大变为 10 Ω 左右即为断路点。

(2)表示电路故障(室外)。

故障现象：道岔无表示，测分线盘相应的表示外线交流电压为 110 V。

故障分析：从故障现象推理出室外故障，可能的故障点有

①整流二极管断路；

②自动开闭器接点接触不好；

③移位接触器接点断开或接触不良；

④室外表示电路中连线断线。

当室外表示回路断线时，表示回路中无电流，所以此时表示外线上的交流电压为 110 V。

故障处理：万用表置交流 250 V 挡，测表示回路，电压从有到无即为断路点。

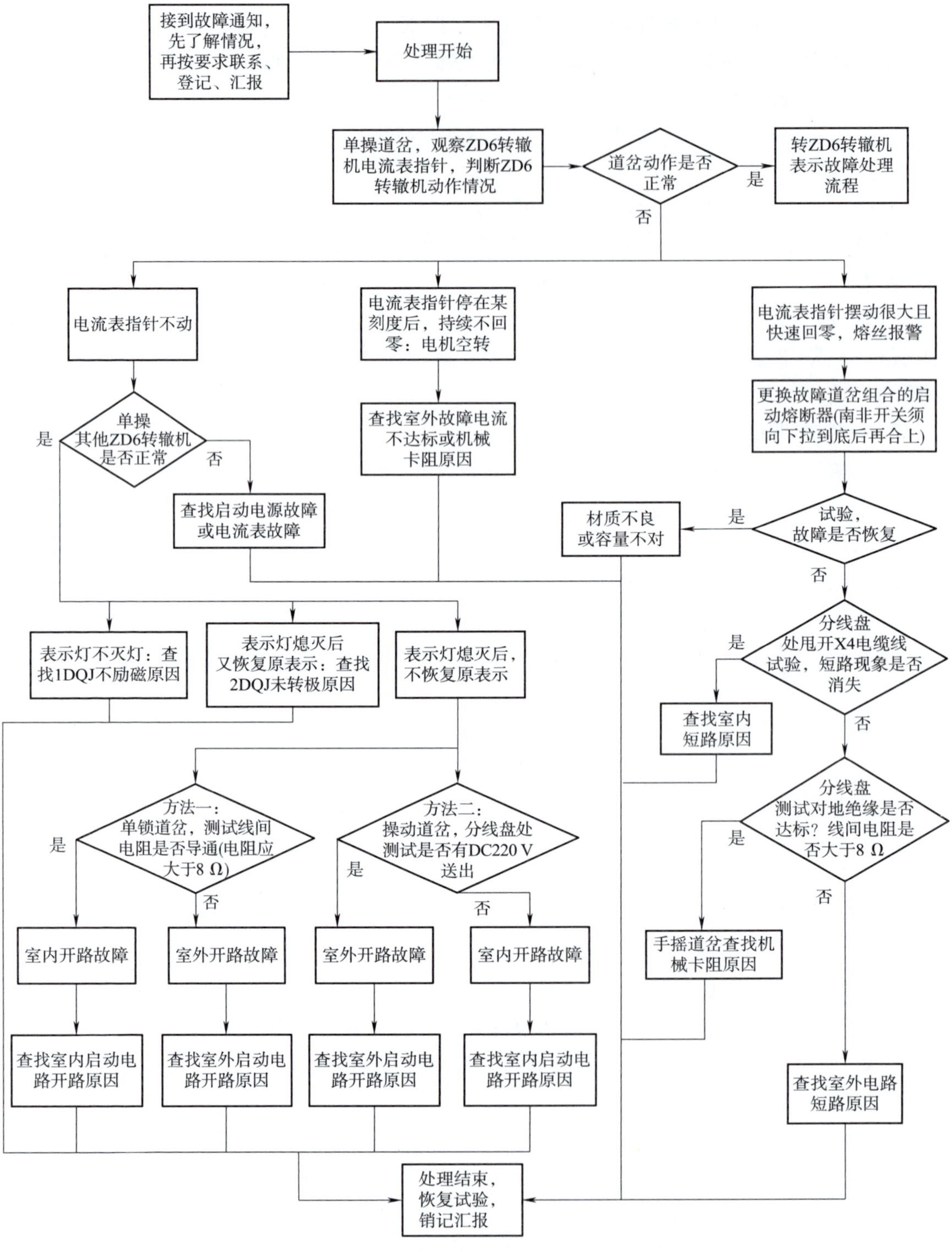

图 1-5　ZD6 系列电动转辙机启动故障处理流程

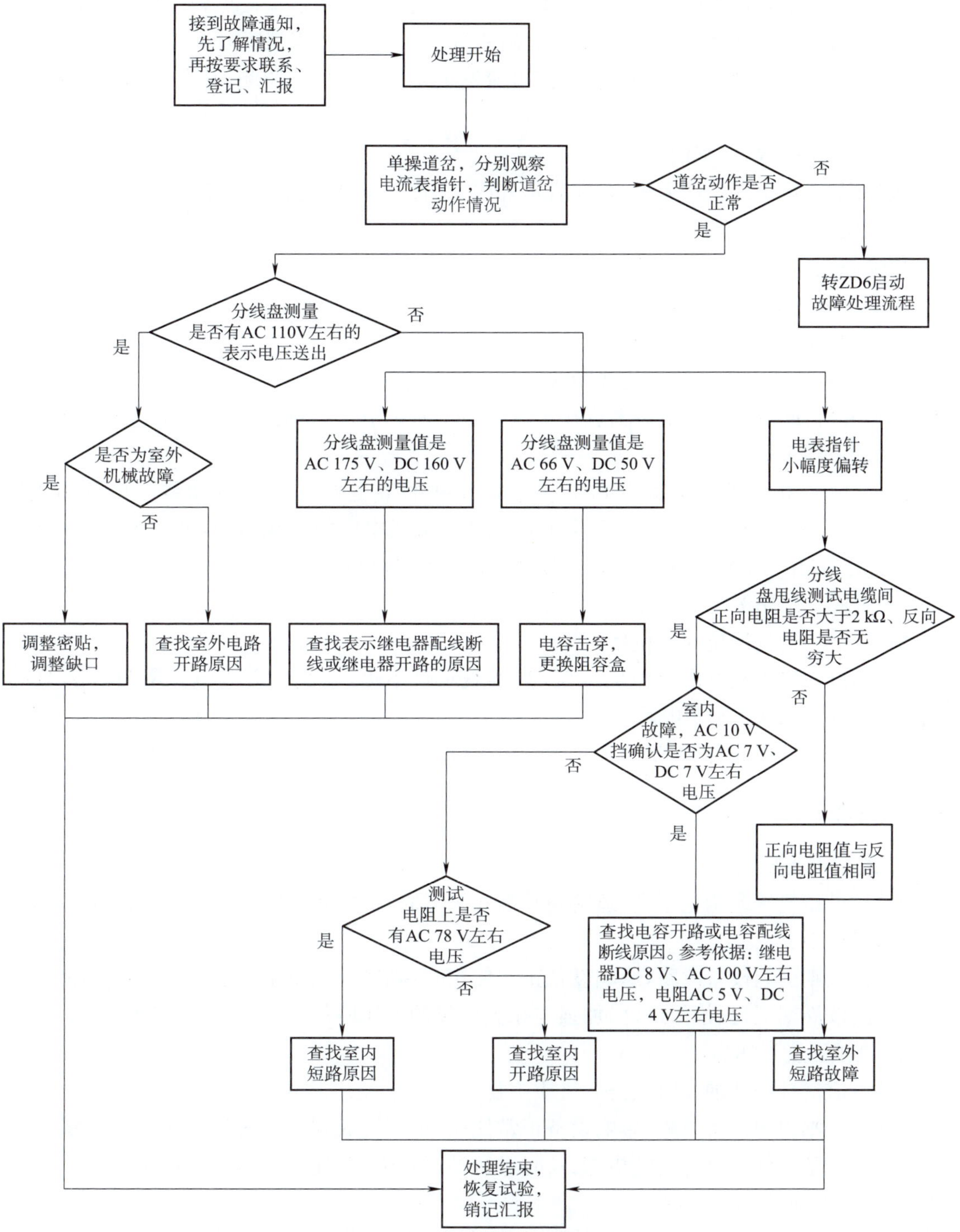

图 1-6　ZD6 系列电动转辙机表示故障处理流程

(3)转辙机摩擦电流过大造成自动开闭器动接点到位后反窜。

故障现象:道岔动作正常,到位后瞬间接通表示后随即又失去表示,挤岔报警。

故障分析:这是典型的转辙机摩擦电流过大造成自动开闭器动接点到位后反窜的故障。

判断处理:测试摩擦电流达到 4.8 A,调整至 2.8 A 后,故障消除。

防范措施:春季潮湿、气温升高,摩擦电流发生变化。应加强监测,并在冬季将摩擦电流调至下限。

(4)表示电路故障(室内)。

故障现象:定位或反位无表示,在表示外线上测得 150 V 左右的交流电压和 145 V 左右的直流电压。

故障原因:

①DBJ 或 FBJ 线圈断线;

②2DQJ 第三组接点接触不良;

③与电容器并联的支路内连线断线。

故障分析:此故障使得电容器直接串联在表示回路中,半波整流使得电容上充到电源电压的最大值,即 110×1.414=155.54 V。

故障处理:由上述现象就可判定与电容并联的继电器支路发生断线。将万用表置 250 V 交流挡,一表笔接在表示变压器Ⅱ次侧的 3 端或电阻的 1 端不动,另一表笔逐步测相应通道。电压由 110 V 升到 150 V 左右时,即为断线故障点。

(5)1DQJ 不励磁。

故障现象:道岔反位向定位扳不动。

故障分析:单操道岔由反位向定位,观察表示灯不灭,电流表无电流。说明道岔 1DQJ 未励磁,故障在 1DQJ 励磁电路。

故障处理:万用表置 25 V 直流挡,查找 1DQJ 励磁电路通道及其中继电器的状态。

三、风险提示

1. 道岔不密贴

原因:设备失修或调整不当;道岔安装螺丝未紧固,密贴状态发生变化;工务部门的基本轨、尖轨状态不良。

危害:轻则引起设备故障,影响设备正常使用,重则造成列车车辆脱轨、掉道、颠覆。

处理:按周期巡视、检修道岔,加强与相关单位的工作协作,提高道岔维修质量。

2. 机械强度不达标

原因:道岔杆件锈蚀、磨耗超标、材质不良等。

危害:轻则引起设备故障,影响设备正常使用,重则造成列车车辆脱轨、掉道、颠覆。

处理:道岔杆件要有防锈蚀措施、及时进行油漆补强,磨耗超标的杆件要及时更换。

3. 人为构通道岔假表示

原因:为了在施工、检修及电路故障处理时图方便省事或规避责任与考核,怀着侥幸心理违章作业。

危害:轻则扰乱正常的行车秩序,重则造成重大事故。

4. 代替车站值班员操纵道岔

原因:违反基本安全规章。

危害:轻则影响设备正常使用,重则造成列车车辆脱轨、掉道、颠覆。

5. 道岔检修作业不使用防挤木

原因:违反基本安全规章。

危害:可能造成人身伤害。

6. 道岔误操

原因:联络用语不规范,意图表达不明确。如“13 号道岔”和“1/3 号联动道岔”均表述为“1、3 号道岔”。

危害:可能造成人身伤害、危及行车安全。

7. 道岔施工、更换配线后未按要求进行联锁试验或联锁试验不彻底。

原因:违反基本安全规章,工作严重失职。

危害:可能造成车毁人亡的重大安全事故。

第二节　ZYJ7 型电液转换设备

一、设备认知

ZYJ7 型电液转换设备由一台 ZYJ7 型电液转辙机加一台或两台 SH6 型转换锁闭器牵引组成,如 1/18 可动心轨道岔的尖轨部分为三点牵引即为两台 SH6,普通 1/12 道岔尖轨采用二点牵引即为一台 SH6。当为内锁方式时,一般均为托板安装。

(一)外部设备

ZYJ7 型电液转换设备外部设备如图 1-7 至图 1-9 所示。

图 1-7　ZYJ7 型电液转换设备外部设备 1

图 1-8　ZYJ7 型电液转换设备外部设备 2

图 1-9　ZYJ7 型电液转换设备外部设备 3

(二)内部结构

ZYJ7 型电液转辙机内部结构如图 1-10 所示,SH6 型转换锁闭器内部结构如图 1-11 所示。

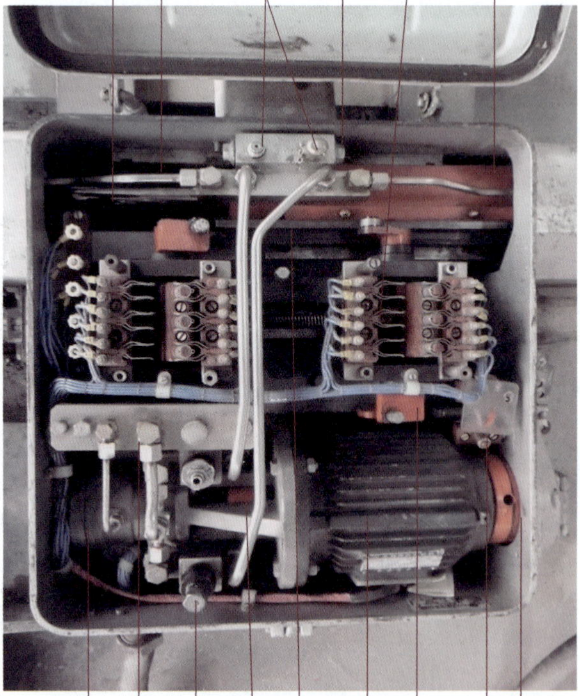

图 1-10　ZYJ7 型电液转辙机内部结构

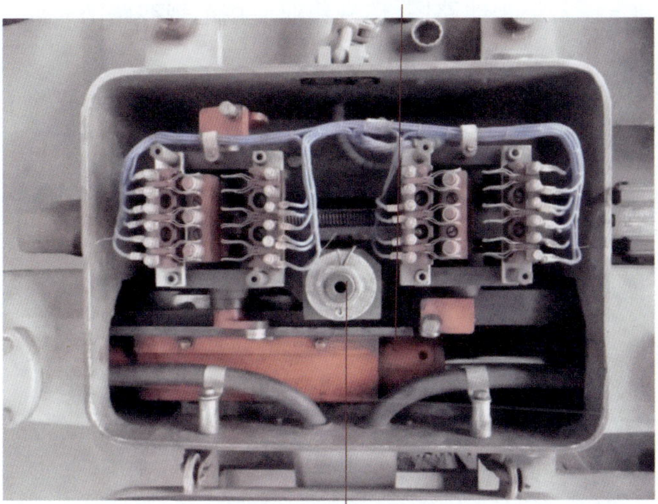

图 1-11 ZYJ7 型电液转辙机副机(SH6 型转换锁闭器)内部结构

(三)工作原理

ZYJ7 型电液转换设备由 ZYJ7 电动液压转辙机(用于第一牵引点)和 SH6 型转换锁闭器(用于第一牵引点之外的牵引点)组成。各牵引点共用一套动力系统,两者间用油管相连。

交流三相 380 V 电机启动时通过联轴器带动油泵旋转,泵出的油使油缸左或右腔体积膨胀,油缸向左或右侧移动(电机顺时针旋转或手摇把顺时针摇动电机输入轴时,油缸往左移动)。当油缸到位停止动作时,接点系统断开启动电源,接通新的表示电路,锁闭尖轨。当因故不能到位而空转时,油泵从油箱经右边单向阀吸入油,泵出的油经左侧的滤油器和溢流阀回到油箱。反之,电机顺时针旋转时,动作情况与上述相反。为改善交流电机的启动特性,油缸并联了启动缸。另外,主机、副机进出油缸之处加装了流量调节阀,用于调节主机和副机在转换道岔时实现同步动作。

二、设备维护

(一)标准化作业

1. 作业前

(1)准备工作

班前布置会,工具、仪表、防护用具准备。

召开班前布置会;检查、试验仪表、联络工具良好;维修工具整套齐全,工具包内应有应急小零件和维修材料;按规定穿戴防护用品,携带防护用具。

(2)联系、登记

电务联络员联系、登记、要点。

联系车务人员了解列车运行情况,根据天窗修计划、日常巡视以及整修作业内容进行登记、要点,经车务人员同意、签认后方可进行作业。

(3)说明事项

①日常巡视应制定设备巡视线路图,巡视作业应按巡视线路图完成。

②影响设备使用的作业必须在“天窗”点内进行。

③上道作业应设安全防护员。

2. 作业中

(1)日常巡视

①访问车务值班员,了解道岔运用情况。掌握使用中道岔存在的问题。

②方正、水平检查。

a. 检查道岔牵引点两枕木垂直于直基本轨;检查锁闭杆、转辙机内动作连接杆、表示杆平行且垂直于基本轨。测量定反位锁闭铁中心点至两侧枕木中心距离一致(不同道岔图号此处间距不同),相差不大于 10 mm。

b. 液压转辙机、外锁装置安装水平,安装装置螺栓紧固,固定良好,加锁装置良好。转辙机(转换锁闭器)外壳所属线路侧面的两端与基本轨或中心线垂直距离的偏差不大于 5 mm。转辙机纵侧面的两端与基本轨或中分线垂直距离的偏差不大于 10 mm。

c. 锁闭杆灵活:用扳手在道岔定、反两个位置左右扳动锁闭杆,能在锁闭框内左右两侧摆动,不反弹别劲。

d. 表示杆灵活:观测内表示杆不张口,与方孔套侧边上下间隙均匀,用手提动表示杆,不别劲。表示杆张口检查示意如图 1-12 所示。

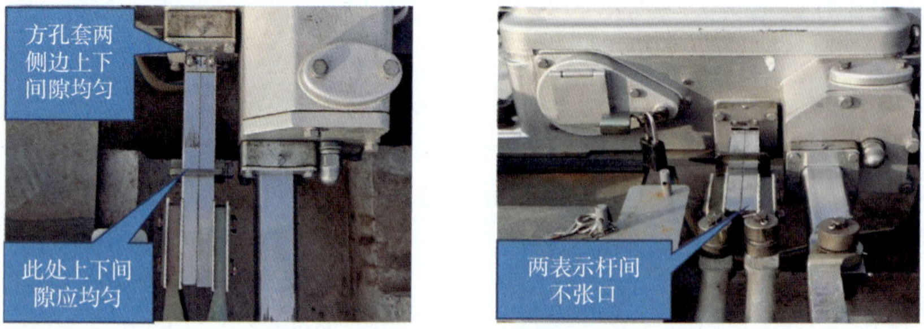

图 1-12　表示杆张口检查示意

③外锁磨耗情况检查。

锁钩铜套磨损不得超过 2 mm,尖轨连接铁及其销轴磨损合计不得超过 2 mm(在尖轨连接铁的销轴孔内检查,间隙不大于 2 mm),锁闭铁磨耗不应大于 1 mm,锁闭杆凸台、锁闭杆底部磨耗不应大于 1 mm。

④各部螺栓紧固、外锁装置、杆件检查。

a. 外锁活动部位清扫注油,检查各部螺栓紧固,防松措施良好。

b. 尖轨连接铁、锁闭杆、锁闭框、锁闭铁、表示杆及各连接杆无裂纹,表示杆无过大弯曲。表示杆连接销、孔磨耗不超过 0.5 mm,其他连接销孔、磨耗不超过 1 mm。锁闭框滚轮应能灵活转动。

c. 检查各杆件连接销、开口销齐全良好,开口销开口劈开角度 60°～90°。

d. 锁闭杆、动作拉杆、转辙机内动作杆、表示杆平行且均垂直于基本轨或中心线,锁闭杆、表示杆两端与基本轨或中心线的垂直偏差不大于 10 mm，杆件两端水平方向的高低偏差不大于 5 mm。

e. 表示杆的杆架与槽钢或水泥枕的侧面有 10 mm 以上的间隙，表示杆与锁闭框侧面的间隙不少于 5 mm。限位块与锁闭框间隙不大于 3 mm。

f. 定反位两根内表示杆外端基本平齐。

g. 防水罩紧固良好。

⑤溢流压力测试、调整（集中检修的作业内容，顺序须置于上述“各部螺栓紧固、外锁装置、杆件检查”之后，开程检查之前）。

动作压力（道岔正在转换时）不大于 10 MPa，溢流压力（道岔空转时）不大于 14 MPa。

⑥开口测量：测试点位置均在锁框的中部（图 1-13、图 1-14），两点牵引道岔的开口标准：第一牵引点 160 mm±5 mm，第二牵引点 75 mm±5 mm。

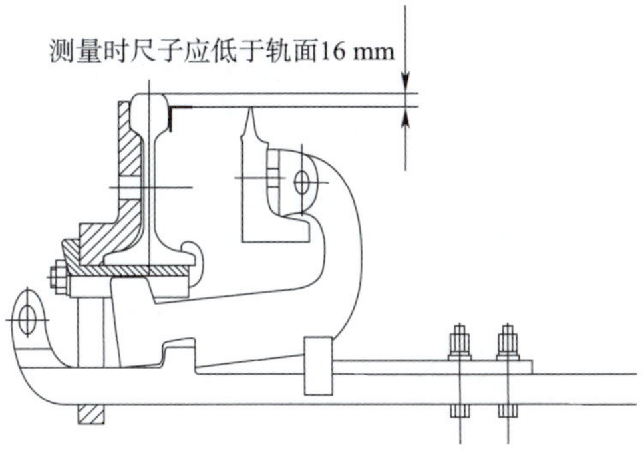

图 1-13　第一牵引点开口测试方法

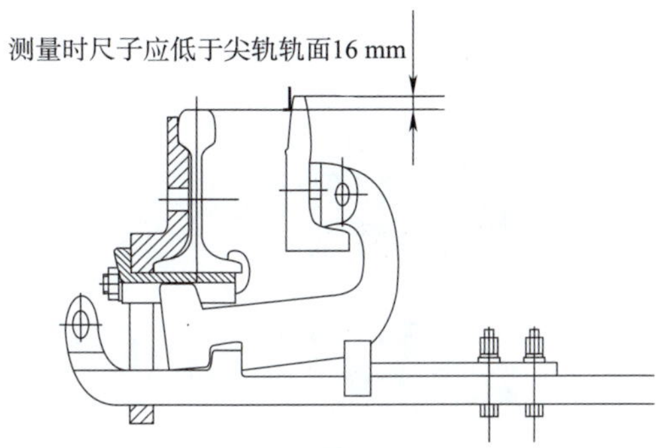

图 1-14　第二牵引点开口测试方法

⑦密贴检查。

a. 检查各牵引点定反位尖轨宏观密贴良好。用 300 mm 扳手人工拨动尖轨，尖轨尖端至第一牵引点间间隙 0.5 mm，其余刨切部分 1 mm，松开扳手后尖轨自然回弹至宏观密贴。

b. 用手锤轻击锁钩钩头、钩尾，能左右稍有摆动、不别劲，检查后应确保锁钩回正。

⑧测试。

a. 尖轨、心轨第一牵引点处尖轨与基本轨间有 4 mm 及以上间隙，道岔不能锁闭，不能接通表示。

b. 尖轨、心轨第其余牵引点处密贴要求：列车运行速度小于 120 km/h 线路上的道岔，尖轨与基本轨间有 6 mm 及以上间隙，道岔不能锁闭，不能接通表示；列车运行速度大于 120 km/h 线路上的道岔，尖轨与基本轨间有 4 mm 及以上间隙，道岔不能锁闭，不能接通表示。

c. 两牵引点间密贴要求：列车运行速度小于 160 km/h 线路上的道岔，两牵引点间尖轨与基本轨有 10 mm 及以上间隙，道岔不能接通表示；列车运行速度大于 160 km/h 线路上的道岔，两牵引点间尖轨与基本轨有 5 mm 及以上间隙，道岔不能接通表示。

⑨表示缺口检查。

检查缺口是否达标（转辙机缺口间隙为 2 mm±0.5 mm，锁闭器缺口间隙为 4 mm±1.5 mm），核实缺口监测数值、缺口视窗是否准确（图 1-15、图 1-16）。

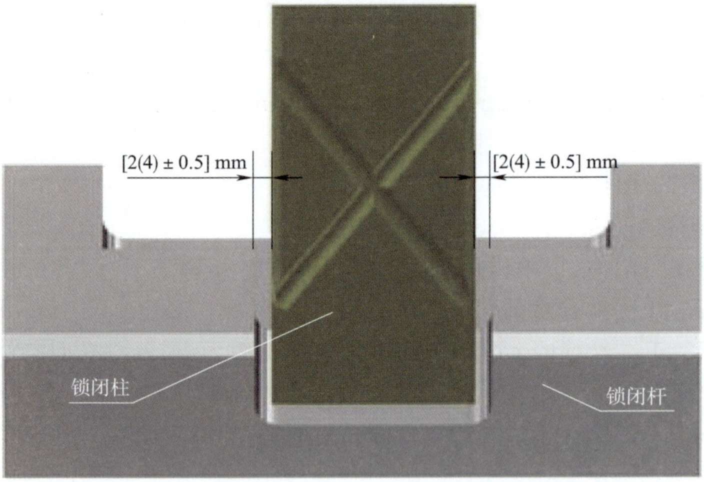

图 1-15　表示缺口示意

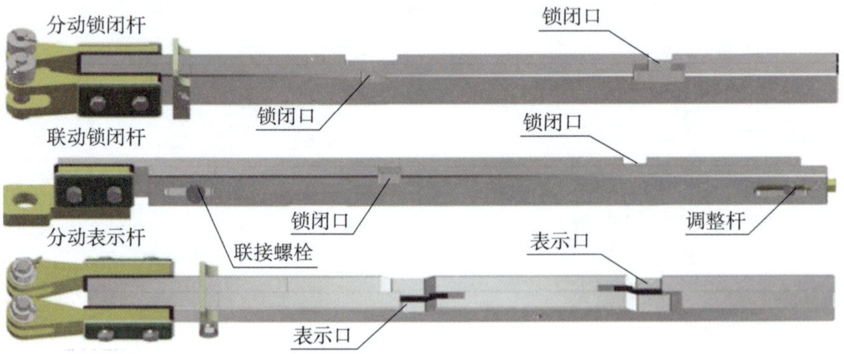

图 1-16　表示杆结构示意

⑩工电结合部检查测试。

a. 尖轨、基本轨无旁(硬)弯,尖轨无吊板、拱背、翘头。尖轨与滑床板之间无离缝(不能有连续三块以上滑床板离缝超过 2 mm)。

b. 滑床板无影响道岔转换的压痕、划痕。

c. 尖轨、基本轨肥边小于 1 mm。

d. “三道缝”:滑床板与基本轨内侧轨底之间无离缝(小于 1 mm),外侧轨距块、轨撑铁上下额边与基本轨无离缝(小于 0.5 mm)。

e. 顶铁与尖轨间隙不大于 1 mm。

f. 辊轮与密贴尖轨轨底边缘间的间隙 1～2 mm。

g. 滑床板无影响道岔转换的压痕、凹槽,无划痕、不侧斜等。

h. 尖轨防爬限位器安装紧固齐全、作用良好。尖轨、基本轨爬行小于 20 mm。

⑪油路系统检查。

a. 油泵组、油缸、溢流阀及油管接头无漏油、工作良好,油量在油标尺的上、下限内,不应注得太满,密封圈作用良好,更换不良的密封圈、油泵组、溢流阀,或整机更换。

b. 油缸及其动作板在动作过程中无磨卡,油缸动作结束后无反弹,油润良好。

c. 在锁闭位时滚轮与油缸动作板斜面应有 0.5 mm 以上间隙。

d. 主副机间油管防护埋设良好，油管槽路完好、整洁，无污染及化学腐蚀。

e. 油管接头连接处要有弯度，油管弯曲半径不小于 150 mm，无老化。

f. 液压油使用 YH-10 号航空油。

g. 锁块与机内锁闭铁在锁闭位时应可靠锁闭，接触面积应大于 2/3，在动作时锁块与锁闭铁的间隙不大于 0.6 mm。

h. 锁块与机内锁闭铁之间，锁块与油缸推板间应保持油润。

i. 电机及联轴器各部螺丝不松动，外壳无裂纹，安装牢固。

j. 电机、油泵间联轴器配合良好，转动时无卡阻、过大噪声，交流电机转动时无卡阻、过大噪声。

k. 惯性轮作用良好，操纵道岔检查惯性轮无反串，停转后人工拨动惯性轮一圈，无卡阻。

⑫自动开闭器检查。

a. 动、静接点安装牢固，接点片不歪斜，无伤痕，磨耗不超过厚度的 1/2。

b. 动接点打入静接点片时，动接点在静接点片内接触深度不小于 4 mm，用手扳动动接点，其摆动量不大于 2 mm；动接点与静接点座应保持 3 mm 以上间隙；动接点环不低于静接点片，同时静接点片下边不应与动接点绝缘体接触。

c. 动静接点接触良好，接点接触压力不小于 4.0 N，且左右平衡；动作过程中，动接点在静接点内窜动，接点接触深度不少于 2 mm；动静接点相对位置调整适当，动接点应处于两静接点片的中间位置，在任一静接点片受力横向位移时，动接点环与另一静接点片应动程相同并接触良好。

d. 当滚轮在动作板上滚动时，启动片尖与速动片的间隙为 0.3～1.3 mm。

e. 滚轮在动作板上应滚动灵活，落下时滚轮与动作板底部不受力，并与动作板斜面有 0.5 mm 以上间隙。

f. 在动作杆、表示杆、锁闭杆正常伸出或拉入过程，拉簧弹力适当，作用良好，保证动接点迅速转接并带动锁闭柱、检查柱上升或下落。

g. 当锁闭(检查)柱因故落在锁闭(表示)杆平面时，动接点环的断电距离不小于 2.5 mm，与另一侧接点距离不小于 2 mm。滚轮灵活、检查柱、锁闭柱、动作板平面等摩擦部位保持清洁、油润。

h. 机内配线整齐、整洁，线头绑扎线环，无磨损。

i. 各部电气螺栓紧固，有双螺帽防松。

j. 安全接点接通、断开良好，当插入手摇把时完全接点应可靠断开(不小于 2.5 mm)，非经人工恢复不能自动接通。安全接点及手摇把的使用示意如图 1-17 所示。

⑬机内清扫注油。

a. 对各部电气螺栓，动、静接点座，机内配线，机内底壳进行清扫。

b. 对油缸与机壳，滚轮与动作板，锁块与机内锁闭铁，检查柱、锁闭柱等摩擦面注油。

c. 操纵道岔检查机内无卡阻、别劲，无异常噪声。机内注油流程如图 1-18 所示。

⑭箱盒检查。

a. 箱盒底部距地面不少于 150 mm。基础牢固、无裂纹，倾斜程度不超过 10 mm。

b. 基础平台平整，无破损，无石砟、杂物，排水良好。

图 1-17 安全接点及手摇把使用示意

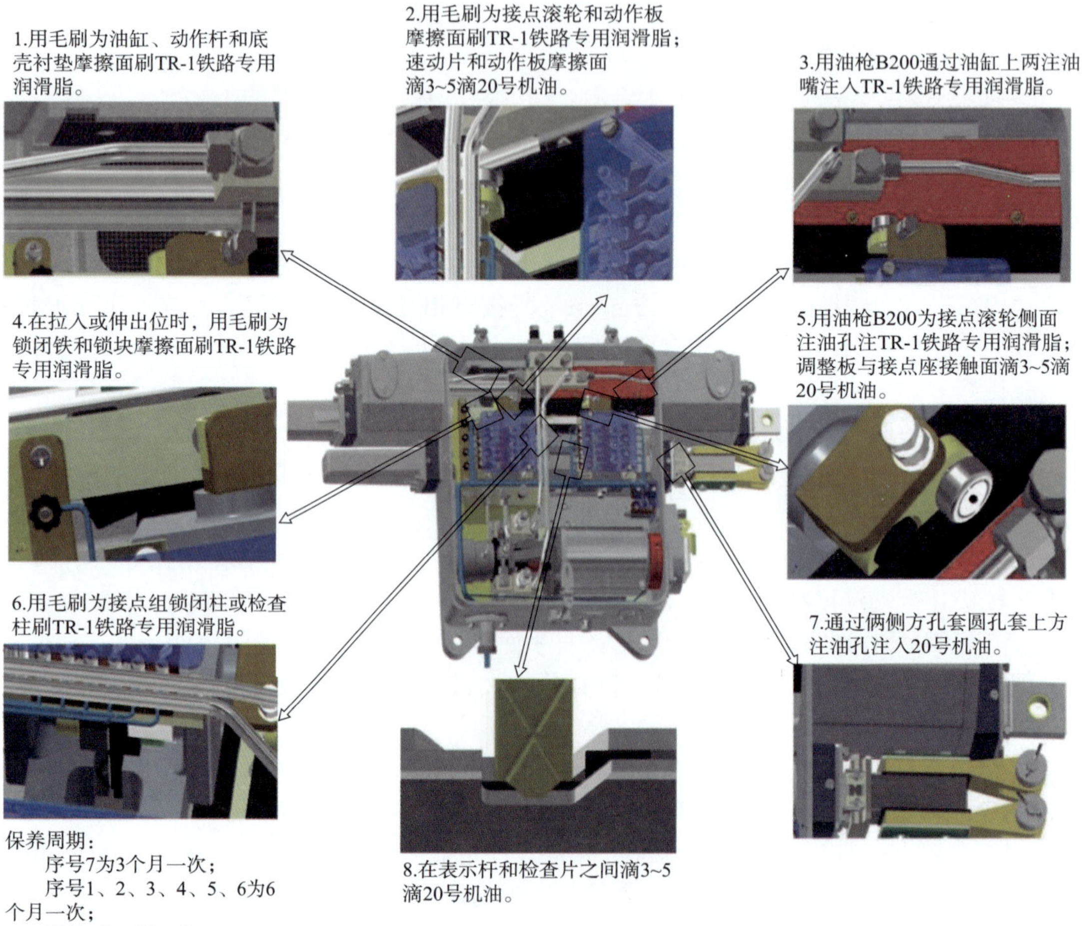

图 1-18 转辙机内部注油流程

c. 电缆盒、箱的引线管无脱落、破损，接头处卡箍良好。蛇管无破损、腐蚀，安装牢固，接头连接牢固，封堵良好。

d. 电缆箱盒安装牢固、无裂纹，防尘、防水良好。

e. 各基础螺栓紧固，螺纹长度要求螺帽满丝。

f. 设备标识准确、清晰。

⑮清扫注油。

a. 铲除滑床板油泥杂物，确保滑床板光洁油润。

b. 清理锁钩与锁闭杆、锁闭铁、轴销间活动部位的油泥和砂粒，确保光洁油润，对锁钩钩头注油孔注油。

c. 清扫道岔杆件底部、硬化基础面的杂物。

⑯设备防松脱检查。

a. 检查各部螺母、连接销、开口销等防松措施齐全完好。

b. 检查防尘罩、杆件罩固定良好。

c. 检查转辙机、电缆盒加锁装置良好。防松脱检查如图 1-19 所示。

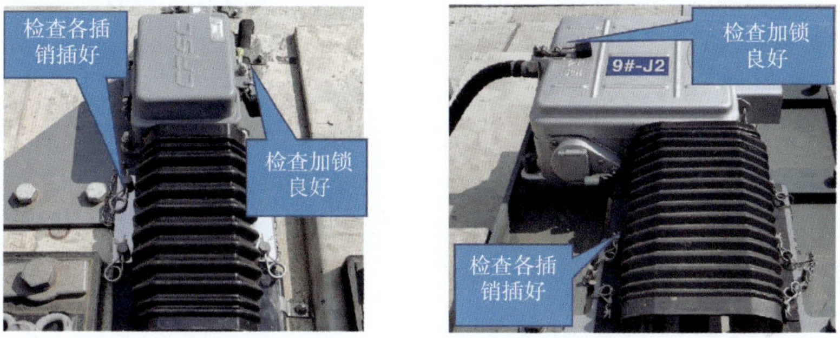

图 1-19　防松脱检查示意

(2)集中检修

①同日常巡视内容。

②换件整修。

更换磨耗安装装置及外锁部件；更换破损的蛇管；更换磨耗动、静接点组；更换不良的电机、自动开闭器、油泵组、油缸、油管等部件。

③结合部整治。

对检查发现的结合部问题，联系工务进行整治，达到结合部标准。

④外观、标识整修。

设备除锈干净，油漆饰面均匀美观，补齐各类设备标识。

⑤测试。

a. 完成日常巡视的测试项目。

b. 测试外锁装置锁闭量是否达标，应满足第一牵引点大于 35 mm，第二牵引点大于 20 mm，且定反位均等，偏差不大于 2 mm。

c. 道岔安装装置、杆件绝缘测试无漏电，锁闭杆中部绝缘完整。

3. 作业后

(1)试验

室内、外设备检查试验：

①对比分析作业前后道岔动作曲线、缺口。

②室内外彻底试验良好，并会同车站值班员试验。

(2)销记

经试验良好后,停止作业,由电务联络员在“行车设备检查(施工)登记簿”(运统46)内登记销点,交车务签认。

整修的基本步骤:

①安装螺栓紧固;

②溢流压力的测试、调整;

③开口的检查和调整;

④密贴的检查和调整;

⑤表示杆缺口的检查和调整。

上述的检修步骤,一般情况不要颠倒,否则可能会造成返工的情况,其他检修项目,可安排在其中同步或随后进行,对一些需要较长时间的作业项目,须尽量安排在检修时段的前期完成,比如:密贴、表示缺口的调整,若“天窗”点即将结束时再进行,时间上不允许。

(二)常见问题处理

1. 问题描述:道岔别卡,不解锁或不锁闭。

处理方法:检查道岔是否方正,密贴力是否过大,须润滑的各部是否油润,机内外哪儿卡阻。根据具体情况予以解决。

2. 问题描述:尖轨抬头、吊板。

处理方法:联系工务部门联合解决。

3. 问题描述:油泵组漏油造成性能不良。

处理方法:更换油泵组(油泵+电机+油池)。

(1)工器具材料准备、新油泵组检查。

①核对新旧器材型号、额定电压、功率等是否一致。

②油泵组各部件检查,对各部螺栓及油管接头进行检查、紧固。

③电机线圈对壳综合绝缘测试,使用兆欧表测试电机端子对壳综合绝缘不小于5 MΩ。

④线圈电阻测试,使用万用表测试电机端子(001、002、003)间电阻基本平衡,阻值约为17 Ω。

(2)拆除电机端子及影响油泵组拆卸的进内侧面相关配线,拆除2根高压油管,如图1-20所示。

(3)松开固定油泵组的安装螺栓,取出旧油泵组,如图1-21所示。

图1-20 端子及配线拆除

图1-21 油泵组拆除

(4)机内进行清扫,放入新油泵组,如图 1-22 所示。

图 1-22　油泵组安装示意

(5)安装高压油管,固定油泵组。固定油泵组前注意确认惯性轮四周与机壳间隙均匀。

(6)恢复电机端子及相关配线,恢复室内启动及表示保险。

(7)加注液压油。必须通过加油孔加注,防止杂质进入油池。

(8)转辙机排气。松开最后一处牵引点机外油管接头螺栓,向定反位摇动道岔,待油管接头处有液压油渗出且无气泡时紧固螺栓。

(9)油泵组状态检查、油压调整、试验、电气特性测试。

作业完毕后进行操动试验,分析道岔动作电流、功率曲线、综合绝缘等参数是否正常。

4. 问题描述:油路接头漏油、渗油。

处理方法:

分析是否由以下原因造成:

(1)施工安装时未正确安装胶管,紫铜垫变形。

(2)个别铜垫硬度高,紧固后出现裂纹,在列车的震动下铜垫破裂渗油。

(3)胶管有龟裂,长时间使用后出现渗油。需要根据不同情况予以解决。

现场检修时应注意观察,若油位下降但机内无积油,须重点检查胶管接头连接处和胶管是否有龟裂。

(三)常见故障处理

1. 五条控制线的用途

为便于记忆,拟"八字"口诀如下:

定:"偶"——定位表示除 X1 外,另两条控制线的编号均为偶数。

反:"奇"——反位表示三条控制线的编号均为奇数。

定:"后"——定操反,将定位表示中间控制线的编号往"后"挪一位。

反:"前"——反操定,将反位表示中间控制线的编号往"前"挪一位。

定表、反表、定操反、反操定控制线分工如下:

定位表示:X1、X2、X4(偶);反位表示:X1、X3、X5(奇)。

定操反:X1、X3、X4(后);反操定:X1、X2、X5(前)。

2. 电路结构(以表示电路为例)

(1)熟知两条支路的名称(二极管支路、继电器支路);

(2)将二极管支路的作用理解为:“产生直流电,供表示继电器工作”。

3. 电路故障处理基本原则和步骤

(1)基本原则

一般情况下的处理原则:没表示、不论能否操动,均按表示故障处理;有表示、操不动(不论定位有表示、操反位不动,还是反位有表示、操定位不动),在室内 2DQJ 能转极的前提下,将道岔置于有表示的状态,在分线盘测 2 号(X2)、3 号(X3)端子来判断故障范围,如果有 60 V 左右的交流,表示室外动作电路无故障。可记住口诀:“测 2、3,有外好”。

(2)基本步骤:一“操”、二“看”、三“测”、四“判”

一“操”:先将道岔操至故障位置(一定要清楚室外目前的实际位置,确保 2DQJ 状态与室外位置一致);二“看”:观察道岔及道岔辅助组合中的表示继电器状态;三“测”:确定道岔辅助组合中的表示继电器落下后,才需要用万用表 250 V 交流挡在分线盘测试(定位无表示测 1 号、2 号端子,反位无表示测 1 号、3 号端子);四“判”:依据以下电压值来判断故障性质及范围。

①交流 110 V 左右,无直流:室外二极管支路断路。

注:室外二极管支路经主机转接至副机,自动开闭器第一、三排接点接通时,经主机电缆盒 7 号、12 号;自动开闭器第二、四排接点接通时,经主机电缆盒 8 号、11 号。

②交流 75 V 左右,直流 35 V 左右:继电器支路断路。

③交流 55 V 左右,直流 22 V,测直流电压时发现极性不正确(定位时 1 号或 4 号端子为正极、2 号端子为负极;反位时 1 号或 5 号端子为负极、3 号端子为正极):室外二极管极性连接或配线错误。装备 ZYJ7 型电液转辙机的道岔故障处理流程如图 1-23、图 1-24 所示。

4. 故障案例

(1)1DQJ 自闭电路故障

故障现象:某组道岔动作、表示均异常,操动道岔时电流表显示 3 A 持续 1 s 左右恢复 0 刻度。

故障分析:道岔动作时间短,室外观察道岔动作情况为自动开闭器动接点移动至四开位置,动作油缸稍动一下就停机。据现象判断故障为 1DQJ 自闭电路故障。

判断处理:首先观察 BHJ 是否励磁,若未励磁查其励磁电流,若已励磁,将 MF14 型万用表置于直流 25 V 挡,查 1DQJ 自闭电路故障点。借 KF 找 KZ,测试 BHJ 的 31、32 接点,1DQJ32 接点是否有 KZ 24 V 电源。经检测为 BHJ 的 31、32 接点断路,系继电器材质不良所致,更换 BHJ 后故障恢复。

(2)第一、二牵引点连接油管安装错位

故障现象:某站更换 ZYJ7 型电液转辙机,施工后试验道岔不能正常转换。

故障分析:现场观察此故障与其他故障不同之处为主机动作杆能向外伸出,但副机动作杆不能向外伸出,即主、副机动作杆动作不一致。

判断处理:因此为施工后的故障,可将连接尖轨部分拆除,发现操动道岔时,第一、二牵引点的动作杆运动方向不一致,判断为油管在施工过程中安装错位。纠正安装位后,故障消失。

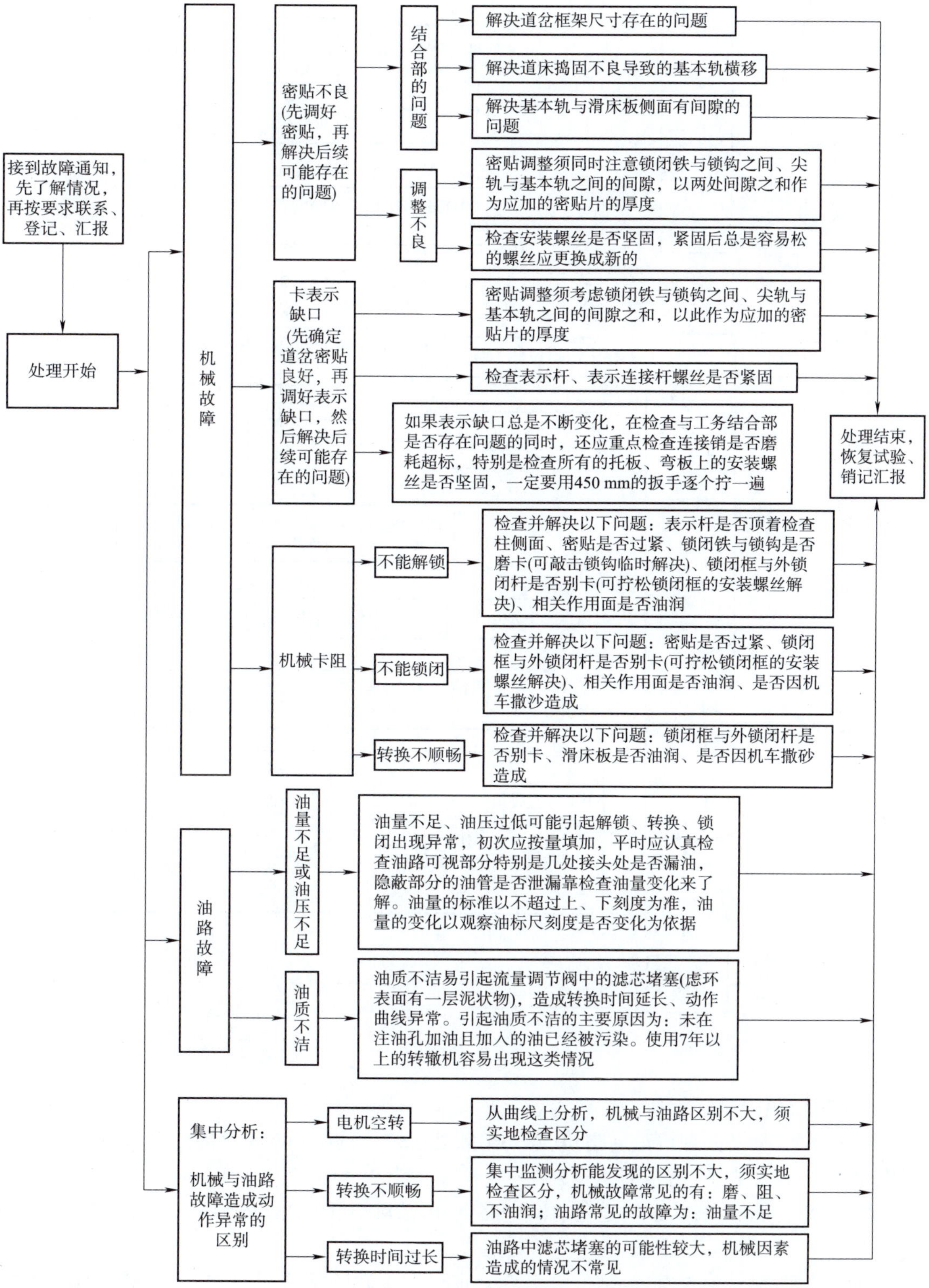

图 1-23 装备 ZYJ7 型电液转辙机的道岔机械与油路故障处理流程

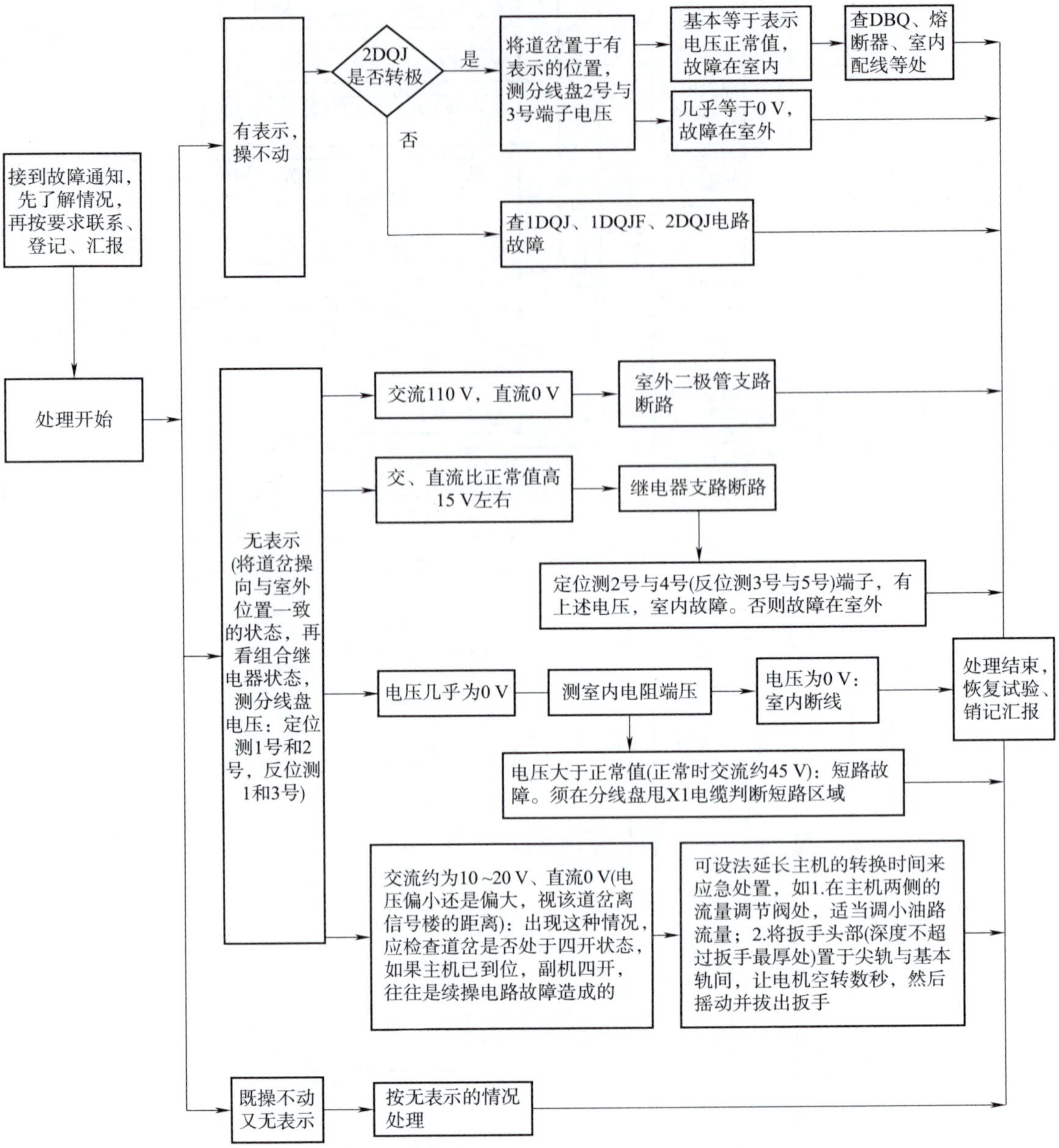

图 1-24　装备 ZYJ7 型电液转辙机的道岔电路故障处理流程

(3)道岔动作超时,无所需位置的表示

故障现象:某站办理接车进路,其中一组须处于定位的 ZYJ7 道岔持续动作 30 s 后方才停止动作,无定位表示,信号不能开放。

故障分析:能够动作,证明道岔启动电路良好,故障分析应侧重于室外检修是否卡阻,油路是否故障。

判断处理:室外检查发现,第一牵引点处定位侧尖轨连接铁安装螺帽松,螺杆伸出卡在尖轨与基本轨间,处理后故障恢复。

(4)某道岔(ZYJ7)动作正常,反位无表示

故障现象:某站排列进路时,其中一组道岔(ZYJ7)反位无表示,挤岔铃鸣响,信号不能开放。

故障分析:动作正常,无表示,说明这是表示电路或机械原因造成的故障。

判断处理:分线盘测试表示线电压,道岔在反位状态下,X1、X3 有交流 110 V 左右电压,无直流,说明室外二极管支路断路。室外测第一牵引点电缆盒 1 号、3 号端子,有交流 110 V 电压,说明信号楼至该道岔第一牵引点正常,再测第一牵引点电缆盒的 7 号、12 号端子无交流电压(注:因为该道岔是自动开闭器第一、三排接通为反位。室外二极管支路经主机转接至副机,自动开闭器第一、三排接点接通时,经主机电缆盒 7 号、12 号;自动开闭器第二、四排接点接通时,经主机电缆盒 8 号、11 号端子。这与定、反位无关,仅与自动开闭器接通位置有关),经检查为主机自动开闭器 16 端子静接点片与动接点环之间有污物,造成接触不良。接点清洁后,设备恢复正常。

(5)道岔动作超时,无所需位置的表示

故障现象:某站办理发车进路,其中一组须处于定位的道岔(ZYJ7)持续动作 30 s 后方停止动作,无所需位置的表示,信号不能开放。

故障分析:能够动作,证明道岔启动电路良好,故障分析应侧重于室外检修是否卡阻,油路是否故障。须去室外检查设备状态。

判断处理:经检查发现第一牵引点机内表示杆与自动开闭器的检查柱紧紧地贴在一起,表示缺口已无间隙(图 1-25),调整好表示缺口,故障恢复。

图 1-25　表示缺口无间隙状态示意

(6)道岔动作超时,无所需位置的表示

故障现象:某站办理发车进路,其中一组须处于定位的道岔(ZYJ7)持续动作 30 s 后方才停止动作,无所需位置的表示,信号不能开放。

故障分析:能够动作,证明道岔启动电路良好,故障分析应侧重于室外检修是否卡阻,油路是否故障。须去室外检查设备状态。

判断处理:经检查发现锁闭杆与锁闭框别卡,调整好锁闭框位置,故障恢复。

装备 ZYJ7 型电液转换设备提速道岔定、反位表示电路简图如图 1-26 所示,转换设备道岔控制电路如图 1-27 至图 1-30 所示。

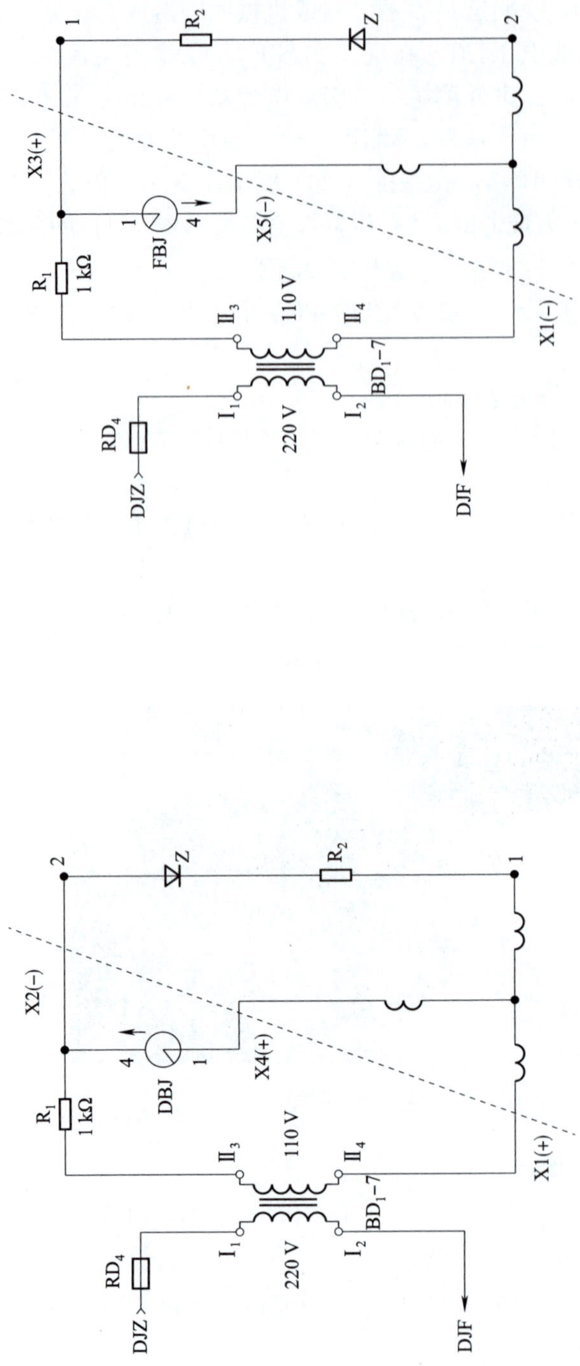

（a）定位表示

（b）反位表示

图 1-26　装备 ZYJ7 型电液转辙机的提速道岔定、反位表示电路简图

定位表示电路故障时，各电压参考值

测试点 / 电源 / 故障点	X1与X2		X1与X4		X2与X4	
	交流/V	直流/V	交流/V	直流/V	交流/V	直流/V
室外X1断	110	0	110	0	0	0
室外X2断	110	0	0	0	110	0
室外X4断	75	35	75	35	0	0
室内X1断	0	0	0	0	0	0
室内X2断	0	0	0	0	0	0
室内X4断	75	35	0	0	75	35

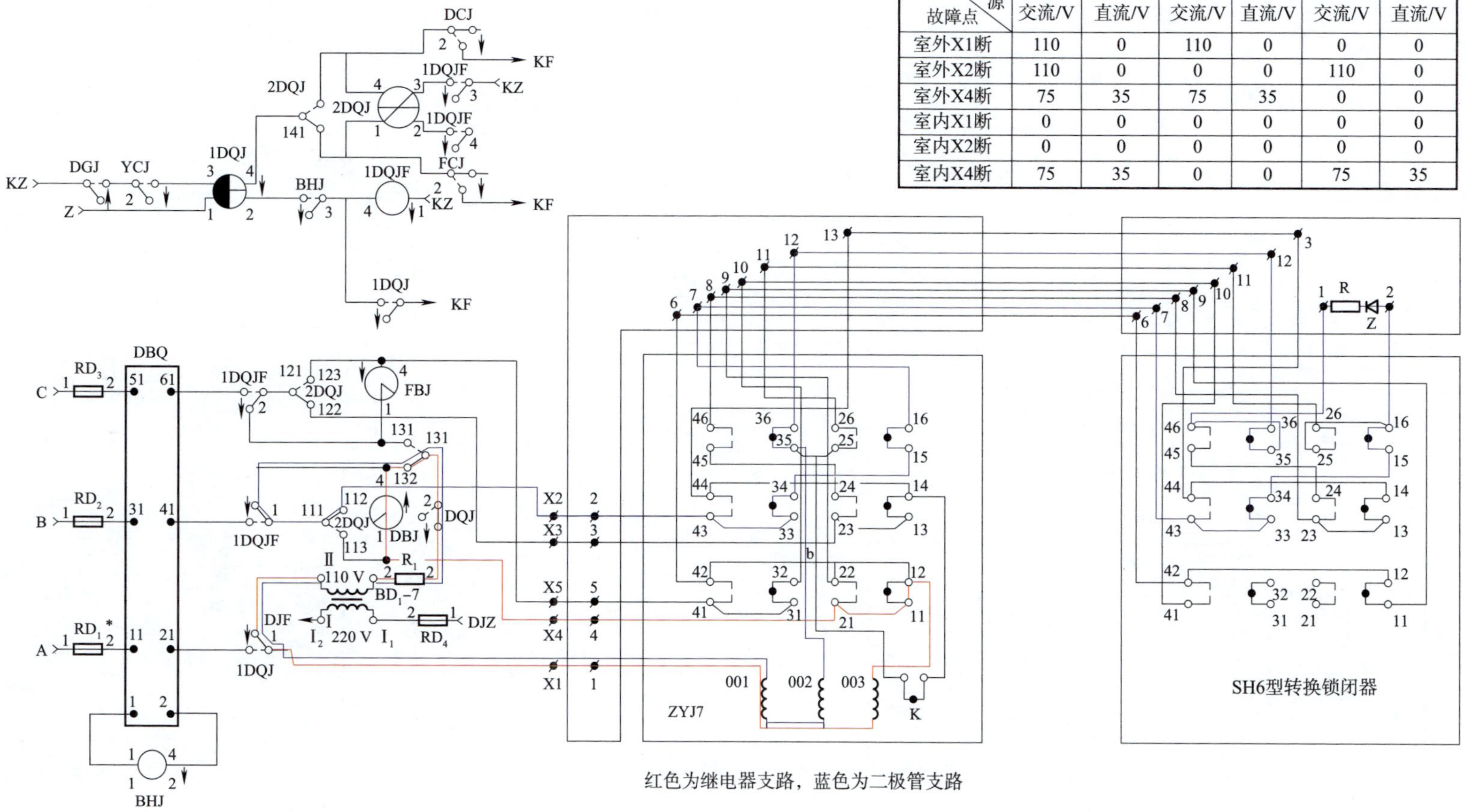

红色为继电器支路，蓝色为二极管支路

图 1-27　装备 ZYJ7 型电液转换设备的提速道岔定位表示电路

反位表示电路故障时，各电压参考值

故障点 \ 电源 \ 测试点	X1与X3		X1与X5		X3与X5	
	交流/V	直流/V	交流/V	直流/V	交流/V	直流/V
室外X1断	110	0	110	0	0	0
室外X3断	110	0	0	0	110	0
室外X5断	75	35	75	35	0	0
室内X1断	0	0	0	0	0	0
室内X3断	0	0	0	0	0	0
室内X5断	75	35	0	0	75	35

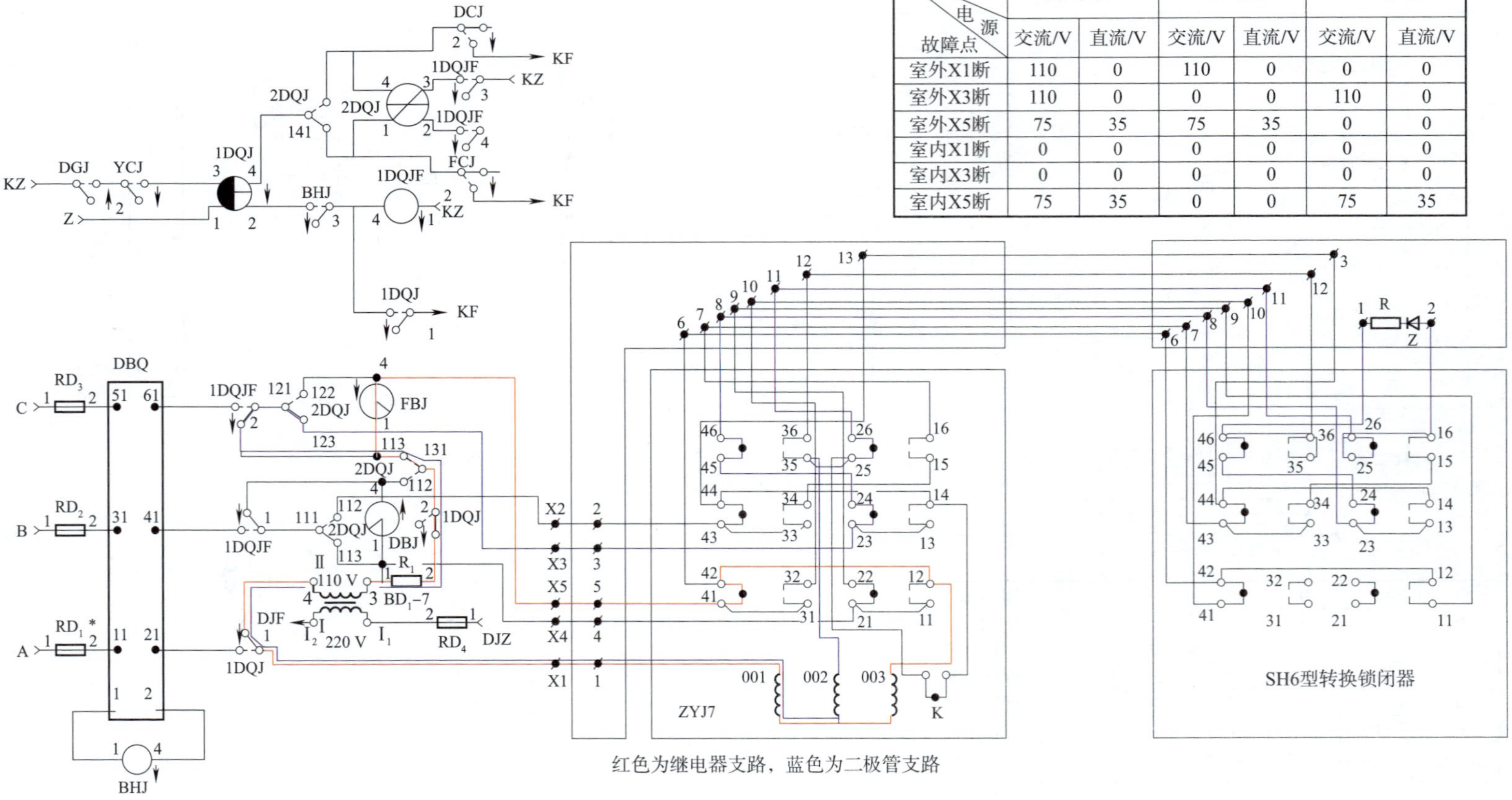

红色为继电器支路，蓝色为二极管支路

图 1-28　装备 ZYJ7 型电液转换设备的提速道岔反位表示电路

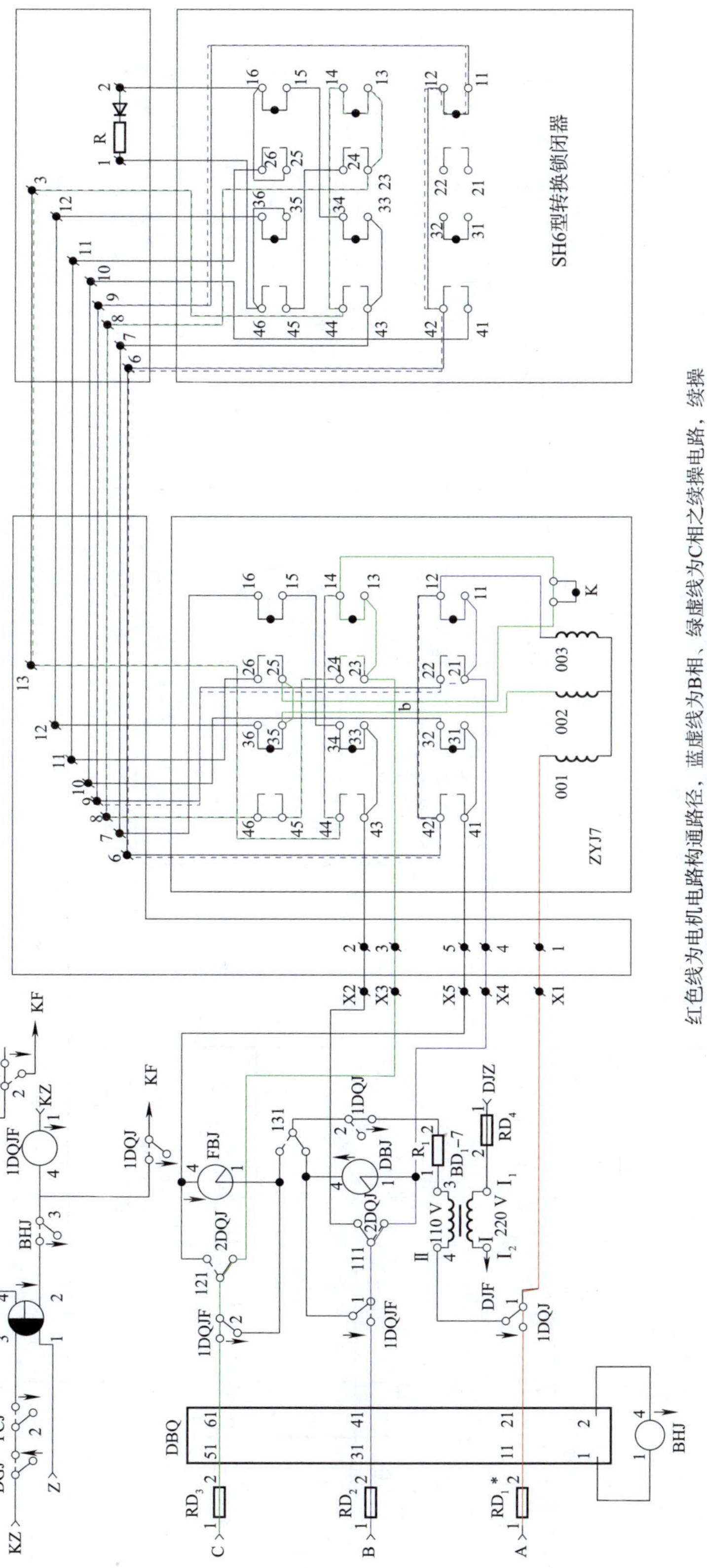

红色线为电机电路构通路径，蓝虚线为B相、绿虚线为C相之续操电路，续操电路在副机滞后于主机后到位时使电机电路不至于断开。

图 1-29　装备 ZYJ7 型电液转换设备的提速道岔定操反控制电路

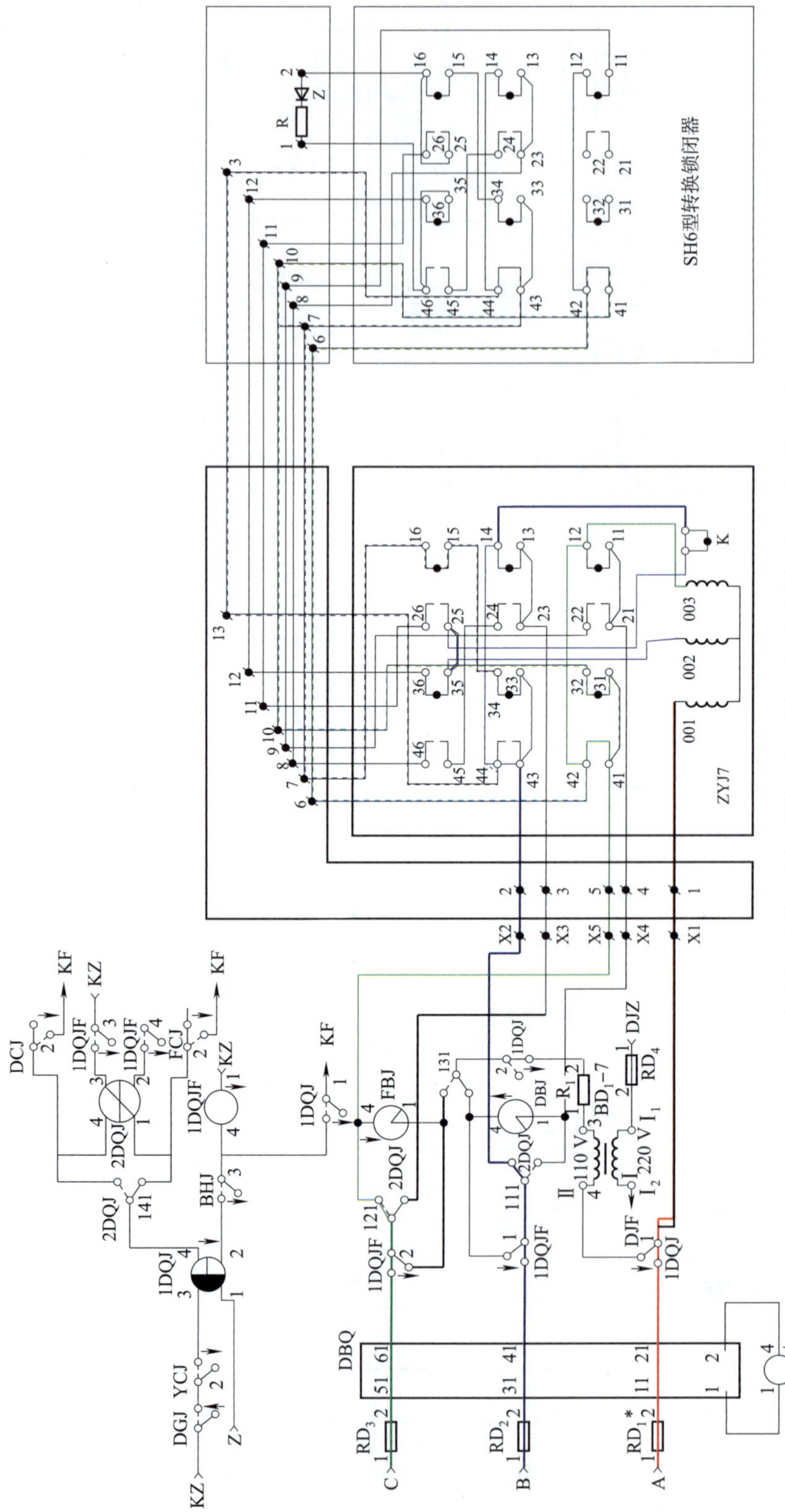

红色线为电机电路构通路径，蓝虚线为B相、绿虚线为C相之续操电路，续操电路在副机滞后于主机后到位时使电机电路不至于断开。

图 1-30 装备 ZYJ7 型电液转换设备的提速道岔反操定操控制电路

三、风险提示

1. 道岔不密贴

原因：设备失修或调整不当；道岔安装螺丝未紧固，密贴状态发生变化；工务部门的基本轨、尖轨状态不良。

危害：轻则引起设备故障，影响设备正常使用，重则造成列车车辆脱轨、掉道、颠覆。

处理：按周期巡视、检修道岔，加强与相关单位的工作协作，提高道岔维修质量。

2. 机械强度不达标

原因：道岔杆件锈蚀、磨耗超标、材质不良等。

危害：轻则引起设备故障，影响设备正常使用，重则造成列车车辆脱轨、掉道、颠覆。

处理：道岔杆件要有防锈蚀措施、及时进行油漆补强，磨耗超标的杆件要及时更换。

3. 人为构通道岔假表示

原因：为了在施工、检修及电路故障处理时图方便省事或规避责任与考核，怀着侥幸心理违章作业。

危害：轻则扰乱正常的行车秩序，重则造成特别重大事故。

4. 人工检查进路时不仔细确认各牵引点道岔位置正确

原因：工作疏忽、违章作业；业务素质差，不清楚人工检查进路时该怎么做。

危害：造成列车、车辆脱轨。

5. 道岔检修作业不使用防挤木

原因：违反基本安全规章。

危害：可能造成人身伤害。

6. 道岔误操

原因：联络用语不规范，意图表达不明确。如：

(1)“24 号道岔”和“2/4 号联动道岔”均表述为“2、4 号道岔”。

(2)室外要求操纵道岔时没有表述清楚操往什么位置以及操动次数。室内操纵人员也不了解、确认清楚。

危害：可能造成人身伤害、危及行车安全。

第二章　25 Hz 相敏轨道电路

一、设备认知

(一)结构组成及作用

1. 结构组成

25 Hz 相敏轨道电路结构组成如图 2-1 所示。

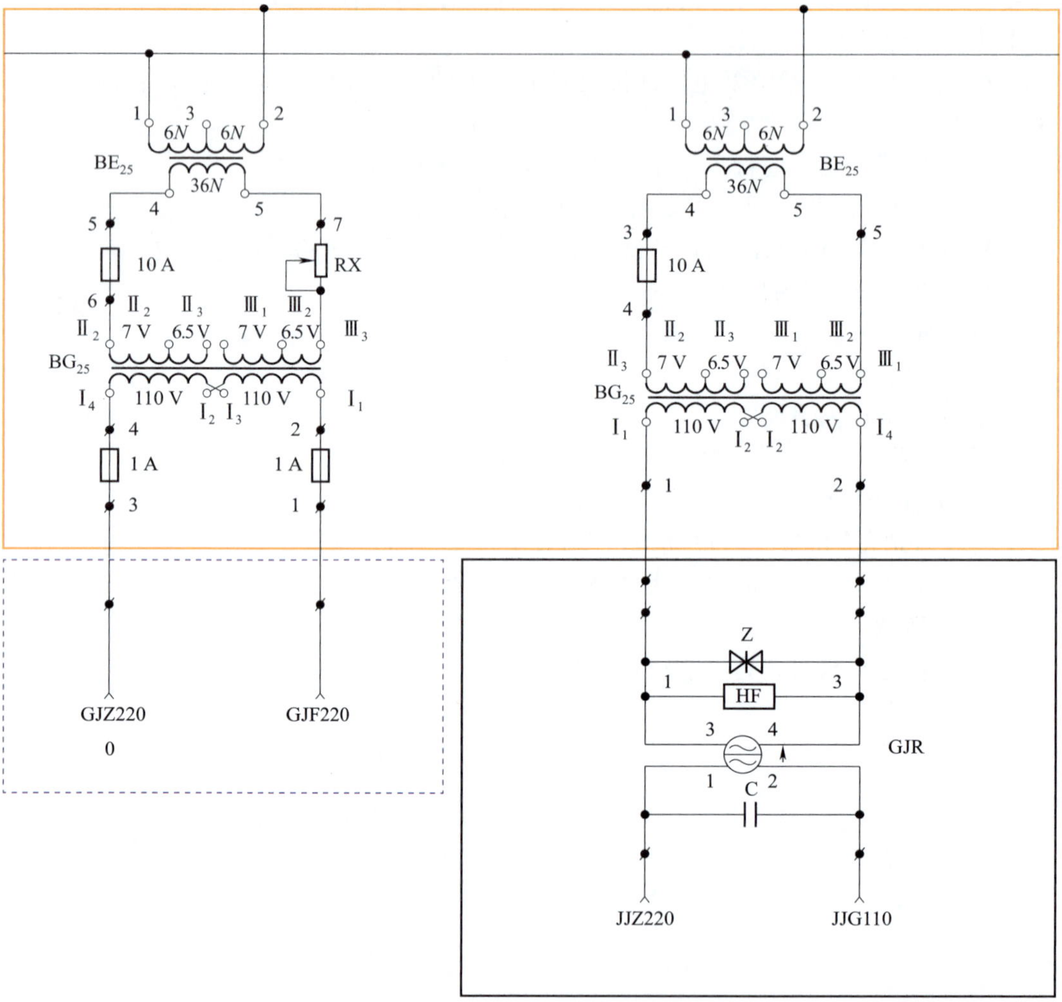

图 2-1　25 Hz 相敏轨道电路结构组成

(1)送电端。

送电端包括轨道电源、BG_{25} 型轨道变压器、变阻器、熔断器、扼流变压器(BE_{25})。

(2)受电端。

受电端包括扼流变压器(BE_{25})、轨道变压器(BG_{25})、熔断器,防雷补偿元件、防护盒、交流二元继电器及局部电源。

(3)钢轨绝缘。

(4)连接导线。

连接导线包括道岔跳线、轨端接续线和扼流引接线、连接室内外的电缆。

2. 主要器件的用途及结构

1. 轨道变压器

(1)用途

在 25 Hz 相敏轨道电路中作为送电端供电变压器或受电端交流二元轨道继电器($JRJC_1$-70/240)的匹配变压器。当用于送电端时作为供电变压器,会根据轨道电路的类型和不同长度供以不同电压。用作匹配变压器时,为使交流二元轨道继电器的高阻抗与轨道的低阻抗相匹配,其变比是固定的,与扼流变压器连接时,变比采用 1/13.89。

(2)结构和外形

轨道变压器外形如图 2-2 所示,轨道变压器结构如图 2-3 所示。

图 2-2　轨道变压器外形

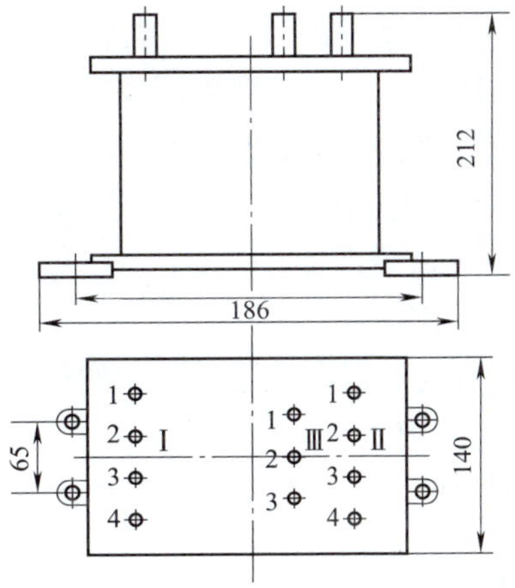

图 2-3　BG-130/25 轨道变压器结构(单位:mm)

(3)主要技术参数

轨道变压器线圈结构如图 2-4 所示,轨道变压器线圈规定值见表 2-1。

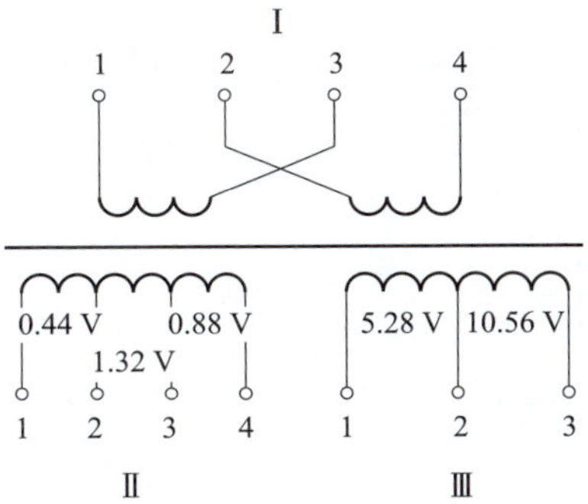

图 2-4　BG-130/25 型轨道变压器线圈结构

表 2-1 轨道变压器线圈规定值

频率/Hz	额定容量/VA	一次额定电压/V	空载电流/mA	二次额定电压/V	二次额定电流/A
25	130	220	≤30	18.48	7

2. 电阻器(固定抽头)

(1)作用

①限流,保护电源。

②调压,通过调整电阻器的阻值,实现轨道电路工作电压的调整。

(2)结构和外形

电阻器外形如图 2-5 所示。

①R1-2.2/220 固定抽头式电阻器。

总阻值:2.2 Ω;允许通过电流:10 A。

尺寸:长×宽×高=235 mm×50 mm×217 mm。

②R1-4.4/440 固定抽头式电阻器。

总阻值:4.4 Ω;允许通过电流:10 A。

外形尺寸:长×宽×高=235 mm×50 mm×217 mm。

③R4-4.4/630 固定抽头式电阻器。

总阻值:4.4 Ω;允许通过电流:12 A。

外形尺寸:长×宽×高=235 mm×50 mm×217 mm。

图 2-5 电阻器(固定抽头)外形

3. 扼流变压器

(1)用途

扼流变压器在轨道电路中的作用是用以构通牵引电流。

(2)结构

扼流变压器结构如图 2-6 所示,接线如图 2-7 所示。

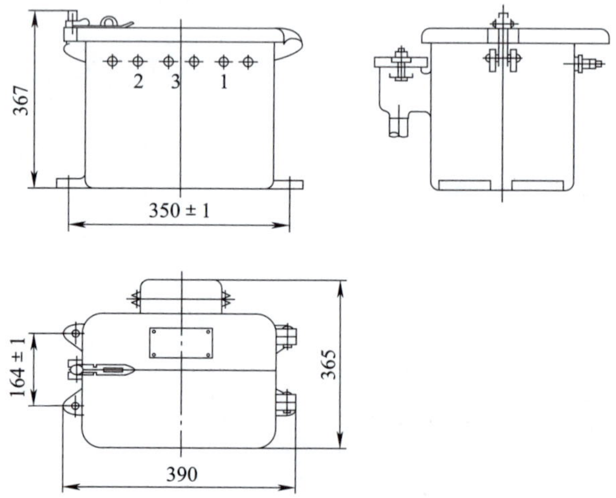

图 2-6 扼流变压器结构示意(单位:mm)

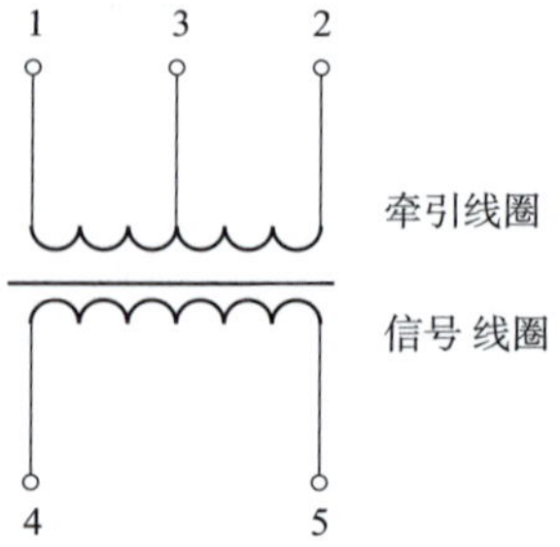

图 2-7 扼流变压器的接线

4. 防雷补偿器

防雷补偿器原理如图 2-8 所示。

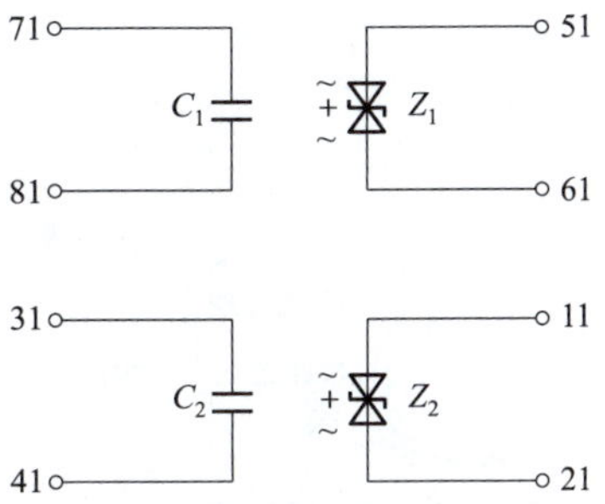

图 2-8　防雷补偿器原理

(1)作用

①HF_2-25 型防护盒是由电感(0.845 H)和电容(12 μF)串联而成,并接在轨道继电器的轨道线圈上。

②对 50 Hz 呈串联谐振,相当于 20 Ω 电阻,对干扰电流起着减小轨道线圈上的干扰电压作用。

③对 25 Hz 信号电流相当于 16 μF 电容,起着减少轨道电路传输衰耗和相移的作用。

(2)结构

防护盒内部电路如图 2-9 所示,结构如图 2-10 所示。

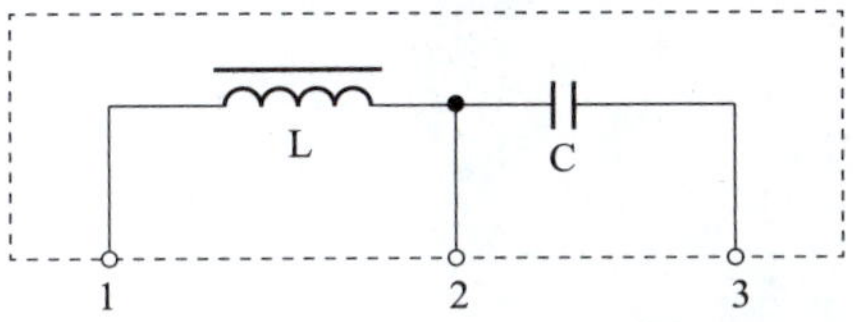

图 2-9　HF_2-25 型防护盒内部电路

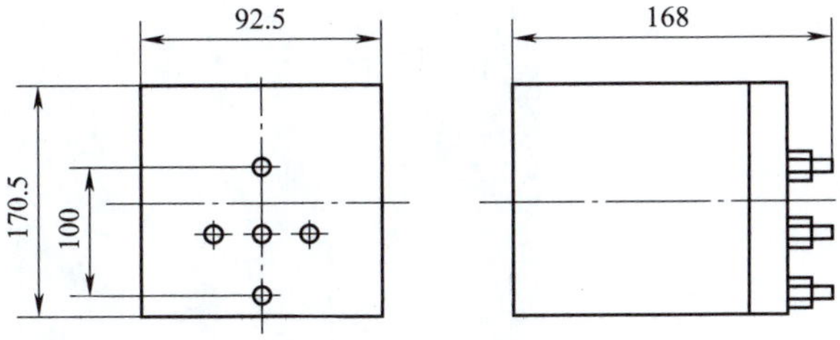

图 2-10　HF_2-25 型防护盒结构(单位:mm)

5. 交流二元继电器

交流二元继电器结构如图 2-11 所示,外形如图 2-12 所示。

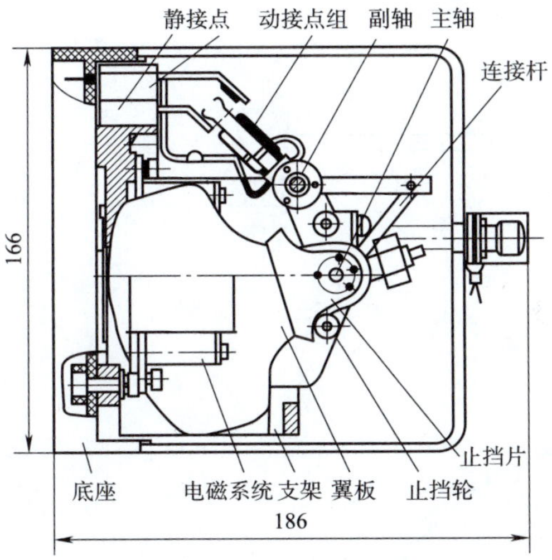

图 2-11　交流二元继电器结构(单位:mm)

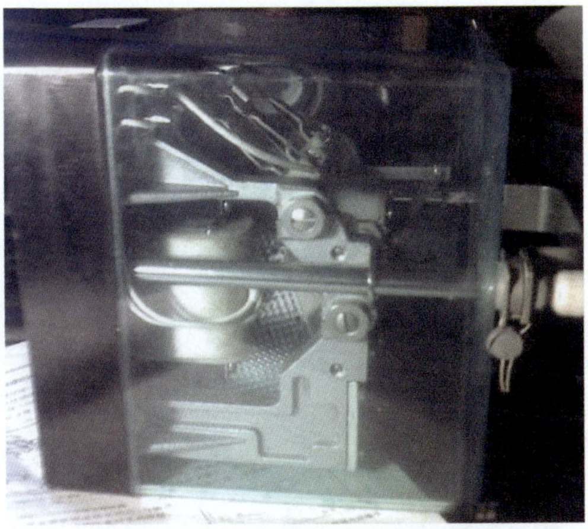
图 2-12　交流二元继电器外形

6. 钢轨绝缘

钢轨绝缘结构如图 2-13 所示,外形如图 2-14 所示。

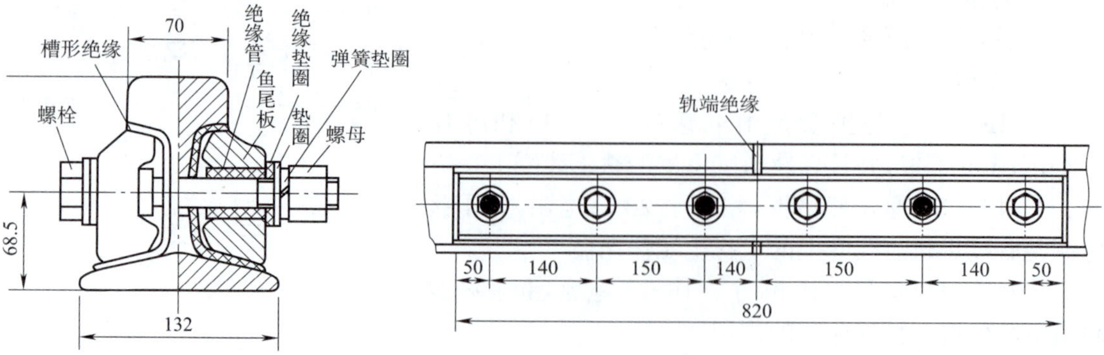

图 2-13　钢轨绝缘结构(单位:mm)

图 2-14　钢轨绝缘外形

7. 轨道电路连接线——YG 型钢轨引接线

轨道电路连接线结构如图 2-15 所示,外形如图 2-16 所示。

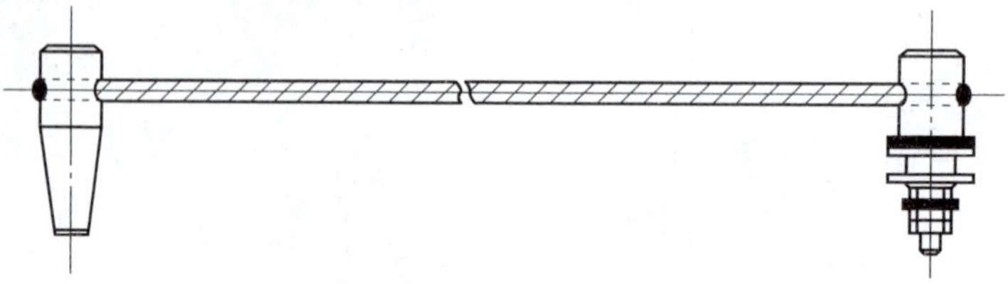

图 2-15　轨道电路连接线结构

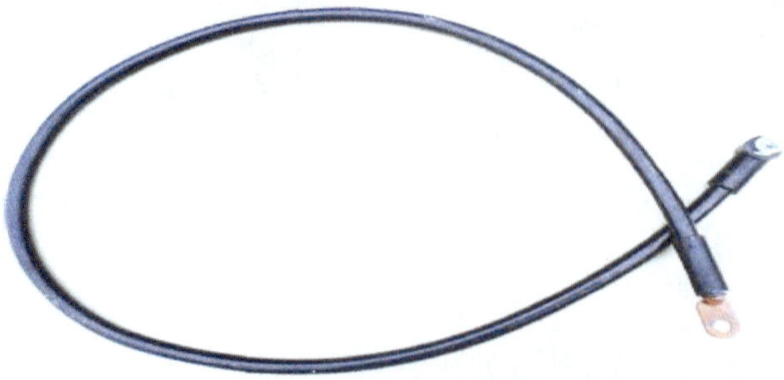

图 2-16　轨道电路连接线外形

8. 轨道电路连接线——轨端接续线

轨端接续线结构如图 2-17 所示，外形如图 2-18 所示。

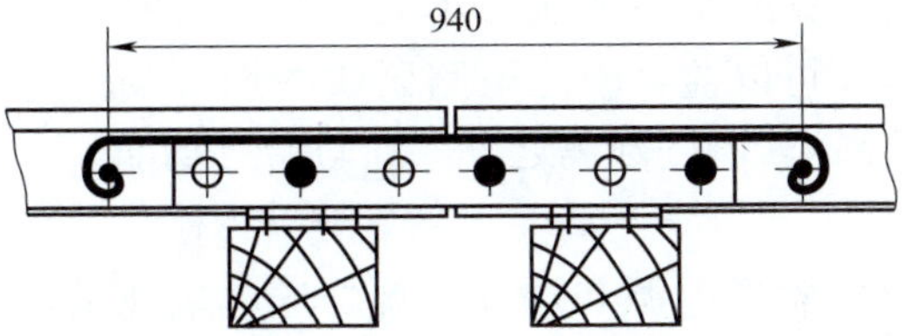

图 2-17 轨端接续线结构

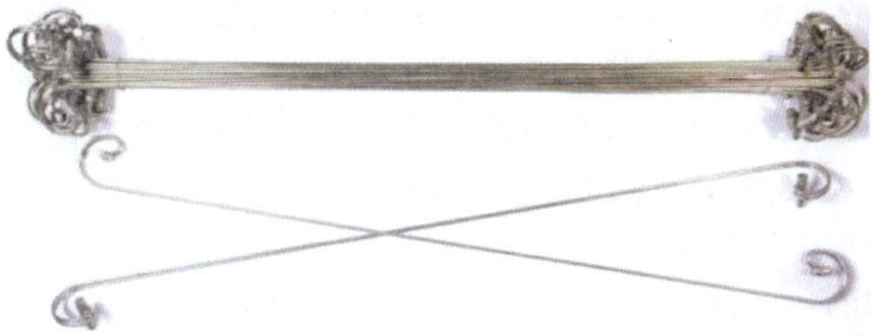

图 2-18 轨端接续线外形

9. 轨道电路连接线——道岔跳线

道岔跳线结构如图 2-19 所示，外形如图 2-20 所示。

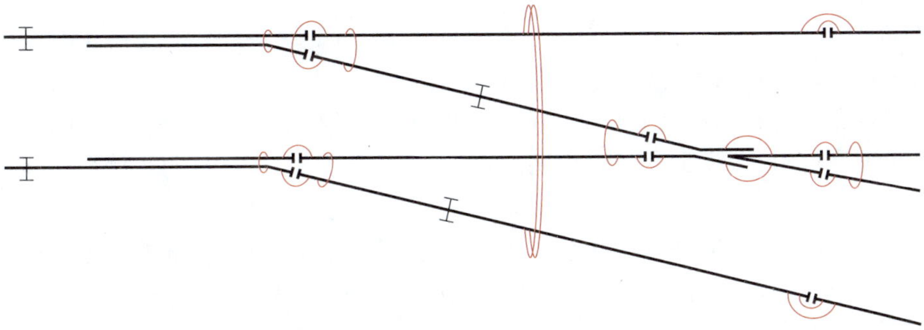

图 2-19 道岔跳线结构

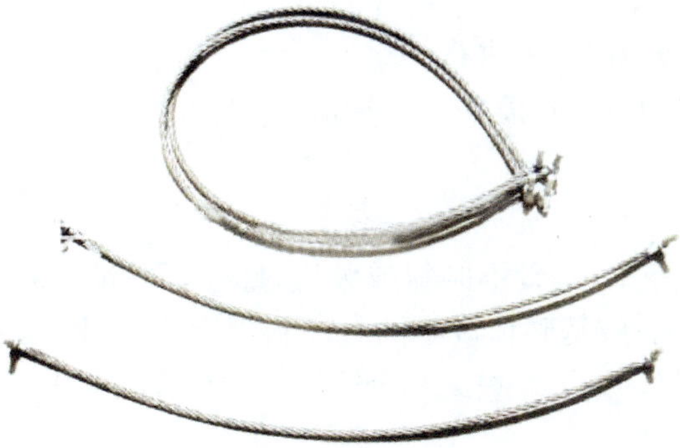

图 2-20 道岔跳线外形

(二)功能及工作原理

1. 功能

相敏轨道电路主要用于铁路车站或城轨车辆段的站场内,其功能主要是监督轨道电路区段是否有车占用,此外,还可以监督轨道电路区段的钢轨线路是否完整,但不具备传递行车信息的功能,也不具备除钢轨电气断离之外的断轨检查功能。

2. 工作原理

电源屏分别提供 25 Hz 轨道电源和局部电源。送电端轨道电源 GJZ220、GJF220 经轨道变压器降压后,再经过扼流变压器送至钢轨。在受电端,轨道电压经扼流变压器、匹配变压器升压后送至交流二元继电器 GJ 的轨道线圈 3-4 端子(或微电子相敏接收器)。

轨道继电器 GJ 的轨道线圈和局部线圈电源满足规定的相位和频率要求时,若轨道区段无车占用,则 GJ 吸起,表示此时轨道电路处于调整状态。一旦列车进入轨道区段,GJ 落下,此时轨道电路处于分路状态。此外,当轨道区段钢轨断裂(电气断离)或其他连接导线断开时,送至轨道线圈的电压为零,GJ 落下,此时,轨道电路处于分路状态。

当轨道电源和局部电源频率、相位不符合时,GJ 落下。

交流二元继电器的特性使 25 Hz 相敏轨道电路具有相位及频率鉴别能力,即相敏特性,因此其抗干扰性能高。

二、设备维护

(一)标准化作业

1. 作业前

(1)准备工作

班前布置会,工具、仪表、防护用具准备。

召开班前布置会;检查、试验仪表、联络工具良好;维修工具整套齐全,工具包内应有应急小零件和维修材料;按规定穿戴防护用品,携带防护用具。

(2)联系、登记

电务联络员联系、登记、要点,联系车务人员了解列车运行情况,根据天窗修计划、日常维护以及整修作业内容进行登记、要点,经车务人员同意、签认后方可进行作业。

(3)说明事项

①日常维护(巡视)应制定设备巡视线路图,维护(巡视)作业应按规定的巡视线路图完成。

②整修作业必须在“天窗”点内进行。

③上道作业应实行双人双岗,设安全防护员,专人防护。

2. 作业中

(1)日常巡视

①检查箱盒无破损、漏水,基础不倾斜或破损,螺栓紧固情况箱盒无破损,箱盒底部距地面不少于 150 mm,排水良好,基础埋设牢固有倾斜限度不超过 10 mm。

②检查加锁装置良好,重点检查塞钉连接处是否锈蚀断股,轨缝不标准应配合工务整治。

③检查送受端引接线轨道接续线、道岔跳线。

a. 引接线无断股，轧伤，固定良好，塞钉不松动或脱落、油润。

b. 扼流变中点连接板(线)、横向连接线良好。

c. 固定装置良好。

d. 引接线、轨道接续线、道岔跳线、横向连接线、扼流连接线不得埋于土或石砟中，固定良好、油润，不断股或断股不超过五分之一。

e. 引接线、道岔跳线、横向连接线、扼流连接线处不得有防爬器和轨距杆等杂物，穿越钢轨处距轨底不应小于 30 mm，不得与可能造成短路的金属件接触。

f. 用钳型表测试长短引接线，长短引接线电流平衡；检查测试横向连接线不锈断。

④钢轨绝缘，轨距杆、道岔连接杆、连接垫板及安装装置绝缘检查。

a. 各部绝缘无严重破损，绝缘节轨缝须保持 6～10 mm，绝缘不单破。

b. 工务扣件不碰鱼尾板。

c. 道岔杆件不相碰、不碰轨底、不碰槽钢。

检查外界对设备的干扰，检查轨道区段有无灰边及各类短路线，重点检查塞钉连接处是否锈蚀断股，轨缝不标准应配合工务整治。

⑤轨道电路Ⅰ级测试，测试轨道室内端电压，符合《维规》标准(每日)。

⑥电气化电缆接地，电气化电缆接地良好。

(2)集中检修

①变压器箱、扼流变压器外部检查。

a. 变压器箱、扼流变压器安装牢固，无破损、裂纹、漏水，平直，基础方正，倾斜限度不超过 10 mm。

b. 加锁良好，编号字迹清楚，箱体无积灰，油饰良好。

c. 箱盒底部距基础面的距离不小于 150 mm，基础面方正、水平、不积水。

d. 引接线、中心连接板、横向连接线、吸向线连接紧固良好。

②变压器箱内熔断器检查、更换。

a. 熔断器安装牢固，接触良好，不变形，有容量标志及更换日期，容量符合规定。

b. 带扼流的轨道区段轨道变压器Ⅱ次侧熔断器为 10 A，送端轨道变压器Ⅰ次侧熔断器为 1 A；适配器熔断器为 2 A。

c. 安装双套熔丝转换装置的进行主副转换试验，不良更换；安装单套熔断器的每 2 年更换一次，安装液压断路器的，故障更换。

③变压器箱内部检查。

a. 变压器、室外隔离盒安装牢固，无严重锈蚀，端子板无裂纹，线圈不过热，限流电阻安装稳固，可调接点接触良好，不松动，弹力适当，25 Hz 相敏轨道电路送端可调电阻应满足：(旧型)送电端有扼流变压器时，其电阻为 4.4 Ω；送端无扼流变压器时，其电阻为 2.2 Ω，送端可调电阻应调整不少于总电阻的三分之一；97 型送电端有扼流变压器时，其电阻调整为 4.4 Ω；送端无扼流变压器时，一送一受送端电阻调整为 0.9 Ω，一送多受送端电阻调整为 1.6 Ω，受端电阻允许从 0～全阻值进行调整。

b. 端子紧固，垫圈齐全，与变压器箱连接线引接处绝缘良好，各端子均有压紧螺母，配线整齐，绑扎良好，不破皮，断股不超过五分之一，电缆去向应有铭牌，电缆头封闭良好，盘根完好。

c. 防雷元件安装正确，元件无击穿现象。

d. 变压器箱内部通风，防尘措施良好，清扫干净，导电部分清洁明亮。

④检查、补齐、整理送受电端引接线，轨道接续线，道岔跳线及卡钉。

a. 扼流变中点连接板(线)、横向连接线良好。

b. 补偿电容及固定架良好。

c. 引接线、钢轨接续线、道岔跳线、横向连接线、扼流连接线长度适当，不得埋于土或石砟中，固定良好、油润，不断股或断股不超过五分之一。

d. 引接线、道岔跳线、横向连接线、扼流连接线处不得有防爬器和轨距杆等杂物，穿越钢轨处距轨底不应小于 30 mm，不得与可能造成短路的金属件接触。

⑤钢轨绝缘、道岔安装装置绝缘、轨距杆绝缘检查测试(是否有短路现象)。

a. 绝缘测试，不良更换。

b. 用电阻挡测量角钢与四个角形铁的螺栓应有很大的阻值(一般应为 500 Ω 以上)。

c. 正线分解、检查轨道绝缘，更换不良部件(其他根据需要)。

⑥进行Ⅰ级测试。

a. 对 25 Hz 相敏轨道电路受电端变压器限流电压要求端电压应为 18～24 V。

b. 分路残压测量：用 0.06 Ω 电阻线在轨面任一地方分路，25 Hz 相敏轨道电路继电器端电压不大于 7 V，97 型不大于 7.4 V，其前接点断开。

c. 25 Hz 相敏轨道电路受电端无扼流变压器时，受端轨道变压器变比为 40∶1，带扼流变压器无适配器时，受端轨道变压器变比为 18.3∶1，带扼流变压器带适配器时，受端轨道变压器变比为 30∶1，送端轨道变压器的变比可适当调整。

⑦极性交叉校核及绝缘破损试验。

a. 轨道电路内的各种绝缘装置均须保持绝缘良好，邻接轨道电路间钢轨绝缘破损时，轨道接收设备应不受邻接轨道电路电源而误动或有符合设计要求的防护措施。

b. 极性交叉正确，不良调整。

⑧测试防雷元件，不良更换。

⑨电气化区段电缆接地良好，接地电阻≤10 Ω。

3. 作业后

(1)试验

室内、外设备检查试验；设备整修完毕后，室内外彻底试验良好，并会同车务试验。

(2)办理销记

经试验良好后，停止作业，由电务联络员在“行车设备检查(施工)登记簿”(运统 46)内登记销点，交车务签认。

(二)常见问题处理

1. 25 Hz 相敏轨道电路调整

由于 25 Hz 相敏轨道电路采用集中调相方式，电源屏输出的局部电源电压恒超前于轨道电源电压 90°，因而不需要对轨道电路进行个别调相。在一般情况下，轨道电源经轨道电路的各个环节传输后，到达轨道继电器轨道线圈时将会产生一定相移，从而造成一定的失调角。失调角并不大，即使是一送多受的轨道电路，在某些情况下其失调角偏大一些，但仍可以用提高供电电压的方法来补偿因失调角引起的转矩减小，以使翼板得到规定的转矩。因此，25 Hz 相敏轨道电路的调整主要是供电电压的调整。

在调整 25 Hz 相敏轨道电路时，应主要参考调整电压表，对照检查轨道继电器或微电子相敏接收器(或轨道接收变压器)的轨道线圈的端电压是否能够满足技术标准的要求，视道砟电阻的情况判断是否符合规律。25 Hz 相敏轨道电路调整注意事项如下：

(1)送电端限流电阻的数值以及受电端中继变压器的变比，应按原理图的规定加以固定，不应作为轨道电路的调整手段进行调整。在调整前，应首先检查送电端限流电阻和受电端中继变压器的变比是否符合原理图的规定；然后再调整供电变压器的二次电压，使之满足轨道电路的工作要求。

(2)在调整轨道电路前，应检查元件间是否按同名端相连，和轨道的连接是否符合相位交叉的要求，在调整供电变压器时，也应注意不要将同名端接错。

(3)对于一送多受的轨道电路，因道岔布置的不同，分路最不利地点也不同，故检查分路除应在送电端和所有受电端进行检查外，仍需在岔尖及其他地点检查，如带无受电分支，还应在无受电分支的末端检查，只需保证有一个受电端符合有分路检查的要求。

(4)对设有空扼流变压器的轨道电路，应对其轨道电路进行补偿，有电码化的区段，还应对机车信号的电码化信息进行补偿。应根据机车信号信息来选择相应的补偿器，在确定了补偿器的基础上在实施供电电压的调整。

(5)一送多受时，轨道电路的受电端电阻也应按调整参考表的给定值固定。

(6)一送多受轨道区段带有空扼流变压器的无受电分支区段，可先用第(4)项方法进行补偿，然后按第(5)项方法确定各受电分支电阻值，最后调整供电电压及轨道电路的相位交叉。

(7)应检查电码化机车入口电流是否符合要求。

2. 极性交叉测试

用万用表交流 2.5 V 挡，分别测试两轨面和两绝缘节，如果两轨面电压之和≈两绝缘节电压之和，说明极性交叉正确，极性交叉检查测试位置如图 2-21 所示。

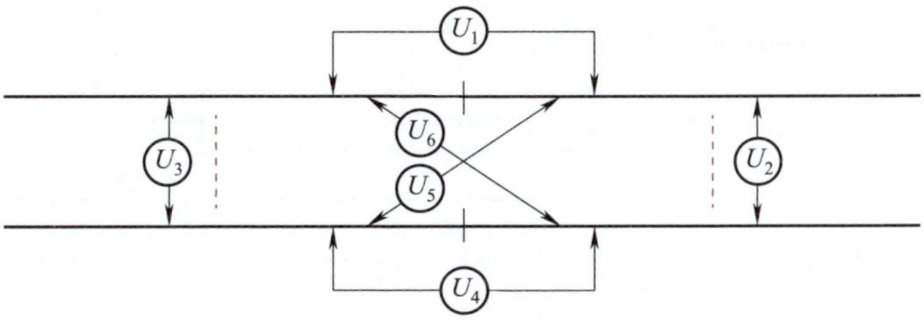

图 2-21　极性交叉检查测试位置示意图

极性交叉：

$U_1+U_4\approx U_2+U_3$；

$U_1>U_5$，$U_1>U_6$；

$U_4>U_5$，$U_4>U_6$。

3. 胶接绝缘检查测试

使用 MF14 型万用表，3 V 化区段选用交流 10 V 挡，普通区段选用交流 2.5 V 挡。

测试：测试三个电压数值，通过比较可以得出胶绝缘好坏。该三个电压分别为绝缘节两端电压(U_1)、工务夹板与左轨面间电压(U_2)、工务夹板与右轨面间电压(U_3),U_1、U_2、U_3 三个电压测试位置如图 2-22 所示。

判断:

(1)若 U_2、U_3 电压值基本平衡,U_1 近似为两相邻轨面电压和的一半,则该组胶接绝缘良好。

(2)若 $U_2=0$(或 $U_3=0$),$U_3=U_1$(或 $U_2=U_1$),则该组胶绝缘不良。

(3)万用表电阻×1 挡测试电阻值,若电阻值大于 20 Ω 则该组胶接绝缘已坏。

(4)若 U_2 与 U_3 电压值相差 3 倍及以上则该组胶接绝缘处于临界状态。

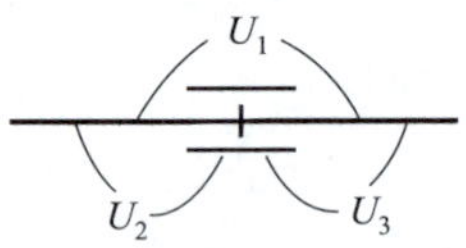

图 2-22 U_1、U_2、U_3 电压测试位置

4. 轨距杆绝缘破损测试

(1)中间加绝缘的轨距杆:将万用表放在交流 2.5 V 挡,一表笔搭在轨距杆的铁板上,另笔分别搭在两个轨面上测,在哪个轨面上测出电压,说明另一端杆与夹板间绝缘破损。

(2)两端加绝缘的轨距杆:将万用表放在交流 2.5 V 挡,将一表笔搭在轨距杆上,另一表笔分别对两轨面测,哪个轨面有电压,则说明轨距杆的另一端绝缘破损。

(3)粘接式绝缘轨距杆:每年结合春、秋检,其下道测试值不小于 1 MΩ。

(三)常见故障处理

25 Hz 相敏轨道电路的故障类型,从故障发生时呈现的区段数量分,有单个区段故障和多个区段故障;从故障的性质分,有开路故障、短路故障、半开路故障、半短路故障、开路短路混合故障等。无论发生何种类型故障,在处理之前,首先要熟悉故障处理的基本流程。

1. 故障处理流程

对于单个区段故障,其故障处理流程如图 2-23 所示。

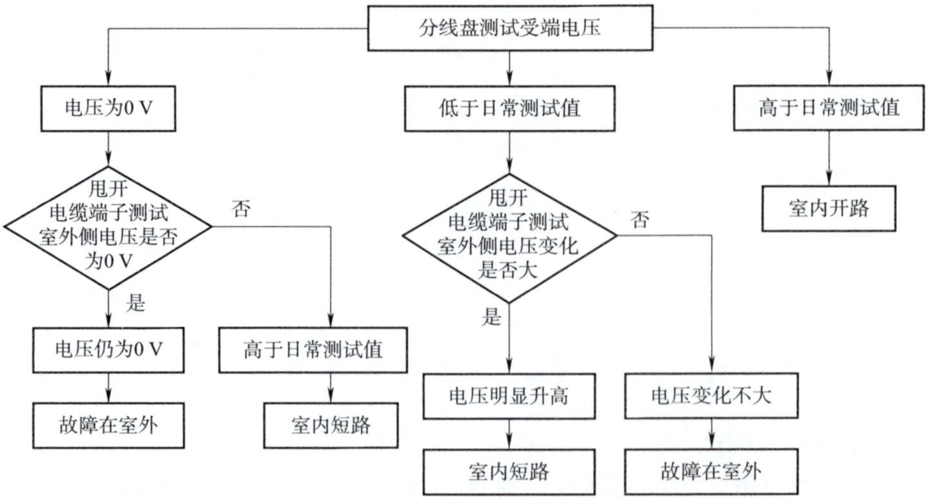

图 2-23 单个区段故障处理流程

对于多个区段同时出现的故障，其故障处理流程如图 2-24 所示。

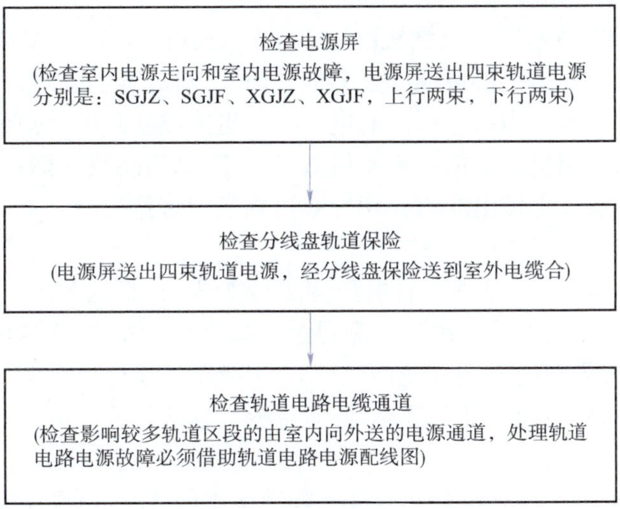

图 2-24　多个区段故障处理流程

2. 故障处理思路

处理故障时首先要判断故障的部位，缩小故障查找范围，以便迅速、准确地处理故障。故障的部位可划分四部分：室外的轨道电路、电缆传输、继电器的接点电路、移频设备。在进行故障处理之前，特别需要注意的地方：由于 25 Hz 相敏轨道电路站内电码化采用的是叠加式发码，所以对其故障的处理，室内必须断开发码条件，以免误导室外故障处理者，轨道电路电源配线如图 2-25 所示。

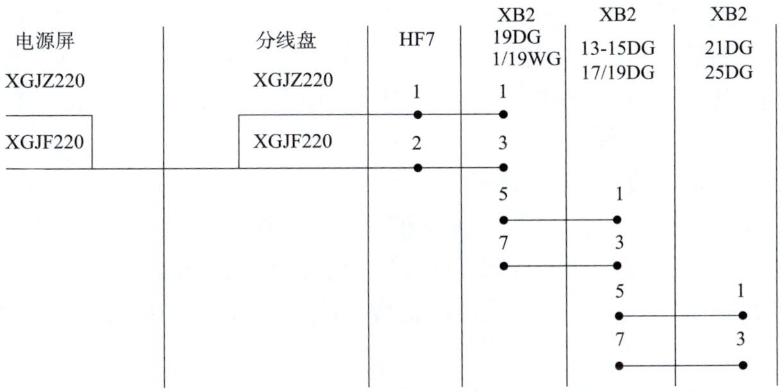

图 2-25　轨道电路电源配线

3. 故障判断方法

(1)区分室内还是室外故障

当轨道电路发生故障，首先必须区分是室内还是室外故障，25 Hz 相敏轨道电路也不例外。区分的方法如下：在分线盘接收端测量有无电压，若电压正常或较高，则为室内故障；若无电压或电压低则应甩开电缆测电缆上的电压，若无电压或电压低则为室外故障；若电压正常或稍高则为室内故障且多半为短路故障。

(2)区分开路还是短路故障

由于25 Hz相敏轨道电路送至钢轨的轨面电压一般在0.5～1 V左右，电压较低，当发生开路或短路故障时轨面电压都可能降至零值。因此，对故障的处理，要进一步区分是开路还是短路故障。测量送电端限流电阻上的电压值是迅速准确判断轨道电路是开路还是短路故障最有效的方法。当测得的数值比正常值低或为零，则为断线故障；当测得数值比正常值高或与送端轨道变压器Ⅱ次侧电压大致相等时可判断为短路故障。

①开路故障判断方法。

当开路点前的电压升高，开路点后电压降低或为零，而此时轨面电压则是区分是送电端、受电端还是通道开路故障的关键。若测得送电端轨面为零，则为送电端及其电源线有开路故障；若正常值高可再测受电端处轨面电压，若还高，则可判断受电端部分及其电源线开路，若电压很低或为零则为通道部分开路，此时可分段查找。

②短路故障判断方法。

当发生短路故障时，轨面电压会大幅度下降甚至零值，而送电端限流电阻电压会显著上升。此时，可抽出送电端一根电源线，测两电源线电压。若正常或稍高，则可判断送电端部分良好，为通道及受电端部分短路；若还是电压很低或为零值则为送电端部分短路。在确认送电端部分良好后，可接上电源线。再抽出受电端一根电源线测受电端轨面，若电压正常或稍高则为受端电源线及受电端部分短路；若还是很低或为零值则为通道短路。对于通道短路应着重测量检查钢轨绝缘、安装装置、轨距杆绝缘、极性线或有无异物短路。

4. 故障案例

(1)开路故障

①故障原因：送电端电源线断。

查找方法：首先测量送电端轨面电压，此时应为0 V。打开送电端箱盖测限流电阻电压正常，可判断为开路故障，且为送电端部分。依次测轨道变压器Ⅱ次侧，扼流变压器Ⅱ次侧、Ⅰ次侧端子电压，各点电压正常或稍高，则可判断为电源线至钢轨部分断线或塞钉头接触不良，经检查发现1.6 m电源线锈断。

②故障原因：通道钢轨接续线双断。

查找方法：测量送电端轨面电压比正常值稍高，再测受电端轨面电压显著下降或为零值，可判断为通道部分开路。检查测量钢轨接续线、跳线，有无断轨，测量至另一钢轨接头处，一端电压稍高，一端无电压，结果发现钢轨接续线塞钉头双双锈断。

(2)短路故障

①故障原因：道岔安装装置绝缘破损短路。

查找方法：测轨面电压很低或为零值，再测限流电阻电压显著上升，可判断为短路故障，此时冲出受电端一根电源线，测两电源线电压正常，可接好电源线再冲出受电端一根电源线测受端轨面电压。此时电压还很低或为零值，可判断故障范围为通道部分短路，测安装装置绝缘发现短路。

②故障原因：受电端扼流变压器至轨道变压器两电缆混线短路。

查找方法：测轨面电压很低或为零值，再测限流电阻电压显著上升，判断为短路故障。冲出送电端一根电源线，测电压正常，接好电源线，再冲出受电端一根电源线，测轨面电压正常或稍高,可判断为受电端及其电源线有短路。再接好电源线,甩开扼流变压器Ⅱ次侧一根电缆,测电压正常,可判断受电端电源线至扼流变压器Ⅰ次侧、Ⅱ次侧正常,接上电缆;此时再甩开轨道变压器箱扼变至轨变箱其中一根电缆测电压发现很低或为零值,可判断扼流变压器至轨道变压器电缆短路。

三、风险提示

1. 施工完后轨道电路无占用表示或与实际不一致

危害:危及行车安全。

防范:

(1)核对清楚轨道电路所有支路占用和极性交叉情况。

(2)轨道电路的设置必须满足设计规范要求。

(3)钢轨绝缘、接续线、中心连接板和横向连接线设置符合设计技术规范。

(4)轨道电路试验不达标严禁开通使用。

2. 轨道电路结合部病害

危害:容易导致设备故障,影响行车。

防范:工作中加强和工务、供电部门的沟通和协调,发现问题及时处理。

3. 钢轨绝缘位置设置错误

危害:不能完全反映机车车辆占用轨道电路区段,危及行车安全。

防范:技术负责人严格审核设计图纸,做好图纸设计前的前期调查工作,轨道电路死区段长度,死区段间距离须符合技术规范。

4. 轨道电路分路不良

危害:有车占用不能显示占用,危及行车安全。

防范:钢轨涂防锈层、压车整治。电压按调整表调整。

第三章　ZPW-2000 系列无绝缘轨道电路

一、设备认知

(一)系统简介

ZPW-2000 系列无绝缘轨道电路是区间信号闭塞系统、列车运行控制系统和车站信号联锁系统的安全基础设备，型号包括 ZPW-2000A、ZPW-2000R、ZPW-2000G 等，其具备下列基本功能：

1. 调整状态时，实现区段空闲基础。

2. 分路状态时，实现区段列车占用检查。

3. 实现轨道电路向车载设备信息的传输。

ZPW-2000 系列轨道电路按用途可分为区间无绝缘轨道电路和站内一体化轨道电路。

1. 区间无绝缘轨道电路：主要采用电气绝缘节方式，根据载频配置电气绝缘节调谐设备和轨旁阻抗匹配设备。电气绝缘节隔离系数不小于 8。

2. 站内一体化轨道电路：主要采用机械绝缘节方式，配置机械绝缘节轨旁阻抗匹配设备。

ZPW-2000 系列轨道电路按编码方式可分为继电编码轨道电路和通信编码轨道电路。

1. 继电编码轨道电路：继电编码，发送器采用“$N+1$”(或 1+1)冗余，接收器采用“0.5+0.5”双机并联冗余，应用于既有普速线路。

2. 通信编码轨道电路：计算机通信编码，发送器采用“1+1”冗余，接收器采用“0.5+0.5”双机并联冗余，应用于高速线路。

(二)系统组成

1. ZPW-2000A 型轨道电路

ZPW-2000A 型轨道电路由室内设备和室外设备组成，室内设备包括发送器、接收器、衰耗器及衰耗冗余控制器、通信接口板(通信编码 ZPW-2000A)、电缆模拟网络，室外设备包括电气绝缘节、补偿电容、扼流变压器。

(1)系统结构

①继电编码轨道电路系统结构如图 3-1 至图 3-3 所示。

②通信编码轨道电路系统结构如图 3-4 至图 3-6 所示。

(2)组成部分功能

①发送器

发送器可分为继电编码发送器、通信编码发送器等两种类型。

a. 继电编码发送器的功能

采用继电器接点方式编码；产生 18 种低频、8 种载频的具有足够功率、高精度、高稳定的移频信号；完成信号自检，故障时实现“$N+1$”的冗余切换；调整轨道电路。

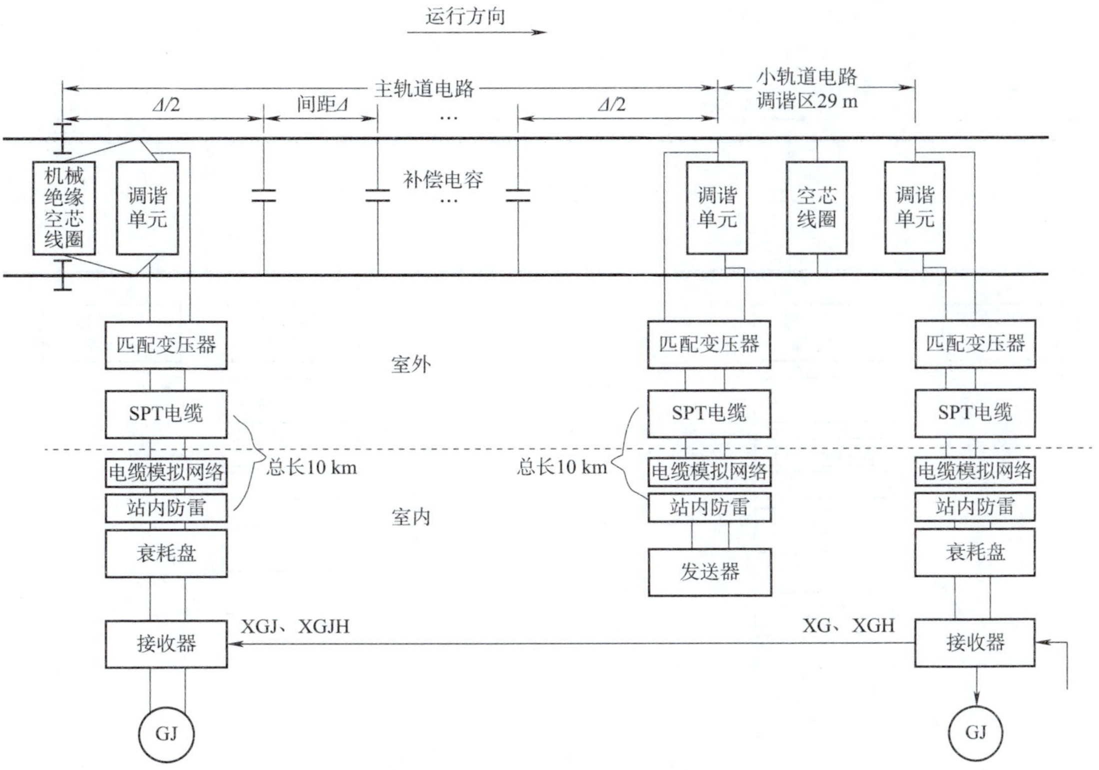

图 3-1　继电编码 ZPW-2000A 型区间轨道电路系统结构(BA/SVA'-JES)

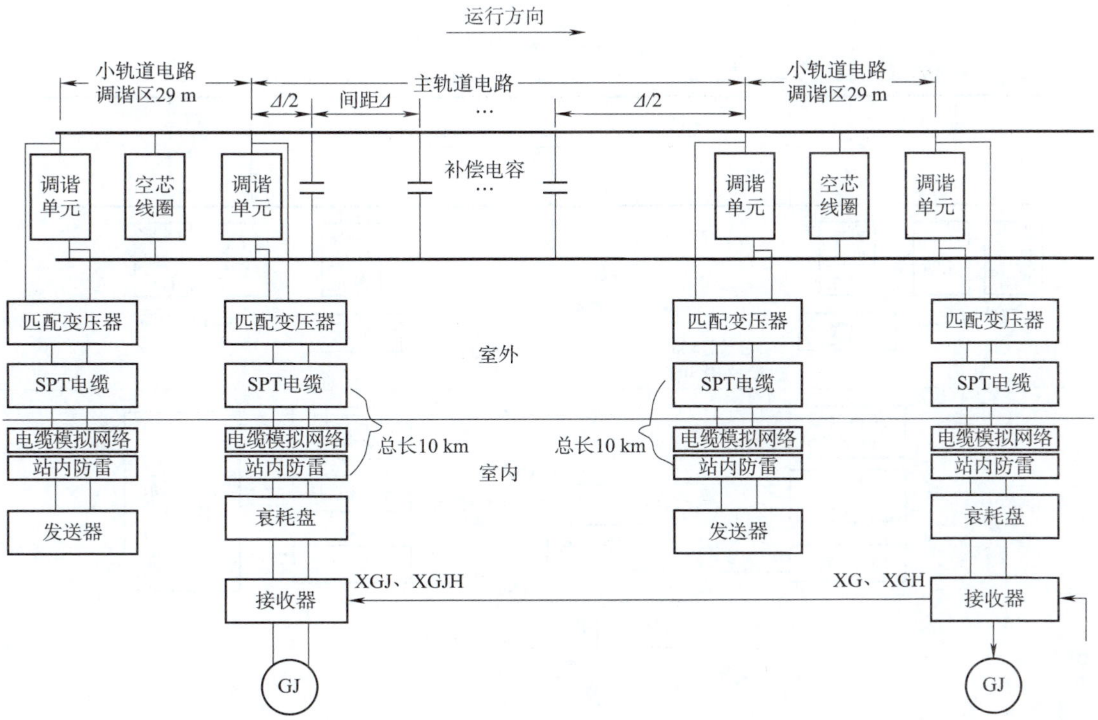

图 3-2　继电编码 ZPW-2000A 型区间轨道电路系统结构(JES-JES)

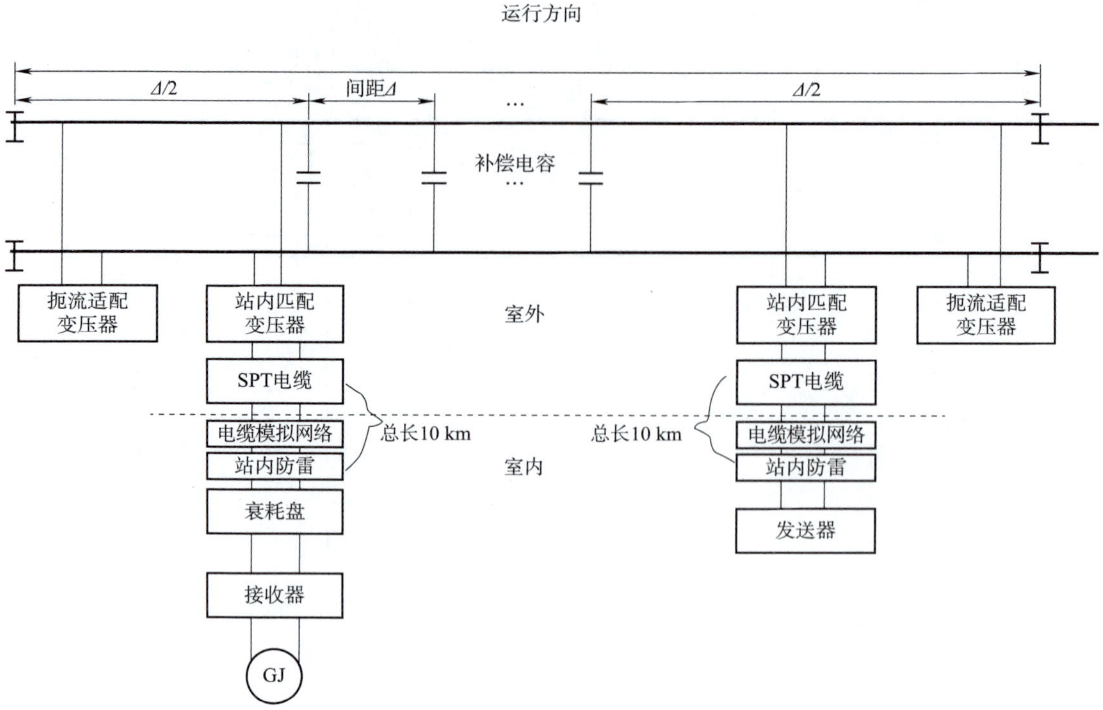

图 3-3　继电编码 ZPW-2000A 型站内一体化轨道电路系统结构

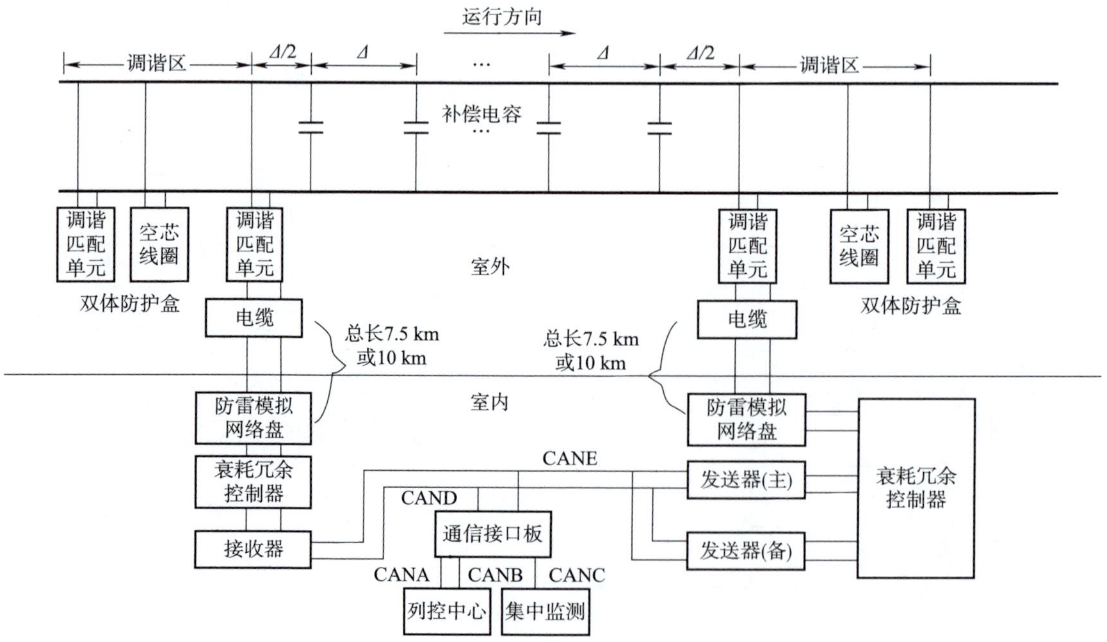

图 3-4　通信编码 ZPW-2000A 型区间轨道电路系统结构(JES-JES)

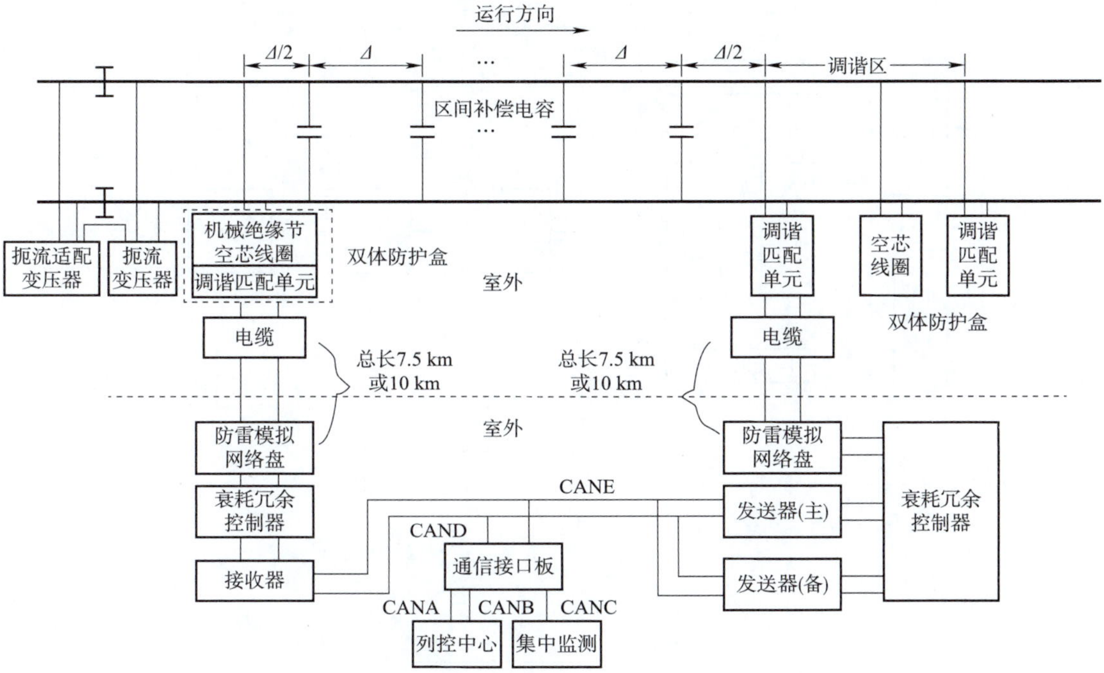

图 3-5 通信编码 ZPW-2000A 型区间轨道电路系统结构(BA/SVA'-JES)

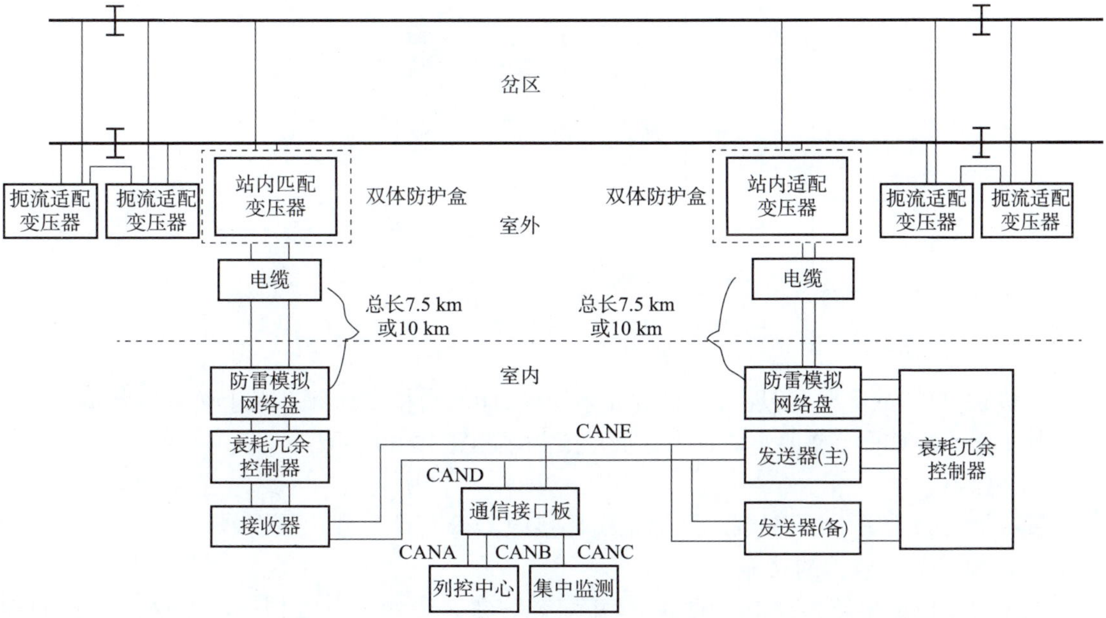

图 3-6 通信编码 ZPW-2000A 型站内一体化轨道电路系统结构

其工作原理如图 3-7 所示,“$N+1$”的冗余结构如图 3-8 所示。

b. 通信编码发送器的功能

与继电编码发送器的不同点:采用通信控制方式编码构成移频信号;主机通信方式失效时,停止输出,切换到备机进行移频输出;备机通信方式失效时,根据缺省载频频率设置,输

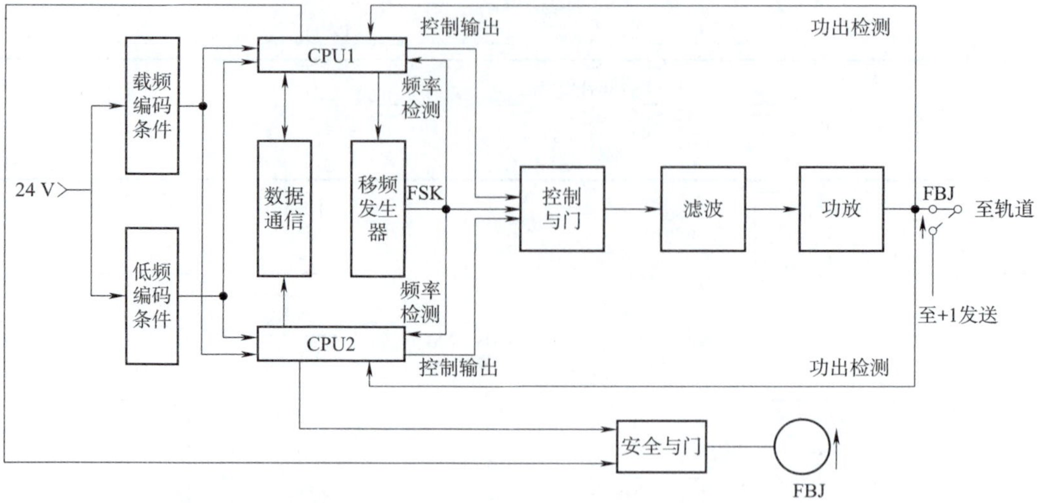

图 3-7 继电编码 ZPW-2000A 发送器工作原理

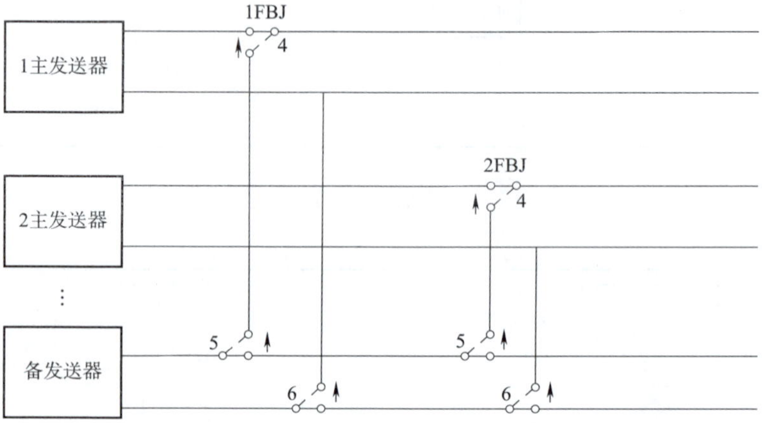

图 3-8 继电编码 ZPW-2000A 发送器 $N+1$ 热备冗余结构

出默认移频信号；故障时，实现“1+1”的冗余切换；能够自检工作状态及上传监测数据。

其工作原理如图 3-9 所示，“1+1”的冗余结构如图 3-10 所示。

②接收器

接收器可分为继电编码接收器、通信编码接收器等两种类型。

a. 继电编码接收器的功能

用于对主轨道电路移频信号的解调，并配合与邻区段的送电端相连接调谐区小轨的检查条件，动作轨道继电器；实现对受电端相连接邻区段调谐区小轨移频信号的解调，给出小轨执行条件，送至相邻轨道电路接收器；减小调谐区分路死区长度；利用小轨接收电压上限控制，实现对 BA 断线的检查；采用“0.5+0.5”双机并联冗余。

其工作原理如图 3-11 所示，双机并联的冗余原理如图 3-12 所示。

b. 通信编码接收器的功能

与继电编码接收器的不同点：双 CPU 的解调结果除控制安全与门外，还通过 CAN 总线

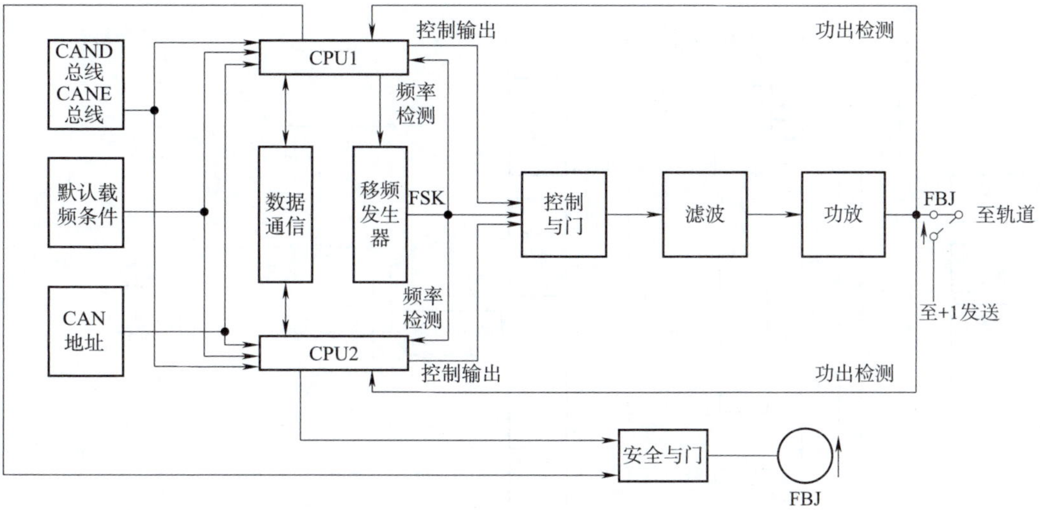

图 3-9　通信编码 ZPW-2000A 发送器工作原理

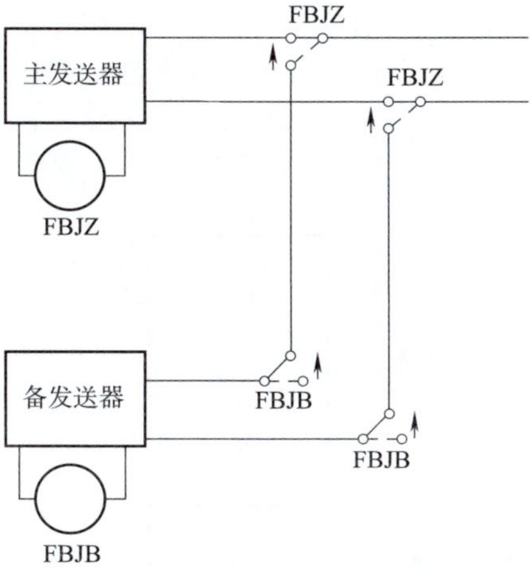

图 3-10　通信编码 ZPW-2000A 发送器 1+1 热备冗余结构

分别送至列控中心；解调调谐区短小轨道电路移频信号，给出报警条件，并通过 CAN 总线送至监测维护终端。

其工作原理如图 3-13 所示，双机并联的冗余原理如图 3-12 所示。

③衰耗器及衰耗冗余控制器

a. 衰耗器的功能

应用于继电编码 ZPW-2000A。用于主轨道电路及调谐区短小轨道电路输入信号的调整(含正反向)；指示轨道空闲、占用状态；当发送器、接收器故障时为总报警继电器提供报警条件。检查采集衰耗器 CAN 地址设置与上位机的正确通信；检查所有状态量信息采集的正确性；调整采集衰耗器对所有模拟量信息采集的精度。

其面板布置如图 3-14 所示。

b. 衰耗冗余控制器的功能

应用于通信编码 ZPW-2000A 型轨道电路，可分为单频衰耗冗余控制器和双频衰耗冗余

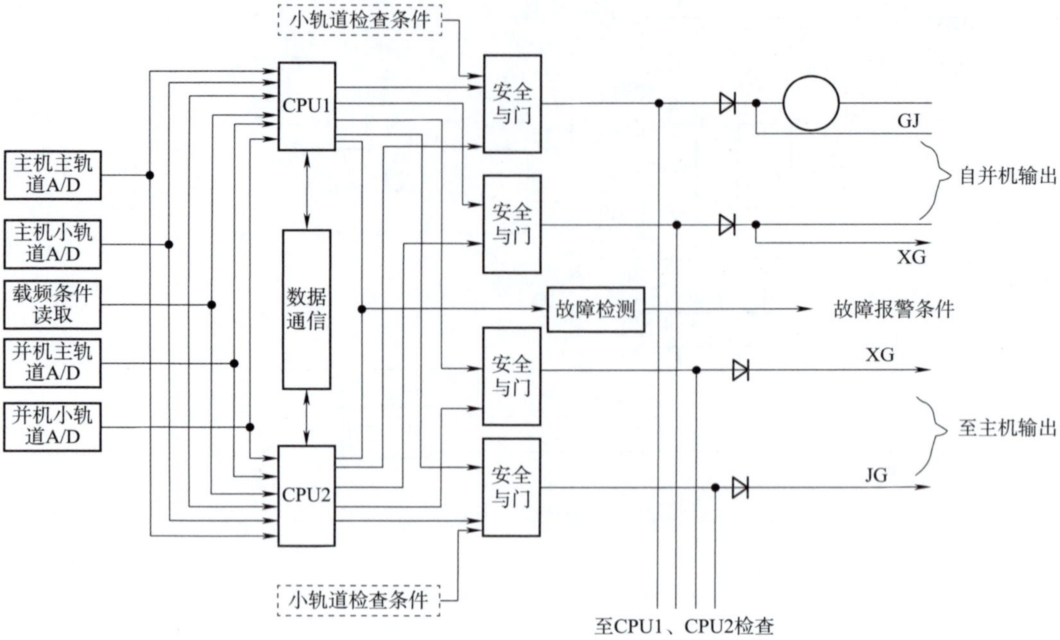

图 3-11 继电编码 ZPW-2000A 接收器工作原理

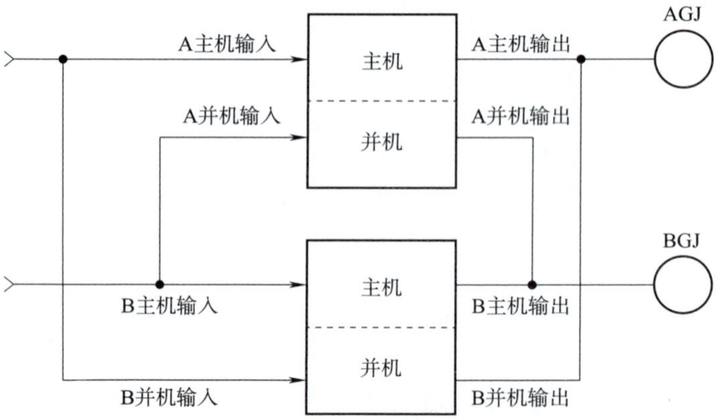

图 3-12 双机并联冗余原理

控制器。

(a)单频衰耗冗余控制器

除具有继电编码 ZPW-2000A 型轨道电路衰耗器的一般功能外，不同点在于：分别设置主备发送报警继电器，用于对发送器主机和备机的故障切换；主、备发送器发送报警条件的回采；发送工作表示灯、电源电压、FBJ 电压均按主机和备机分别提供；功出电压和电源设置有经切换输出的总功出电压和电流测试条件；不再设置专用的微电子采集电路，该功能由发送器、接收器和通信接口板完成；考虑到站内一体化轨道电路，在改变运行方向时可能出现上下行载频的变化，对不同载频需单独调整，故分为“单频衰耗冗余控制器”和“双频衰耗冗余控制器”两种类型。其面板布置如图 3-15 所示。

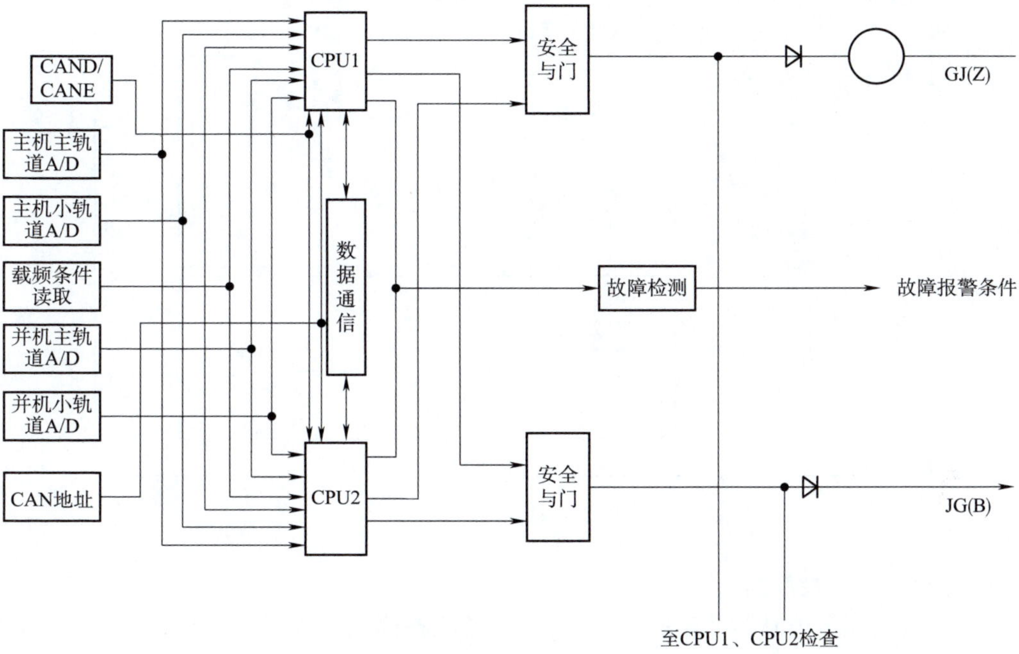

图 3-13　通信编码 ZPW-2000A 接收器原理

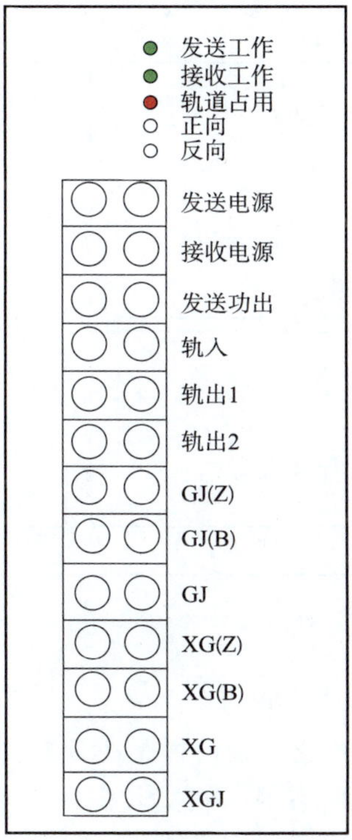

图 3-14　衰耗器面板布置

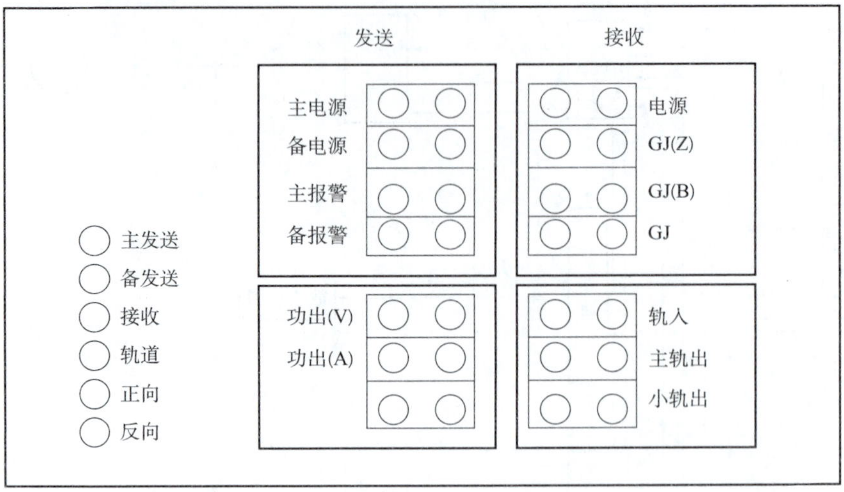

图 3-15 单频衰耗冗余控制器面板布置

(b)双频衰耗冗余控制器

与单频衰耗冗余控制器的不同点在于:主轨道电路调整按双载频设置,为两个载频单独设置调整变压器 SB_1、SB_2,双载频通过方向继电器接点在"轨入"和"轨出"处区分;仅用于机械绝缘节轨道电路。其面板布置如图 3-16 所示。

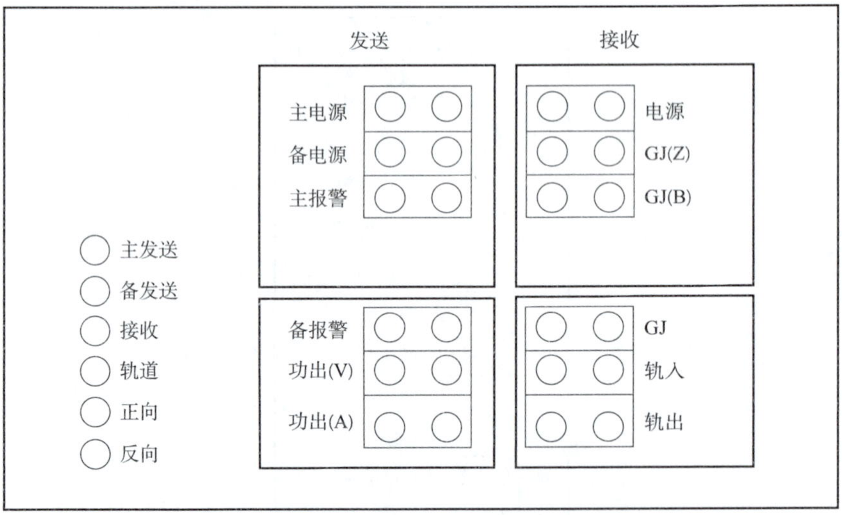

图 3-16 双频衰耗冗余控制器面板布置

④通信接口板(通信编码 ZPW-2000A)

通信编码 ZPW-2000A 系统中,通信接口板是实现轨道电路与列控中心通信的接口,同时也是轨道电路与监测维护终端通信的接口:接收列控中心控制信息,转发给轨道电路发送器和接收器;接收轨道电路接收器的执行状态信息,转发给列控中心;接收轨道电路发送器和接收器的检测信息,并把该信息和通信接口板自身的检测信息发给轨道电路监测维护终端。

通信接口板原理如图 3-17 所示，通信接口板冗余关系如图 3-18 所示，通信接口板工作面板指示灯如图 3-19 所示。

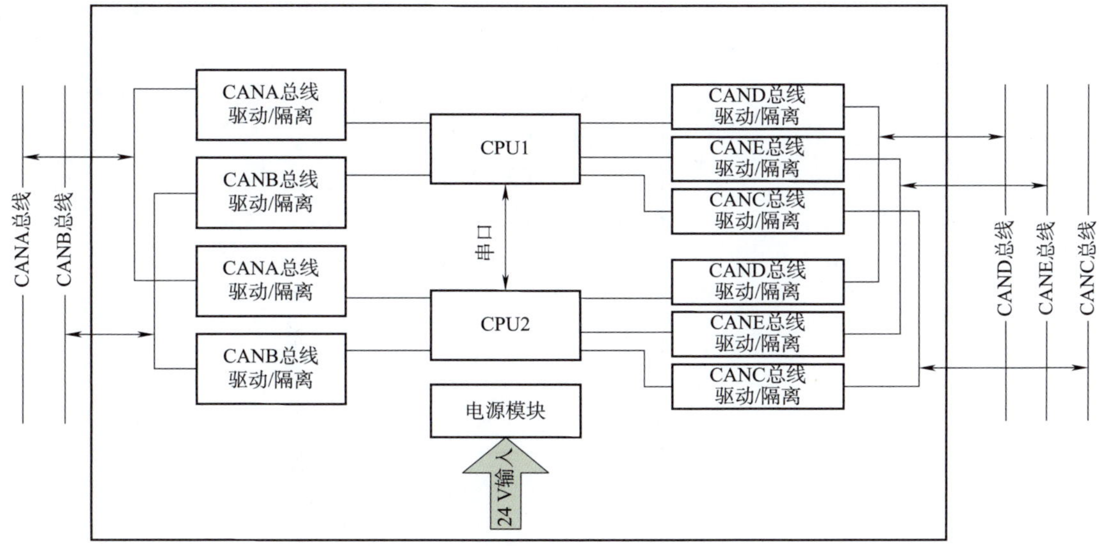

图 3-17　通信接口板原理

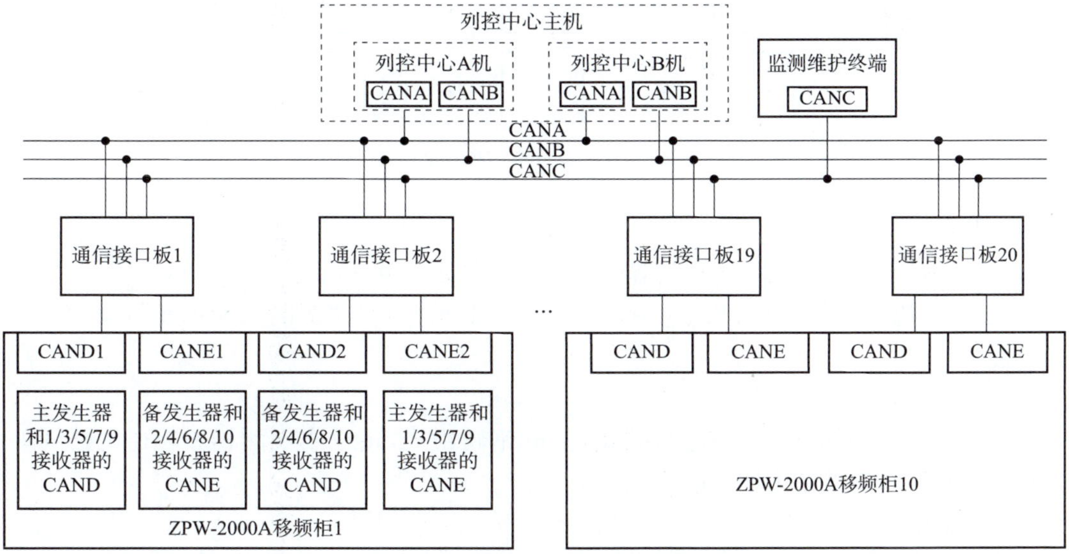

图 3-18　通信接口板冗余关系

⑤电缆防雷模拟网络

通过六节电缆模拟网络补偿实际室外 SPT 数字信号电缆，使二者总长度为设计值（一般继电编码为 10 km，通信编码为 7.5 km 和 10 km）。该方式便于轨道电路调整及构成改变列车运行方向电路；在信号电缆引入处，用于雷电冲击信号的纵向和横向防护。

继电编码电缆模拟网络的参数：0.5、0.5、1、2、2、2×2 km。

继电编码电缆模拟网络的参数：0.25、0.5、1、2、2、2×2 km。

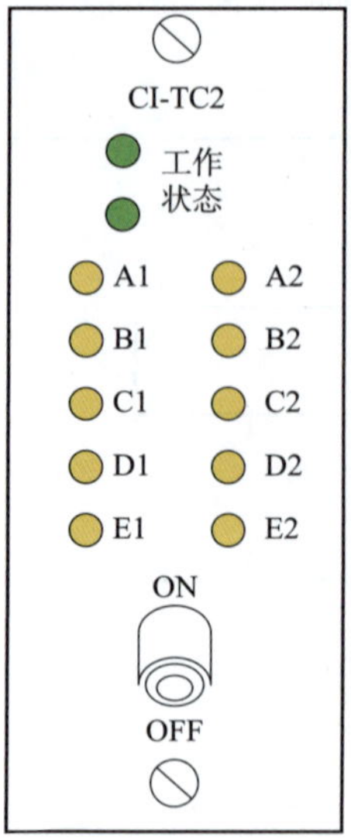

图 3-19　通信接口板工作面板指示灯

其原理如图 3-20 所示。

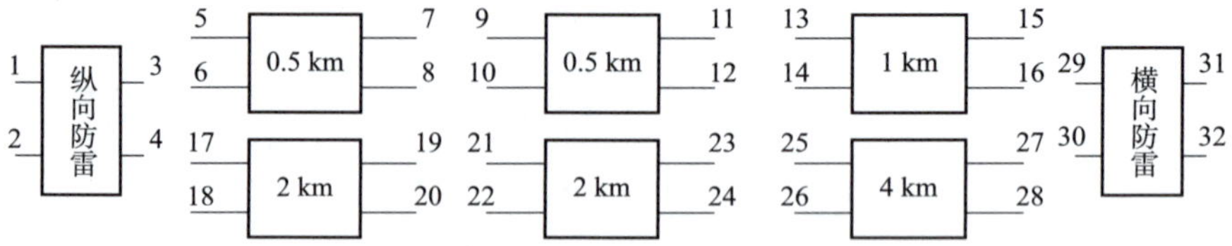

图 3-20　防雷模拟网络原理

⑥调谐区的组成

在继电编码 ZPW-2000A 中，调谐单元和匹配单元是分立的。

在通信编码 ZPW-2000A 中，调谐单元和匹配单元合并为“调谐匹配单元”，设置在一个单元盒内。

a. 电气绝缘节

电气绝缘节由调谐单元、空芯线圈及 29 m 钢轨组成，用于实现两相邻轨道电路间的电气隔离，并实现对工频牵引回流的平衡。

(a)调谐单元

对于本区段频率，调谐单元与调谐区钢轨、空芯线圈构成并联谐振，呈现较高阻抗，减少对本区段信号的衰耗；对于邻区段频率，调谐单元为串联谐振，呈现较低阻抗，阻止相邻区段信号进入本轨道电路区段。

调谐单元按照不同的载频需要分为 4 种型号，所以调谐单元必须对应每个区段的设计载频使用，不能混用。其外形如图 3-21 所示。

(b)空芯线圈及机械空芯线圈

空芯线圈：用于平衡钢轨中的牵引电流，减少工频谐波对轨道电路设备的影响，改善电气绝缘节 Q 值，保证调谐区的工作稳定性。区间轨道电路空芯线圈是不分频率的，所以可以

图 3-21　调谐单元外形示意图

通用。其内部如图 3-22、图 3-23 所示。

机械空芯线圈:设置于轨道电路设备区段的机械绝缘节处,用于平衡钢轨中的牵引电流,减少工频谐波对轨道电路设备的影响,改善电气绝缘节 Q 值,保证调谐区的工作稳定性。另外,通过机械绝缘节空芯线圈的参数补偿,实现了电气绝缘节-机械绝缘节间轨道电路与电气绝缘节-电气绝缘节间轨道电路的等长传输。

图 3-22　空芯线圈实物外形

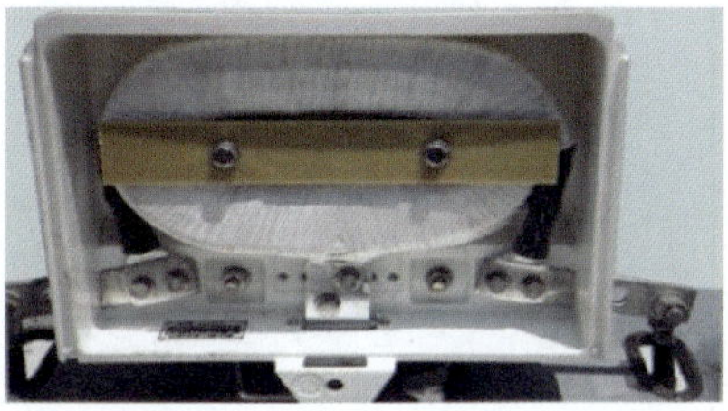

图 3-23　空芯线圈内部

b. 匹配变压器及站内匹配单元

(a)匹配变压器

匹配变压器用于实现 SPT 铁路数字信号电缆与钢轨(轨道电路)之间的匹配连接,其原理如图 3-24 所示,其实物如图 3-25 所示。

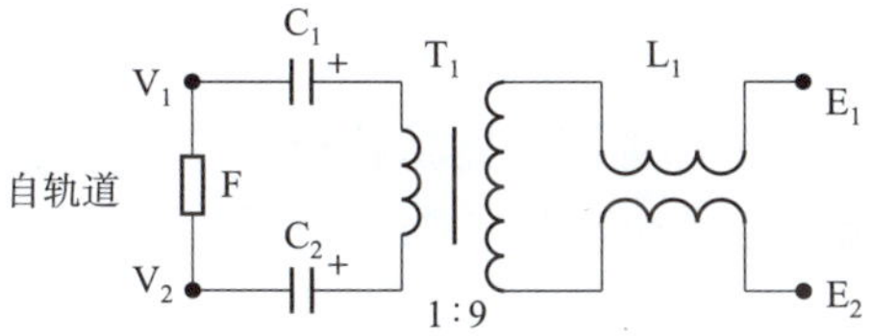

图 3-24　匹配变压器原理

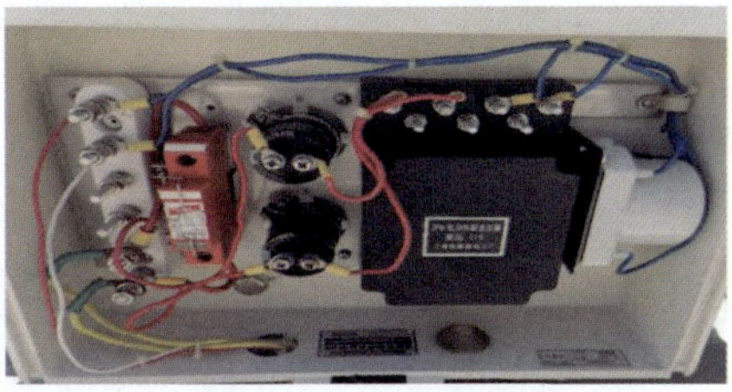

图 3-25　匹配变压器实物

(b)站内匹配单元

站内匹配单元应用于站内双端均为机械绝缘节轨道电路,实现钢轨线路与电缆阻抗的匹配连接,其原理如图 3-26 所示。

c. 调谐匹配单元

调谐匹配单元分 1 700 Hz、2 000 Hz、2 300 Hz、2 600 Hz 四种,其电路原理如图 3-27 所示。

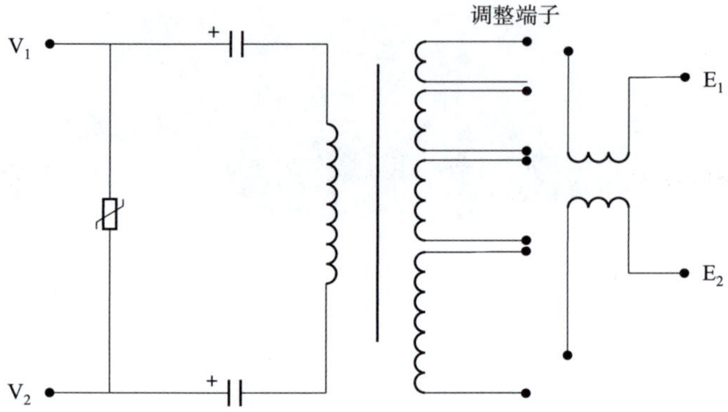

图 3-26 站内匹配单元原理

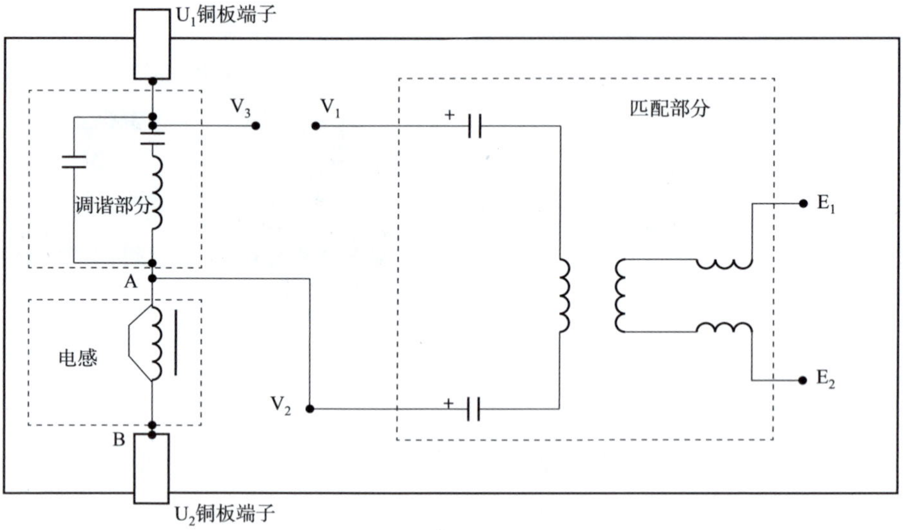

图 3-27 调谐匹配单元原理

⑦补偿电容

用于补偿钢轨电感的感抗，使轨道电路特性阻抗趋于阻性，提高轨道电路的“信干比”及传输长度；实现对钢轨断轨的检查；提高轨道电路入口端机车信号短路电流。

补偿间距及容值的选择：

a. 继电编码 ZPW-2000A

(a)一般容值选择为 55 μF(1 700 Hz)、50 μF(2 000 Hz)、46 μF(2 300 Hz)、40 μF(2 600 Hz)。

(b)对于超低道砟电阻的线路(如隧道、股道)，选择为 90 μF(1 700 Hz)、80 μF(2 000 Hz)、70 μF(2 300 Hz)、60 μF(2 600 Hz)。

b. 通信编码 ZPW-2000A

道砟电阻大于或等于 2 Ω·km。

(a)容值 25 μF。

(b)区间间距：60 m(1 700 Hz、2 000 Hz)和 80 m(2 300 Hz、2 600 Hz)。

(c)站内间距：100 m。

电容补偿原理如图 3-28 所示，补偿电容外形如图 3-29 所示。

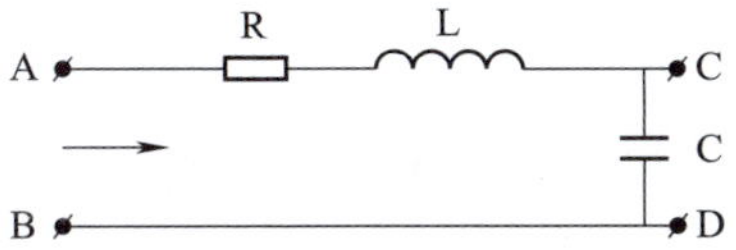

图 3-28　电容补偿原理

图 3-29　补偿电容外形(电容枕安装方式)

⑧扼流变压器

扼流变压器分带适配器的扼流变压器和空扼流变压器等两种类型。

a. 带适配器的扼流变压器(型号：BES(K)-1000/ZPW)

应用于站内一体化轨道电路，其调谐区采用“机械-机械”绝缘节的物理隔离模式。

降低不平衡牵引电流在扼流变压器两端产生的 50 Hz 电压，使其不大于 2.4 V；导通钢轨内的牵引电流，使其畅通无阻。为了降低该设备的引入对站内轨道电路的影响，其对于轨道电路信号的阻抗，在不大于规定的不平衡牵引电流条件下，其移频阻抗应不小于 17 Ω。

其原理如图 3-30 所示，实物如图 3-31 所示。

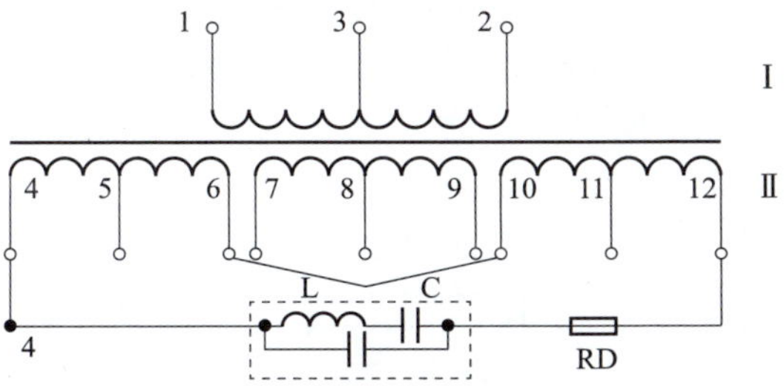

图 3-30　带适配器的扼流变压器原理

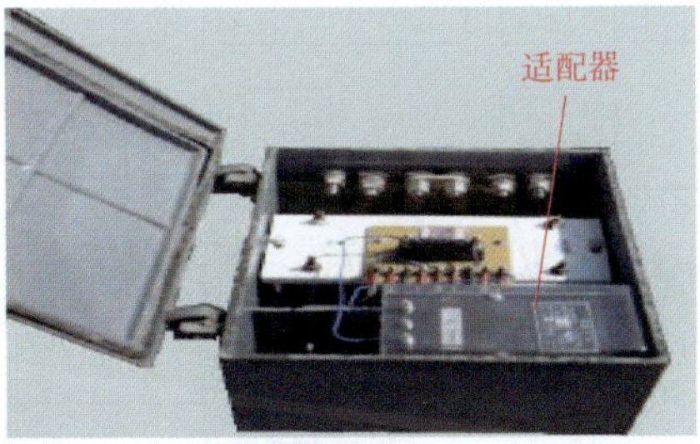

图 3-31　带适配器的扼流变压器实物

b. 空扼流变压器(型号：BE(K)-1000/ZPW)

应用于区间无绝缘轨道电路，其调谐区采用“电气-电气”和“电气-机械”绝缘节隔离模式。

其作用包括：用于线路间等电位连接(横向)，平衡牵引回流；用于钢轨与贯通地线、架空回流线或保护线的连接，实现牵引回流；构成与邻近牵引变电所的大牵引回流通路；降低该设备的引入对轨道电路的影响，使高移频阻抗不小于 17 Ω，保证区间无绝缘轨道电路的正常工作。其原理如图 3-32 所示。

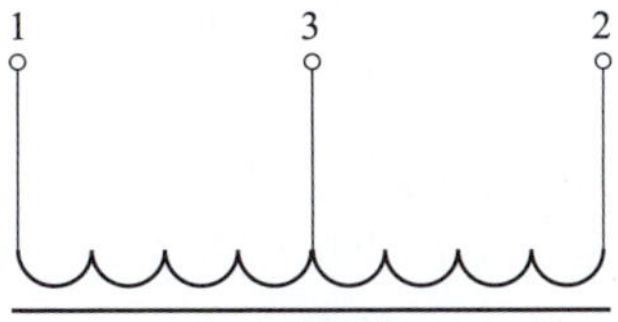

图 3-32　空扼流变压器原理

2. ZPW-2000R 型轨道电路

ZPW-2000R 型轨道电路由室内设备和室外设备组成，室内设备包括发送器、功放器、接收器、衰耗器、防雷模拟网络盘、移频采集器、通道采集器、采集中继器等，室外设备包括调谐单元(BA)、匹配变压器(BP)、空芯线圈(SVA)、补偿电容等。

ZPW-2000R 型轨道电路根据编码方式的不同分为继电编码工作方式（主要用于普速铁路）和通信编码工作方式（主要用于高速铁路）两种。

在继电编码工作方式中，发送端由 $N+1$ 发送器和 $N+1$ 转换电路构成 $N+1$ 冗余方式，接收端由主、并两台接收器构成 1+1 冗余方式。

在通信编码工作方式中，发送端由主、备两台发送器和发送冗余控制器构成 1+1 冗余方式，接收端由主、并两台接收器构成 1+1 冗余方式。

本章只介绍通信编码 ZPW-2000R 型轨道电路（柜式安装方式）。

(1)通信编码 ZPW-2000R 型轨道电路系统结构

通信编码 ZPW-2000R 型轨道电路系统结构如图 3-33 所示，图中为主轨道电路长度。

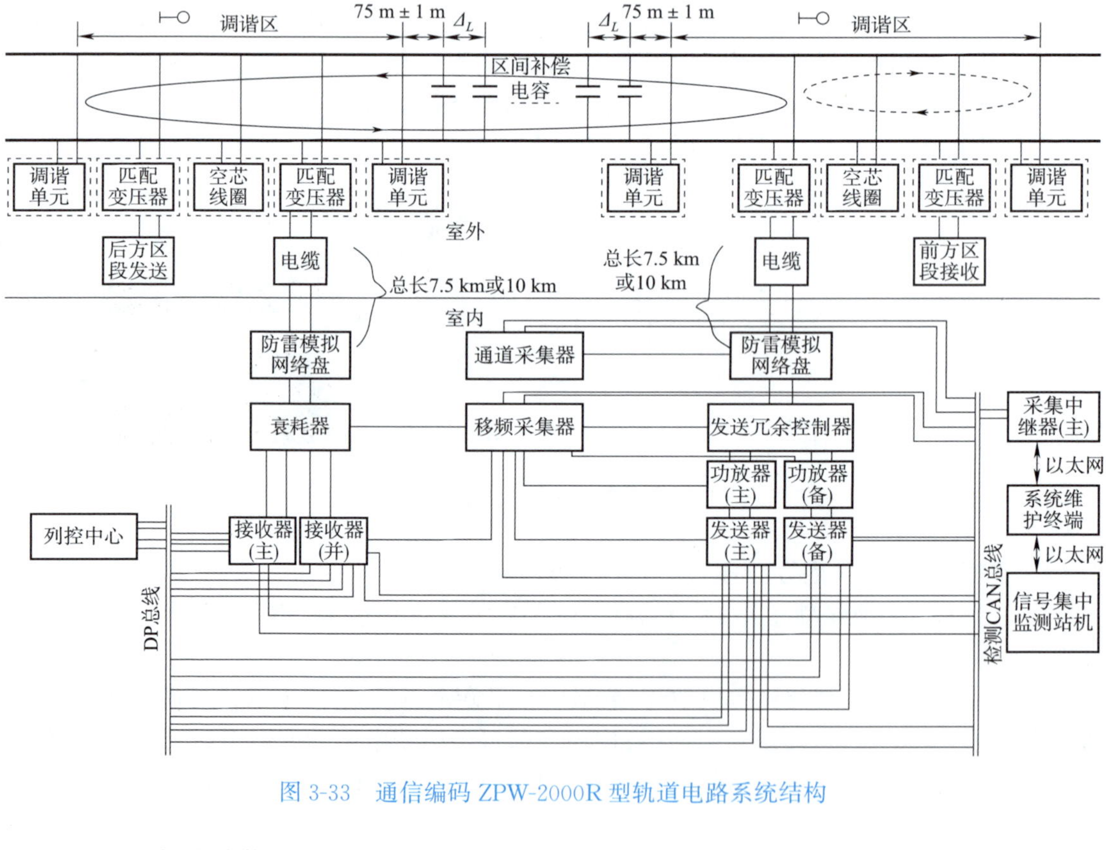

图 3-33　通信编码 ZPW-2000R 型轨道电路系统结构

(2)组成部分功能

①发送器及功放器

其功能与 ZPW-2000A 型轨道电路相同。

发送器与列控中心通信采用直接接口，使用四条独立总线，采用安全的通信协议；列控中心的 A、B 系分别与轨道电路主、副发送器交叉连接。各条总线独立配置，同时收发数据。

功放器电路完成功率放大及电压检测反馈；输出 1 电平、2 电平、3 电平、4 电平、5 电平功率的移频信号，其原理如图 3-34 所示。

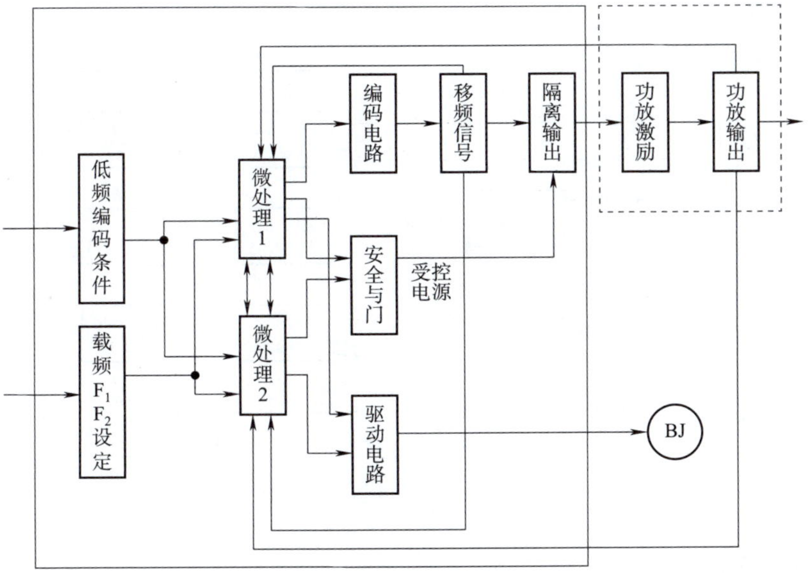

图 3-34 发送器、功放器原理

②接收器

其功能与 ZPW-2000A 型轨道电路相同。

接收器与列控中心通信采用直接接口，使用四条独立总线，采用安全的通信协议；列控中心的 A、B 系分别与主、并接收器交叉连接。各条总线独立配置，同时收发数据。

其原理如图 3-35 所示。

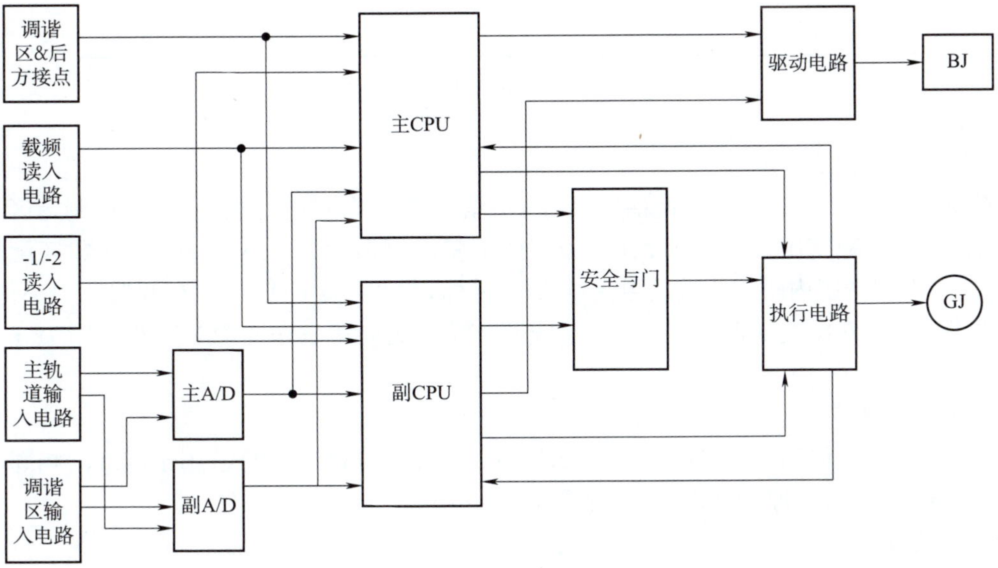

图 3-35 接收器原理

③衰耗器

其功能与 ZPW-2000A 型轨道电路相同，其电路原理如图 3-36 所示。

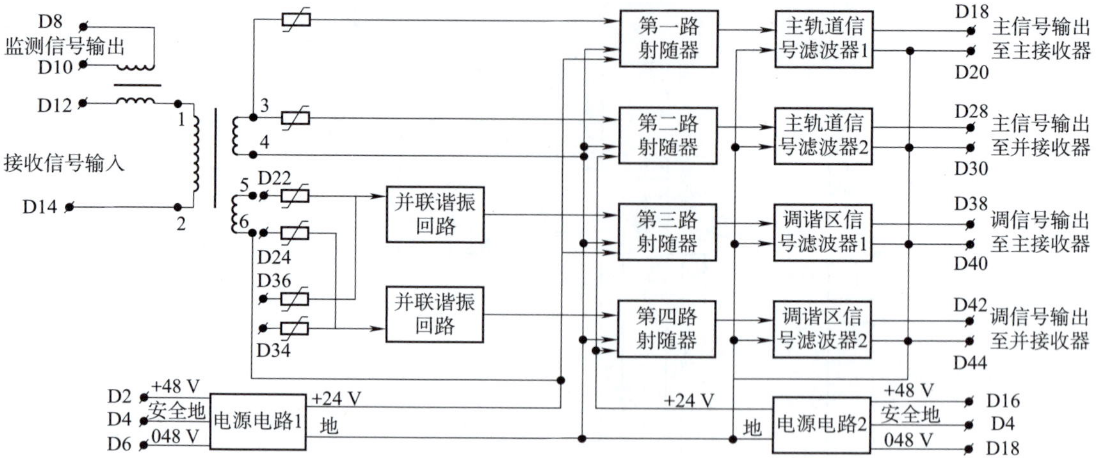

图 3-36　衰耗器电路

④防雷模拟网络盘

其功能与 ZPW-2000A 型轨道电路相同，其电路如图 3-37 所示。

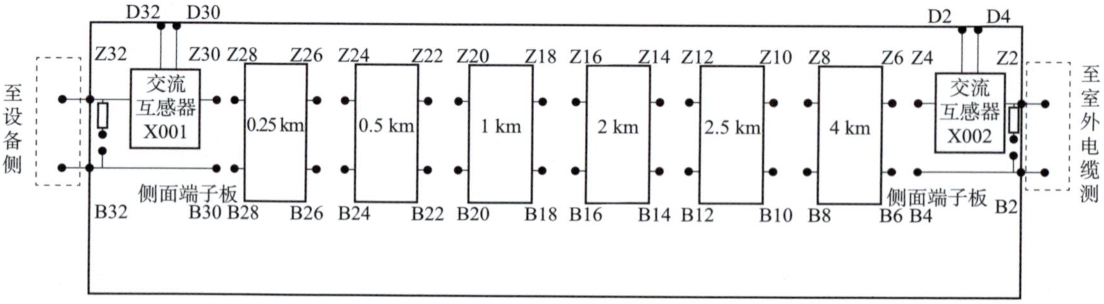

图 3-37　防雷模拟网络盘电路

⑤调谐区的组成

ZPW-2000R 型轨道电路对调谐区进行了优化。器材布置由三点变为五点，调谐区长度为 30 m，发送匹配变压器(FBP)设在调谐区内距发送调谐单元(BA)2 m 处，接收匹配变压器(JBP)设在调谐区内距接收调谐单元(BA)2 m 处，空芯线圈(SVA)设在调谐区中央位置，信号机设在发送匹配变压器(FBP)与空芯线圈(SVA)之间距发送匹配变压器(FBP)2 m 处。如图 3-38 所示。

a. 电气绝缘节

电气绝缘节由调谐单元(BA)、空芯线圈(SVA)及 30 m 钢轨组成，用于实现两相邻轨道电路间的电气隔离，其原理如图 3-39 所示。

b. 匹配变压器

用于钢轨与电缆的匹配连接，其原理如图 3-40 所示。

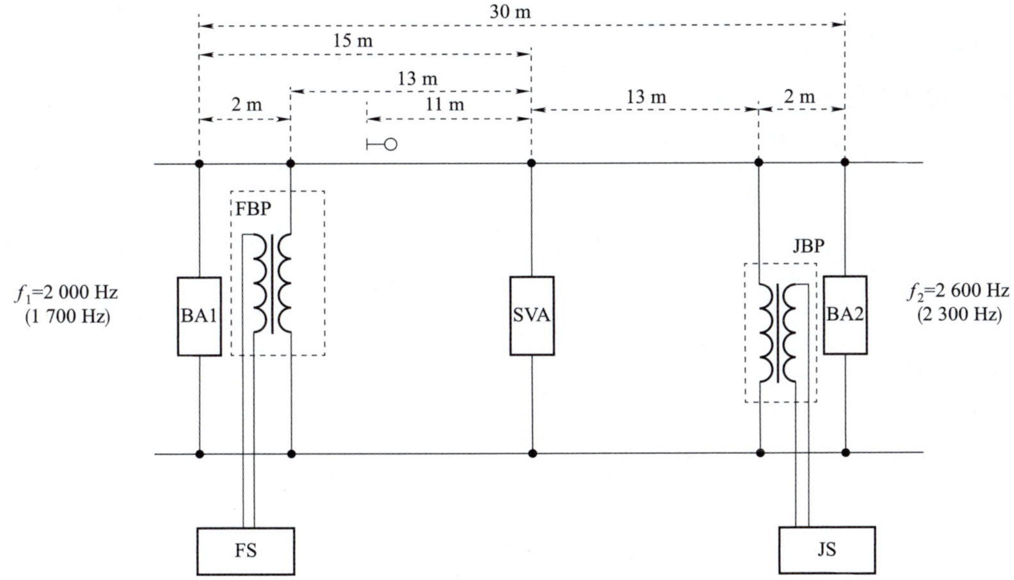

图 3-38　电气分隔接头（调谐区）结构

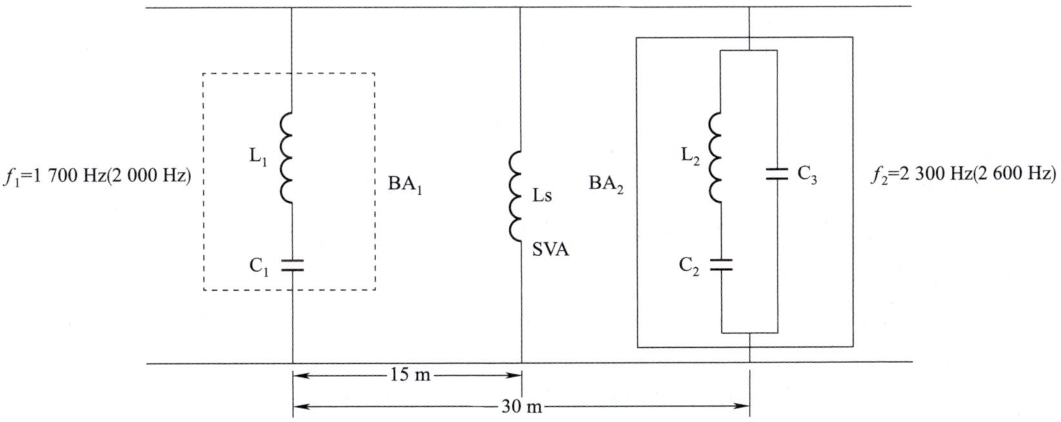

图 3-39　电气绝缘节原理

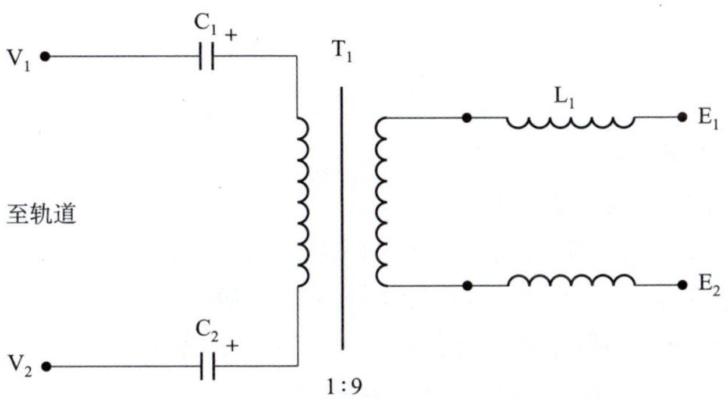

图 3-40　匹配变压器原理

二、设备维护

(一)标准化作业

标准化作业流程如图 3-41 所示。

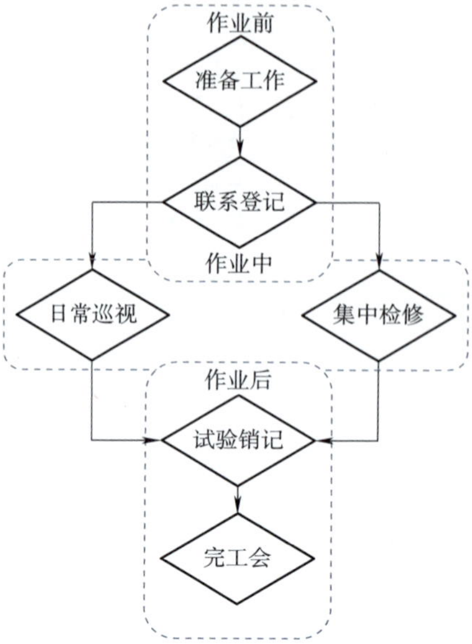

图 3-41　标准化作业流程

1. 作业前

(1)预测预判:通过集中监测手段,对被巡视的轨道电路进行调阅分析,针对可能存在的问题,提出巡视要求。

(2)班前布置会:明确巡视作业负责人、室内联络员、室外防护员、作业时间、地点、巡视作业分工及要求等。

(3)工机具、材料准备:按照作业项目准备工具仪表和材料。

(4)联络防护:联络员登记"运统 46",作业人员佩戴防护用品,现场作业人员未取得联络员同意不得上道作业。

2. 作业中

(1)日常巡视

①室外设备

a. 箱盒外部检查(图 3-42、图 3-43)

(a)箱盒外观检查无裂纹,加锁良好。

(b)各部基础、支架完好不倾斜,排水良好(箱盒底距地面不少于 150 mm)。

(c)各类固定螺丝紧固、油润,信号标志牌等各类标牌无缺失、固定不良。

(d)设备代号清晰正确,基础硬化面完好清洁,周围电缆不外露。

(e)信号标志牌等各类标牌无缺失、固定不良。

b. 引接线检查(图 3-44)

(a)引接线无破皮、膨胀、变形,固定良好。

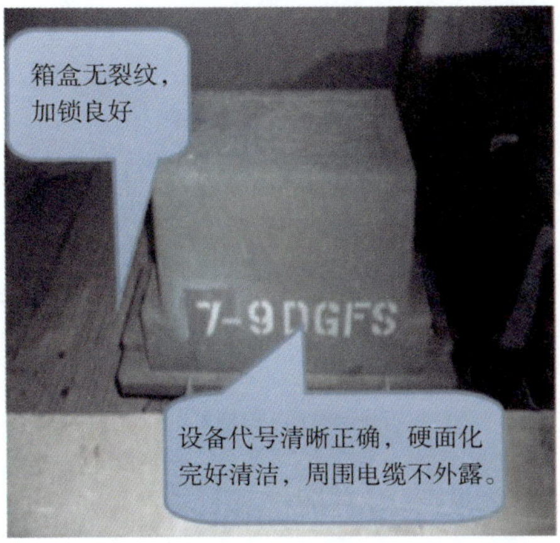

图 3-42 箱盒加锁良好，标识清晰

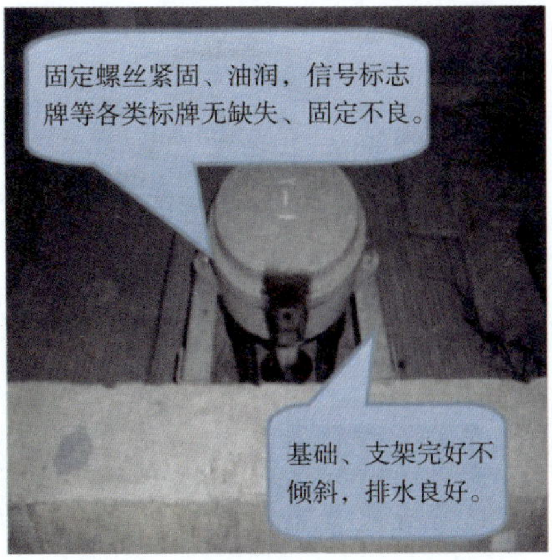

图 3-43 电缆盒禁锢良好支架良好

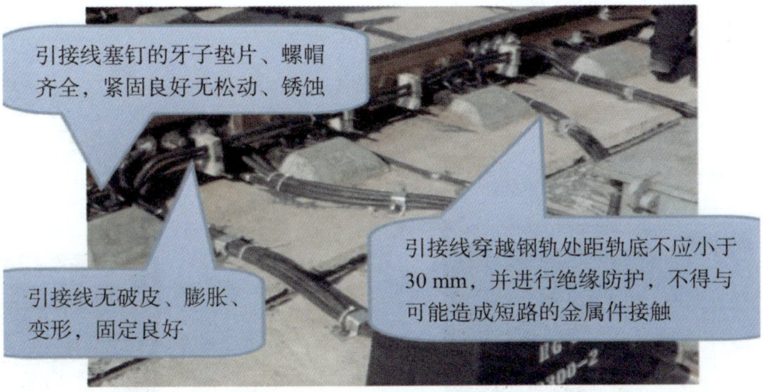

图 3-44 引入线、塞钉头现场图片

(b)引接线塞钉的牙子垫片、螺帽齐全，紧固良好无松动无锈蚀。

(c)引接线穿越钢轨处距轨底不应小于 30 mm，并进行绝缘防护，不得与可能造成短路的金属件接触。

c. 电缆通道检查(图 3-45、图 3-46)

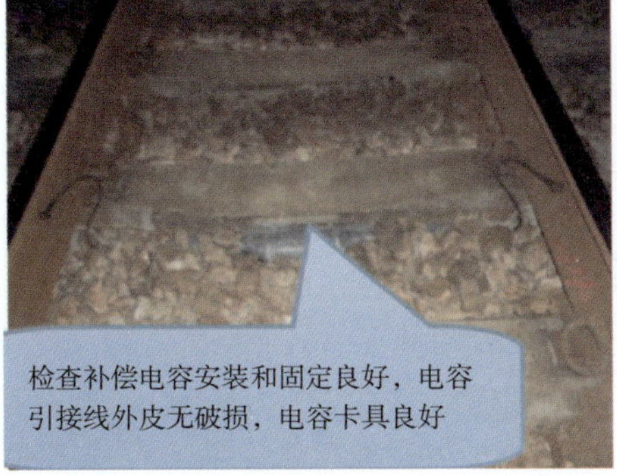

图 3-45 电容安装情况

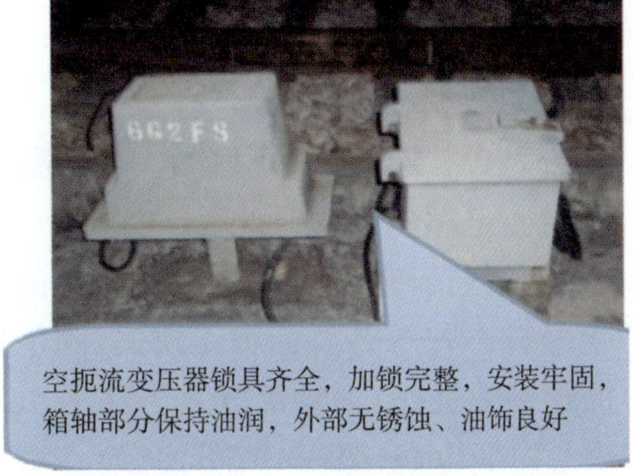

图 3-46 扼流变压器

(a)检查补偿电容安装和固定良好,电容引接线外皮无破损,电容卡具良好、编号清晰。

(b)通道中电缆径路无外露,盖板齐全、完整。

(c)工务防爬器、连接杆、轨距杆、地锚拉杆、火花间隙外观良好无破损。

(d)空扼流变中心连接板、横向连接线、汇流线、吸上线螺丝紧固,防松、防脱、防混作用良好。

(e)空扼流变压器锁具齐全,加锁完整,安装牢固,箱轴部分保持油润,外部无锈蚀、油饰良好。

d. 线路道床检查

(a)全程钢轨轨底不与石砟相碰。

(b)隧道内轨枕及宽轨枕板表面不得有浮土覆盖,更不得有泥土板结。

②室内设备

a. 轨入、主轨出、小轨出电压、发送功出电压等测试。集中监测正常的,以集中监测数据为准,否则人工测试。

b. 区间灯丝断丝报警设备(总机)工作状态检查。

(2)集中检修

①室外设备

a. 送(受)调谐单元及箱盒检查(图 3-47、图 3-48)

图 3-47　轨道电路发送端箱盒

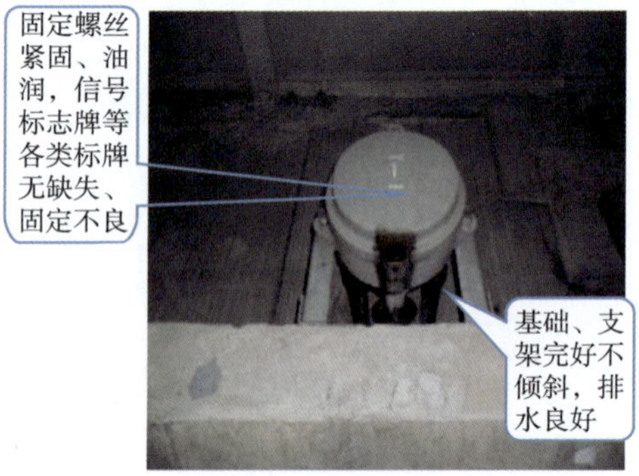

图 3-48　轨道电路电缆径路电缆盒

b. 箱盒外部检查

(a)箱盒无裂纹。

(b)各部基础、支架完好不倾斜,基础平台无积水(箱盒底距地面不少于 150 mm)。

(c)各类固定螺丝紧固、油润。

(d)设备代号清晰正确、周围电缆不外露。

(e)信号标志牌等各类标牌无缺失、固定良好。

(f)加锁装置良好,活动部分适当注油。

c. 箱盒内部检查(图 3-49、图 3-50)

(a)螺丝紧固、螺母垫片齐全,配线无破皮及造成混线可能。

(b)焊点焊接良好。

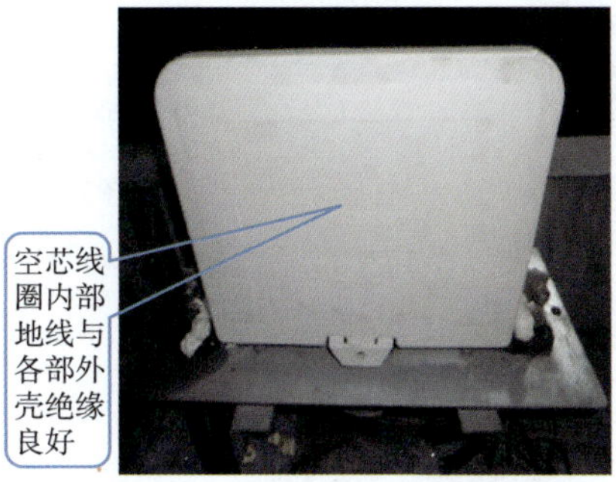

图 3-49　空芯线圈

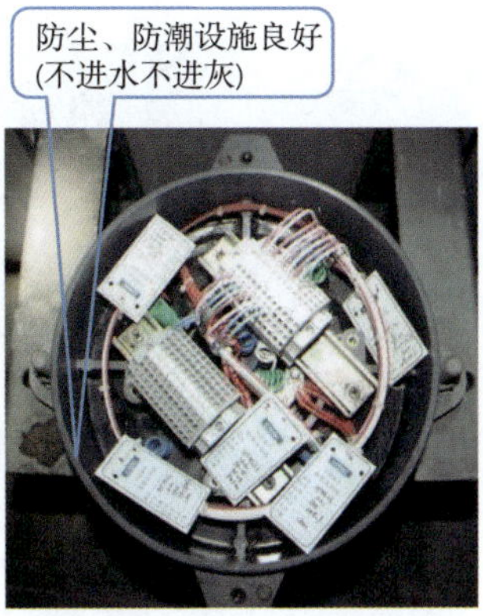

图 3-50　电缆盒内部检查

(c)芯线插接良好,不压线皮。

(d)电缆引入孔绝缘胶不龟裂、无废孔。

(e)引接线引入孔封堵良好。

(f)备用芯线应盘放整齐、电缆走向牌齐全

(g)接地线齐全、接触良好(接地电阻不大于 1 Ω)。图纸资料(测试卡、检修卡、配线图、原理图)保存完好,与实物相符。

d. 箱盒内部器材检查(图 3-51)

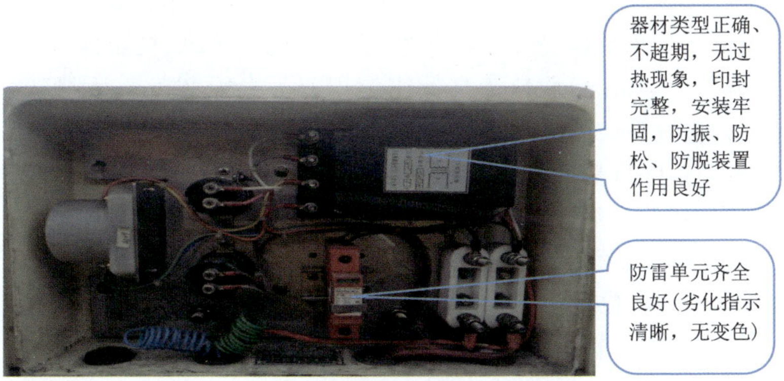

图 3-51　匹配变压器箱盒内部

(a)器材类型正确、不超期,无过热现象,印封完整,安装牢固,防振、防松、防脱装置作用良好。

(b)防雷单元齐全良好(劣化指示清晰,无变色)。

(c)防尘、防潮设施良好(不进水不进灰)。

(d)空芯线圈内部地线与各部外壳绝缘良好。

e. 送(受)端引接线检修(图 3-52)

(a)引接线无破皮、膨胀、变形,固定良好,无严重锈蚀,断股不超过 1/5。

(b)引接线塞钉头垫片、螺帽齐全连接牢固、可靠,无严重锈蚀,引接线塞钉头露出轨腰 1～4 mm,无松动,线条平行绑扎,固定良好。

(c)引接线穿越钢轨处距轨底不应小于 30 mm,并进行绝缘防护,不得与可能造成短路

图 3-52 引入线、塞钉头

的金属件接触。

f. 通道检查

(a)检查补偿电容，如图 3-53 所示。

ⓐ安装、固定良好，电容引接线外皮无破损，电容卡具良好、编号清晰。

ⓑ电容容量安装符合标准(1 700 Hz 区段为 55 μF、2 000 Hz 区段为 50 μF、2 300 Hz 区段为 46 μF、2 600 Hz 区段为 40 μF)。

ⓒ测量电容容量符合标准(55±2.75)μF、(50±2.5)μF、(46±2.3)μF、(40±2.0)μF。

(b)检查轨道电路与车站(局界)分界点绝缘节、护轮轨绝缘、规矩杆绝缘。

ⓐ绝缘节轨缝 6～10 mm，两轨头高低错位相差不大于 2 mm，无肥边，绝缘完整无破损，分别测试两轨头对接头夹板(鱼尾板)无漏电。

ⓑ护轮轨不得经扣件与基本轨相通，护轮绝缘良好，超过 200 m 的护轮轨，每根护轮轨间隔 200 m 加装钢轨绝缘一组。

ⓒ轨距杆安装良好，绝缘无破损，测试绝缘良好，无漏电。

(c)检查通道压器中电缆径路无外露，盖板齐全、完整。

(d)空扼流变压器检查，如图 3-54 所示。

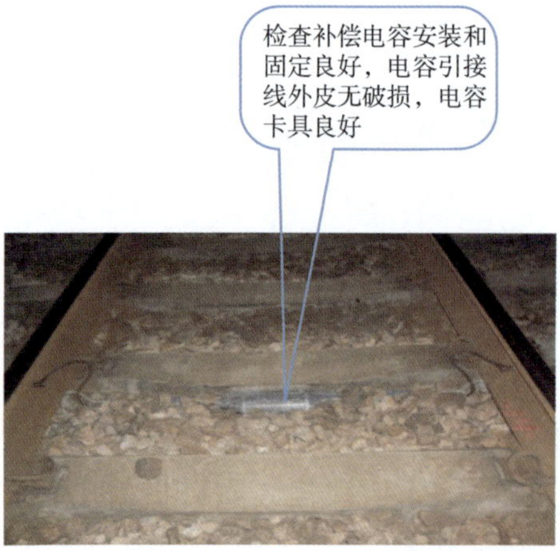

图 3-53 电容安装情况

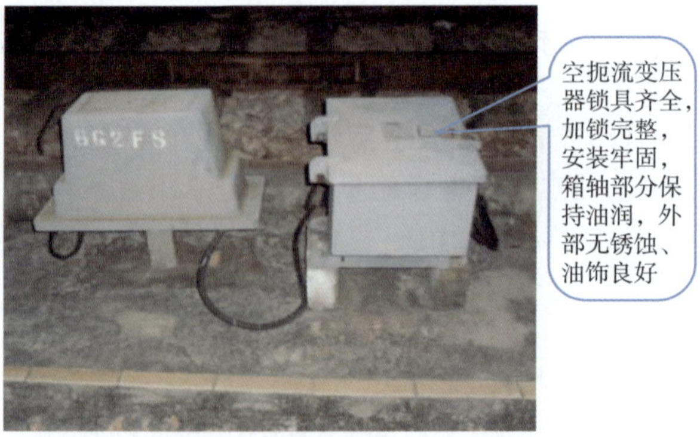

图 3-54 扼流变压器

ⓐ紧固空扼流变中心连接板、横向连接线、汇流线、吸上线螺丝。

ⓑ检查防松、防脱、防混作用良好。

ⓒ接线端子紧固。

ⓓ加锁完整，安装牢固。

g. Ⅰ级测试

根据检修测试记录卡片逐项进行测试并记录。

(a)（反向）进站口处为机械绝缘节，需对站内扼流变压器Ⅰ次侧、Ⅱ次侧电压进行测试（变比为3∶1）。

(b)用UM71/YP通用测试表相应的挡位，测试匹配变压器（TAD）的相关电压，并记录在测试卡片上，检查各电气元件安装牢固、各端子禁锢良好、防雷模块检查窗无裂化，如图3-55所示。

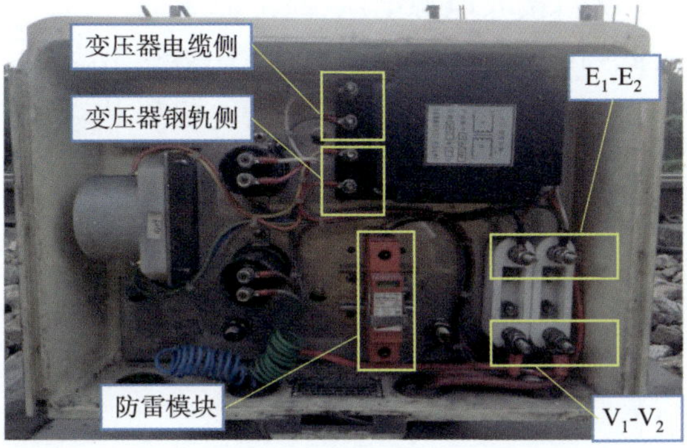

图3-55 室外设备Ⅰ级测试卡片设备Ⅰ级测试卡片

(c)在发送端、接收端轨面分别测量“发送端轨面电压”和“接收端轨面电压”，如图3-56所示。

(d)用UM71/YP通用测试表电流钳表卡入引入线测量引入线电流，每根引入线都要测试，其中两根长引接线（短引接线）的电流要基本平衡。

(e)用0.15 Ω分路线在轨道电路受端短路，用UM71/YP通用测试表电流钳表卡入分路线测量机车信号轨道的入口电流（2 600 Hz大于450 mA，2 000 Hz、2 300 Hz、1 700 Hz大于500 mA），如图3-57所示。

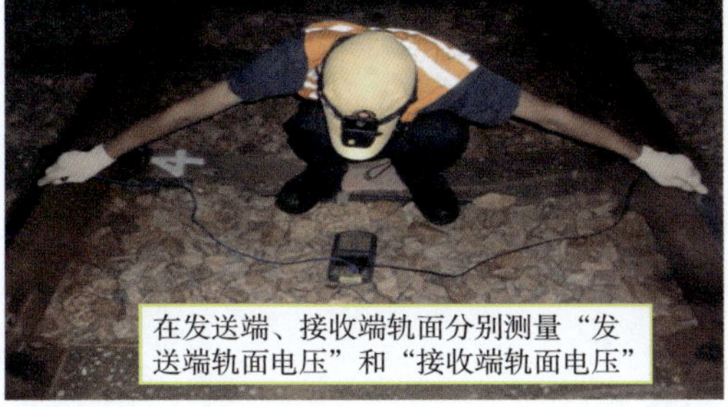

图3-56 现场测试轨面电压

图3-57 现场测试入口电流

(f)填写检修、测试记录卡。

②室内设备

a. 发送器转换至备发送器试验

逐一关闭发送器，能正常转换至备发送器工作，设备正常，控制台有正常声、光移频报警。

b. 接收器单独工作试验

逐一关闭接收器，另一并联接收器能单独工作，设备正常，控制台有正常声、光移频报警。

c. 测试

(a)衰耗器电气特性测试。

用 UM71/YP 通用测试表相应的挡位，在衰耗器面板上塞孔分别测量，如图 3-58 所示。

发送电源电压(24±0.5)V，接收电源电压(24±0.5)V。

发送功出电平、电压、低频(±0.03 Hz)、中心频率(±0.15 Hz)。

轨入电压，中心频率(±0.15 Hz)。轨道电路在调整状态时，轨出 1 电压不应小于 240 mV，轨出 2 电压不应小于 100 mV。

“GJ(Z)”“GJ(B)”“GJ”电压应大于或等于 20 V。

“XG(Z)”“XG(B)”“XG”“XGJ”电压应大于或等于 20 V。

测试“轨出 1”电压时，用 0.15 Ω 分路线在室外轨道电路受端短路，室内用 UM71/YP 通用测试表在衰耗器面板上“轨出 1”测试电压(分路残压不应大于 140 mV)。

(b)电缆模拟网络测试。

用 UM71/YP 通用测试表相应的挡位，在发送(接收)电缆模拟网络盒塞孔分别测量“设备”“防雷”“电缆”电压，如图 3-59 所示。

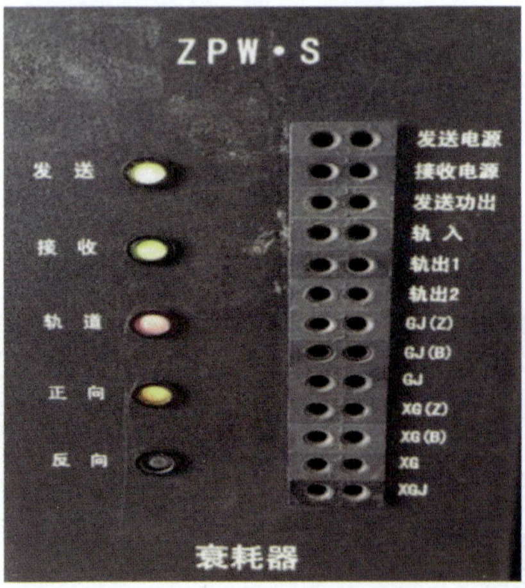

图 3-58 衰耗盒正面测试孔

图 3-59 电缆模拟网络正面测试孔

(c)测试数据逐项记录在 ZPW-2000A 型轨道电路测试记录表上。

3. 作业后

(1)试验:设备检修完毕后,联系室内进行集中监测浏览,室内外设备彻底试验良好,并会同车站值班员试验。

(2)工器具清点:下道前,清点工具、仪表、材料齐全无遗漏。

(3)销记:经检查试验良好后,停止作业,由电务联络员在“运统 46”内登记销点,交车站值班员(调度员)签认。

(4)完工会

a. 将设备问题记录在“设备缺点待修记录本”。

b. 清理工器具,并放置至规定位置。

c. 联系工务部门整治结合部问题。

(二)常见问题处理

1. 发送器(接收器)更换

(1)打开柜门。

(2)断开断路器:拨动断路器闸刀至下方位置。

(3)解锁旧发送器(接收器):用锁闭杆钥匙将发送器(接收器)下方的锁闭杆头逆时针旋转 90°。

(4)拆解旧发送器(接收器):一手托着发送器(接收器)下端,一手扶着发送器(接收器)上端,将发送器(接收器)稍稍向上托起,然后拔出。

(5)插装新发送器(接收器):将发送器(接收器)底座对准安装槽位,保证发送器铭牌可以正视,一手托着发送器下端,一手扶着发送器上端,将发送器(接收器)插入槽至稳定不动。

(6)锁闭新发送器(接收器):用锁闭杆钥匙将发送器(接收器)下方的锁闭杆头顺时针旋转 90°,听到“咔哒”声后锁闭。

(7)接通断路器:拨动断路器闸刀至上方位置。

(8)关闭柜门。

2. 衰耗器更换

(1)打开柜门。

(2)断开对应发送器、接收器断路器:拨动断路器闸刀至下方位置。

(3)解锁旧衰耗器:将机柜母板后侧的手捻螺钉逆时针方向扭转至脱离衰耗器。

(4)拆解旧衰耗器:将衰耗器保持水平,沿着滑道拔出。

(5)插装新衰耗器:保证衰耗器面板可以正视,一手托着衰耗器下端,一手握着衰耗器前端,将衰耗器对准滑道推入至底。

(6)紧固新衰耗器:将机柜母板后侧的手捻螺钉顺时针方向扭转至不能动,则衰耗器紧固。

(7)接通对应发送器、接收器断路器:拨动断路器闸刀至上方位置。

(8)关闭柜门。

3. 防雷模拟网络盘更换

(1)打开柜门。

(2)断开对应发送器、接收器断路器:拨动断路器闸刀至下方位置。

(3)解锁旧模拟网络:将机柜母板后侧的手捻螺钉逆时针方向扭转至脱离模拟网络。

(4)拆解旧模拟网络:将模拟网络保持水平,沿着滑道拔出。

(5)插装新模拟网络:将模拟网络上下边对准组匣滑道,保证模拟网络面板可以正视,将模拟网络推至底。

(6)紧固新模拟网络:将机柜母板后侧的手捻螺钉顺时针方向扭转至不能动,则模拟网络紧固。

(7)接通对应发送器、接收器断路器:拨动断路器闸刀至上方位置。

(8)关闭柜门。

4. 通信接口板更换

(1)打开柜门。

(2)关断电源:将前面板电源开关向外拔出,并向下轻微扳动,则关电。

(3)解锁旧通信接口板:用螺丝刀将通信接口板上下端螺丝松开。

(4)拆解旧通信接口板:将通信接口板保持水平,沿着滑道拔出。

(5)插装新通信接口板:将通信接口板对准滑道推入,保证通信接口板竖直且面板开关处于断开位置。

(6)紧固新通信接口板:将通信接口板插入后,用螺丝刀将通信接口板上下端螺丝紧固。

(7)接通电源:将通信接口板前面板电源开关向外略微拔出,并向上扳动,则接通电源。

(8)关闭柜门。

5. 调谐匹配单元更换

(1)基础柱紧固板松绑:松下设备固定螺栓,拆下设备。

(2)拆除电缆连接:拆下 V1、V2 连接电缆,松下万可端子的数字信号电缆。

(3)取出新设备,松下螺钉。

(4)安装在基础柱紧固板上:调谐匹配单元应面向所属线路侧,立式安装在基础柱紧固板上。用其配套螺栓(M10)将调谐匹配单元安装固定在同一基础柱的紧固板上,并用转矩扳手将其紧固。

(5)在设备侧安装钢轨引接线:用调谐匹配单元两侧端子板上预留的 M12 铜螺栓,将 4 根引接线(2 000 mm、3 700 mm 各 2 根)ϕ12 mm 铜端头一端与之连接在一起,并用转矩扳手紧固。

(三)常见故障处理

1. 判断故障区域

(1)对分割成 AG、BG 区段轨(或更多),BG 亮红时,影响 AG 也亮红,所以首先查 BG,若 BG 恢复,AG 仍然亮红,再查 AG。

(2)对站联区段,当发车线与邻站分界区段亮红时,应先判断邻站的站联条件是否送达,可先观察该区段组合的 GJ(邻)、DJ(邻)是否吸起,若吸起,说明邻站已将站联条件送达;若未吸起,再到区间综合柜零层相应端子测试电压是否送达;若条件未送达,故障在邻站,需在邻站查找。

2. 判断室内外故障

判断清楚故障区段后,再判断故障在室内还是室外。

在区间综合柜的电缆模拟网络上进行测试判断,先测试发送电缆模拟网络的“电缆”塞孔电压，再测试接收电缆模拟网络的“电缆”塞孔电压。与正常测试数据进行对比，若发送电压不正常，则故障在室内发送电路；若发送“电缆”电压正常，接收电压不正常，则故障在室外；若发送电压和接收电压均正常，则故障在室内接收电路。

3. 室内发送电路故障判断处理

(1)若衰耗器测试发送功出电压、载频、低频均正常，电缆模拟网络“设备”电压正常，而“电缆”电压不正常，则电缆模拟网络故障，更换电缆模拟网络即可。

(2)若衰耗器测试发送功出电压、载频、低频均正常，电缆模拟网络“设备”电压不正常，则故障点在发送器的发送输出 s1、s2 端子至发送模拟网络端子 1、2 间的电线及继电器接点条件上。

(3)衰耗器测试发送功出电压、载频、低频不正常，“＋1”衰耗器测试发送功出电压、载频、低频正常。此时，若仅移频报警，轨道电路不亮红，则更换发送器即可。

(4)发送器和“＋1”发送器的发送功出电压、载频、低频都不正常，则发送器和“＋1”的发送器故障，更换发送器即可。

(5)发送器和“＋1”发送器的发送功出电压均为 0 V，检查发送器工作电源良好，故障点在低频编码条件电路或选择载频电路。

4. 室内接收电路故障判断处理

(1)接收电缆模拟网络的“电缆”电压正常，而“设备”电压不正常，则接收电缆模拟网络故障，更换电缆模拟网络即可。

(2)接收电缆模拟网络的“设备”电压正常，衰耗器的“轨入”电压不正常，故障在衰耗器的轨道输入 c1、c2 端子至接收模拟网络端子 1、2 间的电线及继电器接点条件上。

(3)轨入电压正常，轨出 1 电压不正常，则检查衰耗器主轨调整电平连线是否正常，若连线正常，线头接触正常，则衰耗器故障，更换衰耗器即可；若连线不正常，对连线进行处理即可。

(4)“轨出 1”电压正常，“GJ”电压正常，区间轨道继电器 QGJ 落下，测量 QGJ 线圈 1、4 上是否有大于 20 V 的直流电压，若有，QGJ 故障，更换继电器即可；若线圈没有电压，检查衰耗器端子 a30、c30 至 QGJ 线圈 1、4 间的配线是否断线。

5. 室外故障判断处理

(1)开路故障判断处理

电压比正常升高，没有电流，故障为开路，用“电压法”从送端到受端查找，当电压从有到无时，即为开路点，处理即可。

(2)短路故障判断处理

电压降低，电流增大，故障为短路，用“电流法”从送端到受端查找，当电流从有到无，或有一个很大的变化时，即为故障点，处理即可。

(3)通过小轨判断送、受端故障

①与送端相邻区段接收本区段的小轨电压正常，说明送端从室内到室外轨面正常，故障在送端轨面至受端间。

②本区段接收邻区段的小轨电压正常，说明受端从室外轨面到室内电路正常，故障在送端至受端轨面的通道间。

6. 通过集中监测判断故障

当区间轨道电路亮红，调看集中监测区间移频实时值，此时，发送功出电压、送端分线盘电压、受端分线盘电压、主轨入电压、小轨入电压、轨出 1 电压、轨出 2 电压均可显示，通过和正常值比较即可判断故障范围。

三、风险提示

1. 设备冗余工作不正常

控制措施：为提高系统的可靠性，发送器采用“$N+1$”冗余方式，接收器采用双机并联互为备用冗余方式。为防止设备冗余工作不正常，在施工验收期间，必须严格按照联锁试验表格逐一进行试验，做到不漏项。

2. 雷击造成设备损坏

控制措施：一是加强防雷元器件检查测试，及时更换不良防雷元器件；二是保证内屏蔽数字电缆通道屏蔽线可靠接地；三是贯通地线接地电阻达标，应小于或等于 1 Ω。

3. 移频干扰

控制措施：一是为减少移频干扰，区间移频数字内屏蔽电缆四芯组的扭绞在防雷分线柜(区间移频柜)接线端子处才能散开，应保留最长扭绞距离；二是数字电缆芯线按《维规》规定使用，并且发送与接收电缆在区间综合柜处须分开走线，走线槽内同行频率不进行绑扎，室外电缆芯线与室内配线分开。

4. 电缆断线

控制措施：一是加强电缆径路巡视和电缆盒配线检查；二是保证备用通道电气特性测试良好。

第四章　信 号 机

一、设备认知

（一）外部结构

高柱信号机外部结构如图 4-1 所示，矮型信号机外部结构如图 4-2 所示。

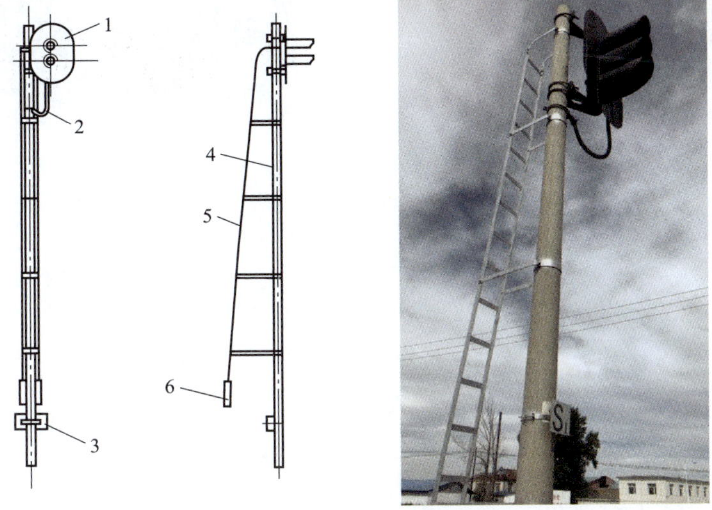

1—信号机构；2—蛇管及接头卡箍；3—卡盘；4—机柱；5—梯子；6—梯子基础

图 4-1　高柱信号机外部结构

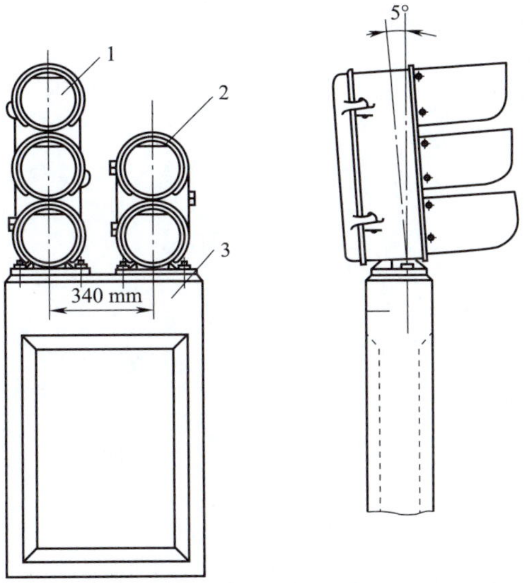

1—三显示信号机构；2—二显示信号机构；3—信号机基础

图 4-2　矮型信号机外部结构

(二)内部结构

1. 透镜式信号机

信号机内部结构如图 4-3 所示，定焦盘式铁路信号灯座结构如图 4-4 所示，信号机灯泡结构如图 4-5 所示，BX_1-34 型信号变压器的结构和接线如图 4-6 所示。

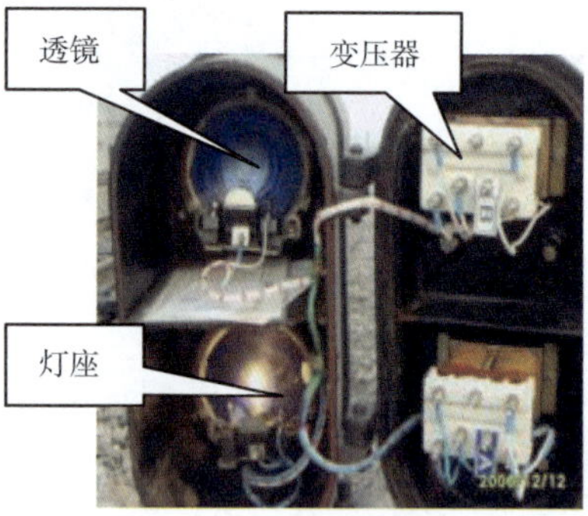

图 4-3 信号机构内部结构

图 4-4 定焦盘式铁路信号灯座结构

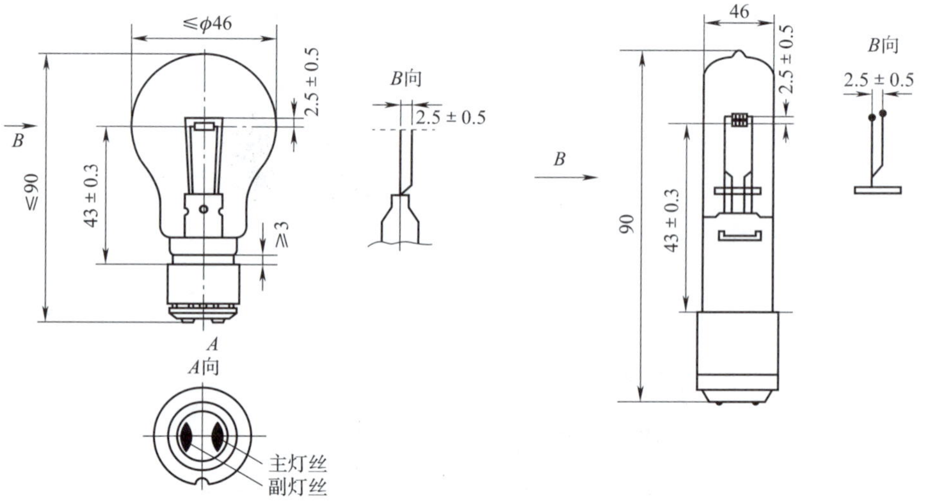

图 4-5 信号机灯泡(单位:mm)

2. 盘式 LED 色灯信号机

盘式 LED 色灯信号机外形如图 4-7 所示，发光盘结构如图 4-8 所示。

3. SD-2 型双灯定焦盘灯组

SD-2 型双灯定焦盘灯组接线电路如图 4-9 所示，实物如图 4-10 所示。

(三)驼峰场信号机

1. 分类

驼峰场信号机包括驼峰主体信号机、调车信号机、线路表示器等种类，用来实现驼峰推峰进路控制、驼峰调车进路控制和驼峰溜放进路控制功能。

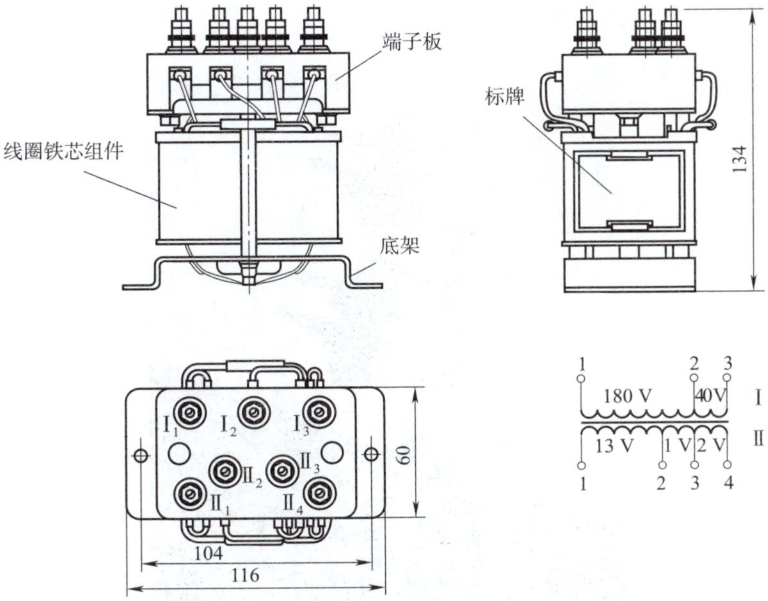

图 4-6　BX_1-34　型信号变压器结构和接线(单位:mm)

图 4-7　LED 色灯信号机

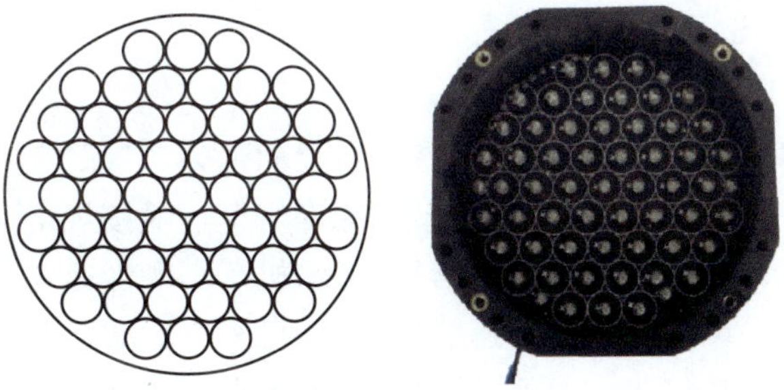

图 4-8　发光盘结构

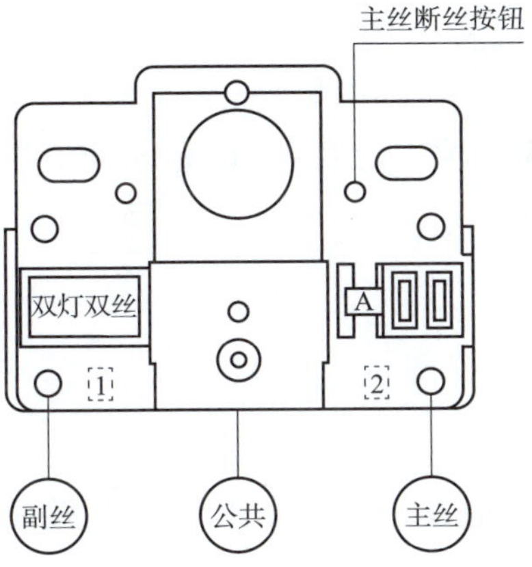

图 4-9　SD-2 型双灯定焦盘灯组接线电路

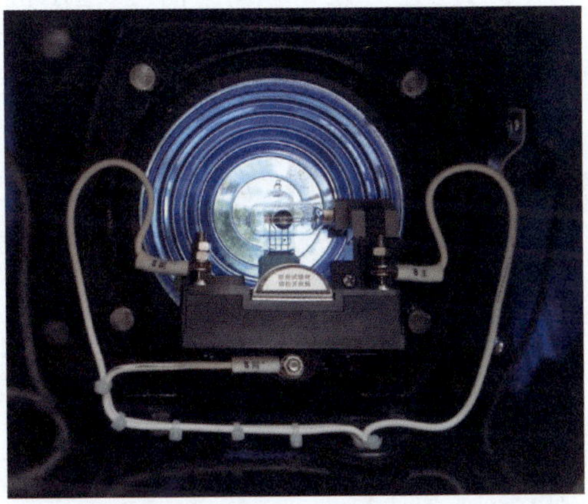

图 4-10　SD-2 型双灯定焦盘灯组接线实物

驼峰主体信号机外形如图 4-11 所示。

图 4-11　驼峰主体信号机外形

2. 灯位及显示

驼峰主体信号机有 4 个灯位，自上而下为黄、绿、红、白。有 7 种信号显示。

一个绿色灯光——定速信号，准许机车车辆按规定速度向驼峰推进。

一个绿闪灯光——加速信号，指示机车车辆加速向驼峰推进。

一个黄闪灯光——减速信号，指示机车车辆减速向驼峰推进。

一个红色灯光——停车信号，不准机车车辆越过该信号机或指示机车车辆停止作业。

一个红闪灯光——后退信号，指示机车自峰顶后退。

一个月白色灯光——调车信号，指示机车去峰下。

一个月白色闪光——指示机车车辆去禁溜线或迂回线。

3. 信号显示的集中控制

驼峰信号机的信号显示由驼峰指挥楼的值班员集中控制，控制台设有 6 种信号控制按钮。

定速按钮：用来开放定速信号（绿灯）。

加速按钮：用来开放加速信号（绿闪）。

减速按钮：用来开放减速信号（黄闪）。

后退按钮：用来开放后退信号（红闪）。

调车按钮：用来开放调车信号（月白）；当有关道岔开通去禁溜线或迂回线时，按压该按钮，则开放白闪信号。

停车按钮：用来关闭驼峰信号（红灯）。

为了保证作业安全，当发生意外情况时，应允许下部信号楼或现场作业人员及时关闭驼峰信号。为此，在下部信号楼和现场的每个按钮柱 AZ 上，均装有一个二位自复式切断信号按钮 QXA。

4. 调车信号机

调车信号机外形结构如图 4-12 所示。

图 4-12　调车信号机

驼峰场的调车信号机分为峰上调车信号机和线束调车信号机，排列进路均使用单按钮方式，进路解锁方式分别为分段式解锁和一次性解锁。

灯位设置及信号显示与普通调车信号机一样，设白(B)、蓝(A)两个灯位显示。

5. 线路表示器

线路表示器外形结构如图 4-13 所示。

图 4-13　线路表示器

每条线路设一架线路表示器。线路表示器常态灭灯。当道岔开通某线路且本线束的上峰线束调车信号开放时，该线路表示器点白灯。

(四)电路原理

1. FDZ 型发光盘专用点灯装置

FDZ 型发光盘专用点灯装置原理如图 4-14 所示，由隔离变压器、整流电路、稳压电路和告警电路构成。输入电源经变压、整流后，由两路稳压电路进行稳压，两路稳压电路热备，以保证输出稳定的 12 V 直流电压。告警电路对发光盘和两路稳压电路进行监督，故障时发出告警。FDZ 型发光盘专用点灯装置电气特性见表 4-1。

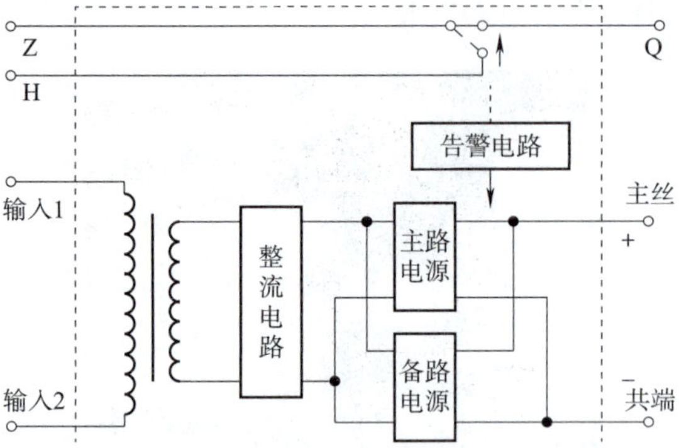

图 4-14 FDZ 型发光盘专用点灯装置原理

表 4-1 FDZ 型发光盘专用点灯装置电气特性

工作电压(AC)/V	工作电流(AC)/mA	输出电压(DC)/V	空载电流/mA
176～235	70～140	12±0.5	≤16

2. SD-2 型双灯定焦盘灯组

SD-2 型双灯定焦盘灯组是将主、副灯丝分置在两个灯室内的新型灯座，副灯丝和主灯丝独立设置在两个灯泡内。正常工作时，主灯中的主丝进行点灯显示，主丝断丝，依靠点灯单元转换，点亮副灯中的副丝进行显示，大大提高了信号显示的可靠性，其结构如图 4-15 所示。SD-2 型双灯定焦盘灯组参数见表 4-2。

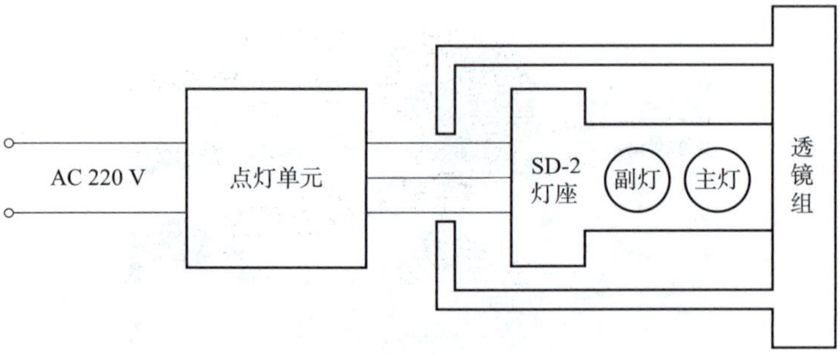

图 4-15 SD-2 型双灯定焦盘灯组结构

表 4-2 SD-2 型双灯定焦盘灯组参数

灯泡	灯泡型号	额定值			极限值		寿终光通量/L	最低寿命/h
		电压/V	功率/W	光通量/lm	最大功率/W	最小光通量/lm		
主灯泡	LTX12-25	12	25	400	27.5	340	272	2 500
副灯泡	LTX12-30D	12	30	500	33	400	320	200

3. XDZ-B 型多功能信号点灯装置

XDZ-B 型多功能信号点灯装置电路原理如图 4-16 所示。来自信号楼的电源由“输入”端进入输入变压器 T1 后分两路，主路以自耦方式由绕组 W_2 提供交流经 DC-DC 变换器转为直流供主灯丝点灯。DC-DC 变换器输出的直流电压 U_{OZ} 具有稳压和软启动功能。副路以变压器降压方式由绕组 W_3，提供交流经桥式整流器整流为全波直流电压 U_{OF} 供副灯丝点灯，电气特性见表 4-3。

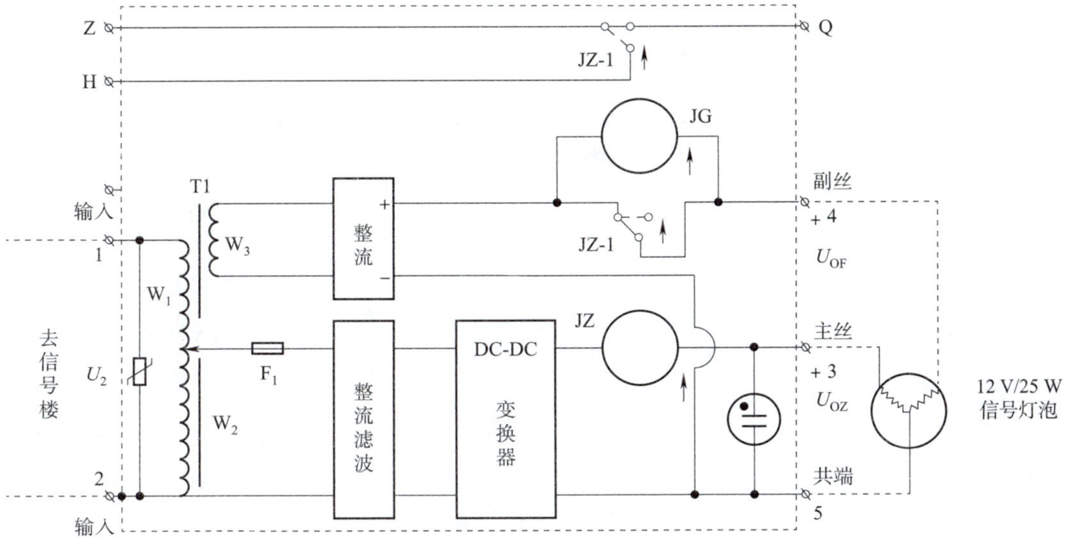

图 4-16　XDZ-B 型多功能点灯装置电路原理

表 4-3　XDZ-B 型多功能信号点灯装置电气特性

型号		输入电压范围(单相 50 Hz 交流)/V	额定负载	输出电压波动范围(在输入电压范围内)/V	在最高输入电压下			输入输出端子对地绝缘电阻/MΩ
					空载电流/mA	冷丝冲击电流/A	软启动时间/s	
XDZ-1G	高柱	176～253	12 V/25 W 双丝灯泡	DC10.7～11.9	≤16	≤6	0.05～0.2	≥25
XDZ-B	高柱区间							
XDZ-1L XDZ-B	矮型			DC10.2～11.4				

4. DDXL-34 型点灯单元电路原理

DDXL-34 型点灯单元电路原理如图 4-17 所示。点灯单元采用的点灯变压器为防雷变压器，以满足雷电防护的要求。灯丝转换继电器采用 JZSJC 型。当主灯丝断丝时，灯丝转换继电器断电落下，通过其后接点接通副灯丝回路，点亮副灯丝，同时发出报警。

5. 信号机点灯电路

(1)进站信号机点灯电路如图 4-18 所示。

(2)四显示区段出站信号机点灯电路如图 4-19 所示。

(3)调车信号机电路如图 4-20 所示。

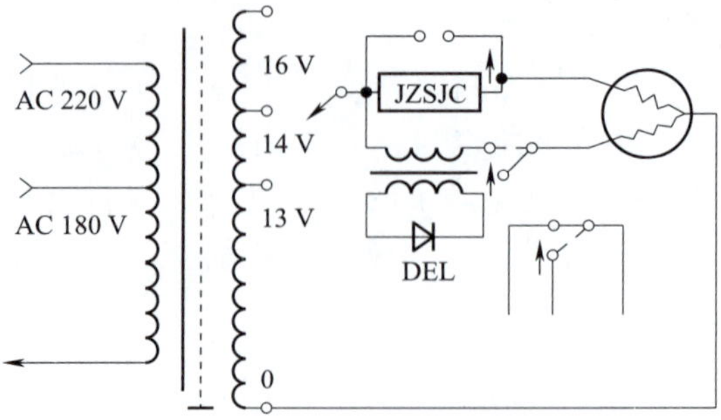

图 4-17　DDXL-34 型点灯单元电路

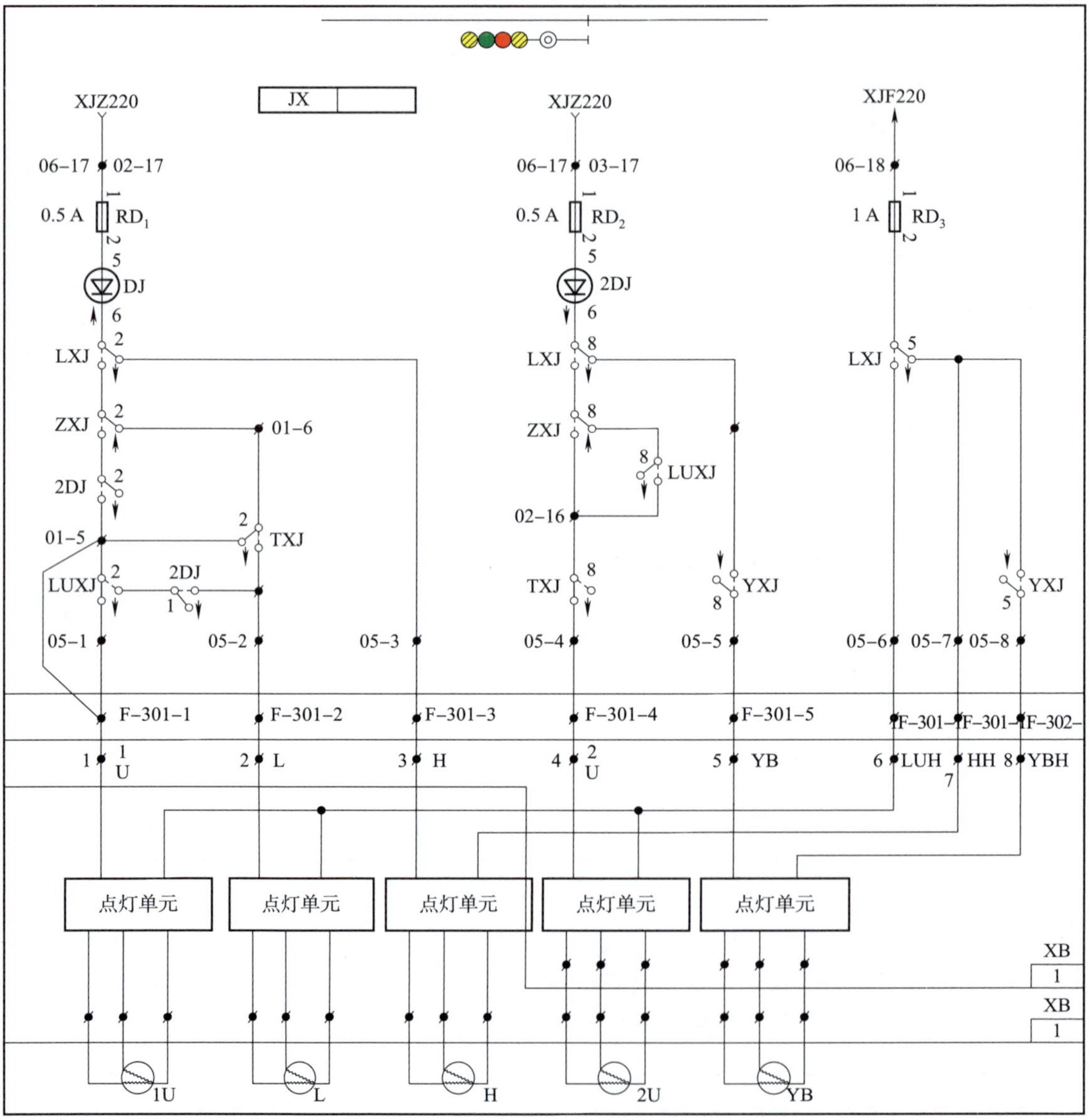

图 4-18　进站信号机点灯电路

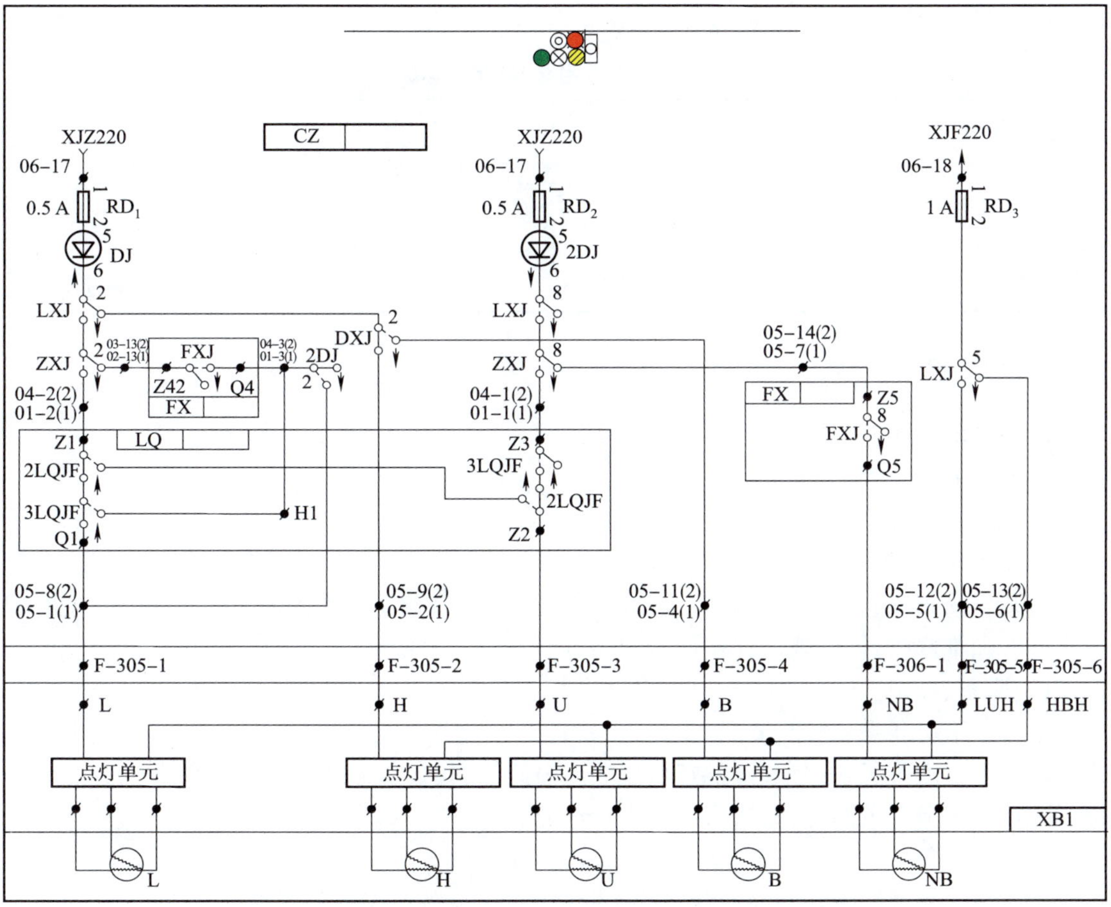

图 4-19　出站信号机电路

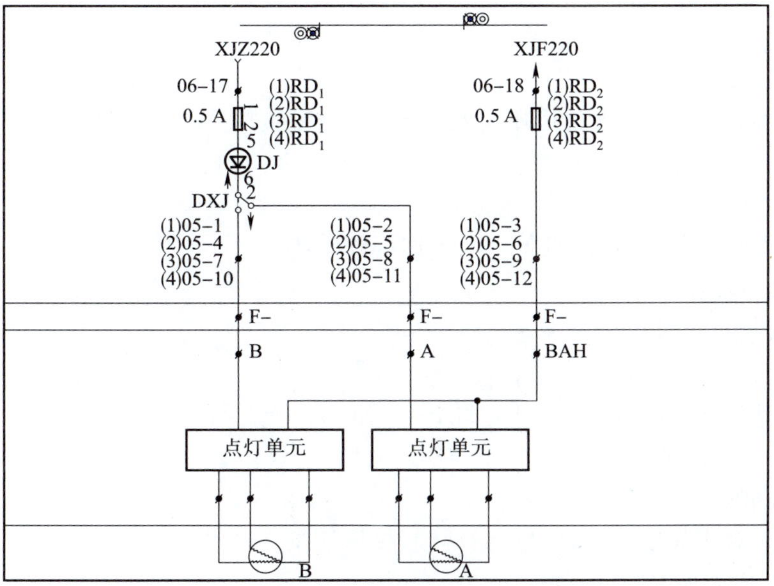

图 4-20　调车信号机点灯电路

(4)点灯电路 DJ 电流标准见表 4-4。

表 4-4 点灯电路 DJ 电流标准

	下限/mA	上限/mA	型号
DJ 电流标准	100	180	JZXC-H18
	140	180	JZXC-H18F
		180	JZXC-H16/16
		180	F1 型继电器

二、设备维护

(一)标准化作业

1. 作业前

(1)准备工作

班前布置会,工具、仪表、防护用具准备。

召开班前布置会;检查、试验仪表、联络工具良好;维修工具整套齐全,工具包内应有应急小零件和维修材料;按规定穿戴防护用品,携带防护用具。

(2)联系、登记

电务联络员联系、登记、要点。

联系车务人员了解列车运行情况,根据天窗修计划、日常巡视以及整修作业内容进行登记、要点,经车务人员同意、签认后方可进行作业。

(3)说明事项

①日常巡视应制定设备巡视线路图,巡视作业应按巡视线路图完成。

②影响设备使用的作业必须在“天窗”点内进行。

③上道作业应设安全防护员。

2. 作业中

(1)日常巡视

访问车务值班员,了解道岔运用情况。查看集中监测信号机报警信息,掌握使用中信号机存在的问题。

①XB 箱外观检查。

a. XB 箱外观无裂纹,油漆良好、无锈蚀,标识清晰;

b. 检查加封加锁良好;

c. 检查安装螺丝紧固;

d. 引线蛇管无脱落、破损;

e. XB 箱基础无裂纹,底部距离地面不小于 150 mm;工作台面无杂物、积水。

②信号机各项外观检查

a. 外透镜玻璃无破损、污渍;

b. XB 箱外观无裂纹,油漆良好、无锈蚀,标识清晰;

c. 检查加封加锁良好;

d. 检查安装螺丝紧固;

e. 引线蛇管无脱落、破损；

f. XB 箱基础无裂纹，底部距离地面不小于 150 mm；工作台面无杂物、积水。

(2)集中检修

①同日常巡视内容。

②检查信号显示距离。

a. 进站、通过、遮断、接近信号机，不得小于 1 000 m；

b. 高柱出站、高柱进路信号机，不得小于 800 m；

c. 预告、驼峰、驼峰辅助信号机，不得小于 400 m；

d. 调车、矮型进站、矮型出站、矮型进路、复示信号机、容许、引导信号及各种表示器，不得小于 200 m；

e. 在地形、地物影响视线的地方，进站、通过、接近、预告、遮断信号机的显示距离，在最坏条件下，不得小于 200 m。

③建筑限界检查。

a. 高度 1 100 mm 以上距邻近正线、通行超限货物列车站线：2 440 mm；

b. 高度 350～1 100 mm(含 1 100 mm)：1 875 mm。

④XB 箱盒内部检修。

a. 盘根密封良好，内部干净无进水；

b. 配线整齐、美观、无破损；

c. 线头线环有无断股，断股不超过 1/5；

d. 端子座安装牢固、无裂纹、标识清晰；

e. 端子紧固、螺丝垫片齐全、有双螺母及防松措施；

f. 电缆封堵良好，铭牌清晰，备用芯绑扎良好；

g. 变压器、点灯单元安装稳固，表面无过热现象；器材不超期；

h. 上机线有无破皮、压伤；

i. 记录卡、原理图、配线图保存完好，与实物相符，无涂改。

⑤机构检修。

a. 机构门密封良好、开启灵活、锁头油润；

b. 蛇管无脱落、裂损，弯头安装牢固，孔口封堵严密；

c. 配线整齐、美观、无破损；

d. 线头线环有无断股、断股不超过 1/5；

e. 灯座、灯口安装牢固，弹片压力适当，接触良好；

f. 灯丝无异状，灯泡不歪斜，无冒烟、变黑变白色，号码清晰，定期更换记录；

g. 灯室之间不窜光，透镜及色玻璃安装牢固，无破损、灰尘；

h. 主/副丝试验转换良好，与楼内核对报警信息；

i. 信号灯泡检查、更换。

⑥测试。

a. 变压器Ⅰ、Ⅱ次侧电压。

(a)普通色灯信号机：Ⅰ次、Ⅱ次侧电压、灯端电压均用交流挡测试；

(b)站内 LED 信号机(FDZ 型):Ⅰ次侧用交流挡(176～235 V)平时是 220 V,Ⅱ次侧直流挡为(12±0.5)V、灯端电压为(12±0.5)V(工作电流:70～140 mA,额定负载电流:700 mA)。

(c)站内普通信号机(XDZ 型):Ⅰ次侧用交流挡(176～235 V),Ⅱ次侧高柱:直流 10.7～11.9 V;Ⅱ次侧矮型:直流 10.2～11.4 V;副丝电压要求:10 V±0.5 V。

(d)区间 LED 信号机(BXZ-40 型):输入额定电压:交流 102 V;输出额定电流:162 mA;输出额定电压:直流(46±2)V(适用电缆长度大于 5 km)。

b. 灯泡主丝电压、副丝电压(不符要求进行调整)。

列车信号主灯丝电压应保持在额定值(12 V)的 85%～95%,调车信号为 75%～95%,容许信号为 65%～85%。LED 只有主丝电压直流(12±0.5)V(列车信号机灯端电压 10.2～11.4 V,调车信号机灯端电压 9～11.4 V)。

副丝电压是主灯丝电压的 85%以上(LED 不存在副丝)。

c. 主、副丝转换试验:主灯丝断丝时能自动转换到副丝,并且发出报警(LED 当发光二极管损坏数量达到 30%时不影响显示距离,并报警)。

d. 记录各测试数据,测试卡放在 XB 箱的右侧,没有 XB 箱的(如调车信号机)放在白灯机构内右侧。

e. 每年对安全地线测试两次,小于 10 Ω。

3. 作业后

(1)试验

室内、外设备检查试验:

①复查箱盒加锁,联系室内进行开放信号试验(每个信号开放一次),确认无异状,灯光良好,室内外显示一致,无灯丝报警。

②室内外彻底试验良好,并会同车站值班员试验。

(2)销记

经试验良好后,停止作业,由电务联络员在“运统 46”内登记销点,交车务签认。

(二)常见问题处理

问题描述:灯丝断丝报警。

处理方法:

(1)监测查看报警编码,根据信号机断丝编码确定灯丝断丝报警的信号机名称及灯位。

(2)申请临时要点,携带工具、仪表,前往处理。

(3)打开对应灯位机构,开放信号,确认点亮副丝后,对副丝灯泡进行更换。

(4)更换完毕,进行主、副丝转换试验:主灯丝断丝时能自动转换到副丝,并且发出报警。

(5)观察监测电流曲线无波动后,在检修卡上填写更换的信号机灯泡号码,测试卡放在 XB 箱的右侧,没有 XB 箱的放在机构内右侧。

(6)检查防松脱情况良好。

(7)撤离线路,销记。

(三)常见故障处理

故障现象:控制台信号机复示器闪灯。

故障分析:控制台信号机复示器闪灯,说明是 DJ 落下,一般是点灯电路故障。

处理方法：

在分线盘测量（重复开放信号时），有电压，则为室外故障。无电压，则为室内故障。

（1）在分线盘上测量故障信号机端子。

①若有交流 220 V 电压，则说明室外发生断线故障。

②若无交流 220 V 电压，则应查看组合架及相应组合的 XJZ 或 XJF 熔断器是否断，若没断则说明分线盘到组合内部断路，

（2）在信号机处变压器箱或终端电缆盒上测量，若有 220 V，则说明变压器或电缆盒至信号机内部点灯电路发生断路故障；若无 220 V 电压，则说明电缆断线。

（3）在 BX-34 型变压器Ⅰ次侧测量，若有 220 V 电压，则说明Ⅰ次侧故障或Ⅱ次侧至灯泡间有断路故障；若无 220 V 电压，则说明变压器箱或电缆盒端子至Ⅰ次侧之间断路。

（4）在灯泡端测量，若有 12 V 左右电压，则说明灯座弹簧不好或灯泡断丝；若无电压，说明 BX-34 型变压器Ⅱ次至灯座间断线。

（5）处理完毕，检查防松脱情况良好。

（6）撤离线路，销记。

三、风险提示

1. 信号机显示不良造成行车安全风险。

原因：信号显示调整不当，透镜破损、灯泡端电压不达标。

危害：造成列车减速、停车。

处理：按要求调整信号显示达标，定期检查清扫，灯压调整达标，信号机机构出所进行窜光验收，定期检查信号机机构密封及加锁情况，按要求进行信号显示检查，及时清除障碍。

2. 信号机故障造成行车安全风险。

原因：器材材质、插接不良，电气接点接触不良，电气参数调整不当，点灯电线路断路或短路，设备失修。

危害：造成列车停车、冒进。

处理：使用规定厂家器材；按规定进行器材入库抽验、入所检修、出所验收，杜绝非标、不合格产品上道使用，清洁、紧固、按标准调整电气接点，更换不良电气接点及器材，电气参数调整不当，按规定进行集中监测分析及问题整改，设备失修。

3. 信号机显示错误。

原因：灯室窜光，机构未密封，机构加锁不良，信号显示被遮挡，信号机配线错误，外界强光干扰。

危害：轻则引起设备故障，影响设备正常使用，重则造成列车车辆脱轨、掉道、颠覆。

处理：按周期巡视、检修，加强与相关单位的工作协作，提高维修质量。

第五章 信号电缆

一、设备认知

（一）外部结构

信号电缆外部结构如图 5-1 所示。

（a）电缆标桩

（b）电缆盒

图 5-1 信号电缆外部结构

（二）内部结构

信号电缆内部结构如图 5-2 至图 5-5 所示。

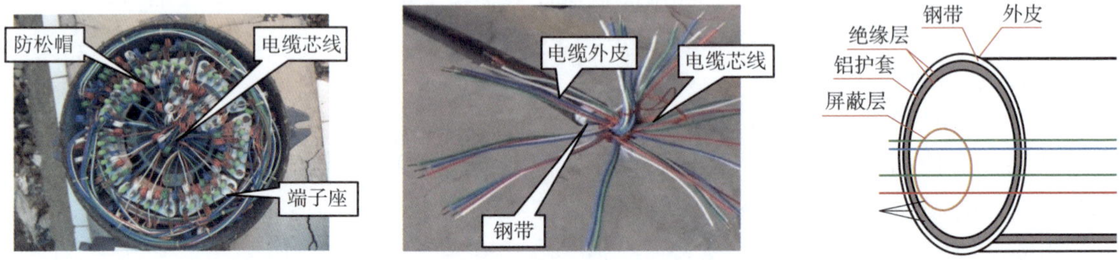

图 5-2 信号电缆内部结构

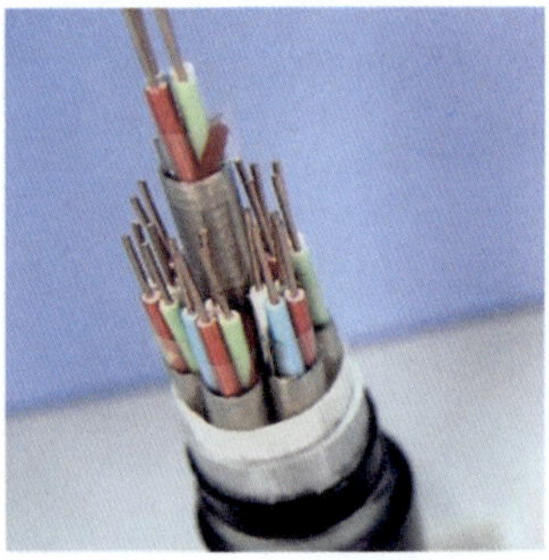

图 5-3 综合护套电缆内部结构

图 5-4 数字电缆内部结构

图 5-5 铝护套电缆内部结构

(三)SPT-P 内屏蔽电缆使用原则

1. 两个频率相同的发送与接收不能采用同一根电缆。

2. 两个频率相同的发送不能设置在同一屏蔽四线组内。

3. 两个频率相同的接收不能设置在同一屏蔽四线组内。

4. 电缆中有两个及其以上的相同频率的发送,或者有两个及其以上的相同频率的接收时,该电缆需采用内屏蔽型。

5. 电缆中各发送、接收频率均不相同时,可采用非内屏蔽 SPT 电缆,但线对必须按四线组对角线成对使用。

以上五原则可简述为:

1. 同频的发送、接收线对不能同缆。

2. 同频线对不能同一四线组。

3. 无同频线对时,采用非屏蔽 SPT 电缆。

(四)电缆盒端子编号方法

1. 终端电缆盒从基础开始,顺时针方向依次编号,如图 5-6 所示。

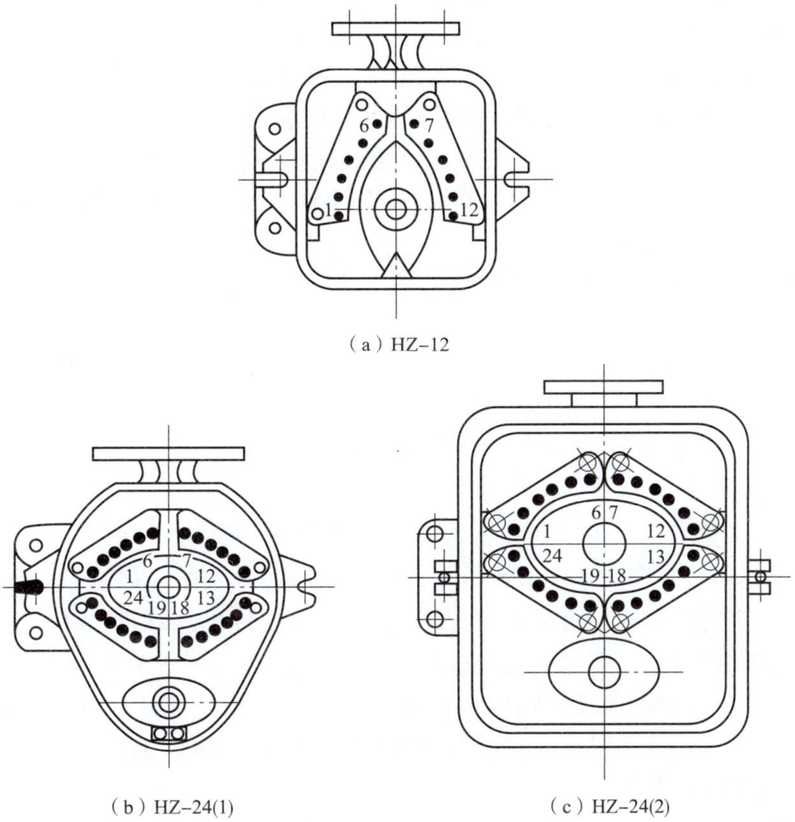

(a) HZ-12

(b) HZ-24(1)

(c) HZ-24(2)

图 5-6　终端电缆盒

2. 方向电缆盒端子编号,面对信号楼,以“1”点钟位置为 1 号端子,顺时针方向依次编号,如图 5-7 所示。

3. 变压器箱端子编号，靠箱子边为奇数，靠设备边为偶数，站在箱子引线口自右向左依次编号。

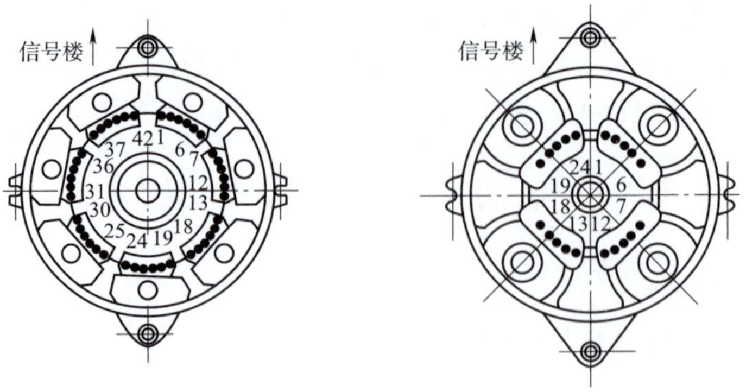

（a）HF-7　　（b）HF-4

图 5-7　方向电缆盒

（五）配线使用的电线规格

1. 信号机、转辙机、变压器箱（轨道电路用）等内部配线，使用（或代以相当于）7×0.52 mm 的多股铜芯阻燃塑料线。

2. 电源屏的引出配线，根据负载选用不同截面的多股铜芯阻燃塑料线。

（六）交流电力牵引区段信号设备的电缆线路防护和要求

1. 在信号电缆的同一芯线上，任何两点间的感应纵电动势（有效值）：在接触网正常供电状态下，不大于 60 V；在接触网故障状态下，不得超过电缆直流耐压试验电压值的 60%，或交流耐压试验电压值的 85%。

2. 室外的信号干线电缆应使用铝护套信号电缆，分支电缆可使用综合护套或铝护套信号电缆。

3. 装设在箱、盒等设备中的电缆金属外皮和终端套管，通信干线分支电缆金属外皮和套管，必须与箱、盒等设备的金属外壳绝缘。

4. 信号及闭塞设备的电路，不准采用一线一地构成回路。

5. 设备接地。

（1）信号干线电缆，其金属护套和钢带互相间必须逐一顺次焊（拧）接起来，并在区间信号机（含分割点）、车站两端和车站值班员室（或信号楼）等电缆始或终端处接向屏蔽地线；其中的分支电缆的金属护套和钢带也必须与干线电缆的金属护套和钢带焊（拧）接起来。电缆金属外皮严禁接至扼流变压器的中心连接板或钢轨上。

（2）信号电缆与接触网地线的距离最近处不得小于 2 m，否则应采用水泥槽，并灌注绝缘胶加以绝缘防护。特殊情况下，电缆与杆塔基础交叉时，须采取绝缘防护措施。

（七）信号电缆敷设要求

1. 电缆埋设深度，站内一般不小于 700 mm，区间不小于 1 200 mm。

2. 电缆径路应选择地形平坦和土质良好地带。

3. 电缆径路应避开酸、碱、盐聚集，石灰质，污水，土质松软和承受重压可能发生大量塌陷危险的地带，以及道岔的岔尖、辙岔心、钢轨接头、接触网的杆塔基础等处所。

4. 电缆径路应尽量保持直线。如有弯曲时，电缆允许的弯曲半径：非铠装电缆应不小于电缆外径的10倍,铠装电缆应不小于电缆外径的15倍,内屏蔽电缆应不小于电缆外径的20倍。

(八)室外电缆余量应符合的要求

1. 电缆每端余量不得小于2 m,50 m以下的分支电缆可不作余量。

2. 室外电缆进入室内的余量不得小于5 m。

3. 电缆接续点每端电缆留足一次接续的余量。

(九)电缆上下桥固定于防护应符合的要求

1. 沿桥墩上下桥的电缆采用槽道防护,槽道在地面以下部分埋深不得小于500 mm,地面以上的槽道外部采用砖砌围桩防护,围桩高度不得小于2 000 mm。

2. 箱梁上固定的电缆槽与桥墩上固定的电缆槽留有5～10 mm的间隙。

3. 箱梁与桥墩上的电缆槽平缓连接,其弯曲半径符合电缆弯曲半径的要求。

二、设备维护

(一)标准化作业

1. 作业前

(1)准备工作

班前布置会,工具、仪表、防护用具准备。

召开班前布置会;检查、试验仪表、联络工具良好;维修工具整套齐全,工具包内应有应急小零件和维修材料;按规定穿戴防护用品,携带防护用具。

(2)联系、登记

电务联络员联系、登记、要点。

联系车务人员了解列车运行情况,根据天窗修计划、日常巡视以及整修作业内容进行登记、要点,经车务人员同意、签认后方可进行作业。

(3)说明事项

①日常巡视应制定设备巡视线路图,巡视作业应按巡视线路图完成。

②影响设备使用的作业必须在“天窗”点内进行。

③上道作业应设安全防护员。

2. 作业中

(1)日常巡视

询问车务值班员,了解信号设备运用情况;查看集中监测信号机报警信息,掌握使用中信号设备、电缆绝缘等存在的问题。

①检查电缆盒外观。

a. 地面硬化完好,无破损、裂纹,清扫保持清洁。

b. 电缆盒底部距地面不少于150 mm,排水良好,基础无破损、裂纹,箱盒无破损,倾斜不超过10 mm。

c. 电缆盒无裂纹,螺丝不松动,盒盖严密,盘根不外露,保护管完好且安装牢固。

d. 箱盒平台清扫干净,无杂草、垃圾等易燃物质。

e. 电缆盒铭牌标识完整、清晰,安装牢固。

②电缆径路外观检查(重点为过桥、过涵防护、施工及其他外界干扰)。

a. 电缆径路上无影响电缆的施工及干扰(火、腐蚀性液体等)。

b. 电缆盖板、去向标、接续标、警示牌埋设齐全完好。特别是栅栏外电缆标识及警示牌必须齐全良好。

c. 电缆无外露，电缆径路硬化地段无破损、开裂情况，桥梁引下地段入口电缆槽。

d. 电缆径路上无堆积杂草、垃圾等易燃物体。

e. 桥上电缆槽无倾斜、横移；支架及槽体固定良好，没有松脱、锈蚀；盖板齐全良好，无锈蚀；抱箍等防松脱装置齐全良好，无锈蚀；重点检查避车台、接触网支柱等外绕的地方是否牢固。对桥上电缆箱盒固定情况进行防松脱检查，对桥槽中部及电缆箱盒引入、引出电缆或贯通地线进行检查。

f. 隧道及涵洞内电缆槽，盖板齐全并做好勾缝处理。

g. 电缆过沟、涵时，采用热镀锌钢管进行防护，埋设不达标时使用水泥防火包封，必须拆除，沟、涵处不得堆积垃圾等易燃物。

h. 过道电缆应穿镀锌钢管或 HDPE 管防护，钢管没有外露锈蚀。

③电缆径路添乘检查。

电缆径路上无影响电缆的施工，特别是栅栏外电缆。

(2)集中检修

①同日常巡视内容。

②防水、防尘检查及清扫。

a. 电缆盒无裂纹，螺丝不松动，盒盖严密，不漏水、进水，盘根完整，保护管完好且安装牢固。

b. 绝缘灌胶良好，不软化、无裂纹，引线堵塞严密，盒内清扫干净。

③盒内检查。

a. 端子板无裂，安装牢固，端子螺丝无氧化、锈蚀，垫圈齐全无飞边，螺丝座安装整齐、牢固，各端子孔芯线插接良好。

b. 配线整齐无老化，线头无伤痕，无混线的可能。

c. 端子号码牌清楚明晰，固定良好，备用芯线线环清楚完整。

d. 电缆盒内部标识对应端子号，配线整齐美观。电缆芯线均采用鹅头弯与端子连接，不得盘圈，线头应加装防断线环保护，备用芯线有空端子的上在空端子上或统一用万可端子固定好(不开线头)。软线引入口胶堵防护。

e. 主干电缆至少 1 对备用电缆全程贯通至所有终端，电缆电气特性达标。

f. 箱盒内应附有注明配线来向、去向、使用芯数、备用芯数、长度的铭牌及端子配线示意图。

④地面硬化。

地面硬化完整，无破损。

⑤箱盒油饰、标记。

油饰光滑、平整、标记清楚。

⑥电缆标安装明晰、牢固。

电缆径路上每 50 m 埋设电缆去向标，径路上电缆盖板、去向标、接续标完整，安装牢固、明晰。

⑦电缆防护检查。

a. 在站台上时，应采用站台上专用的电缆沟槽防护，并在沟槽内填砂防护；没有专用电缆沟槽时，应采用混凝土电缆槽进行防护，混凝土电缆槽的埋设深度为槽盖顶面距地面200～300 mm。

b. 电缆过沟、涵时，采用热镀锌钢管进行防护，埋设不达标时使用水泥防火包封，包封厚度不少于 100 mm。

c. 电缆过桥时应采用 SMC 电缆槽防护。电缆过桥时钢槽应涂黑白相间的斑马线。桥上电缆槽无倾斜、横移；盖板齐全良好，无锈蚀；抱箍等防松脱装置齐全良好，无锈蚀；支架及槽体固定良好，无松脱，锈蚀；重点检查避车台、接触网支柱等外绕的地方是否牢固。对存在松脱隐患的采用不锈钢扎带等加固措施进行加固整治。对桥上电缆箱盒固定情况进行防松脱整治，对桥槽中部及电缆箱盒引入、引出电缆或贯通地线进行固定及防护整治。

d. 电缆过隧道时，应采用水泥电缆槽或预留的槽道并填砂防护。

e. 过道电缆应穿热镀锌钢管或 HDPE 管防护，并注意埋深，距枕木底应大于 450 mm。在过道处的钢轨外侧固定电缆过道标识卡，或用红色油漆印刷“电缆过道”字样。

f. 栅栏外的电缆径路敷设水泥面防护，规格 400 mm(宽)×80 mm(厚)。

g. 栅栏外电路径路每 100 m 设置一个电缆标，每 100 m 设置一个警示牌，电缆标与警示牌相距 50 m。警示牌上应注明电缆埋设范围、联系电话。

⑧电缆备用芯线绝缘测试。

电缆对地综合绝缘应大于 5 MΩ，线间绝缘应大于 5 MΩ。不具备集中监测条件的，人工测试每年 1 次。

⑨电缆芯线绝缘测试。

a. 计算机联锁站和区间电缆对地综合绝缘应大于 1 MΩ。

b. 电气集中大站电缆对地综合绝缘应大于 0.5 MΩ。

⑩室外电缆接地。

电缆钢带、铝护套、内屏蔽层按标准进行接地，连接牢固可靠，无打火、拉弧痕迹；电气化电缆接地良好，接地电阻应小于或等于 10 Ω。

3. 作业后

(1)试验。

室内、外设备检查试验。设备整修完毕后，测试相关设备电气特性参数正常，室内外彻底试验良好，并会同车务试验。

(2)销记。

办理销记。经试验良好后，停止作业，由电务联络员在“行车设备检查(施工)登记簿”(运统 46)内登记销点，交车务签认。

(二)常见问题处理

1. 室外设备出现故障，经排查，测试电缆盒至分线盘之间有开路(甩线测量电阻升高或无穷大)。

处理方法：

(1)监测查看报警信息，查看电缆绝缘。

(2)联系、登记、停用设备，申请要点，携带工具、仪表，前往处理。

(3)使用贯通电缆芯线代替断线的芯线。

(4)更换完毕，试验良好，并做联锁试验。

(5)检查防松脱情况良好。

(6)撤离线路,销记。

2. 室外设备出现故障(可能同时出现熔丝报警),测试电缆盒至分线盘之间有短路(电阻下降,不在正常范围)。

处理方法:

(1)监测查看报警信息,查看电缆绝缘。

(2)联系、登记、停用设备,申请要点,携带工具、仪表,前往处理。

(3)使用贯通电缆芯线代替短路的芯线。

(4)更换完毕,试验良好,并做联锁试验。

(5)检查防松脱情况良好。

(6)撤离线路,销记。

3. 监测显示电缆对地绝缘下降,超出正常范围。

处理方法:

(1)监测查看报警信息,查看电缆绝缘。

(2)天窗点内,携带工具、仪表,前往处理。

(3)使用贯通电缆芯线代替接地的芯线。

(4)更换完毕,试验良好,并做联锁试验。

(5)检查防松脱情况良好。

(6)撤离线路,销记。

(三)常见故障处理

工区需要贯通备用芯线至每一个室外设备箱盒。

1. 某道岔(ZYJ7)动作正常,反位无表示

故障现象:某站排列进路时,其中一组道岔(ZYJ7)反位无表示,挤岔铃鸣响,信号不能开放。

故障分析:动作正常,无表示,说明这是表示电路或机械原因造成的故障。

处理方法:分线盘测试表示线电压,道岔在反位状态下,X1、X3 有交流 110 V 左右电压,无直流,说明室外二极管支路断路。室外测第一牵引点电缆盒 1 号、3 号端子,无交流 110 V 电压,说明信号楼至该道岔第一牵引点电缆开路,使用贯通的电缆芯线代替故障的电缆芯线,设备恢复正常。

2. 司机反映 X 进站信号机灭灯。

故障现象:控制台 X 进站信号机复示器闪灯,熔丝报警。

故障分析:控制台 X 进站信号机复示器闪灯,说明点灯电路故障,结合熔丝报警,很可能是电缆芯线短路故障。

处理方法:分线盘测试 H、HH(红灯及红灯回线)电压为 0 V,检查红灯点灯电路熔断器已经熔断,在分线盘甩线测试 H、HH(红灯及红灯回线)电阻为 10 Ω 左右,判断室外短路;到室外 X1 方向盒甩开 H、HH 线,电阻仍然是 10 Ω 左右,说明是分线盘至 X1 方向盒之间电缆芯线短路,使用贯通的电缆芯线代替故障的电缆芯线,设备恢复正常。

三、风险提示

1. 电缆槽盖板被风吹到钢轨面，影响行车。

原因：电缆盖板绑扎不良，绑扎线断。

危害：轻则造成列车停车，重则造成列车车辆脱轨、掉道、颠覆。

处理：按周期巡视、检修电缆径路，电缆盖板容易松脱处增加不锈钢扎带数量。

2. 室外设备多处出现故障，大面积影响行车。

原因：室外电缆有外露，被流浪人员烤火时烧坏电缆。

危害：可能会大面积停车，造成列车大面积晚点，重则造成事故。

处理：按周期巡视、检修电缆径路，发现有电缆外露，及时处理。

3. 信号机显示错误、道岔位置与控制台不相符合。

原因：新站开通联锁试验不彻底，或检修、故障处理时调整了配线而没有做联锁试验。

危害：轻则造成列车停车，重则造成列车车辆脱轨、掉道、颠覆。

处理：新站开通或检修、故障处理时动了配线后必须做好联锁试验。

第六章 计算机联锁系统

第一节 TYJL-ADX 型计算机联锁系统

一、设备认知

TYJL-ADX 型计算机联锁系统为中国铁道科学研究院引进日本日立公司的计算机联锁系统，按照我国铁路信号的技术需求自行开发的应用软件，并与日立公司精心合作、共同研制的容错计算机联锁控制系统。该系统采用二乘二取二的冗余结构，具有高安全性、高可靠性。

TYJL-ADX 型计算机联锁系统是保证行车安全的联锁系统设备，主要作用是确保车站道岔、信号机、进路之间的联锁关系正确，它与 CTC/TDCS、列控和集中监测等系统设备一起，实现列车的高速度、高密度运行。

TYJL-ADX 型计算机联锁系统由四个组成部分：容错联锁机、上位机(监控 A 机和监控 B 机)、维修机、配电柜等，具体如图 6-1 所示。

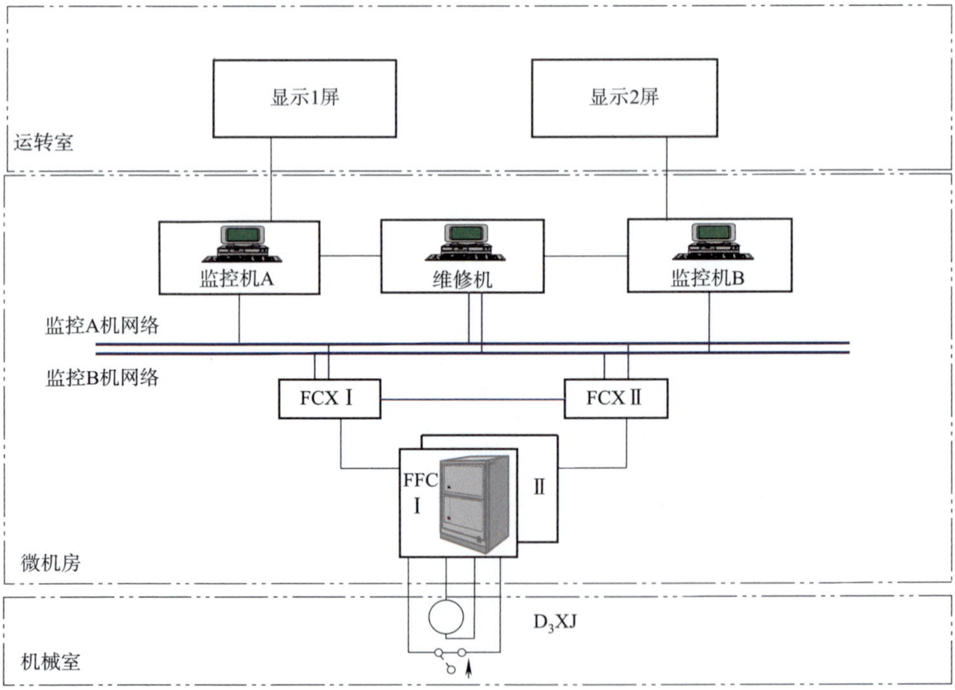

图 6-1 TYJL-ADX 型计算机联锁系统结构

TYJL-ADX 型计算机联锁系统从左到右依次是联锁柜、扩展柜、综合柜。硬件设备包括：控制台、监控机、联锁机、维修机、不间断电源、光交换机、“光猫”等，如图 6-2 所示。

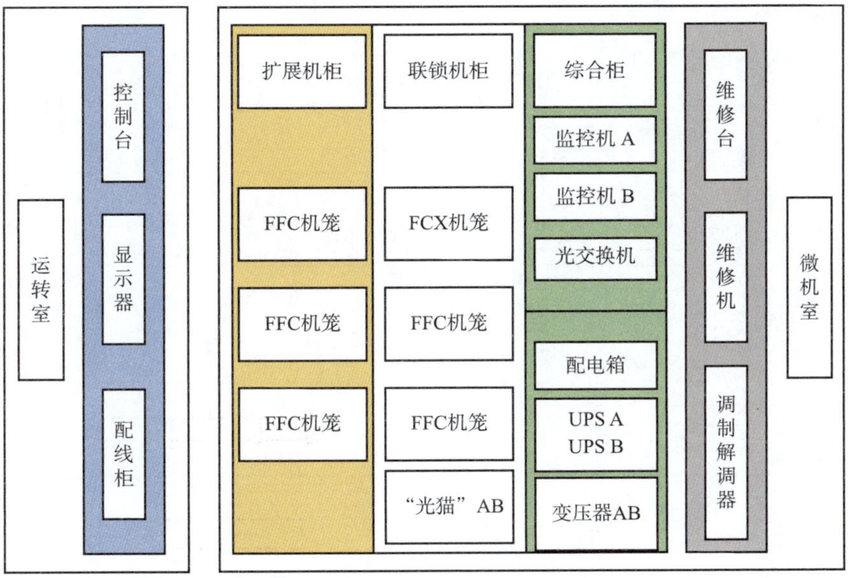

图 6-2　TYJL-ADX 型计算机联锁系统组成

(一)综合柜

综合柜由监视控制系统和电源系统构成。机柜第二层是监控机 A,第三层是监控机 B,第四层是光交换机,第五层是 24 V 电源和 TB1 线排,第六层是配电箱控制开关和 TB2 线排,第七层是不间断电源 UPS A,第八层是不间断电源 UPS B,第九层是隔离变压器和地线汇流排。如图 6-3 所示为综合柜的正面视图和背面视图。

(二)联锁机柜及扩展机柜

联锁机柜由总线层和 FFC 层构成,其中第一层是总线层,有两个 FCX 机笼,左侧是Ⅰ系,右侧是Ⅱ系,两系不共用母板,相互独立。第二层以下是 FFC 层。每个联锁机机柜能容纳三个机笼,当 FFC 机笼超过两个时,需要扩展联锁机柜。扩展机柜无 FCX 层,全部是 FFC 层,如图 6-4 所示。

(三)联锁机柜或扩展机柜之间的通信连接

联锁机柜内的Ⅰ系和Ⅱ系之间的 FCX 机笼和 FFC 机笼通过电缆连接在一起;同一系间,FCX 机笼和 FFC 机笼也通过电缆连接在一起,具体如图 6-5 所示。

(四)联锁机柜与综合机柜之间的通信连接

联锁机通过光纤与监控机 A 和监控机 B 进行通信连接,如图 6-6 所示。

TYJL-ADX 型计算机联锁系统内部连接如图 6-7 所示。

(五)单项设备认知

1. 联锁机

联锁机采用日本日立公司成熟的二乘二取二计算机系统,FCX 采用时钟级同步方式。切换采用整机切换,每天定时切换一次。联锁机笼采用浮空地,与大地完全隔开,避免来自大地的耦合干扰。联锁系统对外通信,全部采用光纤环网连接方式,能实现区域联锁功能。

联锁机主要完成如下作用:①实现与监控机的通信调度;②实现信号设备的联锁逻辑处理功能,完成进路选路、确选、锁闭,发出开放信号和动作道岔的控制命令;③采集现场信号

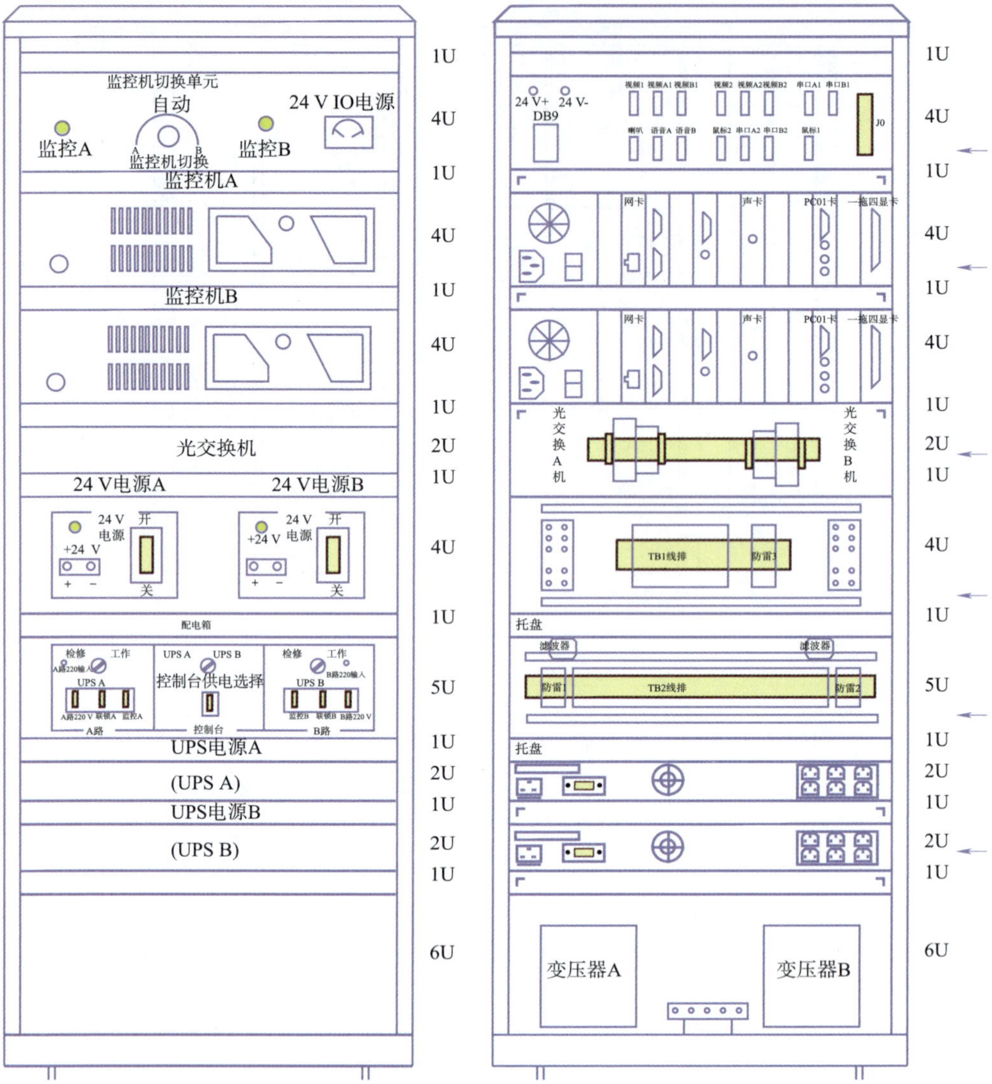

(a) 正面视图　　　　(b) 背面视图

图 6-3　综合柜正面视图和背面视图

设备状态，如轨道状态，道岔表示状态，信号机状态等；④输出控制命令，驱动板输出－24 V电压至偏极继电器线圈，控制动作现场设备；⑤通过“光猫”与列控系统连接。

采用二乘二取二的冗余结构，因此有五种工作状态：A、B两系均不工作，A、B两系中只有一系工作和双系联机同步工作。状态间的切换如图6-8所示。

TYJL-ADX型计算机联锁系统单站联锁平台(可接入安全网的客专版专用平台，安全网接入版)，可接入铁路信号安全信息网，具备与多个列控中心、邻站联锁、RBC通信的功能。主机笼配置如图6-9所示，实物如图6-10所示。

其中，Slot3、Slot4的ETH-SC为系间通信专用，Slot5的ETH-NX为系统通信用，Slot6的ETH-SN为安全网通信用，ETH-SN不安装时可以安装SIO-D2。Slot6～Slot8可以安装SIO-D2，不使用时不用安装。

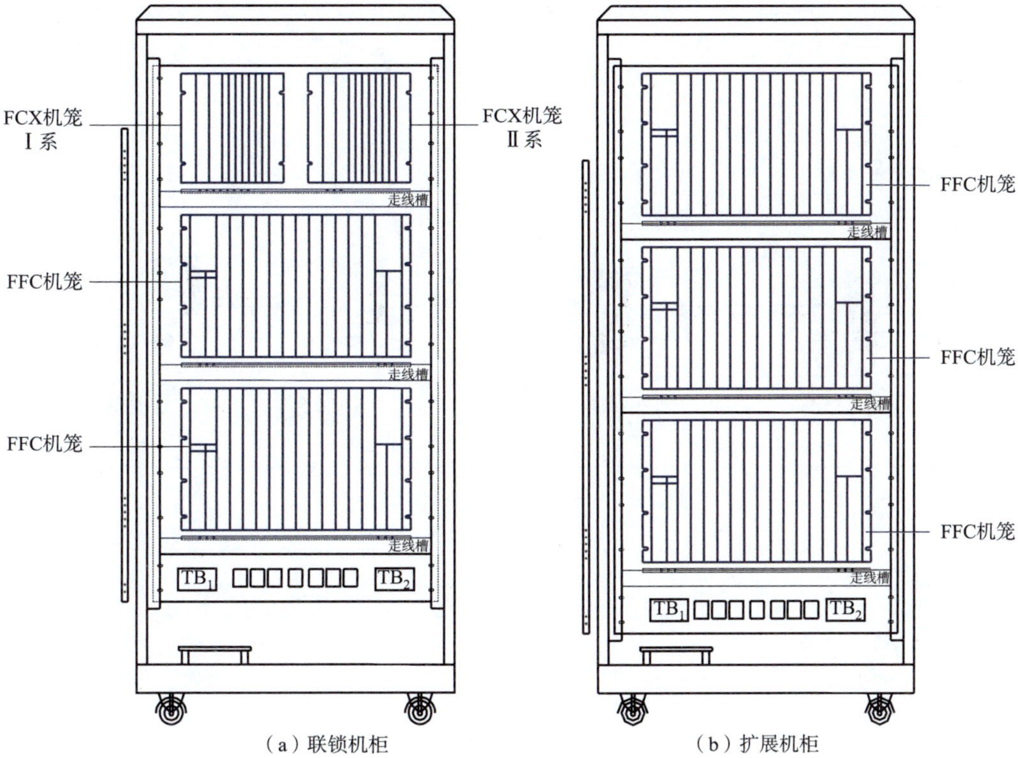

图 6-4　联锁机柜与扩展机柜

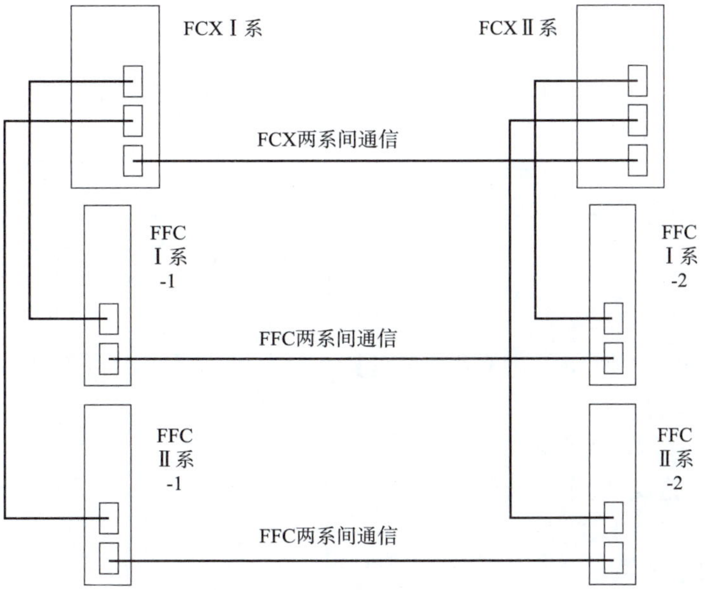

图 6-5　联锁机柜或扩展机柜内机笼间通信连接

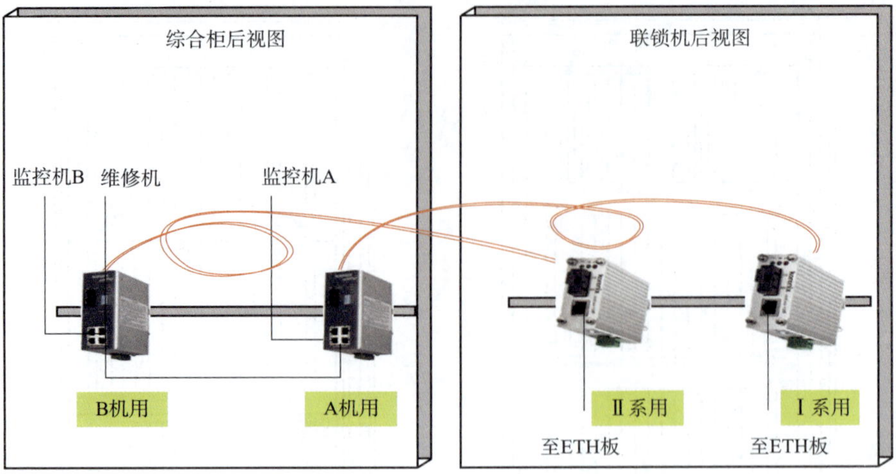

图 6-6 联锁机与监控机通信连接

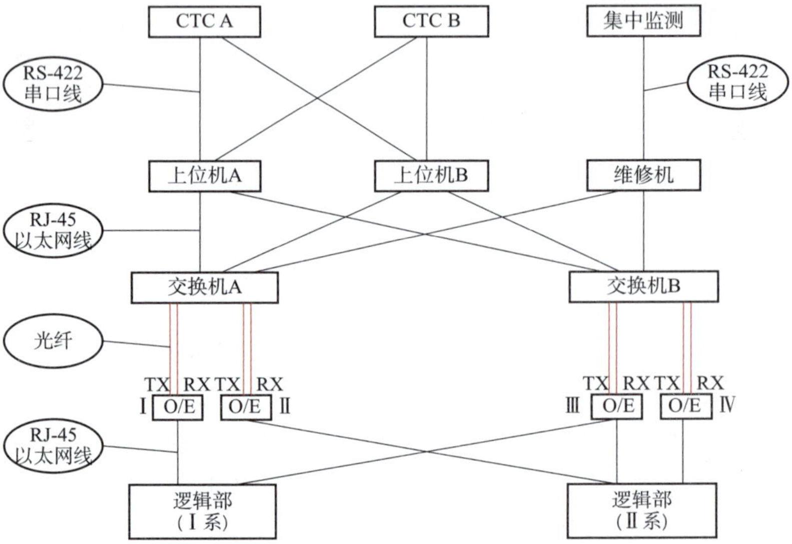

图 6-7 TYJL-ADX 型计算机联锁系统内部连接

(1)FCX 板卡

FCX 是联锁机的 CPU,完成联锁逻辑运算。为了提高系统的可靠性,每个 FCX 有双处理器。FCX 面板如图 6-11 所示。

RUN 灯:主系绿灯,备系黄灯;

ERR 灯:自检错误,或主备通信异常,亮红灯需重启恢复;

STBY 灯:单独绿闪,仿真模式;

RUN 灯:绿闪,控制待机;

跳线分Ⅰ、Ⅱ系。

FCX 模块亮红灯的时机:两台监控机与联锁机通信都不正常时主控的联锁机停止运行;硬件故障。

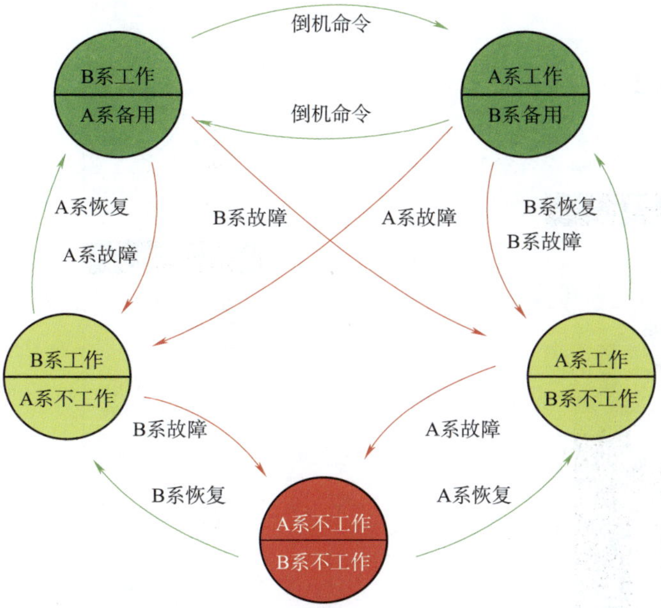

图 6-8　联锁机状态切换示意

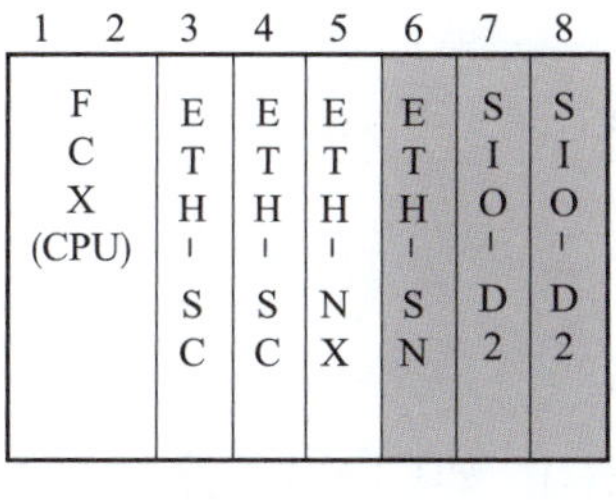

图 6-9　单站联锁平台主机笼配置

图 6-10　单站联锁平台机笼实物

FCX 亮绿闪的时机：FFC 故障；与 FFC 通信线故障；与主系 FCX 通信线故障。

注意：系统运行时，面板上的 RUN/STOP 拨码开关一定要在 RUN 的位置，STOP 为此系的开关停止位。系统运行时，面板上的 SREQ 按钮不能按下。

(2)联锁机的以太网板卡

ADX 联锁系统中，常见以太网通信板卡有 ETH2-A、ETH3-F、ETH-NX、ETH-SN、ETH-SC 等类型，它们之间的通信主要采用 TCP/IP 协议和 UDP 协议。其中 ETH-NX、ETH-SN 的前面板图几乎与 ETH3-F 一样，如图 6-12 所示，每块以太网卡双 MAC 地址，双

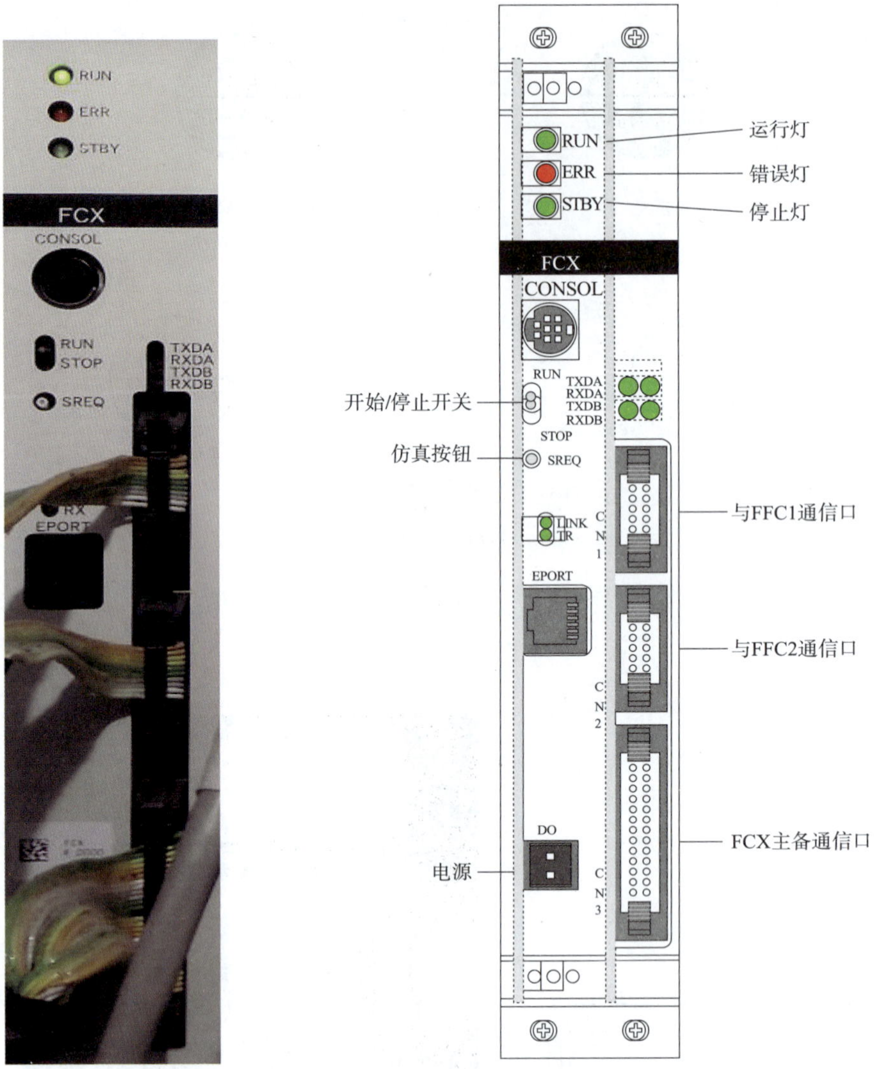

（a）实物　　（b）结构

图 6-11　FCX 面板

通道。而 ETH-SC 为单通道；ETH-SC 为主备系间通信用，如图 6-13 所示；ETH-NX 为与上位机通信；ETH-SN 为与列控安全网通信用。通信板卡工作在 DC 5 V，允许波动范围为±5%。

（3）I/O 扩展板

SIO 是智能的串行通行设备，插接在 CPU 层 R600 母板上。当需要扩展两个以上 FFC 机笼时用到 SIO。SIO 有两种，即 SIO-D 和 SIO-D2，如图 6-14 和图 6-15 所示。

（4）FCX 电源模块

该电源模块有具备过电压保护、过电流保护、不足电压切断输出的功能，如图 6-16 所示；该模块的输入电压允许范围为 AC 80～132 V，输入电流允许范围为最大 3.6 A，输出为+5.0 V，最大输出电流 20 A。

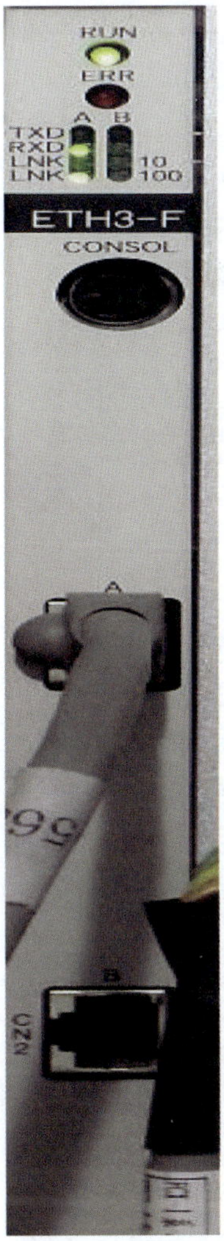

图 6-12 ETH3-F 面板结构

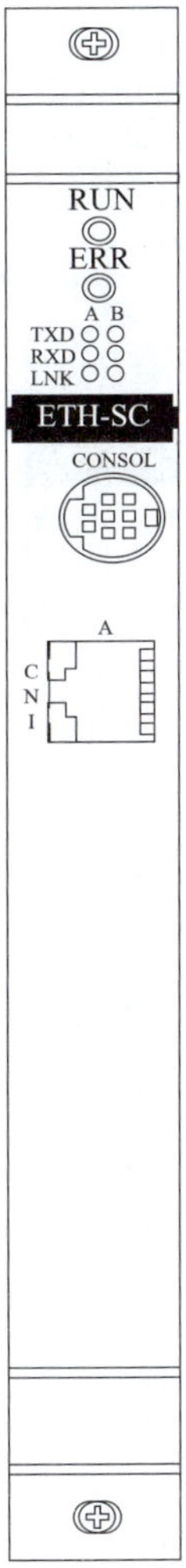

图 6-13 ETH-SC 面板结构

(5)I/O 总线控制器 FFC

FFC 也称 F 总线控制器,FFC 有双处理器,它的作用是控制 I/O 板如图 6-17 所示。

(6)采集板 FDI、驱动板 FDO

每个 FFC 机笼的容量是 6 对 I/O 板,分别为Ⅰ系和Ⅱ系各 6 块,间隔排列。I/O 板的槽位在软件安装时固定位置,不需要跳线设置。位置和数量必须按照要求配置,否则将影响 FCX 运行。I/O 板的布置尽量采用每层固定采集或驱动的原则,尽量减少交叉使用。

如图 6-18 所示,左侧为Ⅰ系的电源和 FFC,右侧为Ⅱ系的电源和 FFC(注:目前每个 FFC 机笼 I/O 板的配置为,前 3 个为 FDI,后 3 个为 FDO,FDI 和 FDO 面板如图 6-19 和图 6-20 所示)。

2. 电源系统

为了使整个系统的电源布置有序和合理设计,设置配电箱,配电箱由不间断电源 UPS、变压器和配电箱控制开关三部分构成。其中配电柜具有从电源屏输入联锁系统所需全部电源;对输入电源进行电源防雷;对联锁系统提供不间断电源;分别对联锁系统各部分提供电源的作用,TYJL-ADX 型计算机联锁系统供电原理如图 6-21 所示。

图 6-14　SIO-D
面板结构

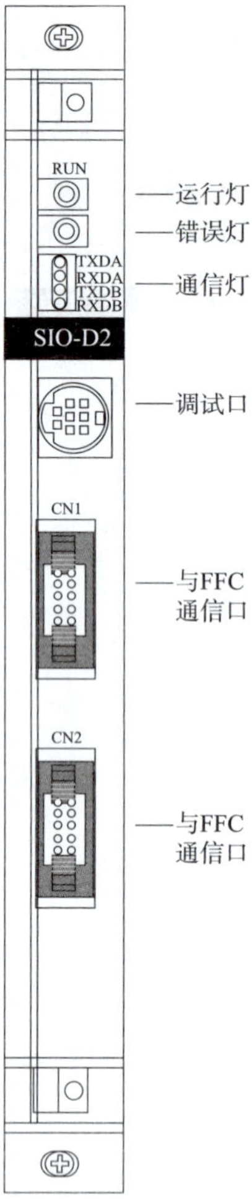

图 6-15　SIO-D2
面板结构

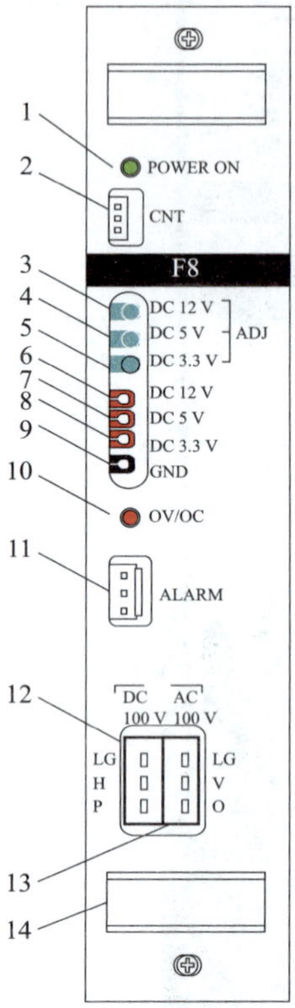

1—电源正常工作时，绿灯；2—诊断孔；
3—调整直流12 V输出电压；
4—调整直流5 V输出电压；
5—调整直流3.3 V输出电压；
6，7，8—测试孔；
10—过电压、过电流时，红灯；11—不用；
12—不用；13—输入电压AC 100 V；
其中—LG-地线；14—把手

图 6-16　电源
面板

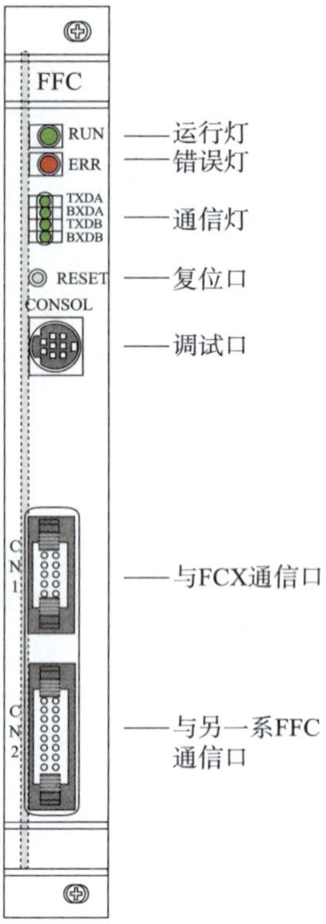

图 6-17　F 总线
控制器

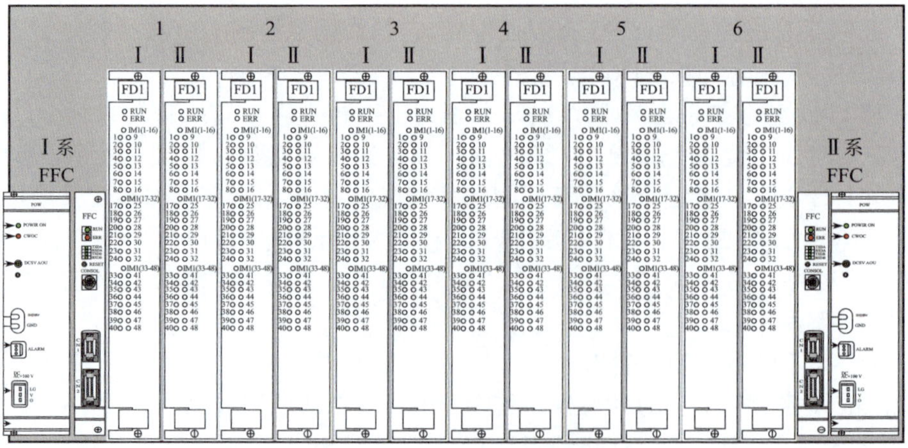

图 6-18　FFC 机笼 IO 板配置

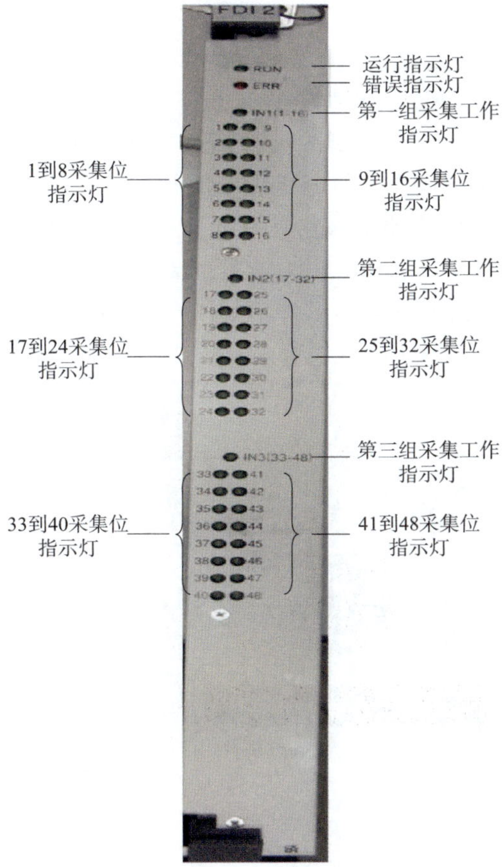

图 6-19　FFC-FDI 模块面板定义

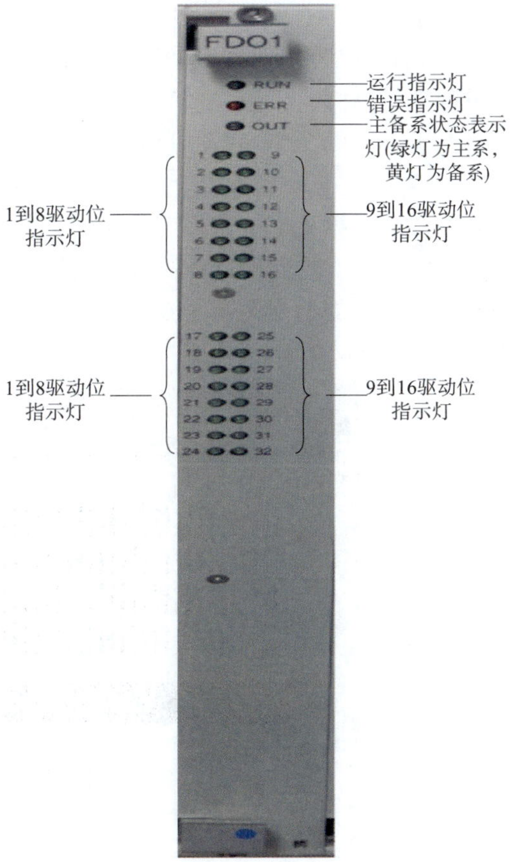

图 6-20　FFC-FDO 模块面板定义

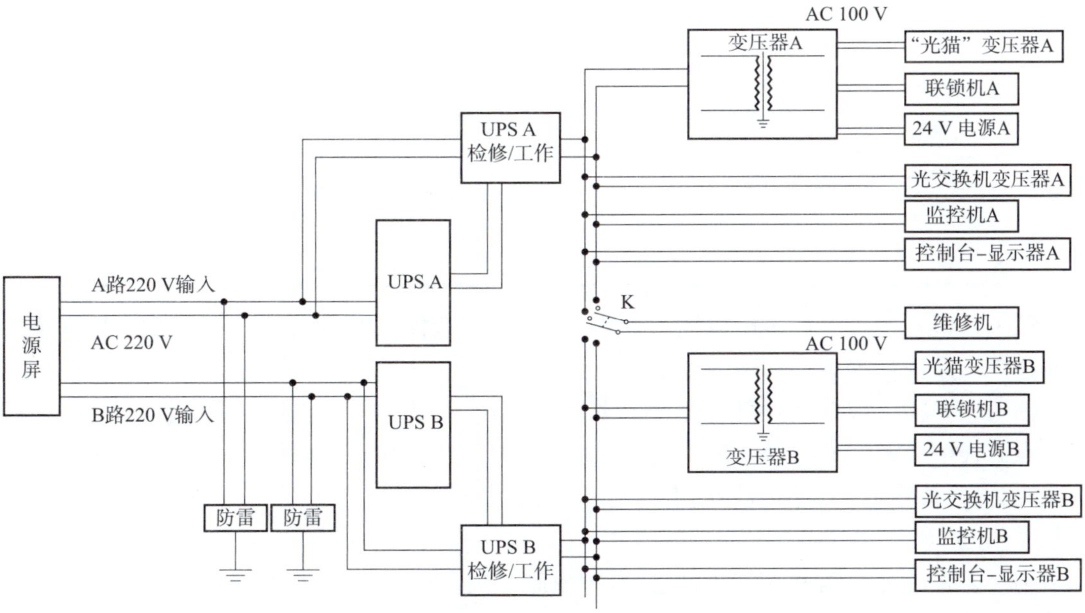

图 6-21　TYJL-ADX 型计算机联锁系统供电原理

3. 监控机

在 TYJL-ADX 型计算机联锁系统中，监控机主要功能是实现人机对话，操作人员利用鼠标进行操作，办理接发车进路、调车进路等作业。上位机根据操作人员不同的操作情况给联锁机发送不同的命令，联锁机根据监控机发来的命令，经过联锁运算把站场进路状态信息发送给上位机，并且在监视器上表现出来。提供车务操作人员分析现场情况。

监控机的计算机部分采用工业控制计算机(简称工控机)，它具有计算机 CPU、硬盘、内存、外设及接口，并有实时的操作系统、控制网络和协议、计算能力，友好的人机界面等。

监控机采用的型号是研华 610(Industrial computer 610)，其外形如图 6-22 所示，配置信息见表 6-1。

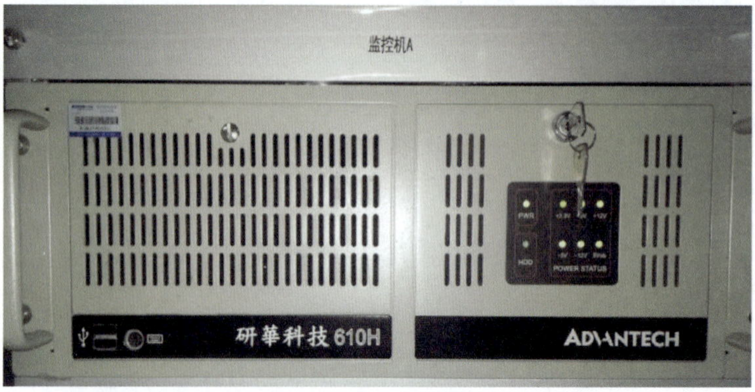

图 6-22 监控机实物

表 6-1 监控机配置

名　称	型　号	数　量
主板	6004V	1
内存	主板上自带	
显卡	主板上自带	
声卡	SOUNDBLASTER	1
以太网卡	Interl	1
扩展卡	422	1
电子盘	Dom2	1

该工控机的主板上最多可以插入 4 块 PCI 卡(一般插入的是网卡)，8 块 ISA 卡(一般插入的是声卡及通信卡等)，如图 6-23 所示。

CPU 板采用 6359L 的主板，板上不设调线，有一个串行通信口，一个键盘口，一个视频口。在底板上有两个 CPU 插槽，供用户选择。内存采用 DDRAM，规格 256 MB。声卡采用插上既可用，固定槽位。网卡采用 Intel 公司的以太网卡。

4. 光交换机

为保证联锁机 FCX 机笼对大地悬空，防止监控机及其他设备对联锁机的信号干扰。采用光纤通信系统方式将监控机与 FCX 机笼隔离。通过光纤交换机连接在一起，如图 6-24 所示。

注意：FDX 为全双工；HDX 为半双工；模式选择开关要求放在 FDX 位置上。

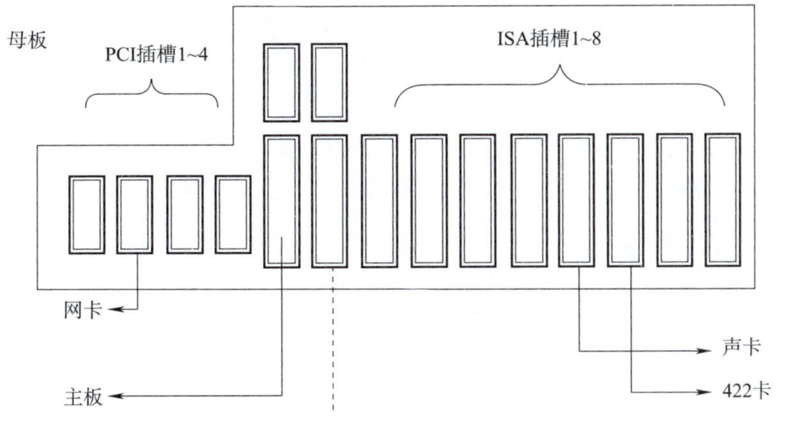

图 6-23 工控机母板上插槽定义

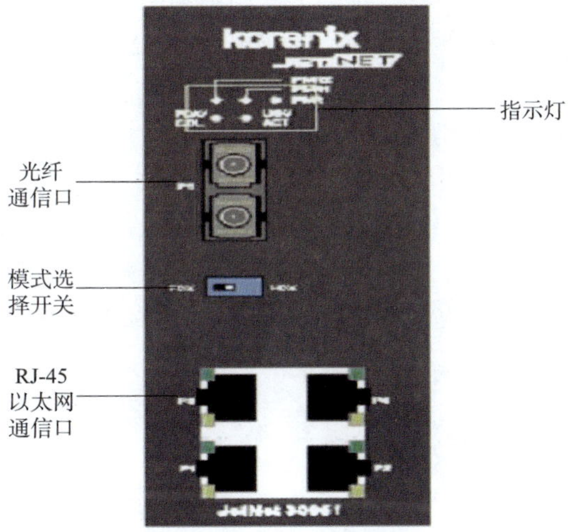

图 6-24 光交换机

采用 Korenix 公司生产的 JetNet 以太网光交换机。其中每套联锁系统需要 2 个光交换机，每个光交换机有 3 个电口，1 个光口。安装在综合柜监控机 B 下方两个，由两个 UPS 的输出供电，设置两个 UPS 的目的是防止当一个 UPS 断电时交换机断电。UPS 输出的交流 220 V 电源经过交换机变压器变成直流 24 V，供交换机使用。

5. 光信号转换器

在采用光纤通信时，需要进行光电转换，这时采用光信号转换器(又称“光猫”)，外形如图 6-25 所示。

ADX 中“光猫”采用的型号是 JetCon1301，安装在联锁机柜底层背面。

图 6-25 光信号转换器外形

每套联锁系统需要 2 个“光猫”，每个 JetCon1301 有 1 个 10/100Base-TX 口转 1 个 100Base-FXFast 口的工业级“光猫”。由“光猫”对应隔离变压器输出的 AC 100 V 来供电工作。“光猫”A 对应隔离变压器 A。同样的，该电源经过专用变压器转换成直流 24 V 供"光猫"使用。

该 JetCon1301 光口支持多模 SC 接口，这时最大传输距离为 2 km，若采用单模 SC 接口，则最大传输距离为 30 km。

监控机、维修机连接到综合柜光交换机以太网口，综合柜光交换机和联锁机光电信号转换器是通过两芯光缆连接，光缆连接时要交叉，即一个光交换机的 TX 对应另一个光交换机的 RX，如图 6-26 所示。

图 6-26 光缆连接方式

6. 系统工作电源

由于 ADX 的采集驱动部分需要单独设置 DC 24 V 电源，因此每套联锁系统须设置 2 个隔离变压器，把 AC 100 V 电源变换成 DC 24 V 电源，供采集和驱动部分使用。

24 V 采用插接式模块电源，便于更换，模块电源上设测试孔。该模块电源安装在综合柜交换机下方固定位置。

24 V 电源给 I/O 板供电，在 I/O 板输出多时电流较大。24 V 电源的输出在 TB1 线排处合并为 IO+、IO−，一台 24 V 电源故障不影响工作。

每个 24 V 电源设有一个状态继电器，状态继电器的在联锁机有固定的采集位置。当电源故障时，控制台会给出报警提示。

图 6-27 为联锁机柜底部的两个线排 TBX1 和 TBX2 的配线图，上面的 1-1、2-1、4-1、5-1、6-1 为机柜内部配线。

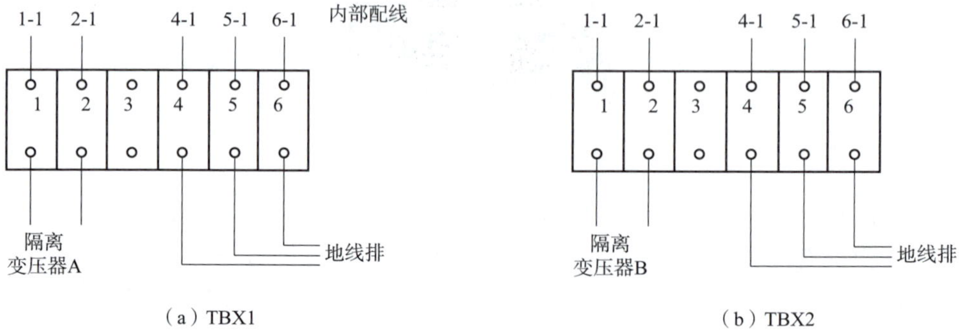

图 6-27 线排配线

7. 电源组匣层

在联锁机柜底部设有电源组匣，该组匣包括前后两部分。

组匣前面板设有 8 个开关，分别对应 FCX1、Ⅰ系 FFC1、Ⅰ系 FFC2、FCX2、Ⅱ系 FFC1、Ⅱ系 FFC2、交换机 1、交换机 2。此外，面板上最左侧和最右侧的配线端子为 FCX 和 FFC 层的电源接线端子。组匣前面板实物如图 6-28 所示。

组匣后面板从左到右依次是 TBX1 线排、光转换器电源 1、光转换器 1、光转换器 2、光转换器电源 2、TBX2 线排。组匣后面板实物如图 6-29 所示。

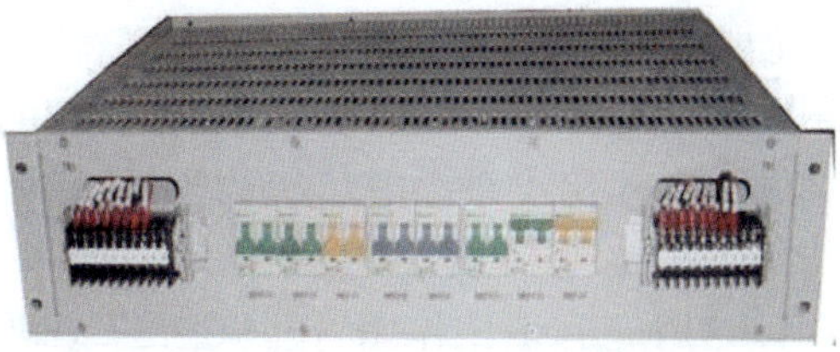

图 6-28　电源组匣前面板实物

图 6-29　电源组匣后面板实物

8. 不间断电源 UPS(车站信号电源系统按双套 UPS 设置的取消联锁系统机柜 UPS)

UPS 每站配置两个,分别给Ⅰ、Ⅱ系供电。中等站一般配置为 2 000 W。根据具体扩展柜的数量考虑,如果正常运行超过 UPS 负载的 50%,可以更换较大容量的 UPS。UPS 主要是为了提高系统的稳定性和断电情况下实现不间断运行。

在正常使用时负载不能超过容量的 60%,负载可以看 UPS 的面板指示灯(表 6-2)。

一般在配电箱上设置了 UPS 的控制开关,两个 UPS 各设开关。开关分工作和检修两个位置。UPS 在无故障的情况下要求把开关设置在工作位置,这样可以起到整流和断电保护的作用。UPS 在故障时需要人工扳动到检修的位置,这样电源屏就可以直接给系统供电,故障的 UPS 这时可以脱离检修。

UPS 开关机操作:在上电时需按压开机按钮。要关 UPS 时需先保证关闭电源屏的输入,然后按住关机钮 5 s 直到 UPS 的风扇停止转动。

表 6-2　UPS 面板指示灯及按钮定义

指示灯/按钮	说　明
在线	UPS 正将市电提供给所连接的设备
AVR 电压降低	此时 UPS 校正过高的市电压
AVR 电压升高	此时 UPS 校正过低的市电压
电池供电	此时 UPS 将电池能量提供给所连接的设备
过载	所连接的负载高于 UPS 的额定功率
更换电池/断开电池	断开电池或是电池必须更换
开机	按下此按钮启动 UPS
关机	按下此按钮关闭 UPS

9. 隔离变压器和地线汇流排

联锁机运行需要 AC 100 V 电源，并且联锁机机笼要求浮空设计，故设置隔离变压器。

隔离变压器设置在综合柜的最底部，从机柜后面看定义左侧的为隔离变压器 A，右侧的为隔离变压器 B。每套联锁系统设 2 个隔离变压器，变压器 A 给Ⅰ系供电，变压器 B 给Ⅱ系供电，并且变压器 A 由 UPS A 供电，变压器 B 由 UPS B 供电。

此时隔离变压器输入 AC 220 V，输出 AC 100 V。这时它有调压作用，把 AC 220 V 转换成联锁机的 100 V；还有隔离作用，可减少综合柜对联锁柜的干扰，隔离变压器接线结构如图 6-30 和图 6-31 所示，其中，线排 TBX1 和 TBX2 在联锁机柜的底层。

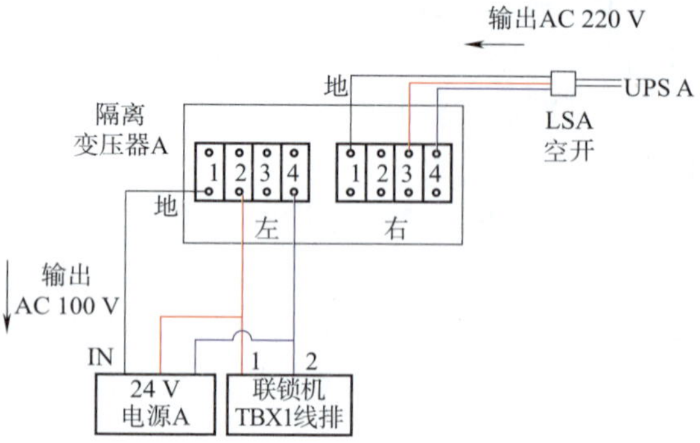

图 6-30 隔离变压器 A 的接线结构

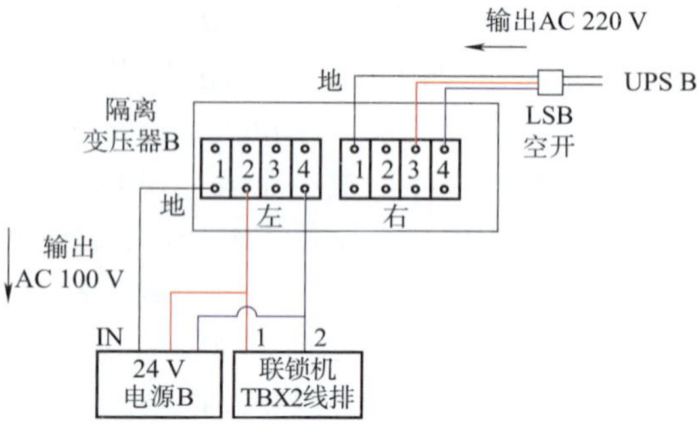

图 6-31 隔离变压器 B 的接线结构

10. 维修机

电务维修机的主要功能是记录操作信息、错误信息、站场显示信息、输入输出信息、铅封计数器清零。电务维修机必须与监控机通信才能完成上述功能。

TYJL-ADX 型计算机联锁系统中，维修机是不可缺少的一个重要组成部分，它的具体使用方法见设备使用说明书，它的主要功能是：车务操作的记录，站场状态信息的记录，报警信息的记录，所有的记录以文件的形式存储 1 个月，提供分类查询的手段检索所有的记录，并可定向查找某些记录，记录打印的功能，远程诊断功能（通过远程拨号将上述功能体现在远程计算机上），修改维修机的时钟，同时将监控机 A、B 的时钟修改，修改监控机 A、B 的清除严重报警的密码

维修机电源采用系统电源中的 UPS 提供的 220 V 电源，维修机安装在维修台中，维修机的配套设备中有打印机、调制解调器。因此维修台的电源又分为四个：维修机 220 V、显示器 220 V、打印机 220 V、插座 220 V（供调制解调器用）。

维修机是一种维修设备，因此与它有关的连线设备比较多，包括：打印机，远程诊断，监测、调监等。

显示器：显示站场平面图。通过视频电缆与视频口连接。

鼠标：操作设备。通过鼠标线与串口相连。

键盘：操作设备。通过键盘线与键盘口相连。

打印机：打印设备。通过打印电缆与并行口 1 相连。打印机的主要作用是用来打印设备运行记录的，电务人员在需要的时候，可以把记录打印下来进行保存。

调制解调器：远程诊断设备。通过 RS-232 串口电缆与串口相连。工程中心通过电话线

与调制解调器连接，在需要时通过它可以把维修记录传回诊断中心。

网线：与上位机通信，通过以太网卡与联锁机柜上的集线器相连。

监测、调监等设备：通过局域网与它们相连。

电务维修机 IP 为了规范，统一设置 IP 为 192.0.0.50，配置见表 6-3。

表 6-3　电务维修机配置

名称	型号	数量
主板	PCA-6004	1
内存	SDRAM	256
显卡	板载 AGP/VGA	1
以太网卡	3C90x-CX	1
扩展卡	422	1
电子盘		1

二、设备维护

(一)标准化作业

1. 作业前

(1)准备工作

召开班前布置会；检查、试验仪表、联络工具良好；维修工具整套齐全，应有应急零小部件和维修材料；按规定穿戴绝缘防护用品，携带防护用具。

(2)联系、登记

联系车务人员了解列车运行情况，根据天窗修计划、日常维护以及整修作业内容进行登记、要点，经车务人员同意、签认后方可进行作业

(3)注意

①影响设备使用的作业须在垂直“天窗”点内进行。

②整修(检修)作业须安排人员在运转室盯台。

③机柜内设备整修、更换板卡应提前佩戴防静电手环，并确保手环接地良好。

2. 作业中

(1)日常巡视

①检查控制台、显示器、鼠标、音响。

②检查破封计数器号码有无变化，检查破封登记情况。

③询问车务值班员了解设备使用情况(无人值班车站用电话了解)。

④检查计算机联锁设备运用环境。

⑤检查计算机联锁系统机柜加锁及散热情况，工控机加锁情况。

⑥观察计算机联锁系统运行情况。

⑦查看电务维修机记录。

⑧核对主、备监控机、维修机时钟一致。

⑨检查测试 UPS 电源、24 V 直流工作电源。

(2)集中检修

①计算机联锁系统电源检查,检查 24 V 直流工作电源、UPS 电源、空气开关等工作正常,各部件安装牢固,无松动、损伤、过热、异味等,配线整齐、配线端子紧固,各电源指示灯表示正确。

②各类配线、插接件及防鼠措施检查,检查各类配线,配线端子紧固,配线整齐,焊头焊接牢固,无破损、霉变、毛刺、断股不超过 1/5;检查各种插接件接触良好、不松动、接点无氧化,固定牢靠;检查配线无伤痕、破皮、虫鼠咬伤情况,防鼠措施可靠。

③鼠标、显示器、KVM 装置、电流表检查,检查室内及控制台鼠标、显示器清洁干净,鼠标移动灵活、动作可靠,显示器外壳无尘、图像显示清晰。检查 KVM 装置配线插接紧固良好。试验控制台电流表功能正常。

④手动倒机检查,检查控显 A、B 机控制台操作功能正常;检查重启主系后能正常同步并转为从系状态,另一系转为主系。Ⅰ、Ⅱ系均进行主从切换,倒系过程中,开放的试验信号不应关闭;两系交替使用,做好倒机记录。

⑤检查防雷地线,检查测试机柜安全接地良好,接地线无锈蚀、断股。

⑥清扫控制台、系统机柜设备,清洗工控机防尘网,检查工控机、机柜、电源风扇。

⑦UPS 放电试验,UPS 旁路试验,在备机同步情况下,将备机 UPS 的 220 V 输入电源断开,放电 4~5 min(UPS 电池放电容量不超过 50%),联锁设备应正常工作。倒换 UPS 旁路开关,试验 220 V 联锁电源直供功能。

⑧按照年度联锁试验要求进行,在维修机查看主备联锁机双系无异常报警提示。

⑨接口架及机柜内部清扫。

⑩备用器材齐全无损伤,接点清洁,标识清晰,备用器材通电试验,性能稳定、工作状态良好。备用板件倒换到备机后,应确保双机同步,倒换试验正常。

⑪各种插接件、电路板接触良好,不松动、变形,无异状,接点无氧化、脱焊,固定牢固,电路板表示灯显示正确。

⑫各类报警试验良好正确,无误报漏报。

3. 作业后

室内、外设备检查试验:设备整修完毕后,室内外彻底试验良好,并会同车站值班员试验。

办理销记:经试验良好后,停止作业,由电务联络员在“行车设备检查(施工)登记簿”(运统 46)内登记销点,交车务签认。

(二)常见问题处理

1. 系统开机

电源屏向联锁系统供电合闸;

配电柜 220 V 开关合闸;

按下 UPS 的电源开关(标有“test”的按钮),等 UPS 所有的指示灯稳定后才可对外供电;

配电柜给联锁机、维修机、控制台等的开关顺序合闸;

将联锁机柜 1,联锁机柜 2 底部的各个电源开关合上;

将配电柜上的 24 V 电源打开;

监控 A、B 机开机，电源灯点亮，硬盘灯闪烁，监控软件正常运行后，硬盘灯熄灭；

维修机开机，电源灯点亮，硬盘灯闪烁，维修软件正常运行后，硬盘灯熄灭。

2. 系统关机

将联锁机柜 1，联锁机柜 2 底部的各个电源开关拉下；

保存维修机记录，退出程序后，选择关闭系统按钮，等待屏幕出现关闭计算机电源提示后，关闭维修机电源；

关闭监控 A、B 机；

将配电柜上的 24 V 电源关闭；

关闭 UPS；

关闭电源屏至联锁系统的闸刀。

3. 系统复位

联锁机如发生死机或其他特殊故障需要复位时，可将联锁机柜 1 底部的对应的 FCX 电源关闭，然后再打开即可。

监控 A、B 机如发生死机或其他特殊故障需要重启时，可将按压对应的工控机重启按钮。

4. UPS 放电试验

放电时须确认是哪一系为主系。Ⅰ系为主系，就对 UPS B 进行放电；Ⅱ系为主系，就对 UPS A 进行放电，放电时拔出 UPS 输入电源线，UPS 则转入电池供电，待 UPS 的电池灯减到一个时，插入电源线，完成放电试验。

对于 TYJL-ADX 计算机联锁系统，日常要检查 UPS A、UPS B 看是否工作正常；要检查监控 A、B 机工作是否正常；要检查联锁机各板工作指示灯是否正常，有无故障显示；要检查 I/O 电源工作灯是否显示正常；要检查车务监视器上有无与联锁系统有关的设备故障；要查看维修机的故障记录，包括机柜自检错误、灯丝转换、熔丝报警等记录，并做相应的记录。

(三)常见故障处理

1. 控制台全部无电

检查配电柜相应开关是否供电，如果正常供电的话，则可能是配电柜至控制台电源入电缆断线，这时只要检查相应的电源即可。

2. 车务监视器不显示

检查监视器信号指示灯，如果不亮是电源故障；再检查监视器电源开关是否打开，如果监视器电源开关正常打开了，则是控制台电源没有输出电或者是控制台电源输出至车务监视器电源电缆断线；如果这些都正常的话，则是监视器损坏。

3. 监视器信号指示灯亮黄灯

监视器信号指示灯亮黄灯，说明监视器电源正常，但是无视频输入信号，这时检查相应视频复示器至监视器的视频电缆是否断线；如果没有断线的话，检查相应视频复示器是否故障，可直接将车务视频电缆与相应监控机视频电缆对接可越过视频复示器进行试验，如果这时正常的话，是相应视频复示器故障；如果故障依旧的话，则检查相应监控机至控制台的视频电缆，看是否断线；如果这些都正常，为相应监控机的视频卡故障或者监视器故障。

4. 鼠标不动作

检查鼠标是否故障；相应监控机至控制台的鼠标电缆是否断线；相应监控机的鼠标口是否故障。

5. 音响不报警

检查相应监控机至控制台的音频电缆，看是否断线，如果正常的话，应是相应监控机的声卡故障。

6. 控制台缺显示器，故障影响扩大

故障现象：2012 年××月××日，××段××站，控制台监控 B 机显示器发生黑屏故障，影响设备正常使用 15 min。

故障分析：接到现场故障通知，在进行故障处理的同时调取了现场的维修机记录，由于现场在维修过程中维修机发生了重启，导致调回的数据中缺少从故障当日 00:00 到 16:15 的记录，又由于现场的控制台缺少监控 A 机的显示器，不但无法从监控 A 机的显示器上看到提示来判断出当时监控 B 机的状态，还影响设备的正常使用。

处理过程：先检查控制台的显示器电源及监控 B 机的输入电源，确保 TYJL-ADX 型计算机联锁系统控制台双套显示器及双套鼠标的配置，保持显示器打开状态并保持双机热备状态，避免在单套故障时造成不必要的影响；在处理设备故障时，不要关闭或重启维修机，如确需重启，请先存盘后再重启，以免丢失重要的维修数据，给故障处理带来不便。

7. 采集抖动造成板卡保护亮红灯

故障现象：××段××站控制台上 S1、S2 和 S3 灯丝断丝，2/4 号、6/8 号和 46 号道岔断表示；

故障分析：检查机柜机笼 FFC3 中第二槽位的第 19 灯位（46 号道岔定反后）一直在闪灯，采集板上的 S1、S2 和 S3 灯丝采集位显示稳定绿灯，2/4 号和 6/8 号道岔定位采集表示灯点稳定绿灯，Ⅰ、Ⅱ系 FFC3 亮红灯；Ⅰ系脱机。

机笼 FFC3 中第二槽位的第 19 灯位一直闪灯，没有亮稳定绿灯，该点采集的是 46 号道岔的定反表后接点，试验拔掉 46 号道岔的 FBJ 后，机笼 FFC3 中第二槽位的第 19 灯位灭灯，此时机笼 FFC3 中的 FFC 和该笼第二槽位的采集板上的 ERR 还是红灯，接下来检查 46 号道岔的表示电路，发现 46 号道岔的表示电源电压偏低，更换 46 号道岔表示电路中的电容后恢复。

原因分析：TYJL-ADX 系统对采集信息的电压的稳定有要求。联锁机在进行采集时，系统会发出脉动信号（10101010…），而被采集的信号一般是稳定的信号，而当采集的信息处于规律的脉动状态（有规律的通断），其上升及下级沿分别为各 50 ms 且连续脉动 2.5 s 时，相应的采集板就会保护亮红灯。现该站因为道岔表示电容充放电能力下降，电容不能正常工作，造成表示继电器抖动，引起采集板保护。因此在 I/O 机笼某槽位Ⅰ，Ⅱ系采集板同时亮红灯时，考虑是继电器抖动或接点不良，应能观察到采集灯闪烁。

8. 驱动混电或电压波动

故障现象：2018 年××月××日 16:32，××段××站控制台联锁Ⅰ系脱机，S 进站信号关闭，SⅡ出站信号正常，此后办理 X 和 S 的接车进路，X 和 S 进站信号不能开放。

故障试验与分析：进行试验，16:46 现场重启Ⅰ系 FFC2 和Ⅱ系 FFC2 后，Ⅰ系恢复同步，X 和 S 进站信号可以正常开放。

故障时部分信号能够开放，部分信号不能开放，联锁Ⅰ系 FCX 的 RUN 灯闪绿灯，FFC2 亮红灯，Ⅱ系 FCX 亮绿灯，FFC2 的第六块驱动板灭灯，而 X、S 的 XFHJ 在第六块驱动板上。

故障结论：故障时Ⅰ系脱机；Ⅱ系影响 FFC2 的第六块驱动板；重启后能够恢复；因此 FFC 和驱动板无故障（否则不会重启后恢复），判断驱动板外部电压波动、瞬间短路，造成驱动板驱动回读错误，驱动板报警停止该驱动板上的全部输出。

9. XFHJ 接点接触不良造成信号不能开放

故障现象 1：2012 年××月××日，××段××站，车站在办理 X 行进站过程中，多次提示 X 信号机不能开放，导致 X 进站信号未能开放，多次办理重新开放信号后 X 进站信号开放。

故障现象 2：X 信号机在之前也曾报过上述提示，通过对现场设备进行试验，发现在开放信号时，XFHJ 能正常吸起，但是 X 的 LXJ 不能正常吸起，检查联锁机的驱动板，发现驱动正常发出。

故障分析与处理：经过试验确定是驱动 LXJ 电路故障，经过检查及测试 X 的 LXJ 驱动电路，最终确定是 X 的 XFHJ 的第一组接点不良（DXJ 和 LXJ 的励磁电路中都使用 XFHJ 的第一组前接点），接点阻值过大造成联锁驱动后 DXJ 或是 LXJ 不能正常吸起。

采取措施：更换 X 的 XFHJ。

一般来说，对于采集故障，若被采集的继电器吸起，而相应采集点不点灯则有可能是从继电器至采集板之间采集连线断线；也可能是采集回线至继电器之间的连线断线；当然也可能是采集板相应这一位发光二极管损坏或采集板故障（这种可能性极小）。采集回路电路如图 6-32 所示。

一般来说，对于驱动故障，若驱动板的驱动点表示绿灯点亮，但被驱动的继电器不吸起，则有可能是从继电器至驱动板之间连线断线；驱动回线至继电器之间的连线断线；被驱动的继电器本身故障。驱动回路电路如图 6-33 所示。

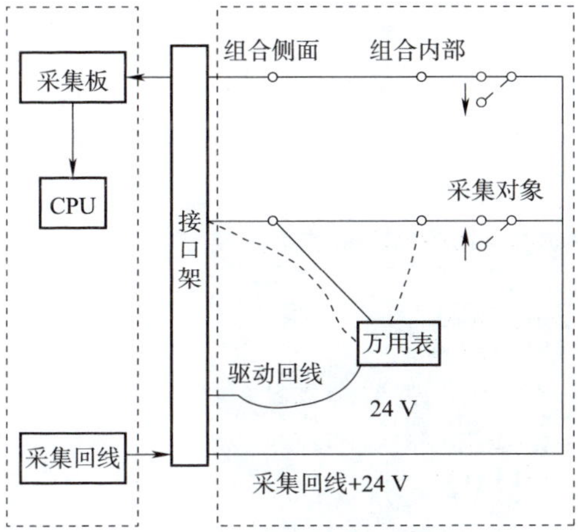

图 6-32　采集回路电路

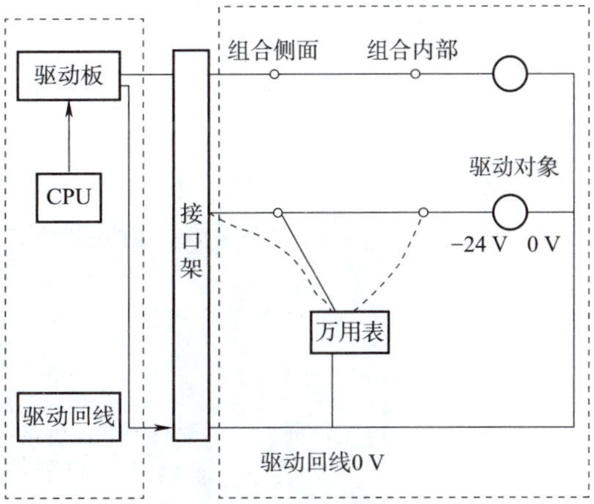

图 6-33　驱动回路电路

（四）风险提示

1. 施工验收时联锁试验不充分

原因：计算机联锁系统在开通时，由于工期紧，为了加快进度图方便省事，怀有侥幸心理，认为设计、施工无误。

要求：计算机联锁系统在开通前进行联锁试验要充分，所有联锁试验，必须表格化、规范化、所有简化试验程序及项目的技术违章，均列入电务恶性违章范围，严肃处理。必须严格执行信号联锁试验的“三不准”制度(联锁试验不彻底不准开通使用；联锁问题没有彻底解决不准开通使用；联锁试验主持人未签字不准开通使用)。每一次施工所涉及的所有信号联锁试验项目均必须在本次施工开通前全部完成。施工开通前，施工负责人必须检查确认联锁关系正确，并指定专人按规定履行设备开通签认手续。

2. 变更施工时，未进行严格审批，图和实物不符

原因：在施工过程中，有施工图纸的变更，为了简化施工过程，图纸未经相关部门严格审批。

要求：若在施工过程中，有施工图纸的变更，则所有施工图纸变更，必须由施工单位、段联锁工程师及技术科长签认，并经设计单位签批。

3. 日常维护时，甩开联锁条件

原因：在日常维护时，为了图方便，快速完成任务，甩开联锁条件进行作业。

要求：在进行故障处理过程中，严禁甩开联锁条件，借用电源动作设备；在日常维护过程中，若发生了配线更改，则所有改动配线的故障处理，必须进行规定的联锁试验，经调度确认后，方准销记。

第二节　DS6-K5B 型计算机联锁系统

一、设备认知

(一)系统组成

DS6-K5B 型计算机联锁系统为北京全路通信信号研究设计院引进日本京三公司的计算机联锁系统，按照我国铁路信号的技术需求自行开发的应用软件，并与日本京三公司精心合作、共同研制的容错计算机联锁控制系统。该系统采用二乘二取二的冗余结构，具有高安全性、高可靠性。

DS6-K5B 型计算机联锁系统由电源柜、监控柜、联锁机柜、电子终端柜(根据站场规模的不同可以不配或配置多个)组成，如图 6-34 所示，各个机柜按照功能的不同内部安装有不同的设备，各个机柜内部设备完成的基本功能如下：

图 6-34　DS6-K5B 型计算机联锁系统设备组成

1. 电源柜

AC 220 V 部分接入电源屏送来的 AC 220 V 电源，经过电源柜内的两台 UPS、一台冗余转换器、一个电源控制箱（或电源控制装板）完成三重冗余供电，保证系统供电的高可靠性。

DC 24 V 部分包括四台 24 V 直流稳压电源，按照其承担负载性质的不同分为逻辑电源和接口电源，两类电源分别由两台直流稳压电源并联供电（站场规模大时采用三台逻辑电源并联供电），保证每一类电源有一台发生故障时不影响该类电源所带负载的供电。

2. 联锁机柜

安装有一个联锁逻辑部（联锁机笼）和电子终端机笼，联锁逻辑部运行联锁程序完成联锁逻辑运算，生成输出命令。电子终端将采集到的现场设备状态发送给联锁逻辑部作为联锁运算的基本数据，同时将联锁逻辑部产生的输出命令转化成 24 V 直流电平驱动相应的继电器。

3. 电子终端机柜

安装有电子终端机笼，完成与联锁机柜内电子终端同样的功能。

4. 监控柜

安装有两台控显机、一台控显转换箱和光分路器，完成控制台的操作和显示功能。

两台控显机按照先入为主的原则先开机运行的成为主控机，后投入运行的成为热备机，控显双机通过控显转换箱连接到运转室的同一套操作显示设备上，当主机故障退出时，自动切换到备机工作。两台控显机通过光缆和光分路器分别同时与联锁双系连通，控制台的按钮操作信息通过控显主机发送给联锁双系由联锁进行选路和联锁运算。

5. 电务维护台

安装有一台电务维修机、显示器、键盘、鼠标、打印机等设备，用于记录整套联锁设备的实时及历史数据，一旦发生故障时可以通过站场图形回放和查询历史信息记录来分析故障原因并对问题进行处理。

（二）电源柜设备

电源柜供电范围如图 6-35 所示，供电网络如图 6-36 所示。

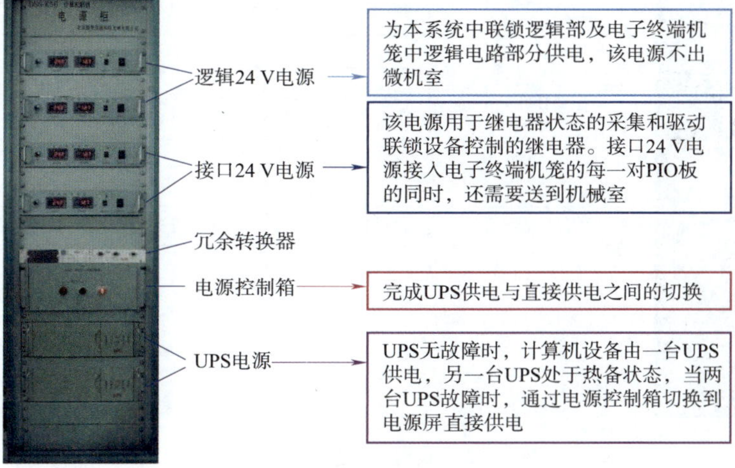

图 6-35 电源柜供电范围

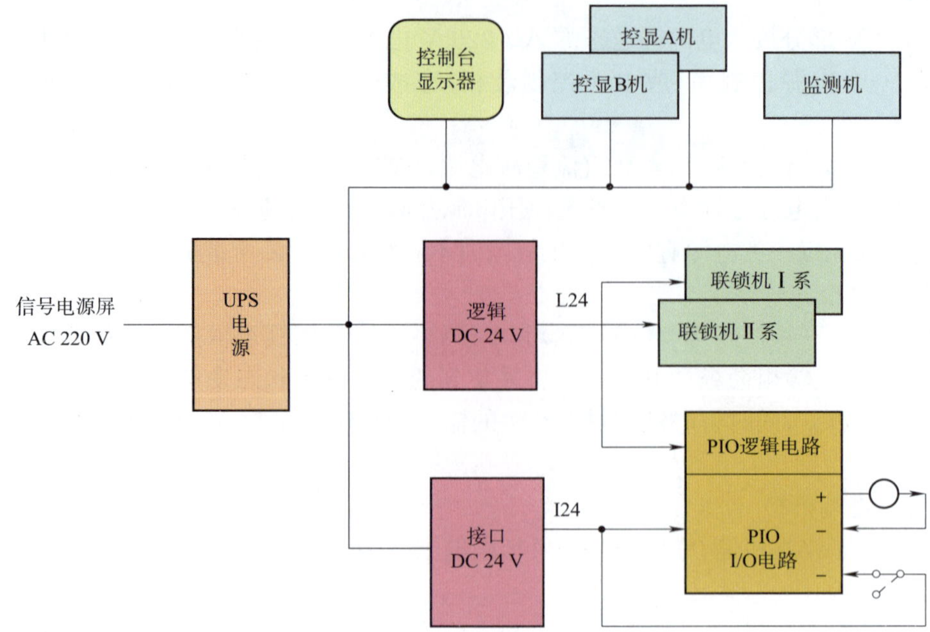

图 6-36　供电网络

(三)监控柜设备

监控柜设备组成及功能如图 6-37 所示。

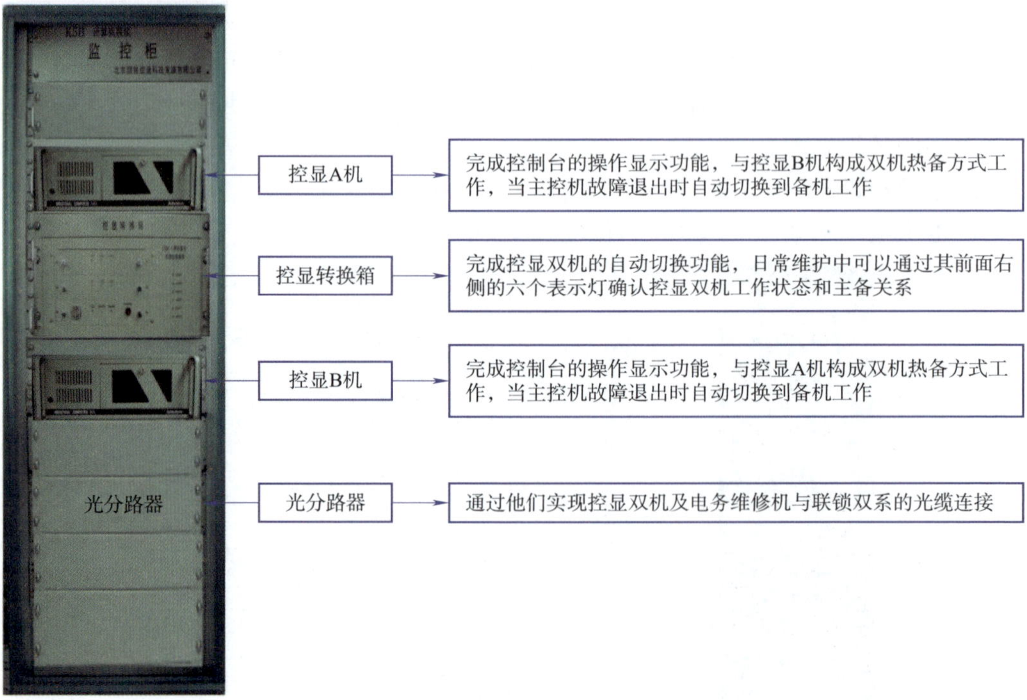

图 6-37　监控柜设备组成及功能

(四)联锁柜设备

联锁柜设备外形如图 6-38、图 6-39 所示。

图 6-38 联锁逻辑部板卡(正面)和电源模块

图 6-39 联锁逻辑部板卡(背面)

1. 联锁逻辑部正面板卡

(1)F486 板:是联锁逻辑部的主板。执行联锁逻辑运算功能。每块板上有两个 CPU 并行工作,两个 CPU 运算结果一致时产生对外输出,满足“故障—安全”要求。

(2)IF486 板:是联锁逻辑部与电子终端之间的通信板。它从 F486 板接受联锁运算产生的输出命令传送给电子终端。从电子终端接受表示信息传送给 F486 板。该板上有 5 个与电子终端通信的接口,可连接 5 个电子终端回线。

(3)FSD486 板:是联锁逻辑部与控显机和监测机之间的通信板。它从 F486 板接收站场的表示信息并发送给控显机及监测机用于站场图形的实时显示和提示报警。同时它还接收控制台的按钮操作信息传送给 F486 板用于联锁运算。

(4)电源:是联锁逻辑部内配备的专用电源。输入为逻辑 24 V 直流电源,输出为直流 5 V。机笼前面配有电源开关,开启后为本系的逻辑电路供电。

2. 联锁逻辑部背面板卡

(1)TLIO 板:是 IF486 与电子终端光缆连接的转接板。板上有 5 个电子终端回线的光缆连接插座,分别标注为 L1H、L2H、……、L5H。其中第 1 和第 2 回线提供了另外一种可选用的光纤插座,分别标注为 L1TT、L1TR 和 L2TT、L2TR。在采用单元控制台作为操作设备的车站会用到 L1TT、L1TR 以及 L2TT、L2TR 两对光接口中的一对或两对(站场较大时两对都用)。L1H 和 L1TT、L1TR 不能同时使用,L2H 和 L2TT、L2TR 不能同时使用。

注意:L1TT、L1TR 和 L2TT、L2TR 这四个插座在不用的情况下必须安装保护罩,防止光线照射到插座内的光接口上。

(2)RSIO3 板是 FSD486 板与控显机、监测机之间通信的光电信号变换接口板。RSIO3 板上有四个光缆插孔,每个插孔可插入一条单芯光缆。其中,CN1T、CN1R 用于连接控显机,CN3T、CN3R 用于连接监测机。

(五)电子终端柜设备

电子终端柜板卡如图 6-40 所示,其背面接线如图 6-41 所示。

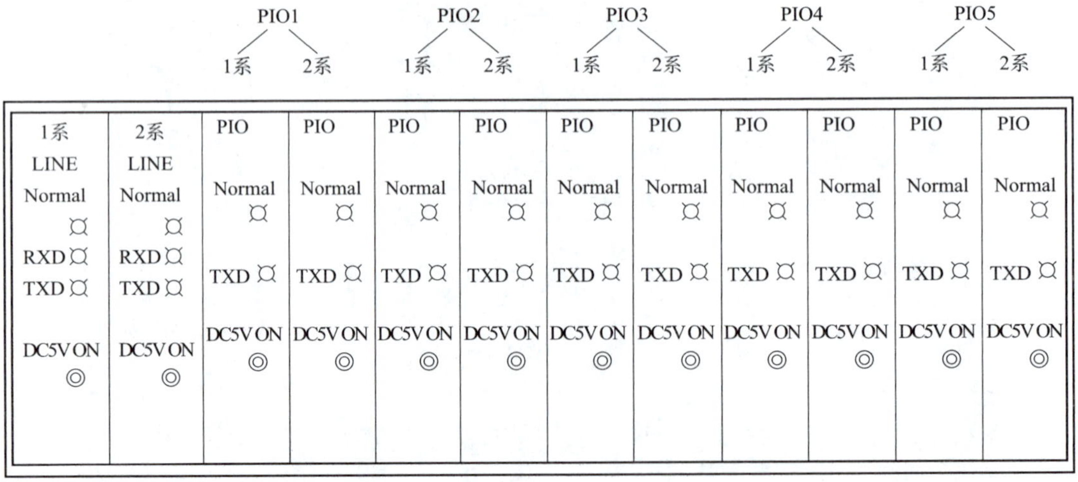

图 6-40 电子终端柜板卡

1. 电子终端柜正面板卡

DS6-K5B 系统的输入输出接口称为电子终端(electronic terminal,简称 ET)。一个 ET 机架内有 12 个插槽。机架正面左边的两个插槽用于安装两个 ET-LINE 模块。其余的 10 个插槽安装 5 对 PIO 模块,ET- PIO 为两重系并列结构,每一对 PIO 对应相同的采集驱动接口。

(1)ET-LINE 板:ET 机笼的通信模块,完成电子终端和联锁双系的通信功能。通过

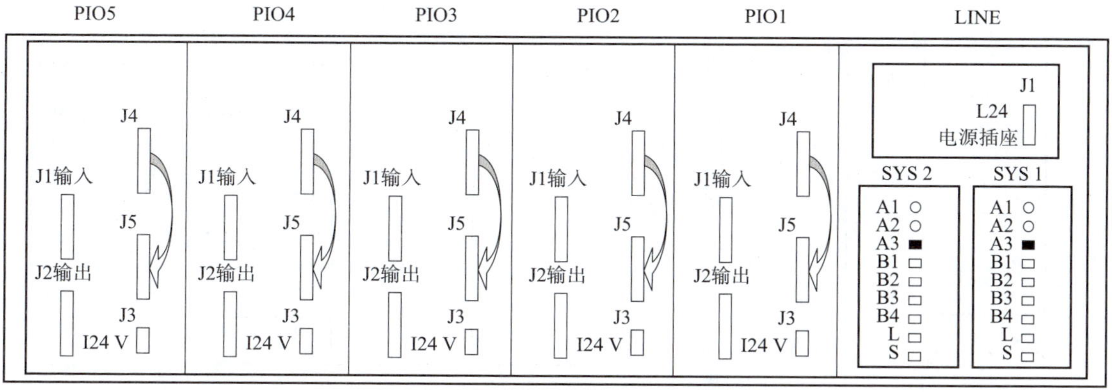

图 6-41　电子终端柜背面接线

ET-LINE 模块接收联锁的驱动命令，经驱动接口电缆对机械室内的继电器进行控制。

(2)ET-PIO 板：通过采集接口电缆采集继电器的状态，并将采集到的设备状态通过 ET-LINE 模块和光缆送给联锁逻辑部进行联锁运算。

2. 电子终端柜背面接线

(1)机笼背面右上角的 J1 插座是本机笼内各板卡所用的逻辑 24 V 电源的引入端，通过 ET-LINE 模块的板载 DC-DC 电源模块变成逻辑 5 V 电源．该电源仅供各板逻辑电路工作使用。

(2)光缆插座 ET-LINE 模块背面 SYS1 和 SYS2 的 A3 光缆插座分别是电子终端与联锁Ⅰ、Ⅱ系连接的光缆接口插座。B1 是扩展回线长度的光缆接口插座，每条回线最多可以扩展到三个电子终端机笼。

注意：ET-LINE 模块背面的 A1、A2 光接口插座必须安装保护罩，防止光线照射到插座内的光接口上。

(3)每对 PIO 背面的 J3 插座是该对 PIO 所用的接口 24 V 电源的引入端，通过 PIO 的输出端口驱动继电器或通过 PIO 的采集端口采集设备状态。

(4)每对 PIO 背面的 J4 和 J5 插座机笼内部底板的跨接线，与外部无关。

(5)每对 PIO 背面的 J1 插座采集电缆插座

(6)每对 PIO 背面的 J2 插座驱动电缆插座

(六)各设备之间的连接

各设备之间连接如图 6-42 至图 6-45 所示。

二、设备维护

(一)标准化作业

1. 修前准备

班前布置会、准备工具、仪表、防护用具。

(1)访问现场工区及车站值班员。

访问所在工区人员和车站值班员联锁设备运行情况，针对运用过程中联锁设备存在的问题，提出检修要求。

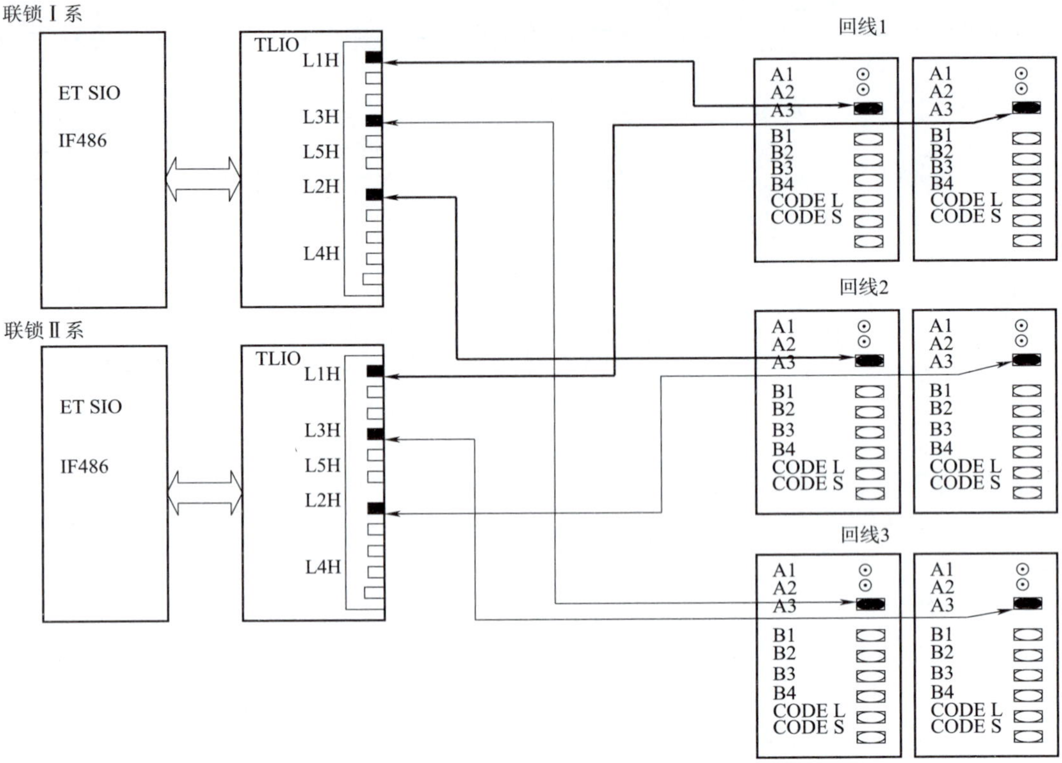

图 6-42　联锁逻辑部与电子终端的光缆连接

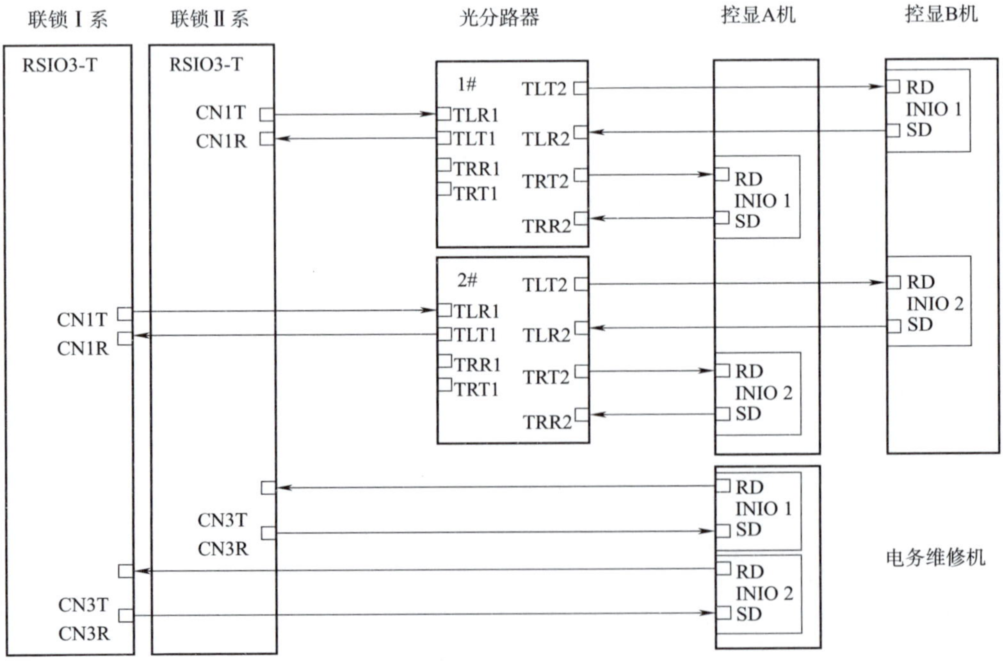

图 6-43　联锁逻辑部与上位机的光缆连接

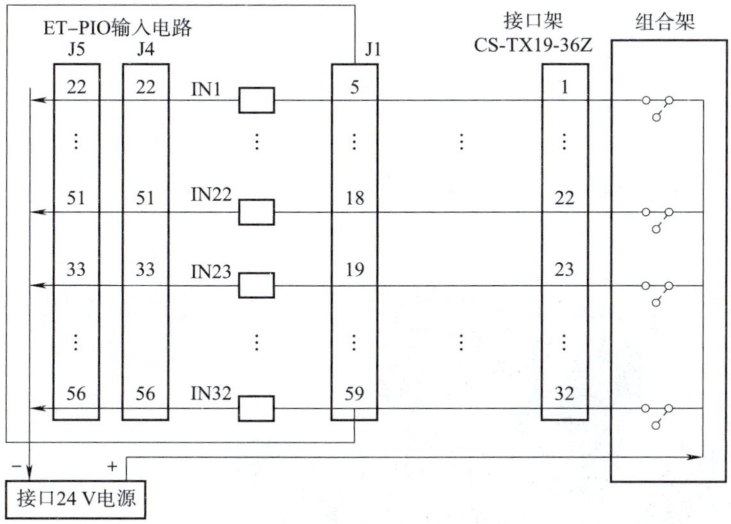

图 6-44　输入接口配线

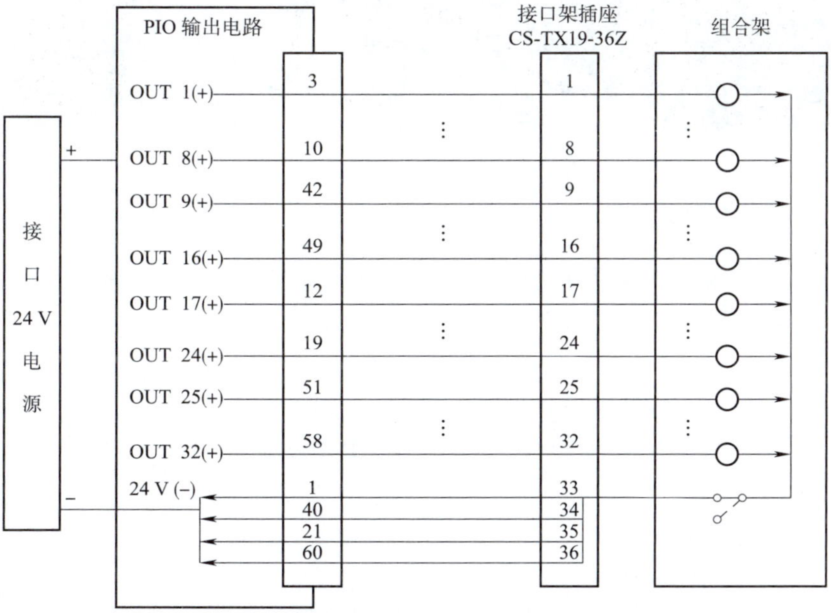

图 6-45　输出接口配线

(2)集中监测分析、维修机报警信息。

通过集中监测和联锁维修机调阅分析，针对可能存在的问题，提出检修要求。

主要查看报警信息窗口，查阅维修机系统状态图，确认联锁与其他系统间通信正常。对以上信息进行综合分析，了解掌握设备运用状况。

(3)查阅联锁设备问题库、缺点待修记录本、设备履历资料。

查阅联锁设备问题库、缺点待修记录本(工区联锁设备履历簿)、设备履历资料(工区联锁设备履历簿)缺点待修记录表等。

(4)召开班前布置会。

(5)检查、试验仪表、联络工具良好;维修工具整套齐全,应有应急零小部件和维修材料,如图 6-46 所示;按规定穿戴绝缘防护用品,携带防护用具。

工具:扳手、螺丝刀、斜口钳、尖嘴钳、剥线钳、网线钳、标签机、毛刷、抹布等。

仪表:指针式万用表或数字表、网线测试仪。

材料:扎带、防尘堵塞、网线头、易碎贴等。

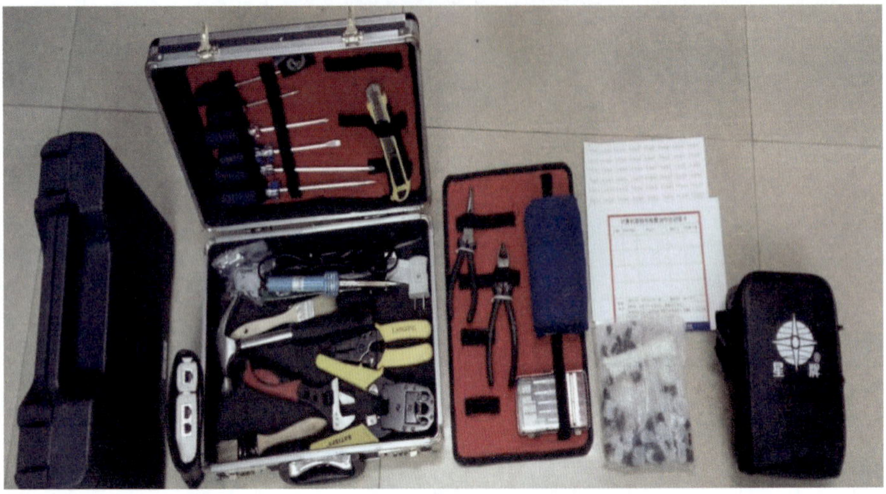

图 6-46 检修前准备的工具仪表

2. 联系、登记

联系车务人员了解列车运行情况,根据天窗修计划、日常维护以及整修作业内容进行登记、要点,经车务人员同意、签认后方可进行作业。

3. 日常巡视

(1)检查控制台、显示器、鼠标、音响。

①显示器无噪声、异味,表面不过热,亮度、对比度合适,站场显示清晰,鼠标移动灵活、工作良好,清洁干净。

②控制台音响音量适中。

③控制台密封、加锁良好。

(2)检查破封、计数器号码有无变化,检查破封登记。

查看破封有无登记记录,计数器记录数据与实际数据核对无误。

(3)询问车务值班员了解设备使用情况(无人值班车站用电话了解)。

了解计算机联锁系统有无异常现象,对异常情况要及时处理。

(4)检查计算机联锁系统设备运用环境。

①机房空调使用良好,温度适中,保持在 15 ℃~30 ℃,相对湿度保持在 10%~75%,机房密封,防尘、防静电措施良好。

②机房环境卫生整洁,地板平整,机房内无堆放杂物。

(5)检查计算机联锁系统机柜加锁及散热情况。

工控机加锁情况机柜门关闭良好,风扇运转正常,保持机箱通风散热良好。

(6)观察计算机联锁系统运行情况。

①设备运行正常,工作良好,各指示灯表示正确。

a. 联锁逻辑部巡视内容如图 6-47、图 6-48 所示。

(a)观察两系 F486 板上 D1 指示灯,D1 亮灯的一系为主系,D1 灭灯的一系为从系。确认并记录联锁Ⅰ、Ⅱ系的主从关系,与前一班比较两系主从关系有无变化。

(b)观察从系 F486 板上 D2 指示灯的状态,确认从系是否与主系同步。D2 灭灯两系同步,D2 亮灯两系不同步。

(c)观察 IF486 板上指示五条回线通信状态的指示灯 RX、TX 灯的状态,确认联锁和电子终端之间的通信状态正(闪亮正常,灭灯或稳定亮灯为异常),未使用的光接口上是否扣好遮光罩。

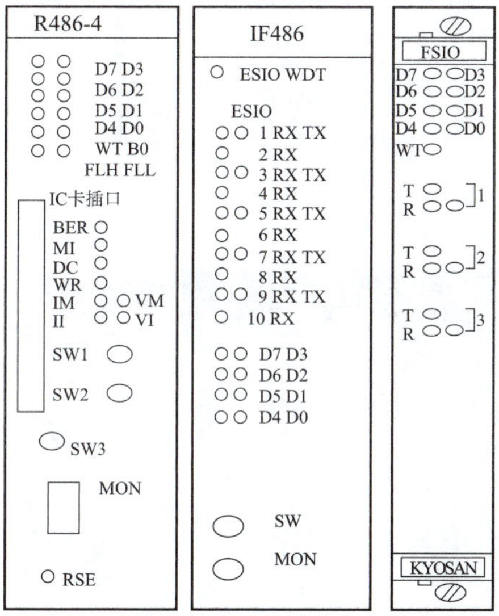

图 6-47　联锁逻辑部面板结构

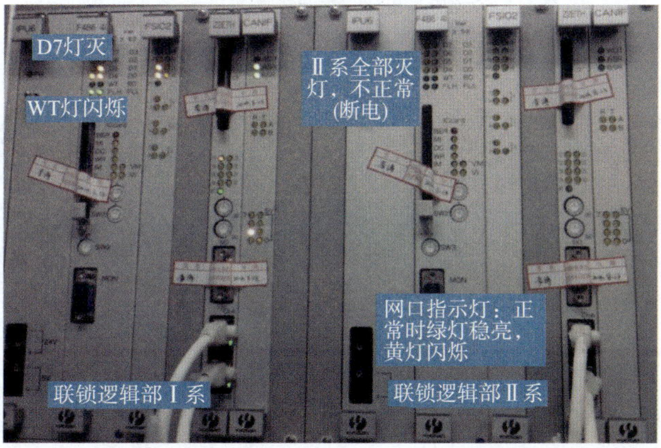

图 6-48　联锁逻辑部指示灯状态

b. 电子终端巡视内容(图 6-49)。

(a)观察 ET-LINE 板的 Normal 灯是否稳定点亮,TXD、RXD 灯是否闪烁,如果是工作正常,如不是工作异常。

(b)观察 ET-PIO 板的 Normal 灯是否稳定点亮,TXD 灯是否闪烁,如果是工作正常,如不是工作异常。

(c)检查 ET-LINE 板背面的光缆连接是否牢固,未使用的光接口上是否扣好遮光罩。

监控机柜巡视内容如图 6-50 和图 6-51 所示。

②各部件插接良好,无损伤、过热、异味等。板卡光接口端口处无光线直接照射,遮光罩作用良好。光缆的弯曲半径应大于 5 cm。

③确认联锁机、联锁前置通信机主从状态;CF 卡插接到位;确认控显机 A、B 机的主备状态。

a. 观察控显转换箱前面板或切换板(由冷备升级为热备时,未更换转换箱的,表示灯在切换板上)上 A 机脉冲、B 机脉冲指示灯是否闪烁,如果是说明控显 A 机、控显 B 机处于正

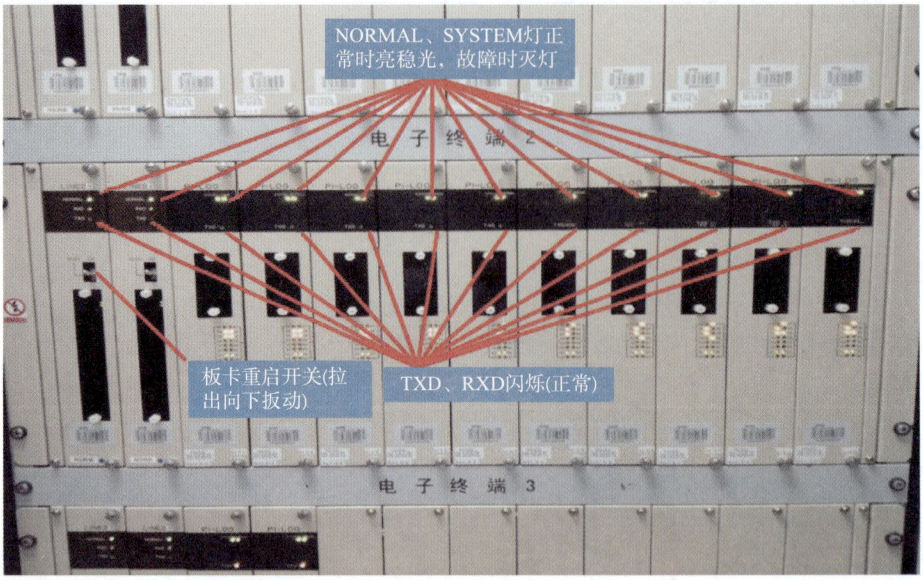

图 6-49　电子终端各板卡巡视

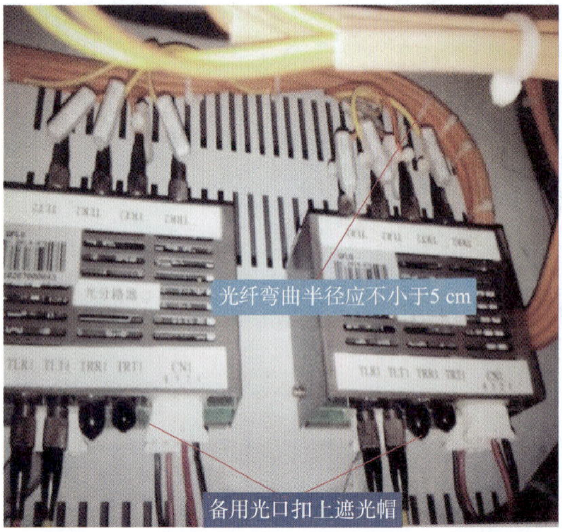

图 6-50　光纤巡视

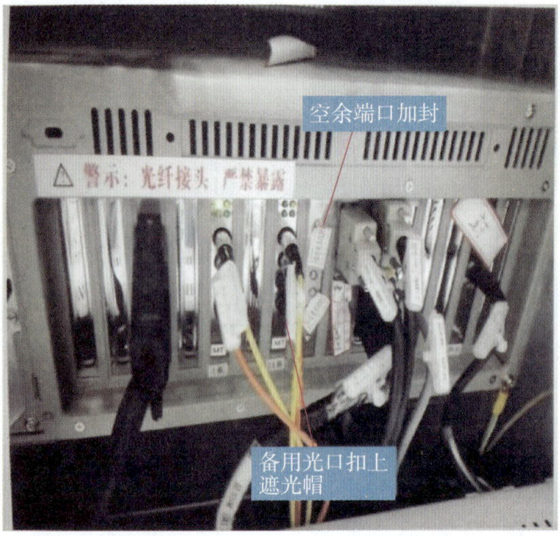

图 6-51　光端口巡视

常的运行状态。再进一步观察A机工作灯和B机工作灯的状态，哪一个灯点亮代表哪台控显机为工作机，另一台处于热备状态。

b. 观察控显转换箱主、副电源模块上5 V及正负12 V电源指示灯是否点亮（点亮为正常，灭灯为故障），监控模块上有无声光报警。

c. 检查控显转换箱及控显双机背面的各种连接插头是否紧固，如图6-52所示。

（7）检查UPS电源、24 V直流工作电源的工作情况（车站信号电源系统按双套UPS设置的取消联锁系统机柜UPS）。

①电源柜内各类电源、模块、部件工作正常，无过大噪声、异味，表面不过热，风扇运转正常。

（a）前视　　（b）后视

图 6-52　控显转换箱巡视

②UPS 输出电源电压为 220 V±6.6 V；逻辑 24 V±0.72 V 电源、接口 24 V±0.72 V 电源等各路电源电压及电流值稳定正常，在规定范围内。双电源负载平衡，输出电流误差不大于 0.1 A。

a. 观察 UPS 及冗余转换器面板指示灯是否正常(无黄灯和红灯点亮为正常)，有无报警声音，冗余转换器前面板上 A 和 B 表示灯都应点亮。

b. 观察系统是处于电源屏直接供电状态还是处于 UPS 供电状态，处于 UPS 供电状态为正常状态。

c. 观察各直流稳压电源面板指示的电压值应为 24 V±0.72 V，两台逻辑 24 V 电源的电流值之和应小于 28 A。

d. 观察各直流稳压电源是否有声光报警。

UPS 巡视内容如图 6-53 和图 6-54 所示。

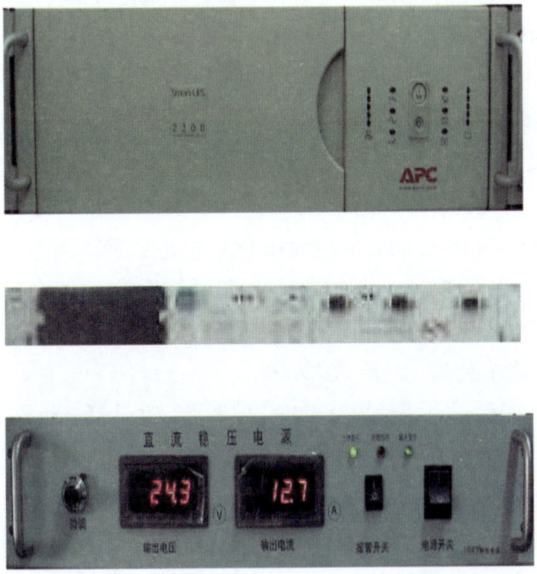

图 6-53　UPS 巡视内容(一)

(8)查看电务维修机记录。

电务维修机运行良好，记录正确，查看系统网络状态图、机架图显示正常无报警。发现异常情况及时进行处理，发生疑难故障及时存盘并做好记录。

(9)核对主、备控显机、维修机时钟一致。

控显机、维修机与 CTC/TDCS 时钟一致，超过 1 min 需进行调整。

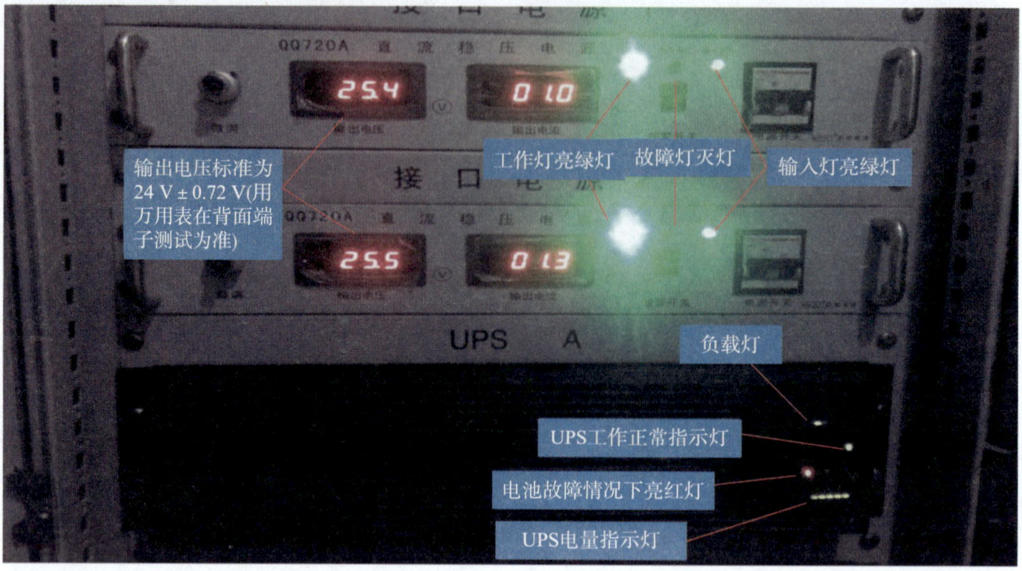

图 6-54 UPS 巡视内容(二)

4. 集中检修

(1)计算机联锁系统机柜检查

①各类电源工作正常,各部件、模块安装牢固,无松动、损伤、过热、异味等,配线整齐、配线端子紧固,各电源指示灯表示正确。配电柜门开启灵活,关闭紧密。

②分别在设备的最远及最近端组合架零层测量 I/O 电源为 24 V±0.72 V。

(2)各类配线、插接件及防鼠措施检查

①各类配线,配线端子紧固,配线整齐,焊头焊接牢固,无破损、霉变、毛刺,断股不超过1/5。

②各种插接件接触良好、不松动,接点无氧化,固定牢靠。

③配线无伤痕、破皮、虫鼠咬伤情况,防鼠措施可靠。

机柜配线巡视内容如图 6-55 所示。

(3)鼠标、显示器、KVM 装置、电流表检查

检查室内及控制台鼠标、显示器清洗干净,鼠标移动灵活、动作可靠;显示器外壳无尘、图像显示清晰;检查 KVM 装置配线插接紧固良好;试验控制台电流表功能正常。

(4)手动倒机检查

①电源冗余转换试验。查看冗余转换器面板,关闭在用的 UPS 输出,自动转换至备用的 UPS 供电。

②主机断电重启或操作控显转换箱的转换开关两种方式,控显机倒机后系统工作正常,A、B 机交替使用(无控显转换箱,则不进行此项)。

③重启主系后能正常同步并转为从系状态,另一系转为主系。Ⅰ、Ⅱ系均进行主从切换,倒系过程中,开放的试验信号不应关闭。

手动倒机试验如图 6-56 所示。

④两系交替使用,做好倒机记录。

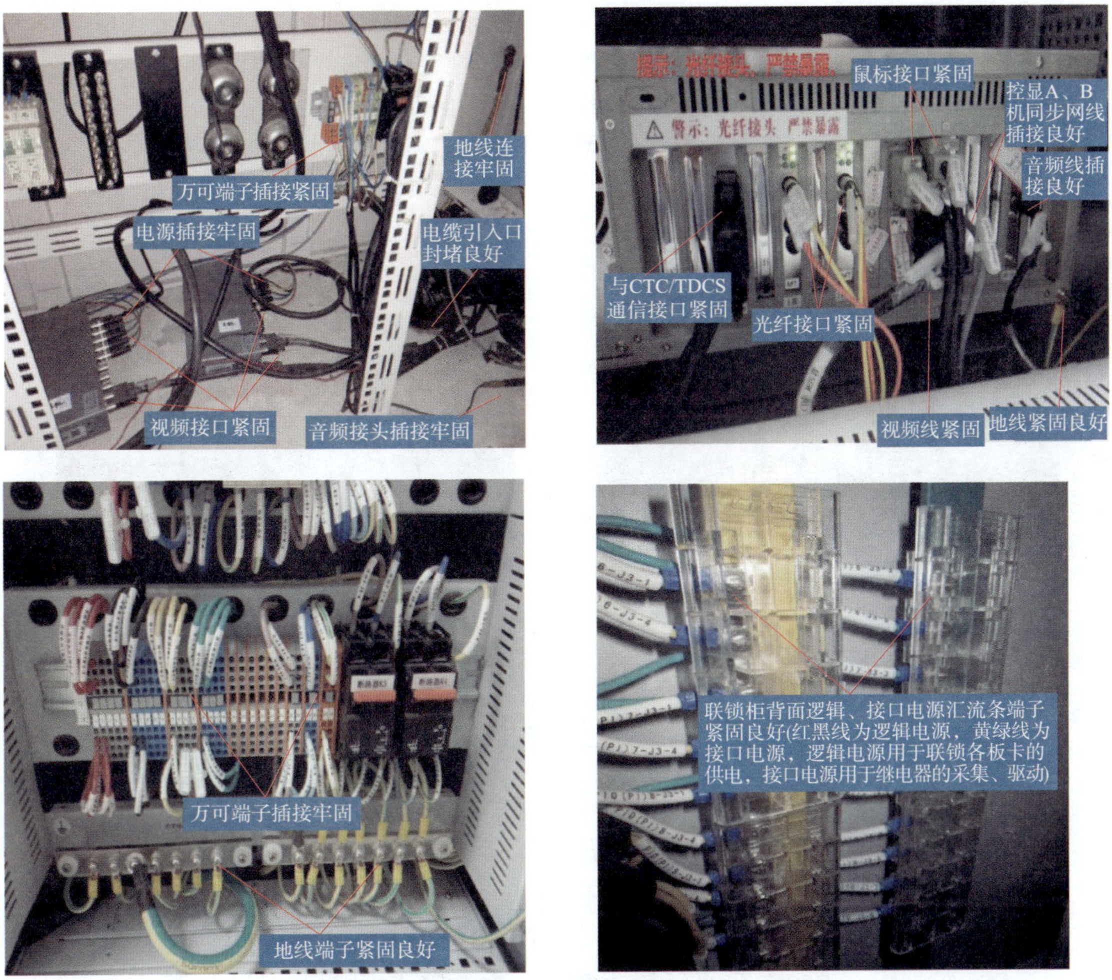

图 6-55　机柜配线巡视

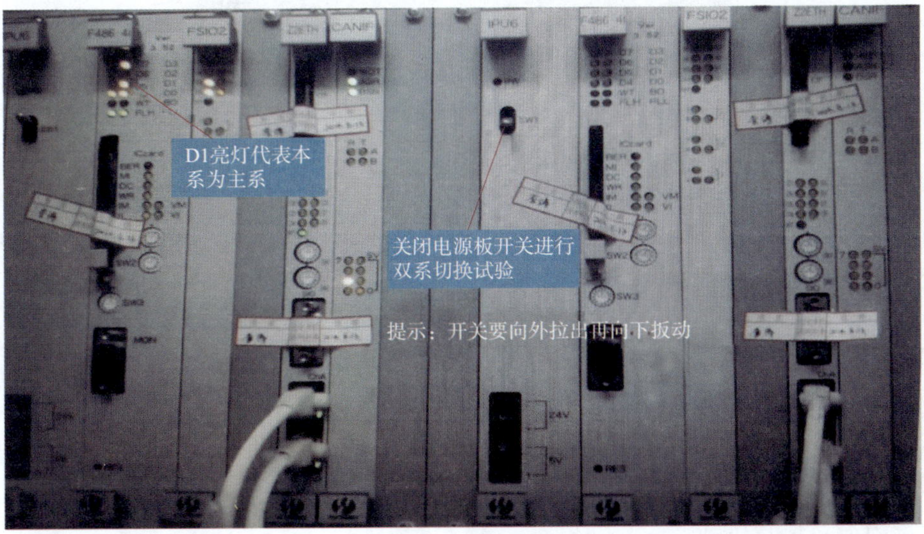

图 6-56　手动倒机试验

(5)清扫控制台、系统机柜设备,清洗工控机防尘网,检查工控机、机柜、电源风扇

①控制台和系统机柜内、外清洁无尘,配线良好规范,各部件接触良好不松动,端子紧固;控制台至微机房各种备用电缆防护得当,接口无氧化现象,如图6-57所示。

②工控机防尘网清洗,晾干后安装,如图6-58所示。

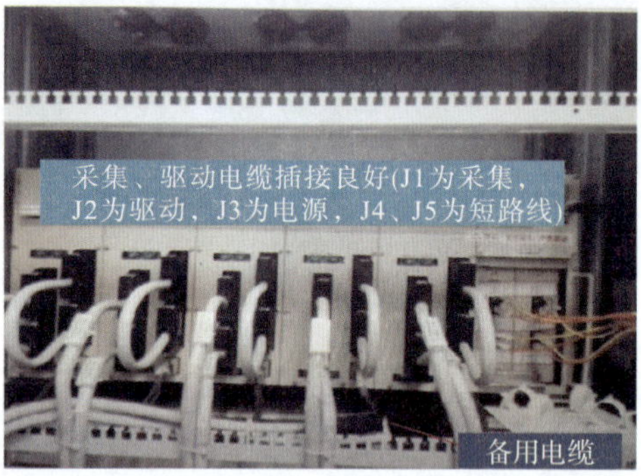

图6-57　电子终端柜线线缆

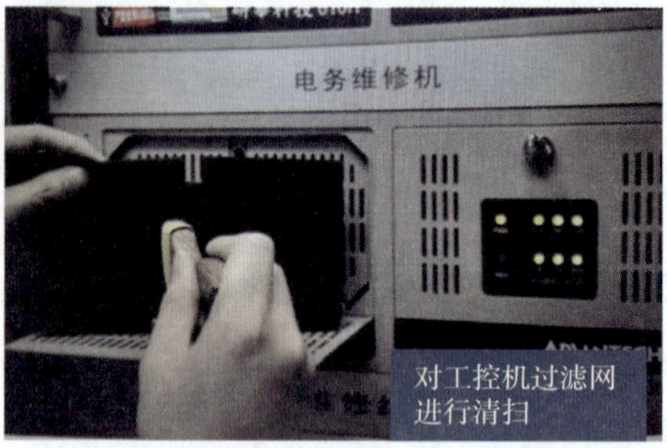

图6-58　工控机防尘网清洗

③更换不良风扇,如图6-59所示。

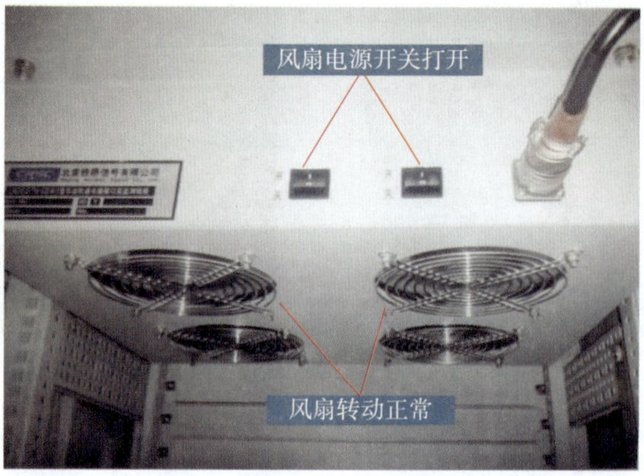

图6-59　风扇巡视检查

(6)UPS放电试验,UPS旁路试验

将UPS的220 V输入电源断开,放电4～5 min(UPS电池放电容量不超过50%),联锁设备应正常工作。倒换UPS旁路开关,试验220 V联锁电源直供功能。安装有UPS冗余切换装置的,两台UPS应分别进行放电试验,如图6-60所示。

(7)信号联锁试验

按照年度联锁试验要求进行,在维修机查看主备联锁机双系有无异常报警提示。

(8)接口架及机柜内部清扫

接口架、工控机机箱、机柜内清洁无尘,配线良好规范,各部件接触良好不松动,端子紧固,如图6-61所示。

(9)备用器材检查试验

备用器材齐全无损伤,接点清洁,标识清晰,型号版本正确。备用器材通电试验,性能稳

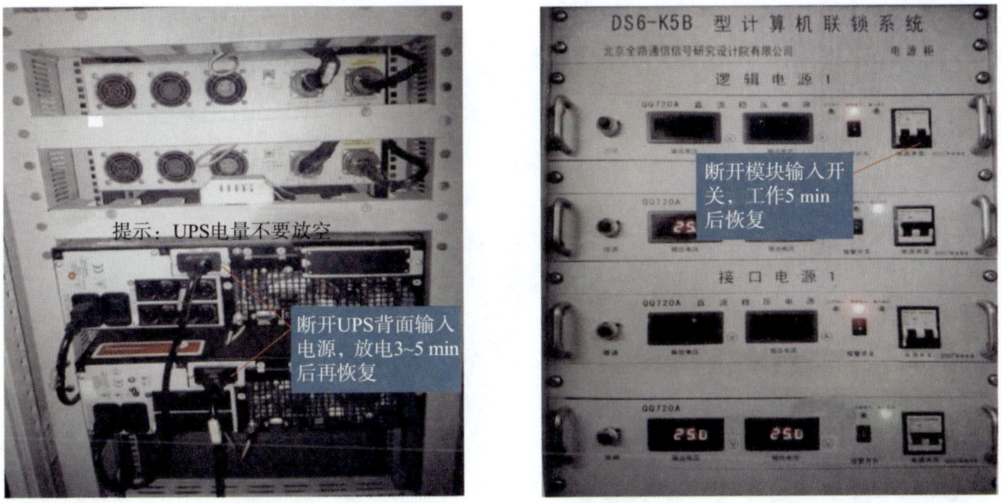

图 6-60　UPS 放电试验

定、工作状态良好。备用板件、模块倒换到从系后，应确保二重系同步，倒换试验正常，如图 6-62 所示。

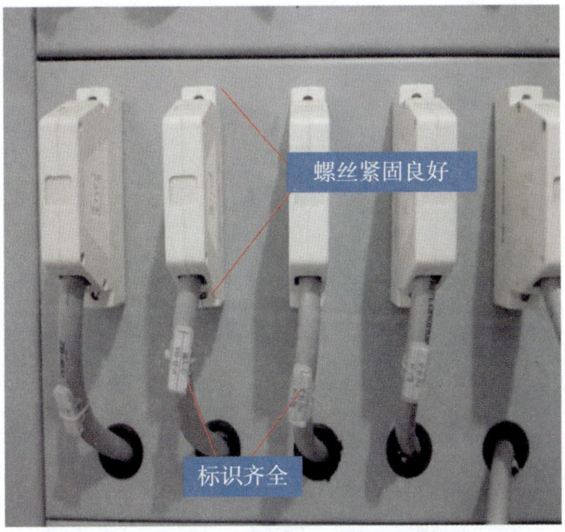

图 6-61　接口架巡视

图 6-62　备用板卡试验

（10）检查插接件、电路板

各种插接件、电路板接触良好，不松动、变形，无异状，接点无氧化、脱焊，固定牢固，电路板表灯显示正确。

（11）各类报警试验

报警试验良好正确，无误报漏报。

（12）整治地线

①监控机柜接地良好，接地引入线无锈蚀、断股，接地电阻不大于 1 Ω，如图 6-63 所示。

②电子终端柜、联锁机柜的外壳不准接地。

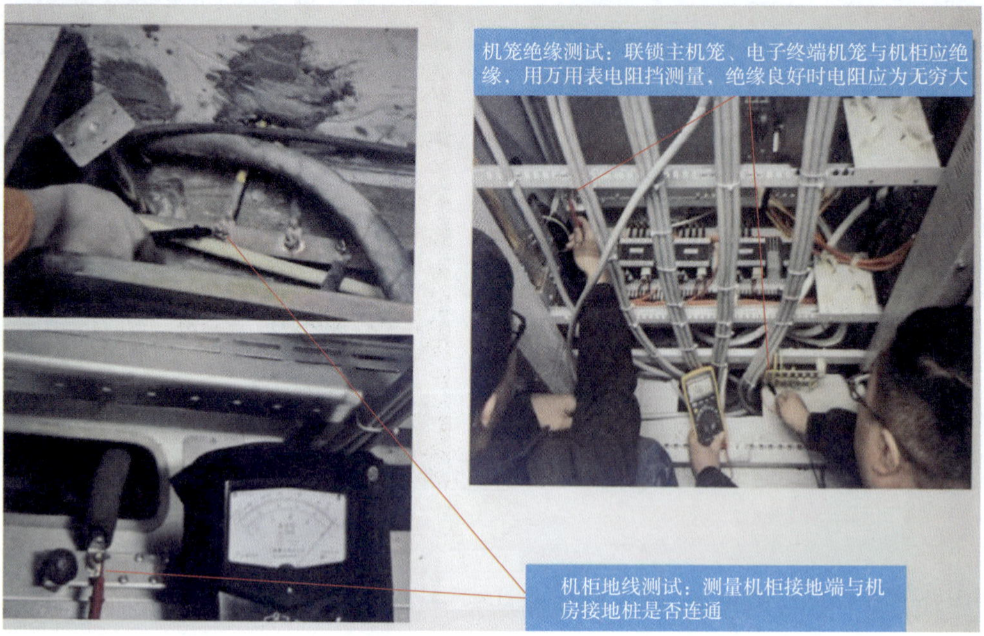

图 6-63　地线检查测试

注意：①电路板件及连线严禁带电拔插。

②联锁机板卡开关需往外轻拉，再上下扳动，严禁强力扳动板卡开关。

③进行浮地检查：用电阻挡测试联锁主机柜、电子终端柜的外壳不接地。

5. 试验

备整修完毕后，室内外彻底试验良好，确认控制台、维修机无异常报警信息，会同车站值班员试验，销记。

6. 销记

办理销记：经试验良好后，停止作业，由电务联络员在“运统 46”内登记销点，交车务签认。

7. 召开完工会

作业完后，各作业小组将此次作业的情况进行总结，将存在的问题报作业负责人，并录入问题库及待修缺点待修记录表，以便下次检修时能针对问题进行整修。

（二）常见问题处理

1. 联锁Ⅰ系或Ⅱ系异常停机。

（1）记录停机状态下联锁逻辑部各板卡面板指示灯状态反馈给一级维护中心。

（2）在 F486 板插入 IC 卡的情况下，将故障机的电源开关扳下，再重新扳起加电，即可恢复正常。

（3）如不能启动，则需要更换该系板卡（通常是 F486 板或 FSD486 板）。

2. 从系与主系不同步，从系 F486 板上 D2 灯点亮。

（1）在站场上无任何作业的情况下，重新启动从系。

（2）若仍不同步，要点将联锁双系重新启动。

3. 在联锁Ⅰ系或Ⅱ系异常停机后如重新将该系加电仍无法启动，则需更换 F486 板。

该问题极少发生，一般发生该问题时重新加电启动即可恢复正常，造成该问题的原因是微机室温度过高，CPU 过热死机，因此每天巡视微机室时检查室内温度不要过高，保持在 25 ℃以下为宜。

4. 电子终端柜设备问题。

（1）机笼内各板均不能开启，检查该机笼逻辑 24 V 电源接线端子或插头。

（2）ET-LINE 板 Normal 灯不亮，RXD 灯不闪烁，检查 ET-LINE 板后面光缆接插是否牢固。

（3）ET-PIO 板 Normal 指示灯灭灯，重新开启该 PIO 板电源开关，应可以正常启动，若不能启动则需用备用板更换该板，此类故障为不常见故障，故障原因通常也是与微机室温度偏高有关，另外 PIO 板的故障只要不是同一对 PIO 板同时发生故障都不会影响设备的正常使用。

（4）若某一对 PIO 板运行状态正常而对应的所有采集信息无表示或对应的所有驱动位均不能驱动继电器，检查该对 PIO 背面的接口 24 V 电源的接线端子、插头或保险。

5. 控显单机设备问题。

（1）无法开机，机器内置电源风扇不转，前面电源指示灯不亮，确认机器背面的输入电源插头有 AC 220 V 电源的情况下应为该机电源 故障，需更换电源。

（2）开机后，机器内发出“嘀、嘀…”间断的报警声，内存条或显卡接触不良，需打开机箱盖，重新拔插内存条及显卡即可恢复。

（3）电源正常的情况下无法开机，也无报警声，应为主板与机箱底板接触不良或主板故障，重新拔插紧固主板若不能恢复则需更换主板。

（4）如发生控制台操作显示异常（鼠标不能操作，站场图形显示异常），为缩短故障延时，需立即进行控显倒机操作（关掉该机），如故障现象不能排除，需将控显双机重新启动。

6. 电源问题。

K5B 系统中电源都是双套冗余设计，一个电源发生故障时自动切换到备用电源，此时可对故障电源进行更换。

（三）常见故障处理

计算机联锁系统的维护人员应当对计算机设备各部分的组成，它们的功能，以及各部分之间的连接关系，有清楚的了解，并熟记在心中。这样，在设备发生故障的时候才能迅速、准确地作出判断，找出故障点，并采取措施，排除故障，使设备尽快恢复正常运行。

更换备件，必须首先切断被更换模块的电源，再从机架上取下故障模块，插入新模块，然后加电恢复。系统采用冗余设计，容许单重系模块断电更换，不间断系统运行。

1. 故障处理流程

DS6-K5B 型计算机联锁系统更换故障板卡流程如图 6-64 所示，各故障处理流程如图 6-65 至图 6-68 所示。

在 DS6-K5B 系统中，控制台上道岔名用道岔号的数字表示，控制台上单击“显示道岔名”按钮可调出道岔号的显示。道岔在定位时，道岔名显示绿色；道岔在反位时，道岔名显示黄色；道岔四开时，道岔名显示红色。

2. 故障案例

（1）联锁机电源板故障。

故障现象：联锁机不能正常开机，面板灯闪一下熄灭。

故障分析：电源板故障或 F486-4 板没有插好。

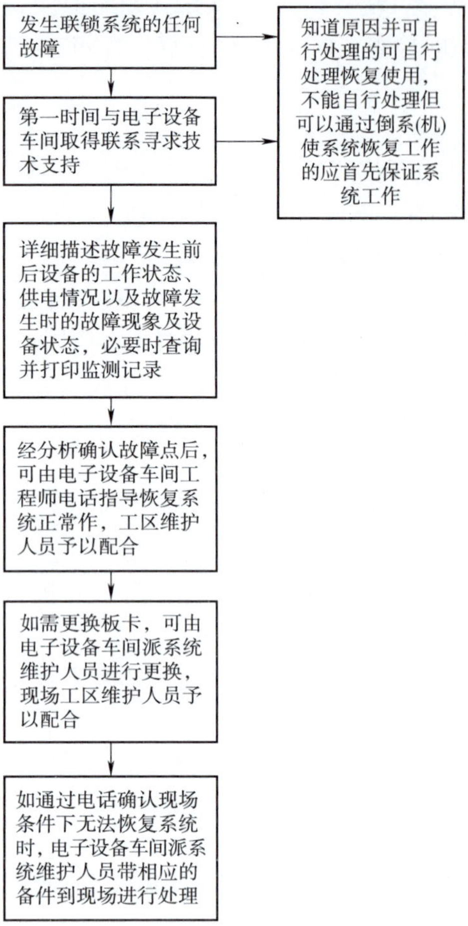

图 6-64　DS6-K5B 型计算机联锁系统更换故障板卡流程

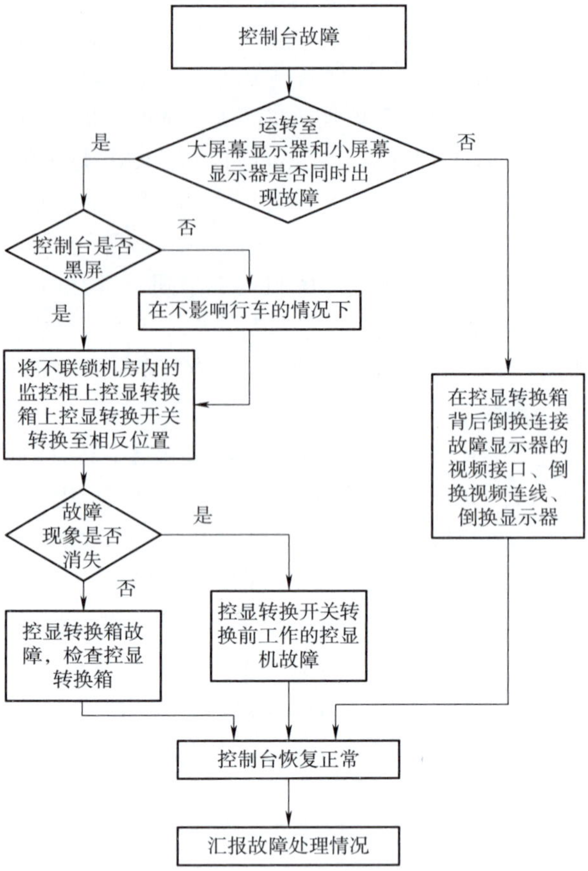

图 6-65　DS6-K5B 型计算机联锁系统控制台故障处理流程

故障处理：测试电源板输入 24 V 输出 5 V 是否正常，若不正常，更换电源板。

注意事项：观察面板灯，区分电源板及 F486-4 板。测试电源板输入输出电压时，须用专用表笔，防止表笔接触不良或短路。

(2)系统不能正常启动，操作失效。

故障现象：系统加电，FSD486 板 IL 异常红灯长亮，不能正常启动。

故障分析：系统停止运行，引导程序未正常读取，观察 FSD486 板 ICcard 灯是否亮红灯，IL 异常红灯是否长亮。判断 IC 卡插接是否不良。

故障处理：拔出 IC 卡重新插入，重启联锁机。

注意事项：观察面板灯，IC 卡有 2 个，可替代换位使用。IC 卡需释放自身静电，天窗点内重启。

(3)鼠标长线断线。

故障现象：控显机无鼠标标记或鼠标不动。

故障分析：鼠标长线断线、接触不良或控显机死机、控显转换箱串口转换卡故障。

故障处理：观察控显机显示、维修机系统图形无异常，排除控显机故障。观察控显转换

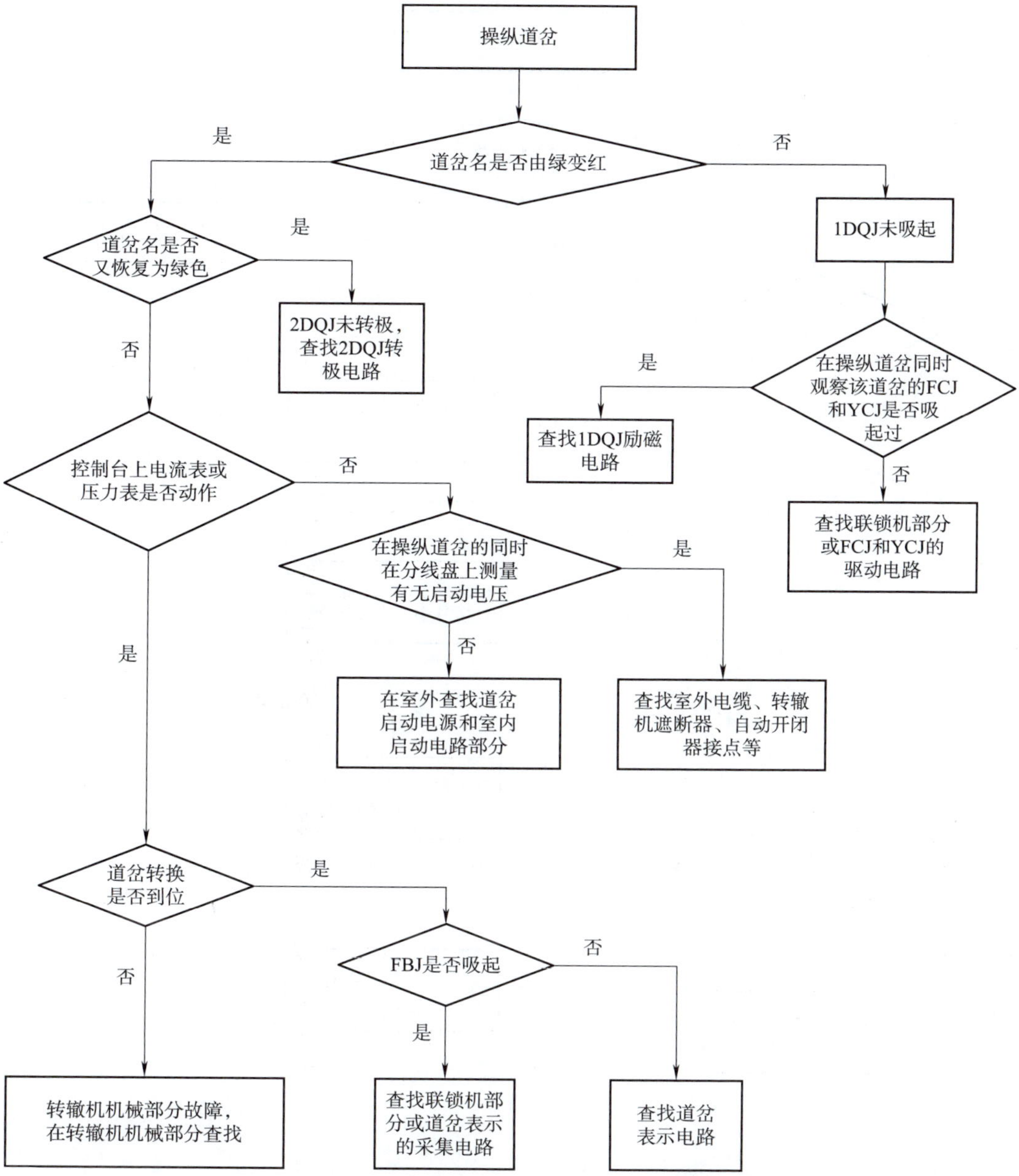

图 6-66 DS6-K5B 型计算机联锁系统道岔故障处理步骤

箱面板灯，排除控显转换箱故障。更换鼠标故障无变化，检查鼠标长线接头插接良好，更换备用鼠标长线并试验，故障恢复。

注意事项：以上步骤后故障不能恢复时，应重启控显机。控显转换箱故障时可将鼠标长线直接插在主用控显机上。

(4)FSD486 板故障。

故障现象：控显机和维修机不能显示正确的站场信息。

故障分析：FSD486 板故障或 RSI03 板故障。

故障处理：观察联锁机各板卡面板指示灯是否正常，FSD486 板 D7 灯不闪动长亮，拔下

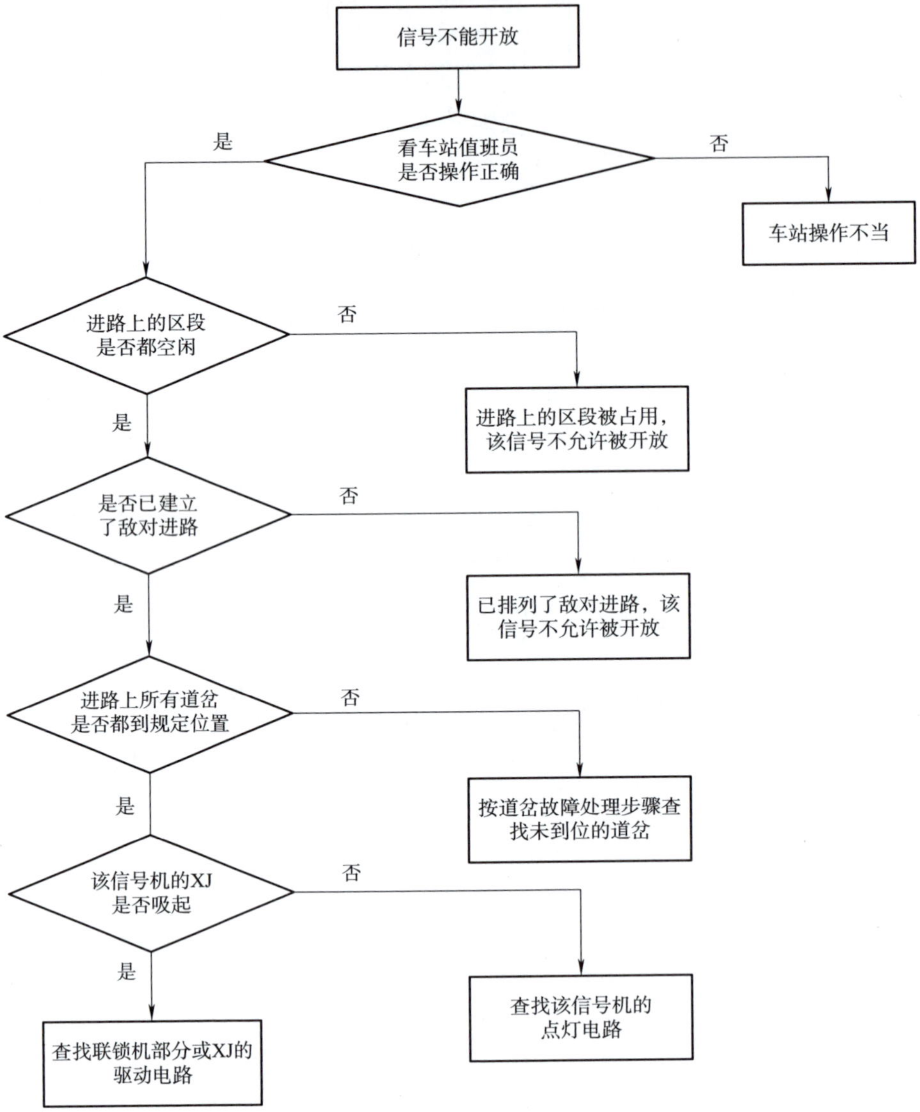

图 6-67　DS6-K5B 型计算机联锁系统信号不能开放时的处理步骤

FSD486 板，重新插上，故障恢复。

注意事项：FSD486 板上 SW 必须设置为 0；查看 RSI03 板上光纤接口是否接良好。

(5)控显 A 机死机。

故障现象：控显机与联锁通信中断，站场显示无变化。

故障分析：观察联锁机Ⅰ系和Ⅱ系的 F486-4、IF486 板表示灯正常，但 FSD486 板 RX 接收灯无闪光，观察控显机界面显示：控显 A 机状态指示灯红色；观察维修机系统图形：控显 A 机红色，与联锁机通信中断。判断控显 A 机与联锁机通信故障。

故障处理：查看控显换箱 A 机脉冲、A 机回读灯熄灭，对控显 A 机重启，系统恢复正常。

注意事项：查看联锁机、控显机界面表示灯，系统图形显示，控显转换箱指示灯。检查光分路器和 INIO 板 RD/TD 灯状态，是否光纤接触不良。

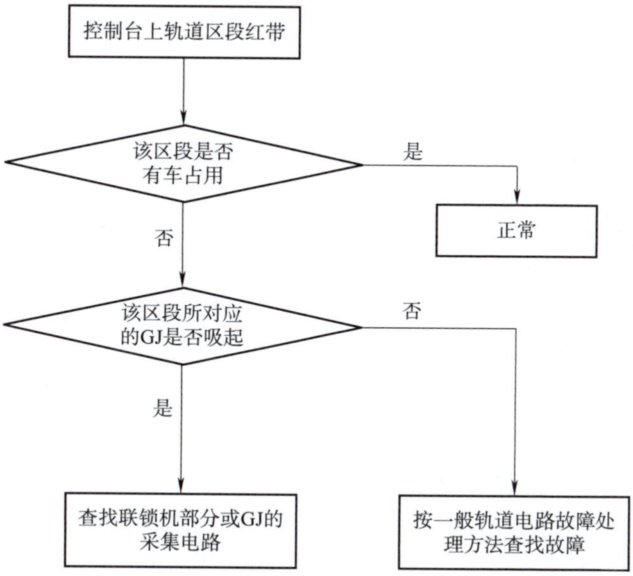

图 6-68　DS6-K5B 型计算机联锁系统轨道电路故障处理流程

(6)联锁机与 LINE2 板的连接光纤插接不良。

故障现象:控显机界面显示全站红光带,LINE2 板上 RXD 灯灭,TXD 灯亮。

故障分析:查看联锁机、控显机界面提示信息,维修机系统图形显示:IF486 板与 LINE2 板通信连线红色。观察 LINE2 板上 RXD 灯灭,TXD 灯亮。判断联锁与 PIO 机笼通信中断。

故障处理:检查发现联锁机与 LINE2 板的连接光纤插接不良,重新插接好后恢复。

(7)PIO 板故障。

故障现象:控显机界面显示部分区段红光带,部分信号复示器闪光。

故障分析:查看联锁机、控显机界面提示信息;维修机系统图形显示:PIO 板红色;判断接口电源故障或 PIO 板故障:测试机笼背后 J3 插头 IOZ/IOF 电压是否正常,观察 PIO 板上 Normal 灯是否亮稳定灯光。

故障处理:测试机笼背后 J3 插头 IOZ/IOF 电压正常,PIO 板上的 Normal 灯未亮稳定灯光。将这对 PIO 板重新进行复位后,故障消失。

注意事项:PIO 板复位:首选 RESET(复位)开关,电源开关次选。

(8)控显机光接口卡 INIO 卡记忆保留。

故障现象:某站附近动车段Ⅱ场控显 A/B 机以太网故障报警,动车段Ⅰ场运转室显示Ⅱ场远程控显界面报警(Ⅱ场运转室无人值守),检测发现联锁维护机无异常报警,控显 A/B 机以太网接口正常,光通道光衰耗符合标准,光交换机 A 单边通信正常,另一边显示通道堵塞。

故障分析:接到通知后,应急处置人员携带光通道探测仪器到动车段Ⅱ场处理,利用光功率计测试通道光衰耗符合标准,重启光交换机,近、远端控显机报警不消失。

进一步排除控显机光接口卡 INIO 卡是否记忆保留,是否因为Ⅱ场近端控显 A 机Ⅰ系 INIO 卡信息堵塞造成光交换机通道异常,引起Ⅰ场控显双机报以太网故障。

故障处理:排除控显机光接口卡 INIO 卡记忆功能,关机重启Ⅱ场近端控显机,光交换机堵塞现象消失,Ⅱ场远端控显报警消失。

注意事项：

①控显报警不符，光路故障报警以太网故障。

②联锁维护机无任何报警，没有光路传输监控手段。

③处理时需要光通道监测设备、光源、光功率计等器材。

(9)控显转换箱故障。

故障现象：雷雨天气，车站值班员通知“运转室控显机显示器黑屏”。

故障分析：显示器故障原因多为视频线接触不良或断线，控显转换箱状态不良。检查显示器有无电源，显示设置有无错误，并使用其他显示器进行替换试验，确认显示器是否故障；重新插上视频线或使用备用视频线，排除视频线故障可能；检查控显转换箱面板表示灯是否异常。

故障处理：检查站示器电源正常，显示设置正确，使用其他显示器进行替换试验，故障依旧；使用备用视频线，故障依旧；检查控显转换箱面板表示灯异常，判断为控显转换箱故障。更换控显转换箱后，运转室控显机显示器显示正常。

注意事项：控显转换箱故障先检查控显转换箱的电源，确定控显转换箱电源正常后再去检查控显主机。控显转换箱的电源有两路，一路工作，另一路为热备。面板上有指示灯，指示其工作状态，如有故障，取下故障电源板更换。

(10)视频线长线断线。

故障现象：控显机显示器花屏或黑屏。

故障分析：可能的原因为显示器故障、控显机故障、控显转换箱故障、视频线接触不良或断线。

若显示器坏，表现为黑屏，检查显示器有无电源(电源线连接正常，显示器电源指示灯不亮)；显示设置有无错误，使用其他显示器进行替换试验，确认显示器是否故障。若为显示器故障更换显示器，可恢复显示。

①控显机内视频卡故障：若为当前工作的控显机视频卡坏，切换控显机，即可恢复正常。

②控显转换箱内视频转换卡故障：控显倒机后显示仍不能恢复，将显示器连线从转换箱上取下，直接连到控显机视频卡插座上，如果显示恢复，说明控显转换箱内视频转换卡故障，更换视频转换卡。

③控显倒机和跳过控显转换箱仍然不能恢复显示，应检查视频信号线是否断线和接插件是否接触不良。

故障处理：检查显示器良好，切换控显机，发现控显转换箱故障依旧；检查视频线插头内部，发现插针断一针，倒换备用视频线后设备恢复正常。

注意事项：观察控显机显示、维修机系统图形状态是否正常。

三、风险提示

1. 计算机联锁系统双系启动未上电解前，站(场)联等条件不能反映本站状态。

原因：

(1)电压中断保护器失效。

(2)未按规定登记操作。

防控措施：

(1)按规定对电压中断保护器进行维护。

(2)组织对操作手续进行培训学习。

(3)调度指挥中心、车间对现场操作进行重点盯控。

2. 计算机联锁系统瘫痪。

原因：

(1)双套联锁系统、控显系统板卡故障。

(2)计算机联锁系统软件中毒。

(3)电源故障

防控措施：

(1)定期倒换使用两套系统，并配置备品。

(2)联锁机、控显机所有的对外接口粘贴封条。

(3)加强值班，发现异常及时汇报处理。

3. DS6-K5B 型计算机联锁系统重启后，区间和站联条件不能反映本站状态。

原因：

软件缺陷导致 DS6-K5B 型计算机联锁系统重启上电解锁前，邻站可向本站办理改变运行方向作业。

防控措施：

(1)将 K5B 联锁的 CF 卡拨出加封保存。

(2)K5B 双系重启作业前，必须先在"运统 46"办理停用，停用邻站改方、场间联系功能。

(3)使用 CF 卡前须先向调度说明使用原因，确认重启条件和已办理停用登记，经调度同意方可破封使用 CF 卡重启。

(4)DS6-K5B 型计算机联锁系统软件升级。

4. 联锁组合柜(架)电源接地。

原因：

(1)电线路走线不合理，防护不到位。

(2)线缆、设备材质不良。

(3)焊接不良造成接地。

防控措施：

(1)按周期进行测试，发现综合绝缘不合格利用天窗进行查找处理。

(2)按施工工艺标准布线、防护、配线、焊接。

5. 联锁机板卡、电源或线缆不良。

原因：

(1)板卡、电源设备老化。

(2)板卡、电源插接、固定不良或插槽插针断。

(3)接口架、机柜内线缆防护不良。

(4)UPS 性能不良造成电源不稳定。

(5)清扫不良。

防控措施：

(1)按周期进行设备检修、巡视、测试工作。

(2)更换不良的板卡、电源器材。

(3)对超寿命周期的板卡、电源或线缆进行大修或更新改造。

6. 显示器黑屏。

原因:

(1)控显机(显卡)不良。

(2)显示器自身老化不良。

(3)视频线断线或接触不良。

(4)切换板故障。

防控措施:

(1)按周期开展设备检修、巡视工作,对显示器闪动或变色的及时更换。

(2)出现黑屏立即处理。

第七章　铁路列车调度指挥系统和调度集中系统

第一节　中心设备

一、设备认知

（一）系统简介

铁路列车调度指挥系统（简称 TDCS），是实现铁路各级运输调度对列车运行实行透明指挥、实时调整、集中控制的现代化信息系统。由国铁集团、铁路局集团公司 TDCS 中心局域网及车站基层网组成，是一个覆盖全路的现代化铁路运输调度指挥系统。

调度集中系统（简称 CTC）以列车调度指挥系统为基础，对管辖区段内的列车和调车作业进行指挥和管理。该系统综合了计算机技术、网管通信技术和现代化控制技术，采用智能化分散自律设计原则，以列车运行调整计划控制为中心，兼顾列车与调车作业的高度自动化的调度指挥系统。

（二）系统组成

调度集中系统由铁路局集团公司中心系统、车站系统和网络系统三大主要部分组成，铁路局集团公司设置列车调度指挥/调度集中中心系统（以下简称普速中心）。其中铁路局集团公司普速中心系统设备包括数据库服务器、应用服务器、通信前置服务器、接口服务器、对外信息提供服务器、对外时间服务器等服务器设备，网络通信、信息安全、通信质量监督、电源、防雷、授时设备、机房综合监控等配套设备，调度员工作站、助理调度员工作站等用户终端设备。铁路局集团公司普速中心系统结构如图 7-1 所示。

（三）主要功能

1. 列车计划管理

列车计划管理功能以基本图和日班计划为依据，生成列车运行调整计划，通过合法性、时效性、完整性和无冲突性的检查后下达至车站系统设备。

2. 调度命令

通过有线或无线方式，向管辖区段的各受令单位或向辖区内运行的列车下达调度命令。

3. 站场图

通过与联锁、列控等系统设备间数据通信，对信号机、道岔、轨道区段、按钮、表示灯、区间状态及各类报警信息实时采集，向行车调度终端提供辖区内车站信号设备状态和列车状态监督功能，并可通过与其他设备相互协作完成对进路控制和管理。

4. 列车进路控制

按照列车运行调整计划生成列车进路指令（进路序列），检查车次号、列车类型、是否超限、牵引类型、接触网供电状态、区段分路不良状态、线路设备封锁状态、股道属性、道岔辙叉号等因素适时转换为命令指令发送给本站联锁设备，实现自动排列列车进路。

5. 列车车次号处理

列车车次号是调度集中系统实现调度指挥、列车运行追踪、自动排列进路的重要基础信

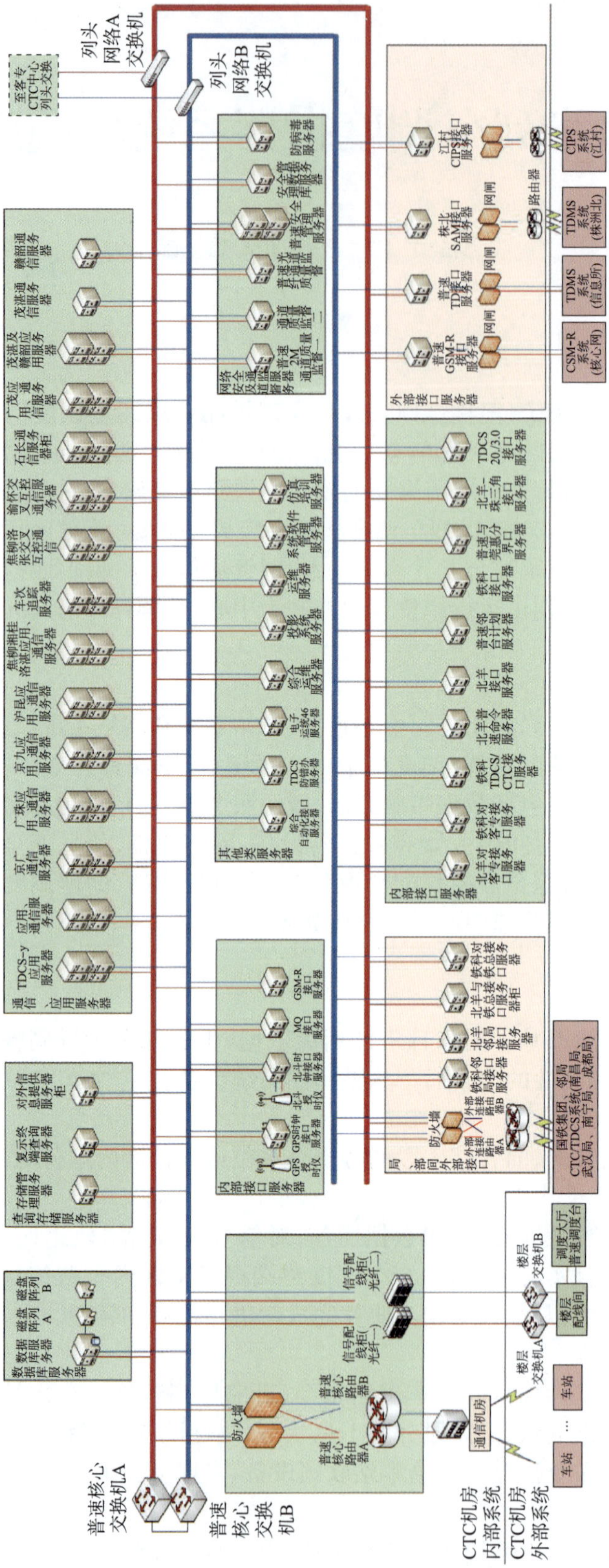

图 7-1 铁路局集团公司普速中心系统结构

息。系统具备独立完整的列车车次号输入、修改、校核、确认以及根据轨道电路占用、出清状态实现车次号逻辑跟踪功能。

6. 无线进路自动预告

在分散自律模式下检查进路序列中的进路状态、列车运行位置及无线车次校核信息，通过数字无线通信系统，以文本方式自动向车载设备发送进路预告信息。

7. 列控限速操作及显示

通过与列控系统的 TSRS 设备接口，实现临时限速调度命令的拟定、下达、激活、执行、取消、初始化、临时限速时机提示、临时限速状态站场界面显示、列控设备报警信息显示等界面操作功能。

二、设备维护

(一)标准化作业

1. 作业前

(1)准备工作

①预测预判

通过掌握周期内设备运行质量(包括各类报警和不良信息等)和施工、维修天窗开展情况，研判被检设备存在问题，布置重点巡视、检修项目，同时将设备隐患纳入设备问题库，制定克缺方案。

②班前布置会，工具、仪表、防护用具准备

召开班前布置会，作业负责人布置日常巡视任务，明确作业地点、时间、任务及相关人员分工；检查、试验仪表和联络工具良好，维修工具整套齐全，穿着规定的防护用品、用具。

(2)联系、登记

电务联络员根据天窗修计划、日常巡视及集中检修作业内容进行登记、要点，经行车调度员同意、签认后方可进行作业。

(3)说明事项

①日常巡视应制定设备巡视线路图，巡视作业应按巡视线路图完成。

②影响设备使用的作业必须在天窗时段进行。

2. 作业中

(1)日常巡视

①网络状态巡视

a. 浏览广州局集团管内普速系统广域网、中心局域网拓扑图，检查网络连接状态和各类告警信息。

b. 浏览通道质量监督平台各级告警信息。

②环境检查

a. 普速中心机房(中心机房、精密空调房、电源房、配线间)天花板、地板、墙面平整，照明良好、无异状，房内清洁无灰尘。

b. 防鼠孔洞封堵良好、防火泥无松脱，空调下水槽无堵塞。

c. 通过动环监控系统检查普速中心机房、电源房，环境温度 18 ℃～24 ℃，相对湿度 45%～65%。

d. 消防装置无告警，消防器材无异状、质检无过期。

e. 房屋门禁系统使用良好，消防通道及应急钥匙良好。

f. 机房、电源房、精密空调房每日开启一块静电地板，检查无结霜、积水。

③设备外观检查

a. 普速中心设备（服务器、网络设备、信息安全、电源系统、精密空调等）、行车调度终端（行车调度工作站、显示器、网络设备等）铭牌、标识清晰、无脱落。

b. 系统设备散热风扇运转正常、无异状，透气孔无积聚灰尘。

c. 系统设备安装固定良好，螺丝无松脱。

d. 系统设备闲置的 USB、网口、光口封闭牢固无破损。

④系统设备运行状态检查

a. 服务器操作系统运行状态、无报警信息，电源灯、网卡状态灯显示状态。

b. 服务器 CPU、内存、磁盘空间使用率，时钟同步、系统资源占用和运行时长。

c. 应用程序运行状态，主、备机及“看门狗”软件运用状态，双机连接状态及告警信息。

d. 中间件（MQ 资源管理器等）队列、通道、监听连接状态。

e. 通信前置机与车站自律机、通信机连接状态。

f. 各类接口服务器（与 TSRS、TDMS、SAM、CIPS、GSM-R、CTC/TDCS、国铁集团接口）通信状态，每日一次测试接口通道质量。

g. 数据库服务器当前会话数、表空间及告警信息。

h. 授时仪运行状态，输出年月日及时间正确。

⑤网络设备运行状态检查

a. 机房、楼层网络设备操作系统运行状态，电源灯、网络灯显示状态。

b. 网络设备 CPU、内存使用率，网口、光口连接状态及告警信息。

c. 核心交换机、汇聚交换机、核心路由器设备温度、心跳线等端口光功率。

⑥信息安全设备运行状态检查

a. 各系统设备安全加固在线状态，安全边界、网闸策略部署情况。

b. 信息安全管理中心异常端口、IP 地址访问拦截，系统设备中病毒现象。

⑦调度所设备运行状态检查

a. 询问调度员设备使用情况，记录存在问题。

b. 调度大厅、应急大厅行车调度工作站 CPU、内存、磁盘空间使用率，网卡连接状态。

c. 调度大厅、应急大厅行车调度工作站应用程序运行状态。

⑧电源系统检查

a. 电源防雷箱显示是否正常，防雷单元有无过热现象。

b. ATS 电源柜电源表显示输入、输出电流、电压是否正常。

c. 通过 UPS 系统控制面板检查设备运行状态、事件记录。

d. 测试电池开关柜电源闸刀、蓄电池无过热，电池组无异味、漏液。

⑨精密空调设备检查及轮换

a. 精密空调电源开关柜指示灯显示正常，电源表显示输入、输出电流、电压是否正常。

b. 精密空调设备运行状态，无异响、告警。

c. 普速中心机房、电源房精密空调每月定期轮换以确保每台轮流置于备用状态进行养护。

(2)集中检修

①各设备键盘、鼠标、显示器清洁,外壳无尘,图形、文字显示清晰。

②设备灰尘清扫。

a. 对各机柜、服务器、信息安全设备、维护台、行车调度工作站等设备进行清扫。

b. 清洗精密空调防尘过滤网。

c. 检查、清扫、更换核心交换机等设备防尘过滤网。

d. UPS电源主机、配电柜、电池柜等外部清扫。

③线槽、线缆检查,防鼠措施检查。

a. 走线架信号线、电源线检查,布线整齐、清洁,线缆无伤痕,无碰壳接地。

b. 机房、电源房外部引入口和走线槽密封良好。

④检查、测试、试验及校核。

a. 中心与相邻、与外部接口设备、站间通道网络通道冗余、质量测试。

b. 服务器主、备机冗余切换和双机重启试验。

c. 各类通信接口状态检查。

d. 网络设备间尾纤、心跳线光纤收发功率检查测试。

e. 配合通信通道干线及引入线测试。

f. 机柜地线、对地绝缘电阻测试。

g. 备用设备通电检查测试,备用行车调度工作站系统环境、软件版本、数据一致性检查。

h. 应急调度工作站切换试验。

i. 机房线缆、电源适配器等插接紧固,设备铭牌、线缆标签检查核对。

j. 列控限速下达及显示范围核对试验。

⑤地线及防雷元件检查测试。

a. 测试机柜防雷地线对地电阻,阻值不大于1 Ω。

b. 检查测试防雷元件,对测试不良的进行更换。

⑥UPS电源充放电试验。

⑦软件版本核对及备份。

3. 作业后

(1)与通信网管中心、核心网中心、邻局中心及相关车站做好联系,相互确认设备状态。

(2)确认系统设备运用状态良好,通信端口指示灯显示正常,设备硬件、软件无异常报警,相关功能试验正常。冷备服务器检查MQ资源管理器队列、通道、监听开启状态。

(3)恢复试验条件,清理工器具、仪表,并放置在规定位置。

(4)召开完工会,汇报作业情况,做好相关记录。

(二)常见问题处理

1. 列控限速下达时无法执行。

检查、判断:根据限速管理打印的限速命令下达失败告警的设备编具体分析原因,跨台列控限速需确认相邻TSRS状态。

2. 列控限速已执行,CTC调监无黄框带显示。

检查、判断:检查CTC与TSRS接口服务器程序加载的车站数据是否与调度台的数据一致,如不一致须做好对比。

(三)常见故障处理

1. CTC 进路触发失败

故障现象：甲、乙站为两个相邻的车站，且均为中心自律模式车站，前行列车 DJ5611 计划从甲站通过，终到已站。现列车 DJ5611 位于甲站的下行进站接近区段，CTC 系统能自动触发 DJ5611 通过进路的进站部分，出站进路无法自动触发，人工触发出站进路也不成功，均提示“22301G 封锁，无法排列进路”，转非常站控后在联锁上排列出站进路成功（注：22301G 为甲站下行出站的离去区段）。

故障分析：

(1)检查调度台列车计划：运行图上是否铺画了该列车的运行线，该列车的运行区间及站内接发车股道是否正确，列车属性是否由自触设置为非自动触发等。

(2)检查车站自律机进路序列：车站自律机是否收到了该列车的计划，自律机是否能正确解析进路，自律机中该列车的相关进路序列是否标记为自触状态，该列车进路序列前面是否还有未成功执行的其他列车的进路序列等。

(3)检查 CTC 触发条件：CTC 控显上车次号是否与阶段计划中车次号一致，列车进路是否已满足按时间或按地点触发的条件（按地点触发一般是提前 9 个闭塞分区触发进路，按时间一般是提前 5 min 触发进路，不同线别触发条件可能不一样）。

(4)检查联锁排路条件：该进路所涉及的道岔、轨道区段是否被占用或者无表示，该进路涉及的信号机按钮是否被封锁，该进路涉及的道岔未开向指定位置且为单锁状态，联锁控制台是否有其他按钮被按下未弹起等。

(5)检查自律机安全卡控条件：列车进路上是否存在未确认空闲的分路不良，电力机车的进路上经过了无电设备，列车进入的区间是否被封锁等。

故障原因：乙站在天窗点内进行维修作业，将自律机 A、B 机重启，在自律机重启瞬间，由于导向安全，乙站自律机会先设置全站区间封锁和无电然后解除封锁和无电。在乙站自律机重启过程中，甲站获取了乙站的封锁的状态，并保存下来，所以触发甲站往乙站的发车进路时，甲站 CTC 系统认为前方有封锁区域，进行了安全卡控，无法排列进路。

故障处理：删除甲站自律机记录封锁、电力及分路不良的 ipsave_站码 .sav 和 shunt_header.sav 文件，删除上述 sav 文件，重新建立 tally_站码 .clg 文件，操作目的是将自律机封锁、电力、分路不良记录清除。重启甲站自律机双机，以重新获取封锁、电力、分路不良信息后恢复。

注意事项：

(1)当车站在分散自律控制模式下无法人工排列、触发进路时必须立即协调转非常站控组织行车。

(2)更换自律机数据完毕车站必须在分散自律控制模式下向相邻车站排列发车进路，确保本站自律机记录的封锁、电力、分路不良等属性已清除。

2. 车次号滞留

故障现象：列车 D7001 下行方向进甲站ⅠG，D7001 列车车次号滞留在下行进站信号机外方的轨道区段上(501G)，列车进入ⅠG 后产生假车次 E04511。

故障分析：

(1)检查车次跟踪条件，前方区段以及列车运行方式满足车次跟踪条件。

(2)查看甲站 CTC 回放,检查列车占用、出清情况,是顺序占用出清的,无飞车现象。

(3)继续查看回放,检查轨道区段占用、出清与信号机点、灭灯关系时,发现列车越过甲站 X 进站信号机之前,进站信号机 X 已经灭灯,联锁逻辑不正确。

(4)在甲站联锁机上查看回放,显示列车越过甲站 X 信号机后,信号机灭灯,联锁关系正确。

(5)分析自律机日志,检查联锁系统发给 CTC 系统的码位顺序。

故障原因:由于甲站进站信号机发送给 CTC 的码位顺序为先灭灯后占用轨道区段,造成 CTC 的逻辑判断进站进路不正确,系统认为是冒进信号,发生车次滞留。

故障处理:删除滞留的假车次号,重新添加正确车次号至 I G 股道。

注意事项:

(1)故障处理时应采取先删除后添加的方式重新添加车次号,避免车次号跟踪异常。

(2)故障发生时可能会造成进路序列滞留,应同时做好检查,如发现此隐患问题及时协调删除滞留的进路序列。

3. 遭受病毒入侵

故障现象:普速中心设备大面积出现死机、自动重启、操作系统蓝屏、系统端口资源占满。

故障分析:网络病毒在普速中心局域网中快速传播,造成中心设备大面积故障。

故障原因:

(1)外部介质(U 盘)接入中心网络时感染。

(2)通过外部接口、车站系统设备传入中心网络。

故障处理:通过网络安全管理中心、抓包流量分析查找被网络病毒入侵的设备,立即断网隔离。分析已隔离的设备被感染特征,使用专杀工具及信息管理管理中心对中心设备全面入侵监测及漏洞扫描。

注意事项:

(1)一旦发生大面积设备故障应考虑被网络病毒入侵故障。

(2)故障发生后应第一时间将被感染设备断网但不断电以用于分析病毒特征。

4. 列控中心限速命令下达失败

故障现象:列控中心限速命令激活失败,提示报警。

故障分析:

(1)CTC 与 TSRS 系统通信连接中断。

(2)列控中心、相邻 TSRS 未初始化。

(3)列控限速起止里程无效。

(4)列控限速坐标系输入错误。

故障原因:CTC 与 TSRS 接口安全边界故障。

故障处理:旁路安全边界。

5. 基本图、日班计划无法获取

故障现象:行调站运行图程序无法获取基本图、日班计划数据。

故障分析:从以下几个方面检查判断。

(1)普速中心 TDMS 接口服务器故障。

(2)CTC 与 TDMS 系统通信连接中断。

(3)中间件 MQ 资源管理器通道中断或队列堵塞。

(4)数据库服务器故障。

故障原因：数据库服务器故障，造成基本图、日班计划通过接收 TDMS 系统数据后无法存库。

故障处理：

(1)确认备用数据库服务器开启模式为“可读、可写”。

(2)通过将原生产数据库服务器下电，或者断开生产网络后将备用数据库服务器接网。

(3)重启备用数据库服务器集群管理，重启行调台应用程序，检查连接数据库会话。

具体过程如图 7-2 所示。

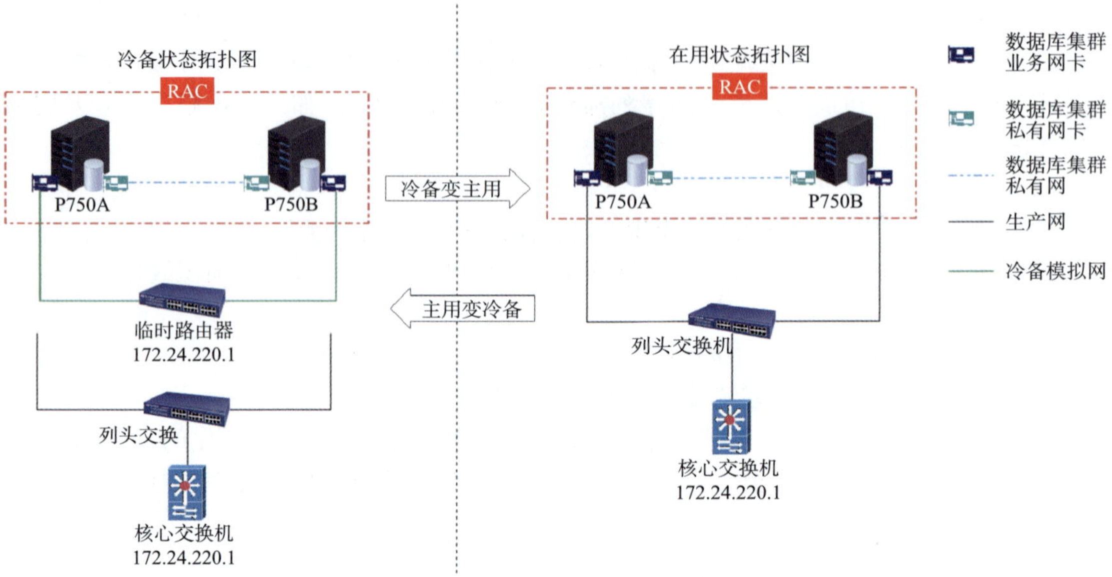

图 7-2　数据库故障处置示意

三、风险提示

1. 软件更换必须严格按照相关规章制度执行，严禁无方案作业。
2. 列控限速试验完毕必须检查已取消。

第二节　车站站机

一、设备认知

(一)系统结构

CTC 系统是在计算机技术、通信技术、信号技术发展及 TDCS 系统成功实施的基础上，研制的一种新型的行车指挥和信号集中控制设备，CTC 系统为提高运输效率、减轻行车人员劳动强度、保证运输安全发挥了重要作用。车站 CTC 设备结构如图 7-3 所示。

(二)设备组成

车站 CTC 机柜主要包括采集机柜和工控机柜(图 7-4)，其中采集机柜安装的设备主要包括(从上到下顺序)：电源指示灯、交换机、自律机、路由器、ODF 架、通信质量监督单元；工

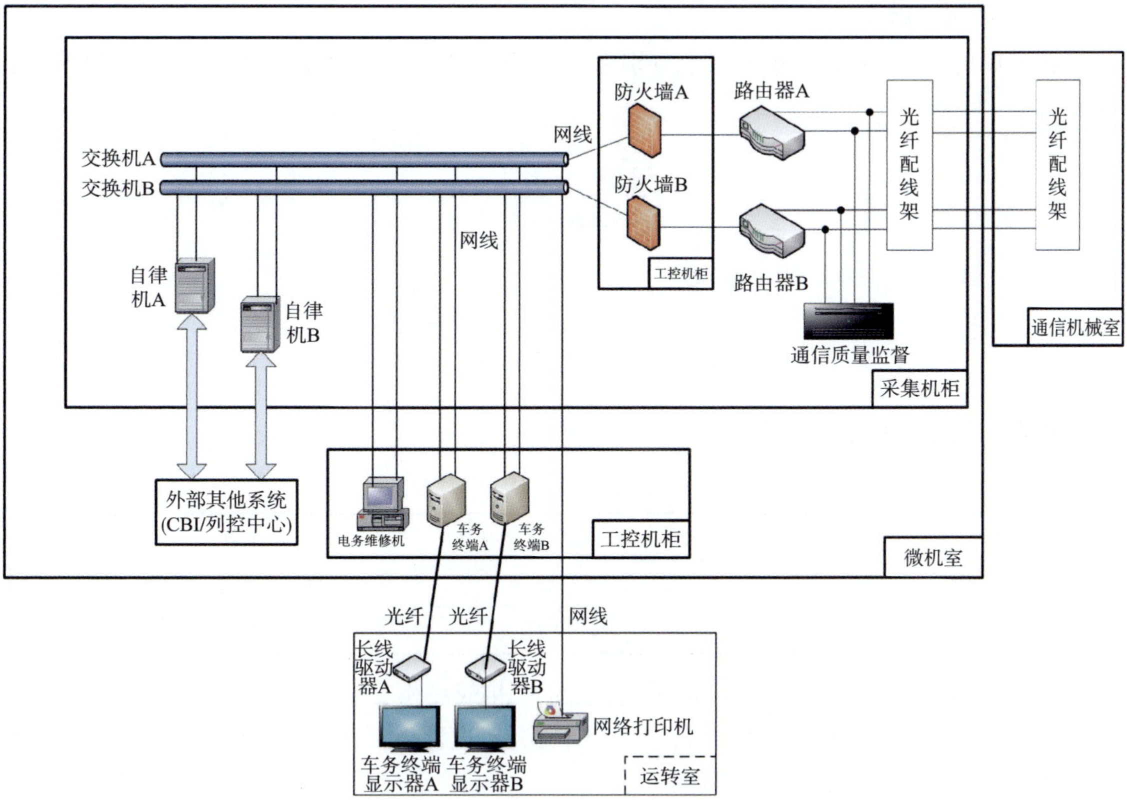

图 7-3 车站 CTC 设备结构

控机柜中安装的设备主要包括(从上到下顺序):电源指示灯、电务维修机、防火墙、长线驱动器、三合一控制台、车务终端工控机。

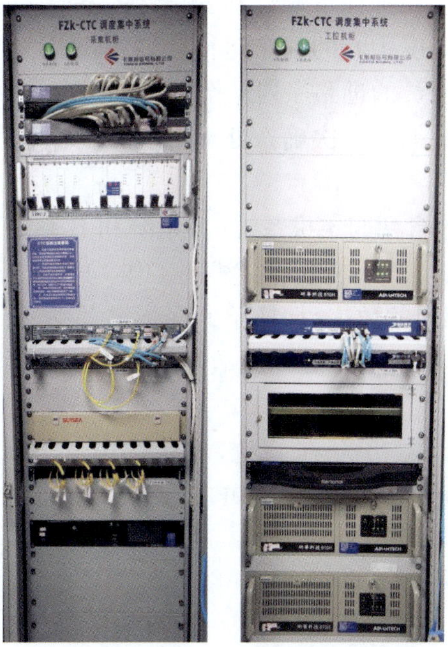

图 7-4 CTC 系统机柜

1. CTC 机柜电源

在采集机柜和工控机柜前面板上分别有 A 系电源和 B 系电源 2 个电源指示灯，如图 7-5 所示。

图 7-5 机柜面板电源指示灯

机柜面板电源指示灯含义见表 7-1。

表 7-1 机柜面板电源指示灯含义

编号	名称	含义	正常状态显示	异常状态显示	备注
1	A 系电源	电源指示灯	绿灯	灭灯	绿灯亮表示机柜 A 系输入电源正常
2	B 系电源	电源指示灯	绿灯	灭灯	绿灯亮表示机柜 B 系输入电源正常

车站 CTC 系统电源需电源屏提供 2 路独立单相或三相交流电源，其技术指标为：220 V（−15%～+10%），50 Hz±1 Hz，每路不小于 10 A，两路电源的倒换时间应小于 0.15 s，电源屏模块能够承受 50 A 的瞬间冲击能力。

2. 自律机

自律机是分散自律调度集中系统的车站核心设备，其硬件选用专用的工业级计算机设备，在可靠性、数据处理能力等方面有严格要求。自律机的操作系统采用特殊定制的 Linux 嵌入式实时多任务操作系统，在保证可靠性和安全性的基础上增加了通用性和灵活性。自律机的主要功能包括：接收调度中心的列车运行计划、适时生成进路序列，接收调车作业计划，接收调度中心和车站值班员的进路序列操作指令，对已形成的待执行的进路序列进行修改；车次跟踪；无线车次校核；人工车次确认处理；接收调度中心下发的调度命令；无线进路自动预告等。

LiRC-2 型自律机系统包含两套主机系统（A 系统和 B 系统）及一套切换单元（STBY）。该系统采用双机冗余的方式与外部装置连接协同工作，正常情况下两套计算机系统同时运行，完成相同的任务、处理相同的数据，切换单元会指定其中一台作为主机。当其中一台发生故障时，切换单元会给出切换信号，通知无故障的计算机切换为主机，以此保证系统正常运行。

如图 7-6 和图 7-7 所示，左边为 A 系统，右边为 B 系统，两个系统之间为切换模块（STBY），A、B 系统均由电源部分（PWR）、CPU 部分和串口部分（COM）组成。

（1）电源板

电源板结构如图 7-8 和图 7-9 所示。

图 7-6　自律机前视图

图 7-7　自律机后视图

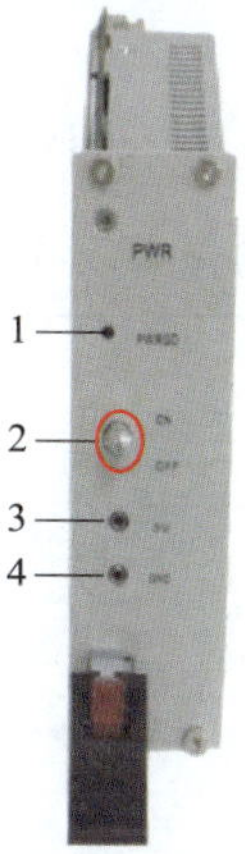

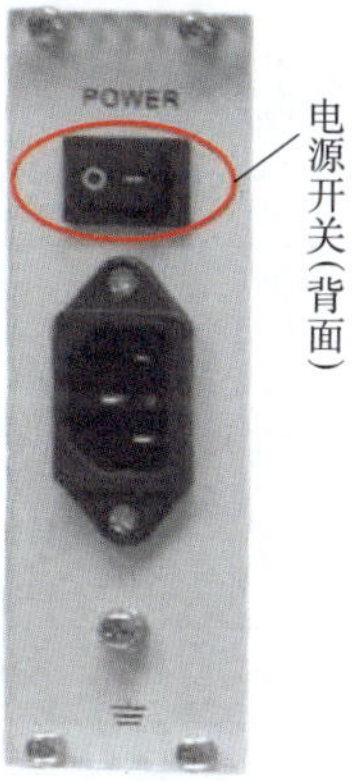

图 7-8　电源板前板视图　　　图 7-9　电源板后板视图

电源板面板指示灯及开关含义见表 7-2。

表 7-2　电源指示灯及开关含义

编号	名称	含义	正常状态显示	异常状态显示	备　注
1	PWG	电源指示灯	绿灯	灭灯	绿灯亮表示电源模块上电工作
2	ON/OFF	电源开关	—	—	拨向"ON"表示系统上电，拨向"OFF"表示系统断电（此开关手柄有防误碰设计，正确操作时需要沿着手柄方向拉出再扳动）
3/4	5 V/GND	电源电压测试孔	—	—	仅作为测试系统供电电压是否正常，不作为其他用途

背面板电源开关,“o”端按键,表示关闭电源;“—”端按键,表示开启电源。

(2)CPU 板

自律机 CPU 板由 CPU 前面板和 CPU 后走线板构成,如图 7-10 和图 7-11 所示。

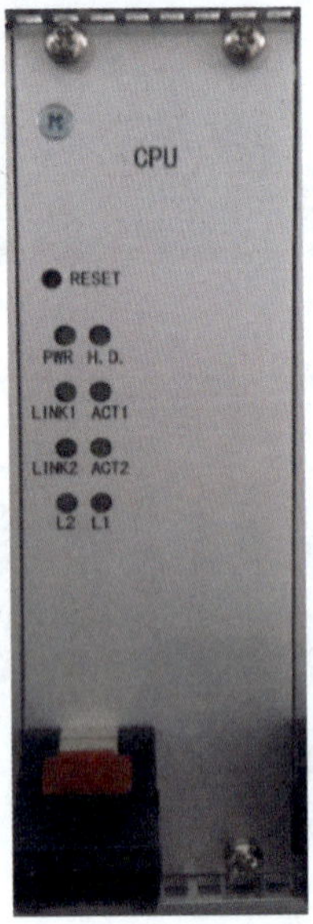

图 7-10　CPU 前面板视图

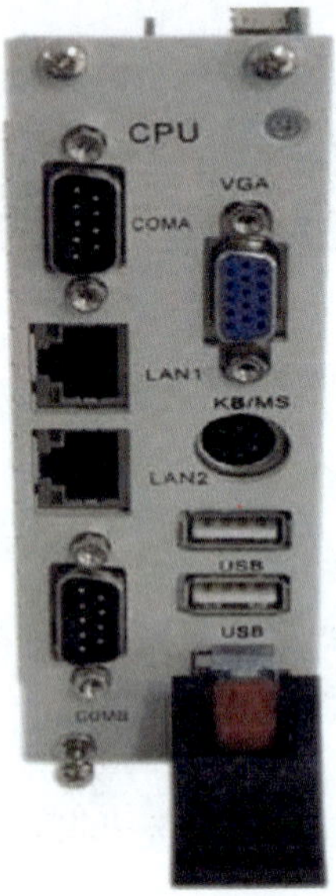

图 7-11　CPU 后走线板视图

CPU 前面板设有 8 个 LED 指示灯和 1 个 RESET 按钮,其具体含义见表 7-3。

表 7-3　CPU 面板指示灯及按钮含义

编号	名称	含　义	正常状态显示	异常状态显示	备　注
1	RESET	复位按钮	—	—	按下此按钮,可将系统复位
2	PWR	电源指示灯	绿灯	灭灯	绿灯亮,表示系统上电工作
3	H. D	硬盘指示灯	绿灯	灭灯	绿灯亮,表示硬盘在工作
4	LINK1	网络 1 连接指示灯	绿灯	灭灯	绿灯亮,表示主板网络 1 已连接上
5	LINK2	网络 2 连接指示灯	绿灯	灭灯	绿灯亮,表示主板网络 2 已连接上
6	L1	CPU 工作指示灯	绿灯	灭灯	—
7	L2	主备状态指示灯	绿灯	—	L2 亮绿灯,表示主机;L2 灭灯表示备机
8	ACT1	网络 1 数据传输指示灯	绿灯闪烁	灭灯	绿灯闪烁,表示网络 1 有数据收发
9	ACT2	网络 2 数据传输指示灯	绿灯闪烁	灭灯	绿灯闪烁,表示网络 2 有数据收发

CPU 后走线板设有 2 路串口(COMA、COMB),2 个网络接口(LAN1、LAN2),2 个 USB 接口,1 个 VGA 接口(VGA),1 个键盘鼠标接口(KB/MS)。

(3)串口板

自律机串口板主要由前板和后走线板两个模块构成。

串口板前面板设有4排2列LED指示灯(图7-12),分别指示其后走线板(图7-13)的四路串口的发送和接收。其面板指示灯具体含义见表7-4。

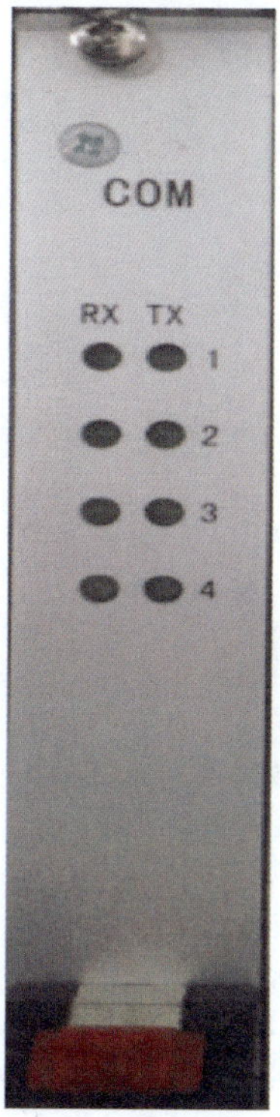

图7-12 串口板前面板视图

图7-13 串口板后走线板视图

表7-4 串口板指示灯含义

编号	名称	含 义	正常状态显示	异常状态显示	备 注
1	RX1	COM1接收指示灯	绿灯闪烁	灭灯	绿灯闪烁,表示正在接收数据
2	TX1	COM1发送指示灯	绿灯闪烁	灭灯	绿灯闪烁,表示正在发送数据
3	RX2	COM2接收指示灯	绿灯闪烁	灭灯	绿灯闪烁,表示正在接收数据
4	TX2	COM2发送指示灯	绿灯闪烁	灭灯	绿灯闪烁,表示正在发送数据
5	RX3	COM3接收指示灯	绿灯闪烁	灭灯	绿灯闪烁,表示正在接收数据
6	TX3	COM3发送指示灯	绿灯闪烁	灭灯	绿灯闪烁,表示正在发送数据
7	RX4	COM4接收指示灯	绿灯闪烁	灭灯	绿灯闪烁,表示正在接收数据
8	TX4	COM4发送指示灯	绿灯闪烁	灭灯	绿灯闪烁,表示正在发送数据

(4)STBY板

自律机STBY板主要由前板和后走线板构成如图7-14和图7-15所示。

STBY前板面板上设有5个LED灯和1个三向开关(图7-14),其具体含义见表7-5。

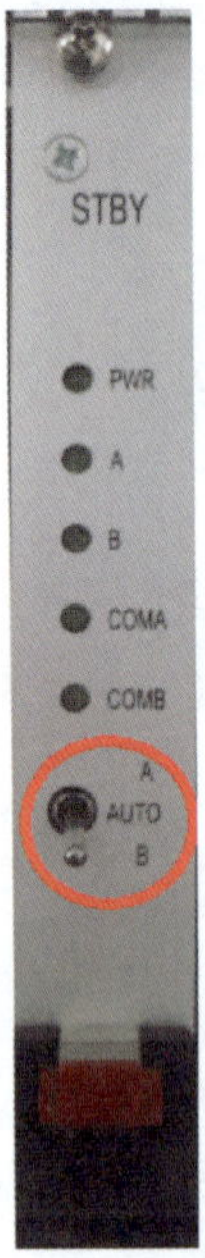

图 7-14　STBY 板前面板视图

图 7-15　STBY 板后走线板视图

表 7-5　STBY 板指示灯含义

编号	名称	含　义	正常状态显示	异常状态显示	备　注
1	PWR	电源指示灯	绿灯	灭灯	绿灯亮，表示模块上电工作
2	A	A 系统工作指示灯	绿灯	灭灯	绿灯亮，表示 A 机作为主机工作
3	B	B 系统工作指示灯	绿灯	灭灯	绿灯亮，表示 B 机作为主机工作
4	COMA	A 机与 STBY 板通信状态灯	绿灯闪烁	灭灯	绿灯闪亮，表示自律机 A 机向 STBY 板发生通信信息
5	COMB	B 机与 STBY 板通信状态灯	绿灯闪烁	灭灯	绿灯闪亮，表示自律机 B 机向 STBY 板发生通信信息

三位开关如图 7-14 中红色圆圈所示，开关扳到“A”位置，表示强制自律机 A 机为主机；扳到中间“AUTO”位置，表示系统自动切换；扳到“B“位置，表示强制自律机 B 为主机。STBY 板后走线板(图 7-15)的 COMA 与自律机 A 的 CPU 板的 COMA 口通过 RS-232 串口连接，建立通信；COMB 与自律机 B 的 CPU 板的 COMA 口通过 RS-232 串口连接，建立通信；COMA1～4、COMB1～4、COMC1～4 表示 3 组切换输入输出通信配置口。

3. 路由器

路由器是车站 CTC 系统与其相邻车站 CTC 系统、调度中心 CTC 系统交互信息的核心网络处理单元。根据实际通道条件，路由器可通过 G. 703 2M 同轴接口或光纤 FE 接口实现车站与车站、车站与调度中心之间的信息交互功能。路由器的故障将直接影响到车站与车站、车站与调度中心之间的信息交互。每个车站的采集机柜中设置两台路由器。下文以 CISCO 2900 型号设备为例进行详细说明。

CTC 车站一般设置 2 台路由器，其外观如图 7-16 所示。

图 7-16　路由器外观

路由器具体指示灯含义详见表 7-6。

表 7-6　路由器指示灯含义对照表

编号	符号	含　　义	正常状态	异常状态	备　　注
1	SYS	系统指示灯	绿灯	琥珀色	设备未上电时灭灯
2	ACT	数据传输状态指示灯	绿闪（较低的频率）	灭灯	灭灯表示没有数据传输。通常情况下，应当以较低的频率闪烁。 闪烁有数据传输。但是，如果闪烁过于频繁，应当怀疑网络中的广播包数量太多
3	POE	以太网供电指示灯	灭灯	—	正常情况下灯不亮。当有 POE 电源模块供电时亮绿灯

4. 交换机

交换机是车站 CTC 设备之间交互信息的核心网络设备，车站 CTC 设备通过交换机的 RJ-45 端口实现信息交互。交换机的故障将直接影响到车站设备之间的信息交互。每个车站的采集机柜中设置两台交换机。下文以 CISCO 2960 Plus 型设备为例说明。

CTC 车站选配的交换机通常设置 24 个 RJ45-10/100 端口、2 个 10/100/1000 级联 RJ45 口。其面板外观如图 7-17 所示，局部指示灯布置如图 7-18 和 7-19 所示。

图 7-17　交换机外观

图 7-18　交换机面板指示灯

图 7-19　交换机网络端口指示灯

交换机指示灯含义见表 7-7。

表 7-7　交换机指示灯含义

编号	名　称	含　　义	正常状态显示	异常状态显示	备　　注
1	SYST	系统指示灯	绿灯	琥珀色	设备未上电时，指示灯灭灯
2	RPS	冗余电源指示灯	绿灯	灭灯	—
3	STAT	端口状态指示灯	绿灯	灭灯	正常显示绿灯，表示每个端口都响应端口状态。
4	DUPLEX	端口通信模式	—	—	全双工时显示绿灯，半双工时显示“灭”灯
5	SPEED	速率指示灯	绿灯	灭灯	—
6	PORT	端口连接状态指示灯	绿灯/绿闪	灭灯	绿色：已连接上；绿闪：端口正在收发数据；

5. 车务终端

车务终端(车站值班员终端)为双机冗余系统，不分主备，双机并行同时工作，双机之间互相交换最新的数据以保持同步。主机一般设置于 CTC 系统工控机柜内，输出显示设备则安装在行车运转室。车务终端主机标准配置为工控机设备，下文以研华工控机(图 7-20)为例进行说明。

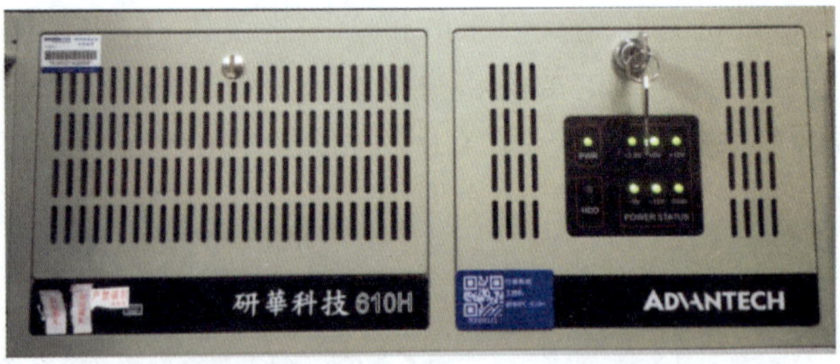

图 7-20　研华工控机外观

(1)主面板指示灯如图 7-21 所示，通常设置输入、输出电源指示灯和硬盘工作指示灯，面板指示灯含义见表 7-8。

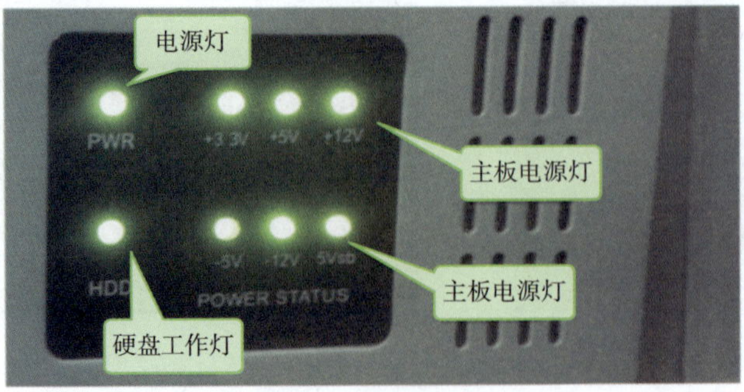

图 7-21　工控机面板指示灯示意

表 7-8　面板指示灯含义

编码	名　称	含　义
1	PWR	工控机主机电源灯 亮绿灯：表示主机的电源已经接通； 熄灭：表示主机的电源没有接通
2	HDD	工控机硬盘工作灯 亮绿灯：表示主机硬盘处于工作状态； 熄灭：表示主机硬盘未工作
3	+3.3 V	工控机主板电源灯 亮绿灯：表示主机主板供电正常； 熄灭：表示主机主板供电异常
4	+5 V	工控机主板电源灯 亮绿灯：表示主机主板供电正常； 熄灭：表示主机主板供电异常
5	+12 V	工控机主板电源灯 亮绿灯：表示主机主板供电正常； 熄灭：表示主机主板供电异常
6	−5 V	工控机主板电源灯 亮绿灯：表示主机主板供电正常； 熄灭：表示主机主板供电异常
7	−12 V	工控机主板电源灯 亮绿灯：表示主机主板供电正常； 熄灭：表示主机主板供电异常
8	5 Vsb	工控机主板电源灯 亮绿灯：表示主机主板供电正常； 熄灭：表示主机主板供电异常

(2)工控机在指示灯面板后侧，一般设置“Reset”和“Power”两个按钮，分别表示热启动复位按钮和电源开关按钮，具体如图 7-22 所示。

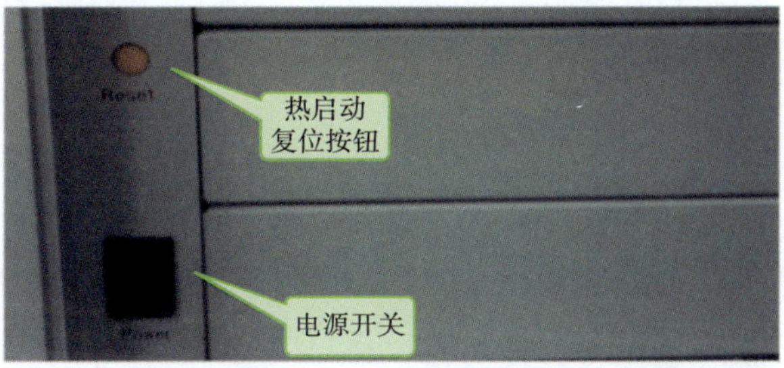

图 7-22　工控机面板按钮示意

6. 电务维护终端

电务维护终端主机一般设置于系统工控机柜内，与安装在机柜内的 LCD 三合一控制设备或显示器、键盘鼠标一体化设备配套使用，设备指示灯说明同车务终端设备一致。

7. 网络型长线驱动器

网络型长线驱动器成套设置，包含一个近端设备和一个远端设备，分别安装于工控机柜对应工控主机设备和行车运转室控制台。网络型长线驱动器利用网线传输，可以将主机上的键盘和鼠标、视频信号延长 70 m。下文以 ADDER X100 A/R 型设备为例说明。

(1)近端设备

设备具体连接接口示意如图 7-23 所示。

图 7-23　近端设备连接接口示意

(2)远端设备

设备具体连接接口示意如图 7-24 和图 7-25 所示。

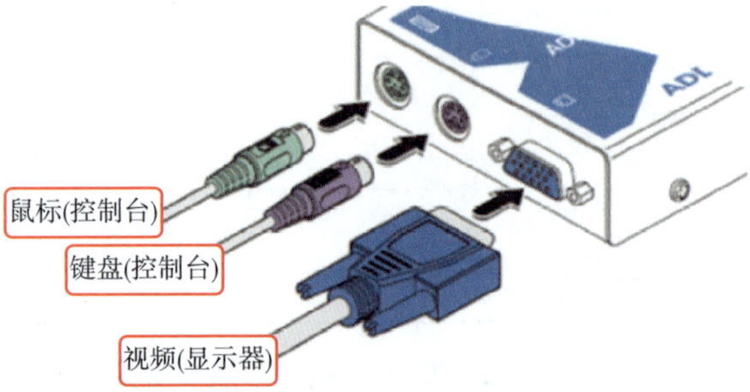

图 7-24　远端设备(右侧)连接接口示意

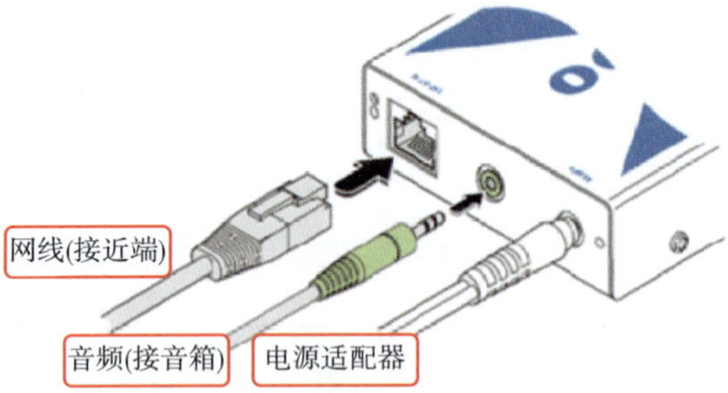

图 7-25　远端设备(左侧)连接接口示意

二、设备维护

(一)标准化作业

1. 班前会

(1)召开班前会,作业负责人布置检修任务,明确作业地点、任务、人员分工。

(2)通过调阅集中监测、CTC 维修机及各类信息(含询问行车人员)的反馈,针对可能存在的问题,提出检修要求。

(3)由作业负责人组织开展安全预想,布置劳动和行车安全针对性措施。

2. 作业前

(1)检查、试验仪表和联络工具良好,维修工具整套齐全,穿着规定的防护服和绝缘鞋。

(2)联系、登记工作由电务值班人员或联络人员办理,按制定的设备作业计划进行日常巡视(检修)作业。

3. 日常维护

(1)使用调查

询问行车人员,了解设备运行及使用情况。

(2)检查 CTC 系统设备运用环境

①机房空调使用良好,温度适中,保持在 15 ℃～30 ℃,相对湿度保持在 10%～75%,机房密封,防尘、防静电措施良好。

②机房环境卫生整洁,地板平整,机房内无堆放杂物。

(3)清扫

①CTC 机柜及柜内设备灰尘清扫。

②使用毛刷或吸尘器清扫计算机显示器、键盘、鼠标。

③拆除工控机散热过滤网,进行清洁。

工控机清扫示意如图 7-26 所示。

图 7-26　工控机清扫示意

(4)电源设备检查

①各种插座、开关无松动、过热现象。

②各路供电电源正常,交流电源输出电压允许范围为 220 V±10 V。

(5)设备运行状态检查

①采集控制、工控机、车站服务器机柜散热风扇运转正常、散热良好,无卡阻、噪声。

②车站管理服务器、自律机、工业控制机等设备工作正常,电源风扇运转及指示灯显示正常。

③防火墙(边界)、通道质量监督、路由器、网络交换机、协议转换器、光电转换器工作正常,指示灯显示正常。

④查阅 CTC 电务维修机系统状态图(图 7-27),确认控显机、联锁机、维修机、列控中心、CTC、RBC 间通信状态正常。

⑤查阅 CTC 维修机文字记录有无异常报警信息。

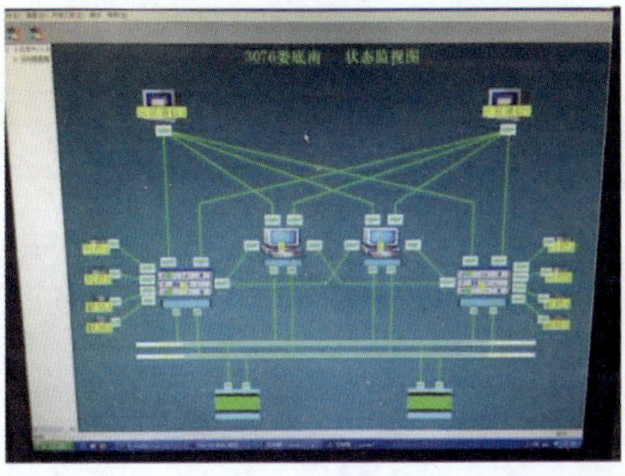

图 7-27　CTC 电务维修机系统状态

(6)计算机和网络设备连接检查

①车站值班员终端计算机显示器、键盘、鼠标、打印机、长线驱动器等外部设备连接正常。

②机柜内部各设备的连接线连接正常

③各网络线端口工作正常,端子紧固。

4. 集中检修

(1)自律机电压测试,切换试验

①电源板电压测试标准为 4.9~5.1 V。

②主备机切换。人工将自律机双机切换单元从自动位调整至 A 或 B 机。检查自律机电源板、CPU 板、通信板指示灯运行正常。切换试验结束后必须将切换按钮放置自动位。

③试验。主备机切换后,在车站运转室试验 CTC 基本功能,包括:调度命令接收、阶段计划接收、列车报点、显示各站调监信息、CTC 控制功能。

(2)表示信息核对

①打开 CTC 调监程序,选择本站画面和多站画面,核对图形、文字显示清晰。

②在调监单站画面中核对全站表示信息,包括轨道区段占用、锁闭、出清,码序变化,信号开放、关闭,道岔定、反位表示。

(3)网络设备检修

①紧固与网络设备(路由器、防火墙、交换机、协议转换器、通道防雷、通道质量监督、DDF 架)相连的通信线、电源线,如图 7-28 至图 7-30 所示。

②加封网络设备闲置端口。

③线缆标牌、标识清晰齐全。

④检查路由器通信模块指示灯。

⑤检查防火墙至路由器间旁路线,标识清晰、无脱落。

⑥通道冗余试验正常。

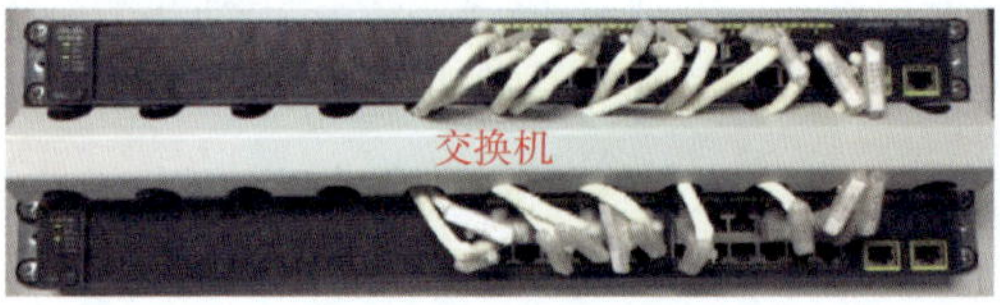

图 7-28　交换机

图 7-29　防火墙

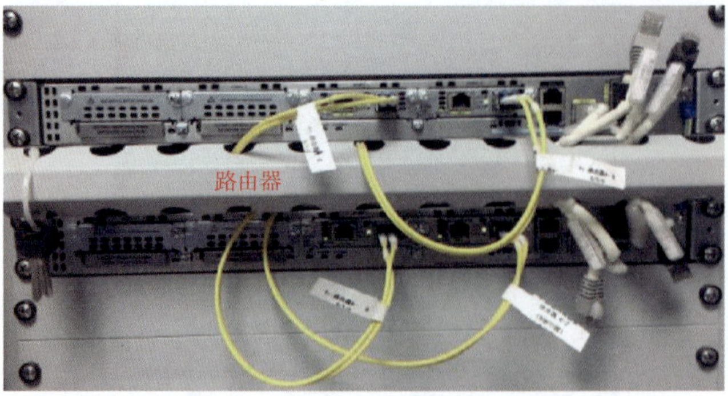

图 7-30　路由器

（4）防雷地线和防雷单元检查测试

①检查接地地线无锈蚀、断股，测试逻辑地线接地电阻不大于 1 Ω，防雷地线接地电阻不大于 4 Ω，逻辑与防雷共用地线时，接地电阻不大于 1 Ω。

②检查防雷元件插接牢固无松动，测试防雷性能是否合格，有劣化窗口的检查有无劣化痕迹，对不良的防雷元件进行更换。

（5）CTC 模式转换试验

①CTC 模式转换（中心控制、分散自律、车站控制）

a. 在车务终端单站控制界面上，选择“模式转换”按钮，点击“模式申请”进行中心控制、分散自律、车站控制模式间转换。

b. 选择需要转换的目标操作方式，点击“确认”。

c. 查看车务终端单站控制界面上对应模式转换状态灯为绿色长亮。

②CTC 模式转换（非常站控）

在联锁控显机操作界面点击“非常站控”模式按钮，进行 CTC 控制模式至非常站控模式间转换。

（6）CTC 控制信息核对

①在车务终端 CTC 控制模式下，选择单站控制界面，查看进路序列窗，核对列车进路信息（股道、类型、进路描述）内容是否完整，如图 7-31 所示。

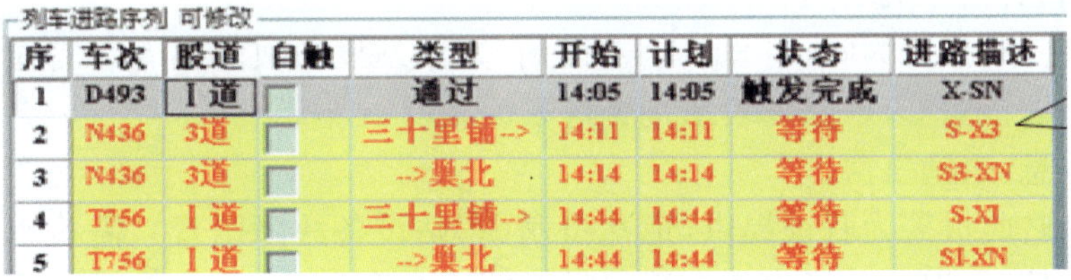
列车进路序列 可修改

序	车次	股道	自触	类型	开始	计划	状态	进路描述
1	D493	I 道		通过	14:05	14:05	触发完成	X-SN
2	N436	3道		三十里铺-->	14:11	14:11	等待	S-X3
3	N436	3道		-->巢北	14:14	14:14	等待	S3-XN
4	T756	I 道		三十里铺-->	14:44	14:44	等待	S-XI
5	T756	I 道		-->巢北	14:44	14:44	等待	SI-XN

图 7-31　进路序列窗

②选中需要人工触发的列车进路，点击右键，在菜单中选择“人工触发”项，并在弹出的对话框中选择“是”按钮，如图 7-32 所示。

③在车务终端单站控制界面，核对进路信息与进路序列窗口描述一致，如图 7-33 所示。

图 7-32　人工触发

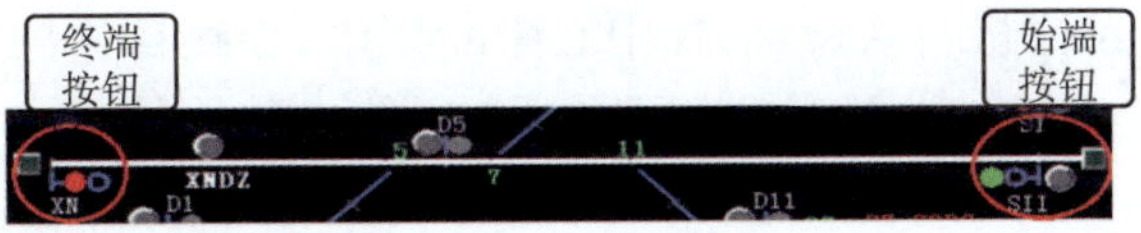

图 7-33　站场进路

（7）办理销记

①试验车站 TDCS 功能，包括：调度命令接收、阶段计划接收、列车报点、显示各站调监信息。

②经试验良好后，停止作业，维修负责人通知办理销记手续，由电务值班员或联络员在“行车设备检查登记簿”内登记销点。

③清点工具,按规定位置摆放,填写相关资料。

(8)完工会

①各作业组汇报作业情况,问题记录在段网待修问题库。

②作业负责人员对当次天窗作业情况进行小结,相关资料归档。

(二)常见问题处理

1. 一类常见报警问题

(1)报警信息:自律机 A 机(或 B 机)与联锁 A 机(或 B 机)通信中断。

原因及措施:车站自律机与计算机联锁通信的某一条通道发生故障,需检查联锁与 CTC 通信状况。

(2)报警信息:自律机与热备自律机通信中断。

原因及措施:车站自律机双机间通信网络故障,内网双机间通信故障,或自律机单系重启。

(3)报警信息:自律机与热备自律机通信中断。

原因及措施:车站自律机双机间通信网络故障,内网双机间通信故障,或自律机单系重启。

(4)报警信息:自律机 A/B 机与列控中心 A/B 机通信中断。

原因及措施:车站自律机与列控中心通信的某一条通道通信发生故障(列控通信中断语音),需检查列控中心与 CTC 通信状况。

(5)报警信息:信号机断丝。

原因及措施:此报警为联锁提供,信号机断丝(车站设备故障语音),需检查室外设备是否存在灯丝断丝,核对 CTC 站场表示是否与联锁显示一致。

(6)报警信息:道岔挤岔。

原因及措施:此报警为联锁提供,道岔挤岔(车站设备故障语音),需检查室外设备是否存在道岔挤岔,核对 CTC 站场表示是否与联锁显示一致。

2. 二类常见报警问题

(1)报警信息:自律机主备机已切换。

原因及措施:车站自律机主备倒机,需检查电维 notice 日志是否存在自律机主机重启,自律机与联锁、列控主机中断记录,导致自律机主备切换。

(2)报警信息:自律机主备机已切换。

原因及措施:车站自律机主备倒机,需检查电维 notice 日志是否存在自律机主机重启,自律机与联锁,列控中心中断记录,导致自律机主备切换。

(3)报警信息:列控中心通信未初始化。

原因及措施:列控中心未初始化,需要车务人员手工初始化列控中心。

(4)报警信息:列控中心驱采不一致。

原因及措施:此报警由列控中心提供,列控中心出现驱动和采集不一致的报警,此情况需列控中心调查具体原因。

3. 三类常见报警问题

(1)报警信息:自律机与中心调度台通信中断。

原因及措施:车站自律机与中心调度台终端通信中断,需检查车站自律机与中心调度台通道状态,以及调度台程序是否正常运行。

(2)报警信息:自律机与车务终端通信中断。

原因及措施:车站自律机与本站的车务终端(包括信号员终端)通信中断,需检查车务终端与自律机是否时间同步,以及车站局域网内通信是否正常。

(三)常见故障处理

1. 故障处理流程(图 7-34)

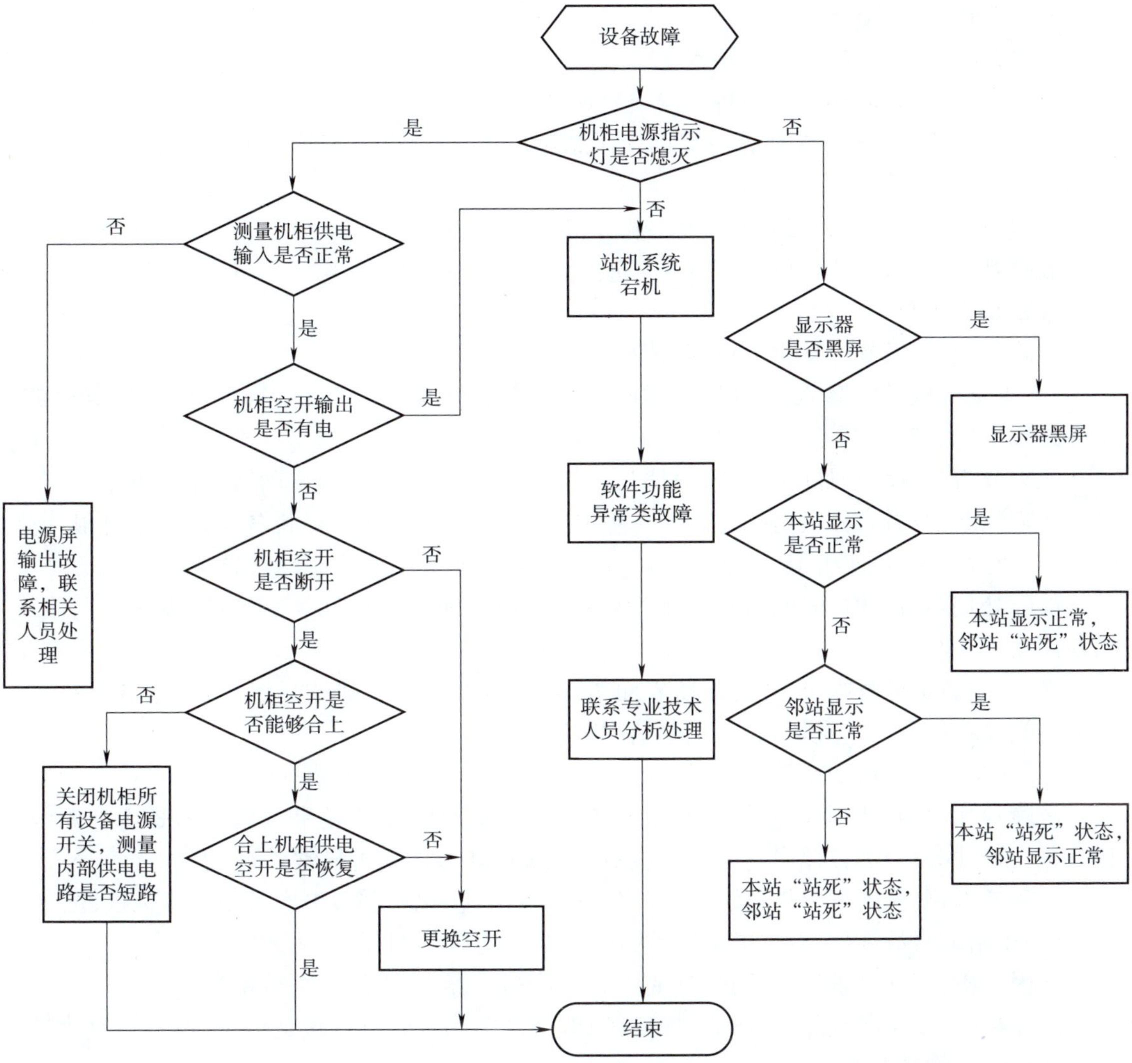

图 7-34　故障处理流程图

2. 故障案例

(1)车站值班员终端 A 机站场界面中本站+邻站站场均无显示,界面显示“同步站机通信中断”“与中心通信中断”,车站其他终端站场显示正常。

原因分析:邻站设备异常;与邻站或中心通信通道异常;本站网络设备异常。

故障判断:查看值班员终端 A 机时间与其他正常终端机时间是否一致;通过鼠标、键盘对值班员终端 A 机进行界面操作,查看对应终端面板指示灯等,进一步判断终端是否异常;查看值班员终端 A 机网络指示灯显示是否正常、通过 Ping 异常终端 IP 地址等方式排查网络异常。

故障处理：对值班员终端A机进行时间同步设置；重启或更换机器等；重新插拔接口网线或更换网线，更换交换机端口等方式。

(2)车站全部终端站场画面中本站、邻站站场均无显示；电务维护终端网络连接刷新显示为“断开”状态。

原因分析：本站交换机异常。

故障判断：查看交换机工作是否正常。

故障处理：重新启动或更换备用交换机设备。

(3)车站值班员终端A机站场界面中本站站场无显示，邻站显示正常；车站其他终端站场显示正常。

原因分析：自律机与车站值班员终端A机通信异常。

故障判断：查看自律机软件配置是否正确；查看车站值班员终端A机配置是否正确；防火墙策略是否正常。

故障处理：联系软件技术人员配合分析、处理。

(4)车站值班员终端A、B机站场界面中本站站场无显示，邻站显示正常；电务维护机、车务终端文本报警“车务终端与自律机通信中断”。

原因分析：自律机时间未同步；自律机主机故障；自律机与交换机网络通信中断。

故障判断：查看自律机时间是否与车务终端时间一致；查看自律机各面板指示灯显示是否正常；通过Ping自律机IP地址、查看交换机端口状态等方式排查网络异常。

故障处理：对自律机时间进行同步设置；重启或更换异常板件等；重新插拔接口网线或更换网线，更换交换机端口等方式。

(5)车站值班员终端A、B机站场界面中本站站场无显示，邻站显示正常；电务维护机、车务终端文本报警“自律机与联锁机通信中断”。

原因分析：自律机与联锁控显机通信异常。

故障判断：查看联锁控显机是否异常；查看自律机与联锁控显机接口线缆是否有断线、接口是否松动等；查看自律机与联锁控显机通信COM板件是否异常。

故障处理：更换备用板件；接插各接口、更换备用通信线缆等；更换备用自律机板件。

(6)车站值班员终端A、B机站场界面中本站站场显示正常，邻站无显示。

原因分析：邻站设备异常；与邻站或中心通信通道异常；本站网络设备异常。

故障判断：及时联系邻站(中心)确认；查看网管图确认通道连接是否正常；查看路由器、防火墙设备工作是否正常。

故障处理：配合邻站进行处理；配合处理通信通道；更换备用设备，防火墙可临时旁路处理等。

(7)邻站或本站站场图存在“闪断”显示状态。

原因分析：车站通信通道存在“丢包”；车站防火墙设备异常；车站路由器或模块异常。

故障判断：查看网管拓扑图状态，并与通信专业技术人员及时联系确认；查看车站安全网关系统设备运行状态，通过Ping旁路方式进一步处理；查看路由器含模块运行情况，可通过通信侧环路方式确认设备是否正常。

故障处理：配合通信技术人员处理、确认；旁路处理，同时联系专业技术人员进一步分析处理；重新启动或更换备用设备。

(8)调度命令、行车日志无法打印。

原因分析：打印机异常；打印机与交换机网络通信中断；工控主机驱动未加载成功。

故障判断：查看打印机面板指示灯显示是否正常；查看交换机、打印机网络连接端口指示等是否正常；查看主机驱动是否正常安装。

故障处理：进一步处理打印机异常；接插各接口、更换备用通信线缆等；重新加载驱动软件。

(9)车务终端显示器黑屏，无输出。

原因分析：接口线缆断线或接口松动；长线驱动器异常；显示器异常；工控主机异常。

故障判断：查看、测试接口线缆是否正常；查看确认长线驱动器是否正常；查看确认显示器工作是否正常；查看工控主机工作是否正常。

故障处理：重新接插接口或更换断线线缆；重新启动或更换备用长线驱动设备；重新启动或更换备用显示器设备；重新启动或更换备用主机设备。

(10)车站值班员终端 A、B 机站场界面中本站站场区间信息无显示；车站终端报警“列控通信中断”。

原因分析：自律机与列控系统接口通信中断。

故障判断：查看列控系统是否异常；查看自律机与列控系统接口线缆是否有断线、接口松动等；查看自律机与列控系统通信 COM 板件是否异常。

故障处理：参考列控系统维护内容进行处理；接插各接口、更换备用通信线缆等；更换备用板件。

(11)音箱无声音输出。

原因分析：音箱故障；音频连接线松动；长线驱动器异常；连接主机异常。

故障判断：查看音箱工作状态；查看接口线缆是否有断线、接口松动等异常；查看长线驱动器工作是否正常；查看连接主机是否正常。

故障处理：更换音箱；重新接插接口或更换断线线缆；更换备用长线驱动器设备；重启或更换主机板件等。

三、风险提示

1. 自律机从冷机启动需从 IC 卡上读入程序和数据才能进入正常运行。因此 IC 卡平时应插在 IC 卡插槽内。这样，系统在停电恢复后可自动投入运行。

注意：IC 卡易受静电冲击损坏，须妥善保管。

2. 系统各设备间采用光缆连接。光缆较为脆弱，应注意以下事项：

(1)不要用手触摸光缆接头的光端口。光缆接头不用时，必须带上防尘帽。

(2)光缆的弯曲半径必须在 5 mm 以上，否则将造成光缆断裂。

(3)不可使光缆受到强烈的撞击、震动和重力挤压、拉扯。

(4)拆卸光缆连接须握住光缆接头的外壳拔插，不可拉拽光缆线。

(5)连接光缆接头要注意插头与插座的吻合，同时要拧紧固定螺丝。

3. 自律机的电路板(PWR、CPU、COM、STBY)必须插在机架的指定槽位上，插错位置系统不能运行，并有可能造成设备故障。

4. 系统中所有的电路板和模块严禁在带电的情况下拔插。违反此项规定将造成设备损坏。

5. 电源板和切换板上的电源开关扳动时须用手握住开关柄轻轻向外拉出，然后再扳动。不可直接用力扳，否则可能损坏板卡开关。

6. 静电防护注意事项：

(1)对 CTC 系统设备进行操作之前，必须首先确认机柜设置的防静电手环与机柜接触良好，且机柜的接地良好，如图 7-35 所示。

(2)对 CTC 设备的任何部位进行操作时必须佩戴防静电手环，如图 7-36 所示；严禁不带防静电手环对 CTC 设备进行操作。

图 7-35　手环接地点位置示意

图 7-36　接地手环示意

(3)防静电手环的使用方法如图 7-37 所示。

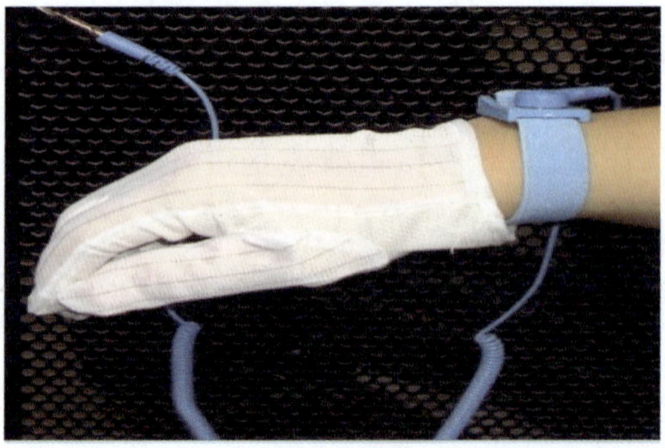

图 7-37　防静电手环使用方法示意

7. 在对 CTC 设备进行操作时，应同时只能对单系的设备(包括 CPU、PWR、COM 板卡)进行操作，对于有单系板卡故障的操作必须首先确认当前操作的影响范围的情况下方可进行。

8. 禁止非专业操作人员对 CTC 设备进行操作。

9. 在进行设备操作前需确认 CTC 设备的硬件和外观的损伤。

10. CTC 切系注意事项：

(1)在进行自律机电源断电切换操作时，切机时间间隔必须在 3 min 以上，以保证主备自律机同步数据正常、与邻站自律机之间通信情况正常。

(2)在进行通过切换开关进行切机操作时，切机时间间隔必须在 1 min 以上，以保证自

律机双机数据同步

(3)在进行切机操作后,必须通过 CTC 维护机和车务终端,分别在多站模式下核对邻站站场表示信息及车次号信息是否正常,如不正常,需进行人工切机进行处理。

(4)在进行切机操作后,需办理进路或操纵道岔,确认与联锁控显显示一致。

(5)凡涉及计算机联锁软件换装试验,软件回退时需同步对 CTC 自律机进行重启。

第八章　电 源 屏

一、设备认知

(一)系统简介

电源屏是铁路信号电源系统(含 UPS 不间断电源及时蓄电池)的主要组成设备,是铁路信号设备的动力源,为铁路信号设备提供各种高质量稳定的交、直流电源,如计算机联锁系统、集中监测系统、调度集中系统(CTC/TDCS)、调度监督系统、电码化设备、轨道电路、交流转辙机、直流转辙机、继电器、道岔表示、信号点灯、闭塞、移频区间、稳压备用、采集、表示灯、闪光灯及灯丝报警、熔丝报警等电源。

以下着重介绍运用较为广泛的北京鼎汉技术集团股份有限公司生产的 PU/PK/PZG/PKX 系列智能电源屏。

(二)系统构成

1. 铁路信号电源系统由多个单面电源屏组成,如图 8-1 所示。从结构上划分主要分为三部分:输入配电单元、模块单元及输出配电单元,如图 8-2 所示。

图 8-1　铁路信号电源系统组成

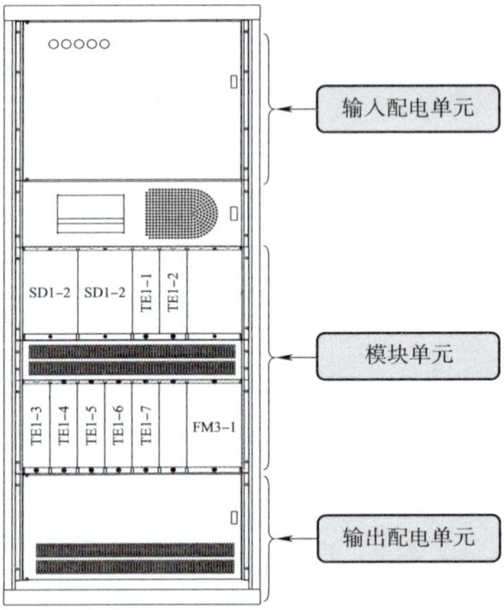

图 8-2　信号电源屏组成

(1)输入配电单元:将两路独立的交流 380 V 外电网输入电源切换成一路作为使用电源,并分别向各单面电源屏供电为模块或变压器提供交流 220 V 工作电源。

(2)模块单元:将交流 220 V 电源转化为各种稳定的信号设备所需的电源,同时起到与输入电源隔离作用。

(3)输出配电单元:经断路器(开关)将模块输出或变压器输出电源向后级各种信号设备负载供电。

2. 从功能上划分主要分为四部分:配电、模块、防雷及监控。

(1)配电:一是将两路外电网电源切换成一路工作电源,二是向电源屏后级各种信号设备供电。

(2)模块:将交流 220 V 电源转化为各种稳定的信号设备所需的电源,同时起到与输入电源隔离作用。

(3)防雷:电源屏输入侧及输出侧分别装有防雷设备,防止雷电从输入或输出侧经电缆串入而造成损坏。

(4)监控:实时监测电源屏模拟量信息及开关量状态,并向集中监测传输信息以便远程掌握电源屏状态,当出现异常时会发生声光报警。模拟量指外电网输入电源及电源屏输出电源电压、电流值;开关量指电源屏正常或故障的工作状态量。

(三)工作条件及特性

1. 电源屏工作条件

应有两路独立的交流电源供电,两路输入电源允许偏差范围应符合以下要求:电压应满足 AC 380 V(+15%～−20%)或 220 V(+15%～−20%)间,即 AC 304～437 V 或 176～253 V 的范围内;且三相电压的不平衡度小于或等于 5%;电压波形失真度小于或等于 5%。

2. 电源屏特性

(1)两路输入交流电源,当其中一路发生断电或断相时,可自动转换至另一路使用,且转换时间不大于 0.15 s,如自动转换功能失效,可手动进行直供供电。

(2)电源屏模块进行冗余设计,任一模块故障不会造成输出中断。模块之间转换时,转换时间不大于 0.15 s。在两路输入交流电源转换期间,采用续流技术的直流电源(不含直流电动转辙机电源、闭塞电源)、25 Hz 电源保证不间断供电。

(3)电源屏输入、输出设置的电磁断路器(熔断器),在短路、过流时断路器可靠断开。

(4)电源屏输入电源过压、欠压,电源模块故障、过温,输出电源过载,三相电源缺相、错相时均报警。

(5)电源屏具有智能化、模块化、网络化、标准化的特点,可实现远程监测,且维修方便、安全稳定。

(四)基本原理

两路交流输入电源接入到配电单元(交流配电),采用互为主、备的供电方式,一路为主用电源,另一路备用,切换成一路输出后,经各类型电源模块及变压器分别向后级信号设备供电。所有交流电源经变压器隔离输出,直流电源则由各类型高频开关电源模块整流隔离输出,如图 8-3 所示。

二、设备维护

(一)标准化作业

1. 日常巡视

(1)作业前

①准备工作。

a. 监测分析。提前进行集中监测浏览分析,了解掌握电源屏大致运用状态。

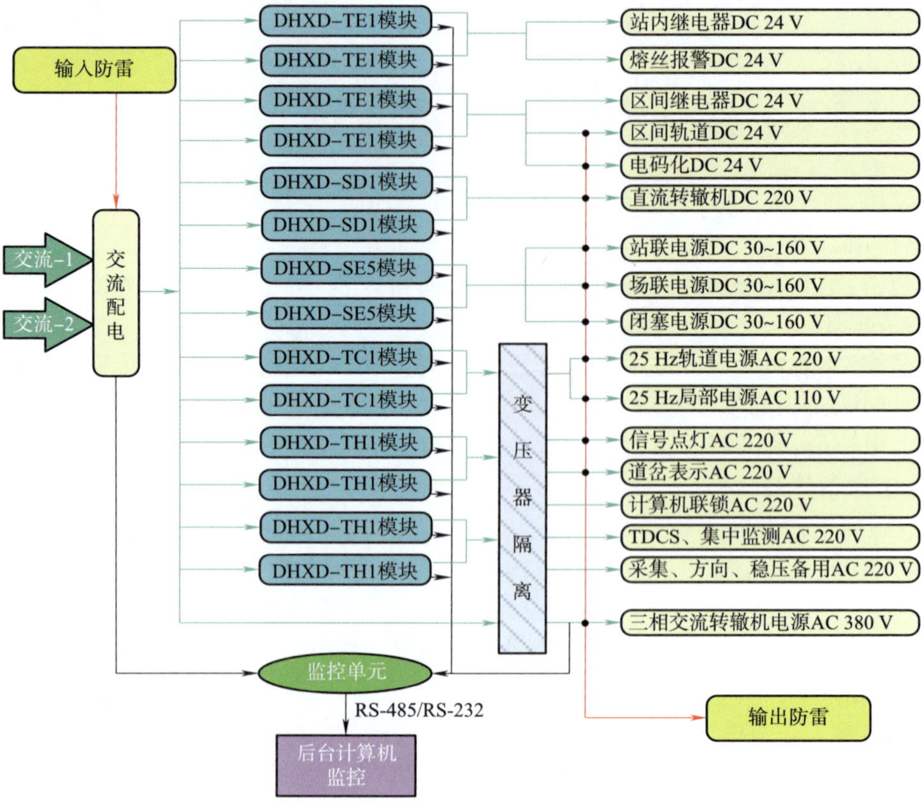

图 8-3 信号电源屏原理

b. 班前布置会。组织所有作业人员召开班前布置会，说明作业内容、影响范围，并对人员分工及安全注意事项等工作进行布置。

c. 工具、仪表、防护用具准备。检查、试验仪表、联络工具良好；图纸、维修工具整套齐全，工具包内应有应急小零件和维修材料；按规定穿戴绝缘防护用品，携带防护用具。

②联系、登记。联络员联系车务值班员，了解列车运行情况，根据天窗修计划及作业内容进行登记，经车务人员同意并签认后方可进行作业。

(2)作业中

①外观检查。

a. 室内温度、湿度检查。环境温度控制在小于或等于 30 ℃，相对湿度小于或等于 75%。

b. 电源屏前后绝缘胶垫完整良好(装有静电地板的可不用敷设绝缘胶垫)。

c. 通信功能检查。

(a)系统各单元与监控单元通信正常。

(b)历史告警记录中没有某一单元多次通信中断告警记录。

(c)报警记录分析。

d. 电源模块均流检查。同组并联输出的电源模块应均流输出。

e. 屏内各部及配线检查。

(a)各屏无声光报警。

(b)各部表示灯及视窗显示正常。

(c)门开关灵活，锁扣作用良好。

(d)各部油漆无脱落。

(e)各种铭牌、标识清楚、正确，无脱落。

(f)断路器、变压器、接触器、继电器等部件安装良好，无过热现象、异常噪声及异味等。

(g)防雷开关闭合，C级防雷器外观无异常，显示窗口呈绿色，D级防雷器和输出防雷器盒面板上状态指示灯亮。

(h)配线排列整齐、无破皮，线头无伤痕、焦痕，无碰壳接地、无混电的可能；引入端子有编号。

②各部卫生清扫。屏面、电源模块、变压器等各部卫生清扫，做到清洁无灰尘。

③电气特性测试。按标准要求进行Ⅰ级测试并记录。

a. 两路交流输入电源的相序应一致。输入电源电压波动范围应在380 V(+15%～−20%)或220 V(+15%～−20%)，即304～437 V/176～253 V的范围内，且三相电压的不平衡度小于或等于5%，电源频率为50 Hz±0.5 Hz。

b. 电源输入电流以本屏仪表在设备正常运用情况下实际所测数据为准。

c. 各种电源输出电流以本屏仪表在设备正常运用情况下实际所测数据为准。

d. 各种电源输出电压严格按《维规》执行，若暂无规定，应按有关电源屏使用说明书技术参数参照制定标准执行，常规的电源输出电压如下：

继电器电源：DC $24^{+3.5}_{-0.5}$ V。

信号点灯电源：AC 220 V±10 V。

JZXC-480型交流轨道电路电源：AC 220 V±10 V。

25 Hz轨道电源：AC 220 V±6.6 V。

25 Hz局部电源：AC 110 V±3.3 V。

25 Hz局部电压与轨道电压的相位关系：局部电源超前轨道电压90°。

道岔表示电源：AC 220 V±10 V。

直流转辙机电源：DC 220^{+20}_{-10} V。

交流转辙机电源：AC 380^{+57}_{-76} V(AC 304～437 V)。

计算机联锁电源：AC 220 V±10 V。

CTC设备电源：AC 220 V±10 V。

列控中心、LEU电源：AC 220 V±10 V。

集中监测、环监电源：AC 220 V±10 V。

表示灯电源：AC 24 V±3 V。

电码化电源：AC 220 V±10 V。

移频发送器电源：DC $24^{+3.5}_{-0.5}$ V。

站间联系电源：DC(24 V、36 V、48 V、60 V)±0.6 V。

闭塞电源：DC(24 V、36 V、48 V、60 V)±0.6 V。

熔丝报警电源：DC $24^{+3.5}_{-0.5}$ V。

稳压备用电源：AC 220 V±10 V。

不稳压备用电源：AC 220^{+33}_{-44} V。

e. 对地电压测试：两极电压对地之比不大于3。

f. 绝缘电阻：在温度为15 ℃～35 ℃、相对湿度为45%～80%的气候条件下，带上负载，其输出端子对地绝缘小站不小于1 MΩ，大站不小于0.5 MΩ；不带上负载，各部绝缘电阻不小于20 MΩ。

g. 填写测试记录，并进行参数变化的分析。

(3)作业后

①复查。

a. 复查确认电源屏无任何报警且报警开关处于开启状态；屏正面及背面各开关、断路器位置正确。

b. 复查集中监测电源屏相关信息，确认无报警信息及数据无超限等异常情况。

②试验。会同车站值班员进行操动道岔、开放信号、排列进路等试验，确认控制台正常。

③销记。经试验良好后，由电务联络员在“行车设备检查(施工)登记簿”(运统46)内登记销点，交车务值班员签认，设备交付使用。

④完工会。

a. 汇报完成情况。

b. 对不影响设备使用且一时不能解决的设备缺点如实做好记录，待下次处理。

2. 集中检修

(1)作业前

准备工作。

①监测分析。提前进行集中监测浏览分析，了解掌握电源屏大致运用状态。

②班前布置会。专业修工区与现场工区共同召开班前布置会，说明作业内容、影响范围，并对人员分工及安全注意事项等工作进行布置。

a. 工具、仪表、防护用具准备。检查、试验仪表、联络工具良好；图纸、维修工具整套齐全，工具包内应有应急小零件和维修材料；按规定穿戴绝缘防护用品，携带防护用具、需更换的器材。

b. 联系、登记。联络员联系车务值班员，了解列车运行情况，根据天窗修计划及作业内容进行登记，经车务人员同意并签认后方可进行作业。

(2)作业中

①外观及屏内各部件检查。

a. 外观检查。各类指示灯，显示控制单元(监测仪表)安装牢固，工作正常，显示正确，无报警。

b. 主要部件检查。屏内各开关、交流接触器、断路器、电源模块、变压器、参数稳压器、继电器等部件安装牢固，插接可靠，工作正常，无过热、异响及异味。

c. 电源模块均流检查。同组并联输出的电源模块应均流输出。

d. 屏内接线端子无松动、发热；配线整齐，可靠固定，无发热等异状，无破皮，断股不超过1/5，焊点无霉点、虚焊。

e. 线缆沟槽、防鼠措施及安全防护措施检查。

(a)走线架电缆、电源线整齐,线条无伤痕,清扫干净,无碰壳接地的可能。

(b)电缆沟内填满河砂,干燥清洁无杂物,盖板完好,密封好。

(c)引入口密封良好,清扫干净,防鼠、防火措施好。

②各部端子检查紧固。

a. 各部电气配线端子及接线检查、紧固。

b. 各部件固定端子检查、紧固。

③功能转换试验。

a. 两路输入电源切换试验。分别进行Ⅰ路转Ⅱ路、Ⅱ路转Ⅰ路电源手动及自动切换试验,其转换时间不大于 0.15 s,采用续流技术的直流电源、25 Hz 电源应不间断供电。

b. 两路输入电源错、断相报警试验。分别对两路输入电源模拟错相及断相,此时电源屏报警且该路电源无法正常工作。

c. 主、备设备倒换试验。倒换后的输出参数应符合标准。

d. 故障告警试验。

(a)各屏所有电源模块逐台进行故障告警试验,电源屏应声光报警且与电源屏监控单元及集中监测告警信息相符。

(b)各屏输出电源逐一进行故障告警试验,电源屏应声光报警且与电源屏监控单元及集中监测告警信息相符。

④克服缺点及不良器件更换。对外观检查及试验中发现的设备缺点进行克服,不良器件进行更换。

⑤地线及防雷元件检查测试。

a. 机壳应接地良好,安全地线接无断股地电阻不大于 10 Ω,接地体引接线无断股。

b. 防雷设施良好,防雷地线接地电阻不大于 4 Ω,接地体引接线无断股。

c. 定期检查测试防雷元件,不符合要求的及时更换。

d. 安全地线、防雷地线及防雷元件标识清楚,各种参数符合设计要求。

⑥冷备模块替换使用。替换后须进行切换试验,确认工作良好。

⑦各部卫生清扫。屏面、电源模块、变压器等各部卫生清扫,做到清洁无灰尘。

⑧电气特性测试。按"Ⅰ级修"内容进行Ⅰ级测试并记录。

⑨监测数据标调。

a. 电源模块显示值与实测值一致。

b. 电源屏输入、输出的电压、电流监测值与实测值一致,对误差较大的进行调整。

c. 系统时间与 TDCS 时间调整一致。

(3)作业后

①复查。

a. 复查确认电源屏无任何报警且报警开关处于开启状态;屏正面及背面各开关、断路器位置正确。

b. 复查集中监测电源屏相关信息,确认无报警信息及数据无超限等异常情况。

②试验。会同车站值班员进行操动道岔、开放信号、排列进路等试验,确认控制台正常。

③销记。经试验良好后,由电务联络员在"行车设备检查(施工)登记簿"(运统 46)内登记销点,交车务值班员签认,设备交付使用。

④完工会。

a. 汇报完成情况，对处理好的设备缺点及更换的器件情况在该站“电源屏履历本”中如实做好记录。

b. 对不影响设备使用且一时不能解决的设备缺点如实做好记录，待下次处理。

（二）常见问题处理

1. 单台电源模块故障及更换。

问题现象：电源屏输出正常，但电源屏出现声光报警，查询监控单元“当前告警”显示“【XX 模块】通信中断”且查看此台电源模块，其面板“故障”指示灯点亮。

处理方法：登记要点将此台电源模块进行更换，具体更换操作流程如下。

(1)先拨动新模块“地址码”与原故障模块保持一致，地址码实物如图 8-4 所示。

(2)断开电源屏上部故障模块输入开关。

(3)用螺丝刀拧下电源模块前面板上、下固定螺杆。

(4)一只手紧握电源模块面板拉手，另一只手托住电源模块底部，平稳向外拔出，如图 8-5 所示。

图 8-4　地址码实物

图 8-5　电源模块拆装示意

(5)缓慢平稳插入新电源模块，使电源模块面板与电源屏面板在同一平面，确认接触良好，再用螺丝刀安装电源模块前面板上、下固定螺杆并进行紧固。

(6)闭合电源屏上部电源模块输入开关，随之模块正常工作，监控单元报警恢复。

2. 交流切换控制板或交流接触器故障及更换。

问题现象：两路外电网输入电源均正常，但只能使用其中一路电源工作，切换至另一路电源时无法工作则出现全站停电现象。

(1)交流切换控制板故障及更换(此现象较为常见)。

①判断方法：以Ⅰ路电源工作正常，Ⅱ路电源无法使用为例。

a. 向下断开 A 屏正面上部Ⅰ路电源输入开关 QF1，如图 8-6 所示，此时，即使Ⅱ路电源正常，但电源屏停电无输出。

b. 开 A 屏背面上部盖板，如图 8-7 所示。

c. 用电表 AC 250 V 挡测试 AP1-1 的 J1-3、J1-4 之间电压，即Ⅱ路交流接触器励磁线圈电压，如图 8-8 所示，若无 160 V 以上的电压，则说明交流切换控制板未对交流接触器励磁线圈提供工作电源。

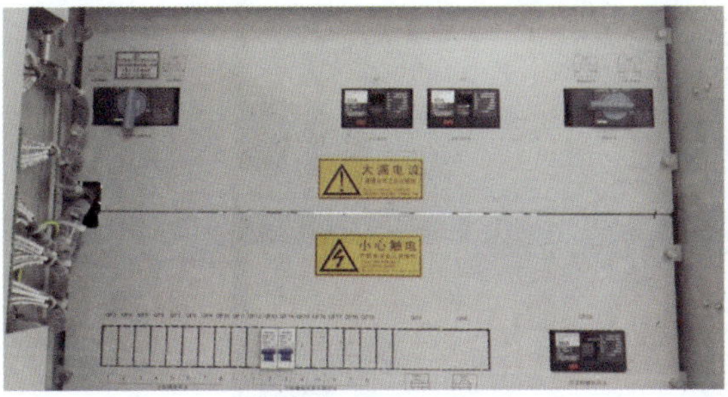

图 8-6 电源屏正面上部结构

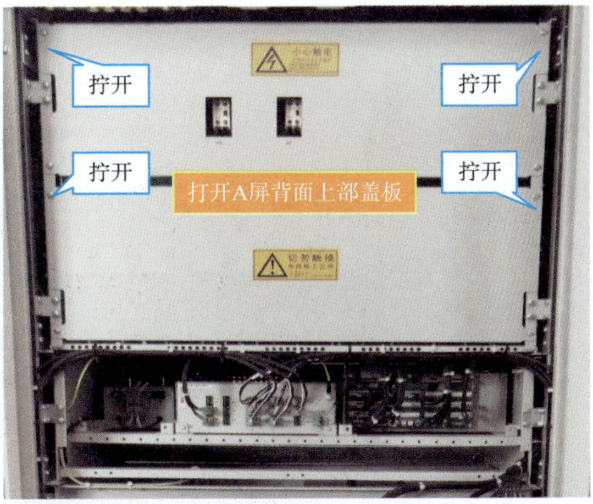

图 8-7 电源屏背面上部结构

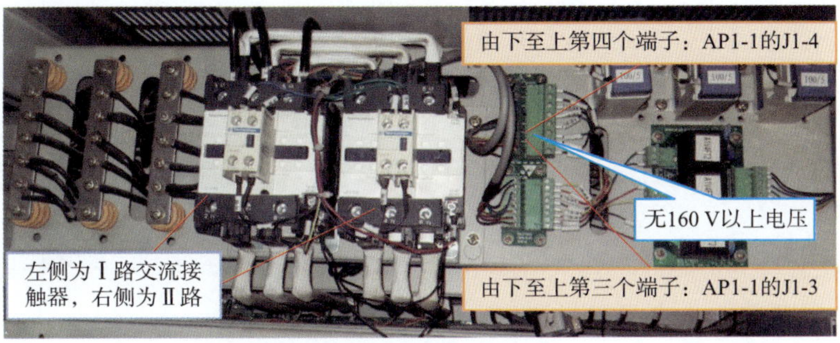

图 8-8 交流接触器结构

d. 打开 A 屏上部门页背面盖板，使用电压表 AC 250 V 挡测试 AP32 的 J1-5、J1-8，J1-6、J1-8，J1-7、J1-8 之间电压，即交流切换控制板的Ⅱ路 A、B、C 三相采样电压是否正常，如图 8-8 所示，若其中一项测试为零，则说明Ⅱ路输入电源开关至交流切换控制板采样线断线，查找后恢复即可。若测试电压均在 220～250 V 之间，则说明采样电压输入正常，由此判断无输出原因为交流切换板故障，需进行更换。

②更换方法：

a. 断开 A 屏两路输入电源开关 QF1、QF2。

b. 打开 A 屏上部门页背面盖板，拔出交流切换控制板上的各个插接线排，如图 8-9 所示。

c. 拆除交流切换控制板四周固定螺杆。

d. 取下故障交流切换控制板，换上新板(新板上的“Ⅰ、Ⅱ路优先”选择开关置于中间位置即关闭优先功能)。

e. 安装交流切换控制板四周固定螺杆并拧紧。

f. 插上各插接排线，确认接触良好后，闭合 QF2，此时Ⅱ路电源即可正常工作。

g. 闭合 QF1，进行两路电源手动切换试验，确认良好。

(2)交流接触器故障及更换。

①判断方法：按“交流切换控制板故障及更换”判断方法流程，进行第“c”步骤时，测试若

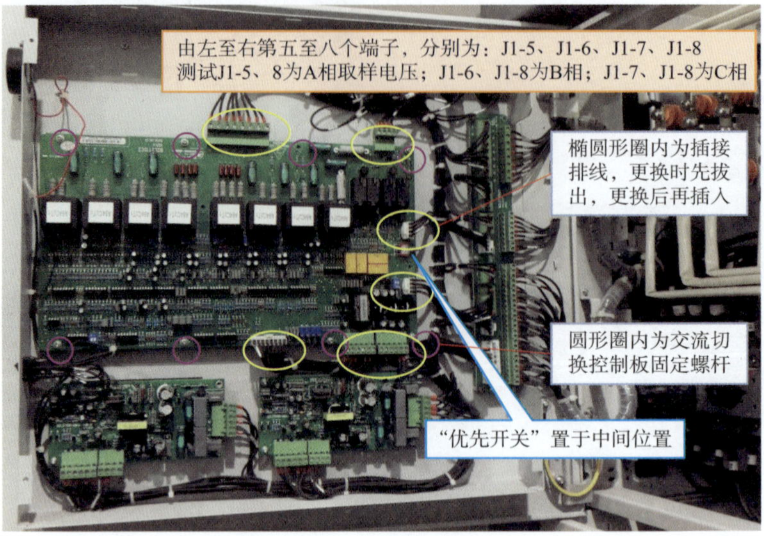

图 8-9 交流切换控制板结构

有 160 V 以上的电压，则说明工作电源已送至交流接触器励磁线圈，此时交流接触器不能吸起且断开Ⅱ路电源 QF2 后测试线圈电阻为无穷大，由此判断Ⅱ路交流接触器故障，需更换。

②更换方法：

a. 断开 A 屏两路输入电源开关 QF1、QF2。

b. 拆除 A 屏背面上部右侧Ⅱ路交流接触器上的所有接线，做好防护及标识。

c. 拆除Ⅱ路交流接触器底部四周固定螺杆，取下交流接触器。

d. 换上新交流接触器，安装底部四周固定螺杆并紧固，安装所有接线并紧固(图 8-10)。

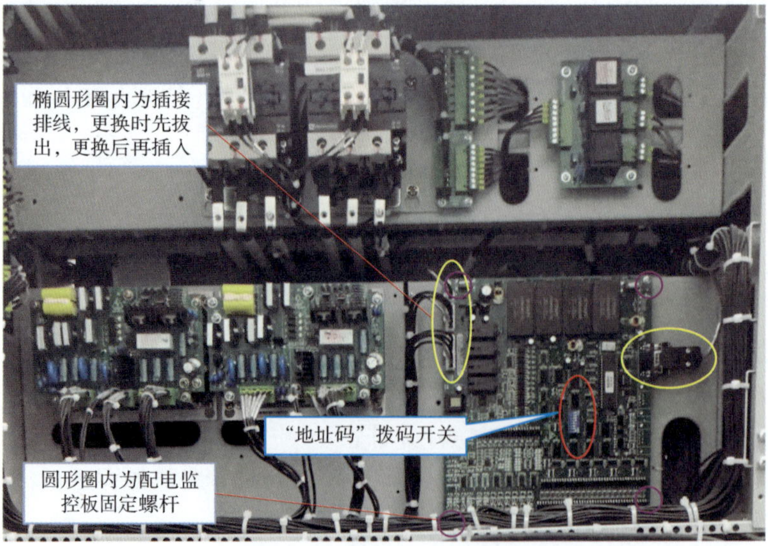

图 8-10 配电监控板更换

e. 闭合 QF1、QF2，进行两路电源手动切换试验，确认良好。

(3)控制回路断线。

判断及处理方法：

①按“交流切换控制板故障及更换”判断方法流程，进行第“d”步骤时，在测试交流切换控制板的Ⅱ路 A、B、C 三相采样电压是否正常时，若其中一项测试为零，则说明Ⅱ路输入电源开关至交流切换控制板采样线断线，查找后更换接线即可恢复。

②按“交流切换控制板故障及更换”判断方法流程，进行第“c”步骤时，测试若有 160 V 以上的电压，如图 8-5 所示，此时，交流接触器不能吸起，但在交流接触器 A1、A2 线圈测试发现无电压，则说明转接板 AP1-1 的 J1-3、J1-4 至Ⅱ路交流接触器线圈 A1、A2 之间的连线断线，更换接线即可恢复。

3. 电源屏出现声光报警，且某一束电源无输出电压。

(1)查看监控单元“当前告警”，找到具体哪束电源无输出，再找到该束电源输出开关是否因冲击而导致向下断开，断开后闭合即可。

(2)如故障电源输出开关正常，再查看该束电源相关的电源模块是否正常，若都出现“故障”灯或“保护”灯点亮，则需对模块进行重启，重启步骤：先断开输出开关，再断模块输入开关，待模块面板指示灯均熄灭后，再逐台闭合模块输入开关。若故障恢复，则说明模块受冲击导致自保；若模块仍然无法工作，则说明模块故障，此时应更换同类型模块即可。

(3)电源模块、输出开关均正常，此时应重点检查测试该束电源的模块输出线至铜排、铜排至输出开关上端相关接线，发现断线立即更换即可恢复。

(4)测试该束电源输出端子有电压，但监控单元显示为零且报警，则说明该束电源电压采集故障，更换相应采集板即可恢复。

4. 配电监控板故障更换及更换。

问题现象：控制台无异常，电源屏及集中监测出现多束电源电压及电流异常，但经人工测试电源屏各输入、输出电压电流均正常，说明电源屏输出电压电流采集错误，配电监控板故障导致电源屏出现故障告警。

更换 A 屏配电监控板，具体方法及流程如下：

(1)更换前，拨动新配电监控板“地址码”与原配电监控板保持一致。

(2)打开 A 屏背面上部盖板，如图 8-7 所示。

(3)拔出配电监控板上的各个插接线排。

(4)拆除配电监控板四周固定螺杆。

(5)取下配电监控板，换上新配电监控板。

(6)安装配电监控板四周固定螺杆并拧紧。

(7)插上各插接排线，确认接触良好。此时，电源屏各数据采集正常，电源屏及集中监测报警恢复。

(三)常见故障处理

1. 故障处理原则

电源屏故障后，以最快速度采取应急措施，恢复设备供电，减少行车干扰，确保运输安全畅通。

2. 故障处理流程(图 8-11)

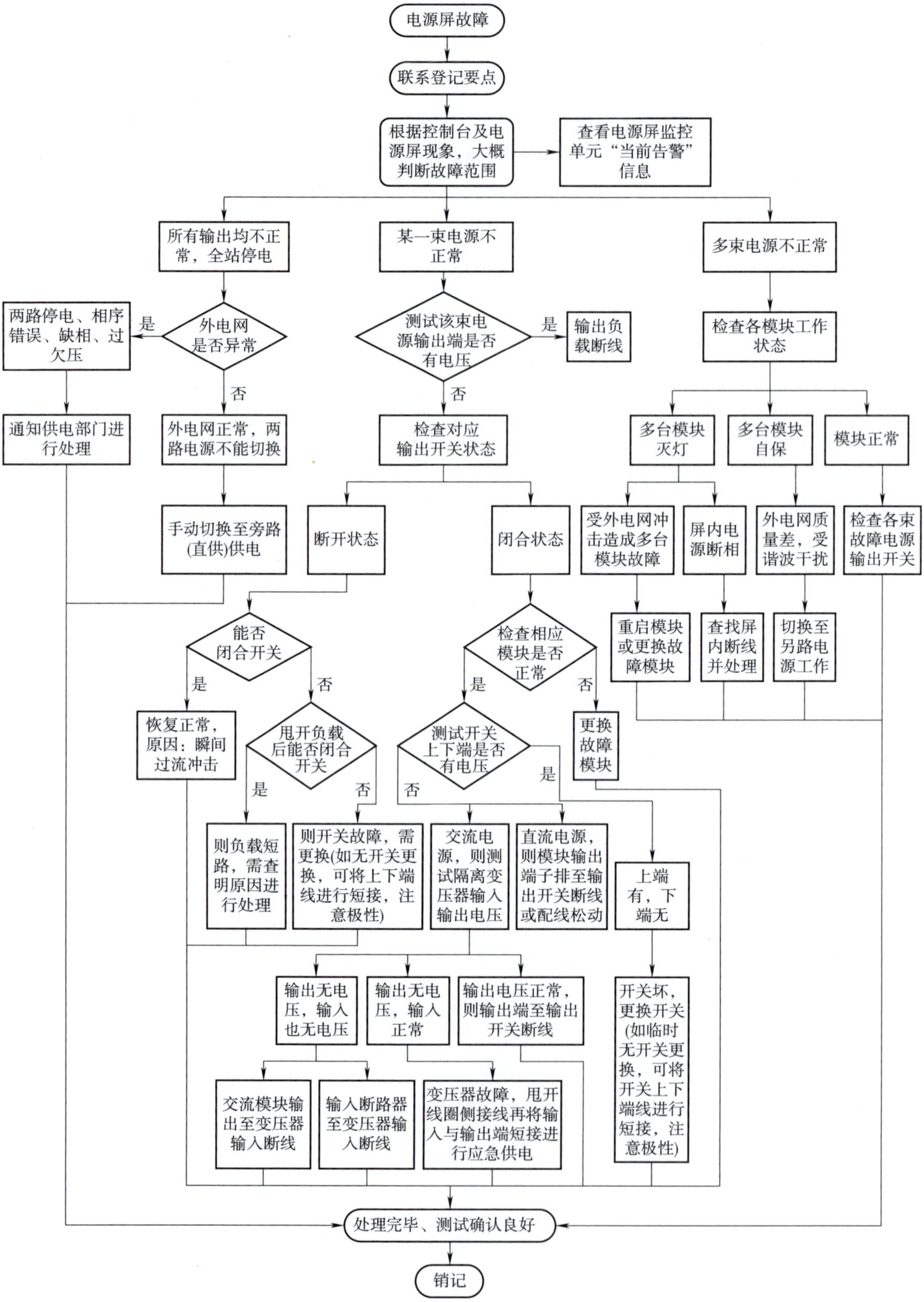

图 8-11　电源屏故障处理流程

3. 故障案例

(1)当两路外电网输入电源正常,但电源屏无输出且屏内不能正常转换电源而导致全站停电。

措施:应立即人工切换至旁路供电。操作方法及流程如下:

在 A 屏上部面板进行以下操作:

①将 QS3/QS4 直供开关逆时针旋转 180°置于“紧急直供状态”位置,如图 8-12 所示。

②将 QS1/QS2 选择开关旋转至“交流 1 路直供”或“交流 2 路直供”位置,选择两路电源中较为稳定的一路电源进行应急使用,如图 8-12 所示。

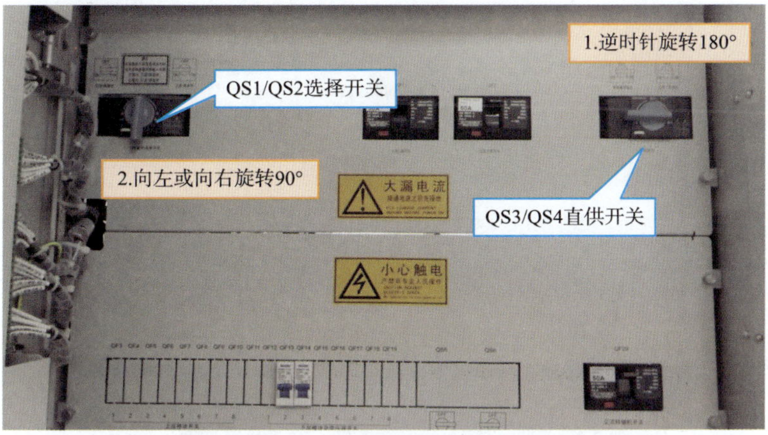

图 8-12　人工切换至旁路供电示意

(2)交流 220 V 电源隔离变压器故障导致单束电源无输出。

措施:可将变压器输入、输出端短接进行应急直供输出。操作方法及流程如下:

①将变压器线圈侧接线从万可端子上全部甩开。

②将变压器输入端 A 接线挪至输出端 C 与之相连,输入端 B 接线挪至输出端 D 与之相连即可,如图 8-13 所示。

图 8-13　交流 220 V 电源隔离变压器结构

(3)同组交流模块(TH1)或轨道模块(TC1)的“同步”指示灯同时点亮(图 8-14),造成同组模块因输出相位不一致而出现故障或自保,最终导致输出断电。

措施:此时应对同组所有模块进行重启,且重启时应依次对各模块送电,不可同时闭合所有模块输入开关。操作方法及流程如下:

图 8-14　TH1 交流模块指示灯

①断开电源屏下部交流模块或轨道模块相应各输出开关,如图 8-15 所示。

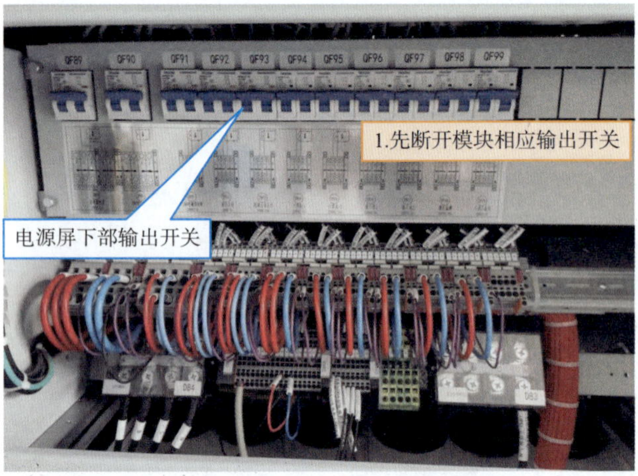

图 8-15　电源屏下部输出开关结构

②断开电源屏上部各交流模块或轨道模块相应输入开关,如图 8-16 所示。

③待各模块面板指示灯全部熄灭后,再依次闭合电源屏上部各交流模块或轨道模块输入开关。

④待各模块面板显示电压正常且“同步”指示灯只有一台模块闪烁,最后依次闭合电源屏下部交流模块或轨道模块各输出开关。

三、风险提示

1. 带电作业时违反规定造成触电伤害。

(1)未使用带绝缘的工具及绝缘胶鞋。

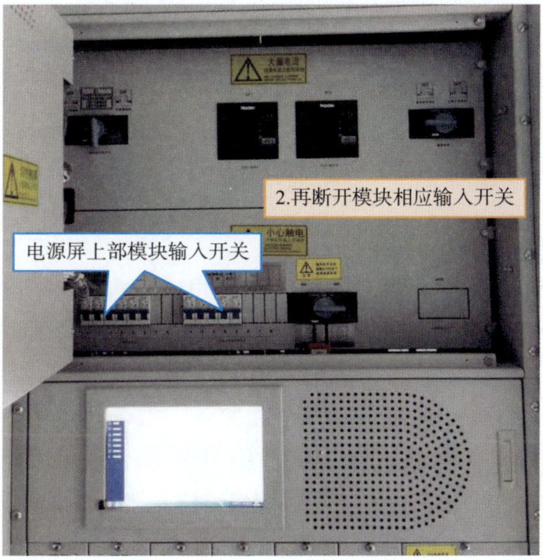

图 8-16　电源屏上部输入开关结构

(2)同时接触导电和接地部分。

(3)作业人员与站在地面的人员接触或互相传递工具、材料。

措施:

(1)作业前检查作业人员穿绝缘胶鞋,使用带绝缘的工具;检查电源屏前后铺设绝缘胶垫。

(2)双人作业,即一人作业一人防护;作业时不得同时接触导电和接地部分。

(3)未脱离导电部分时,不得与站在地面的人员接触或互相抛递工具、材料。

2. 检修电容及电流互感器造成触电伤害。

(1)未关闭电源,电容器未进行人工放电。

(2)电流互感器二次线圈开路。

措施:

(1)提醒并检查作业人员对高于 220 V 的设备电容器进行放电;电容器放电时必须关闭电源;戴好安全防护手套。

(2)检查确认严禁将电流互感器二次线圈开路。

3. 电源屏机壳接地不良造成触电伤害。

措施:检查确认电源屏机壳地线接触良好。

4. 仪表使用错误,采用电流挡测试电压造成输出断电。

措施:

(1)仪表使用前务必检查并使用正确挡位。

(2)平时尽量将电表的电流测试孔使用胶布进行封闭,防止出错的可能。

(3)测试电流时,尽量使用钳形电流表。

5. 电源模块故障后不及时更换,当在用模块再次故障后造成输出断电。

措施:加强集中监测分析及日常巡检,发现电源模块故障立即进行更换。

6. 电源模块更换时，没有调整地址码而造成后期故障无法报警或与其他模块地址码冲击而导致死机无法正常工作。

措施：电源模块更换前，必须将地址码与被换模块地址码调整一致且更换后进行试验，确认输出及报警良好。

7. 电源屏关机或开机时，直接断开或闭合两路输入电源总开关，冲击造成电源模块故障。

措施：按正常流程进行电源屏开关机。

(1)电源屏关机流程：先按正常流程关闭后级，如计算机联锁、TDCS、集中监测等系统设备负载；逐一断开各屏下部输出电源开关；再逐一断开各屏电源模块输出开关；最后断开电源屏两路输入电源开关（电源屏实现彻底断电需断开机械室或运转室信号电源箱内的两路电源总开关）。

(2)电源屏开机流程：先检查确认电源屏所有开关处于断开状态；闭合电源屏两路输入电源开关；再逐一闭合各屏上部电源模块输入开关；待各电源模块输出正常后再逐一闭合各屏下部输出开关即实现向后级信号设备供电。

8. 电源屏试验时，冲击造成后级负载如计算机联锁、TDCS、集中监测等系统设备死机或系统不能启机。

措施：电源屏在进行输出故障报警试验时，应事先联系配合人员提前对后级系统设备按正常流程关机，待电源屏试验完后再开机。

第九章　驼峰设备及编组站综合自动化系统

第一节　电空转辙机

电空转辙机是借助于压缩空气完成转换道岔、锁闭道岔和表示尖轨位置的快速道岔转换设备，具有转换时间快的特点，适用于有压缩空气源的自动化、半自动化铁路驼峰调车场。电空转辙机在技术发展过程中经过了 ZK 型、ZK2 型、ZK3 型、ZK3-A 型、ZK4 型几种型号演变，目前，我国驼峰编组场广泛使用的电空转辙机有 ZK3-A 型和 ZK4 型。本节主要介绍 ZK4-170 型电空转辙机。

一、设备认知

（一）基本结构

ZK4-170 型电空转辙机主要由控制部分、执行部分、表示装置及附件组成，关键部件有差压式自保换向阀、气缸、表示装置、电磁锁闭阀、组合式气源处理元件。ZK4-170 型电空转辙机结构如图 9-1 所示。

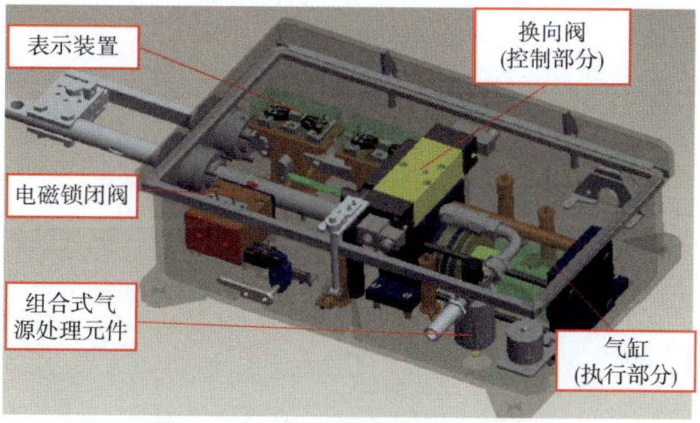

图 9-1　ZK4-170 型电空转辙机结构

1. 主要部件结构及功能

(1)换向阀

①结构

换向阀结构如图 9-2 所示，拆解后的换向阀如图 9-3 所示。

②功能

换向阀是电空转辙机的主要控制部件，采用了新型差压式自保换向阀，通过定、反位电磁阀的动作，使换向阀换向；动作完成后，利用换向阀阀芯变径结构产生压力差，保持换向阀阀芯的位置，确保设备不会因振动造成误换向，提高整机动作安全可靠性。

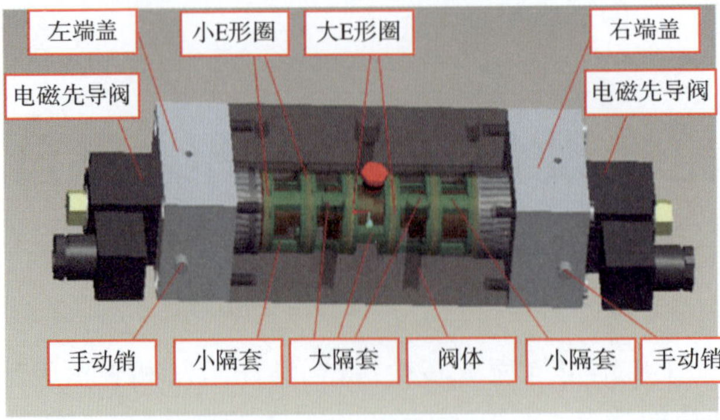

图 9-2　换向阀结构

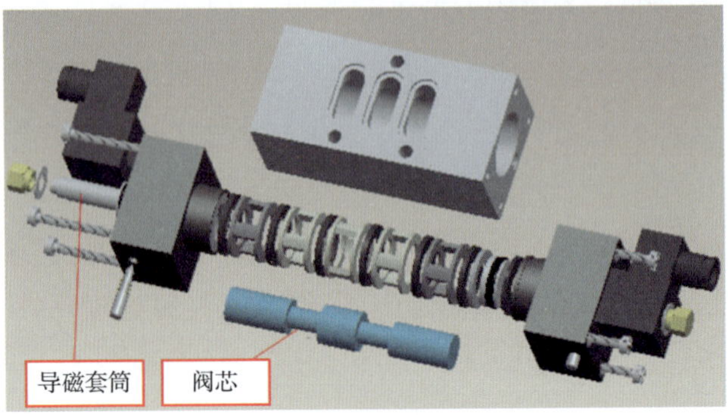

图 9-3　换向阀拆解

(2)气缸

①结构

气缸结构如图 9-4 所示。

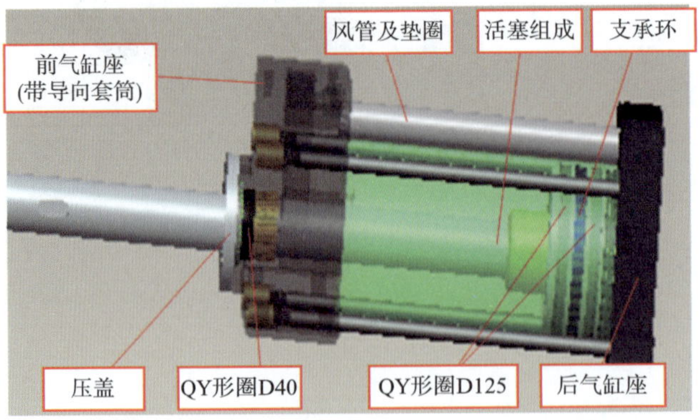

图 9-4　气缸结构

②功能

气缸是双向直推式气缸,是电空转辙机主要执行部件;气缸动作杆通过密贴调整杆与道岔尖轨相连;压缩空气推动动作杆伸出、拉入,从而完成道岔转换。

(3)接点装置

①结构

接点装置结构如图 9-5 所示。

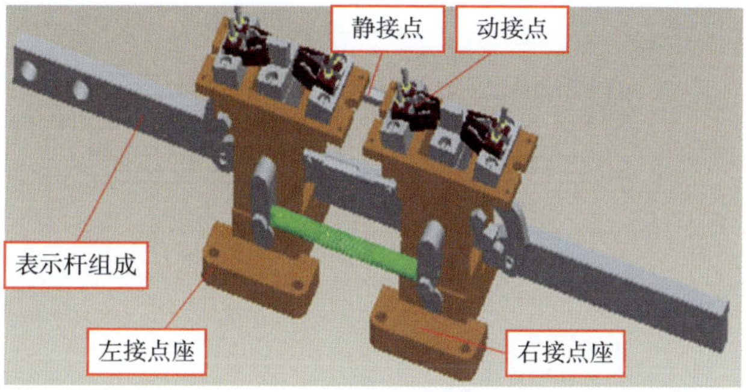

图 9-5　接点装置结构

②功能

接点组是反映电空转辙机定位或反位状态的装置;表示装置中的表示杆通过连接铁与动作杆相连,并与动作杆同步动作,接通或切断表示电路,表示尖轨位置。

(4)电磁锁闭阀

①结构

电磁锁闭阀的结构如图 9-6 所示。

②功能

电磁锁闭阀是电空转辙机的辅助锁闭装置,保证在风压低于断开风压设定值时锁定动作杆,从而锁闭道岔。

(5)组合气源处理元件

①结构

组合气源处理元件结构如图 9-7 所示。

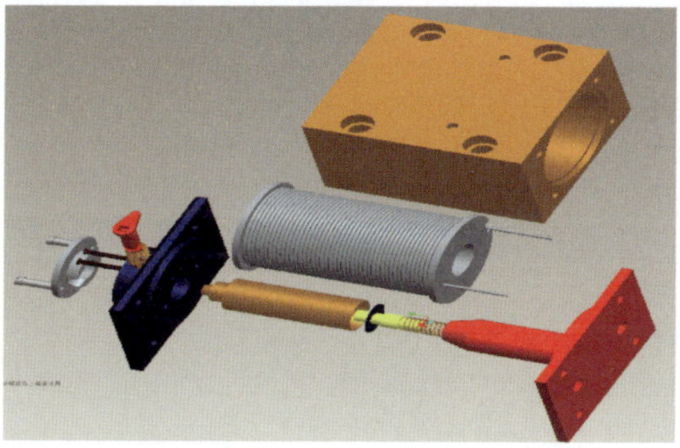

图 9-6　电磁锁闭阀结构

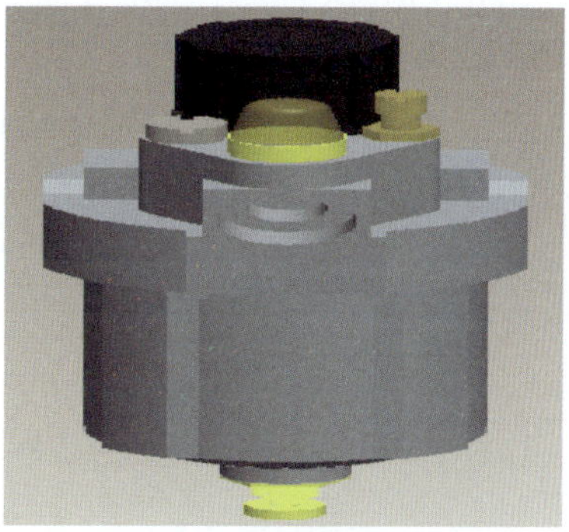

图 9-7　组合气源处理元件结构

②功能

气源处理元件是对压缩空气在进入换向阀前进行净化处理,并使油雾器滴出的油形成雾状随压缩空气进入换向阀、气缸,从而起到润滑作用;同时调压阀具有调整气源压力作用。

2. 气路结构

ZK4-170 型电空转辙机气路结构如图 9-8 所示。

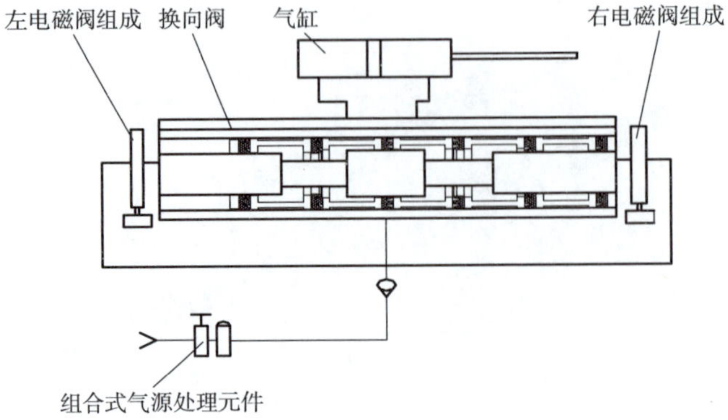

图 9-8　ZK4-170 型电空转辙机气路结构

转辙机的气路:外部压缩空气通过管道进入组合气源处理元件进行滤水和滤尘净化、风压调整及油雾处理后,进入单向阀,由于单向阀两端达不到一定的压差而截止。单向阀输出端连接差压式换向阀两侧气路,该气路为左(右)电磁阀输送压缩气体。在左(右)电磁阀控制下,换向阀左(右)腔气路可打开,实现换向阀换向。换向过程由于气体的流动单向阀两端形成气压而打开,换向阀换向后,打开气缸原工作气路,使气缸中的压缩空气排入大气,此时换向阀也接通气缸另一侧气路,使管路中的压缩空气通过单向阀进入气缸的另一端,推动活塞、活塞杆移动转换。

3. 工作原理

电磁先导阀线圈与电磁锁闭阀线圈采用单独供电方式。当定位电磁先导阀得电励磁,换向阀换向,气缸前腔进气,活塞杆缩回,待尖轨与基本轨重新密贴后,接通定位表示电路,反之亦然。电磁锁闭阀在压力开关控制下处于长期通电状态,当风压在使用风压时,压力开关接通电磁锁闭阀电路,锁闭杆处于缩回状态;当风压低于断开风压设定值时,压力开关切断电磁锁闭阀电路,锁闭杆伸出,锁闭活塞杆,从而锁闭道岔,保持尖轨位置。

4. 控制电路

(1)ZK4-170 型电空转辙机室内控制电路部分如图 9-9 所示。

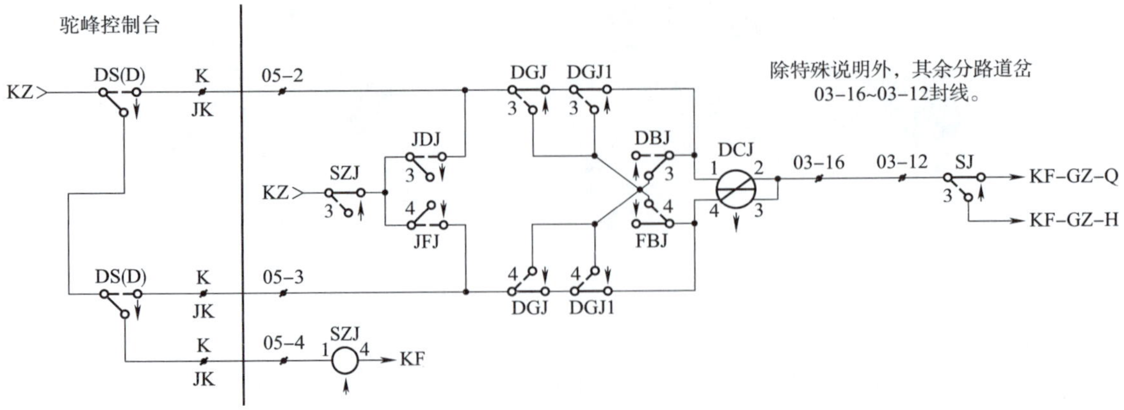

图 9-9　ZK4-170 型电空转辙机道岔控制电路(室内部分)

(2)启动、表示电路部分如图 9-10 所示。

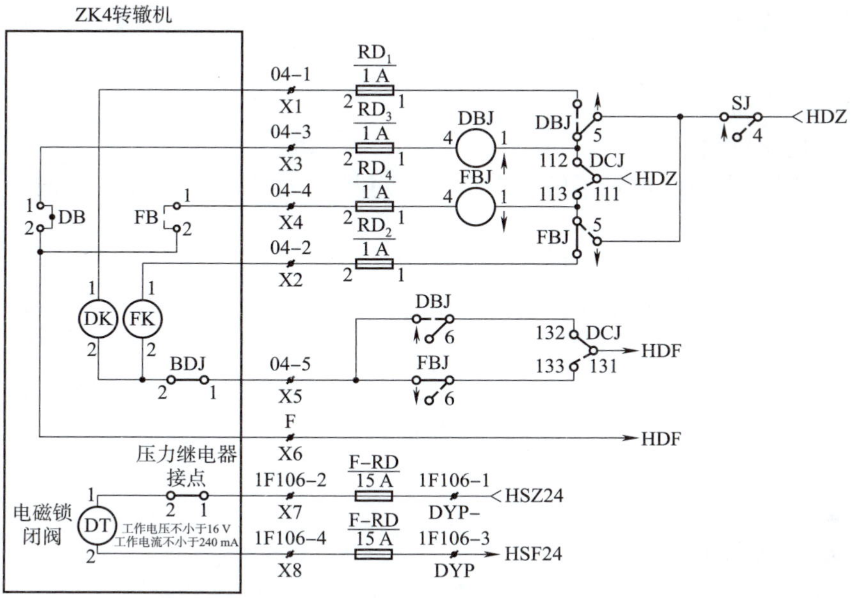

图 9-10　ZK4-170 型电空转辙机启动、表示电路

(3)采集及驱动电路部分,如图 9-11 所示。

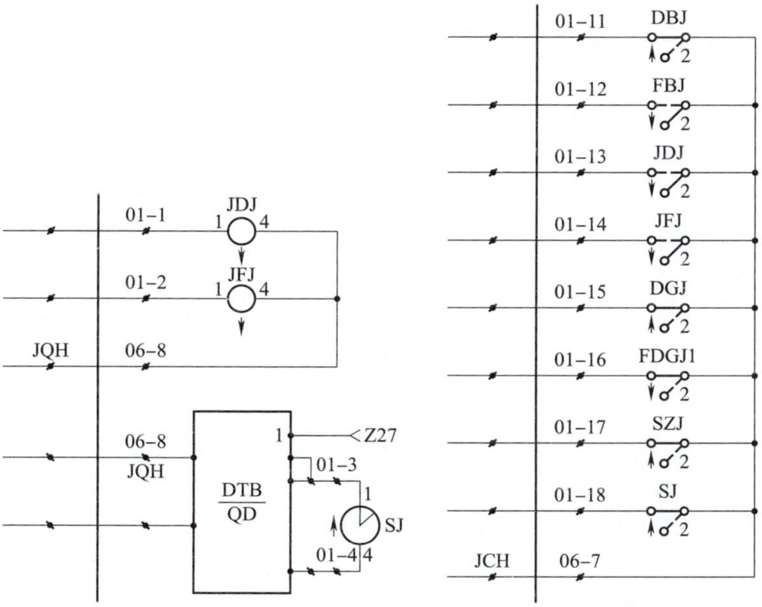

(a) 采集电路　　(b) 驱动电路

图 9-11　ZK4-170 型电空转辙机采集及驱动电路

二、设备维护

(一)标准化作业

1. 作业前

(1)班前会、准备工作

①召开班前布置会。

②信号集中监测曲线分析,了解掌握道岔运用状况;主要查看道岔动作时间、系统报警信息。

③检查准备工器具、仪表、备品并拍照。

④试验联络工具良好,按规定穿戴防护用品,携带防护用具。

(2)联系、登记

联系车务人员了解车站作业情况,根据天窗修计划、日常维护以及检修作业内容进行登记、要点,经车务人员同意、签认后方可进行作业。

2. 作业中

(1)日常巡视

①检查道岔结合部

尖轨与基本轨应密贴,无砸伤、窜动、飞边,无吊板、反弹、拱背现象,尖轨与滑床板无离缝,滑床板无断裂凹槽,工务地脚螺栓无松动,轨距杆无松动,道床无翻浆冒泥。

②检查道岔安装装置

a. 电空转辙机安装方正,转辙机纵侧面的两端与基本轨垂直距离的偏差不大于 10 mm。

b. 道岔安装方正,杆件与基本轨垂直偏差不大于 20 mm,固定角钢的 L 形铁与基本轨吻合,各螺栓螺帽紧固不松动,杆件和角钢装置无锈蚀。

③检查道岔杆件

a. 密贴调整杆与方钢平行,与基本轨垂直,其偏差不大于 20 mm。其水平方向的两端高低偏差不大于 5 mm。

b. 密贴调整杆在杆架内的空动距离不小于 5 mm,调整丝扣的调整余量不少于 10 mm,调整螺帽无滑丝、窜动,防松措施良好。

c. 密贴调整杆与钢轨底面的净距离应大于 10 mm,不磨卡轨底、道砟。

d. 动作杆连接销及防跳装置作用良好,且固定螺栓作用良好。

e. 杆件无裂纹、开口销齐全,开口销劈开角度为 60°～90°。

④检查道岔箱盒

a. 转辙机无锈蚀,风管、蛇管完好,喉箍不脱落,无裂纹、损伤,静止状态不漏风。

b. 转辙机加锁装置良好。

c. 箱盒无锈蚀,基础不歪斜,周围无杂草、地面硬化完整、不积水。

⑤道岔操纵试验

检查道岔无漏风,转换无明显缓慢,道岔定反位宏观密贴良好。每周进行一次 7 mm 密贴强度试验。

(2)集中检修

①电空转辙机开盖检查

机盖吻合,不进尘土、不漏水,各部螺栓紧固,无锈蚀,活动部分注油适当。

②ZK4 组合式气源处理元件及管路检查，如图 9-12 所示

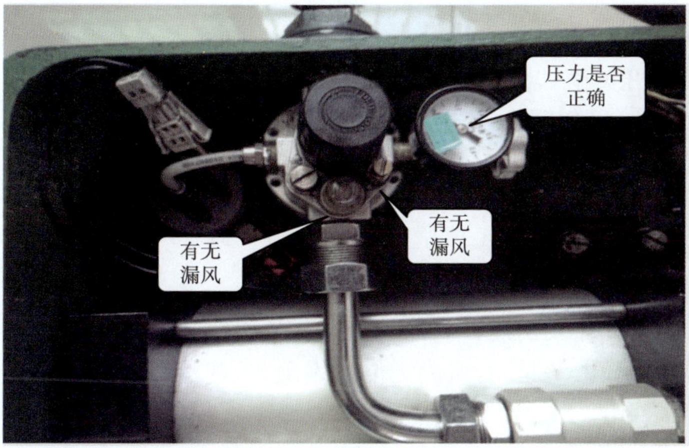

图 9-12 组合式气源处理元件及管路检查

a. ZK4 组合式气源处理元件安装牢固，不漏风。

b. 调压阀调节螺钉灵活。

c. 油杯不漏油，油杯内油量不少于油杯容积的 1/3。

d. 过滤杯清洁，下方排污口应对准底壳排污口，排污阀关闭时不漏风。

e. 油雾器注油作用良好，转辙机每动作一次供油 1～2 滴。

f. 压力表指针指示正确，不超期。

③ZK4 电磁锁闭阀检查

a. 转动阀体上部手柄在锁闭位，解锁位动作轻松灵活，阀头拉入、伸出灵活。

b. 线圈绝缘电阻不小于 5 MΩ，线圈电阻约 102 Ω±6 Ω。

c. 压力开关两触点通断指标：两触点接通的风压不应大于 0.32 MPa；两触点断开的风压不应小于 0.23 MPa。

注意：电磁锁闭阀检修时上部手柄须打到解锁位，检修完毕打到锁闭位。

④ZK4 换向阀检查

a. 电动操作，定反位电磁阀处不漏风；定反位三孔插头与插座接触良好。

b. 线圈电阻 68 Ω±4 Ω，定反位线圈绝缘电阻不少于 5 MΩ。

c. 排气管排气畅通，不松动。

d. 转换时间测试。

注意：更换换向阀作业前必须先排气。

⑤气缸组成检查

安装牢固，不漏风；活塞杆无锈蚀、无裂纹，注润滑油。

⑥接点组检查

a. 接点座安装牢固，胶木无裂纹，不破损、松动。

b. 动接点动作灵活，动接点与静接点座不得相碰与静接点接触深度不小于 4 mm，辅助片作用良好。静接点片的磨损不大于原厚度的三分之一。动接点的中心与静接点的中心偏差不大于 0.5 mm。弹簧弹力适当，作用良好，无裂纹及锈蚀。

c. 表示杆安装牢固，方、直、正，无裂纹，动作灵活，不别劲，滚轮落下不打击槽底，注润滑油。

⑦安全接点检查

安全接点开关的开关销动作灵活。安装牢固，胶木无裂，动接点动作灵活。动、静接点断开间隙不小于 2 mm，接断明显，不能自复。合上时接点接触良好，压力均匀，接触深度不少于 5 mm。

⑧防尘罩、连接铁、偏心销检查

安装牢固不松动，无裂纹、破损。

⑨转辙机内部清扫及配线检查

a. 机内清洁，配线整齐无伤痕，套管齐全无假焊，引线孔堵塞良好。

b. 插接件安装牢固，螺丝紧固，机内无漏水现象，盖内盘根完好。

⑩安装装置检查测试

a. 密贴调整杆与方钢平行，与基本轨垂直，其偏差不大于 20 mm。

b. 密贴调整杆其水平方向的两端高低偏差不大于 5 mm。

c. 调整丝扣的调整余量不少于 10 mm，防松措施作用良好。

d. 密贴调整杆在杆架内的空动距离不小于 5 mm。

e. 各杆件销孔磨耗不大于 1 mm。各部绝缘测试无破损。

⑪道岔扳动试验

道岔尖轨与基本轨应密贴，尖轨方钢处卡厚 7 mm 铁板，道岔不能锁闭，不能接通表示。如图 9-13 所示。

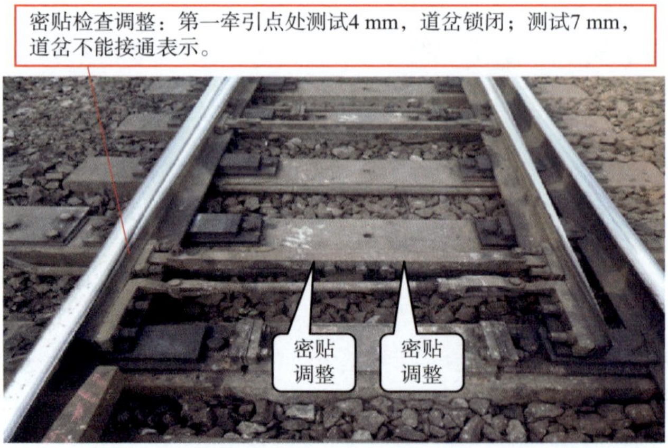

图 9-13　密贴检查调整

⑫低风压试验

轮换周期超过一年的转辙机每年需进行一次甩杆低风压试验，压力小于或等于 0.15 MPa 转辙机能动作。

说明事项：

a. 检修作业必须在“天窗”点内进行。

b. 新换设备一周内每动作一次供油 1～2 滴。

c. 打开机盖进行检修时必须断开安全接点。

d. 必须先关闭调压阀后，方可进行油杯注油作业，如是对机内部件检修作业还需将换向阀上排气阀打开排完风后再进行。

e. ZK4 锁闭、解锁值调整方法：慢慢从高往低调节调压阀，当电磁锁闭阀失磁阀头伸出时风压表上的风压值即为压力开关的锁闭值；慢慢从低往高调节调压阀，当电磁锁闭阀励磁阀头拉入时，风压表上的风压值即为压力开关的解锁值。

f. 检查 ZK4 电磁锁闭

g. 阀上面手柄放在开锁位置。

h. 绝缘电阻每季度测试一次。

3. 作业后

(1)试验设备检修完毕后，室内外彻底试验良好，并会同车站值班员试验。

(2)清理场地、拍照上传、清点工具、材料，做到人走料清。检查设备加锁良好，作业组长对动过的部位和撤离时作业现场全貌拍照，并上传(车间分析室)。

(3)销记

经试验良好后，停止作业，由电务联络员在“行车设备检查(施工)登记簿”(运统 46)内登记销点，交车务值班员签认。

(二)常见问题及处理

1. 尖轨与基本轨不密贴。

处理方法：

(1)巡视道岔应无影响道岔转换、密贴的硬弯、肥边、反弹、掉块，各尖轨顶铁与轨腰间隙平顺、均匀，其间隙不大于 2 mm。

(2)甩开转换道岔杆件，人工拨动尖轨，刨切部分应与基本轨密贴，其间隙不大于 1 mm。

(3)甩开尖轨第二方钢销子，方钢与丁字铁间位移不超过 1 mm。要求道岔尖轨调整密贴后，第二方钢销子在无外力作用下，可轻易穿进方钢与丁字铁圆孔内。

(4)道岔 7 mm 密贴强度检查。当密贴调整杆处尖轨与基本轨间有 7 mm 及以上间隙时，道岔不能锁闭且不得接通道岔表示。

(5)检查发现尖轨与基本轨密贴不良，应首先解决工务结合部问题，再进行密贴调整。

2. 道岔不方正。

处理方法：检查密贴调整杆、表示杆与基本轨相垂直，测试偏差不大于 20 mm。造成不方正的原因常有捣固不良引起的轨枕位移、尖轨爬行引起的杆件位移，需要联系工务整治。

3. 组合式气源处理元件漏风、视油窗破损、滴油孔堵塞。

处理方法：更换组合式气源处理元件。

4. 活塞密封圈不良或损坏。

处理方法：通过动作时间变化情况分析，发现活塞不油润或密封圈的不良状态，采取油润和更换密封圈方法解决。

5. 换向阀进气孔堵塞、阀芯内部密封圈密封不良。

处理方法：检查进风孔和电磁阀顶针，更换两位三通滑阀。

(三)常见故障处理

1. 处理流程：故障受理→登记→处理→检查试验→销记→汇报。

2. 整机无动作故障。

存在机械故障和电气故障两种可能。

(1)机械故障,有以下几种情况,逐项检查排除。

①电磁锁闭阀卡阻

解决方法:更换锁闭杆,检测锁闭杆轴向上任意角度位置上是否伸缩自如,如果存在卡阻可用 400 号砂纸打磨铜套。

②换向阀 E 形圈装配顺序错误

解决方法:按要求解体后,E 形圈按"[小[小[大大]小]小]"装配顺序、方向重新装配;大小区别为内孔大与小。

③活塞杆或表示杆装配中与底壳卡阻

解决方法:更换圆孔套或方孔套。

④先导阀动铁芯密封垫突出堵塞动程或密封不严漏风

解决方法:更换动铁芯。

(2)电气故障,有以下几种情况,逐项检查排除。

①电磁先导阀接线虚接或断开

解决方法:将电磁先导阀接线紧固、可靠,通过测试电压、电阻值可判断,更换电磁阀解决。

②安全开关虚接或断开

解决方法:调整安全接点中静接点片,使之与小动接点可靠接触。

③表示接点接触不良

解决方法:调整静接点中接点片,使之与动接点可靠接触。

3. 电磁锁闭阀锁闭杆偶尔伸出,有以下几种情况,逐项检查排除。

(1)PS31 压力开关设定值超出要求

解决方法:更换 PS31 压力开关。

(2)气源处理元件过滤网堵塞

解决方法:清理、清洗过滤网。

(3)使用风压值过低

解决方法:按照整机要求将风压调整到 0.55～0.6 MPa。

(4)接线虚接

解决方法:将接线重新紧固。

4. 整机排气孔漏风,有以下几种情况,逐项检查排除。

(1)换向阀中两个大 E 形圈损坏

解决方法:更换大 E 形圈。

(2)换向阀端盖上 QY 形圈损坏

解决方法:更换换向阀端盖上 QY 形圈。

(3)气缸中 QY 形密封圈损坏

解决方法:更换气缸中 QY 形密封圈。

5. 无表示信号,有以下几种情况,逐项检查排除。

(1)接点接线是否虚接或断开

解决方法:将接点接线紧固。

(2)动静接点有杂质

解决方法:清除接点杂质。

(3)接点虚接

解决方法:调整静接点中接点片,使之与动接点可靠接触。

(4)活塞杆和密贴调整杆连接的销子孔磨耗超过 1 mm

解决方法:更换连接铁或销子。

6. 气源处理元件漏风,有以下几种情况,逐项检查排除。

(1)排污阀漏风

解决方法:清除针阀锥面的杂质,或更换排污针阀。

(2)过滤杯、储油杯漏风

解决方法:密封圈损坏或者防护杯磨耗超限,更换 O 形圈或组合杯。

7. 气源处理元件不滴油,有以下几种情况,逐项检查排除。

(1)润滑油黏度过高

解决方法:建议更换 13 号机械油(SH/T0360)或合成锭子油(SH/T0111)。

(2)吸油管或油管连接体堵塞

解决方法:清理吸油管或油管连接体。

(3)过滤杯、储油杯漏风

解决方法:更换过滤杯、储油杯的 O 形圈。

三、风险提示

1. 电空转辙机检修作业伤害

(1)原因

①楼内外联络失控或机内外同时作业时,错误操纵道岔造成道岔快速转换时夹(击)伤手、脚。

②转辙部位作业未使用防挤木,手脚放在尖轨与基本轨之间。

(2)防控措施

①人工操纵道岔前须确认人员在安全位置。

②转辙部位作业必须使用防挤木。

2. 尖轨与基本轨严重不密贴

(1)原因

工务尖、基本轨变形或电务调整维护不当,造成尖轨与基本轨不密贴,严重时会造成车辆脱轨。

(2)防控措施

巡视道岔应无影响道岔转换、密贴的硬弯、肥边、反弹、掉块,各尖轨顶铁与轨腰间隙平顺、均匀。检修时应分别卡 4 mm、7 mm 试验片试验道岔密贴强度达标,如不达标应及时联系工务处理或办理停用。

3. 更换换向阀作业伤害

(1)原因

更换换向阀前未排气,气动部件弹出伤人。

(2)防控措施

落实更换主要备件须工长以上人员参加的作业制度;落实更换气路部件作业安全措施,作业前保证排气干净。

4. 电磁锁闭阀作业伤害

(1)原因

检修时电磁锁闭阀未打到解锁位,断风断电时锁舌会伸出,这时操纵道岔会造成锁舌断裂或卡动作杆;检修完后未打到锁闭位,造成锁闭功能失效。

(2)防控措施

落实电磁锁闭阀检修作业标准,保证电磁锁闭阀手柄位置正确。

5. 转辙机轮换作业伤害

(1)原因

搬运转辙机过道时容易绊倒,落地时未同起同落,造成压伤手脚。

(2)防控措施

搬运转辙机时须有专人指挥过道和落地。

第二节　车辆减速器

车辆减速器是安装在驼峰编组站对溜放中的解体车辆进行速度控制,使车辆进入编组线的速度满足安全连挂要求的主要调速设备。根据作用部位分为间隔制动和目的制动两类。间隔制动减速器主要用于保证溜放钩车之间的间隔,同时兼顾目的制动调速,应满足动作速度快和较大制动力的要求。目的制动为调整目的连挂速度而设置,根据制动力不同又分为非重力式减速器和重力式减速器两种。非重力式减速器是以压缩空气为动力,借助“控制装置”的控制,根据溜放车辆的不同质量、不同速度,采用不同的制动等级(共四级)进行制动,使车辆通过减速器后达到预定的出口速度。重力式减速器是以压缩空气为动力源,靠车辆质量通过能浮动的基本轨及制动钳机构的传递,使安装在制动钳上的制动轨对车轮产生侧压力对车辆进行制动。减速器制动力大小与溜放车辆质量成正比。

重力式减速器在我国应用较普遍,由于结构不断改进,性能更加优越。较新型号主要有应用于目的制动的T·JK1-D、T·JK(Y)2-A、T·JK(Y)2-B和应用于间隔制动的T·JK3-A、T·JK3-B、T·JK4 等型号。型号虽多,但基本结构和工作原理相同。本节主要介绍T·JK1-D(50)型重力式车辆减速器。

一、设备认知

(一)T·JK1-D(50)型重力式车辆减速器结构

T·JK1-D(50)型重力式车辆减速器外形如图9-14所示,它由轨道板、制动轨、制动钳组、推杆机构、气缸、管路、控制装置、附件箱、表示装置等主要部件组成,轨道板一般浇筑成整体道床(主道床),减速器入口和出口位置一般设置过渡道床。减速器以轨枕板为单位,按1.2 m节距组装,每台可由4、5、6、7节组成,根据站场设计情况可单台使用也可两台串联使用。T·JK1-D(50)型重力式车辆减速器结构如图9-15所示。

(二)气动控制系统组成

T·JK1-D(50)型重力式车辆减速器气动控制系统主要由控制阀箱、气源净化过滤器、

图 9-14　T·JK1-D(50)型重力式车辆减速器外形

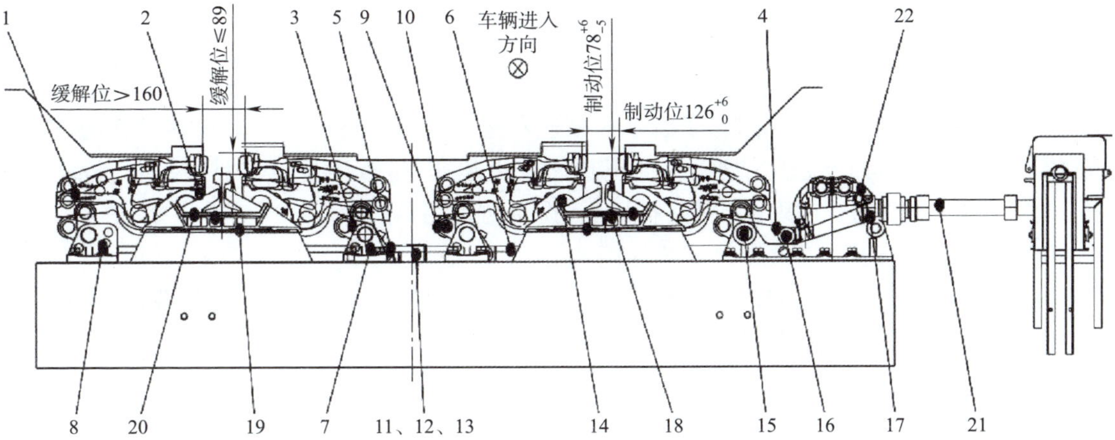

1—制动钳；2—底座(钢轨承座)；3—曲拐；4—连接曲拐；5—推杆Ⅰ；6—推杆Ⅱ；7—曲拐座；8—左(右)吊装曲拐座；9—滚轮；10—滚轮轴；11—绝缘套；12—绝缘罩；13—连接轴；14—主轴；15—曲拐轴；16—推杆轴；17—气缸后轴；18—承轨槽Ⅰ(Ⅱ)；19—峰头橡胶垫板；20—钢轨垫板；21—控制箱胶管总成；22—气缸胶管总成

图 9-15　T·JK1-D(50)型重力式车辆减速器结构(单位：mm)

工作气缸、连接管路等组成。

1. 控制阀箱主要由先导电磁换向阀、三位五通换向阀、油雾器件、箱体等组成。

2. 气源净化过滤器主要由旋风片风道、挡板、过滤铜网、隔板、4 级过滤布等组成。

3. 工作气缸主要由活塞组、前后缸盖、缸体、密封防尘件、轴套、活塞支撑环等组成。

(三)术语和定义

1. 最大入口速度：溜放车辆进入减速器入口的最大允许速度。

2. 单位制动能高：减速器单位制动长度上消耗被制动车辆的能量值。

3. 全制动时间：自减速器控制阀或电动控制单元接到制动指令至减速器制动轨之间的开口达到制动状态的时间。

4. 全缓解时间：自减速器控制阀或电动控制单元接到缓解指令至减速器制动轨之间的开口达到缓解状态的时间。

5. 缓解时间：自减速器控制阀或电动控制单元接到缓解指令至减速器制动轨对车辆失

去减速作用的时间。

6. 节距:相邻两个轨道板挡板之间的距离。

7. 制动轨高度:制动轨最高点至基本轨顶面的距离。

8. 制动轨开口:内、外侧制动轨轨顶面间的最小距离。

9. 两条内侧制动轨间最小距离:在制动状态时,两条内侧制动钳向股道内侧调整至结构最小位置时(用撬棍撬至)两内侧制动轨的制动面之间的尺寸。

10. 轨道板左右方向:站在峰顶,顺着车辆溜行方向,若减速器气缸位于股道左侧,则轨道板为左轨道板,反之为右轨道板。

二、设备维护

(一)标准化作业

1. 作业前

(1)班前会、准备工作

①召开班前布置会。

查看信号集中监测曲线分析,了解掌握减速器运用状况。主要查看减速器动作时间、系统报警信息、各个减速器超速情况,包括正超速及负超速;检查准备工器具、仪表、备品并拍照;试验联络工具良好,按规定穿戴防护用品,携带防护用具。

②联系要点登记

联系车务人员了解车站作业情况,根据天窗修计划、日常维护以及检修作业内容进行登记、要点,经车务人员同意、签认后方可进行作业。

2. 作业中

(1)日常巡视

①操纵试验减速器

整台动作灵活、到位、无卡阻;管路、风缸检查无漏风、窜风;三位五通阀在制动位置、缓解位置均无漏风现象,快排阀动作灵活、正常;制动钳摩擦面与滚轮摩擦面接触平稳,不悬空,磨耗板不移位。

②各部件强度及完整状态检查

制动轨、制动钳、支承座、支承连杆、风缸等安装牢固,动作灵活无卡阻,制动轨、连杆无弯曲;各部螺丝紧固,油润好,轴、销、卡簧齐全,调整片完整无脱出,制动钳无裂、断现象,制动轨螺丝绑扎线无折断;各种管路接头及阀门密封作用良好,不漏风。减速器各部件强度及完整状态检查如图 9-16 所示。

③其他部件检查

a. 减速器控制箱、基础、检查:轨枕板基础完整、无裂纹,底部无悬空、吊板、下沉,轨面与线路坡度一致,发现问题及时会同工务处理。

b. 减速器控制阀箱检查:阀箱固定良好,箱体无裂纹,加锁良好;三位五通阀动作正常,无漏风。

c. 油雾器、空气过滤器检查:油雾器油量充足,作用良好,空气过滤器作用良好,油水及时排除。每周一次。

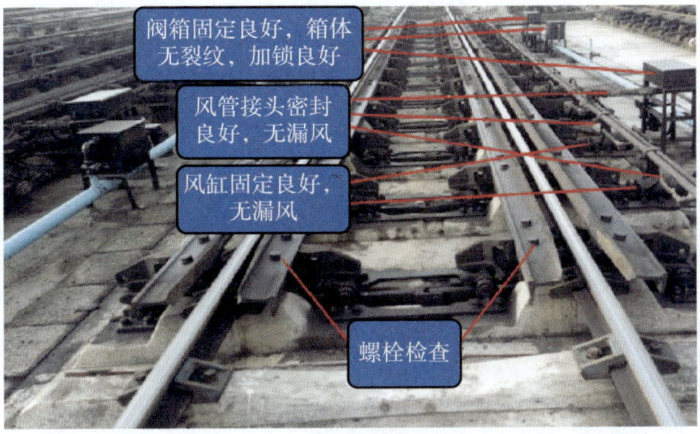

图 9-16　减速器各部件强度及完整状态检查

(2)集中检修

①外观检查:同日常巡视的工作内容。

②清扫减速器机体、注油。

保持外观整洁,不应有过多的杂物及粉尘,各部螺丝、螺栓、风缸及转动、滑动部分均应充分注油。

③控制箱内部检修。

引线端子无松动、锈蚀,配线无伤痕,套管不脱落,无破皮混线的可能,配线整齐,线头应扎成环状,断股不超过 1/5;先导阀与三位五通阀安装牢固,动作灵活,无漏气、裂纹;箱内无污物,防水、防尘良好。减速器控制箱内部检修如图 9-17 所示。

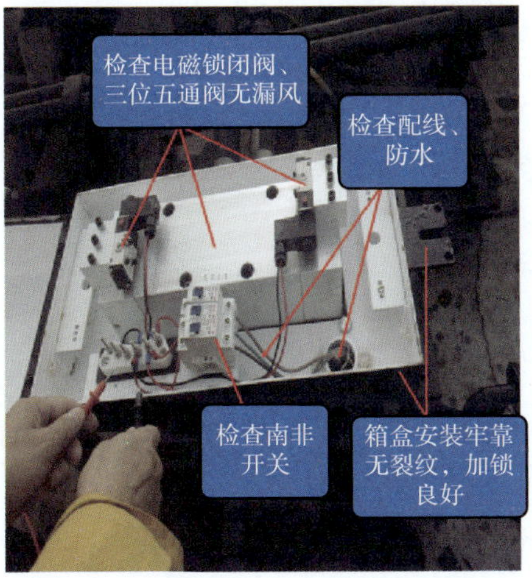

图 9-17　减速器控制箱内部检修

④电缆盒检查。

端子紧固,螺帽、垫圈齐全,无生锈、霉变;配线整齐,不破皮,电缆标号齐全;内部清扫,盘根全,不进尘、水。

⑤表示部分检查。

a. 干簧接点动作正常或转轮铜片接触良好，无铜锈，能正确反映缓行器状态；设备安装牢固，接点盒与永久磁钢相距 2～10 mm，若是用表示接点盒则应保证盒内清洁，无尘、水。减速器表示部分检查如图 9-18 所示。

图 9-18　减速器表示部分检查

b. 各行程开关安装牢固，拉杆动作灵活，与减速器动作一致；引线端子无松动，引线无破皮混线的可能。行程开关触片无油污锈蚀，能正确反映减速器的实际位置。

⑥外观清扫。

减速器及周围检修处所清洁、无杂物，制动钳、风缸下面油泥清扫干净。

⑦测量制动轨上侧面至基本轨顶面距离。

制动、缓解状态，尺寸参照《维规》标准。

⑧测量两内侧制动轨间最小距离。

参照测量尺寸表(见《维规》)。

⑨主要尺寸检查记录。

参照测量尺寸表(见《维规》)。

⑩磨耗量测试。

标准见《维规》。

⑪测量入口尺寸。

制动时入口外端尺寸应大于 195 mm，缓解时制动轨间尺寸应大于 160 mm。

⑫电气特性测试。

额定电压：AC 220 V，应能在 AC 220_{-33}^{+22} V 内可靠地工作；绝缘电阻：不小于 5 MΩ(一年甩线测试一次)；全制动时间。减速器电气特性测试如图 9-19 所示。

⑬减速器及控制箱油饰(2 年一次)。

非活动部分油饰良好、无锈蚀，油漆不起壳；减速器标识正确、清楚。

⑭更换磨耗部件(各部件磨耗标准见《维规》)。

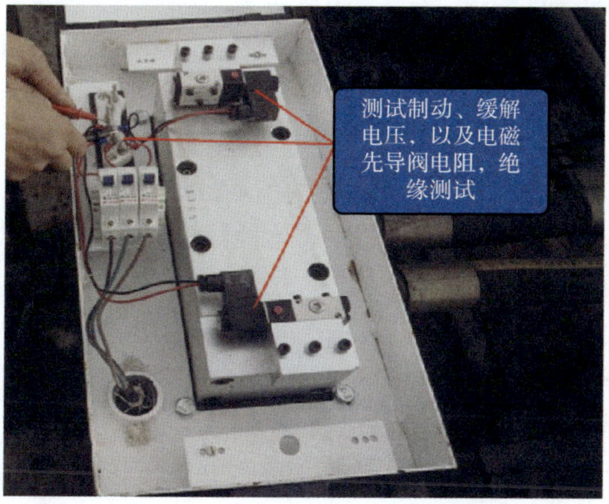

图 9-19　减速器电气特性测试

a. 更换磨耗超标的制动轨和曲拐等机械部件。

b. 更换老化的风管。

c. 轮换小风缸和三位五通阀组件。

⑮结合部问题检查。

检查结合部问题，按《广铁集团工电结合部工作管理办法(修订)》要求执行。

3. 作业后

(1)试验

设备检修完毕后，室内外彻底试验良好，并会同车站值班员试验。

(2)清理场地、拍照上传

清点工具、材料，做到人走料清。检查设备加锁良好，作业组长对动过的部位和撤离时作业现场全貌拍照，并上传(车间分析室)。

(3)销记

经试验良好后，停止作业，由电务联络员在“行车设备检查(施工)登记簿”(运统 46)内登记销点，交车务值班员签认。

(二)常见问题处理

1. 缓行器制动轨螺丝松动(由于缓行器制动时冲击力较大，经常出现松动)。

处理方法：每天巡视检查、紧固。

2. 油雾器分水滤气器性能不良(不滴油或滴油过快，分水滤气器孔堵塞，油雾器无油)或故障。

处理方法：分解清洗、注油，并调节油雾器的油量调节阀，须每周检查油雾器油量，调整油雾器滴油量。

3. 三位五通阀、高压胶管、风管连接头等橡胶密封件漏风。

处理方法：每天巡视时，须对全场缓行器全部操纵试验一遍，同步检查缓行器密封件漏风情况，及时处理。

4. 表示“双有”“双无”。

处理方法：检查磁感应开关好坏，检查表示磁头间隙和位置。及时更换和调整。

5. 缓行器动作时间超标。

处理方法:检查风管、接头、三位五通阀、制动缸漏风情况,操纵前后台缓行器,检查前后台缓行器动作同步情况,判断是机械卡组还是磁感应开关问题,逐项排除。

(三)常见故障处理

1. 故障处理流程:故障受理→登记→处理→检查试验→销记→汇报。

2. 减速器不制动或不缓解故障,存在以下几种情况,逐项检查排除:

(1)制动(缓解)电磁阀无控制电源。解决方法:检查控制电路,在室内分线盘测量有无控制电源;若有,判断为室外电路故障;若无,判断为室内电路故障。

(2)电源控制箱电源控制开关接触不良。解决方法:调整或更换电源开关。

(3)电磁阀线圈断线或接线端子松动。解决方法:更换电磁阀或拧紧端子螺丝。

(4)电磁阀衔铁、动作杆、顶针等卡阻。解决方法:更换或分解修理电磁阀或更换电磁阀头。

(5)三位五通阀卡阻动作不良。解决方法:对部件进行分解或更换密封件。

(6)风管路控制阀门未打开。解决方法:检查打开阀门。

(7)减速器机械卡阻。解决方法:排除减速器机械器机械(气缸)卡阻。

3. 减速器制动或缓解慢故障,存在以下几种情况,逐项检查排除:

(1)管路供气不够,有管路阀门没有开到位。解决方法:检查气管路控制门并全部打开到位。

(2)换向阀漏气动作慢,E 形密封圈变形、损坏,阀芯划伤。解决方法:更换 E 形密封圈芯并注油。

(3)电磁阀动作慢,电磁阀吸起电压不标准,电磁阀有卡阻现象,电磁阀常态或工作时漏风。解决方法:检查电磁阀供电磁电路;修正阀杆或更换电磁阀;调整及修整铁芯堵头,更换破损密封件,注油润滑。

(4)工作气缸卡阻动作慢。解决方法:对卡阻风缸进行分解,更换破损密封件。

(5)传动系统机械卡阻动作不灵活。解决方法:调整克服机械卡阻,对各转动环节注油。

4. 减速器无制动或缓解表示故障,存在以下几种情况,逐项检查排除:

(1)检查减速器是否足够动作到位。解决方法:加润滑油或针对卡阻检修。

(2)磁铁作用力或距离不够。解决方法:检查磁铁作用及距离。

(3)检查表示接点组是否良好。解决方法:更换表示接点组。

(4)检查表示电路是否断线。解决方法:检查表示电路,在室内分线盘上测量是否有表示电源,若有,判断为室外电路故障,若无,判断为室内电路故障。

5. 车辆出口速度高(夹着出去)故障,存在以下几种情况,逐项检查排除:

(1)观察是否为易行车。

(2)检查各部钳口尺寸。解决方法:调整检查各部钳口尺寸至符合要求。

(3)检查是否有风缸卡阻,不制动或制动不到位。解决方法:分解或更换风缸。

(4)检查有无漏风现象。解决方法:检修漏风设备或更好漏风不见密封圈。

(5)检查减速器制动轨面是否有油污。解决方法:擦除制动轨面上油污。

6. 车辆在减速器上夹停故障,存在以下几种情况,逐项检查排除:

(1)检查钳口尺寸是否超标过小。解决方法:调整钳口尺寸至符合标准。

(2)检查有无换向阀、风缸卡阻现象。解决方法:对气动部件进行分解和更换密封圈。

(3)检查有无机械卡阻现象。解决方法:调整克服机械卡阻。

三、风险提示

1. 缓行器检修作业伤害

(1)原因

①楼内未按下检修按钮;

②控制器开关未断开;

③楼内外联络失控,错误操纵缓行器;

④手脚放在缓行器中间。

(2)防控措施

①楼外防护员要提醒楼内联络员确认按下检修按钮;

②楼内联络员要提醒楼外防护员断开控制器开关;

③联络不畅禁止作业。

2. 车辆溜放作业伤害

(1)原因

①非作业时横越站场;

②联络员、防护员联络通信不畅;

③巡视作业,溜放车辆时声音较小。

(2)防控措施

①横越股道、站场时必须一站、二看、三通过;

②联络不畅严禁上道作业;

③严禁利用行车间隙在峰顶至Ⅱ制动位间进行上道检查和作业,在Ⅱ制动位以下严禁在溜放进路的本线及邻线上道检查作业;

④在其他线路作业安全防护员站立位置应面向峰上,及时通知作业人员下道避车,确保安全。

3. 缓行器吊装作业伤害

(1)原因

①运送配件时叉车作业;

②运送配件时横越股道;

③预装时行吊作业;

④现场吊装作业。

(2)防控措施

①叉车、行吊作业时必须持证操作;

②横越股道运送配件时必须设专人联络,专人防护,并在停轮时间内进行;

③现场吊装时远离起重臂作业范围内(设置专职防护员,统一指挥)。

第三节　测速雷达

测速雷达是溜放车辆速度控制的关键设备。测速雷达设备测量溜放车组在规定范围内的连续、瞬时速度信息,作为控制系统控制车辆减速器、评价溜放钩车控制结果的主要依据。

目前全路各大调车场普遍使用 8 mm 波长的测速雷达，主要型号有：T・CL-2 型、T・CL-3 型、T・CL-2A 型、T・CL-2B 型。本节主要介绍 T・CL-2A 型测速雷达。

一、设备认知

(一)结构

T・CL-2A 型测速雷达外形如图 9-20 所示，主要由圆锥形介质透镜喇叭天线、一体化微波收发组件(包括主振腔、稳频器、环形器、混频器、隔离器等)、多普勒信号处理板(包括自检电路)和直流稳压电源等部分组成。T・CL-2A 型测速雷达内部结构如图 9-21 所示。

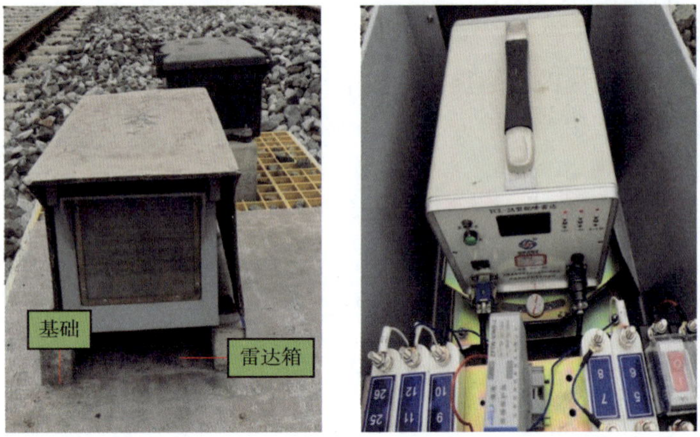

图 9-20　T・CL-2A 型测速雷达外形

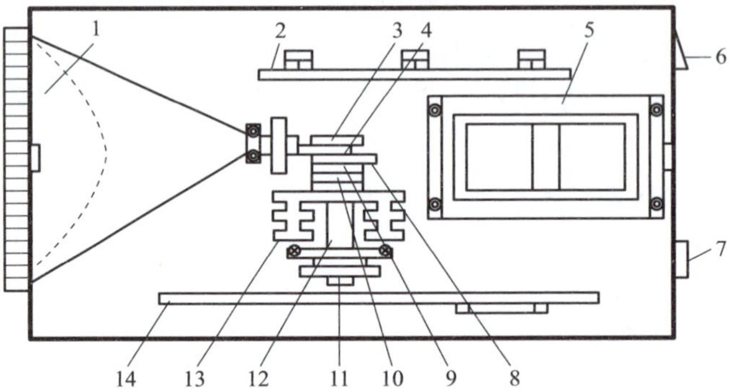

注：1—透镜天线；2—电源板；3—混频器；4—环形器；5—电源变压器；6—开关；7—九芯信号输出插头；8—隔离器；9—主振腔；10—稳频器；11—调整活塞；12—温度补偿器；13—散热片；14—多普勒信号处理板

图 9-21　T・CL-2A 型测速雷达内部结构

(二)工作原理

1. 雷达测速的基本原理

雷达测速原理是利用电磁波的多普勒效应，如图 9-22 所示。

雷达天线向运动目标(走行车组)发射频率为 f_1 的电磁波，遇到车组目标时，根据多普勒效应，反射一个新的频率 f_2。当车组迎着天线溜放移动时 $f_2>f_1$，当车组背向雷达顺着雷达波束方向溜放移动时 $f_2<f_1$，其差频称为多普勒信号频率 f_d，即 $f_d=|f_2-f_1|$。多

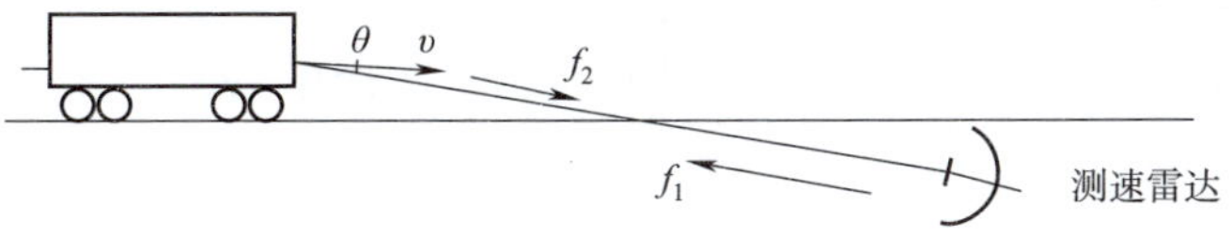

图 9-22　雷达测速原理

普勒信号频率数学模型描述为

$$f_d = |f_1 - f_2| = 2v/c \times f\cos\theta$$

式中：c 为常数；$\cos\theta \approx 1$；f 为雷达发射频率；f_d 与车辆溜放速度 v 成正比。

由于雷达发射频率 f 及电磁波在自由空间传播速度 c 均为常数，雷达电磁波辐射方向与钩车速度方向之间夹角 $\cos\theta=1$，因此多普勒信号频率 f_d 与车速 v 成正比。驼峰测速雷达就是通过测量 f_d 来实现车辆溜放速度的测量。

2. T・CL-2A 型测速雷达工作原理

T・CL-2A 型测速雷达工作原理如图 9-23 所示。

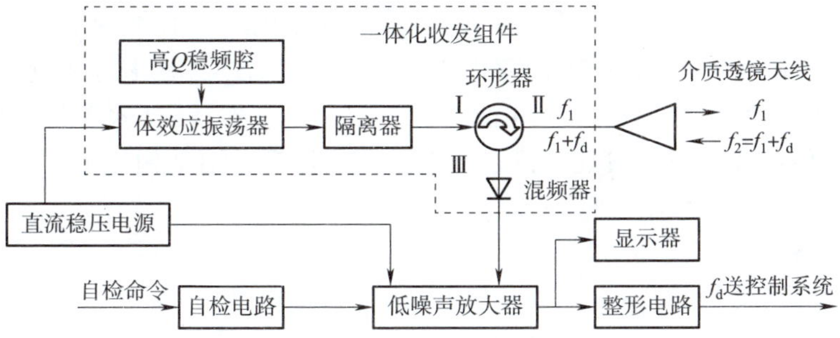

图 9-23　T・CL-2A 型测速雷达工作原理

体效应震荡器加电后产生频率为 35.1 GHz(37.5 Hz)、功率为 30 mW 的超高频电磁波 f_1，通过隔离器、环形器收发隔离正向导通，经介质透镜天线辐射到前方被测目标物体上，同时，电磁波 f_1 的一小部分功率经环行器反向隔离进入混频器作为本振频率，当发射频率 f_1 电磁波遇到运动物体时，根据多普勒效应，反射回一个新的频率信号 f_2。当车辆迎着天线溜放时 $f_2>f_1$，当车辆原理天线溜放时 $f_2<f_1$。反射信号 f_2 由天线接收后，经环形器的正向导通至混频器与本振频率进行混频，其差频信号 f_d 为多普勒信号频率，即 $f_d=|f_2-f_1|$。f_d 与运动物体速度成正比，与反射电磁波的波长成反比。将 f_d 低噪声经过放大器进行滤波、放大和整形处理，送到计算机计算出频率大小，即可得出移动目标物体的运动速度。自检电路是在没有溜放车辆时对设备自检，从而监测雷达的工作状态。

二、设备维护

(一)标准化作业

1. 作业前

(1)班前会、准备工作

①召开班前布置会；

②信号集中监测曲线分析，主要查看日报表、日曲线，掌握雷达运用状况；

③检查准备工器具、仪表、备品并拍照；

④试验联络工具良好，按规定穿戴防护用品，携带防护用具。

(2)联系、登记

2. 作业中

(1)日常巡视作业

①检查外部箱盒

a. 箱盒无破损，埋设牢固不倾斜，无裂纹，箱盒倾斜限度不超过 10 mm，固定螺丝不松动，排水良好，基础完好，设备硬化面完好。

b. 天线箱发射口玻璃板完好，无破损、裂纹；天线前方至减速器入口处无影响使用的杂草及障碍物、天线箱发射口玻璃板完好，无破损、裂纹；天线前方至减速器入口处无影响使用的杂草及障碍物。

c. 擦拭天线箱玻璃板，干净无尘、土。

d. 检查箱盒加锁装置，加锁螺杆应旋转到位。

②检查箱盒安装距离

a. 8 mm 雷达安装于轨道两旁任一侧时，箱体后侧距线路中心不少于 1 800 mm，窗口朝向减速器最远端线路中心处，并向本线路适当倾斜(每年一次，结合秋季鉴定)。

b. 箱体顶端距轨面不应超过 300 mm±10 mm(每年一次，结合秋季鉴定)。

c. 天线箱安装在减速器入口处，天线窗口距减速器第一制动钳中心 12～18 m(特殊条件时 12～15 m)，每年一次，结合秋季鉴定。

(2)集中检修作业

①箱盒内部开盖清扫，检查天线箱、电源箱内部各项设备。

a. 天线密封箱防振作用良好，防尘、防潮良好。

b. 天线方向正确，插接件紧固，接触良好，焊头无腐蚀，螺丝紧固，螺帽齐。

c. 配线整齐，导线断股不超过 1/5，电缆去向铭牌清楚，电缆头封闭良好。

d. 保险管安装良好，容量符合规定。

②防雷元件及地线测试。

防雷元件标称电压和漏泄电流满足使用要求，接入贯通地线电阻小于或等于 1 Ω，未接入贯通地线电阻小于或等于 4 Ω。

③熔丝更换及熔断器座整治。

熔断器安装牢固，接触良好，熔丝容量符合规定，不超周期。

④油饰。

油饰平整光滑、标识正确清楚。

⑤雷达检查测试

a. 采用 8 mm 雷达综合测试仪测试：工作频率为 37.5 GHz±0.1 GHz 或 35.1 GHz±0.1 GHz。雷达有效作用距离不小于 50 m。

b. 多普勒整形信号输出：交流电压输出不小于 8 V(峰值空载)，电流输出不小于 10 mA。

c. 自检信号频率：相当于被测运动目标速度 30～32 km/h 的多普勒频率值±1 Hz，自检电压为 6～24 V。

d. 雷达灵敏度应使用雷达专用测试仪测量，将仪器置于雷达前方 10 m 处，调整雷达方位，当仪器确认已对准雷达时分别送入 3 km/h、6 km/h、12 km/h、24 km/h 调制信号，在雷达输出端应接收到相应的 195 Hz、390 Hz、780 Hz、1 560 Hz 频率信号。

e. 雷达最大辐射方向调整：将专用测试仪置于减速器出口轨道中心处，仪器高度与车辆车钩一致，调整雷达在箱内的位置，当仪器接收到最大雷达信号时，确认该雷达方向已调好，同时将固定螺丝拧紧。

⑥雷达电源检查测试

输入电源电压允许范围：AC 220 V±22 V、50 Hz±2 Hz；输出电源（振荡器电源电压）：T・CL 型振荡器电源电压为＋4.0 V～＋5.5 V 可调。放大器电源电压：±6 V±0.5 V。输出电源纹波电压：≤0.5 mV。

3. 作业后

(1)试验

设备检修完毕后，室内外彻底试验良好，并会同车站值班员试验。

(2)清理场地、拍照上传

清点工具、材料，做到人走料清。检查设备加锁良好，作业组长对动过的部位和撤离时作业现场全貌拍照，并上传（车间分析室）。

(3)销记

经试验良好后，停止作业，由电务联络员在“行车设备检查（施工）登记簿”（运统 46）内登记销点，交车务值班员签认。

(二)常见问题处理

1. 雷达测速不准

解决方法：一般由三种情况造成，即暴雨影响、临线过车干扰、移动物体干扰，对前两种情况不做处理，对移动物体干扰要排除雷达前方无杂草，进行检查清理。

2. 雷达无法测速

解决方法：一般由三种情况造成，即方向调整不到位、雷达自身问题、自检电路未断开。方向调整不到位时需重新调整，雷达自身问题需更换雷达，自检电路未断开需更换 GJ 继电器。

3. 雷达失去自检功能

解决方法：一般为自检部件或电缆线开路短路，或板卡问题所致；需加强检查测试，对不良板卡进行更换。

(三)常见故障处理

1. 故障处理流程：故障受理→登记→处理→检查试验→销记→汇报。

2. 系统报雷达异常或雷达故障。

处理方法：

(1)分先盘测试自检电压、频率或利用仿真终端查看雷达自检速度是否异常，初步判断故障在室内或室外。

(2)室外检查雷达自检频率或速度是否正常，不正常为雷达故障，更换雷达。

(3)如判断室外自检信号是否正常，室外测量信号端子电压是否正常，不正常则关闭雷达电源再测试信号端子有无直流 12 V，有说明室内板块接口电源 12 V 正常，否则更换 JB 板。

(4)检查自检及 JB 板正常后，则用测试仪分别输出 4 个挡位模拟信号频率测试雷达，雷达应能显示对应频率的速度值,有不正常则更换雷达。

3. 雷达电源故障。

处理方法:220 V 交流指示灯不亮,逐一检查测试电源变压器的初级、次级、整流及直流稳压输出,发现哪一级有问题,查明原因后排出。

4. 雷达微波组件故障。

处理方法:测试放大板输入端无−0.3∼−1.0 V,可判定雷达微波部分故障。如无发射功率则检查振荡器电源通路;如发射功率低或作用距离不够,则更换耿氏振荡源,检查更换体效应管,或更换微波组件;如振荡源有功率输出而无接收信号,则只能更换混频管。

5. 雷达信号放大处理电路故障。

处理方法:拔下放大器插头,取下印刷电路板,使用信号发生器(200∼2 000 Hz)逐级检查。发现哪级有问题,则检查相关元件,更换损坏元件。

三、风险提示

1. 设备固定不良风险

(1)原因:箱内设备固定不良产生偏移,造成雷达角度变化。

(2)防控措施:检修时重点检查设备固定情况。

2. 箱盒内作业风险

(1)原因:箱内作业空间不大,赤手作业易碰到雷达 220 V 电源。

(2)防控措施:雷达箱内作业须带防护手套。

第四节 测长设备

调车场股道的空闲长度是驼峰控制系统确定目的制动减速器出口速度设定值的主要依据,实时测量调车股道空闲长度的设备叫作测长设备。通过计算实时动态的测长数据,可确定车组在股道内的走行速度和连挂速度。常用的测长设备有工频测长、音频测长、电脑测长等。无论哪一种测长设备,都是基于轨道电路短路输入阻抗与短路点到始端距离近似成正比的基本原理来实现的。本节主要介绍 TGWC 型工频测长和 T·CW 型电脑测长设备。

一、设备认知

(一)TGWC 型工频测长设备结构及工作原理

1. 设备结构

目前较为常用的是工频(50 Hz)测长设备,在电气化区段为了提高抗干扰能力和测量精度,提高了工作频率,采用 175 Hz。工频(50 Hz)与 175 Hz(25 Hz)测长基本原理相同。工频测长的特点是设备结构简单,轨道电路供电电流大,有效测量长度可达 1 050 m 且测量精度高。

工频测长设备由室外轨道变压器箱内送电变压器、电抗器、可调电阻器、钢轨接续线、电缆和室内设备轨道测长模块(CB)板组成。TGWC 型工频测长设备结构如图 9-24 所示。

其中,测长模块仅是一块电路板,其作用是采集和测量股道空闲长度模拟量/数字量参数,由计算机计算出走长、停长值。各种信息(含报警)通过 CAN 总线与上位机通信交换信息。测长轨道电路从减速器出口开始到峰尾停车设备处,长度一般不大于 1 000 m。

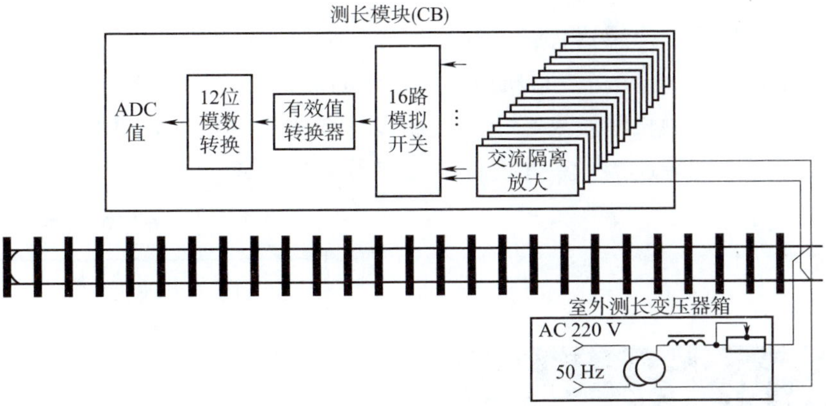

图 9-24 TGWC 型工频测长设备结构

2. 工作原理

工频测长设备利用编组线内股道的两条钢轨及终端短路线构成回路，在回路始端输入 50 Hz(175 Hz)电信号，当车组在轨道上行走时，随着车组距始端距离的变化，引起短路输入阻抗的变化，由计算机实时扫描轨道电路输入电压变化值，经过高次方程曲线逼近的方法计算得出相应的长度值。这种方式称为阻抗-电压-长度方式，即阻抗模值测长。

测长系统测量误差是包含诸多因素的综合统计结果，测长精度主要受参数调整精度和轨道线路状态的影响。现场测试证明，在调整适当、轨道电路接续线接续良好时，工频测长系统的综合均方差为 7 m。

(二)T·CW 型电脑测长系统结构及工作原理

1. 系统结构

T·CW 型电脑测长系统由室外设备(测长区段轨道电路及传感器)和室内设备(电脑测长机柜)组成。T·CW 型电脑测长系统结构如图 9-25 所示。

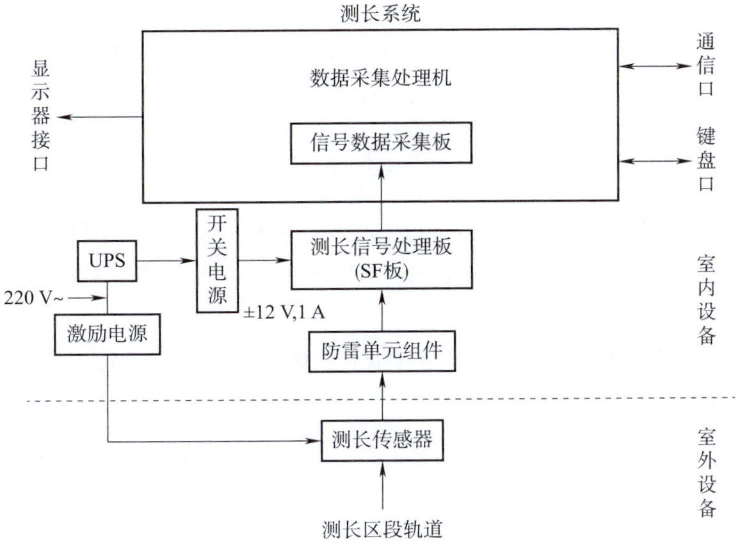

图 9-25 T·CW 型电脑测长系统结构

(1)室外设备

室外设备主要是测长传感器,其外形如图 9-26 所示。

测长区段始端(0 m)定于可控顶轨道区段绝缘的外方处,两侧钢轨均以钢丝绳与测长箱内的测长传感器相连。测长区段末端定于控制设计要求的测量处,在两钢轨间则以双根塞钉式钢丝绳短路线做终端连接。室外设备连接如图 9-27 所示。

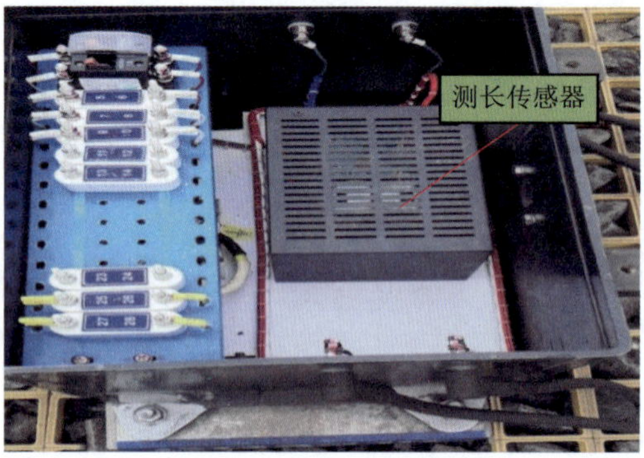

图 9-26 测长传感器外形

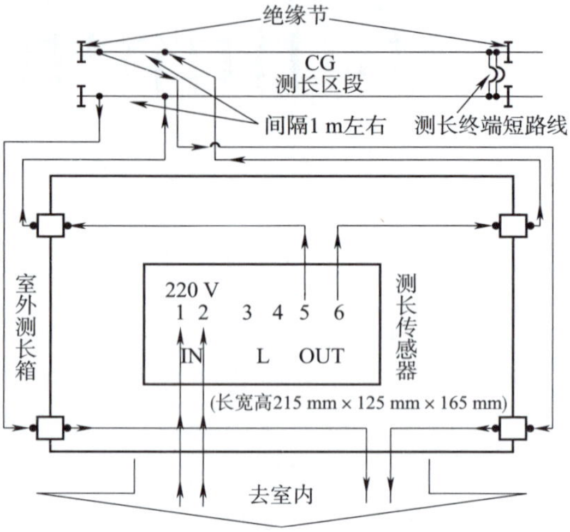

图 9-27 室外设备连接

(2)室内设备

室内配置测长机柜一台,测长机柜机构分三个部分,自上而下依次是:显示器、数据采集处理机、滤波板,电脑测长机柜如图 9-28 所示,室内设备连接如图 9-29 所示。

2. 工作原理

在体系结构上采用了计算机独自构成系统,向管理控制计算机直接交换数据信息,传送全场各道的测长数据。利用编组调车线自身的两根钢轨及末端短路线构成一段封闭式测长轨道电路作为基础传感部件。当溜放车组在测长区段轨道上占用或行走时,其最后的轮轴就相当于一根移动的轨道电路末端短路线。随着轮轴离开轨道始端的距离改变,轨道电路的短路输入阻抗(即钢轨的一次参量)就要改变,系统里产生的测长信号将随之变化。

电脑测长采用计算机对测长轨道电路送回来的信息数据进行处理,并通过合理的数学计算模型和软件,对测长系统进行人工智能处理,将整线的非线性特性完成计算,确保远端的测量准确度。

电脑测长系统实现了驼峰测量设备的智能化,独立全功能处理测长数据。系统调试、维修及与调速控制系统接口更为方便。

计算机对测量结果运算得出空闲长度,软件运算可实现线性校正,提高抗干扰能力。平均误差达到不大于 5 m。

图 9-28　电脑测长机柜

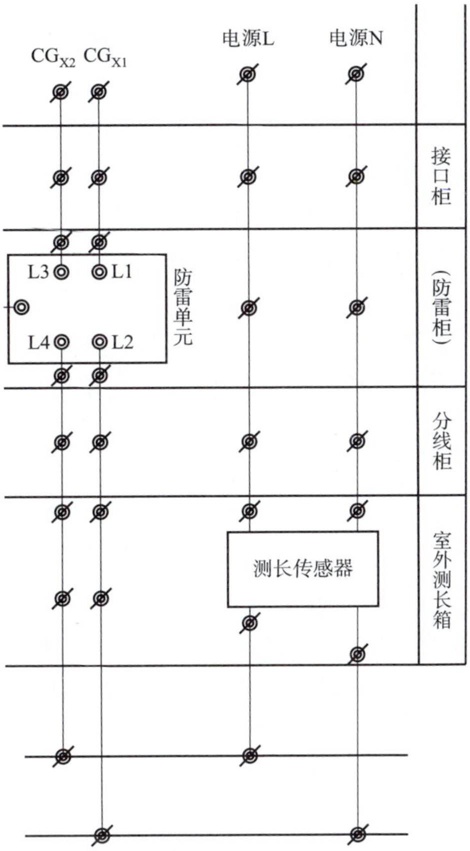

图 9-29　室内设备连接

二、设备维护

(一)标准化作业

1. 作业前

(1)班前会、准备工作

①召开班前布置会；

②信号集中监测曲线分析，了解掌握测长设备运用状况；

③检查准备工器具、仪表、备品并拍照；

④试验联络工具良好，按规定穿戴防护用品，携带防护用具。

(2)联系、登记

联系车务人员了解车站作业情况，根据天窗修计划、日常维护以及检修作业内容进行登记、要点，经车务人员同意、签认后方可进行作业。

2. 作业中

(1)日常巡视

①室外箱盒外观检查

箱盒无破损，安装牢固，加锁良好。基础面硬化完整，周围无杂草，面上整洁无杂物。

②室外引接线、接续线、末端封连线检查

a. 末端封连线、引接线、接续线固定良好，不埋在土中或石砟中，引接线处不得有防爬器和轨距杆。

b. 接续线无过甚弯曲，无锈蚀断股、扎伤现象，塞钉无松动脱落，打入深度应露出轨孔平面，且不超过 5 mm。

c. 末端封连线固定、接续良好。

③测长机柜、测长电源检查、测试

a. 各板卡通信表示灯表示正确，通信正常。

b. 各部件清洁无灰尘，端子紧固，插接件良好，配线整齐、无断股。

c. 电脑测长机柜直流电源为：主机电源 5 V±0.2 V，接口电源 12 V±0.5 V。

(2)集中检修

①室外熔断器(断路器)检查、更换

a. 安装牢固，接触良好，熔丝容量按规定配置。

b. 熔断器有试验标记和更换日期，每三年更换一次(断路器故障应及时更换)。

②箱盒防尘、防潮检查

a. 测长箱盒内部清洁，防尘、防潮设施良好。

b. 盘根作用良好，电缆引入孔封堵良好。

③电缆配线、器材检查

a. 铭牌齐全、正确，字迹清楚。

b. 配线良好、整洁，无破皮及混线，不老化，焊点焊接良好。

c. 器材类型正确，无过热现象，不超期，印封完整，安装良好。

d. 配线卡、测试资料保存良好，与实物相符，无涂改。

④清扫、测试

a. 灰尘清扫。

b. 测试股道传感器一、二次间绝缘电阻不低于 0.1 MΩ。

⑤整理引接线、接续线、末端连接线涂油

引接线、接续线长度适当，固定用卡钉齐全，接续线平、紧、直，密贴鱼尾板，涂油防锈，断股不得超过 1/5，引入线应有防混措施。检查股道测长末端连线接触良好。

⑥测长长度校核、调整

a. 当工程改造影响测长精度时，需进行测长精调工作，用 0.06 Ω 标准短路线依次在钢轨上每相隔 50 m 进行短路，重新建立测长数据。

b. 实车校核测长精度。道砟电阻大于 5 Ω·km 的条件下，全场各点的长度误差均值不大于±5 m，方差不大于 15 m。道砟电阻大于 1 Ω·km 的条件下，600 m 以内的长度误差均值不大于±5 m，方差不大于 15 m，600 m 以上和 750 m 以上最大误差分别为－25 m 和－50 m。当股道测长精度不足时，由车间组织进行测长校正。每年一次的对所有股道测长精调工作可以取消。

c. 检查测长备用板。

测长备用板应有防静电干扰措施和摆放的专用柜，对备用板卡每半年上电试验一次。

3. 作业后

(1)试验

设备检修完毕后,室内外彻底试验良好,并会同车站值班员试验。

(2)清理场地、拍照上传

清点工具、材料,做到人走料清。检查设备加封加锁良好,作业组长对动过的部位和撤离时作业现场全貌拍照,并上传(车间分析室)。

(3)销记

经试验良好后,停止作业,由电务联络员在"行车设备检查(施工)登记簿"(运统46)内登记销点,交车务值班员签认。

(二)常见问题处理

1. 轨面生锈造成测长比实际长

解决方法:登记分路不良,联系车务安排压轨整治。

2. 道床漏泄大,造成测长比实际短

解决方法:先进行精调,确定漏泄点,再联系工务整治。

3. 单股道测长误差大

解决方法:申请单股道天窗精调确定区域,一般为通道接触不良、道床漏泄、钢轨绝缘破损问题。

4. 接续线、尾部封连线接触不良或断线

解决方法:紧固、油漆封闭措施。

(三)常见故障处理

1. 全站场测长为"0",屏显测长故障

处理方法:

(1)检查净化电源交流输入是否正常(输入接线端子、短路器等)。

(2)检查三相电压输出(输出引接线端子、熔丝、输出线路等)。

(3)如交流净化电源内部故障无输出(输入电源正常),转换到备用电源再查找故障原因。

2. 对应测长CB板的股道均报故障

处理方法:更换对应的CB板。

3. 全场测长不准确误差过大

处理方法:

(1)输出电压不标准,各相偏离4.4 V时须进行微调。

(2)输出端某环节接触不良,全面检查紧固。

4. 对应某相电压输出股道测长不准确,进车后报故障

处理方法:

(1)调整该相220 V电压值至达标。

(2)该相输出端电路接触不良,全面检查紧固。

5. 某股道测长不稳定或误差大

处理方法:

(1)变压器端子有松动,全面检查紧固。

(2)滑线电阻接线或压片未压紧,调整接触片。

(3)轨端接续线断线或接触不良,全面检查各接续线。

(4)轨道送、受端连线或尾端短路线断线或接触不良,全面检查处理。

(5)道床受电解溶液污染或湿度变化,通知工务部门处理。

(6)轨端绝缘破损,更换绝缘。

(7)处理故障后,要按测长轨道电路的标准调整方法全面调整测试,达到技术指标。

6. 全场测长故障恢复后,部分股道仍在故障状态

(1)对应 CB 板复位,在 CB 板面板上按复位按钮。

(2)CB 插件板可能出现故障,更换试验确定。

三、风险提示

1. 撞重钩风险

(1)原因:测长不准影响定速。

(2)防控措施:加强测长传输通道问题检查,重点整治轨面生锈、道床漏泄、接触不良问题,根据需要及时申请精调。

2. 测长精调作业劳动安全风险

(1)原因:测长精调作业时间长,临线来车疏于防患。

(2)防控措施:加强联络防护,测长精调按一级维修作业组织,落实安全盯控措施。

第五节　编组站调车机车无线综合控制系统

编组站调车机车无线综合控制(JZK)系统是将驼峰无线机车遥控系统(驼峰机遥)、无线调车机车信号和监控系统(STP)两个部分有机结合在一起,共同完成编组站内的推峰作业遥控、自动控制、站场调车安全防护的综合控制系统。

一、设备认知

JZK 系统由地面设备及车载设备组成。

1. 地面设备

地面设备由地面控制计算机、点式应答器、电务维修终端及车务终端、天线、电源等组成。

地面控制计算机由地面主机及有关接口设备组成,采用双机热备的工作方式。地面控制计算机机柜共两套,分别位于驼峰信号楼和编尾信号楼,作为独立系统时设置一台维修管理机。地面控制计算机机柜如图 9-30 所示。

股道号应答器置于股道内侧两枕木之间。每股道两个点,安装在到达场股道两端入口处。峰顶每条推送线各两个点,安装在迂回线出口前端,并在牵出线、机待线、进站口、场联线、集中区入口等设置地面点。

在机房外设置天线铁塔,每个铁塔上为两根全向天线。

系统地面设备可设在驼峰信号机房,可同时对到达场、驼峰场的多台调车机车的调车作业进行安全防护及遥控,并对到达场的推峰机车进行遥控及自动控制。

图 9-30　地面控制计算机机柜

2. 车载设备

车载设备由车载控制计算机、有关接口设备(与数传电台通信、与 LKJ2000 型机车监控装置通信、与司机显示器及点式查询应答器通信)、司机显示器、查询器主机及查询器等构成。机车设备结构如图 9-31 所示。

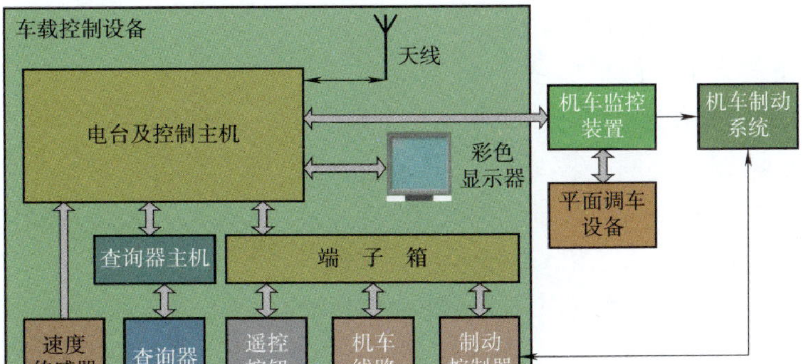

图 9-31　机车设备结构

二、设备维护

(一)标准化作业

1. 作业前

(1)班前会、准备工作

①召开班前布置会;

②信号集中监测曲线分析,了解掌握设备运用状况,主要查看系统报警信息;

③检查准备工具、仪表、备品并拍照;

④试验联络工具良好,按规定穿戴防护用品,携带防护用具。

(2)联系、登记

联系车务人员了解车站作业情况,根据天窗修计划、日常维护以及检修作业内容进行登记、要点,经车务人员同意、签认后方可进行作业。

2. 作业中

(1)地面设备的日常巡视

①检查主机、电台运行是否正常。

查看主机通信指示灯、电台指示灯运行正常、无灭灯现象。

②检修 UPS 电源工作状态。

UPS 电源无过大噪声,表面不过热,指示灯显示正常,风扇运转良好。

③测试主机工作电源电压。

输入电源:AC 220 V±22 V;主机电源电压:5 V±0.25 V;接口电源电压:12 V±1 V;电台电源电压:12 V±1 V。

④检查各插件、配线。

插接件插接良好,固定良好无松动、氧化现象。

⑤检查主机工作环境。

周围空气温度:10 ℃~30 ℃,空气相对湿度:10%~75%,大气压力:70~106 kPa。

⑥查询维修机报警信息。

对各种报警信息进行分析处理。

(2)地面设备的集中检修

①同日常巡视的工作内容。

②机柜检查、清扫。

③主备机切换试验(主备机每月倒换使用)。

④检查电缆配线。

走线规范、整齐,长度适当,固定良好,外表无伤痕,引入口处保护措施良好。

⑤检查机房接地。

接地电阻应不大于 1 Ω,防雷地线接地电阻应不大于 1 Ω(每年 2、8 月份各测试一次)。

⑥检查机柜风扇运用情况。

⑦检查室外天线及应答器。

天线、应答器安装固定及防雷措施齐全,并确认应答器位于钢轨中心。

⑧检查备用板卡。

备用板卡应有防静电干扰措施和摆放的专用柜，对备用板卡每半年上电试验一次。

⑨机柜报警功能检查试验。

试验机柜各项声光报警功能。

(3)车载设备的日常巡视

①接收线圈机车股道识别装置检查。

a. 接收线圈及其安装架安装牢固，无裂纹、松动，开口销齐全，劈开角度 60°～90°，线圈不旷动，无移位。接收线圈包扎紧固、防水、防油、防尘效果良好。

b. 接线盒安装牢固，接线端子、螺母紧固，螺帽垫圈齐全。配线整洁、良好，无断股，密封良好，无灰尘。

②司机显示器及控制主机箱检查。

a. 司机显示器无松动，二极管接触良好，色玻璃清洁，外壳无破损、裂纹，加封良好。

b. 防震架牢固不松动，配件齐全，防震效果好，控制主机箱接插件接插良好，加锁完整。

③电源箱检查。

接插件插接良好，固定牢靠，端子板螺丝紧固，配线正确、整洁、无伤痕。

④运用查询。

询问司机了解设备运用情况。

⑤电缆、配线检查。

走线规范、整齐，长度适当，固定良好，外表无伤痕，引入口处保护措施良好。

(4)车载设备的集中检修

①接收线圈机车股道识别装置检查

a. 接收线圈及其安装架安装牢固，安装底部距离钢轨面 150 mm±10 mm，中心距钢轨中心误差为 5 mm，无裂纹、松动，开口销齐全，劈开角度 60°～90°，线圈不旷动，无移位。接收线圈包扎紧固、防水、防油、防尘效果良好。

b. 接线盒安装牢固，接线端子、螺母紧固，螺帽垫圈齐全。配线整洁、良好，无断股，密封良好，无灰尘。

c. 机车查询器应悬吊于机车纵轴线中心，吊装时查询器底面离轨面 160 mm±10 mm。

②司机显示器及控制主机箱检查

司机显示器无松动，二极管接触良好，色玻璃清洁，外壳无破损、裂纹，加封良好；防震架牢固不松动，配件齐全，防震效果好，控制主机箱接插件接插良好，加锁完整。

③电缆、配线、端子板检查

端子紧固，电缆无破皮、裂纹；绝缘测试良好。未连接设备时，线与屏蔽层间，线与插头外壳间绝缘电阻不低于 25 MΩ。

④主机、查询器主机检查

安装牢固，无异常报警。

⑤天线、速度传感器检查

安装牢固、无碰刮痕。

注意：查询器天线电缆出厂标配长度为 13 m，因电缆长度是天线谐振回路的一部分，一般不宜变动。如发现过长，可以卷起，不能剪短。

⑥电源箱检查测试

接插件插接良好，固定牢靠，端子板螺丝紧固，配线正确、整洁、无伤痕。

输入电源：DC 110 V±3.85 V，输出电源：主机 5 V±0.25 V，接口电源电压：12 V±1 V，电台电源：12 V±1 V，转换电源：24 V±1 V。

3. 作业后

(1)试验销记

设备检修完毕后，室内外彻底试验良好，并会同车站值班员试验。经试验良好后，停止作业，由电务联络员在“行车设备检查(施工)登记簿”(运统46)内登记销点，交车务值班员签认。

(2)清理场地、拍照上传

清点工具、材料，做到人走料清。检查设备加锁良好，作业组长对动过的部位和撤离时作业现场全貌拍照，并上传(车间分析室)。

(二)常见问题处理

1. 地面机柜故障报警

处理方法：采取人工复位，仍不能正常运行，应检查或更换 CPU 板。一般来说，信号命令接收显示正常情况下，故障不会产生于主机 CPU。

2. 控制台回执显示不正常

处理方法：应首先判断机车设备是否正常，再检查通信线路是否正常。

3. 地面应答器不良

处理方法：当机车反映收不到某股道地址信息时，一般为地面应答器不良所致，应重点检查地面应答器安装固定及损坏情况。

4. 速度显示不正常或无显示

处理方法：检查速度传感器是否松动或损坏。

(三)常见故障处理

1. 故障处理流程：故障受理→登记→处理→检查试验→销记→汇报。

2. 地面电源故障。

处理方法：在机柜各层前面板上均有表示电源工作的发光二极管显示，可通过观察点亮情况判断电源故障，通过电源的输入、输出表示灯判断故障部分，通过测试孔测试判断电源工作是否正常。若判断电源故障则更换电源，更换后仍不能正常工作则检查电源配线及功能板。

3. 机车电源故障。

处理方法：机车电源包括转换电源、主机电源、接口电源和电台电源，后者只影响电台工作。转换电源故障会导致主机和接口电源均不能工作，其电源板上有显示工作状态的发光管，可通过观察发光管状态判断电源是否故障，也可通过电源测试端子进行测量判断。若出现电源保护，一般处在机箱内部，先将主机箱与相关电路板拔出，再开启电源，依次检查有关电路板，分别单独加电，直到出现电源保护，则更换该板；若依然电源保护，则需检查机箱是否有短路。

4. 通信故障。

处理方法：当机车收不到地面发送的控制命令，地面接收不到机车的回执信号时，可判断为通信故障。当几台机车均收不到控制命令或地面均收不到机车的回执信号时，应检查电台工作是否正常。电台接收不到信号，首先检查电台电源是否正常，不正常则更换电源，若电源正常则检查天线及天线电缆。若电台正常接收灯亮,控制主机面板灯不闪,应检查机箱配线及电台与控制主机间的信号线,并检查主机 RS-232 接口。

5. 查询应答器故障。

处理方法:当所有车载主机均接收不到某点信息,判断为地面点故障,需检查更换地面应答器;当车载主机接收不到或不能稳定接收所有地面点信息,判断为车载主机故障,或查询器与主机连接电缆故障,或查询器本身故障,进行更换处理。

三、风险提示

1. 控制系统故障风险

(1)原因:主机故障、板卡故障、通信故障、电源故障。

(2)防控措施:定期检修、清洗滤尘网,检查主板电容、电源及散热风扇;板件问题及时联系设备厂家进行分析检查处理;定期对系统进行复位;定期检查测试接口电源。

2. 室内操作风险

(1)原因:更换板卡时带电插拔,损坏电路板,严重时损坏主机。

(2)防控措施:机柜挂“禁止带电插拔”警示牌;更换电路板需纳入天窗作业单并制定卡控措施,干部现场盯控。

3. 地面应答器作业劳动安全风险

(1)原因:股道作业时临线来车、点外巡视推峰作业密集,疏于防患。

(2)防控措施:加强联络防护,尽量纳入天窗作业。

4. 杆塔作业劳动安全风险

(1)原因:地面天线作业需攀爬杆塔。

(2)防控措施:作业须下在天气良好时进行,须系安全带,作业人员身体状况良好。

第六节　编组站综合自动化系统

编组站综合自动化系统包括 SAM 系统和 CIPS 系统,本节重点介绍 SAM 系统及 TBZK-Ⅱ型驼峰自动化控制子系统,CIPS 系统及 TW-2 型驼峰自动化控制子系统。

1. SAM 系统由综合信息管理子系统、集中控制子系统、计算机联锁子系统、驼峰自动控制子系统、调车机车综合安全监控子系统、集中监测和环境监控子系统、停车器自动控制子系统、电源子系统组成。SAM 系统硬件设备网络结构如图 9-32 所示。

上层是铁路局集团公司计划、调度系统,负责协调编组站所需要的信息。中间层是车站调度指挥与管理系统,负责接收与执行铁路局集团公司下达的日班/阶段计划、列车编组计划和临时调整的调度命令。基础层是调度集中控制与作业过程自动控制系统,负责接收车站调度指挥与管理系统下达的作业计划,并将其分解成指令下达给相关的控制设备;实现进路自动控制、驼峰溜放控制、计算机联锁控制、尾部停车器控制、调车机车遥控;并将执行结果实时反馈给调度指挥与管理系统。作为计划管理层与控制执行层的中间接口层,SAM 集中控制子系统主要实现集中控制与行车管理功能、自动执行与计划管理功能、作业实绩实时反馈功能和综合显示功能。

SAM 系统与驼峰过程控制系统 TBZK 之间设置通信接口机,通过网络方式进行接口,驼峰接口硬件示意如图 9-33 所示。SAM 系统通过通信接口机向驼峰控制系统传递驼峰控

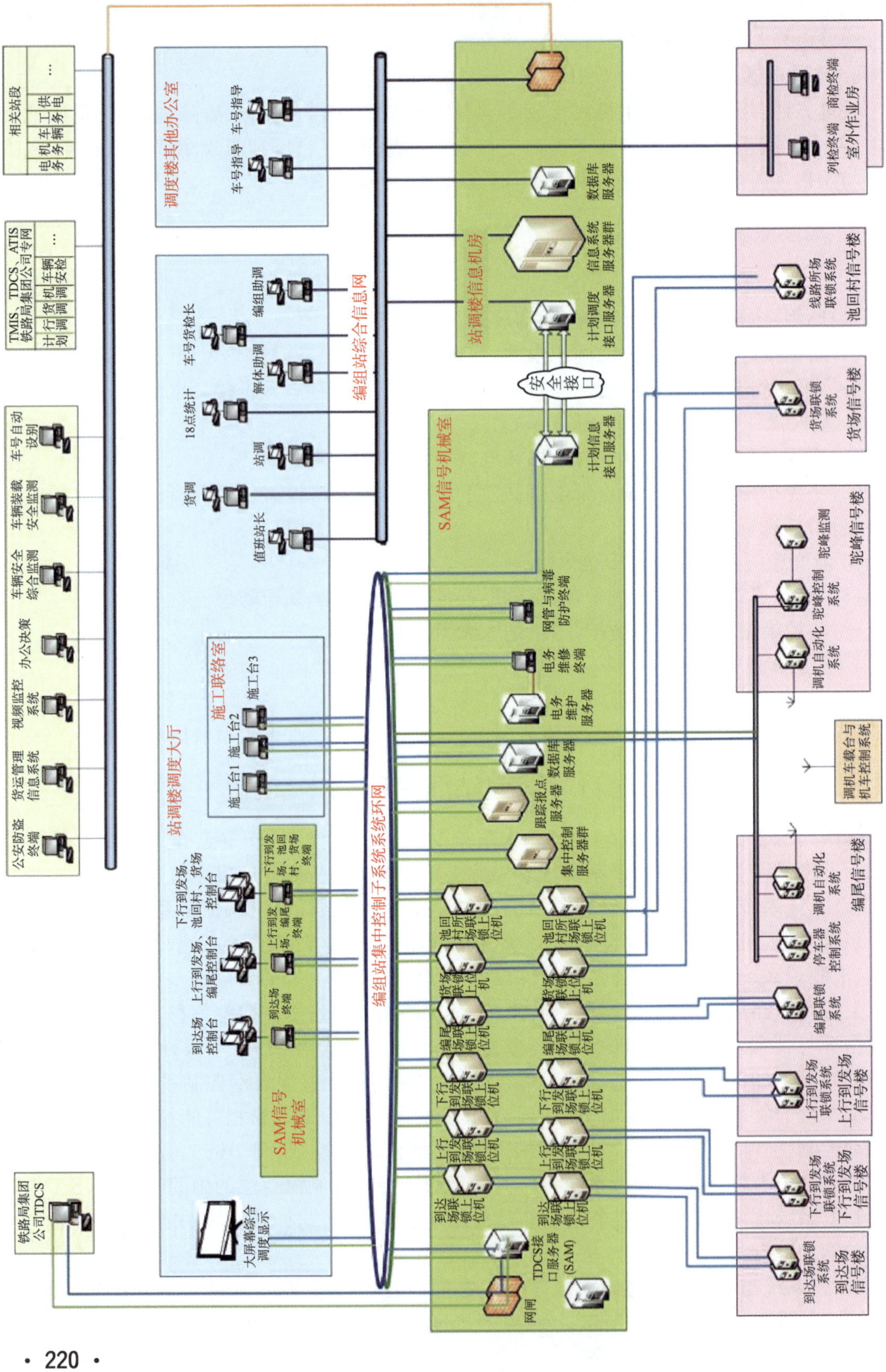

图 9-32 SAM 系统硬件设备网络结构

制命令、待解车列现车数据、解体作业单等信息；驼峰控制系统通过接口机向 SAM 系统传递驼峰变更的作业单、驼峰实时表示数据、驼峰报点数据、驼峰溜放异常报警、驼峰股道封锁数据等信息。

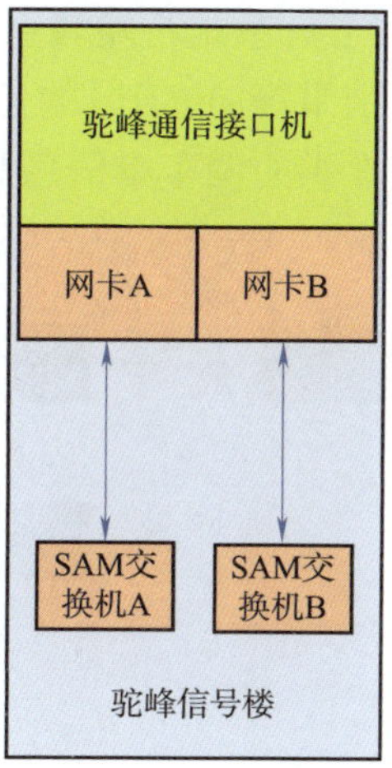

图 9-33　驼峰接口硬件示意

集中控制子系统计划信息接口服务器负责连接 SAM 集中控制子系统与综合信息管理子系统。计划信息接口软件(PSI)经过网络隔离设备进行共享数据的交换，是 SAM 系统管控结合的关键结点。PSI 不仅担负了与综合信息管理系统的接口任务，还承担了 SAM 系统控制信息网的作业计划内部转发任务。

2. CIPS 集控系统是基于 CIPS 系统的面向铁路编组的综合操作系统。CIPS 集控系统包括人机界面、站场表示服务和系统接口 3 部分。通过系统集成方式把联锁、驼峰、停车器等不同系统的显示与操作统一集成在一个站场表示界面上，由值班人员完成操作。CIPS 集控系统硬件组成主要有：集控服务器、集控交换机、工作站以及与各控制子系统连接的控制网络设备。CIPS 系统硬件设备网络结构如图 9-34 所示。

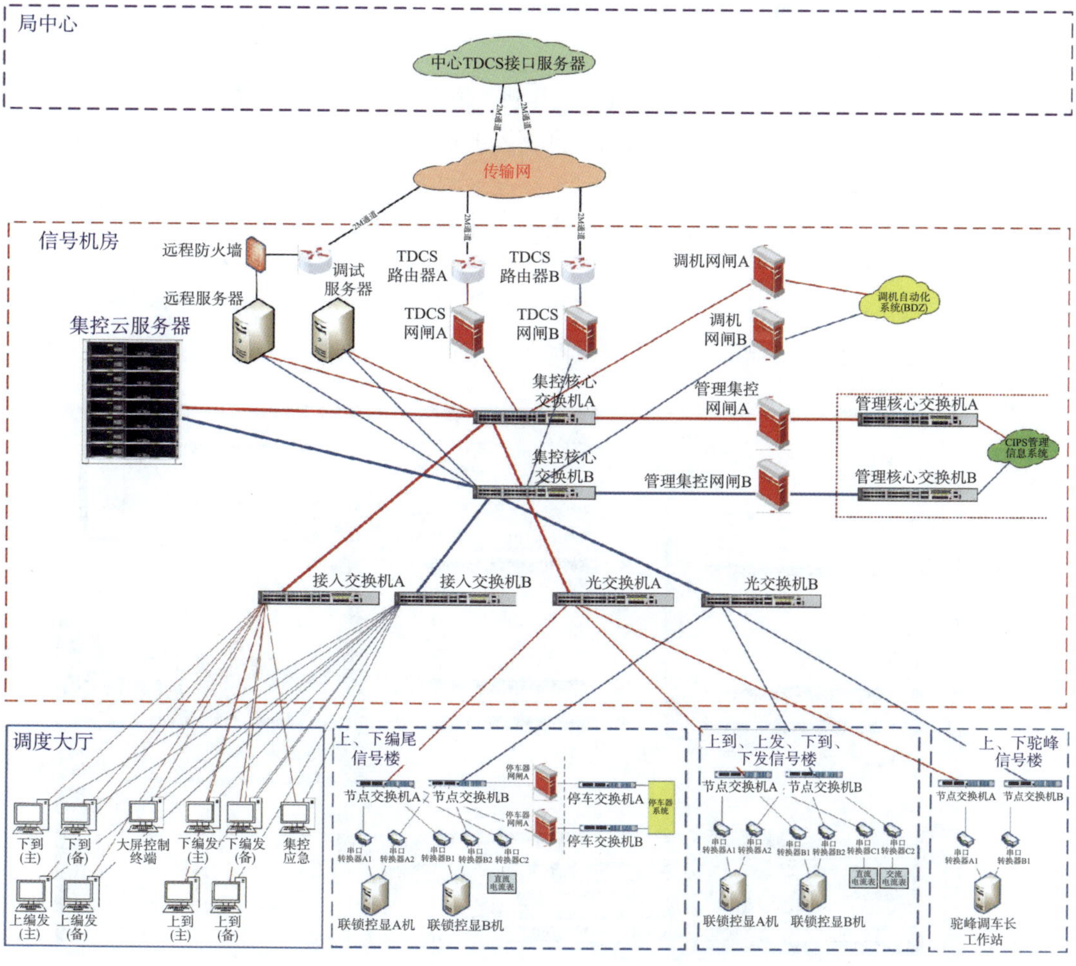

图 9-34　CIPS 系统硬件设备网络结构

CIPS 系统与驼峰系统接口示意如图 9-35 所示，其作用为实现站场实时信息、调车计划执行结果等向 CIPS 的传递，实现 CIPS 对驼峰系统传递调车计划。驼峰系统除了接收 CIPS 系统提供的调车单信息和有关操作命令外，其运行不受 CIPS 系统的影响。

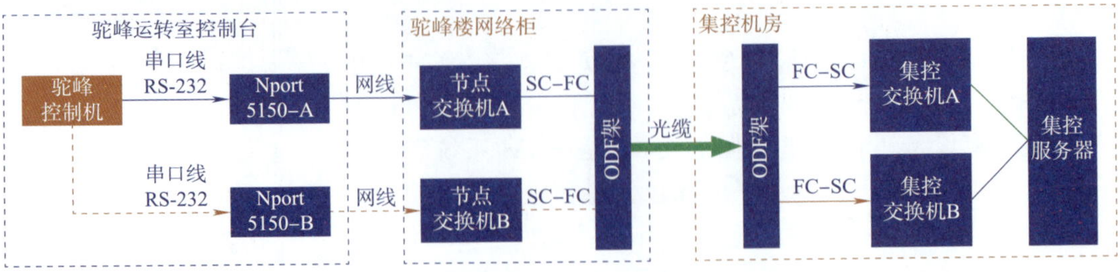

图 9-35　CIPS 系统与驼峰系统接口示意

一、TBZK-Ⅱ型驼峰自动化控制子系统及 SAM 系统

(一)设备认知

TBZK-Ⅱ型驼峰自动化控制子系统主要包括进路控制柜、速度控制柜、电脑测长柜和机车遥控柜、SAM 机柜，如图 9-36 所示。

1. 双机热备控制控制器

双机热备控制器可将双套控制机(Ⅰ机、Ⅱ机)置于热备和冷备两种工作方式下。双机热备控制器通过判断主用控制机工作正常，将 KZ、KF 电源送向主机，这时机柜控制机可发出命令驱动继电器工作。

在热备工作方式下，当主机发生故障停止输出工作脉冲时，双机热备控制器自动启动切换控制逻辑，使备机接替工作。此时，主机切换为备机，原备机切换为主机。

在冷备工作方式下，双机热备控制器不控制切换。这时可对备机进行维修。

当且仅当Ⅰ机、Ⅱ机工作状态完全一致时，可以通过双机热备控制器切换工作主机。

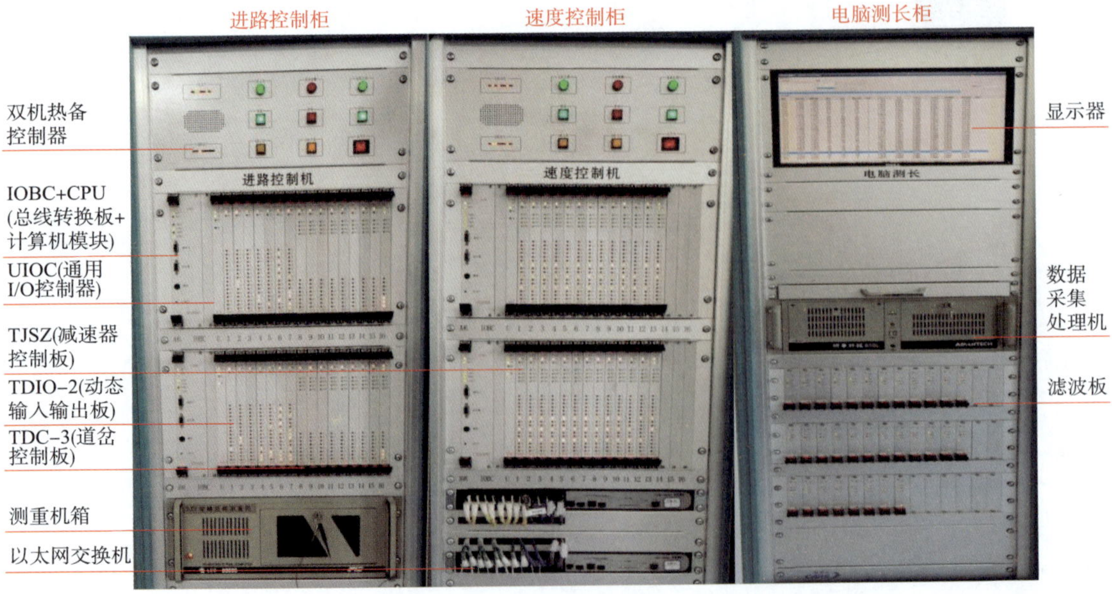

图　9-36

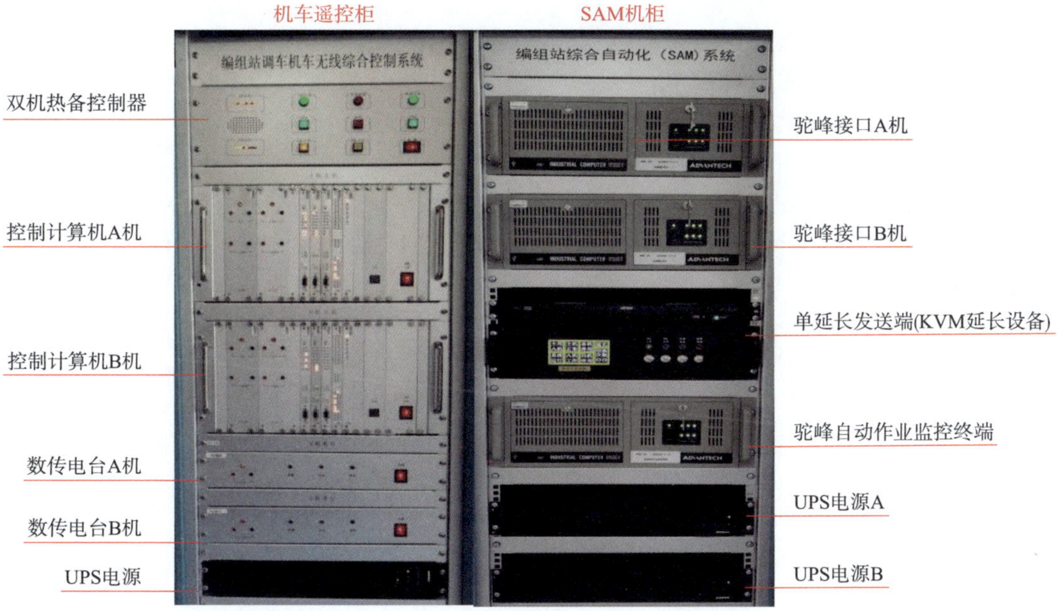

图 9-36　TBZK-Ⅱ型驼峰自动化控制子系统

2. IOBC 总线板

TMCIO 输入输出总线转换板(简称 IOBC)由三个主要的逻辑功能电路，即 TMC 总线接口、PC 总线接口和控制电路组成。TMC 接口逻辑主要由数据接口、选通信号逻辑和控制逻辑三部分组成，输出传送时从 PC 总线向输出锁存器装入数据，并在相应的选通信号作用下送往 TMC 总线，选通信号逻辑从进序控制逻辑接收信号并形成相应的命令，输出、输入信号送往 TMC 总线。

3. UIOC 板

UIOC 通用 I/O 控制板接收 IOBC 板发送的 TMC 总线控制信号，完成对 TMC 机箱 I/O 模板的各种控制和数据传送。UIOC 通用控制板上装有 IMCIO 总线和底板总线之间的转接逻辑，主要包括设备选择逻辑，板选逻辑，数据传送方向逻辑，中断逻辑及复位逻辑。该板产生底板总线信号连至各 I/O 板。一块 UIOC 板驱动 16 块 I/O 板，可执行命令输出、数据输出、数据输入、状态测试和中断请求应答。

4. TDIO-2 板

TDIO-2 动态输入控制板可插入 TMC 通用的 I/O 控制机箱任意一槽，数据输出是由计算机通过 IOBC 到底板总线，再由 44 路 I/O 控制板上的输出接口逻辑控制数据输出到该板的寄存器上，经光电隔离输出到用户现场。

5. TDC-3 板

TDC-3 道岔控制板是一块数字量板，该包括 32 路数字量输入、8 路数字量输出和 4 路踏板中断输入。其中 8 路数字量输出可回读。

6. TJSZ 板

TJSZ 减速器控制板是一块数字量板，包括 24 路数字量输入、16 路数字量输出、3 路雷达脉冲计数输入和 4 路踏板中断输入。

7. 以太网交换机

控制信息网采用成熟的工业千兆以太网双环冗余结构技术构建主干网络，即在站调楼、驼峰信号楼内分别部署两台交换机，并在楼间敷设单模光纤构成环型主干网络，用于传输信息。当其中一条线路发生故障的情况下，可以立刻切换成总线结构恢复通信。同时，整体网络结构采用双环结构如图 9-37 所示，在其中一个环路整体发生故障的情况下，如单环线路发生多处故障、单环网络设备发生多处故障、站调楼或信号楼单个服务设备发生故障等，另一个环路在小于 500 ms 的时间内启用，充分保证了数据传输和应用服务的正常进行，确保整个系统的不间断性。

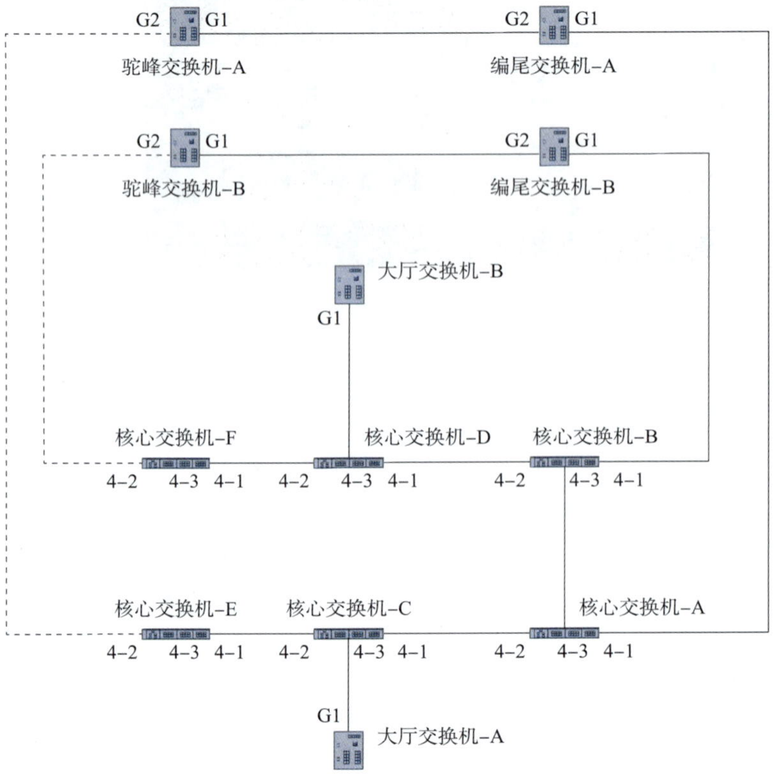

图 9-37　集中控制双环网络拓扑示意

8. KVM 延长设备

KVM 延长设备具备对鼠标、键盘、音频、视频线缆的延长功能。

(1)KVM 延长设备操控端前面板(图 9-38)

①POWER 指示灯：1 个——上电时点亮。

②指示灯显示：A 机工作灯——A 机串口连接正常时闪烁；B 机工作灯——B 机串口连接正常时闪烁。冷/热备灯——热备工作模式时点亮或者冷备模式灯灭；系统故障灯——热备模式下无论主机故障还是备机故障都点亮；冷备模式下只有主机故障才点亮。

③控制按钮：A 机主用——在 A 机工作正常时，按下可将 A 机强行置为主机；B 机主用——在 B 机工作正常时，按下可将 B 机强行置为主机；冷热备——按下热冷备工作模式由热备变为冷备，由冷备变为热备；停鸣——机器鸣叫时按停鸣停止当前故障鸣叫，再次出现

故障仍会鸣叫。

④面板内容：切换计数器——主备机每自动切换一次，计数器值加 1；A 机——A 机和 B 机串口链接正常时显示正常；B 机——B 机和 A 机串口链接正常时显示正常；系统——显示串口链接系统是否正常；热备——工作模式为热备或冷备；主用——显示主用 A 机或者 B 机；主机——显示主机是否正常；备机——显示备机是否正常。

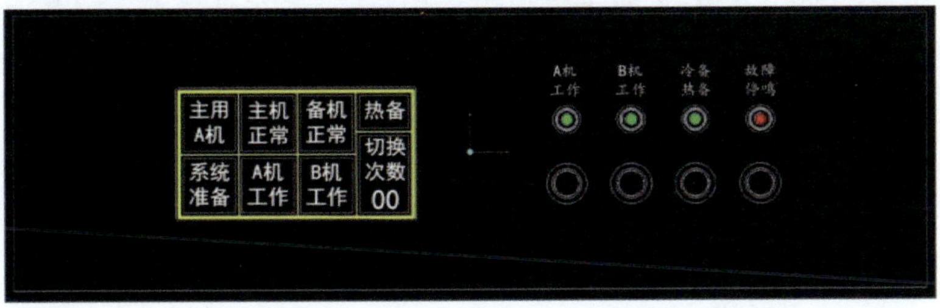

图 9-38　KVM 延长设备操控端前面板

（2）KVM 延长设备操控端后面板（图 9-39）

①电源接口 1 个——接入 AC 220 V 电源线。

②RESET 开关 1 个——将主机端复位到出厂设置。

③输出 DVI 视频接口 2 个。

④键盘、鼠标、串口、音频接口各 1 个。

⑤输入的光纤接口 3 个。

⑥对应 LED 指示灯 3 个：0＃——传输键盘、鼠标、音频、串口信号，1＃——传输 1＃显示屏信号，2＃——传输 2＃显示屏信号。按住键盘“CapsLock”，顺序按压“M”“S”“R”，再松开“CapsLock”，自动复位键盘、鼠标。

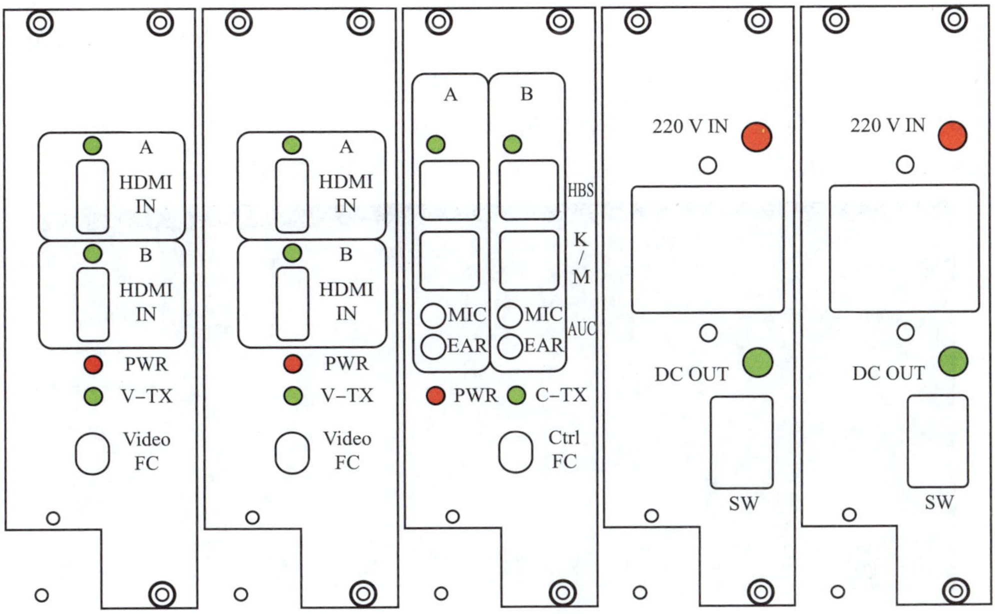

图 9-39　KVM 延长设备操控端后面板

(二)设备维护

1. TBZK-Ⅱ型驼峰自动化控制子系统标准化作业

(1)作业前

①班前会、准备工作。

a. 召开班前布置会;

b. 信号集中监测曲线分析,了解掌握设备运用状况,主要查看系统报警信息;

c. 检查准备工具、仪表、备品并拍照;

d. 试验联络工具良好,按规定穿戴防护用品,携带防护用具。

②联系、登记。

联系车务人员了解车站作业情况,根据天窗修计划、日常维护以及检修作业内容进行登记、要点,经车务人员同意、签认后方可进行作业。

(2)作业中

①日常巡视。

a. 检查作业机、控制机柜、维护机、服务器、终端。(a)双机热备控制器应处于同步状态,检查A机和B机的板块指示灯显示应一致。(b)作业机、控制机柜各板卡、维护机、服务器、终端通信表示灯表示正确。(c)显示器无过大噪声,无过热、异味。(d)打印机工作正常。(e)各键盘、鼠标动作灵活,工作正常。(f)各板卡、插头紧固良好。(g)检查散热风扇工作是否正常。(h)从维护机查看作业机、控制机柜、维护机、服务器、终端的网路通信是否正常,包括故障信息等。

b. 对于网络系统的维护,主要是设备硬件的日常检查和全网的监测。

c. 对于网络设备硬件(交换机型号是IKS-6728 A)的日常检查,主要是通过观察网络设备硬件的指示灯状态来判断设备的运行状况。STAT(状态)指示灯:红灯,交换机上电自检发生错误;PWR1(电源1):不亮,电源模块1无220 V电源输入;PWR2(电源2):不亮,电源模块2无220 V电源输入;FAULT(故障):红色,端口报警功能启用,且有事件发生;MSTR/HEAD(环网控制主用):绿色闪烁,环网发生故障,交换机启用了冗余通道。

d. 对于全网监测,主要是通过网络监控(图9-40),对网络设备的运行状态和整个网络的链路状态进行监测,从而对网络的异常情况进行及时发现,及早排除。

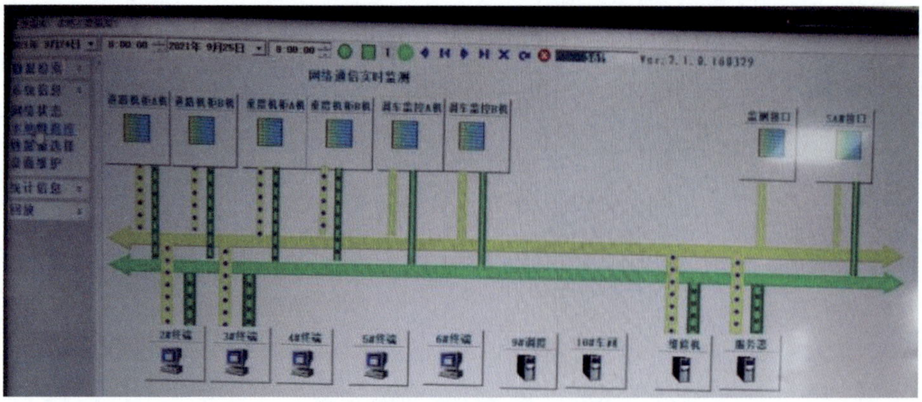

图9-40 网路通信实时监测

e. 当控制系统软件正常工作时，控制机柜及操作终端和维修服务器上网线应出现信息流闪动，如果长时间没有信息流闪动或网线消失，应核查对应设备及网线。

②电源检查及测试。

a. UPS 电源表示灯正常，无报警，风扇运转正常。

b. 系统电源及测长电源测试，并符合《维规》规定。

(a)UPS 输入电压 AC 220 V±22 V，输出电压 AC 220 V±6.6 V。

(b)控制计算机主机电源电压 AC 220 V±22 V，输出电压建议范围在 DC 5.05～5.15 V。

(c)控制计算机接口电源 AC 220 V±22 V，输出电压建议范围在 DC 11.9～12.2 V。主机电源微调和更换，电压低于 5 V 时，应微调电压，无输出则电源已坏应更换。主机接口电源如图 9-41 所示。

图 9-41　主机接口电源

③机房环境检查。

a. 周围空气温度：15 ℃～30 ℃。b. 空气相对湿度：10%～75%。c. 大气压力：70～106 kPa。d. 防静电措施完善。e. 密封、防尘措施良好。

④通过查询统计检查室内外设备状态

a. 系统各种报警信息分析处理。b. 溜放车组超速信息分析处理。c. 减速器及道岔动作时间分析处理。d. 检查是否有熔丝报警。e. 检查车辆传感器计轴是否有丢轴冒轴的现象。f. 测重机的重量等级核对。g. 检查测长设备各股道测长误差是否超标。h. 统计车辆超速次数和原因，对疑难故障进行存盘，并做好记录。

④测重机日测试。

检查测重是否有偏差。

⑤集中检修。

a. 作业机检查

(a)检查电源插头、各种接口插头接触可靠。(b)开盖进行灰尘清扫。(c)每月清洗滤尘网如图 9-42 所示。

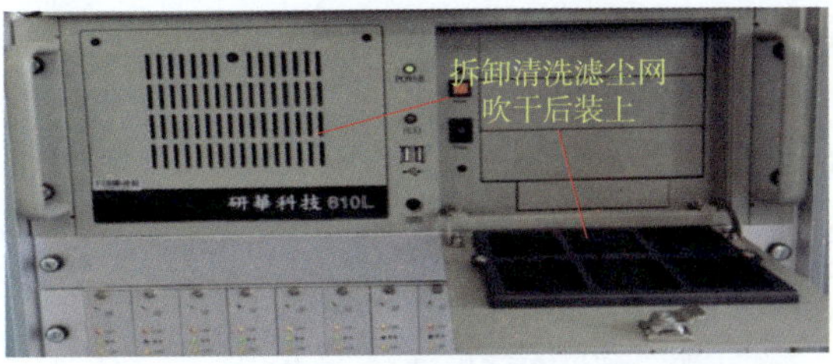

图 9-42　清洗滤尘网

b. 控制机柜及备用板检查

(a)进行主备机切换试验。查看控制机柜面板上热备指示灯点亮，核对A机和B机状态指示灯一致；当场内无车辆运行时，按下A机(B机)主用按钮切换至A机(B机)主用。(b)每月手动切换主备机，对主备机进行轮换使用。(c)检查电源插头接触是否良好，有无松动。(d)检查风扇运转是否正常。(e)检查各种插接件是否紧固，无松动。(f)检查各印刷板上是否有静电积尘。(g)检查机柜配线及防鼠措施是否良好。(h)检查备用板是否有防静电措施，是否有专用柜摆放，每半年对备用板卡上电试验一次。

注意事项：核对备用板卡型号、跳线和版本号是否一致，为防止热插拔，先关闭备机电源，带防静电手环更换备用板卡，打开电源待同步后，将备机切换为主用，再根据板卡功能做转换道岔、排列进路或操纵减速器等相关小范围试验。

c. 维护机、服务器、终端检查

(a)检查各维护机、服务器、终端功能完好，工作正常。(b)检查网络交换机表示灯正常，数据传输正确。(c)检查打印机工作是否正常，活动部份注油。(d)检查键盘、鼠标作用良好。(e)检查显示器显示清晰。(f)对维护机、服务器、终端设备进行外部清扫。(g)灰尘清扫。(h)每月校核维护工作站时钟。

d. UPS电源检查

(a)UPS电源无过热、异响，风扇工作正常。(b)每半年进行一次放电试验，UPS电源放电时间不小于5 min，灰尘清扫。(c)带有电池组的UPS电池每半年进行一次放电试验，放电时间不小于10 min。每年进行一次两路电停电报警试验。

e. 防雷、地线检查

接地引入线无锈蚀、断股，逻辑地线接地电阻值不大于1 Ω，防雷地线接地电阻不大于4 Ω，当采用综合地网时，其接地电阻不大于1 Ω。防雷元件检查并按规定测试。

注意事项：严禁用兆欧表测量控制机柜的绝缘或接地，只能用普通万用表。日常检测电缆绝缘和电源接地时，必须甩开控制机柜。

(3)作业后

①试验销记。

设备检修完毕后，室内外彻底试验良好，并会同车站值班员试验。确认控制台无异常报警，站场显示正确后，由电务联络员在"行车设备检查(施工)登记簿"(运统46)内登记销点，交车务值班员签认。

②清理场地、拍照上传。

清点工具、材料，做到人走料清。检查设备加封加锁良好，作业组长对动过的部位和撤离时作业现场全貌拍照，并上传(车间分析室)。

2. SAM系统标准化作业

(1)日常巡视

①检查SAM控制系统机房。

a. 机房综合接地装置良好。b. 机房通风、防潮、防水、防尘、防鼠良好。c. 机房空调设备工作正常，室内温度符合标准。d. 检查SAM控制系统电源、UPS电源、蓄电池。e. 输入电源配电无异常，缆线不发热，输入防雷单元无劣化指示。f. 电源屏机柜风扇运转正常，屏内电源模块工作正常，散热良好，各种指示灯显示正确；输入、输出电压、电流显示不超标；断路器(熔断器)状态良好。g. UPS 电源风扇运转正常,面板指示灯显示正常,电压、电流显示正常不超标。h. 蓄电池外观良好,不腐蚀、漏液,液体指示正确。

②检查 SAM 控制系统设备及网络设备。

a. AM 机房服务器机柜、值班员操作、监控机柜等设备机箱风扇运转正常,通风良好,内部模块、板件、工控机、光端机、光纤交换机工作正常,指示灯显示及含义正确。b. 光端机(协议转换器)-路由器-防火墙-交换机网络连接良好,工作正常,设备风扇运转正常,指示灯显示正常。c. 集中控制、数据库、过程控制与 TDCS、电务维护与网络通信、集中监测、计划信息接口服务器、操作控制计算机等双机热备设备工作正常,双机通信正常且同步,与冗余网络连接良好,显示界面(面板、显示器)信息显示正确。d. 系统维护机、网管、集中监测、防病毒服务器、通信接口机(ODF 架)等网络连接良好,工作及显示界面及功能正常、作用良好。e. ODF 架设备巡视、检查。f. 系统与信息接口(TMIS)通信、数据传输正常。g. 系统机柜设备及终端电缆、光缆尾纤、电线、接地线及电源适配器等连接、插接良好,无异状。h. 系统防雷柜防雷单元正常,无劣化指示。i. 设备、器材铭牌、标识齐全。j. 检查日志清理软件运行状态(每月一次)。k. 浏览分析各信号楼及站调楼信号机房设备集中监测报警信息,对各类报警信息进行记录、分析、处理。l. 浏览分析 SAM 系统电务维护终端、网管终端不少于两次(上午、晚上各一次),对各类报警信息进行记录、分析、处理。m. 清理计算机、UPS 通风防尘网。

③检查调度大厅各操作终端,大屏幕综合显示墙和控制信息网络设备。

a. 大屏控制机柜散热良好,指示灯正常。b. 操作终端设备工作正常,键盘、鼠标、延长控制器、打印机使用良好,铭牌标识齐全。c. 大屏幕控制信息网络设备与 SAM 系统网络连接良好,控制设备电缆、光缆尾纤、电源适配器、电线焊接、插接良好,无异状。d. 大屏幕综合显示墙显示功能正常,亮度无明显变暗情况。

④检查各场信号机械室 SAM 控制系统设备、网络设备及场控操作台。

a. SAM 系统接口机柜、设备机箱风扇运转正常,通风良好,模块、板件工作正常,面板指示灯显示及含义正确。b. SAM 系统接口机、通信接口机(ODF 架)与冗余网络连接良好,与外部系统通信正常。c. 双机热备须同步、工作正常,显示界面(面板、显示器)信息显示正确,无故障报警。d. 器材插接良好,终端电缆、光缆尾纤、电线、接地线连接、插接良好,无异状。e. 系统及器材防雷单元正常,无劣化指示。f. 场控操作台开屏性能练好,无异常报警信息,无鼠标功能禁用,显示屏关闭。g. 设备、器材铭牌、标识齐全。

(2)集中检修

①SAM 控制系统机房检查、整修。

a. 清洁机械室地面,检查门、窗密封及通风设施。机械室地面清洁,无尘土、杂物。门窗密封、通风、防潮、防水、防尘良好。b. 机械室空调制冷(热)性能良好,室内温度符合标准。c. 逐个检查应急备用器材,型号齐全、性能良好且摆放整齐,各种系统技术图纸完整。

②SAM 控制系统电源、UPS 电源、蓄电池检查、整修。

a. 电源配电盘(柜、箱)接线端子紧固,输入电源断路器(熔丝、空气开关)容量符合标准、无异状,缆线接触良好、不发热,防雷单元正常。b. 智能电源屏各部安装及接线端子紧固,模块及电气连接插接牢固,地线接触良好,断路器(熔断器)、防雷单元正常、无异状,各部配线无异常、不老化,绑扎、防护措施良好。c. 智能电源屏内、外部清洁,无粉尘杂物。d. 智能电源屏上电不报警，各模块工作正常，模块指示灯显示正确。e. Ⅰ、Ⅱ路电源自动、手动和主、备模块切换试验正常，Ⅰ、Ⅱ路电源切换时间小于或等于 0.15 s，调压范围符合标准，模块保护性能良好。f. UPS 电源安装及接线端子螺丝检查紧固，电气连接插接牢固，地线接触良好，风扇（过滤网）及外部无粉尘，清洁干净，上电风扇运转正常，面板指示灯显示正常，电压、电流显示正常不超标。g. UPS 放电试验，每半年 1 次。h. 蓄电池电气连接端子螺丝检查紧固，电池清洁。i. 蓄电池组、单块电池性能测试、试验。蓄电池组、单块电池电压、电流符合标准，切换电池供电良好，并进行放电试验。j. 测试电源系统输入、各种输出电压及接地绝缘符合规定标准，电压、电流表头计量显示准确。

③SAM 控制系统设备及网络设备检查、整修。

a. 集中控制、数据库、过程控制与 TDCS、电务维护与网络通信、集中监测、计划信息接口服务器、操作控制计算机等机柜安装螺丝紧固，不松动；柜内工控机、模块、板件、网络设备、电源适配器、断路器（熔断器）等安装、插接牢固，防护措施齐全、良好。b. 接线端子紧固、不松动，电缆、光缆尾纤、电线焊接、插接及接地、等电位连接牢固，防雷单元正常、无异状。c. 设备配线无异常、不老化，绑扎、防护措施齐全、良好。d. 机柜、终端及设备、器材，UPS、工控机防尘过滤网、风扇清洁干净，无粉尘。e. 系统光纤弯曲符合标准，光纤遮光防护措施良好（含备用光纤）。f. 按周期更换到寿命期或轮修期设备、器材及不良板件、器材。g. 双机热备服务器、工控机、计算机自动、手动切换试验正常，双机同步，模块、I/O 板件、光端机、交换机、路由器、协议转换器、风扇等设备工作正常，指示灯显示正确。h. 配合通信专业进行通道干线及引入线测试良好。主备用通道冗余试验良好。i. 机柜、工控机、计算机、显示器等外围设备外部清洁干净，机柜内设备清洁干净，无粉尘杂物。

④各场信号机械室 SAM 控制系统设备、网络设备及场控操作台检查、整修。

a. 机柜安装螺丝紧固、不松动，柜内模块、板件、网络设备、电源适配器、断路器（熔断器）等安装、插接牢固，防护措施良好。b. 接线端子紧固、不松动，电缆、光缆尾纤、电线焊接、插接及接地、等电位连接牢固，防雷单元正常、无异状。c. 设备配线无异常、不老化，绑扎、防护措施齐全、良好。d. 机柜、终端及设备、器材，UPS、工控机防尘过滤网、风扇清洁干净，无粉尘。e. 系统光纤弯曲符合标准，光纤遮光防护措施良好（含备用光纤）。f. 按周期更换到寿命期或轮修期设备、器材及不良板件、器材。g. 双机热备服务器、工控机、计算机自动、手动切换试验正常，双机同步，模块、I/O 板件、光端机、交换机、路由器、协议转换器、风扇等设备工作正常，指示灯显示正确。h. 检查测试冗余网络，确保良好（通信配合）。i. 机柜、工控机、计算机、显示器等外围设备外部清洁，机柜内设备清洁，无粉尘杂物。j. SAM 系统内部时钟与其他子系统（计算机联锁、驼峰、停车器控制、调机安全监控等系统）时钟统一性核对与调整。

⑤SAM 系统综合防雷检查测试。

检查测试防雷地线、防雷元件。

⑥各种控制模式转换试验。

试验各种控制模式能够正常转换。

⑦调度大厅各操作终端，大屏幕综合显示墙和控制信息网络设备检查、整修。

a. 操作台机柜内、外及终端设备清洁，无粉尘，防潮、防水、防尘良好。b. 终端设备电源、电缆、电线、接地线连接、插接良好，无异状；键盘、鼠标、打印机使用良好。c. 终端设备配线无异常、不老化，绑扎、防护措施良好。d. 大屏幕综合显示墙前、后清洁，表面干净无粉尘。e. 大屏幕控制信息网络设备与 SAM 系统网络连接良好，连接端子紧固、不松动，电缆、光缆尾纤、电源适配器、电线焊接、插接及接地、等电位连接牢固、无异状，网络计算机设备清洁、无粉尘杂物。f. 大屏幕综合显示墙各功能试验良好。

3. 常见问题处理

(1)问题描述：控制系统启动后无法运行、频繁倒机、系统丢数据等。

处理方法：由于采用的网路交换机是基于嵌入式操作系统软件运行的，当系统出现无法排查的现象时，需要将以太网交换机断电后重新上电启动。

(2)问题描述：驼峰控制系统无法收到调车作业单。

处理方法：通过集中控制维护终端查看 PSI 与驼峰的通信状态。如果通信状态是良好的，点击 PSI“已获取作业计划查询”，查看是否由信息系统处获取了作业计划，如果没有作业计划，那么联系车站维护人员查看信息系统的共享数据。如果有作业计划数据，查找 PSI 运行日志，从而定位故障。

①检查接口服务器。判断是计划接口服务器本身问题还是网络通道问题，如是计划接口服务器本身问题则先重启服务器，重启 PSI。如果 PSI 服务器任务栏中不存在有 PM、CommComm、PSI 的图标，双击桌面上 PM 快捷方式，PSI 会自动运行。重启不能恢复则更换计划接口服务器。如是网络通道问题则依次检查网卡、网线、光纤收发器、光纤是否正常，不良则更换备用通道。

②检查驼峰控制系统 SAM 机柜的运行状态。如是网络通道问题则先检查去驼峰交换机的网络通道，串口、串转网接口器、网线、交换机是否正常；检查去 SAM 楼的网络通道，网卡、网线、光纤收发器、光纤是否正常。应急处理：驼峰操作人员人工输入调车作业单并报点，调车机车作业单从地面获取。

4. 常见故障处理

(1)钩车减速器出口超速

故障现象：钩车经过减速器后出口速度超出定速。减速器出口超速故障处理流程如图 9-43 所示。

故障分析 1：

检查钩车记录表，查看一、二、三部位减速器是否正常制动，通过减速器控制曲线(图 9-44)，确定在哪个部位超速。如果减速器一直制动未缓解，故障原因可能是车辆本身特性问题(如油罐车、车轮有油或新轮车涂油防锈漆)或入口速度超标造成，也可能是减速器制动能力不足(减速器机械卡阻、开口尺寸超标、减速器电磁换向阀故障等)。若减速器未制动，查看速度控制柜 TJSZ 减速器控制板是否工作正常。

判断处理：

①减速器两制动轨距离偏大，夹持力不足，按《维规》要求调整制动轨制动位开口尺寸。

②检查三位五通阀是否动作，操纵试验，室外测试制动电磁阀有 24 V 直流电压，三位五通阀不动作，原因：三位五通阀先导阀卡阻；制动电磁阀损坏，更换电磁阀；三位五通阀阀芯卡阻，更换三位五通阀；三位五通阀前面气路总阀未打开，打开总阀。

③更换磨耗过大设备，制动轨磨耗过大无法调整，必须更换制动轨。

④检查风缸、风管、各种阀门、空气滤芯器、油雾器等气路是否漏风并进行更换。

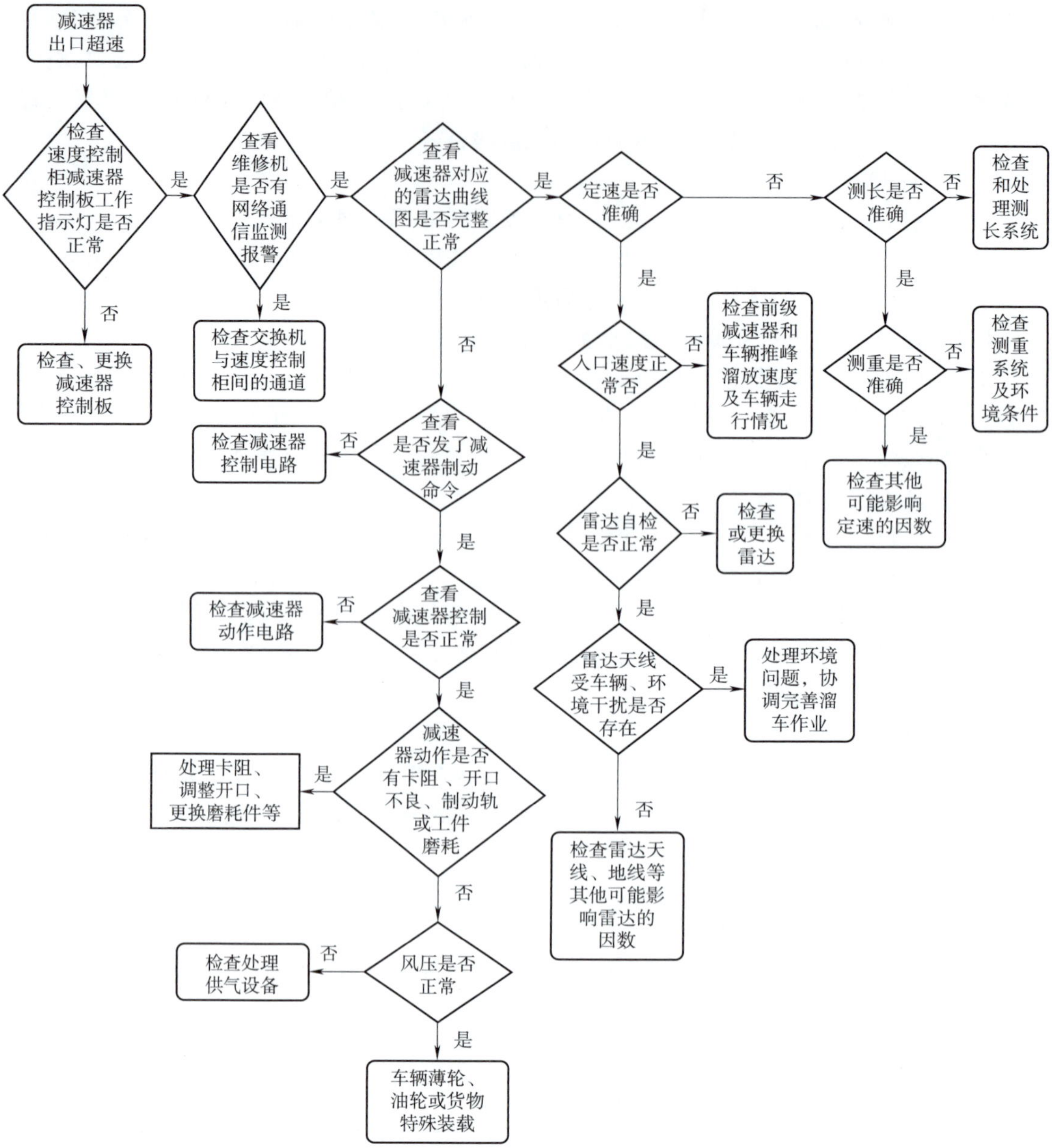

图 9-43 减速器出口超速故障处理流程

⑤检查制动钳、连杆销轴是否磨耗过大，滚轮是否悬空，造成制动开口是假开口，及时更换磨耗部件。

⑥雨季天晴后检查减速器机械传动部分是否缺油，及时加油保证动作灵活。

⑦检查紧固各部螺栓，防止松脱。

⑧减速器发制动命令，减速器控制板对应的命令灯不亮或测试分线盘没有电压，检查更换减速器控制板或配线。

故障分析 2：如果钩车记录已发过缓解命令，则查看减速器控制曲线，雷达脉冲是否正常，如果雷达脉冲跳动过大，说明雷达有问题。注意事项：确认是雷达问题更换雷达后，应进

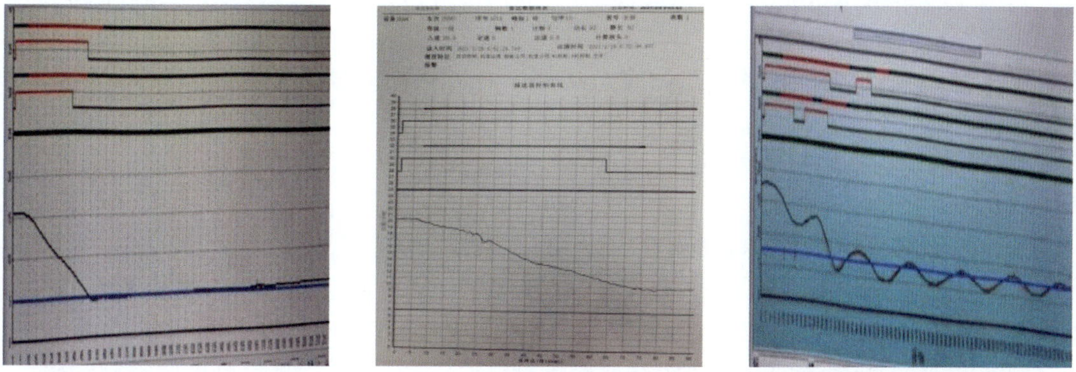

(a)正常曲线　　(b)超速曲线　　(c)油罐车曲线

图 9-44　减速器控制曲线

行雷达自检试验和方向测试,防止因方向调整不当造成前后追钩。

判断处理:更换雷达。雨天对雷达有干扰,督促车站值班人员设置为雨天模式进行速度控制。此外,雷达前方有物体移动会影响雷达测速,导致超速。

故障分析 3:邻线有车干扰,假超速,三部位速度已降至定速,然后又呈锯齿波动,如图 9-45 所示。

判断处理:检查调整雷达方向。

故障分析 4:车列前重后轻,系统放头拦尾夹轻车造成超速。

判断处理:在自动作业方式下,对于 3 辆(含)以上的钩车,进入时先以高定速控制进行放头,当系统计算钩车走行达到放头长度后,再以最终定速进行控制,以减少在减速器上的通过时间,放头拦尾曲线如图 9-46 所示。建议车站尽量避免编制前重后轻的车组,自动溜放时注意隔钩车的距离。

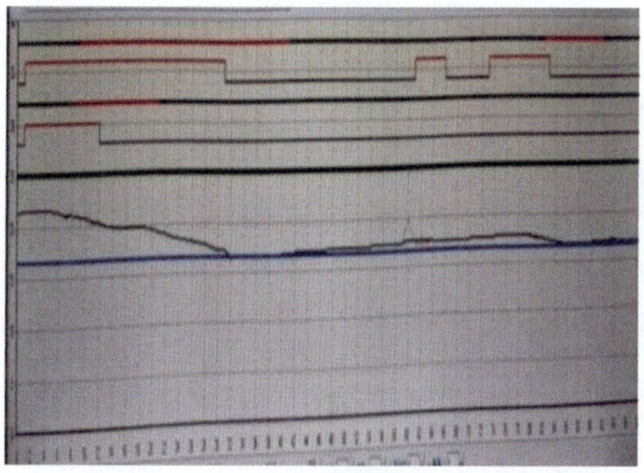

图 9-45　邻线干扰曲线

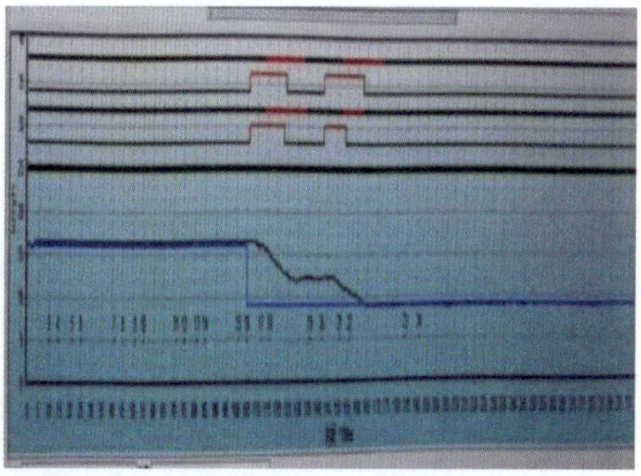

图 9-46　放头拦尾曲线

故障分析 5:"测重无信号"报警或测重不准。

判断处理:"测重无信号"报警,系统按 0 级显示,将以每个钩车重量为 3 级车辆进行定速,空车按作业单上的标记进行控制,会造成 4 级重车超速。检查测试测重机,核对调整测重等级。

(2)主体信号异常关闭

故障分析:①道岔无表示报警;②灯丝断丝报警;③系统风压不足报警;④限界检查器倒

下报警;⑤闪光继电器不脉动;⑥摘错报警;⑦追钩报警;⑧道岔恢复报警;⑨途停防护报警;⑩侧撞防护报警;⑪股道途停报警;⑫本钩命令无法执行;⑬雷达信号异常报警;⑭减速器区段低速报警;⑮峰上切断信号按钮柱接点接触不良。当出现以上情况时,驼峰信号将立即关闭。

判断处理:根据报警记录进行处理。

(3)钩车速度偏低或夹停

故障现象:钩车经过减速器后出口速度低于定速。

故障分析1:检查钩车记录表,查看发送缓解命令的时间,室内缓解电送出,全缓解时间过长,应检查室外减速器缓解电路和气路部分,不排除机械部分突然卡阻。

判断处理:①减速器两制动轨距开口偏小,夹持力过大。按《维规》要求调整制动轨缓解位开口尺寸。②减速器发送缓解命令,减速器控制板对应的命令灯不亮或测试分线盘没有电压,检查更换减速器控制板或配线。③操纵试验,室外测试缓解电磁阀有24 V直流电压,三位五通阀不动作,三位五通阀卡阻或缓解气路不畅,更换三位五通阀或检查气路。④曲拐与拉杆接触面磨耗过大或调整不当,缓解时,由于车辆重量压挤造成曲拐不能缓解而夹停,更换磨耗部件或进行适当调整。

故障分析2:查看雷达数据报表减速器控制曲线,看雷达脉冲是否正常,如果雷达脉冲跳动过大,说明雷达有问题。同时调阅回放,如有前后两钩车组在减速器区段追钩,如图9-47所示,雷达同时测到前后钩车组的速度,造成后钩车在减速器区段被夹停,应检查雷达的方向。

判断处理:更换雷达。雨天对雷达有干扰,督促车站值班人员设置为雨天模式进行速度控制。此外,雷达前方有物体移动会影响雷达测速,导致夹停。

其他原因:在发生车辆走行异常及其他特殊情况时,车站值班员通过应急台手动作业控制钩车出口速度时造成超速或低速出口。

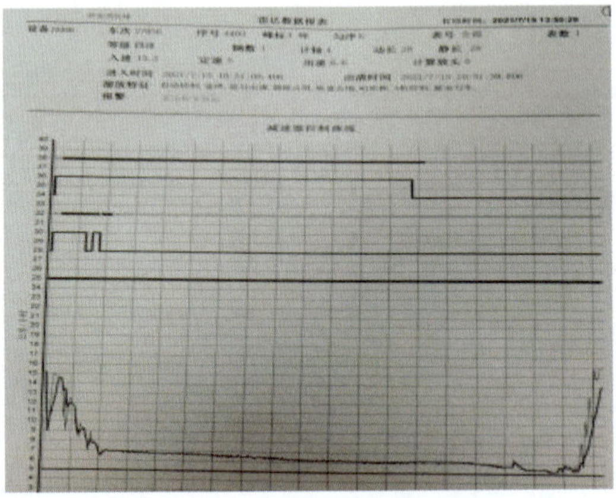

图9-47 前后钩车追钩曲线

(三)风险提示

1. 机柜各种控制板件故障

防控措施:计算机板件问题及时联系设备厂家进行检查、分析,查找原因,排除隐患,对计算机板件等备用器材进行严格管理,并做好上道使用前的试验工作。更换板卡前,仔细检查新、旧板卡版本和型号的一致性。

2. 通信堵塞

防控措施：定期对系统进行复位，必要时对系统进行软件升级。如主备机不同步次数明显增多，需进行系统复位。

3. 病毒侵入

防控措施：使用专用U盘、移动硬盘，并在接入系统前在专用的杀毒机器上查杀病毒。

4. IP地址、数据软件更新

防控措施：SAM系统服务器、终端及控制网络等设备的IP地址、数据软件更新执行卡控制度，做好备份并妥善保管。

二、TW-2型驼峰自动化控制子系统及CIPS系统

（一）设备认知

TW-2型驼峰自动化控制系统功能主要包括自动集中控制、溜放进路控制、溜放速度控制、调车进路控制、工频测长，其组成如图9-48所示。

图9-48　TW-2型驼峰自动化控制系统组成

TW-2 型驼峰自动化控制系统结构主要包括：区长工作站、调车长工作站、调速工作站、维护工作站、网络集线器、上层管理机、下层控制机，如图 9-49 所示。

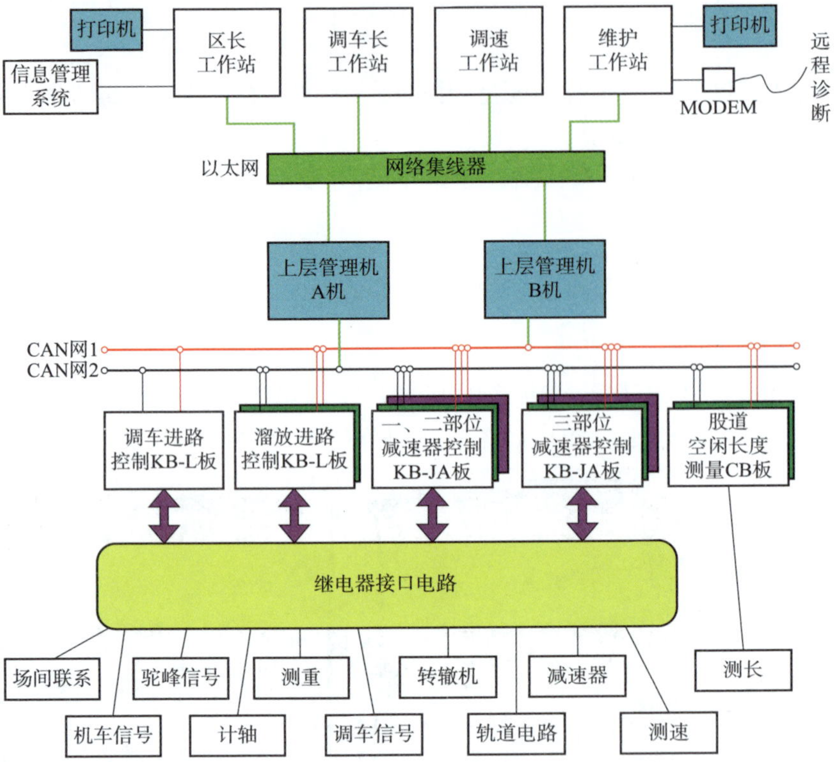

图 9-49　TW-2 型驼峰自动化控制系统结构

1. 上层管理机

分 A、B 两套，通过 CAN 卡与下层控制机连接。通常状态下 A、B 系统互为热备状态，并且相互可以诊断工作情况，在线机一旦发生故障，给出报警并自动切换到备用机工作。CAN 卡面板上设有 2 个 LED 指示灯：红色的运行灯，闪烁表明 CAN 卡运行正常，灭灯或长亮表明 CAN 卡故障；绿色的通信灯，闪烁表明与下层控制板通信正常，灭灯或长亮表明与下层控制板通信故障。

2. 下层控制机

每个机箱内最大配置可插入一组 HAC 250P 双电源系统和各种微机电路板插件。各种专用微机插件分为前后板两部分，前板称为主模块，后板称为后出线模块，电缆可以直接上到后板的连接器上。主模块主要实现逻辑运算、板间通信功能，放置在前板。后出线模块主要实现接口功能，因此只安排了接口电路。前、后板件的通信通过 CPCI 总线进行。

下层机机箱内通常设有以下几种类型的插件：

（1）双系统电源模块由两块模块电源和一块控制板组成，它支持 $N+1$ 级的热备并可以热插拔。面板上设有 2 个 LED 指示灯：绿色的 220 V 指示灯，反映外部供电是否正常；橙色的 5 V 指示灯，反映供给各控制板的 5 V 电源是否正常；在面板上还设有 5 V 电源的测试孔，红色为正极、黑色为负极。电源模块为其他单板提供了集成电路芯片所需的＋5 V（175 A）、＋15 V（0.5 A）、－15 V（0.5 A）三种电源，以保证系统的正常工作。

(2)进路控制板及后出线板型号:KB-L,KB-L-R,安装在下层联锁及进路机箱内。

KB-L前板主要实现逻辑运算,板间通信功能,后板实现接口功能。面板上设有3个LED指示灯:蓝色的运行灯,闪烁表明控制板运行正常,灭灯或长亮表明控制板故障;红色的CAN1灯,闪烁表明与上层管理机通信正常,灭灯或长亮表明与上层管理机通信故障;红色的CAN2灯,闪烁表明与相连的IOB通信正常,灭灯或长亮表明与相连的IOB通信故障。

(3)输入输出扩展板及后出线板型号:IOB、IOB-R,安装在下层联锁及进路机箱内。

前板有CPU、通信电路和开关量输出模块,IOB-R型有开关量输入模块。面板上设有2个LED指示灯:蓝色的运行灯,闪烁表明控制板运行正常,灭灯或长亮表明控制板故障;红色的CAN灯,闪烁表明与相连的KB-L通信正常,灭灯或长亮表明与相连的KB-L通信故障。

(4)减速器控制板及后出线板型号:KB-JA、KB-JA-R,安装在下层调速及测长机箱内。KB-JA型前板主要实现逻辑运算,板间通信功能,后板实现接口功能。减速器控制板具有"看门狗"电路,即使上层管理机故障也不会发生全场减速器失控情况。面板上设有3个LED指示灯:蓝色的运行灯,闪烁表明控制板运行正常,灭灯或长亮表明控制板故障;红色的CAN1灯,闪烁表明与上层管理机(A机)通信正常,灭灯或长亮表明与上层管理机(A机)通信故障;红色的CAN2灯,闪烁表明与上层管理机(B机)通信正常,灭灯或长亮表明与上层管理机(B机)通信故障。

(5)测长板及后出线板型号:CB、CB-R。安装在下层调速及测长机箱内。最多可支持16股道,通过片选依次对16股道电压进行扫描,经过A/D转换成数字量进行处理。面板上设有3个LED指示灯:蓝色的运行灯,闪烁表明控制板运行正常,灭灯或长亮表明控制板故障;红色的CAN1灯,闪烁表明与上层管理机(A机)通信正常,灭灯或长亮表明与上层管理机(A机)通信故障;红色的CAN2灯,闪烁表明与上层管理机(B机)通信正常,灭灯或长亮表明与上层管理机(B机)通信故障。此外面板上还设有一个9芯的串行通信测试口,可与仿真终端相连,执行仿真终端命令;还设有一个复位按钮。

注意:联锁、进路模块为完全独立的双套系统,一旦其中任何一块控制板发生故障都会引起倒机。速度控制模块为单套系统,考虑到每块控制板控制两股道减速器,发生板故障仅仅影响本板两股道。

(6)开关电源。

能够提供直流24 V和12 V的开关电源,每路电源都是双电源模块。正常状态下是A路供电,如果A路发生故障,自动倒换到B路供电。24 V为接口电源包括微机采集和对继电器的驱动都是利用该电源;12 V用于雷达、踏板工作。

(7)网络交换机。

采用双机、双通道冗余设计。

(二)设备维护

1. TW-2设备标准化作业

(1)作业前

①班前会、准备工作。

a. 召开班前布置会;

b. 信号集中监测曲线分析,了解掌握设备运用状况,主要查看系统报警信息;

c. 检查准备工具、仪表、备品并拍照;

d. 试验联络工具良好，按规定穿戴防护用品，携带防护用具。

②联系、登记。

联系车务人员了解车站作业情况，根据天窗修计划、日常维护以及检修作业内容进行登记、要点，经车务人员同意、签认后方可进行作业。

(2)作业中

①日常巡视。

a. 检查上位机、控制机柜、工作站、终端、网络交换机、测重机

(a)主备上位机应处于同步状态，不同步时按要求进行处理。(b)上位机、控制机柜各板卡、各工作站、终端通信表示灯显示正确，通信正常。(c)显示器无过大噪声，无过热、异味。(d)打印机工作正常。(e)各键盘、鼠标动作灵活，工作正常。(f)调车单接收工作正常。(g)各板卡、插头紧固良好；备用端口加封良好。(h)检查散热风扇工作是否正常。

b. 电源检查及测试

(a)UPS电源表示灯正常，无报警，风扇运转正常。(b)系统电源及测长电源测试，并符合《维规》。(c)每日一次对测重激磁电流、零信号电压进行测试，激磁电流 350～400 mA、零信号电压不大于 300 mV。(d)每月一次对测重调零值(0～100 mV)、过零值(+0.2 V～+1.2 V)测试。

c. 机房环境检查

(a)周围空气温度：15 ℃～30 ℃。(b)空气相对湿度：10%～75%。(c)大气压力为 70～106 kPa。(d)防静电措施完善。(e)密封、防尘措施良好。

d. 通过查询统计检查室内外设备状态

(a)系统各种报警信息分析处理。(b)溜放车组超速信息分析处理。(c)减速器及道岔动作时间分析处理。(d)检查是否有熔丝报警。(e)检查雷达测速是否有异常。(f)检查车辆传感器计轴是否有丢轴冒轴的现象。(g)测重机的重量等级核对。(h)检查测长设备各股道测长误差是否超标。(i)统计车辆超速次数和原因，对疑难故障进行存盘，并做好记录。

②集中检修。

a. 上位机检查

(a)进行主备上位机人工方式和自动方式相互切换试验。(b)每月手动切换主备机，对主备机进行轮换使用。(c)每月校对主备上位机时钟，不相同时及时调整。(d)每月清洗滤尘网。(e)检查电源插头、各种接口插头接触可靠。

b. 控制机柜及备用板检查

(a)检查电源插头接触是否良好，有无松动。(b)检查各种插接件是否紧固，无松动。(c)检查各印刷板上是否有静电积尘。(d)检查机柜配线及防鼠措施是否良好。(e)检查备用板应有防静电措施，应有专用柜摆放，每半年对备用板卡上电试验一次。(f)灰尘清扫。

c. 工作站、终端检查

(a)检查各工作站、终端功能完好，工作正常。(b)检查网口指示灯正常，数据传输正确，对备用网络通道进行检查测试。(c)检查打印机工作是否正常。(d)检查键盘、鼠标作用良好。(e)检查显示器显示清晰工作正常。(f)对工作站、终端设备进行外部清扫。

d. UPS电源检查

(a)UPS电源无过热、异响，风扇工作正常，无报警信息。(b)每半年进行一次放电试验，

UPS 电源放电时间不小于 5 min。(c)带有电池组的 UPS 电池每半年进行一次放电试验，放电时间不小于 10 min。(d)每年进行一次两路电停电报警试验。(e)灰尘清扫。

e. 系统防雷检查、测试

(a)接地引入线无锈蚀、无断股，逻辑地线接地电阻值不大于 1 Ω，防雷地线接地电阻不大于 4 Ω，当采用综合地网时，其接地电阻不大于 1 Ω。(b)防雷元件检查并按规定测试。

f. 主备机相互切换试验

(a)接通电源后，设备显示正常，整机自检良好。主备机相互切换后，检查主备机是否同步。(b)可控顶电源电压检查测试负载情况下，可控顶室外箱盒端子电压不低于 28 V。

g. 打印机运行试验

试验打印各类监测表格良好，数字清楚。

(3)作业后

①试验销记。

设备检修完毕后，室内外彻底试验良好，并会同车站值班员试验。确认控制台无异常报警，站场显示正确后，由电务联络员在"行车设备检查(施工)登记簿"(运统 46)内登记销点，交车务值班员签认。

②清理场地、拍照上传。

清点工具、材料，做到人走料清。检查设备加封加锁良好，作业组长对动过的部位和撤离时作业现场全貌拍照，并上传(车间分析室)。

2. CIPS 系统设备标准化作业

(1)作业前

①班前会、准备工作。

a. 召开班前布置会；

b. 了解掌握设备运用状况。主要查看系统报警信息；

c. 检查准备工具、仪表、备品并拍照；

d. 试验联络工具良好，按规定穿戴防护用品，携带防护用具。

②联系、登记。

联系车务人员了解车站作业情况，根据天窗修计划、日常维护以及检修作业内容进行登记、要点，经车务人员同意、签认后方可进行作业。

(2)作业中

①日常巡视。

a. 检查 CIPS 集控系统机房。

(a)机房综合接地装置良好。(b)机房通风、防潮、防水、防尘、防鼠、消防设施良好。(c)机房空调设备工作正常，室内温度符合标准(15 ℃～27 ℃)。(d)电缆引入口封堵良好。

b. 检查 CIPS 集控系统电源、UPS 电源、蓄电池。

(a)输入电源配电无异常，缆线不发热，输入防雷单元无劣化指示。(b)电源屏机柜风扇运转正常，屏内电源模块工作正常，散热良好，各种指示灯显示正确；输入、输出电压、电流显示不超标；断路器(熔断器)状态良好。(c)UPS 电源风扇运转正常，面板指示灯显示正常，电压、电流显示正常不超标，浏览 UPS 及电池告警信息，确认无异常告警。(d)蓄电池外观良好，不腐蚀、漏液，液体指示正确。电源屏输出配线整齐、万可端子上的各电源线插接牢固。

(e)看信号集中监测界面是否有电源设备报警信息。

c. 检查 CIPS 集控系统设备及网络设备。

(a)CIPS 机房 CIPS、联锁、CTC/TDCS、监测、区间综合监控、BDZ 等设备机箱风扇运转正常，通风良好，内部模块、板件、工控机工作正常，指示灯显示及含义正确。(b)ODF 架、路由器、网闸、交换机网络连接良好，工作正常，设备风扇运转正常，指示灯显示正常。(c)CIPS、联锁、CTC/TDCS、区间综合监控等双机热备设备工作正常，双机通信正常且同步，与冗余网络连接良好，显示界面(面板、显示器)信息显示正确。(d)打开 CIPS 系统客户端集控网络监控图，查看各集控设备通信状态正常，无报警信息。(e)打开 CIPS 系统客户端集控通道口，通信通道正常，无报警信息。(f)在维护终端用浏览器登录云服务器，查看各虚拟服务器(集控数据库服务器、调度命令服务器、TDCS 接口服务器、域控服务器、集控服务器、PRC 服务器、站场表示服务器、车次跟踪服务器、电流表接口服务器)工作正常(CPU、内存未达到阈值)，通信正常，没有报警信息，检查 CIPS 系统各服务器时间与 CTC 系统时间一致。(g)系统机柜设备及终端电缆、光缆尾纤、网线、接地线及电源适配器等连接、插接良好，无异状。(h)系统防雷柜防雷单元正常，无劣化指示。(i)设备、器材铭牌、标识齐全。(j)查看信号集中监测界面是否有 CIPS 设备报警信息。

d. 检查各场信号机械室 CIPS 集控系统设备、网络设备及场控操作台。

(a)CIPS 系统接口机柜、BDZ 机柜、停车器系统设备机箱风扇运转正常，通风良好，模块、板件工作正常，面板指示灯显示及含义正确。(b)CIPS 系统接口机柜、BDZ 机柜、停车器系统与冗余网络连接良好，与外部系统通信正常。(c)联锁维修机、CTC/TDCS 维修机显示各系统设备工作正常，显示界面(面板、显示器)信息显示正确，无故障报警。(d)器材插接良好，终端电缆、光缆尾纤、网线、接地线连接、插接良好，无异状。(e)系统及器材防雷单元正常，无劣化指示。(f)运转室加封良好，防潮、防水、防尘、防鼠、消防设施良好，运转室内信号设备未损坏。(g)设备、器材铭牌、标识齐全。

e. 检查调度大厅各集控工作站，综合显示大屏设备。

(a)集控工作站防潮、防尘良好。(b)集控工作站设备工作正常，键盘、鼠标使用良好，铭牌标识齐全，检查 CIPS 系统各工作站时间与 CTC 系统时间一致。(c)综合显示大屏网络设备与 CIPS 系统网络连接良好，控制设备电缆、光缆尾纤、电源适配器、电线焊接、插接良好，无异状。(d)综合显示大屏显示功能正常，亮度无明显变暗情况。(e)检查调度大厅综合显示大屏设备指示灯状态、风扇运转正常，通风良好。(f)检查大屏后方空调是否开启制冷，保证大屏开启时的正常温度(不大于 28 ℃)。

②检修作业。

a. CIPS 集中控制系统机房检查、整修。

(a)清洁机械室、站调楼信号机房地面，检查门、窗密封及通风设施。机械室、站调楼信号机房地面清洁，无尘土、杂物；门窗密封、通风、防潮、防水、防尘、消防设施良好。(b)信号楼机械室、站调楼信号机房空调制冷(热)性能良好，室内温度符合标准(15 ℃～27 ℃)。(c)逐个检查应急备用器材，型号齐全、性能良好且摆放整齐，各种系统技术图纸完整。(d)防火器材齐全，作用良好。

b. CIPS 集中控制系统电源、UPS 电源、蓄电池检查、整修(检修车间为主、驼峰车间配合)。

(a)电源配电盘(柜、箱)接线端子紧固,输入电源断路器(熔丝、空气开关)容量符合标准、无异状,缆线接触良好,不发热,防雷单元正常。(b)智能电源屏各部安装及接线端子紧固,模块及电气连接插接牢固,地线接触良好,断路器(熔断器)及防雷单元正常、无异状,各部配线无异常、不老化,绑扎、防护措施良好。(c)智能电源屏内、外部清洁,无粉尘杂物。(d)智能电源屏上电不报警,各模块工作正常,模块指示灯显示正确。(e)Ⅰ、Ⅱ路电源自动、手动和主、备模块切换试验正常;Ⅰ、Ⅱ路电源切换时间符合标准;调压范围符合标准,模块保护性能良好。(f)UPS 电源安装及接线端子螺丝检查紧固,电气连接插接牢固,地线接触良好;风扇(过滤网)及外部无粉尘,清洁干净;上电风扇运转正常,面板指示灯显示正常,电压、电流显示正常不超标。(g)蓄电池组、单块电池性能测试、试验。蓄电池组、单块电池电压、电流符合标准,切换电池供电良好,并进行放电试验。(h)蓄电池电气连接端子螺丝检查紧固,电池清洁。(i)测试电源系统输入、各种输出电压及接地绝缘符合规定标准,电压、电流表头计量显示准确。(j)小 UPS 电源检修内容及方法严格按照随机使用手册及有关规定执行,UPS 电源电池需要每三个月进行一次充放电。

UPS 状态指示灯包括 5 个指示灯:故障指示灯、交流输入指示灯、电池指示灯、逆变器指示灯和旁路指示灯,其描述见表 9-1。

表 9-1　UPS 状态指示灯表

UPS 状态指示灯	图标	颜色	描　述
故障指示灯		红色	UPS 检测到故障时亮,无故障时灭
交流输入指示灯		绿色	市电正常时亮,掉电或电压超限时灭
电池指示灯		黄色	电池供电时亮,未供电时灭
逆变器指示灯		绿色	逆变器供电时亮,未供电时灭
旁路指示灯		黄色	旁路供电时亮,未供电时灭,电压超限时闪

c. CIPS 集中控制系统设备及网络设备检查、整修。

(a)CIPS 机房 CIPS、联锁、CTC/TDCS、监测、区间综合监控、BDZ 等机柜安装螺丝紧固,不松动,柜内工控机、模块、板件、网络设备、电源适配器、断路器(熔断器)等安装、插接牢固,防护措施齐全、良好。(b)接线端子紧固、不松动,电缆、光缆尾纤、电线焊接、插接及接地、等电位连接牢固,防雷单元正常、无异状。(c)设备配线无异常、不老化,绑扎、防护措施齐全、良好。(d)机柜、终端及设备、器材,工控机、服务器防尘过滤网、风扇清洁干净,无粉尘。(e)系统光纤弯曲符合标准,光纤遮光防护措施良好(含备用光纤)。(f)按周期更换到寿命期或轮修期设备、器材及不良板件、器材。(g)双机热备工控机、计算机自动、手动切换试验正常,双机同步,模块、I/O 板件、交换机、路由器、长线驱动器、网闸、风扇等设备工作正常,指示灯显示正确。(h)各信号楼至站调楼 CIPS 系统、联锁远控、监测 CTC/TDCS、BDZ 系统通道质量及备用通道测试;配合通信专业进行主干通道测试,不能同时断开主、备用通道进行检查测试,每年 1 次。(i)机柜、工控机、计算机、显示器等外围设备外部清洁,机柜内设备清洁,无粉尘杂物。

CIPS集控系统与联锁系统接口示意如图9-50所示。

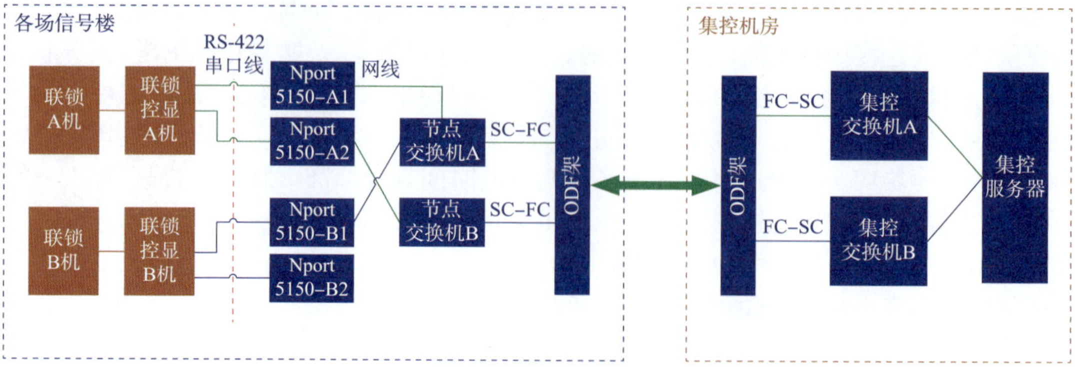

图9-50　CIPS集控系统与联锁系统接口示意

TDCS系统与CIPS系统接口示意如图9-51所示。

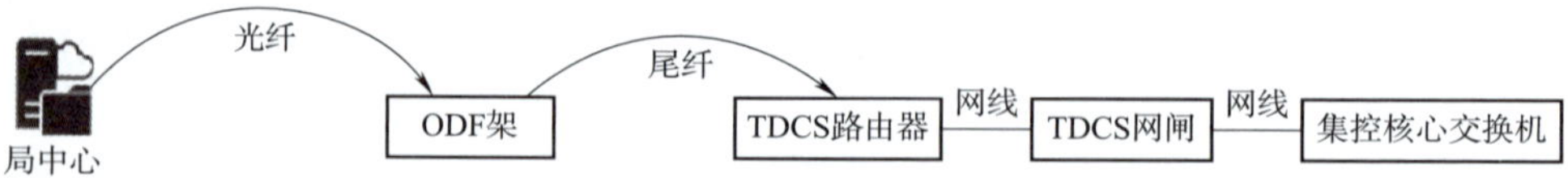

图9-51　TDCS系统与CIPS系统接口示意

d. 各场信号机械室CIPS集控系统设备、网络设备及场控操作台检查、整修。

(a)机柜安装螺丝紧固，不松动，柜内模块、板件、网络设备、电源适配器、断路器(熔断器)等安装、插接牢固，防护措施良好。(b)接线端子紧固、不松动，电缆、光缆尾纤、电线焊接、插接及接地、等电位连接牢固，防雷单元正常、无异状。(c)设备配线无异常、不老化，绑扎、防护措施齐全、良好。(d)机柜、终端及设备、器材，UPS、工控机防尘过滤网、风扇清洁干净，无粉尘。(e)系统光纤弯曲符合标准，光纤遮光防护措施良好(含备用光纤)。(f)按周期更换到寿命期或轮修期设备、器材及不良板件、器材。(g)双机热备工控机、计算机自动、手动切换试验正常，双机同步，模块、I/O板件、交换机、路由器、长线驱动器、风扇等设备工作正常，指示灯显示正确。(h)检查测试冗余网络，确保良好(通信配合)，每年1次。(i)机柜、工控机、计算机、显示器等外围设备外部清洁，机柜内设备清洁，无粉尘杂物。(j)检查运转室联锁、CTC/TDCS、区间综合监控系统设备运行正常，控制台显示正常。

e. CIPS系统综合防雷检查测试。

检查测试防雷地线、防雷元件。

f. 时钟同步检查校核。

整个CIPS系统内部时钟与其他子系统(计算机联锁、驼峰等系统)时钟统一性核对与调整。

g. 各种控制模式转换试验。

试验各种控制模式能够正常转换。

h. 调度大厅各集控工作站，综合显示大屏设备检查、整修。

(a)集控工作站控制台内、外及终端设备清洁，无粉尘，防潮、防水、防尘良好。(b)集控工作站设备电源、电缆、电线、接地线连接、插接良好，无异状；键盘、鼠标使用良好。(c)集控工作站设备配线无异常、不老化，绑扎、防护措施良好。(d)综合显示大屏前、后清洁，表面干净无粉尘。(e)综合显示大屏网络设备与CIPS系统网络连接良好,连接端子紧固、不松动,电缆、光缆尾纤、电源适配器、电线焊接、插接及接地、等电位连接牢固、无异状,网络计算机设备清洁、无粉尘杂物。(f)综合显示大屏各功能试验良好。

(3)作业后

①试验销记。

设备检修完毕后,室内外彻底试验良好,并会同车站值班员试验。确认控制台无异常报警,站场显示正确后,由电务联络员在"行车设备检查(施工)登记簿"(运统46)内登记销点,交车务值班员签认。

②清理场地、拍照上传。

清点工具、材料,做到人走料清。检查设备加封加锁良好,作业组长对动过的部位和撤离时作业现场全貌拍照,并上传(车间分析室)。

3. 常见问题处理

(1)问题描述:某服务器、工作站、显示器等断电。

处理方法:处理时应从用电设备的电源线接头开始,用万用表逐个测量线缆接头的电压,测量值由0 V变为220 V的地方为故障点。

(2)问题描述:某个值班员岗位集控界面显示无表示状态。

处理方法:①检查该岗位对应CIPS与联锁接口通道是否断开。②检查串口转换器工作是否正常,以及能否Ping通。③检查与联锁之间的串口线是否连接正常。④重启串口转换器。⑤检查集控服务器、站场表示服务器工作状态是否正常,重启集控服务器、站场表示服务程序。

(3)问题描述:驼峰控制系统无法接收CIPS发送的调车单。

处理方法:通过CIPS客户端集控通道监控检查与驼峰通道是否正常,如通信正常,重启站场表示服务或联系售后维护人员处理。

(4)问题描述:调机无法收到CIPS发送的调车单信息,综合图无法显示调机位置信息。

处理方法:通过CIPS客户端集控网络通道监控检查与调机系统通道是否正常,如通信正常,联系售后维护人员处理。

(5)问题描述:停车器无法进行制动缓解操作。

处理方法:①检查与停车器的接口状态。②检查与停车器网络隔离设备运行状态是否正常。③联系售后维护人员处理。

4. 常见故障处理

(1)集控工作站故障,无法启动。

故障分析:集控工作站及终端故障。工作站及终端故障处理流程如图9-52所示。

判断处理:①切换到备用工作站。②检查故障工作站运行状态,重启故障设备,如不能重启应联系厂家售后人员处理。③更换备品。

(2)网络故障。网络故障处理流程如图9-53所示。

故障分析1:交换机面板指示灯熄灭或者黄色、红色闪动,交换机故障。

判断处理:①电源是否正常。②重新启动交换机。③重启不能恢复时,用console口连接电脑,查看内部报警信息,必要时和厂家联系。

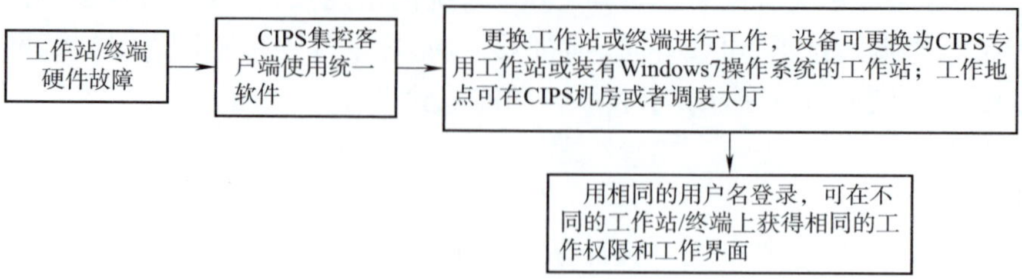

图 9-52　工作站及终端故障处理流程

故障分析 2:网卡故障。

判断处理:用 ipconfig/all(Windows 系统)或 ifconfig-a(Unix 系统)命令查看网卡状态和 IP 地址设置是否正常;若不正常,设置为正确的 IP、掩码、网关;若正常,重新安装驱动程序,如果还不能恢复,则更换网卡。

故障分析 3:防火墙故障。

判断处理:Ping 防火墙的内外网网卡地址和路由器内口共享地址,是否正常;若不正常,将防火墙进行旁路或甩开防火墙/网闸后,联系网络安全厂家进行处理;若正常,telnet 至防火墙,提示登录的界面最下面应当显示为“login:”。若设备均处于等待登录的静止界面,表示系统运行正常。若设备出现界面蓝色且字符不断上滚,表示设备处于重启状态。当所有防火墙设备同时重启时,属故障现象,会影响系统数据传输。等待设备重启完成后,系统将立即恢复正常。

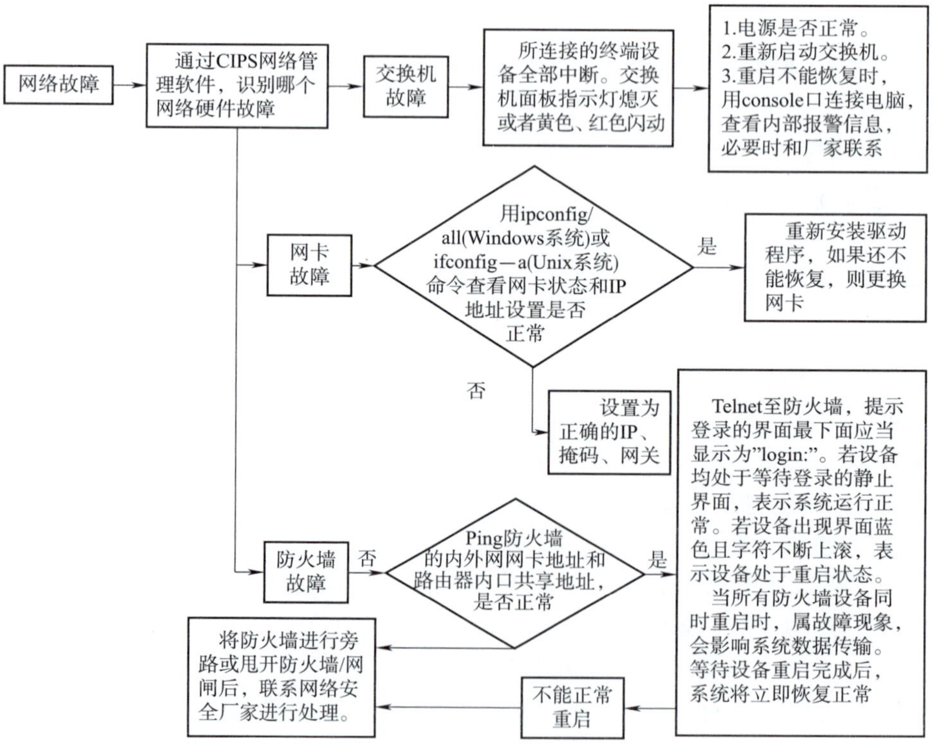

图 9-53　网络故障处理流程

(3)行车平台无法接收阶段计划,无法办理邻站预告。集控与 TDCS 接口故障流程如图 9-54 所示。

故障分析:集控与 TDCS 接口故障。集控与 TDCS 接口采用双机交叉连接方式,任意一台服务器故障或交换机故障、防火墙故障等都会自动完成倒机。如果接口全部故障,则在集控界面将失去 TDCS 的邻站表示以及车次窗等信息。TDCS 接口故障后将无法收到阶段计划及调度命令。

判断处理:①检查与局集团公司中心 2M 通道尾纤指示灯状态是否正常。②检查 TDCS 路由器、TDCS 网闸设备状态是否正常。③检查相关网络接线指示灯状态是否正常。④检查 TDCS 接口服务器状态是否正常,登录服务器查看 TDCS 接口程序是否正常,重启 TDCS 接口程序。⑤检查 TDCS 与 CIPS 系统时间是否一致,不一致时人工校核时间,并检查 CIPS 系统时钟同步程序是否正常。⑥联系厂家售后人员处理。

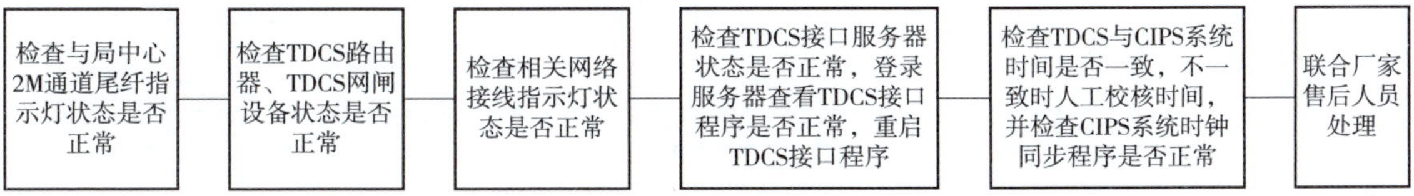

图 9-54　集控与 TDCS 接口故障处理流程

(三)风险提示

1. 机柜各种控制板件故障

防控措施:计算机板件问题及时联系设备厂家进行检查、分析,查找原因,排除隐患,对计算机板件等备用器材进行严格管理,并做好上道使用前的试验工作。更换板卡前,仔细检查新、旧板卡版本和型号的一致性。

2. 通信堵塞

防控措施:定期对系统进行复位,有必要时对系统进行软件升级。如主备机不同步次数明显增多,须进行系统复位。

3. 病毒侵入

防控措施:使用专用 U 盘、移动硬盘,并在接入系统前在专用的杀毒机器上查杀病毒。

4. IP 地址、数据软件更新

防控措施:CIPS 系统服务器、终端及控制网络等设备的 IP 地址、数据软件更新执行卡控制度,做好备份并妥善保管。

第七节　JWXC-2.3 型交流闭路式驼峰轨道电路

驼峰双区段轨道电路除了监督区段是否空闲及线路完整外,在溜放进路自动控制中起着十分重要的作用,它参与进路命令的传递、执行和取消。此外,利用轨道电路测速原理,在驼峰溜放时可以对每钩车走在不同地点测得十多个走行速度,可基本实时掌握钩车溜放全过程的速度监测。该速度有以下用途:判别钩车在道岔上途停(速度过低);判别钩车在道岔上侧冲;估算钩车走行阻力;为一、二部位间隔自动控制数学模型提供计算钩车之间的间隔的参数。

JWXC-2.3 型驼峰双区段轨道电路的结构如图 9-55 所示,在分路道岔区段轨道电路岔前的基本轨接缝处再增设一组绝缘,将原来的每个分路道岔为一个独立区段的轨道电路划分成两个小的区段，就成了双区段轨道电路。峰下分路道岔区段轨道电路采用双区段主要是因为驼峰轨道电路区段短，溜放时进入的车轴数少，有时是一辆四轴的空车，在轨面接触压力小，尤其是空车在溜放过程中容易跳动，会短时间内失去分路，在采用双区段轨道电路，可有效地防止由于轻车跳动或分路不好造成轨道继电器错误动作，保证溜放车组的安全。

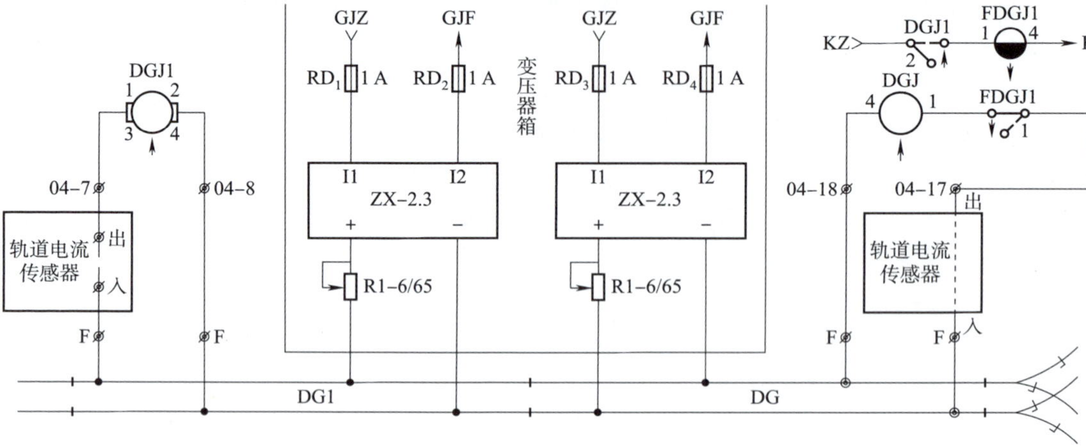

图 9-55　JWXC-2.3 型驼峰双区段轨道电路

一、设备认知

室外设备主要有 ZX-2.3 型硒整流器、R1-6/65 变阻器等，如图 9-56 所示。

图 9-56　轨道电路箱内设备

JWXC-2.3 型交流闭路式驼峰轨道电路应符合下列要求：

(1)轨道电路在调整状态下，轨道电路线圈并联时电流为：380～580 mA，轨道电路线圈串联时电流为：230～330 mA。

(2)用 0.5 Ω 标准分路电阻线在轨面上分路时，轨道继电器的直流电流：线圈并联时不大于 110 mA，线圈串联时不大于 56 mA，继电器应可靠落下，缓放时间不大于 0.2 s。

(3)送电端限流电阻(包括引接线电阻)不应小于 4 Ω。

二、设备维护

(一)标准化作业

1. 作业前

(1)班前会、准备工作

①召开班前布置会；

②信号集中监测曲线分析，了解掌握设备运用状况，主要查看系统报警信息；

③检查准备工具、仪表、备品并拍照；

④试验联络工具良好，按规定穿戴防护用品，携带防护用具。

(2)联系、登记

联系车务人员了解车站作业情况，根据天窗修计划、日常维护以及检修作业内容进行登记、要点，经车务人员同意、签认后方可进行作业。

2. 作业中

(1)日常巡视

①箱盒外观及加锁装置检查、注油。

②箱盒无破损、安装牢固、螺栓紧固、编号清楚正确，加锁装置良好。

③基础倾斜不超过 10 mm，箱盒底距地面不少于 150 mm。

④地面硬化完整、不积水，周围无杂草。

⑤三线(引接线、接续线、道岔跳线)外观及防混措施检查(清扫、整理、注油)。

a. 引接线、接续线固定良好，不埋在土中，接续线无过甚弯曲，无锈蚀断股、轧伤现象，塞钉无松动脱落，打入深度应露出轨孔平面，且不超过 5 mm。

b. 引接线塞钉孔与夹板边缘的距离宜为 100 mm。

c. 长引接线穿越钢轨时，距钢轨底以下应大于 30 mm；沿轨枕敷设部分应平直，固定良好，如图 9-57 所示。

图 9-57　三线及防混检查

⑥各部绝缘检查。

钢轨绝缘，道岔连接杆绝缘，轨距杆绝缘连接板及安装装置外观检查，道岔安装装置绝缘齐全、无破损。

⑦外界对设备的干扰检查，发现问题及时处理。

有钢轨绝缘处的轨缝应保持在 6～10 mm，道钉与绝缘钢轨接头夹板不接触，引线及跳线处不得有防爬器，轨距杆等物。轨缝不标准应配合工务整治，如图 9-58 所示。

(2)集中检修(同日常巡视内容)

①开盖检查箱盒内各设备和元件，紧固各部螺丝。

各设备、元件安装稳固、无异常现象，熔断器接触良好，熔丝不变形、接触良好，限流电阻调整块接触可靠。

②各部螺丝无松动，帽垫齐全，配线整齐不破皮，箱盒盘根作用良好，能防尘防水。

③引接线与箱、盒连接时，箱、盒内两个螺母紧固，不得松动。绝缘管、绝缘垫应完整、无遗漏。

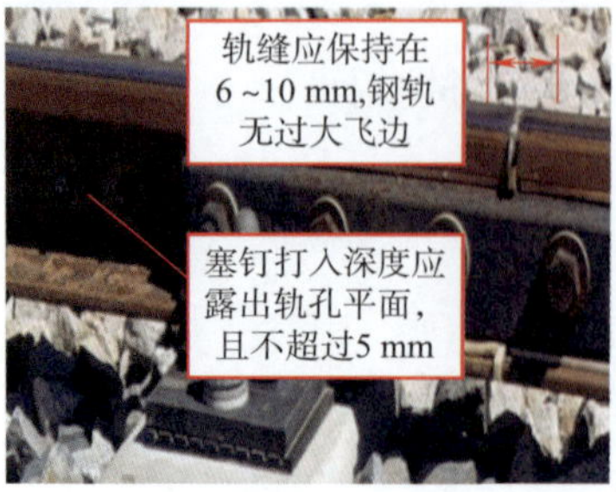

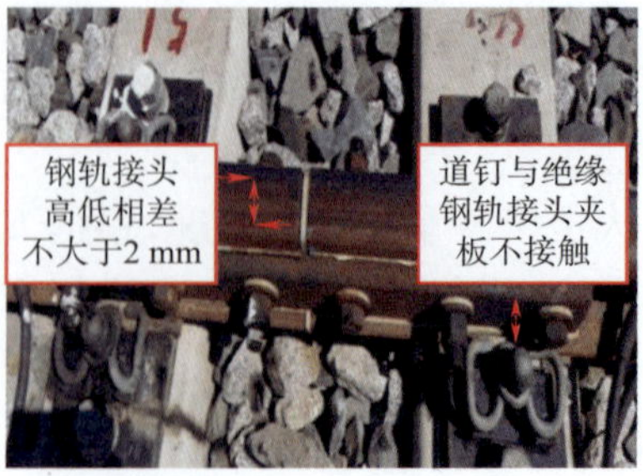

图 9-58 外界对设备干扰

④电缆引入口处采用灌胶防护,电缆不下沉。

⑤熔断器容量标准,接触良好,运用不超期(2 年)。

⑥箱内每个种类熔丝至少有一个备用熔丝并立式固定存放。

⑦限流电阻辅助线、片作用良好,各制式轨道电路限流电阻阻值(包括引接线电阻)符合规定,即 JWXC-2.3 型交流闭路式驼峰轨道电路送电端限流电阻、不小于 4 Ω。

⑧引接线、接续线、钢丝绳除锈涂油。

a. 引接线双套化固定良好,油润不锈蚀,断股不得超过 1/5,引入线应有防混措施。

b. 引接线、接续线长度适当,固定用卡钉齐全,接续线平、紧、直、密贴鱼尾板。

⑨箱盒配线、整理油饰。

箱盒内配线不老化,线头扎成环状,根部套有塑料管,线把绑扎良好,端子有编号,并正确、规范、清楚,电缆有去向牌,图物相符,箱盒内外除锈涂油。

⑩测试。

a. 测试内容为电源电压,送电端变压器 Ⅰ、Ⅱ次侧电压,限流器电压降,送、受电端轨面电压,分路残流测量,轨道继电器落下时间,轨道电路标调。

b. 轨道继电器直流电流有人值守站有集中监测的每日浏览分析轨道电路预报警信息一次,每月保存数据或在测试记录本上记录一次。

c. 轨道电路标调方法。

室内作业人员使用直流钳形表卡 DG_1 或 DG 继电器线圈 1 测试调整状态下的直流电流。

调整状态测试:轨道电路线圈并联时为 380～580 mA,轨道电路线圈串联时为 230～330 mA。

分路状态测试:室外作业人员用 0.5 Ω 标准分路电阻线在轨道电路入口处分路时如图 9-59 所示。利用压力分路装置对每端轨面施以 14.7 kN(1.5 T)压力模拟轮对的重量进行测试,线圈并联时不大于 110 mA,线圈串联时不大于 56 mA,其落下时间不大于 0.2 s,通过信号集中监测查看轨道电路继电器吸起到落下的响应时间,如图 9-60 所示。

图 9-59 分路残压测试

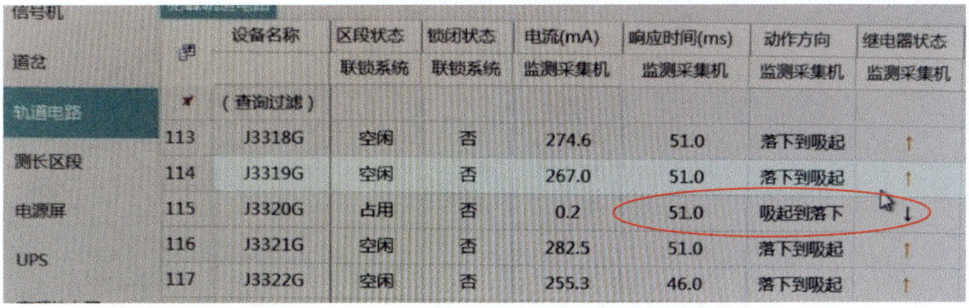

序	设备名称	区段状态	锁闭状态	电流(mA)	响应时间(ms)	动作方向	继电器状态
		联锁系统	联锁系统	监测采集机	监测采集机	监测采集机	监测采集机
	(查询过滤)						
113	J3318G	空闲	否	274.6	51.0	落下到吸起	↑
114	J3319G	空闲	否	267.0	51.0	落下到吸起	↑
115	J3320G	占用	否	0.2	51.0	吸起到落下	↓
116	J3321G	空闲	否	282.5	51.0	落下到吸起	↑
117	J3322G	空闲	否	255.3	46.0	落下到吸起	↑

图 9-60 继电器落下时间测试

ZX-2.3 型硒整流器采用 BG_1-300 型轨道变压器，电气特性应符合《维规》的要求。当测试电流超标时，调整变压器的连接端子。

驼峰电气集中轨道区段内更换钢轨或道岔后，新换钢轨、道岔轨面生锈严重，现场测试确认为分路不良区段，开通前，应在"行车设备检查登记簿"(运统 46)登记为临时分路不良区段；驼峰自动集中轨道区段内更换钢轨或道岔后，新换钢轨、道岔轨面生锈严重，现场测试确认为分路不良区段，开通前，应在"行车设备检查登记簿"(运统 46)登记为临时分路不良区段，单钩溜放或压道等方式整治后，电务测试残压达标销记后恢复连续溜放。

d. 检查测试各类绝缘(每月一次)，轨端绝缘分解检查(每年一次)。

道岔安装装置绝缘测试：用电压表表笔一端接有装有绝缘的部件(轨距杆、方钢、托板等)，另一端依次与两轨面连接，电压表均不应该有读数，轨面与绝缘杆之间不应有电压。

普通绝缘测试：(a)测试两轨头之间的电压；(b)选择一块绝缘夹板，测试绝缘夹板与 6 个螺杆以及两轨头之间有无电压；(c)选择另一块绝缘夹板，重复第 2 步。绝缘测试时，其电阻应大于 1 MΩ。电务部门负责配合工务上道安装时的绝缘特性测试和上道后绝缘的日常检查测试。绝缘测试如图 9-61 所示。

注意事项：轨道绝缘的测试应使用高输入阻抗的万用表(不能使用电磁式电表)的交流电压挡。

图 9-61 绝缘测试

e. 轨道电路区段长度测量。

建立驼峰轨道电路区段长度台账，每年一次，工务换轨、换岔增加一次，站场改造或新建时全部进行测量建立数据。

每组道岔的岔前应有足够的保护区段长度(表 9-2)。当道岔岗启动车辆即进入该道岔区段时,确保车辆压入尖轨前,道岔已转换到位,车辆安全通过。短轨长度不应短于4.5 m。

表9-2 轨道电路区段长度

驼峰类型	道岔类型	道岔类型	转辙机类型	有蓄电池浮充供电时	
				岔前短轨长度/m	保护区段长度/m
自动化驼峰	第一分路道岔	6号对称	ZK	5.0	6.308
			ZD(快速)	6.25	7.558
		6.5号对称	ZK	5.0	6.022
			ZD(快速)	6.25	7.272
	其余分路道岔	6号对称	ZK	6.25	7.558
			ZD(快速)	7.0	8.308
		6.5号对称	ZK	6.25	7.272
			ZD(快速)	7.0	8.022

f. 熔断器(断路器)检查。

(a)安装牢固,接触良好,熔丝容量按规定配置。

注意事项:更换断路器时要核对型号一致。

(b)熔断器有试验标记和更换日期,每两年更换一次(断路器故障更换)。

g. 防雷元件检查测试,更换不合格防雷元件。

防雷元件安装正确,带有劣化指示窗口的故障更换同类型防雷元件,不带劣化指示的每年2次测试(2、8月测试)。

h. 极性交叉检查、测试。

道岔区段轨道电路需要解决两个问题:第一,辙叉不应将轨道电源短路;第二,在岔线上有车时均能使轨道继电器可靠地释放。为此,在道岔的辙叉部分增加一组绝缘,叫极性绝缘图9-62所示。驼峰轨道电路因轨面是直流电压,轨面测试无法判断极性交叉,换轨后室内作业人员应在分线盘测试送回楼内的DG(DG_1)-Q、H线,万用表指针反了,说明极性交叉错误。

图9-62 极性交叉测试

i. 每年结合秋鉴对警冲标位置及绝缘与警冲标相对位置检查一次。

道岔区段的警冲标设在两会合线路线间距离为4 m的中间,线间距离不足4 m时,设在两线路中心线最大间距的起点处。在线路曲线部分所设道岔附近的警冲标与线路中心线间的距离应按限界加宽增加。

道岔区段设于警冲标内方的钢轨绝缘(除渡线绝缘外),其安装位置距警冲标大于或等于3.5 m(侵限绝缘除外),当绝缘位置与警冲标距少于上述数值时,按侵限绝缘处理。因为当机车或车辆的车轮停在警冲标内方的轨道电路区段内时,若分界绝缘与警冲标的距离小于3.5 m,则其车钩及车身边缘可能侵入邻线的建筑限界,危及邻线上通过机车或车辆的安全。

3. 作业后

(1)试验销记

设备检修完毕后,室内外彻底试验良好,并会同车站值班员试验。确认控制台无异常报警,站场显示正确后,由电务联络员在"行车设备检查(施工)登记簿"(运统46)内登记销点,交车务值班员签认。

(2)清理场地、拍照上传

清点工具、材料,做到人走料清。检查设备加封加锁良好,作业组长对动过的部位和撤离时作业现场全貌拍照,并上传(车间分析室)。

(二)常见问题处理

1. 问题描述:系统报"轻车跳动"

处理方法:工务换轨打磨后,车务组织压道除锈,车站办理手动单钩溜放时会报"轻车跳动"。室内作业人员测试分路残流值不达标,登记换轨区段为分路不良区段,要求车站手动单钩溜放,溜放过程中,盯控轨道电路的电流曲线,直到曲线正常,没有波动方可销记。

2. 问题描述:系统报"轨道与踏板状态不一致"

处理方法:在溜放过程中,当分路道岔有溜放命令且DGJ仍未落下,如踏板计轴数大于等于3,则发出"轨道与踏板状态不一致"报警信息。以下两种情况均会导致此报警:①踏板计轴正确但轨道电路故障或车辆分路不良导致DGJ无法落下,该钩车命令可能无法正常传递至下级道岔,按照轨道电路故障处理,重点检查测试轨道电路调整状态下的电流值、分路残流值和室外检查轨面情况等。②轨道电路正常(车辆确实未占用该道岔)但踏板计轴有干扰信号,此时命令传递不受影响但可能会造成车辆数计算错误,按照车辆传感器故障方法处理。

3. 问题描述:轨道异常占用报警

处理方法:分路道岔区段无溜放命令也没有排列调车进路,但出现轨道占用时,系统发出"轨道异常占用"报警信息,按照轨道电路故障处理。

(三)常见故障处理

轨道电路红光带故障常见故障有:两根基本轨飞边短路;道岔区段方钢、轨距杆或安装装置绝缘破损造成短路;三线(电源引接线、接续线和道岔跳线)断线。JWXC-2.3型轨道电路故障处理流程如图9-63所示。

1. XB箱两引入线的绝缘套管碰壳短路。

故障现象:XXDG轨道电路红光带。

故障分析:分线盘测试直流电压为零或很小,再用直流钳形电流表测试轨道电路送回来的电流为零或很小,判断为室外故障。

判断处理:到达现场,首先测量有无轨面电压,无电压,向送电端查找,测试送端XB箱

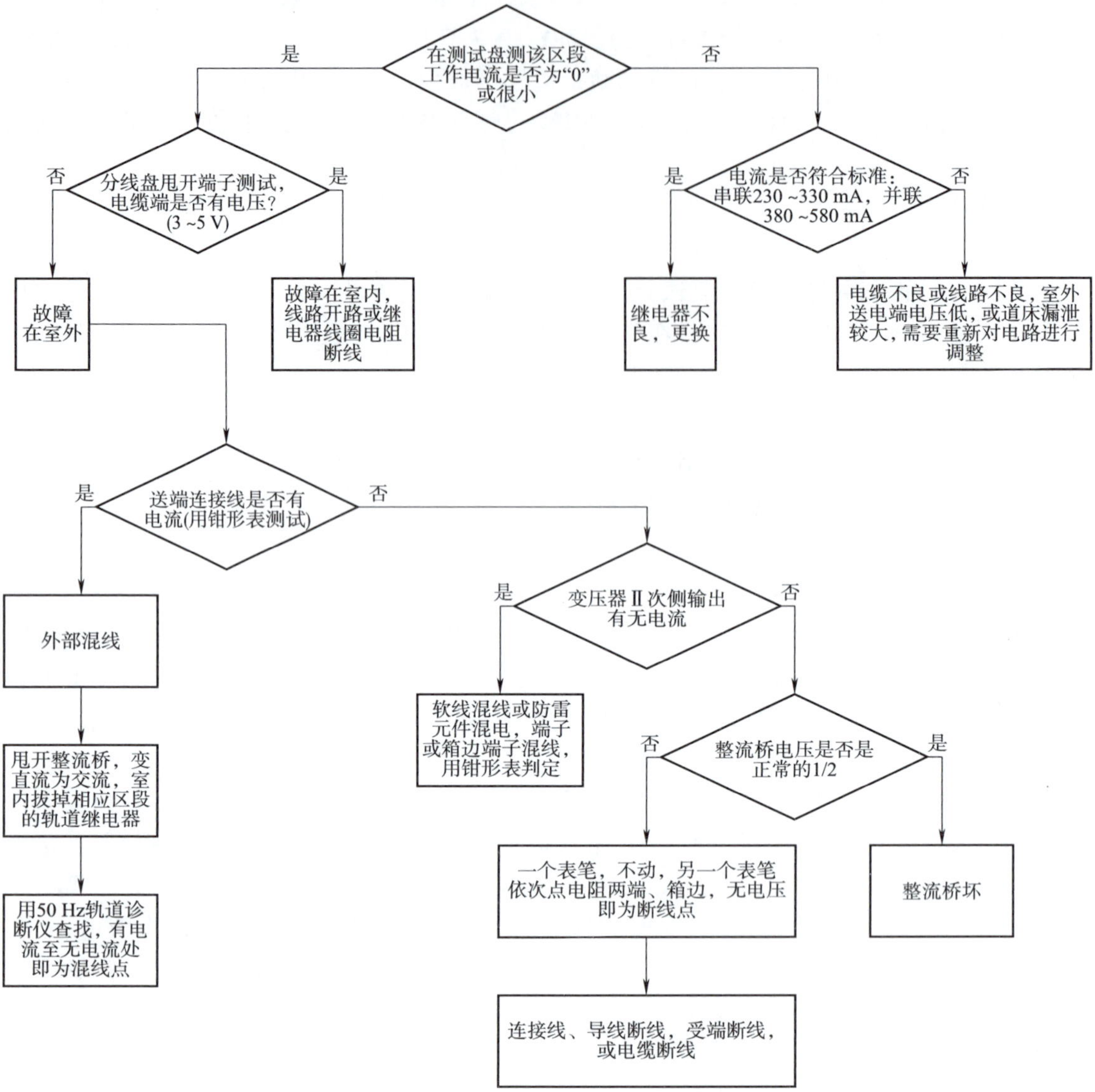

图 9-63　JWXC-2.3 型轨道电路故障处理流程

内的限流电阻电压值，近似于变压器Ⅱ次侧电压说明是短路故障，测试引接线电流为 0 A，说明短路点在 XB 箱内。检查 XB 箱发现两引入线接头处的绝缘套管被挤破后与 XB 箱铁壳接触造成短路。

注意事项：轨面短路故障须甩开变压器Ⅱ次侧整流桥，变直流为交流，用轨道诊断仪(挡位选择 50 Hz)查找，有电流到无电流处即为短路点。甩开变压器Ⅱ次侧整流桥前，楼内作业人员须拔掉对应的轨道继电器，防止直流变交流后烧坏继电器。

2. 受端引入线断线。

故障现象：××DG 轨道电路红光带。

故障处理方法：联系登记要点后处理故障，分线盘测试直流电压为零或很小，再用直流钳形电流表测试轨道电路送回来的电流为零或很小，判断为室外故障；到达现场，首先测量有无轨面电压，有电压，向受电端查找，测试受端电缆盒两引入线端子无电压且无直流电流，轨面有电压，说明引入线断线，用交叉法判断具体哪根引入线断线。

三、风险提示

1. 驼峰保护区段长度不足

案例：2008 年 1 月 1 日，××驼峰在 409 道岔发生了溜放车辆脱线事故，原因是错误溜放超长度的车辆。由于车辆的第二轮对至第三轮对间距离超过了道岔轨道的长度，当其正好跨过道岔轨道区段（第一、二轮对出清道岔区段）时，系统认为车辆已经出清，道岔即可接受命令并动作，使后续轮对按照下一钩的命令进路走行，导致车辆脱线。

对于第二轮对至第三轮对间距离大于或等于 12 m 的车辆（图 9-64）不能按自动作业进行溜放。相关技术条件中规定“遇换长大于或等于 1.6 m 的车辆，溜放进路应改为手动控制”。

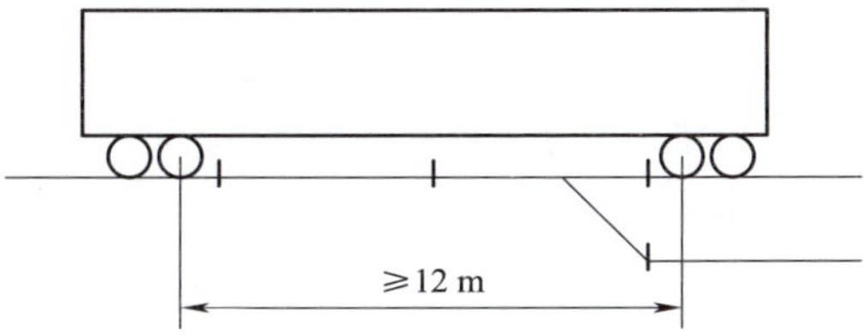

图 9-64　车辆换长

防控措施：

（1）严格进行设计审核和施工验收把关。

（2）每次配合工务换轨进行测量检查。

（3）每年秋季设备鉴定进行测试检查，确保保护区段长度符合《维规》表 8.1.2 的要求。

（4）工区建立驼峰保护区段长度台账表。

2. 轨道电路调整不当，导致分路残压超标

防控措施：严格按照轨道电路技术标准调整。

3. 分路不良管理制度不落实，造成联锁失效

案例：2007 年 9 月××驼峰更换 409 道岔区段钢轨，由于没有除锈，新轨分路不良，开通即采用自动溜放作业，造成车辆命令不能下传，致使溜放车辆错进。

防控措施：

（1）严格落实轨道电路巡视及监测制度，及时发现分路不良情况。

（2）股道长时间封锁、存车，更换钢轨，要登记临时分路不良区段，整治后残压达标方可销号。

（3）轨道电路分路不良区段必须及时登记，严禁盲目销号。

（4）管内工区有轨道电路分路不良区段反弹、新增、消号等情况时，由主管工程师或包保干部到现场进行核查。

4. 极性交叉区段更换钢轨后没有进行测试

防控措施：严格落实试验彻底后方可销记制度。

第八节　T·ZY 型压磁式测重机

测重设备在自动化驼峰控制系统中用于测定溜放车组重量，是调整溜放车组速度控制的重要依据，尤其是在减速器(减速顶)为调速设备的点连式调速系统中，它决定非重力式减速器的制动等级，确定可控减速顶的制动能力，利用车组重量粗略估算等效车组走行阻力，参与确定对间隔制动位和目的制动位速度控制的调整。

车组平均重量是确定减速器出口速度的重要参数。溜放车组的测重信息，一般通过安装在加速坡适当位置上的测重传感器测得。此信息经测重信息处理电路处理后得到轮重数据，经进一步处理得到车辆重量数据和溜放车组平均重量数据。溜放车组的平均重量数据，需利用溜放车组的分钩信息准确测得。分钩信息一般由轨道电路、光挡和车轮传感器等设备测得。

在得到溜放车组的平均重量数据后，将其通过各道岔区段轨道电路环节传递到各个制动位减速器的控制环节，作为控制参数参与对溜放车组的控制。在使用非重力式减速器的站场，减速器的制动等级要根据车辆平均重量等级来选定。如果制动等级选低了，减速器制动力太小，不能有效地将车速降下来，可能造成追钩，使道岔不能及时转动而进入异线。反之，如果制动等级选得过高，有可能将车轮挤出，造成脱轨事故。因此，判断车组重量等级是正确使用非重力式减速器的关键。

本节主要介绍 T·ZY 型压磁式测重机。

一、设备识别

T·ZY 型压磁式测重机主要由测重传感器、测重信号处理电路、A/D 转换及输出电路、轨道开关控制电路、窗口调试显示，专用激磁电源和直流稳压电源等组成。T·ZY 型压磁式测重机结构如图 9-65 所示。

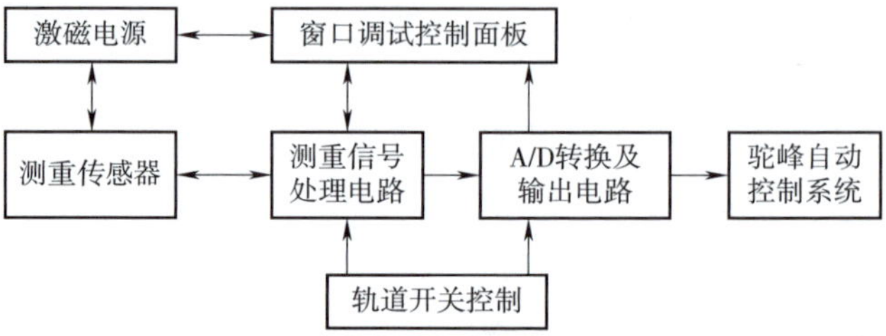

图 9-65　T·ZY 型压磁式测重机结构

(一)室内设备

室内部分主要有测重机箱，机箱内装有各种功能电路板、稳压电源和传感器激磁电源。机箱前部为重量显示、调测窗口面板；机箱后部为外接引线插件，机箱可放入标准计算机机柜内，也可单放于其他地方。

T·ZY 型压磁测重机如图 9-66 所示，可与通号设计院和铁科院通号所设计的不同的控制系统配套使用，在这两种不同的控制系统上使用时，除 A/D 转换板外，其他电路板均可通用。A/D 转换板在更换之前要进行处理。

测重电路在驼峰现场溜放作业时，轨道电路占用，控制电路进入工作状态，此时测重机箱前面板的轨道占用指示灯亮，测重传感器测到的重量信号，通过室外电缆送入室内控制机箱，测重信号电压经过相敏整流电路、放大电路、滤波电路、峰值电压采集电路等，可得到一个与重量相对应的峰值电压，把此电压送到 A/D 转换电路，A/D 转换电路把测重信号处理电路送入的模拟量电压转变成数字量，其数字的大小就表示车重，可以在前面板的两位显示数码管上指示出来，通过后座板的两个 37 芯插头座送到上位计算机做信息处理。

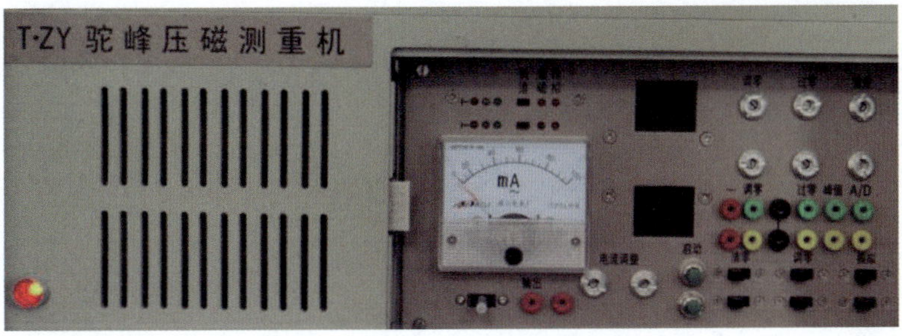

图 9-66　T・ZY 型压磁测重机

(二)室外设备

室外部分主要有压磁测重传感器如图 9-67 所示，及其电源、信号传输配线电缆盒。

图 9-67　压磁测重传感器

二、设备维护

(一)标准化作业

1. 作业前

(1)准备工作

班前布置会、工具、仪表、防护用具准备。

召开班前布置会；检查、试验仪表、联络工具良好；维修工具整套齐全，工具包内应有应急小零件和维修材料；按规定穿戴防护用品，携带防护用具。

(2)联系、登记

电务联络员联系、登记、要点。

联系车务人员了解车站作业情况，根据天窗修计划、日常维护以及检修作业内容进行登记、要点，经车务人员同意、签认后方可进行作业。

(3)说明事项

①日常维护(巡视)应制定设备巡视线路图，维护(巡视)作业应按规定的巡视线路图

完成。

②影响设备使用的作业必须在“天窗”点内进行。

③上道作业应实行双人双岗，设安全防护员，专人防护。

2. 作业中

(1)日常巡视

①箱盒外观检查。

箱盒安装牢固，加锁良好，周围无杂草。

②引入线检查。

引入线固定良好，未埋在道砟中，胶质套管无裂纹、折断，管头不脱落。

③测重检查。

测重完整，无裂纹，表面无铁屑、杂物，固定螺栓紧固，防松标记良好。

(2)集中检修

①整理引入线。

引入线接头处无松动，保护管套不破皮，且用卡钉固定良好。

②测重传感器安装检查。

a. 测重传感器安装在驼峰加速坡轨道区段两枕木之间的中间位置，距钢轨接头不小于 2.5 m，两轨枕间距：50 kg/m 的钢轨为 400 mm。传感器安装孔中心距轨底距离：50 kg/m 的钢轨为 71 mm±1.0 mm。

b. 安装孔直径 32 mm，带有 1:30 锥度。安装孔应有较好的水平度、垂直度；测重传感器的定位槽与轨面应保持平行或垂直，角度偏差不大于 10°。

c. 测重传感器必须与钢轨腹板上的安装孔壁密贴，与钢轨固定的螺栓要保持紧固，不得锈蚀，防松标记良好，螺母紧固力以 300 mm 扳手一只手臂用力到搬不动为止，防止紧固力过大或过小，紧固螺母一定要用棉丝、麻或生胶带防松。

d. 测重传感器前后两根枕木处道砟应捣固夯实，安装测重传感器的钢轨长度不应少于 5 m。电缆插头接触良好，引接线应有防护管保护。

注意事项：新安装测重传感器或配合工务部门进行影响测重精度的作业后必须经实车溜放试验、核对重量后，才能启用自动溜放功能。

③电缆盒整理。

电缆盒内部配线整齐无老化，线头绑扎成环状，根部套有塑料管，线把绑扎良好，有电缆编号牌去向牌，图物相符。

④机内油饰。

电缆盒外部除锈油漆。

⑤室外测重传感器测试。

a. 激磁电压不得小于交流 2.5 V。

b. 测重传感器交流零信号即信号线圈的输出电压不大于 300 mV。激磁电源和信号线圈测试如图 9-68 所示。

c. 用人工方式分别踩压传感器两侧钢轨时，信号线圈输出电压差值应在 4～20 mV 之间变化，最好能在 6～12 mV 的范围内。测重传感器灵敏度测试如图 9-69 所示。

如不能满足上述三个要求，传感器需要重新安装，直到达到要求为止。

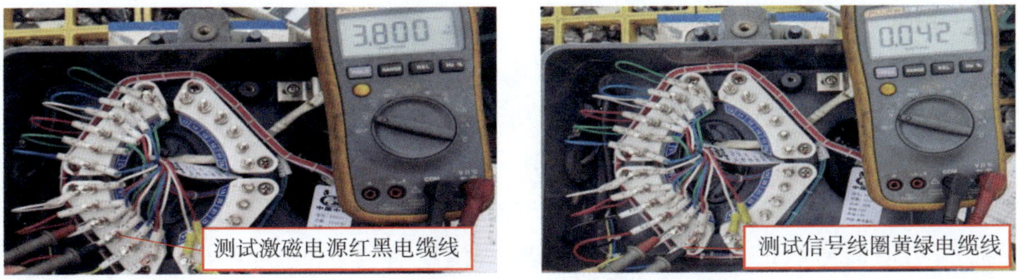

图 9-68　激磁电源和信号线圈测试

图 9-69　测重传感器灵敏度测试

注意事项：只有确认传感器损坏才能更换传感器，一般能够同时达到上述 3 条要求就不要重新安装传感器或改变传感器安装角度。

⑥室内电路的测试。

a. 每日 1 次对测重激磁电流、零信号电压进行测试。

(a)激磁电流：交流 0.35～0.4 A。

测试激磁电流前，先将开关打向左边(右边)进入测试位置，读电流表数值，测试完后开关应扳回至中间位置。观察调试窗口中的电流表显示，调整电流表下面的电流调整电位器，将激磁电流调整到 350～400 mA，此电流表为一只毫安电流表，满挡为 1 A(1 000 mA)，实际读数应为表头显示乘以 10。

(b)零信号电压：不大于 AC 300 mV。

东峰(西峰)零信号电压测试，数字万用表选择交流电压挡，红表笔插入交流符号的上边(下边)测试孔，黑表笔插入黑色接地测试孔。室内只能测试零信号电压不能调整，调整只能通过松紧室外传感器紧固螺母。

b. 每月 1 次对测重调零电压、过零电压测试。

(a)调零电压：DC 0～100 mV。

轨道电路处于调整状态(无车占用)，测试东峰(西峰)调零值前，数字万用表选择直流电压挡，将东峰(西峰)的调零开关扳至右边位置(即关闭自动补偿功能)，红表笔插入绿色(黄色)调零孔，黑表笔插入黑色接地测试孔。当调零值超出范围需要调整时，用一字螺丝刀微调东峰(西峰)的电位器，顺时针电压升高，逆时针电压降低，一般调整到 50 mV 左右。调零值调整后，调零开关扳回至左边位置(即开启自动补偿功能)。调零电压调好后，此数值会不稳定，可能产生较大漂移。只要是在±500 mV 之内都可以不管，因为有自动调零功能在自动调整。除每月 1 次的计表外，只有在测重设备状态有变化时再手动调整。

(b)过零电压:DC 0.2～1.2 V。

测试东峰(西峰)过零值前,数字万用表选择直流电压挡,红表笔插入绿色(黄色)过零孔,黑表笔插入黑色接地测试孔。调整的原则是保证重车不多、空车不丢,过零值调整每次调整 50 mV,调整过零电压值,直到不冒为止。

如果过零电压调整到近 1 V 时还有冒轴现象,而此时空车又出现了丢轴现象,应该互换室外传感器的两根信号线的位置(换相),再根据情况在室内重新调试。空车出现丢轴可以降低过零电压值。如果过零电压降到 0.3 V 以下还有丢轴现象,第一个解决办法是调换室外传感器的信号线;第二个解决办法是捣固道床。如果测重信号是先正后负,则捣固传感器下方轨枕,信号是先负后正则捣固传感器上方轨枕。

注意事项:在日常使用中,一定要防止冒轴现象的出现,否则会造成平均重量偏低,对溜放安全不利。

c. 车辆重量动态误差的测试与调整。

每周一、周四各核对一次,检查测重是否有偏差。

测重显示:重量显示为两位十进制数(单位是 t),所表示的数值是车组单侧车轮的重量的 8 倍,即等效于一辆车的重量,车组的每个单侧轮重都在轮重显示屏上显示,并送计算机自动控制系统。在没有溜放车辆时无显示,有车进入测重区段时显示为零,当车轮压到传感器位置的钢轨时,显示轮重的模拟量,确切地说,应该是显示一辆车的一次等效重量,每辆车总共有四个等效重量。若所显示的重量超过 99 t,则百位数用小数点代替,最大可显示 157 t。

(a)测试前提条件

道床坚实稳固,室内外测重设备各项参数符合规定要求,用示波器观察重量信号波形应为正常波形,测试目标车辆无多轴、易丢轴现象。

(b)车辆选用

动态误差需在车辆下峰状态下分别利用重量准确的空车和重车进行测试(如空车可选用标有准确自重,且可目视确认的空车;重车可选用自重准确的调车机车或可目视满载并掌握装载重量的车辆,不要选用蓬车、罐车及易受天气影响而改变准确载重的车辆)。

(c)重量读数和调整方法

在溜放的钩车中,找一些重量比较准的车辆进行重量核对,如能目视确定的空车、重煤车等,重车核对建议最好在机车下峰时检查,因为机车的重量相对比较标准。在机车下峰通过测重传感器时会在测重机前面板上的数码管显示 6 个重量,将其相加再除以 6 得出机车的平均重量,通常将这个重量调整为 80～90 t,轻车的重量基本为车辆本身的自重,如重量有偏差,可通过测重机。前面窗口内的重量电位器来调整(在车占用的情况下),重量电位器顺时针旋转 90°,重量增加 5 t,逆时针反之。三次调整后,进行第四次测试,此次测量结果应符合《维规》要求的误差±5 t 的标准并予以记录。调整重量电位器后对于重车的影响比对于轻车的影响略大。在设备使用过程当中,要经常核对重量的准确性以保证安全。

控制系统计算机在实际应用中通常把溜放钩车的平均重量分为四个等级,一级车为 28 t 以下、二级车为 29～39 t、三级车为 40～59 t、60 t 以上为四级车(实际重量等级的划分由不同系统分别自行确定),从控制方面来讲允许有一个等级的误差,例如:实际溜放的车辆重量为 58 t 左右,由于受震动、车轮从传感器上方通过的实际速度等的影响,此时的轮重显示会有±5 t 的误差,在这种情况下重量等级会在三级和四级之间浮动。

注意事项：

(a)在没有车占用时进行测试和调整。

(b)当变动了测重设备的现状(如更换室外传感器、重新安装传感器、调换测重设备连接线)或传感器附近的道床状态有变化(换轨、换轨枕、清道砟、捣固等作业后)，一定要重新检查调试一次，包括激磁电流、零信号电压、调零电压、过零电压和重量核对，首先要测试调整调零值。

d. 示波器检查测试。

用示波器观察重量信号的波形，主要检查是正弦波还是余弦波，同时是正半周幅度大还是负半周幅度大。室外送回来的测重信号的使用有两种形式，一种是只用正半周，单峰模式(DF 模式)；另一种是整个波形正、负半周全用，称为双峰模式(SF 模式)。在单峰模式的状态下工作时，正峰值电压的大小就是车轮的重量信号，负峰值电压无用；在双峰模式状态下工作时，正负峰值电压都有用，此时重量信号输出电压为(负电压＋正电压)/2。单峰模式(DF)或双峰模式(SF)的选择由信号处理板上的 A3 连接线的位置决定。

通常单峰模式时只要保证正大负小就都可以使用，而双峰模式只有在经调整后满足重量信号波形先负后正，并且正电压大于或等于负电压时才能使用；双峰模式比单峰模式更好的地方在于能有效地避免轮重出现重车偏重、轻车偏轻，二者不能兼顾的现象，而单峰模式对于这种现象的调整比较困难。调试时可通过调整传感器电信号相位，将较大信号放在正半周即可。

观察重量信号波形时将示波器的测试线正极接入测重机前面板的调零测试孔，负极接入测重机前面板的地线测试孔。当一个车轮通过测重传感器时，传感器输出一个有正、负半周的交流电压值，观察清楚实际溜放车辆轮重的波形信号后，首先要保证将幅度大的信号放在正半周，如实际情况不符合，可通过互换室外电线盒内信号线调整相位来解决。其次，通常单峰使用时只要保证重量信号波形正大负小就都可以使用，而双峰使用只有在波形经调整后满足如图 9-70 所示余弦波正大负小时才能使用。

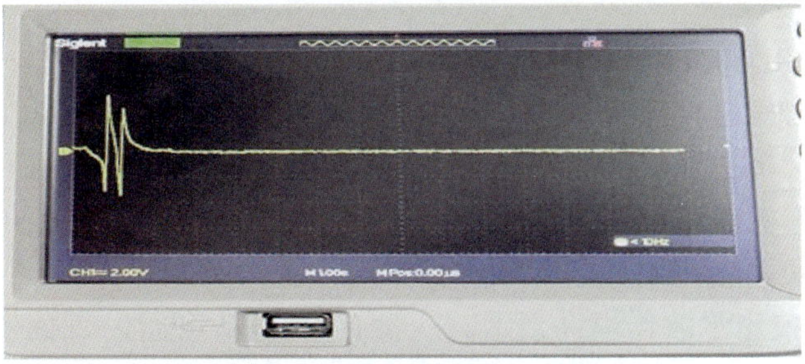

图 9-70 双峰使用时的信号波形

⑦测重传感器绝缘检查、测试。

测重线圈与外壳间的绝缘电阻不小于 20 MΩ(断开信号引入和电源，引入端子上的连线，测量传感器各个端子与外壳之间的绝缘电阻，结合电缆绝缘甩线测试，每年一次)。

3. 作业后

(1)试验销记

设备检修完毕后，室内外彻底试验良好，并会同车站值班员试验。确认控制台无异常报警，站场显示正确后，由电务联络员在"行车设备检查（施工）登记簿"（运统 46）内登记销点，交车务值班员签认。

（2）清理场地、拍照上传

清点工具、材料，做到人走料清。检查设备加封加锁良好，作业组长对动过的部位和撤离时作业现场全貌拍照，并上传（车间分析室）。

（二）常见问题处理

1. 测重等级不准

（1）原因 1：轨枕支撑强度对测重电压的影响。

处理方法：轨枕支撑力的不平衡会造成测重传感器输出信号的偏移，道床支撑力较软的一侧输出的电压灵敏度高，反之则低，所以要求传感器两侧的道床支撑软硬度应该尽可能的一致。传感器安装的轨道区段若道床情况不理想，会造成测重传感器在测量时多轴，从而影响溜放安全，道床支撑力的改变会对放车辆重量的测量结果造成很大的影响，所以测重轨道区段的轨枕一定要夯实不吊板，且要保证绝缘节两侧的道床硬度尽可能一致。

测重传感器输出电压与轨枕支撑强度有关，如果传感器两侧的轨枕支撑强度一样，则产生的正、负电压的幅度是一样的，如果支撑强度不一样，则会使电压产生偏移。道床相对软的一侧电压值会增大，相对硬的一侧电压值会减小，测重设备对于道床的基本要求是两边夯实不吊板。如果由于道床的原因造成测重设备出现问题时，可根据要求有目的地进行捣固作业，这样效果会更好。

注意事项：工务部门对测重轨道区段道床的捣固一定要在电务部门的指导下进行，如工务部门自行随意捣固可能会使测重设备出现问题甚至无法正常使用。

（2）原因 2：传感器故障或紧固螺丝松动。

处理方法：传感器灵敏度应在 4～20 mV 之间，如果灵敏度小于 4 mV 时，检查测试传感器；用万用表电阻挡测量传感器激磁线圈与信号线圈的电阻值。正常时，激磁线圈的阻值为 0.7 Ω 左右，信号线圈的阻值为 1.4 Ω 左右，以上条件均符合，说明传感器作用良好，否则为传感器损坏，须立即更换。

（3）原因 3：激磁电源故障。

处理方法：①电流表指示为 0.2 A 左右，可调整范围值小于激磁电源为输出径路开路；②电流表指示为 0.5 A 左右，可调整范围值大于激磁电源为输出径路短路；③电流表指示为 0 A，为本路激磁电源板损坏，需更换电源板。

2. 测重电压正负不会判别

处理方法：通常使用示波器很好判别。若没有示波器，可通过每辆重车同一转向架的两个车轮的重量差别进行判断（最好是用第一轮和第二轮的重量差别判断）。如果两轮的重量是先轻后重，则重量信号电压是先正后负，反之则是先负后正；也可用指针式万用表观察，用直流 2 V 挡在调零孔内测试，过车时指针开始向上晃为先正，指针开始向下晃为先负。

3. 测重不准，偏轻或偏重

处理方法：调整重量电位器，顺时针重量增加，逆时针重量减轻，对于东风 7 型机车，6 个轮重相加再平均下来，重量应该在 75～85 t 车就调好了，空车调整到 20 t 左右。

4. 重车出现冒轴现象

处理方法：当测量重车时，其中冒出几个 10 t 左右的多余小重量称为冒轴现象，这时需要增加过零电压值，直到不冒为止。如果过零电压调整到近 1 V 时还有冒轴现象，而此时空车又出现了丢轴现象，应该互换室外传感器的两根信号线的位置(换相)，再根据情况在室内重新调试。

注意事项：在日常使用中，一定要防止冒轴现象的出现，否则会造成平均重量偏低，对溜放安全不利。

5. 空车出现丢轴现象

处理方法：空车出现丢轴可以降低过零电压值。如果过零电压降到 0.3 V 以下还有丢轴现象，第一个解决办法是调换室外传感器的信号线，第二个解决办法是捣固道床。如果测重信号是先正后负，则捣固传感器下方轨枕；信号是先负后正，则捣固传感器上方轨枕，捣固负半周信号使得加大正半周信号。

6. 测重信号线性不好

(1)原因：空车偏轻重车偏重

处理方法：①调换测重传感器信号线，重新调试。②指导工务部门捣固室外负半周信号一侧轨粒，使重量信号正半轴幅度变大，提升空车电压值。③有条件时可使用 SF 模式。

(2)原因：空车偏重重车偏轻

处理方法：①如果空车在 30 t 左右，重车只有 60 t 左右，而且重车 4 个轮重基本一样，此现象是重量信号电压已经饱和造成的，将直流放大倍数降低 1～2 个挡就可以解决。②指导工务部门捣固室外正半周信号一侧轨枕，使重量信号正半轴幅度变小，降低空车电压值。

③有条件时可使 SF 模式。

注意事项：为了保证安全，测重设备在使用中绝对不能出现冒轴现象，重量不能整体偏轻。测重设备出现问题时绝大部分都是由于道床支撑力与电路调试之间的配合问题，现场工程师应准确判断问题所在，有针对性的进行处理。

(三)常见故障处理

1. 测重故障处理基本原则

观察测重故障现象时必须从测重机前面板数码管观察，处理测重故障时，首先必须判断清楚是测重设备本身的故障还是控制系统有关测重设备的信息采集和处理的故障；所以，在处理故障时必须要从测重机前面板上的窗口来观察故障现象，而不能仅仅靠控制系统的报警信息和数据库中显示的信息来判断。测重设备故障处理流程如图 9-71 所示。

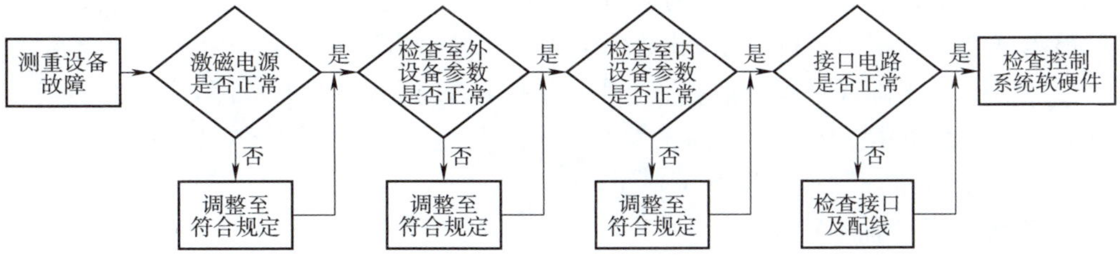

图 9-71　测重设备故障处理流程

2. 无重量显示

故障现象：系统报×峰“测重无信号”故障，测重按 0 级显示，钩车超速造成前后追钩。当溜放车组从室外测重传感器上方通过时，测重机前面板两位数码管不点亮，没有相应的重量显示,同时测重机蜂鸣器也不发出声响。

故障分析:当测重发生故障时,系统报“测重无信号”故障,系统将每个钩车重量按 3 级车辆进行定速,空车按作业单上有空车标记的进行控制。

判断处理:(1)检查东(西)峰激磁电流,激磁电流在 0.35～0.45 A 范围内,电流表指示为 0.2 A 左右,为输出径路开路,电流表指示为 0.5 A 左右,为输出径路短路,根据测试数据判断开路或短路故障,开路故障从有激磁电压到无激磁电压为故障点;短路故障用交流钳形表测试有电流到无电流之间为短路点,找到故障点后更换相应的设备。

(2)室外测试激磁电压正常,再检查头岔保护区段前后两块车轮传感器(CYL 型永磁感应式车轮传感器)是否正常。用扳手每匀速划过车轮传感器表面一次,对应接口控制板的踏板指示灯闪亮一次,减速器制动一次,表示该踏板能正常工作,或用指针万用表在分线盘对应端子测试有不大于 2 V 的直流电压说明室外车轮传感器正常。晃动多次没有闪亮灯或测试没有电压说明室外传感器故障,检查测试传感器及通道,更换车轮传感器或电缆。

(3)查看电路图,检查测重轨道条件所用的那组轨道继电器接点是否良好。

(4)查看测重机前面板上的清零开关位置。

(5)有条件情况下,通过测重机轮重显示窗口,观察机车下峰时重量显示。若面板有显示,但系统无重量信息,则是测重机与系统上位机传输接口不良或测重机内部电路板故障,检查接口或更换测重机。

(6)当正半周信号过小时,重量信号的峰值向上达不到过零电压值,不会产生中断脉冲,因此无重量显示。当负半周信号过小,甚至有时几乎没有负半周信号时,重量信号的负半周向下达不到过零电压值,同样也不会产生中断脉冲,所以也不会有重量显示。当正半周信号过小时可通过向下调整过零电压值,暂时恢复使用,当负半周信号过小时可通过向上调整过零电压值,暂时恢复使用,但根本问题并未解决,同时还有可能出现丢轴或多轴的现象,出现上述两种错误重量信号的根本原因为测重传感器上下的道床软硬度相差悬殊,此时电务人员应根据示波器显示的重量波形通知工务工区对测重轨道区段进行捣固作业,要捣固幅度大的一侧三根轨枕,而幅度小的一侧则不需要捣固。波形校正以后,室内需重新进行调零及核对车重的工作。

(7)室外侧重传感器采集的重量信号正确,而测重机面板和系统控制机上均无重量信息显示时,应将面板上相对应的模拟开关扳向右侧,并将与进轨板相连接的 25 芯插头拔下,使电路处于有车占用状态,此时面板上的模拟指示灯点亮。此时,每按动一次启动按钮将会在相应的显示屏上显示出模拟的轴重,此数值应为 80,若无此数字显示或控制机柜上与之对应的指示灯位点亮不正确或干脆不点亮,说明相应的 A/D 板有可能有故障,应及时更换。

(8)检查通道防雷,当防雷元件击穿保护后,在此测试孔测不到测重信号电压,但在 CZ1、CZ4 插头上可量到测重信号电压。

3. 测重传感器计轴不正确

故障现象:多轴或丢轴。

(1)故障分析 1:一般多为重车多轴,通常是由于道床条件不好造成。

判断处理:由电务值班人员通知工务工区对测重轨道区段进行捣固。在工务捣固作业的前后,分别用示波器观察重量信号的波形,检查重量信号波形在捣固前后是否有大的变化,若不符合使用的要求,要再次通知工务工区对测重轨道区段进行捣固,直到符合使用标准为止。如果捣固作业不能解决问题,可适当调高过零电压。当过零电压调整至 0.8～1 V 时还不能解决问题,则应调换室外传感器信号线后重新进行调试。在此之前,可将过零电压适当提高,但不建议此电压值超过 1 V,调整完毕后室内需重新调零及核对车重。

(2)故障分析 2:一般多为轻车丢轴。

判断处理:可将过零电压适当降低,用示波器观察重量信号波形,检查是否为正半周信号过小,若是,可通过将室外测重电缆盒中的信号线对调的方式调整相位,使信号正半周变大,调整完毕后室内需重新调零及核对车重。有的时候重车也会发生极个别的丢轴现象,此时若用示波器观察车辆的重量信号时会发现当车辆通过传感器上方时,正半周信号极大而负半周信号极小,在车速较快的情况下,当同一转向架上前轮通过测重传感器后,正半周信号来不及降到过零值以下,后轮的重量信号又进来了,会造成同一转向架前轮的重量信号丢失,每辆重车只有两个轮重显示。此时必须通知工务工区对较大的正半周信号一侧进行捣固作业,使重量信号正负半周基本对称,工务作业完毕后室内需重新调零及核对车重。

4. 室外测重轨道电路区段有车占用,室内测重机面板上的轨道表示灯不点亮

故障分析:轨道控制板故障。

判断处理:拔下连接轨道控制板的插座,测重机面板上的轨道表示灯不点亮,说明是轨道控制板故障,应立即更换。

三、风险提示

1. 测重磁头故障或安装不标准。

防控措施:定期检查测重磁头紧固螺母的标记是否发生变化,检查测重磁头灵敏度,激磁电压、激磁电流等。

2. 测重磁头安装前后枕木基础工务捣固不良。

防控措施:工务人员捣固测重传感器左右三根轨枕时,及时与电务人员联系,在电务人员指导下进行捣固,室内用示波器观察波形是否正常,测试技术参数均达标,确保测重设备正常使用。

3. 重量电位器调整不当。

防控措施:定期对溜放车辆进行重量校对,及时对电位器进行要点调整。

4. 测重机参数调整不当,测重机零信号、过零信号等不达标。

防控措施:定期检查测重机零信号是否达标,是否有冒轴、少轴现象。

5. 测重机轨道板、信号处理板故障。

防控措施:定期按标准对测重机进行检修,检查防雷元件等是否有效,防止电子元件的雷击损害。

6. 更换测重磁头的基本轨,用电钻打眼时铁屑飞溅或未关闭电源调节钻头,造成人身伤害。

防控措施:正确使用电钻。

第十章　信号集中监测系统

一、设备认知

铁路信号集中监测系统(centralized signalling monitoring system,简称 CSM),是监测信号设备状态、发现信号隐患、加强信号设备结合部管理、分析信号设备故障原因、辅助故障处理、指导现场维修、反映设备运用质量、提高电务部门维护水平和维护效率的重要信号设备,是信号设备维护的综合监测平台。

CSM 采用先进的数字信号处理技术、现场总线技术、传感技术、计算机网络通信技术、数据库及软件工程技术等现代科学技术手段,监测并记录信号设备的主要运行状态,扩展智能化预警分析技术和故障诊断技术辅助并指导现场设备维护,提高电务部门维护水平和维护效率,是信号设备维修工作必备的维护工具和装备,是面向用户的开放性和模块化设计的系统。以"设备维护"为开发理念,可对车站信号联锁系统、区间信号闭塞系统、列车运行控制系统、CTC/TDCS、电源屏、ZPW-2000 系列轨道电路、计轴等系统的运行状态和关键电气参数进行实时监测和智能分析。为电务部门掌握设备运用质量和故障分析提供科学依据。

CSM 在全路大面积的推广使用,对于进一步提高信号设备的安全可靠性,强化结合部管理,改善和优化现场维修具有重要意义。CSM 是信号维修技术的重要突破,是信号维修体制改革的重要技术支撑,是信号设备实现"状态修"的必要手段,也是信号技术向高安全、高可靠和网络化、智能化、信息化方向发展的重要标志之一。

监测系统历经了 TJWX-95 版、TJWX-97 版、TJWX-2000 版、TJWX-2006 版、TJWX-2010 版、TJWX-2020 版的发展与演变,整体结构和应用已经发展成熟,并具备智能分析诊断功能。

(一)系统功能

监测系统通过采集设备对道岔、轨道、信号机、电源屏等信号设备的状态信息进行采集分析,通过接口对信号子系统(如 ZPW-2000A 型轨道电路、列控中心等)的状态信息和报警信息进行采集分析,同时利用计算机的高速信息处理能力,实现全站信号设备的维护诊断功能。系统可实现 24 h 不间断地监测信号设备的运行状态和质量特性,在实现设备故障报警的基础上,通过运用系统的专家知识库,实现智能化的设备预警分析和故障诊断分析。

CSM 是信号设备维护的关键辅助技术手段,以监测设备状态、发现设备隐患、预防设备故障为核心功能,实行国铁集团、集团公司、站段三级体系结构。在系统的体系框架下,考虑到电务部门的维护管理需要,依托于系统配置的层次结构和数据通信的网络结构将系统划分为国铁集团层监测子系统、集团公司/电务段层监测子系统、车站层监测子系统。

(二)车站系统

车站层监测子系统主要由车站站机、采集机和网络设备三部分组成,其逻辑结构如图 10-1 所示。

站机:完成所有采集机原始数据的收集、存储。从其他系统(计算机联锁、智能电源屏、智能灯丝监测系统等)接收信息,完成实时监测、故障分析、诊断和人机对话,处理数据(分类

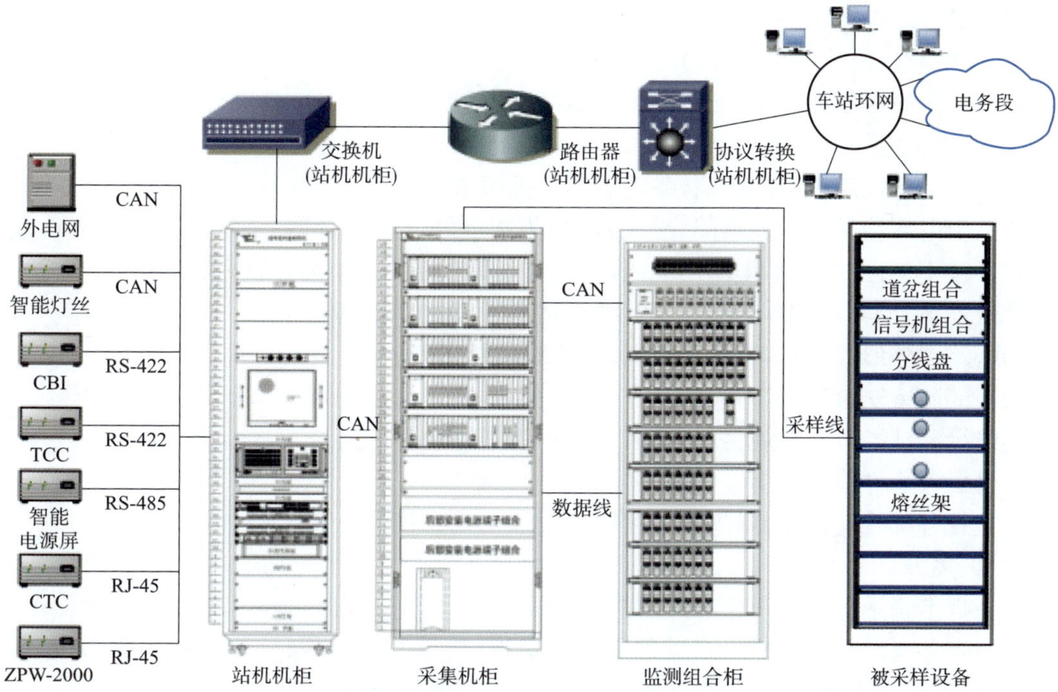

图 10-1　车站层监测子系统逻辑结构

形成图表)、存储数据、查看数据、网络传输数据等。

采集机:在线采集各种信号设备的质量数据和状态数据并对采集数据进行预处理的设备,主要指采集板、采集器、采集模块、采集单元等。

采集隔离:用于采集板与信号设备的分界面,并对直接从信号设备上引入的模拟量信号进行衰耗隔离防护处理。根据车站具体情况,部分车站为组合柜中接口隔离衰耗组合层形式,部分车站为组匣后部隔离衰耗形式。

网络设备:用于连接网络的设备或对引入的 RS-232/RS-485 接口隔离的设备。如交换机、串口隔离器等。

二、设备维护

(一)标准化作业

1. 日常巡视

(1)工控机

①机箱内各连接线缆插接件安装牢固,接触良好。

②CPU 风扇、机箱风扇、工控机电源风扇运转正常。

③工控机各工作电压正常,面板各指示灯正常。

④工控机防尘滤网海绵清洁(每月一次)。

⑤显示器摆放整齐、稳固,外观整洁、无损伤;显示器色彩、文字图形显示清晰,不缺色、不偏移、无重影、无留痕,亮度适当。

⑥电源线、视频信号线、鼠标线、键盘线插接牢固,螺丝紧固。连线松弛有度,防护良好。

⑦USB 口加封,键盘、鼠标作用良好。

⑧站机复位重启(每月一次)。

⑨时钟检查、校核(每月一次)。

⑩检查防病毒软件运用状态,更新防病毒库(每月一次)。

(2)采集机机柜

①机柜摆放稳定、平齐、美观,各功能单元标识清晰明确。

②机柜电源端子板安装牢固,配线整齐,压接良好,引入万可端子线不得压引入线缆表皮防止接触不良,压接处不得露出铜线,端子螺丝紧固不松动,垫片螺帽齐全。

③检查端子编号正确,线缆去向铭牌正确清晰,配线图纸正确清晰。

④断路器外形无异常,容量符合标准,关断位置正确。

⑤各部防雷安装牢固,不失效。

⑥绝缘测试继电器外观良好,安装牢固不歪斜,插接良好。

⑦机柜各部件清洁无尘。

⑧检查各部线缆连接良好(每月一次)。

(3)采集分机

①各板卡指示灯显示正常,无异常、报警。

②检查各电源板、开关量板、道岔电流采集板、轨道互感器板、移频发送采集板、移频接收采集机、电码化电压采集板、模入板等是否过热、是否有异味;插件良好,螺丝紧固。

(4)组合架采集模块(每月一次)

①各部螺丝紧固,插接件安装牢固,接触良好。

②采集线焊接良好,无焊锡遗留,无短路可能。

③检查端子编号正确,线缆去向铭牌正确清晰,配线图纸正确清晰;采集模块安装牢固作用良好。

④各采集模块状态检查,无异常发热。

(5)UPS 电源检修

UPS 电源符合该站使用 UPS 型号维修手册标准。

(6)外电网监测单元

面板各指示灯正常,无报警。

(7)空调控制器单元

面板各指示灯正常,无报警。

2. 集中检修

预测预判:采用过远程访问和集中监测终端调阅等方式,预测预判将要检修的集中监测设备可能存在的问题,针对可能存在的问题,提出检修要点。

碰头会:明确检修作业负责人、室内外防护员、作业人员、时间、地点、检修要求和安全预想。

工具及仪表准备:联络工具、照明灯、扳手、剥线钳、斜口钳、尖嘴钳、压线钳套筒、十字螺丝刀、一字螺丝刀、数字万用表、网线测试仪、网线钳、电烙铁、毛刷等。

材料准备:网线、RJ-45 水晶头、焊锡、尼龙拉口等。

(1)监测站机检修

监测站机(工业控制计算机)外观如图 10-2 所示,其结构如图 10-3 所示。

①停电打开机箱,目视检查主板各元件外观正常,无烧焦痕迹。检查电源滤波电容是否

图 10-2　监测站机(工业控制计算机)外观

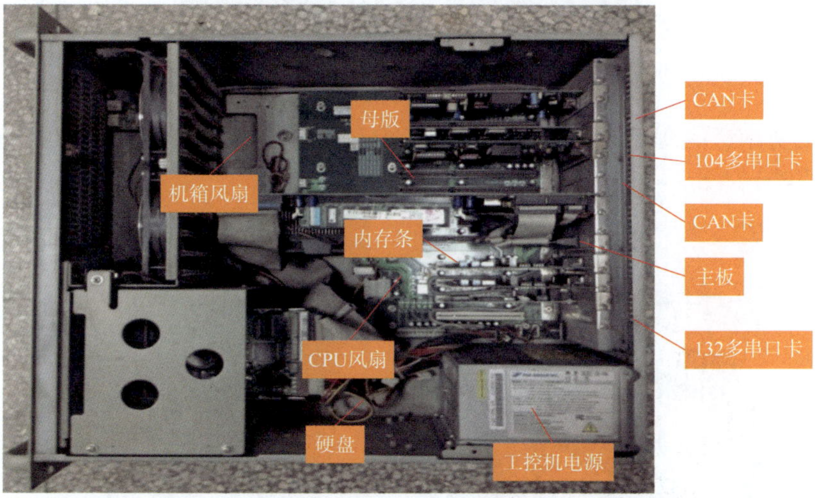

图 10-3　监测站机(工业控制计算机)结构

鼓起,电解质是否溢出,若电解质溢出应及时更换主板,如图 10-4 所示。

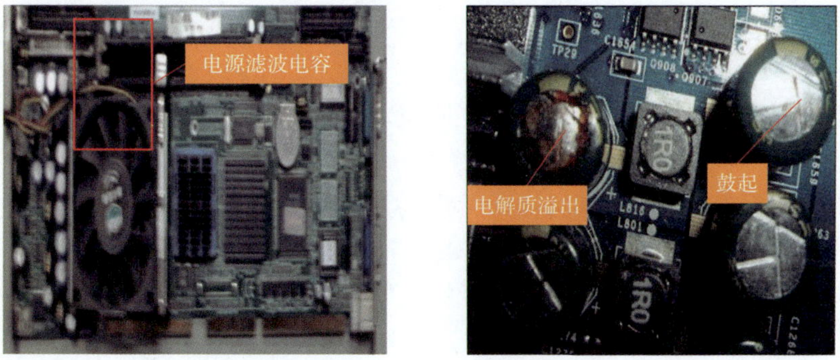

图 10-4　电解质溢出

②将机箱内各板卡“金手指”用橡皮擦拭,去除氧化层,如图 10-5 所示。

③擦拭完毕后,将板卡插回原位。插回原位时注意鉴别缺口与插槽对位正确。检查多串口卡、CAN 卡、内存条板卡是否接插牢固,接触良好。

④机箱内除尘,CPU 风扇、机壳风扇防尘罩、叶片清扫。

图 10-5　橡皮擦拭“金手指”

⑤工控机防尘滤网海绵清洗。用一字螺丝刀逆时针转动 90°打开防尘滤网前面板，取出滤网（海绵）清洗，如图 10-6、图 10-7 所示。

图 10-6　工控机防尘拆除

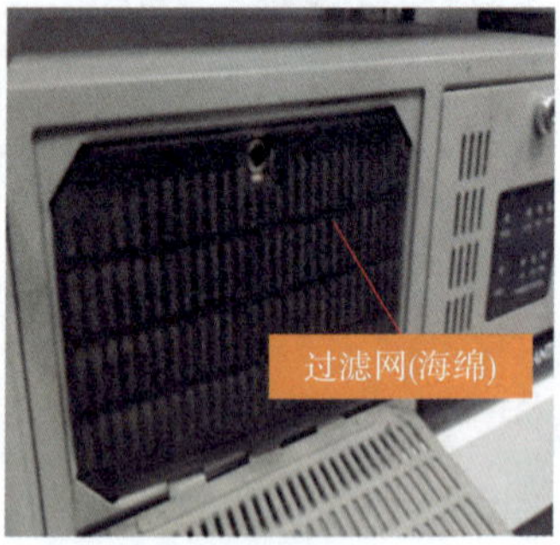

图 10-7　工控机防尘滤网海绵清洗

⑥检查机箱内各连接线缆插接件是否安装牢固，接触良好。

⑦打开电源，观察计算机是否正常启动，CPU 风扇、机箱风扇、工控机电源风扇是否运转正常。

⑧关机断电源，将工业控制计算机恢复原位，将外部线缆连接，检查插件是否接插牢固，接触良好。

⑨显示器摆放整齐、稳固，外观整洁，无损伤。显示器色彩、文字图形显示清晰，不缺色、不偏移、无重影、无留痕，亮度适当。

⑩电源线、视频信号线、键盘线、鼠标线螺丝紧固，插接件安装牢固，连线松弛有度，防护良好。

⑪USB 口加封检查。

⑫键盘、鼠标作用良好。

（2）采集机检修

①采集机柜摆放稳定、平齐、美观，各功能单元标识清晰明确，采集机柜如图 10-8 所示、组合柜如图 10-9 所示。

②机柜电源端子板安装牢固，配线整齐，压接良好，引入万可端子线不得压引入线缆，表

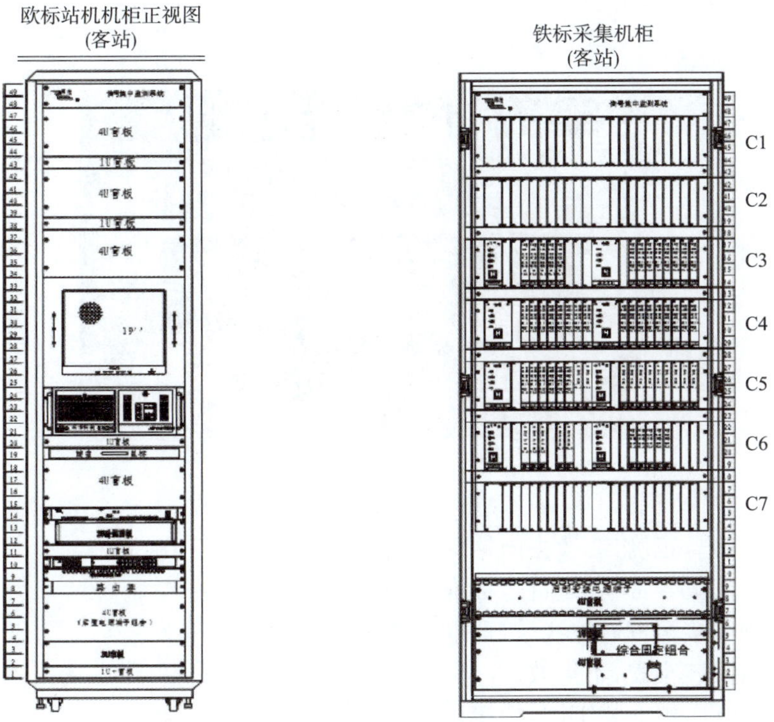

图 10-8　采集机柜

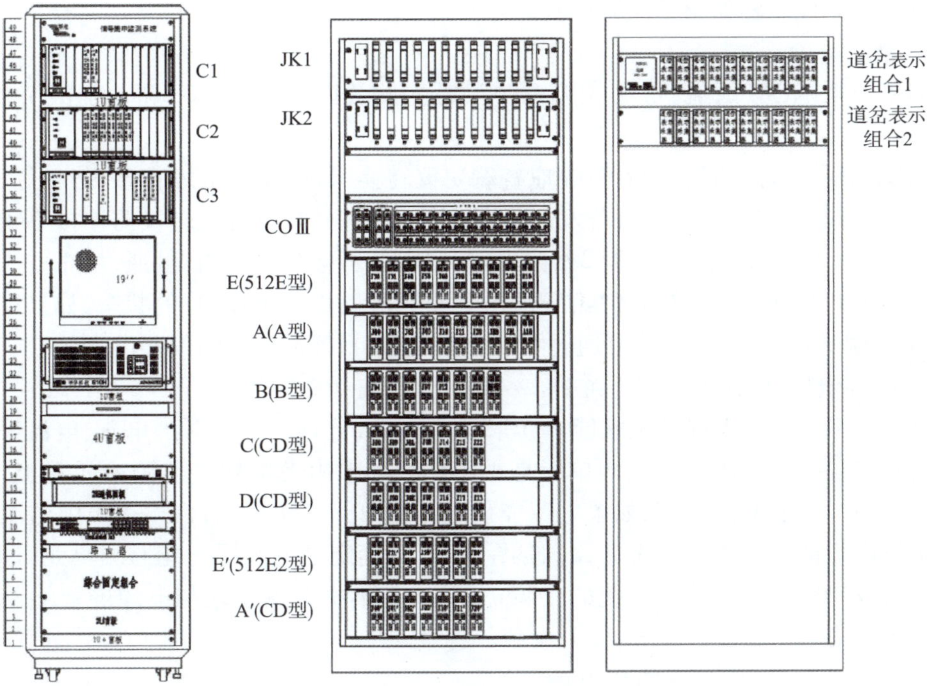

图 10-9　组合柜

皮防止接触不良,压接处不得露出铜线,端子螺丝紧固不松动,垫片螺帽齐全,如图 10-10 所示。

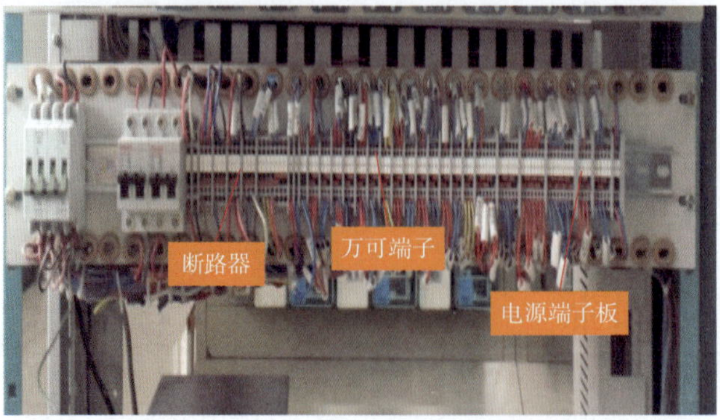

图 10-10 机柜电源端子板

a. 检查端子编号正确,线缆去向铭牌正确清晰,配线图纸正确清晰。

b. 断路器外形无异常、容量符合标准,关断位置正确。

c. 机柜柜地线接至贯通地线,接地电阻小于或等于 1 Ω。

d. 各部防雷安装牢固,不失效。

e. 绝缘测试继电器安装牢固,插接良好。

f. 机柜各部件清扫除尘。

(二)常见故障处理

监测故障处理流程如图 10-11 所示。

1. 网络故障处理

监测系统采用 2M 通道,常见故障有协议转换器故障、网卡故障、路由器故障、设置错误、通道中断。

如果发现网络节点通信中断,首先应查看协议转换器收、发指示灯状态,若收灯不亮,则说明通道不通或 2M 口接触不良;若发灯不亮,则说明路由器与协议转换器连接不正常或路由器软件出错。其次可远程登录其邻站路由器,或本地直接登录路由器,通过"sh int s0/0/0"查看路由器串口"0"的状态或通过"sh int s0/0/1"查看路由器串口"1"的状态,如果线路显示"down"则说明通道中断;另外还可通过"sh cdp nei"查看该节点网络的路由表。

2. 电源屏电压、电流测试值不准确

集中监测系统与电源屏监测智能单元采用 RS-485 连接。当电源屏电压、电流等数据显示异常时首先检查电源屏智能监测单元是否工作。如果电源屏智能监测单元不工作,则要重新启动电源屏智能监测单元;如果电源屏智能监测单元工作正常,再检查集中监测系统显示值与电源屏智能监测单元是否一致;如果一致可以确定是电源屏智能监测单元有故障;如果不一致可以确定是集中监测系统的故障,需要检查集中监测系统与电源屏智能监测单元的串口通信状态是否正常。

3. 转辙机电流曲线、功率曲线异常

(1)道岔动作,没有记录到转辙机电流曲线,在转辙机电流曲线窗口无道岔动作时间,可能的原因有:

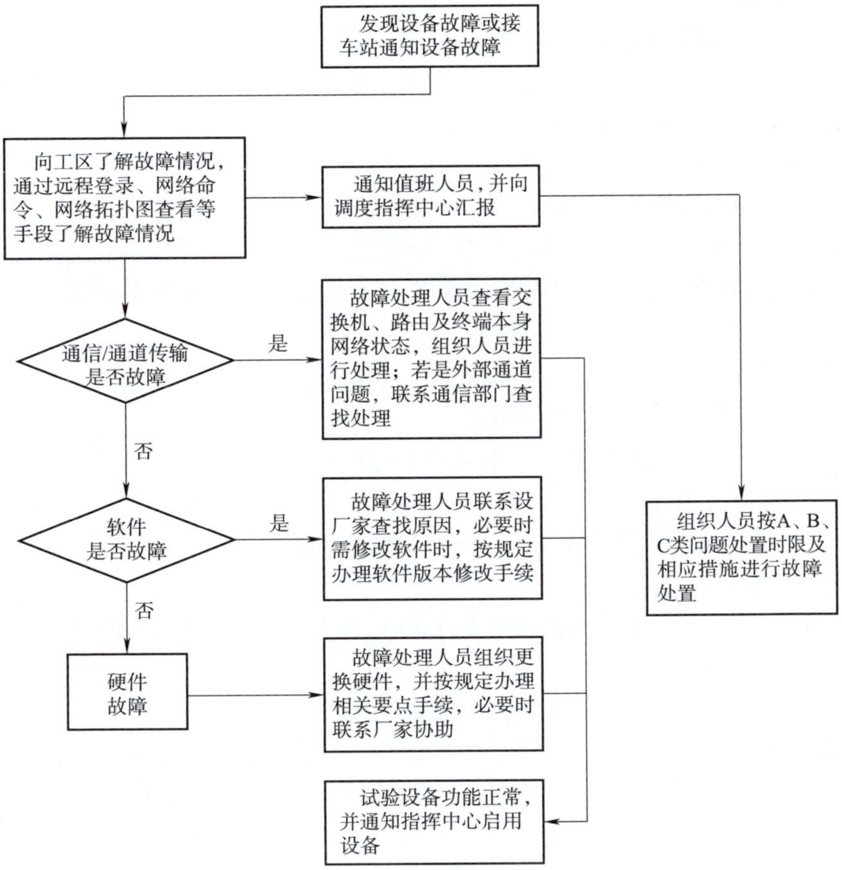

图 10-11　监测故障处理流程

①转辙机采集机与站机通信中断，需要检查转辙机采集机通信状态和工作状态。

②1DQJ 采集模块故障，道岔动作时间就是采集到的 1DQJ 继电器动作时间，1DQJ 继电器采集模块平时是高电平，动作时转为低电平。如果 1DQJ 采集模块故障，监测不到 1DQJ 继电器状态变化，就不会有转辙机电流曲线。需要更换 1DQJ 采集模块。

③1DQJ 采集点错误，或者 1DQJ 采集配线错误。需要按照图纸核对配线。

(2)道岔动作，记录到的转辙机电流曲线为直线(道岔动作时间正常)，可能的原因有：

①1DQJ 采集模块电源配线错误或中断。

②1DQJ 采集模块采样线中断。

③转辙机电流采集模块电源环线错误，需要检查采集模块电源线电压。

④转辙机电流采集模块绕线方向相反。

⑤转辙机电流采集模块与转辙机采集板之间采样线中断。需要对照图纸核对。

⑥转辙机电流采集模块故障。配线正常，电源也正常，道岔动作时采集模块无输出。需要更换转辙机电流采集模块。如果更换后仍然无输出，则要更换转辙机采集板。

(3)道岔动作，记录到的转辙机电流曲线启动电流正常，动作电流较小，可能的原因有：

①转辙机电流采集模块工作电压不正常，+12 V、−12 V 对 GND 不平衡，偏差较大。原因是采集模块电源故障，或者个别模块故障导致电压不平衡。

②模块环接太多导致电源电压不足。

(4)道岔无动作,记录到直线,可能的原因有:

①1DQJ 采集模块故障。

②1DQJ 采集模块电源环线接触不良。

③转辙机采集板接触不良。

4. 道岔表示电压值测试不准确

(1)接口通信分机故障,CAN 通信中断,道岔表示电压值测试值为空,可能的原因有道岔表示电压采集传感器故障,通信中断;重新插拔传感器,如果无效则需要更换;JC. INI 配置错误,需要修改配置。

(2)某路道岔表示电压无测试值,可能的原因有:

①采样线中断,需要对照图纸检查配线。

②道岔表示电压采集传感器故障,用同种型号的传感器通过互换进行故障确认。

③某路道岔表示电压直流电压正常,交流电压异常,或者交流电压正常,直流电压异常。

④道岔表示电压采集传感器故障,用同种型号的传感器通过互换进行故障确认。

5. 电缆绝缘测试值与实际不符

(1)电缆绝缘测试的原理是在被测电缆上加上 500 V 电压,根据对地回路电流大小确定被测电缆的对地绝缘电阻值。

(2)当公共部分故障时,所有电缆测试均不正确。如所有测试均大于 20 MΩ,可能是 E10 位置的绝缘测试盒故障,不能提供 500 V 电压,或者绝缘接口板故障。

(3)当部分电缆(连续)测试不准确时,可能电缆选择网络出现故障,如开出板故障,或者配线错误。

(4)当个别电缆测试值不准时,可能是配线错误。需要对照施工配线图检查配线。

(5)当个别电缆测试值与兆欧表测试值不一致,可能的原因有:

①电缆的绝缘值不是固定不变的,它受温度、湿度等条件影响。晴天、雨天会有较大变化,夜晚和白天也不一致,如果集中监测系统与兆欧表测试时间间隔较长,测试值很可能不一致。

②测试绝缘时,防雷设备有很大影响(注意:测试时需要甩掉防雷设备)。

③某些电缆对电压很敏感,绝缘值随电压变化。表现为用兆欧表测试时摇得慢时值较大,摇得快时值较小。这类电缆集中监测系统与兆欧表测试值很难一致。

④某些电缆电容效应较明显,需要较长时间才能达到稳定,表现为用兆欧表测试时随着时间延长测试值变大。这种情况集中监测系统测试值偏小,但连续几次测试该电缆,会接近兆欧表测试值。

⑤有的电缆充电一定程度会放电,表现为兆欧表测试时,测试值随着时间延长逐渐变大,然后突然变小。这种情况下,兆欧表测试值与集中监测系统测试值很难一致。

⑥有的电缆用兆欧表测试时一直不能有稳定的测试值,测试值在一定范围内不断变化。这种情况下,兆欧表测试值与集中监测系统测试值很难一致。

⑦电缆对大地之间有直流电压成分,会影响测试结果。

6. 开关量监测故障

(1)开关量数据全无。检查与计算机联锁的接口通信线;检查联锁维修机工作状态,重启联锁维修机；检查联锁接口是否收到数据。

(2)站场图光带与实际情况不符。检查故障点对应的开入板是否正常，检查故障点对应的配线是否正确。

7. 熔丝断丝报警故障

(1)当熔丝断丝时，应该有相应的熔丝断丝报警。

(2)如果不报警，检查对应开入板是否正常，检查排架熔丝报警器是否报警，报警器公共线是否有电压。

(3)如果报警位置错误，检查配线是否错漏。

8. 灯丝断丝故障

首先确定现场智能灯丝报警主机本身工作和报警状态是否正常，当智能灯丝报警主机本身不报警或报警不正常，先从智能灯丝报警主机开始检查；当智能灯丝报警主机正常报警而集中监测系统不能正常报警时，可以判断为集中监测系统灯丝断丝报警故障。检查串口通信连接是否正常，检查灯丝断丝报警码位是否有变化。

9. 外电网监测故障

(1)外电网监测无信息

①检查外电网监测单元通信状态是否中断。

②检查外电网监测单元是否故障，如果故障需要更换外电网监测单元。

(2)外电网监测某一路信息错误

①检查外电网监测单元是否故障。

②检查配线是否正常。

10. 工控机故障

(1)开机后，计算机黑屏无任何显示，可能的原因有：

①显示器电源开关未打开，或者电源线松动导致显示器没电。

②显示器信号输入线与主机接口接触不良。

③主机刷新频率不匹配。

④工控机主板接触不良，不能正常工作。

⑤工控机键盘被锁定。

⑥找不到操作系统或者硬盘损坏。

⑦内存条损坏。

⑧工控机电源某一路输出电路故障，开机后，无任何显示，也无报警声。

(2)计算机“死机”，可能的原因有：

操作系统崩溃，出现“蓝屏”。可以重启工控机，若正常，可能是CPU风扇故障，致使CPU过热造成的；否则，可能是操作系统问题、系统文件丢失或者硬盘损坏，只能重新安装操作系统。

(3)操作系统运行正常，在监测程序界面中，用鼠标点击某项菜单时反应缓慢。可能的原因有：

①操作系统所在的磁盘剩余空间不足，需要及时删除无关文件，并进行“磁盘碎片整理”。

②监测程序所在磁盘剩余空间不足，可请维护人员适当修正数据存储量，进行“磁盘碎片整理”。

③CPU 风扇损坏，更换 CPU 风扇。

④开机后，主机不能通过自检，一直“嘀……”长声报警，不能进入系统。原因是内存条接触不良，需要将内存条重新插拔。

三、风险提示

1. 使用前的准备和检查不到位

防控措施：

(1)检查系统供电电源是否为工频单相交流 220 V，系统电源应从电源屏两路转换稳压后经 UPS 引入。

(2)检查系统设备地线和防雷地线是否接入，接地电阻不大于 1 Ω。

(3)检查各电路板是否插牢，避免虚接。

(4)检查各传感器电源是否有短路和断路现象。

(5)按照工程图纸检查核对各路采集线是否正确。

2. 使用前和使用中未做好防控、防护措施

防控措施：

(1)系统在使用前应严格按照计算机设备的安全防护要求，保证各发热设备的散热和通风、防尘等条件。

(2)系统在使用中应注意不能带电插拔电路板，禁止对计算机直接断电，应先进入操作系统。

(3)执行关机操作，关机完毕后再切断计算机电源。当机房长时间停电后，应在停电后及时采取临时措施保证监测系统的正常供电，如不具备临时供电条件应注意及时关闭 UPS 电源，避免 UPS 电池放光。

3. 系统启动及运行过程中的操作程序、方法不当

防控措施：

(1)系统启动前应做好准备和检查工作。

(2)首先 C0 层空开合上，接通电源，开启接口通信分机；再在采集分机面板上启动各个采集分机的电源，启动采集分机；站机在接通电源后会自动启动，系统启动后，无需登录，自动运行站机程序。

第十一章　车载设备

第一节　机车信号

一、设备认知

(一)系统结构

JT-CZ2000-jd 型机车信号车载系统由以下几部分构成:JT-CZ2000-jd 型机车信号主机(含机车信号记录器)、双面八显示机车信号机、双路接收线圈等,其系统结构如图 11-1 所示。

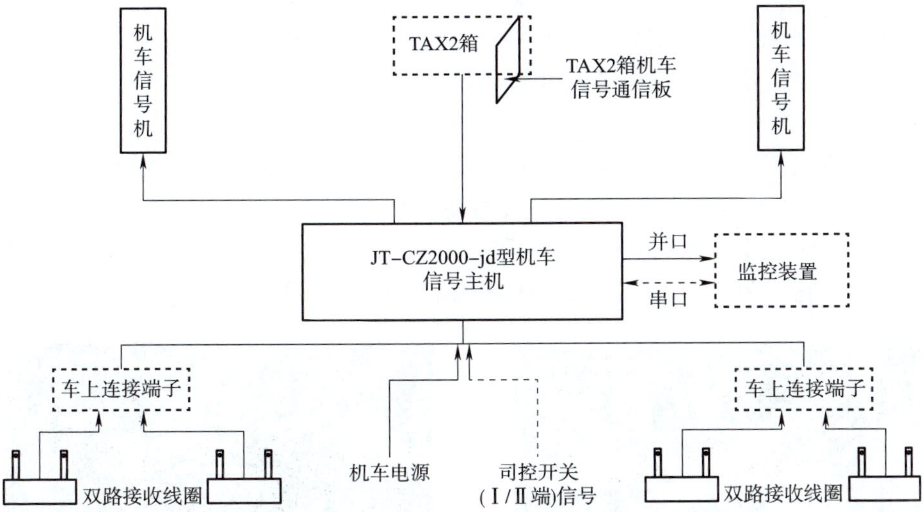

图 11-1　JT-CZ2000-jd 型机车信号车载系统结构

(二)设备组成

1. 机车信号主机

接收线圈接收到钢轨信号后,机车信号主机(图 11-2)对接收的信号进行处理、解码、译码得到机车信号信息,并把它输出到机车信号机,同时把机车信号信息输出给监控装置作为控车的基本条件。

具有 USB 输出的记录器对机车信号的运行状态和地面信息进行记录。同时可接收运行监控记录器的 TAX2 箱输出的列车定位等信息。

JT-CZ2000-jd 型机车信号车载系统采用 DC 110 V、DC 75 V、DC 24 V 等电源供电,功耗约 40 W。其电源板输出为双路 48 V,其中一路输出常有,供给机车信号主机工作;另一路由主机动态方波驱动的点灯电源输出。如果无动态输入或者动态输入的频率偏差较大,都无法满足动态点灯电源的工作要求,造成无电压输出,从而防止了由于继电器接点粘连造成信号输出升级的可能性。

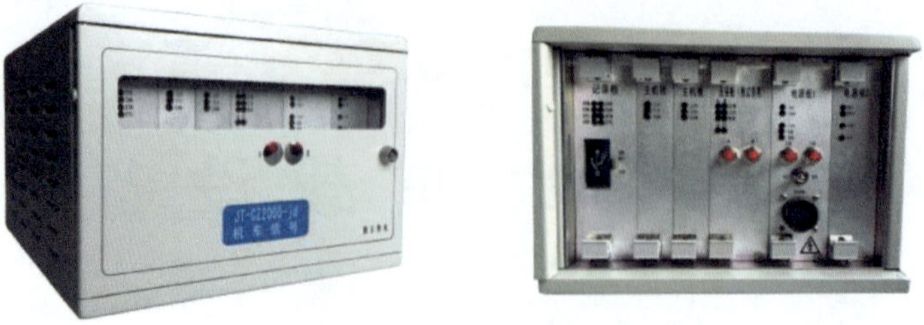

图 11-2 机车信号主机

2. 双面八显示机车信号机

双面八显示机车信号机(图 11-3)自带载频切换(上/下行)开关,机车信号机按主机译码后的点灯输出及制式输出显示;信号机下端设有载频切换(上/下行)开关和载频组指示灯,指示灯可显示机车信号主机正在接收的载频组(上/下行)状态;机车信号机下端设有 ZS 显示和操作端显示,用于指示当前操作端和译码制式(接收 ZPW-2000 制式时,ZS 指示灯闪亮,其他制式 ZS 指示灯灭),同时双面八显示信号机符合防水防尘的 IP51 等级。

从机车信号主机箱取得信号输出电源,额定电压 48 V,功耗为 6 W。

3. 双路接收线圈

双路接收线圈(图 11-4)安装在机车转向架前端,通过与钢轨的电磁耦合接收钢轨上的信号,然后传送给机车信号主机。接收线圈内部为双路冗余线圈,保证在一路接收线圈断线或中间连线故障而使主机无法接收到地面信号时,另一路接收线圈保证机车信号主机仍能正常译码输出。它分为长杆、短杆、带接线盒和不带接线盒。

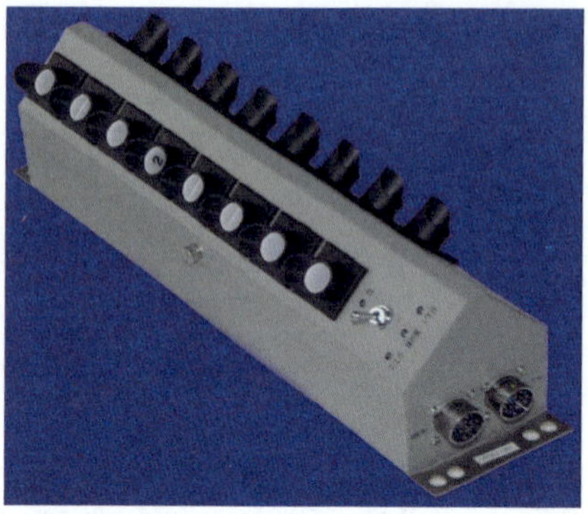

图 11-3 双面八显示机车信号机

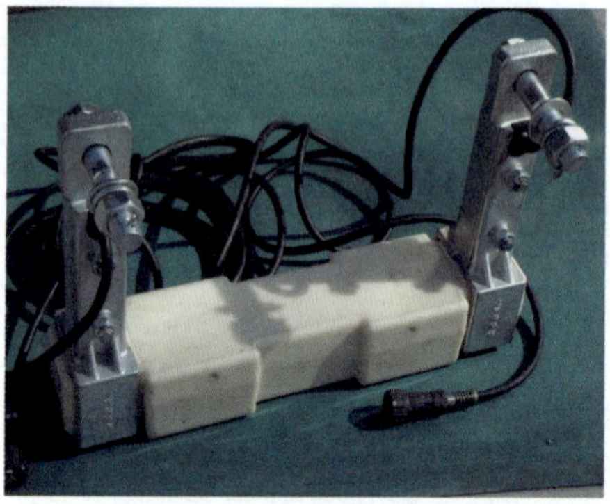

图 11-4 双路接收线圈

(二)系统功能

1. 接收功能

系统可接收 50 Hz 交流计数、25 Hz 交流计数制式信号;可接收电气化区段或非电气化区段的新标准(TB/T 3060—2016《机车信号信息定义及分配》)模式和 1.9 模式移频制式的信号;可接收新标准模式的 ZPW-2000 系列制式信号。

2. 输出功能

系统设有并口输出和串口输出。并口输出提供 8 位机车信号显示输出信号、3 位速度等级信号、1 位过绝缘节信号、1 位制式区分信号。制式区分信号在收到 ZPW-2000 系列制式信号时为高电平，收到其他制式时为低电平。

系统具有CAN总线或RS-485串行输出口，可与监控设备进行大量信息传输。

二、设备维护

(一)标准化作业

1. Ⅰ级修

(1)作业前

①测试仪器良好，检修工具齐全，按照标准着装。

②进入地沟进行车底检修作业时，在机车操作端外挂上红旗(夜间红灯)，机器间检修作业在操纵端司控器上放置禁动牌，严禁跨越地沟。

(2)无电检查

①检查接收线圈

a. 外壳无裂纹，安装牢固无松动，开口销齐全，劈开角60°～90°，线圈不旷动，无移位，防尘良好。

b. 接线盒、端子及电缆。接线盒安装牢固，密封良好，接线端子紧固，螺帽、垫圈齐全、整洁，配线正确，线缆无破损，电缆牢固。

c. 检测、调整安装尺寸。在平直轨道上接收线圈底部距钢轨轨面155 mm±5 mm，接收线圈中心距钢轨轨面中心±5 mm。否则联系机务人配合调整接收线圈安装支架高度。

d. 单个接收线圈参数测试：直流电阻不大于8 Ω。

②检查Ⅰ、Ⅱ室机车信号机

a. 目视检查信号机外观破损，铅封铅具完好。

b. 清洁外观及灯室玻璃无油垢、尘垢。

c. 检查安装牢固，插头无松动虚接，电缆固定可靠并防护。

d. 手动转换上、下行开关动作无卡滞。

③检查机车信号主机

a. 紧固状态良好，安装螺丝无松缓，螺丝、弹簧垫、平垫及连接片齐全，安装紧固。

b. 外观无破损、整洁，安装牢固；电源开关作用良好，主机门锁良好。

c. 各插件板外观及紧固状态良好，安装螺丝齐全，各指示灯正常，熔断器及安装座良好。

d. 插头、插座完整，插针、插孔应清洁，不得有烧损、断裂、弯曲、过热，接触良好。

(3)上电检查

①移频制式，UM71(ZPW-2000A)制式灵敏度均符合《维规》的要求。

②Ⅰ、Ⅱ端接收各载频、低频，上、下行频率，信号显示正确。

③通用式(JT1·ZB)、一体、主体化机车信号主机设备主、备机转换可靠，各种指示灯显示正确，接收各种信号显示正确。确认运行/测试开关置于“运行”位，由司机配合转换操纵手柄，Ⅰ/Ⅱ端转换正常。信号机各灯位及指示灯显示正常，上下行开关功能良好。测量输入直流电压值；测量输出直流电压：48 V±2 V。

④远程监测模块(如有安装时)，指示灯显示正常，通过远程监测客户端软件查看远程传输数据正确。

转储或下载机车信号文件正常。分析机车信号文件，记录测试和试验结果要求记录清晰，准确、完整，无漏项，设备工作正常。

⑤按规定填写机车设备台账和记名检修工作单，自验合格后通知工长验收，车间抽验，并与机务部门办理交车手续。

2. Ⅱ级修

(1)作业前

①测试仪器良好，检修工具齐全，按照标准着装。

②进入地沟进行车底检修作业时，在机车操作端外挂上红旗(夜间红灯)，机器间检修作业在操纵端司控器上放置禁动牌，严禁跨越地沟。

(2)设备下车

①检查接收线圈

a. 更换破损外防护套及线缆防护管，接收线圈同名端连接关系正确，标识清晰。

b. 测量单个线圈内阻，每路直流电阻应不大于 8 Ω，电感量不小于 60 mH。

c. 未连接设备时，线与屏蔽层之间、线与插头外壳之间、屏蔽层与插头外壳之间绝缘电阻应不低于 25 MΩ。

②检查机车信号机

a. 机构外壳完整、无破损，机构盖开、关灵活，封闭严密。插件接触良好，配线整齐，引线孔有防磨卡胶圈，线卡紧固良好插孔(针)完好无变形，接触良好、可靠。

b. 遮檐完好无破损，安装牢固，灯室玻璃、发光管完好无损伤。

c. 开关动作灵活无卡阻，接触可靠。

d. 远程模块及天线(如有安装)安装良好。

e. 未连接设备时，线与屏蔽层之间，线与插头外壳之间绝缘电阻应不低于 25 MΩ。

f. 连接机车限号主机工作时，输出信息与信号机的显示对应正确，信号灯颜色、灯位正确，灯室不串光。上/下行指示灯、制式灯、操作端灯显示正确。室内测试台测试结果正确，观测灯位明暗度，发现亮度不稳定或明显灰暗的，应予以更换。

③检查机车信号主机

a. 设备进行解体清洁，用毛刷清扫灰尘，用白绸布蘸专用清洗剂清洁表面，整洁无异物，检查主机外观，应无裂纹、无明显破坏性或失效性损伤，捏手完整、无破损。

b. 印制板完好无破损、裂纹，印制板干净整洁，印制板上所有元器件焊接及插接无误，焊点光滑无虚焊、不漏焊、无多余焊碴等，贴焊正确到位、无焊碴粘连，如有漏焊、虚焊、脱落应补焊。各元器件脚的焊点应完整、光滑，焊点凸起在 1.0～1.5 mm；印制板组件与设计图纸相符；印制板上元器件如有碰接、倒伏须调整，防止短路。元器件如有过热变色、外壳起鼓、漏液、开裂、标记不清须予以更换。发现印制板的敷铜线起鼓、剥离超过线路板总面积 10% 的予以报废，少量损坏予以修复。断线按飞线连接处理时，每板飞线超过 3 条予以报废。

c. 检查板件插头外壳无破损、插针无弯曲、缩针、氧化、折断现象。插针弯曲需校正插针，插针轻微氧化可打磨处理，插针氧化严重或折断需更换插针或插头。

d. 更换主机保险管、记录板时钟芯片、记录板 USB 接口插件。

e. 机车主机重新安装后检查各个接插头，应牢固可靠，接插良好通过测试台对主机功能测试，结果应正常：主机进行面板指示灯显示正常；Ⅰ、Ⅱ端及 A、B 机手动和自动切换。

A、B 机系统干扰电压及接收线圈频响；主机接收线圈断线功能；上电自检时间，A、B 机应变时间，A、B 机上灯时间，A、B 机 ZS 转换及其应变时间；主机 50V 电源输出；SD 及 JY；A、B 机工作灵敏度及返还系数；A、B 机运行数据输出接口功能；载频锁定及切换功能。

主机Ⅰ-SZ、Ⅱ-SZ、X22、X26、X27、X28、LX30 接口。

f. 读取记录器数据，检查记录装置功能，结果应正常；发现异常应及时分析，查明原因，排除故障及隐患。

(3)设备上车

①设备安装调试上电自检和自检完成后，各插件面板指示灯正常。

②确认工作主机工作正常后，无信号输入时机车信号机显示白灯。按压连接板上的 A、B 切换按钮，主机板 A、B 切换正常，且备机工作正常；Ⅰ、Ⅱ端切换功能正常；运行/测试开关良好，功能正常。检查机车信号机上下行开关，应功能良好。上/下行灯、制式灯、操作端灯显示正确。DTU 及天线(如有安装)正常，远程功能良好。检查铅封、锁，应无破坏痕迹，完整有效。用机车信号发码器发码，分上/下行进行检查，按主机制式线设置接收各制式信号正常，译码正确。

(4)文件转储分析及交接

①用 USB 数据转存器或 CF 卡进行机车信号主机记录版文件转储，用专用地面分析软件分析机车信号试验功能正常，作业程序无遗漏。

②按规定填写机车设备台账和记名检修工作单，自验合格后通知工长验收，车间抽验，并与机务部门办理交车手续。

(二)常见问题处理

1. 初级修

(1)系统故障初步定位：机车信号系统是由地面信号、接收线圈、电缆、接收主机、显示器等设备构成的系统，系统中任何部分故障都可能导致机车信号显示输出异常。下面列出了一些主要的故障现象和产生该现象的一些可能的原因。

①上电后不点灯。

a. 电源板 1 或电源板 2 故障。

b. 机车信号机故障。

c. 主机故障。

d. 电缆或电缆插头故障。

e. 点灯线上负载过大。

②某一灯位灭灯。

a. 机车信号机故障。

b. 主机故障。

c. 电缆或电缆插头故障。

d. 输出线上负载过大。

③烧保险。

a. 机车信号机故障。

b. 主机故障。

c. 电源板 1 或电源板 2 内故障。

d. 机车电源故障接地。

④点灯后不译码。

a. 上/下行开关电路故障。

b. 前后端切换电路故障。

c. 主机故障。

d. 接收线圈故障或接线故障。

e. 电缆或插头故障。

f. 地面信号故障。

⑤上行或下行某一方向不译码。

a. 上/下行开关电路故障。

b. 某一端接收线圈或接线故障。

c. 主机故障。

⑥机车接收灵敏度不合格。

a. 接收线圈安装位置、参数不对或接线错误。

b. 主机故障。

⑦使用中闪白灯。

a. 电源板 1 或者电源板 2 内接触不良。

b. 上/下行开关接触不良。

c. 主机不良。

d. 电缆或电缆插头接触不良。

e. 前后端切换条件不稳。

f. 接收线圈安装位置、参数不对或接线错误。

g. 接收线圈电缆屏蔽层没有单点接地。

h. 地面信号故障。

(2)当出现异常时,维修人员应对具体的现象分析调查清楚,如是个别机车发生还是多台机车发生,是固定地点发生还是随机发生等。维修人员通过机车信号记录器记录数据进行一般分析,确定故障类型;采用便携式的机车信号系统测试仪对车载系统进行测试来判断故障在哪部分;通过人工测试、替换设备的办法确定是哪部分故障。通过以下方法对故障进行定位。

①设备安装检查。

a. 机车信号接收线圈安装位置是否符合要求,安装是否牢固。

b. 机车信号主机安装位置是否符合要求,安装是否牢固,开关按钮是否便于操作。

c. 机车信号机安装位置是否符合要求,安装是否牢固,开关是否便于操作。

②电源确认。

a. 确认供电电源连接是否正确。

b. 确认供电电源是否经过独立断路器。

③主机的自动测试。

在室内利用机车信号测试台进行基本功能的自动测试来检查接收主机是否良好。

④接收线圈的测试。

通过万用表测量线圈电阻、兆欧表测量线圈绝缘,初步检查接收线圈是否良好。

⑤显示器的测试及维修。

根据显示器电路图检查显示器内部故障，更换或修复内部器件或电路。

⑥电缆绝缘检查。

电缆线铺装完毕，未连接设备前需要进行绝缘检查，线与屏蔽层之间、线与插头外壳之间、屏蔽层与插头外壳之间需满足 500 V 绝缘测试。标准大气条件下绝缘电阻应不低于 25 MΩ。

每个电缆插头配有一个绝缘测试用的测试插头，该测试插头根据相应的电缆线制作，带有 2 个测试接线头。测试接线头 1 与所有和屏蔽层连接的航插端子短路，测试接线头 2 与所有未和屏蔽层连接的插头端子短路。利用测试插头便于进行快速测试。

使用绝缘电阻表对每个电缆插头进行以下绝缘测试：

①测试屏蔽层接线与非屏蔽层线间的绝缘，即测试接线头 1 与测试接线头 2 之间的绝缘；

②测试信号线与插头外壳之间的绝缘，即测试接线头 2 与电缆插头外壳之间的绝缘。

2. 高级修

(1)主机的测试

使用机车信号计算机测试台或其他仪器测试机车信号各项指标。

(2)主机内部故障定位

接收主机故障后能够确定是电源板 1、电源板 2 和主机板、还是连接板、还是机箱配线故障。可以采用故障现象分析电路板替换的办法来确定。

(3)电源板故障判断

利用万用表测试 LX30 的 9(－)、31(＋)，看是否有 50 V 电压输出，若没有检查电源模块。

(4)主机板故障判断

通过专门设计的故障代码显示器，与主机板在线连接，故障代码显示器显示两路 CPU 给出的故障代码。

(5)主机板或记录器电源电路维修

主机板或记录器内电源电路故障后，将导致机车信号不点灯或开机烧保险的现象。按照电源部分电路用万用表测量电压是否正常是否有短路的方法来寻找故障。

(6)主机板输入电路的维修

按照主机板输入电路，检查输入电路是否故障，用发码器送上信号从输入端到 AD 芯片的信号幅度与正常主机板对比确定是否正常。

(7) CPU 模块更换

通过更换 CPU 模块判断 CPU 模块是否故障。

(8)记录器记录信号分析

通过对记录器记录的地面波形分析，如分析信号的幅度、频率参数判断地面信号是否正常。

(三)常见故障处理

1. 典型案例

某电务段 2006 年 6 月 5 日，DF4D-357 机车运行途中机车信号反复灭灯，造成机车紧急制动导致附挂。

故障数据界面如图 11-5 所示，从中由记录信息显示区内容可以看出，A、B 机均工作正常，当前 A 机是工作机。在机车Ⅰ室作为运行端时，载频、低频、幅度均为 0，没有任何信息，看此刻的波形记录（实线部分代表有机车信号波形信息）如图 11-6 所示。

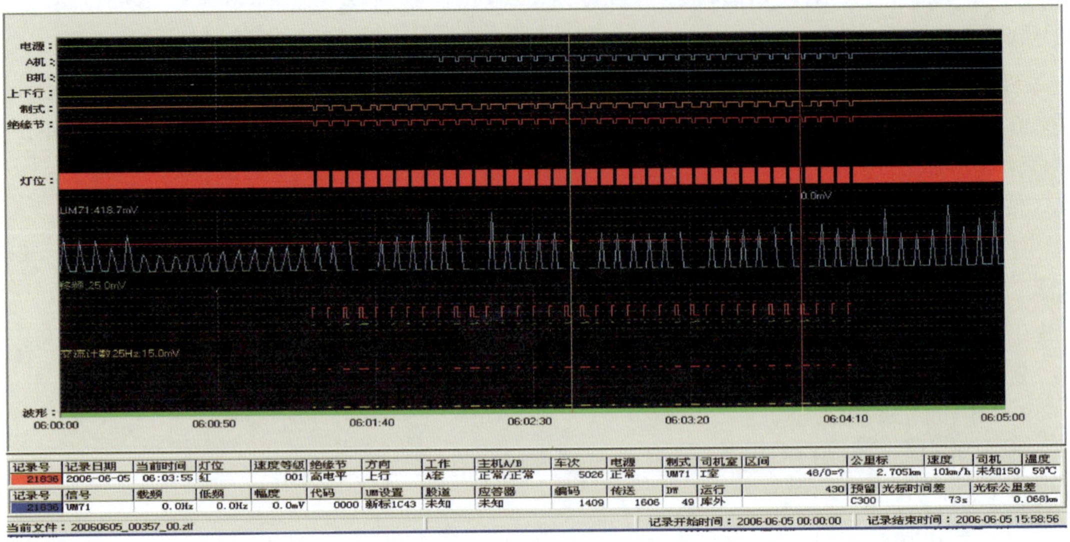

图 11-5　故障数据界面

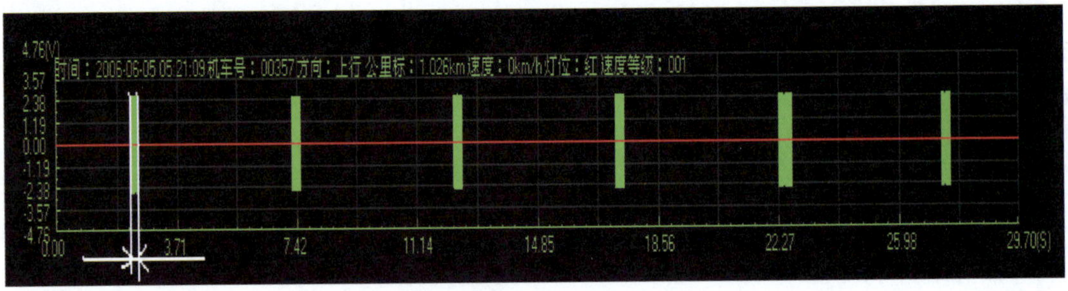

图 11-6　波形记录

根据以上信息可以判断，在Ⅰ端作为运行端时，A 路信号输入通道上存在着异常，信号输入时断时续，而且每次接收到的信号不足 1 s，导致 A 机无法正常译码输出。初步推测是信号输入环节中以下异常引起机车信号 A 路无码：

(1)X26 航插松动，或者 X26 航插线 14、15、16、17 存在虚接或断线。

(2)机务监控内部机车信号感应信号采集端口有故障，造成 A 路信号输入低阻，信号能量消耗殆尽。

从辅助信息以及图形显示上可以看到，在 A 机不断的复位的时候，B 机一直是正常工作的。而一体化机车信号主机双套主机板之间有动态方波信号进行信息交换，当工作主机前级故障“掉灯”时，备机正常“有码”信息会传递到工作主机，工作主机会短时自动切掉输出，使得系统自动转到备机工作。在图中所示的异常现象说明如下：A 机因本机无码欲切换到 B 机工作，然而，由于连接板的 A、B 机切换电路或切换机构故障无法将工作机状态转到 B

机，但此时A机已退出工作机状态，由于在不大于0.5 s的切机时间内机车信号无输出，导致机车信号在这个切机时间内灭灯。

通过以上分析，断定A、B主机板的切换回路存在问题：

（1）连接板按钮，A按钮是否存在机械故障（无法复位弹起）。

（2）连接板内部切换电路中的二极管或电容是否发生性能变异。

根据分析数据推断结论，现场很快进行了故障排查，最终确定设备的故障为A路的感应线圈断线、连接板上A按钮机械故障，卡死后造成主机板无法故障切换。也正是记录器的应用，通过车载设备的实时记录以及地面处理软件的辅助定位，再加以基本的机车信号的知识，极大地提升了故障定位的及时性和准确性。

2. 通用案例分析

JT-C型机车信号车载系统作为车载设备，其可靠工作必然离不开地面钢轨信息的支持，同时它也受着其他设备以及车载环境的制约。作为机车信号必不可少的记录器，在故障的判断中起到了非常重要的作用。具体记录信息分析如图11-7、图11-8所示。

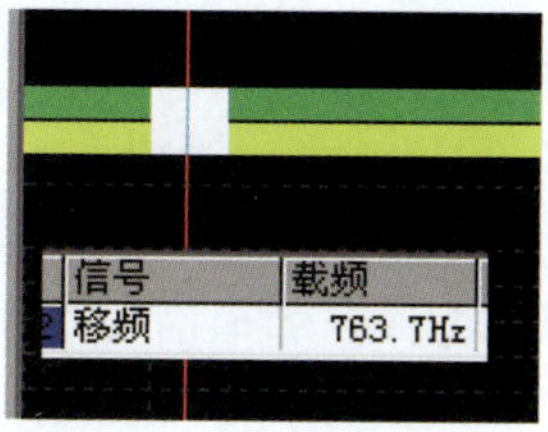

图11-7　载频信息

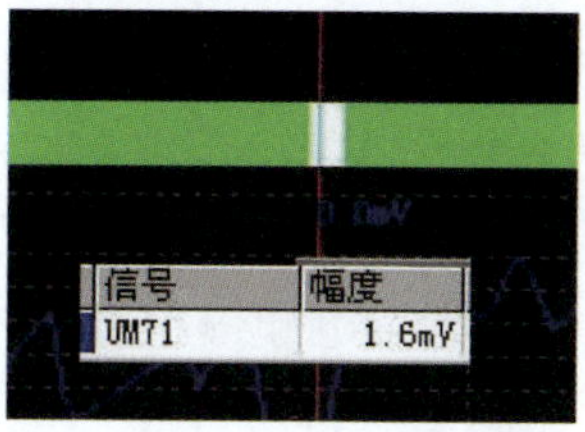

图11-8　幅度信息

（1）地面钢轨信息引起的故障

机车信号设备只有接收到了正确的符合要求的地面感应信号才能够正常译码。

《维规》中表6.2.2(a)规定UM71型移频自动闭塞的调制频率TBF±0.1 Hz，表6.2.3(a)规定ZPW-2000A型移频自动闭塞的低频频率F_c±0.03 Hz，表6.2.4(a)规定ZPW-2000R型移频自动闭塞的低频频率变化率±0.15%，表6.2.5(a)规定WG-21A型移频自动闭塞的调制频率TBF±0.1 Hz，10.2.5(a)规定在ZPW-2000、UM71制式下，机车信号灵敏度的主机电压值为100 mV±7.5 mV。而图11-9、图11-10所表示的值明显与要求相差甚远，在条件不满足的情况下，机车信号显示掉码白灯，这些地面原始信号的输入条件以及机车信号设备显示状态被真实的实时记录。

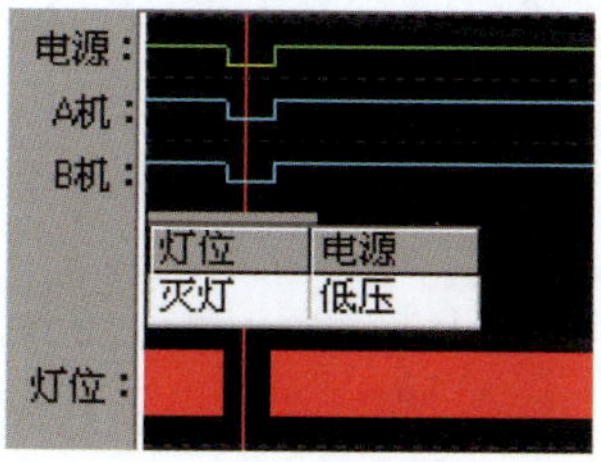

图11-9　机车信号显示1

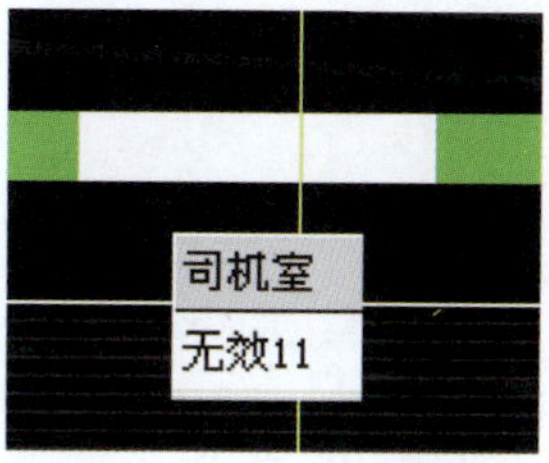

图11-10　机车信号显示2

（2）外界输入错误引起的故障

除了需要正确的地面感应信号的输入外，机车信号车载设备还与外界电源输入、前后行状态的确定以及上下行位置的状态有着密切的关系。

《维规》规定机车电源电压在－30%～＋25%范围内变化时，系统应正常工作。而由图 11-11 可看出，记录器的记录图形显示区“电源”为低线，信息显示区电源显示为“低压”。可以明显分析出机车输入电源偏低，致使设备不能正常工作。

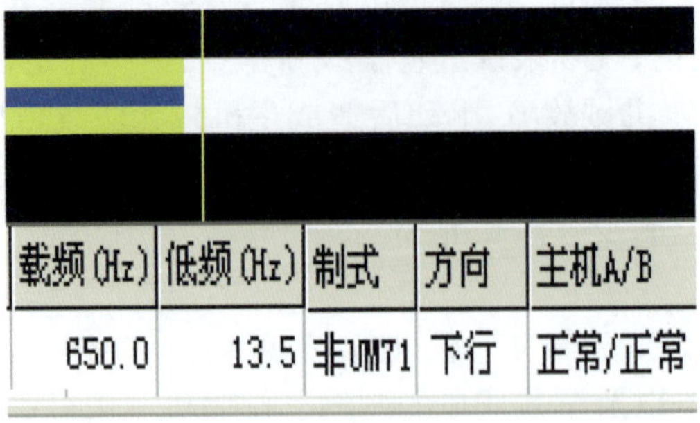

图 11-11　机车信号显示 3

(3)外界不良环境或设备故障引起的故障

双击信息显示栏灯位栏下的多灯信息，会出现提示窗口，如图 11-12 所示，根据窗口显示，在点绿灯情况下，红灯同时出现高电位后灭灯，因此判断是红灯线与绿灯线短路所致。此种情况主要有两种原因：①电缆虚接，红、绿灯线混线；②机车信号显示机构进水。对于现有铁路推广的 JT-C 一体化设备而言，由于采用了 XC 系列压接航插，避免了混线的可能，因此主要原因是现有机车安装环境存在不足，造成设备进水、漏水现象。

综上所述，机车信号记录器在机车信号的故障分析中起到了非常重要的作用，极大地方便了现场维护人员对故障的分析定位，提高了设备的整体安全可靠性能。

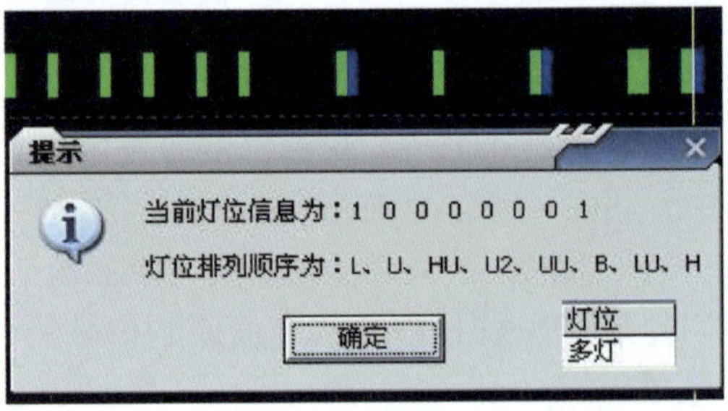

图 11-12　提示窗口图

三、风险提示

1. 安装机车信号接收线圈应保证在平直轨道上接收线圈底部距钢轨轨面 155 mm ±5 mm，接收线圈中心距钢轨轨面中心±5 mm，接收线圈连接必须严格按接收线圈接线盒配线端子连接。

2. 在库内及机车整备场作业时必须一人作业，一人防护，确认机车在无电区且机车已停轮再进行车顶作业。

3. 在车底、车侧就作业时需在机车两头悬挂红旗(夜间悬挂红色信号灯)，在机(动)车操作手柄放置禁止操纵牌，多辆机车连挂时需派专人防护。

4. 作业人员在机车升弓的情况下进入高压室维修机车信号设备，存在触电伤害，进入电力机车高压室内部作业时，必须告知司机或机务交车工长，在机车两端司机操纵手柄处挂红色“禁止操纵牌”且确认受电弓降下、主断路器断开方可进入。

5. 严禁作业人员代替机务交车工长对机车进行合闸操纵。

6. 设备储存养护不当。设备应储存在通风良好，温度不低于−40 ℃，空气相对湿度不大于 80%，周围无带酸、碱或其他有害气体的库房中。储存期超过半年以上的，应通电进行常温检验。

机车信号设备故障处理流程如图 11-13 所示。

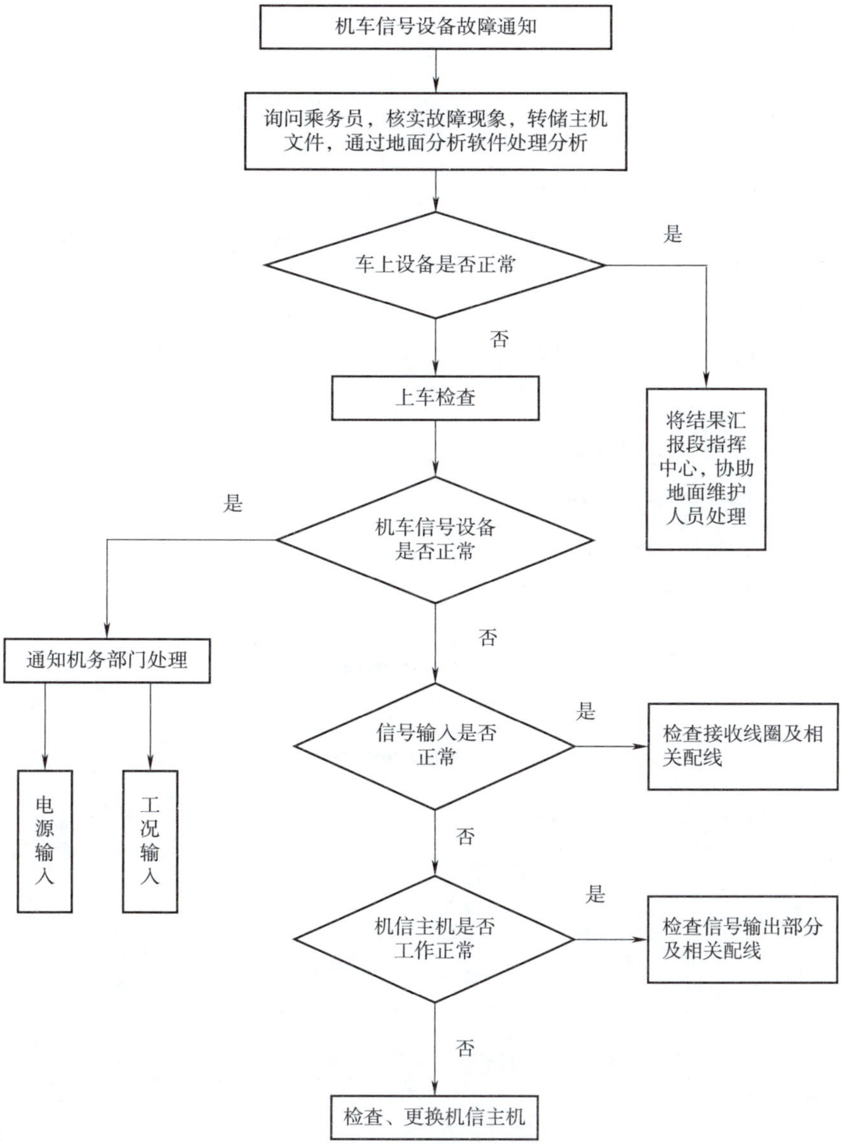

图 11-13　机车信号设备故障处置流程

机车信号设备电路原理图见相关技术图册，共有17张图，具体为：母线板原理图、主机板原理图1(CAN)、主机板原理图2(CPU1)、主机板电原理图3(CPU2)、主机板电原理图4(IN)、主机板电原理图5(JUMP)、主机板电原理图6(OUT1)、主机板电原理图7(OUT2)、记录板电原理图1(COM)、记录板电原理图2(FPGA)、记录板电原理图3(J_EXT)、记录板电原理图4(J_IO)、记录板电原理图5(J_MAIN)、记录板电原理图6(MONITOR)、记录板电原理图7(POWER)、连接板电原理图、电源板1电原理图、电源板2电原理图。

第二节　无线调车机车信号和监控(STP)系统

一、设备认知

(一)系统功能

无线调车机车信号和监控(STP)系统将调车机车的调车进路的开放、调车限制条件等信息通过无线传输方式传送到调车机车上，在车站的集中联锁区域内，通过LKJ，在机车上实现调车机车信号及站场图等信息的显示，并对车列、机车(单机)的牵引、推进、连挂等作业进行调车监控，使监控记录装置实现对调车作业的有效安全防护和作业数据记录。STP设备能有效地防止调车作业中的冒进信号和超速造成的事故，通过系统记录的调车作业数据，给安全管理提供依据。

(二)工作原理

STP系统由地面设备及车载设备组成，系统工作原理如图11-14所示。

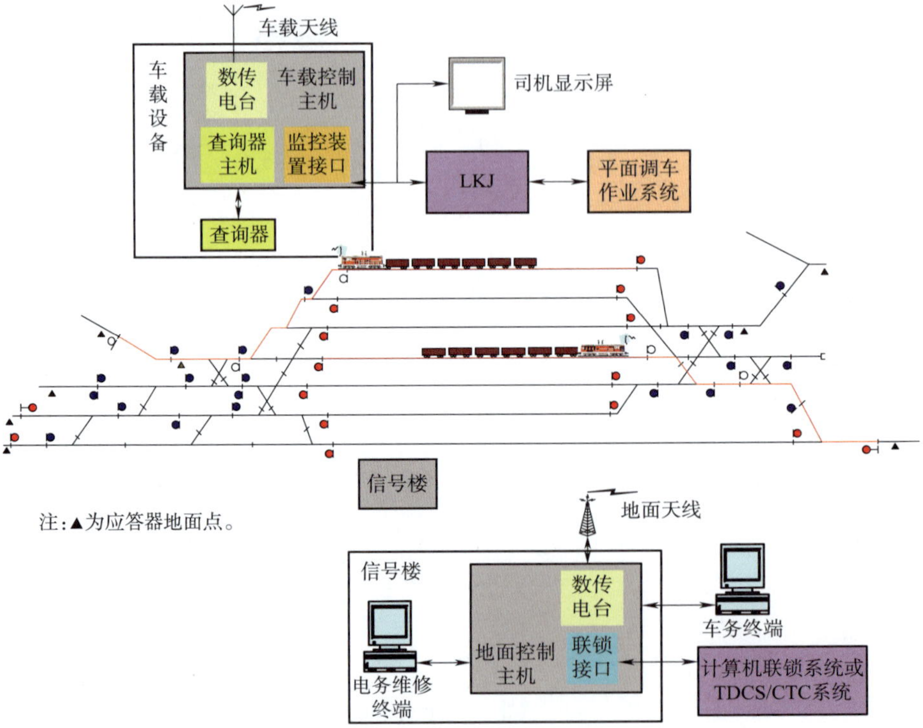

图11-14　STP系统工作原理

调车机车进入调车作业区时，车载设备通过点式查询应答器确认机车所在位置。机车通过无线信道把机车车号、机车位置等信息发送给系统的地面设备进行入网注册申请，地面设备接收到申请注册信息后，向该机车发送确认注册信息，为该机车设备分配注册号，建立安全控制信息通道，系统进入调车监控工作状态。

地面控制设备用来保证机车接收的控制信息与车站调车信号互锁，实现调车机车作业的安全防护。地面控制装置受联锁设备控制，当车站值班员办理好调车进路，开放正确的调车信号后，联锁设备将调车作业的控制信息传送给系统的地面控制设备。地面设备根据调车机车所在的位置及开放的调车信号，通过无线通道向作业的调车机车发送出控制命令。

车载设备在接收到控制命令后，还不断地将其接收的控制命令、机车的确切位置、机车的速度、设备的工作状态等有关信息回送给地面设备，实现系统的闭环控制。同时根据接收的信号开放条件、限制条件、距离前方信号的距离等信息，运算出相应的控制命令，通过 LKJ 对机车的速度及停车距离进行控制。

(三)系统组成

1. 地面设备

STP 地面设备组成如图 11-15 所示。

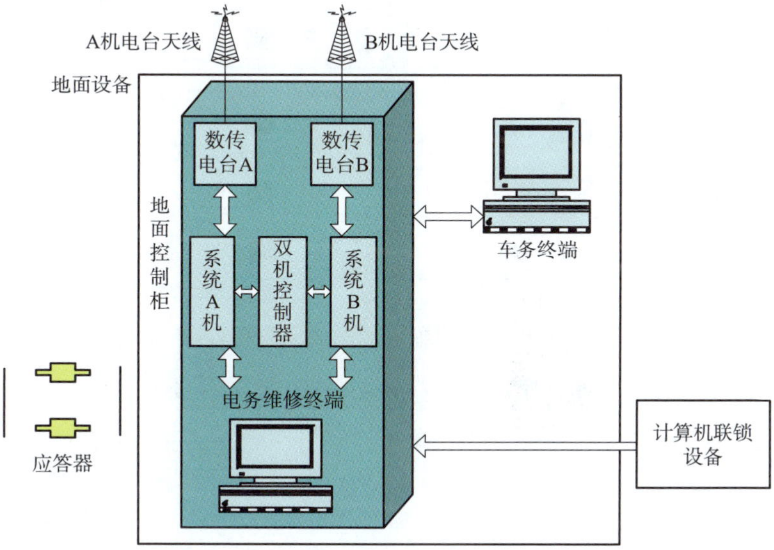

图 11-15　STP 地面设备组成

(1)地面主机

地面主机完成对调车相关的信号、道岔、轨道电路区段、调车作业通知单等信息的采集、处理，并向调车机车传送无线调车机车信号和有关信息，同时接收调车机车工作状态回执的地面计算机设备。地面设备安装于信号机械室内，由控制计算机及控制接口电路构成，具体组成包括双机控制器，A、B 机电台(含电源)，A、B 机地面控制主机设备，电务维修终端一台，UPS 一台，交换机。STP 地面机柜设备连接如图 11-16 所示。

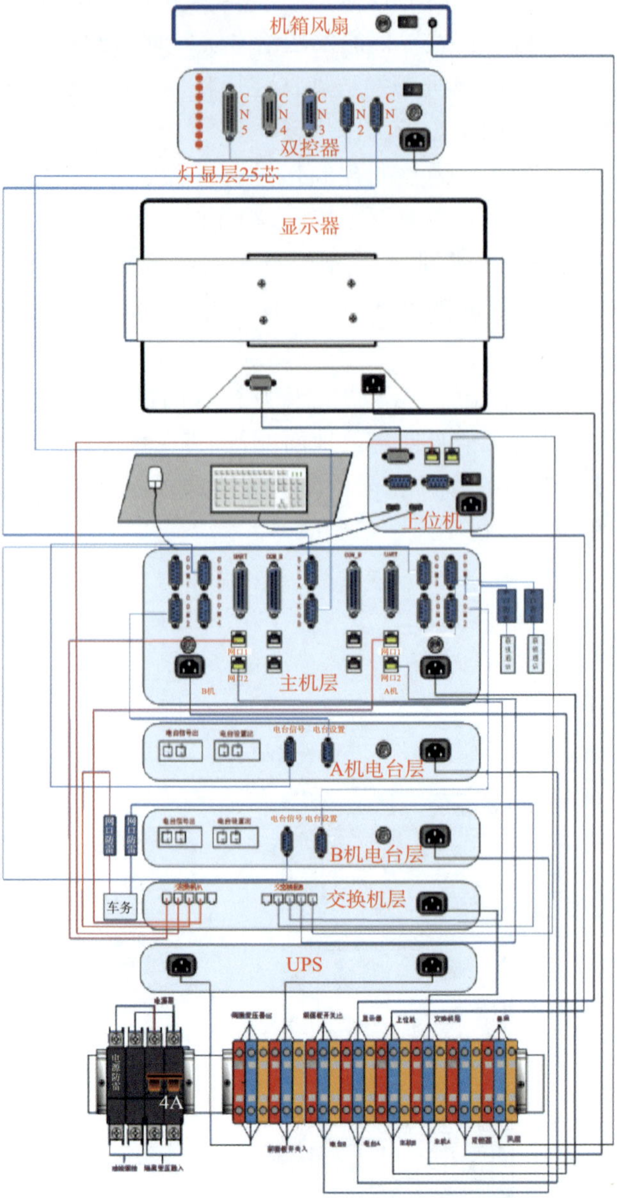

图 11-16　STP 地面机柜设备连接

(2)车务终端

车务终端是为车务部门设置的用于监视调车作业进程和接收、录入、打印调车作业通知单的终端设备,通常安装在车站区长(站调)室,车务终端界面如图 11-17 所示。

(3)应答器

应答器是实现调车机车定位、调整机车运行的上下行方向等功能的设备。通常安装于车站集中联锁控制区的出入和频繁作业区段。

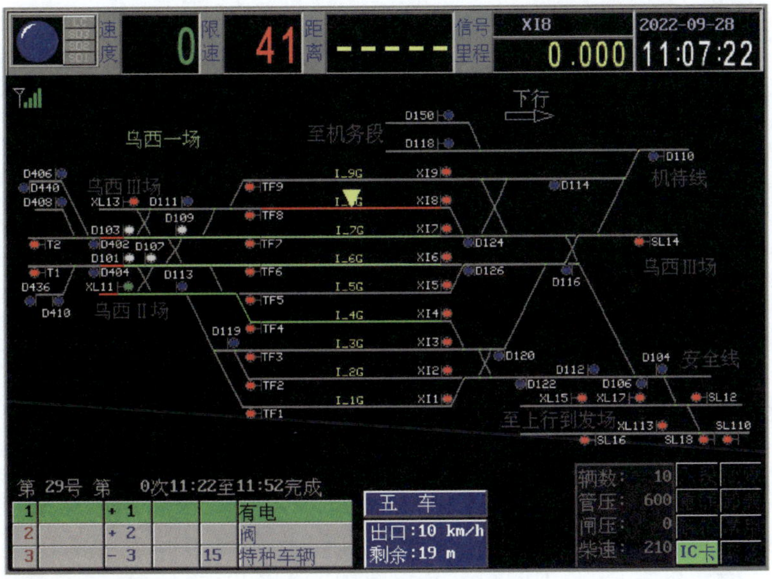

图 11-17　车务终端界面

2. 车载设备

STP 车载设备组成如图 11-18 所示。

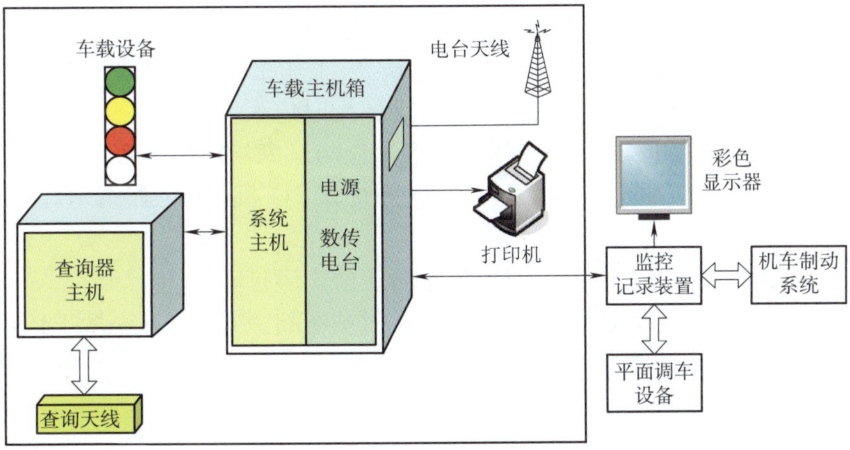

图 11-18　STP 车载设备组成

(1)车载主机

车载主机内装控制计算机、控制接口设备、数传电台、接口电源以及转换电源等。

(2)应答器接收模块主机及查询天线

应答器接收模块主机(简称查询主机)用于应答器信息的读取和处理,与车载主机连接,向车载主机发送应答器信息的设备。车载应答器接收模块天线(简称查询天线),指系统中用于向地面辐射电磁能量并接收来自应答器的数据信息的设备。

(3)车载打印机

车载打印机用于调车作业单打印,安装于司机室内。

二、设备维护

(一)标准化作业

1. Ⅰ级修

(1)作业前

①测试仪器良好,检修工具齐全,按照标准着装。

②进入地沟进行车底检修作业时,在机车操作端外挂上红旗(夜间红灯),机器间检修作业在操纵端司控器上放置禁动牌,严禁跨越地沟。

(2)无电检查

①检查查询天线外壳无裂纹,安装牢固无松动,开口销齐全,劈开角度 60°～90°,查询天线不旷动、无移位,防尘良好,无撞击变形。

②车顶天线安装位置合理,无撞击变形和线缆磨卡情况,接口接触良好。

③各设备应安装牢固,清扫无明显灰尘,线缆走线规范,各接口、插头紧固到位,线缆留有旷动余量。

④各插接件安装紧固到位,把手安装牢固、无松动。

⑤电缆进出管路部分无磨损、破皮,防护良好,绑扎良好。

(3)上电检查

①车载主机各板件上电工作正常,指示灯指示应与厂家给定技术资料相符。电源单元:各指示灯常亮为正常;通信单元:电源指示灯应长亮,工作指示灯应闪烁;电台单元:电源指示灯常亮,数据指示灯在有通信的情况下闪烁,无数据时熄灭。

②查询主机各板件上电工作正常,指示灯指示应与厂家给定技术资料相符。JSB 板:能量发送指示灯应长亮,收码指示有应答器信息时闪烁;CPU 板:S4 工作指示灯常亮,S3 通信正常时闪烁。

③打印机:电源指示灯应正常,有打印信息时应能正确打印。

④满足条件的地区,可设定专用参数,查看实时站场图,判断 STP 系统工作正常。

⑤办理交接手续,下发合格证。

2. Ⅱ级修

(1)作业前

①测试仪器良好,检修工具齐全,按照标准着装。

②进入地沟进行车底检修作业时,在机车操作端外挂上红旗(夜间红灯),机器间检修作业在操纵端司控器上放置禁动牌,严禁跨越地沟。

(2)设备下车,无电检查

①进行清扫、清洁,用毛刷清扫灰尘,用白绸布蘸专用清洗剂清洁表面,整洁无异物。

②检查各设备外观无变形,各接插件、连接线、插座、导轨状态良好,不良处所须修复或更换。

③电源开关转动灵活无卡滞,更换保险管并紧固安装底座。插接件面板、把手完整无破损。标识正确清晰,印制板连接器外壳无破损,连接芯无弯针、退针、断针。电子元器件无老

化变色、鼓包、漏液等情况，印制板无老化变色、剥离、断线等。

④未插入各插件板前，用 500 V 兆欧表通过工艺插头对各设备插座进行绝缘测试，对地绝缘均应大于 2 MΩ。

(3)设备上车

①设备安装调试后，与 LKJ 设备同时上电试验。车载主机电源板件指示正常，表示正常；通信板指示灯现情况符合表示；电台单元工作指示灯指示正常，在覆盖无线广播区域内能观察到接收指示灯闪烁。查询主机 JSB 板的能量发送灯长亮，收码指示灯正常时长灭，当有应答器信息时，收码指示灯闪烁；CPU 板工作指示灯 S4 闪烁，S3 指示灯间隔 0.2 s 闪烁。

②LKJ 系统设备正常、程序软件正确状态下进行以下测试以下项目：

a. 测试各项设备工作电源 DC 77～137 V(符合机车型号要求)；

b. 通过 LKJ 输入已开通 STP 的车站交路号和车站号；

c. 监控系统输入指定的车站后，按压“调车”键，显示器应能正常显示对应站场图；

d. 有条件者可地面模拟发送无线数传信号，检测车载设备是否正常；

e. 使用巡检设备拍照留存备查。

(4)文件转储分析与交接

①转储 LKJ 文件分析 STP 设备工作状态，如有故障记录应及时处理。

②由机务部门会同车间、工区联合验收，按照规定填写相关记录，办理交车手续。

(二)常见问题处理

1. 查询主机无电源

处理方法：首先检查电源插头是否插接到位，重新打开电源开关，检查熔断器是否良好，更换查询主机。

2. 无法调取站场图

处理方法：核实车载主机、调监分机、查询主机是否有电，核实同一站场其他调机是否调取正常，核实车站号是否输入正确，车载主机与 LKJ 通信是否正常。

(三)常见故障处理

1. 故障处理流程

STP 故障处理流程如图 11-19 所示。

2. 故障案例

(1)查询主机故障

故障现象：车载设备接收不到应答器的位置信息，或者机车经过具有特定功能的应答器以后没有发生相应的动作。

处理办法：进行故障排除前，应首先检查设备连接电缆，确认设备电缆可靠连接。涉及的电缆有能量发送电缆(查询器天线—查询器主机)、能量接收电缆(查询器天线—查询器主机)、查询主机电缆(查询器主机—机车 110 V)、查询器主机通信电缆(查询器主机—STP 主机)。

查询主机故障现象对照见表 11-1。

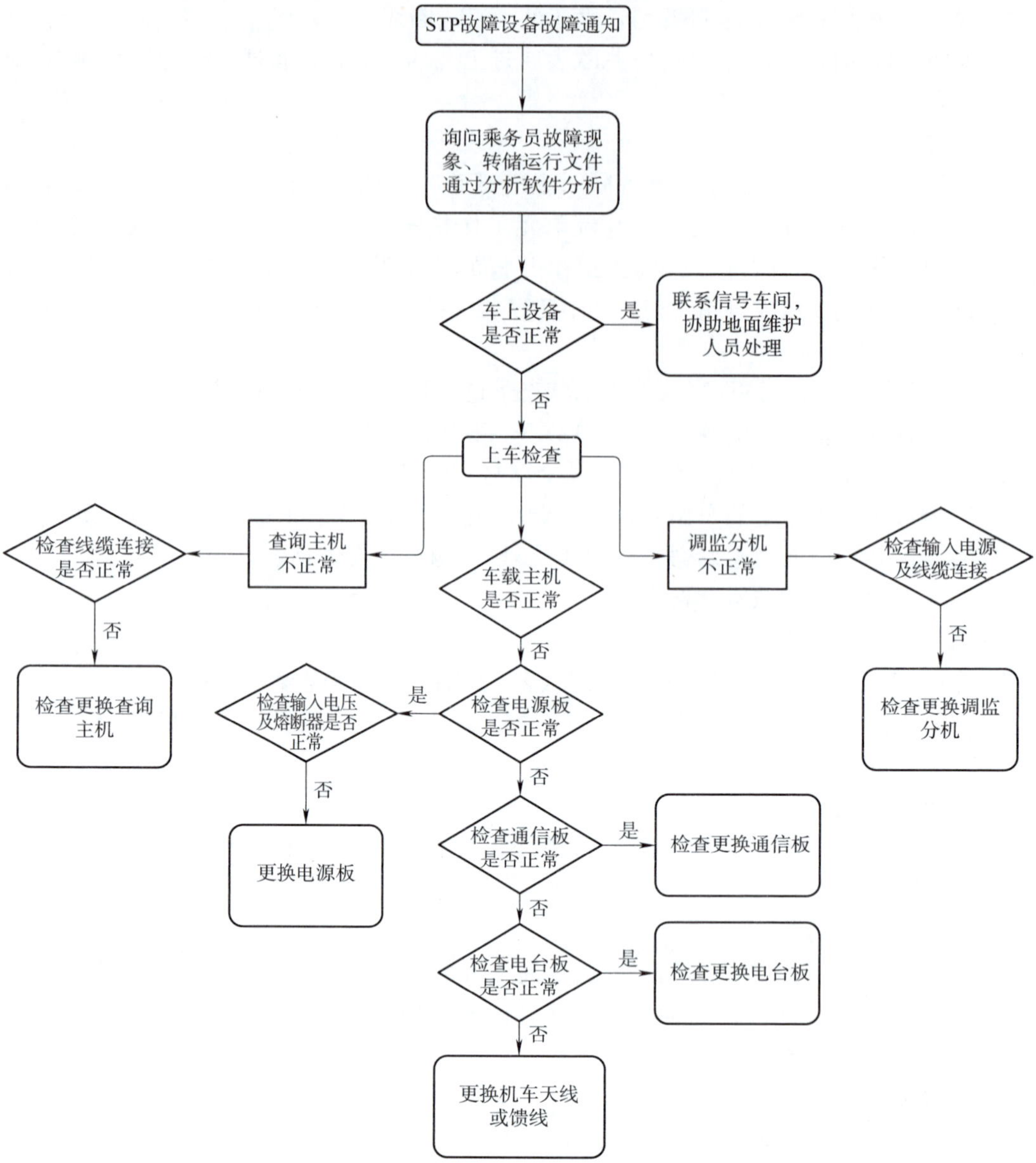

图 11-19　STP 故障处理流程

表 11-1　查询主机故障现象对照

序号	指示灯现象	故障原因
1	指示灯全部熄灭	1. NLB 板故障； 2. 主机熔断器熔断； 3. 外接电源不符合要求； 4. 电源线配线错误
2	位于 CPU 板的 S4 灯闪，其余全部熄灭	1. 能量发送电缆断线； 2. 信号接收电缆断线； 3. 主机和天线之间未使用电缆连接； 4. 天线放置在金属物品之上或与应答器紧贴
3	JSB 板收码指示灯常亮(天线下无应答器)	1. 主机或天线附近存在较强的干扰源； 2. 机车天线的电缆卷成了较小的圆圈状

(2)电台及电台天线故障

故障现象:车载设备接收不到地面数传电台发送的联锁信息。车载设备没有站场图形显示。

处理方法:

①排查车载电台故障前,首先确认地面设备电台是否正常工作。有多台机车的站场可以用其他机车是否能够接收到地面电台发送的数据为依据。

②排查电台故障时,应首先检查电台天线电缆是否有损坏或者折断。电台天线电缆损坏时,长时间的工作会使电台损坏。

③更换车载电台。车载电台更换后,故障应能恢复,车载设备应能正常工作。设备正常使用中,电台突然不能接收地面电台数据,首先检查天线电缆,其次考虑更换电台。

(3)与 LKJ2000 通信故障

故障现象:车载电台接收指示灯显示正常,数据校验正确,但是 LKJ2000 显示器不能显示站场图或者其他与调车监控相关信息。

处理方法:

①排查从 LKJ2000 主机到 STP 车载主机之间的通信电缆连接是否正常,电缆有无损坏。

②如果通信电缆连接正常,可以考虑更换 STP 主机 CAN 板。

③如果确认 STP 车载设备没有问题,更换 LKJ 显示器。

(4)车载主机故障

故障现象:主机不能正常工作,电源指示不正常;电台正常但主机 CPU 板不能正确接收电台数据。

处理方法:主机箱电压测试孔有 110 V、24 V、12 V、5 V。电压的测试范围为:

110 V:85～120 V;

24 V:22.8～25.2 V;

12 V:11.4～12.6 V;

5 V:4.75～5.25 V。

如果测试值不在上述范围以内,即可更换相应测试孔对应的板子。电台正常 CPU 板不能接收电台数据更换主机 CPU 板。

(5)联锁通信故障

故障现象:地面主机 CPU 面板接收联锁数据指示灯不正常。上位机联锁站场图形显示不正确。车载在相应联锁区时,不能接收站场数据,没有站场设备表示。

处理方法:线路问题。从微机联锁通信机到地面控制机柜有一条 RS-485 通信电缆,首先检查电缆是否联通,或者是否有接地。线路不通时,也可能是防雷模块损坏导致。确认线路没有问题后,可以更换主机 CPU 板。

(6)地面数传电台故障

故障现象:地面主机发送的数据站场中所有机车都接收不到,所有车载设备都不能正常工作。

处理方法:电源问题。首先测试电台电源,应该在 11.4～12.6 V 之间。电源损坏需要更换备用电源模块。电台本身损坏,天线馈线损坏有可能导致电台的发送能力下降,确认馈线电缆的没问题情况下,可以先更换电台备品。

(7)地面应答器故障

故障现象:过应答器时车载设备不能正常的入网、退网。

处理方法:若车载主机不能正常入网,过应答器时 JSB 板收码指示灯不亮,先排除是否是查询器主机或天线故障;用应答器读写器读取应答器数据,看数据是否正常;查看应答器是否装在轨枕的正中间。若车载主机不能正常入网,而过应答器时 JSB 板收码指示灯闪亮,车载主机 CAN 板 12 灯常亮一次,那么需要检查数据文件中应答器的功能配置是否正确。

三、风险提示

1. 安装查询定位天线应保证查询定位天线距机车两端距离符合要求,距轨面高度符合要求。

2. 查询定位天线连接线缆坚决不允许盘圈,多余线缆绕"8"字处理,并保证半径不少于 0.3 m。

3. 车顶车载天线安装位置应与其他设备天线至少间隔半径 0.5 m 以上,安装位置应选用水平位置,不宜选用斜坡面,天线附近不能有其他固体物体遮挡。

4. 车载天线馈线水平面穿孔时,注意过孔处做防水弯头处理,防止沿馈线进水。

5. 车载天线馈线垂直面穿孔时,注意过孔处的防水、防磨处理,应使用防护管等进行防护。

6. 车载天线安装高度不能超过机车规定超限范围。

7. 更换 STP 主机、LKJ 主机或监控记录板时,会导致 LKJ 彩屏右上角上/下行方向显示恢复默认状态,必须仔细核对 LKJ 彩屏上/下行方向显示和司机手柄控制器的上/下行方向显示对应关系,仔细核对参数是否正确。

8. 车载主机与 LKJ 主机使用 CAN 通信,因此应保证通信线缆远离强磁环境及高温油水管路,远离空调等大电流电源线缆。

9. 单位管辖范围内的站场图等数据应纳入 LKJ 显示器最小配置文件管理,并按照设备厂家进行分类存放,便于管理和取用,段、车间应在每次站场图更新后及时下发新的数据,保证在用数据为最新。

10. 扣修作业时,库修工区每次应对显示器最小配置文件进行核对,报账刷入的站场图始终为最新,核对时应注意认真检查 Dstation、DJSY 文件是否为公布最新文件。

11. 检修工区对设备进行清扫后,应对设备进行上电检查,保证所内设备能正常上电。

12. STP 主机设备安装应尽量避免取用在强磁、超高温度环境及烟气道附近,避免设备因环境问题出现寿命缩短的情况。

13. 装车完毕首次上电试验或交车前,应使用应答器定位器对查询定位主机进行测试,应保证查询定位主机读取信息正常(可使用驼峰应答器做代替)。

14. 程序升级或数据升级后,应进入调车模式,查看站场图是否正常调出,查看段管内每个站是否逐个正常调出。

第三节 列车运行监控装置(LKJ)

一、设备认知

目前普遍在用的LKJ监控装置是LKJ2000型监控装置,LKJ-15型监控装置于2019年开始投入运用。

(一)LKJ2000型列车运行监控系统

1. 系统概述

LKJ2000型列车运行监控系统(以下简称LKJ2000系统)是机车运行的安全监控装置,它能协助司机有效地防止“两冒一超”等事故的发生。LKJ2000系统是在信号设备的发展及铁路大提速的形势下,在LKJ-93型列车运行监控记录装置的成功应用基础上,借鉴国外先进ATP及ATC技术,采用了当时比较先进的32位微处理器技术、数字信号处理技术,并结合多年来监控装置的运用经验,研制而成的更新换代产品。迄今LKJ2000系统已装备在全路约2.5万台机车和时速不超过250 km的动车组上,是机车、动车组的重要组成部分。

2. 系统组成

LKJ2000系统采用分布式系统结构,系统组织灵活、配置方便。分布式的数据采集和预处理可以提高采样精度,同时可以大大减轻主CPU的工作负担。主CPU系统以及各模块间通过完全隔离的串行总线连接,减少了相互间的干扰,从而使系统有很高的可靠性。分布式的系统结构要有一种分布式的总线作为底层依托,LKJ2000系统使用CAN总线作为新一代监控装置的总线方式,CAN是专门用于工业自动化领域的一种网络,不同于以太网等管理及信息处理网络,其物理层特性和网络协议更加强调工业自动化的底层监控。它采用了最新的技术及独特的设计,各项性能远高于已经陈旧的其他现场通信总线。

LKJ2000系统由LKJ2000设备、LKJ2000配套设备及LKJ2000相关设备构成,如图11-20所示。

LKJ2000设备由LKJ2000主机和屏幕显示器组成。LKJ2000配套设备由速度传感器、压力变送器、本/补切换装置、调车灯显接口盒、功能扩展盒、机车鸣笛记录接口装置、机车定位授时装置、总线扩展盒、速度信号隔离装置、调车监控接口盒等组成。LKJ2000相关设备由机车安全信息综合监测装置(TAX)、ATIS车载设备、机车语音记录装置、通信接线盒、无线数据传输装置(TSC)、数模转换盒等组成。以下简要介绍其中的部分设备。

(1)主机

主机箱是LKJ2000系统的核心部件,实现机车运行监控和记录功能,实物如图11-21所示。

主机箱为系统控制中心,其内部由A、B二组完全相同的控制单元组成(左边为A组,右边为B组),各插件位置以机箱中心线为基准对称排列,从中心线开始往左、右,各插件排列顺序依次为:监控记录、地面信息、通信、模拟量输入/出、扩展通信插件、数字量输入、数字量输入/出、电源。各插件之间采用VME标准总线母板连接。机箱采用背板对外出线方式,所有输入输出信号均通过机箱背板连接器引出,在背板内侧装有过压抑制板。

①监控记录插件。集监控、记录功能于一体,是系统的核心单元。主要进行测速、测距、监控逻辑判断、制动距离计算及监控控制功能的执行;机车运行参数记录和暂存、文件的转

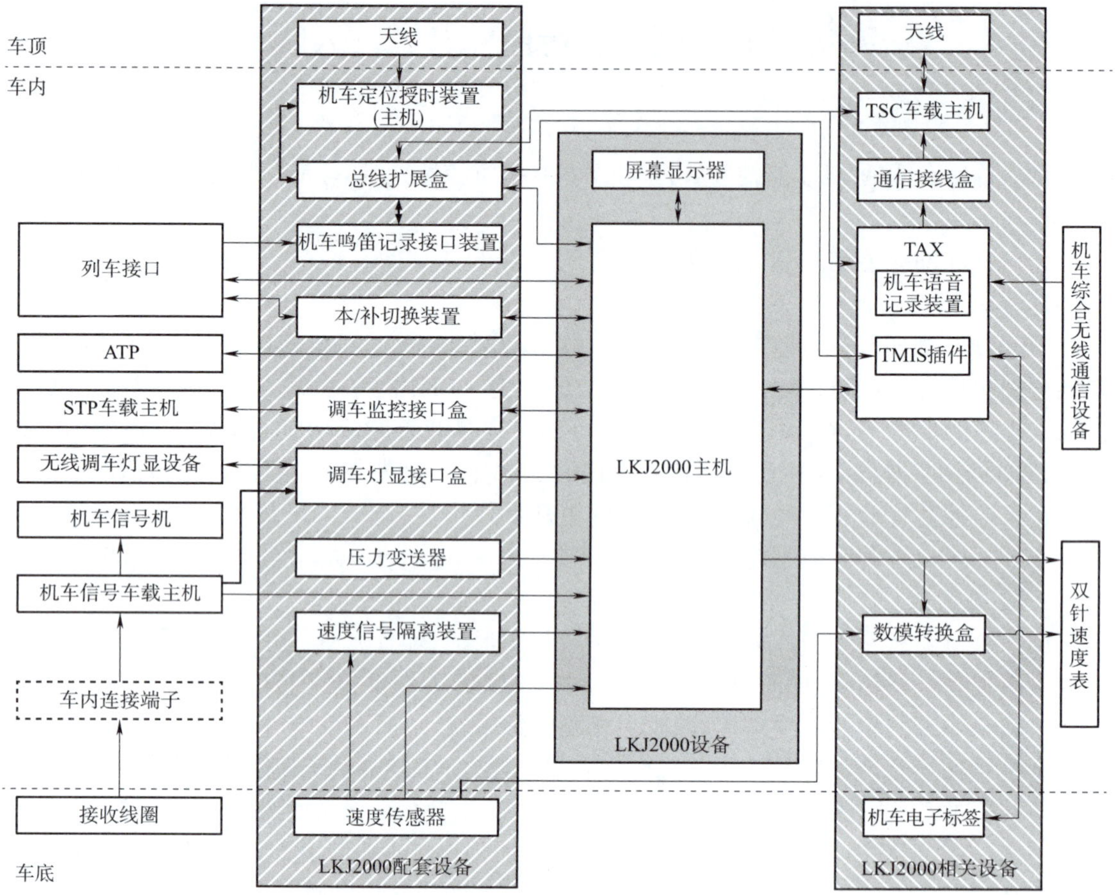

图 11-20　LKJ2000 系统结构

图 11-21　主机箱实物

储发送。

②地面信息处理插件。完成对轨道电路传输的机车信号信息分析处理，确定轨道电路区间分段地点，提供监控主机信号机距离修正及机车轮径修正信息。同时处理在轨道电路传输的机车信号信息上叠加的其他控制用的信息，也可处理类似地面应答器装置发出的其

他点式信息，供监控插件使用，可以更大地增加监控装置的控制功能，提高监控装置工作的可靠性及自动化程度。

③通信插件。提供两个 RS-485 通信接口及一个 RS-422/RS-485 通信口，供监控装置与 TAX2 监测装置、列车总线及其他装置进行串行通信，以达到数据信息共享的目的。RS-422 通信接口数据链路层采用 HDLC 协议。

④模拟量输入/出插件。完成对列车管压力、制动缸压力、原边电压、原边电流等 7 路模拟输入信号进行电气隔离、A/D 转换；完成对速度、柴油机转速等 4 路频率信号进行电位隔离及电平调整，供主 CPU 采样，并输出双针速度表驱动信号。

⑤数字量输入插件。提供 16 路 50 V 电压信号（主要是机车信号条件）的电气隔离及电平转换功能。

⑥数字量输入/出插件。完成 8 路机车工况信号（110 V 电压信号）的电气隔离及电平调整功能，提供 7 路驱动能力为 110 V、0.5 A 继电器触点输出（包含有常开/常闭接点）。同时包含有故障继电器驱动控制电路，一旦装置发生故障，自动向司乘人员发出警告信息，请司乘人员采取相应措施。

⑦电源插件。将机车上的 110 V 输入电源转换为装置工作所需的多路电源。

⑧过压抑制板。过压抑制板由瞬变干扰信号吸收电路和电源滤波电路、延时继电器三部分组成。外部 110 V 电源及 110 V 电路输入信号经过过压抑制板的滤波及瞬态过压抑制处理，消除机车 110 V 回路干扰对装置的影响。

(2)显示器

①显示器（简称彩屏）作为人—机对话用，操作者可通过键盘操作输入信息给 LKJ 装置，同时，显示器也通过图形显示和语音提示对使用者进行操作指导。通常一套 LKJ 装置配备有两个彩屏，分别安装在Ⅰ端和Ⅱ端司机室。显示器实物如图 11-22 所示。

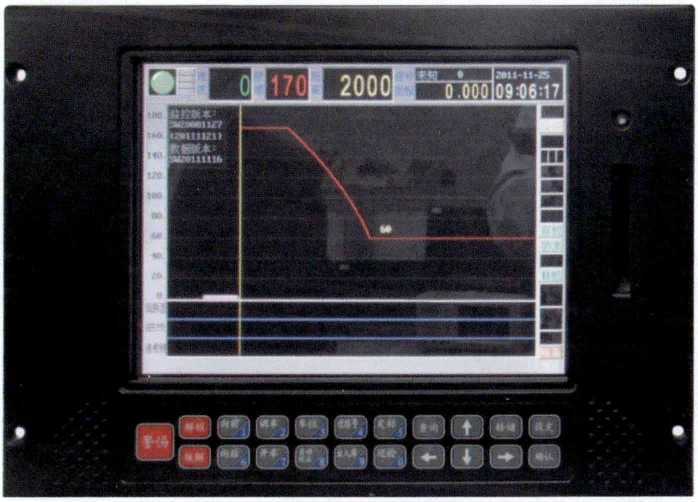

图 11-22　显示器实物

②设备组成。

显示器电路由 6 块电路板、1 块 10 寸 TFT 显示屏、2 个扬声器、1 个蜂鸣器和 1 块薄膜开关面板组成，各系统各板间连接示意如图 11-23 所示。

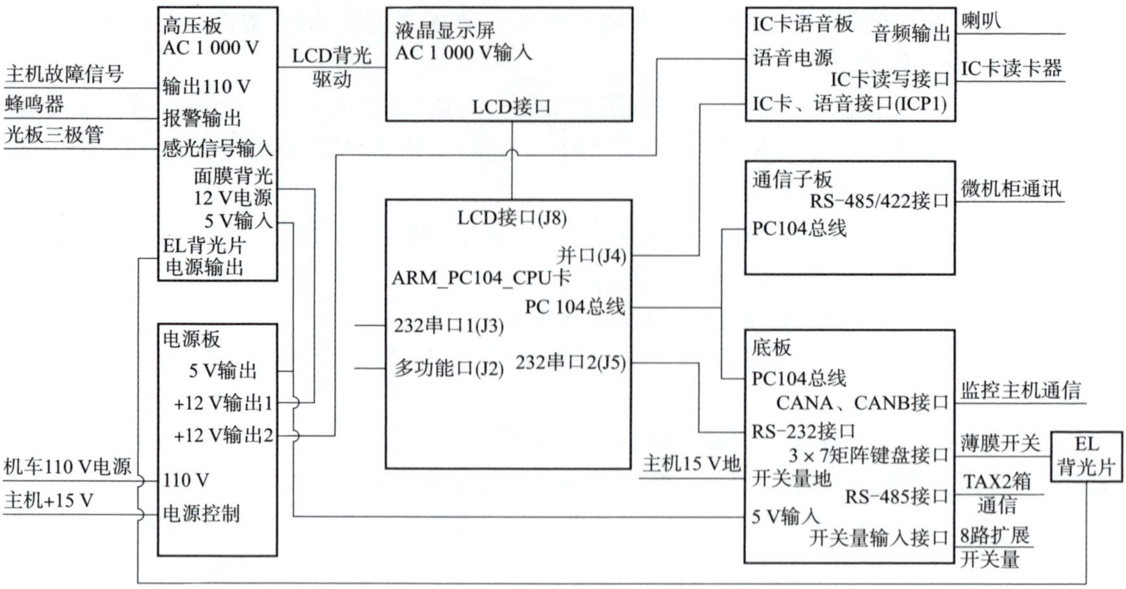

图 11-23 显示器各板块连接示意

③设备主要备件。

a. 底板。

提供 PC104 总线接口，CAN、RS-485 接口，4×8 矩阵键盘接口，8 路开关输入接口。底板电路其主要功能为 CPU 卡提供总线接口和各种外部接口电路。

b. IC 卡语音板。

提供 IC 卡读卡器接口；负责语言提示的播放。IC 卡语音板电路包括 IC 卡电路与语音电路二部分。

c. 电源板。

将机车 110 V 电源转换为 5 V、12 V 供显示器各板使用。

d. 高压板。

提供故障报警电路及液晶屏 1 000 V 背光电源电路。

e. PC104 总线 CPU 显示二合一卡。

负责所有数据处理及液晶显示屏的显示。目前主要采用 SAM-7200 系列和 SAM-7201 系列，操作系统采用 Linux 系统，插件上集成了 LCD 驱动显卡，支持 FLASH 作为数据存储器。由于 ARM 内核功耗更低，可靠性比 DOS 屏有较大提高。

f. PC104 总线通信子板。

负责与微机柜 RS-485/RS-422 通信，并把接收来的信息写入双口 RAM 给 CPU(80486)读取。

④显示器技术性能。

a. CPU 和时钟基准：PC104 总线，兼容 PC/AT 总线。

嵌入式 486 处理器，工作频率 55～133 MHz。

b. 存储器配置。

内存：16M 字节。

电子盘:32MB。

BIOS 设置:2K EEPROM,信息可掉电保持。

c. 键盘:21 个薄膜开关按键。

d. 显示屏:采用 TFT 高亮度彩色液晶屏。

分辨率:640×480,显示面积:212 mm×158 mm,亮度直径:0.33 mm。

水平视角:120°,垂直视角:90°,亮度:350 cd/m^2

e. 报警与语音提示。

最大输出功率:≥2 W,语音信噪比:≥40 dB。

f. 故障报警蜂鸣器:1 个。

g. 通信接口:双路 CAN,与主机通信,通信速率 500 kbit/s。

一路 RS-485,与 TAX 装置通信,通信速率 9.6 kbit/s。

一路 RS-485/422,切换后与微机柜通信,通信速率 9.6 kbit/s。

h. 对外连接插座:彩屏的对外连线:X9 是 14 芯插座用来与主机箱连接,X10 是一个 10 芯插座作扩充键盘用,X7 是电源线,X6 为扩展接口。

⑤显示器内部各文件如图 11-24 所示。

a. 显示器(A1)内部系统各文件的功能说明:

2kdata. bin	地面数据文件(更新数据文件时,需要更换)
2kdata. zmb	站名表文件(更新数据文件时,需要更换)
2kdata. xlb	TMIS 号及线路号的中文表(更新数据文件时,需要更换)
armprog1	A1 型监控彩屏程序(程序更新时,需要更换)
LAMP. DAT	色灯文件
Hzk16	汉字库文件
ASC16	英文字库文件
Small. fon	小字体文件
SYSSET. CFG	系统设置文件(音色配置)
SYSSET1. CFG	系统设置文件(选项配置)
SZZK	圆滑数字字体文件
Trainhzk. cfg	车次头配置文件(增加车次头时,需要更新)
Type. txt	机车型号表文本文件(增加机车类型时,需要更新)
VOICE. DAT	语音代码文件
b.	彩屏(DOS)内部系统各文件的功能说明:
2kdata. bin	地面数据文件(更新数据文件时,需要更换)
2kdata. zmb	站名表文件(更新数据文件时,需要更换)
2kdata. xlb	TMIS 号及线路号的中文表(更新数据文件时,需要更换)
LCD2000. EXE	DOS 监控彩屏程序
COMMAND. COM	DOS 系统文件
config. sys	DOS 系统文件
HIMEM. SYS	DOS 系统文件
LAMP. DAT	色灯文件

Hzk16	汉字库文件
ASC16	英文字库文件
LL3. EXE	DOS 下载工具
Small. fon	小字体文件
SYSSET. CFG	系统设置文件(音色配置)
SYSSET1. CFG	系统设置文件(选项配置)
SZZK	圆滑数字字体文件
Trainhzk. cfg	车次头配置文件(增加车次头时,需要更新)
Type. txt	机车型号表文本文件(增加机车类型时,需要更新)
VESA. COM	显卡驱动程序
VOICE. DAT	语音代码文件

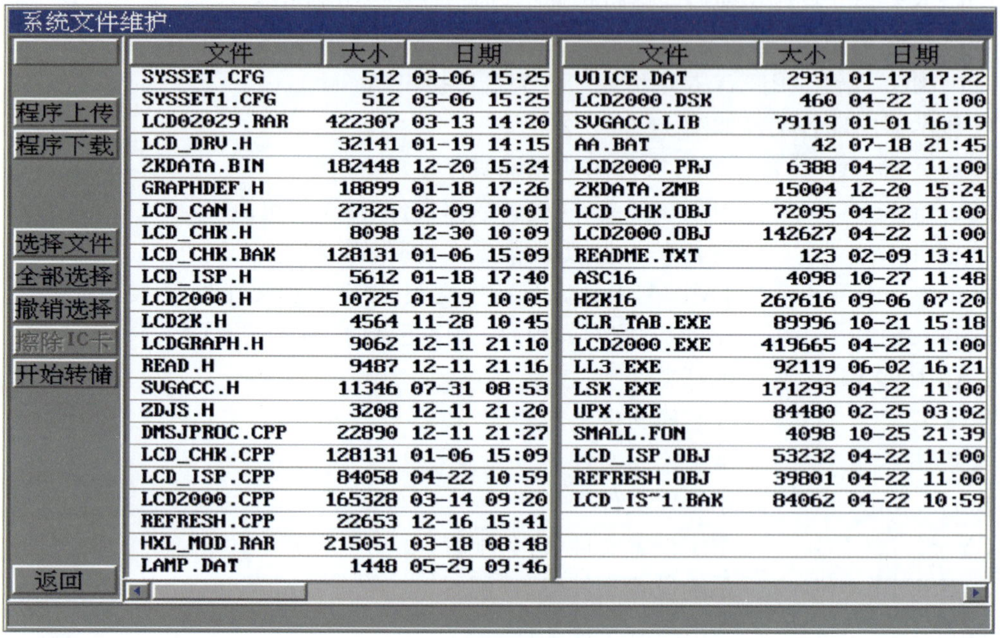

图 11-24　显示器内部各文件

(3)本/补切换装置

本初切换装置为 LKJ2000 系统的配套设备。

①设备配置及结构说明。

TPK36 型本/补切换装置内部主要由电源板、切换开关、内部布线组成,型号包括:TPK36(A)型、TPK36(C)型。TPK36 型本/补切换装置三维外形,以及电源板、切换开关位置如图 11-25、图 11-26 所示。

②设备正常使用条件。

在下列条件下 TPK36 型本/补切换装置能正常工作。

a. 海拔:不超过 2 500 m。

b. 环境温度:装置周围的空气温度为 −25 ℃～+45 ℃,但直接临近电子元件处的空气

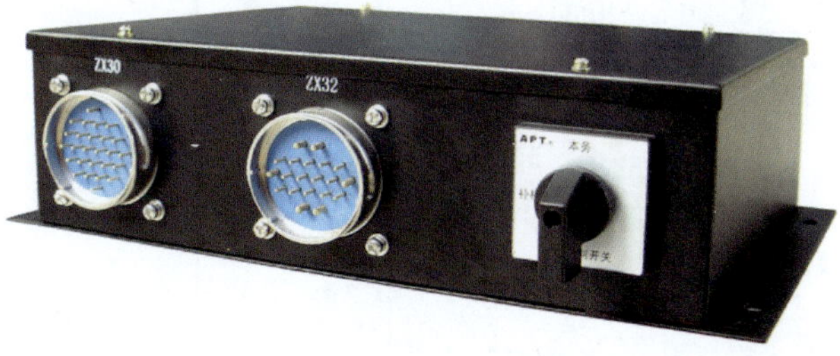

图 11-25　TPK36 型本/补切换装置外形

图 11-26　电源板、切换开关位置示意

温度允许在－25 ℃～＋70 ℃之间变化，短时（10 min）可达 85 ℃。

c. 存储温度：允许在不低于－40 ℃的环境温度下存放。

d. 相对湿度：最湿月月平均最大相对湿度不大于 90%（月平均最低温度为 25 ℃）。

e. 安装条件：装置应安装在能防止风、沙、雨、雪直接侵袭的车体内。

③设备功能。

TPK36 型本/补切换装置的功能如下。

a. 具备切除 LKJ 装置解除牵引力（卸载）、常用制动、紧急制动输出的功能。

b. 切除 LKJ 装置解除牵引力（卸载）、常用、紧急制动输出的功能时，输出 DC 50 V 电平信号。

c. TPK36(C)型本/补切换装置处于“隔离”位时，输出与输入电压相同的电平信号。

④设备技术参数。

TPK36 型本/补切换装置的技术参数如下。

a. 工作电压范围为 DC 50～150 V。

b. 功耗小于或等于 6 W。

c. 输出 DC 50 V 电平信号 1 路，输出电平精度为 DC 45～55 V，最大驱动电流为 100 mA。

d. 采用开关方式切换时导通电阻小于或等于 20 Ω，关断电阻大于或等于 1 MΩ。

⑤设备接口说明。

TPK36 型本/补切换装置主要有以下电气接口。

a. 机车工况：零位、向前、向后、牵引、制动。

b. 常用紧急：卸载、减压、关风、紧急制动。

c. 机车电源。

⑥设备结构。

a. 本/补切换装置内部结构如图 11-27 所示。

b. 制动控制线：

TPK36 型本/补切换装置内部制动控制线，切换开关处于【补机】位时，由硬件上实现电气隔离，将由切换开关将其断开。内燃机车与和谐号机车，制动控制采用的均为常开方式；电力机车，制动控制既有常开方式，也有常闭方式。对于常开方式的控制线，采用断路方式；对于常闭方式的控制线，则采用常闭 1 与常闭 2 的连线进行短接的方式。TPK36(A)型本/补切换装置切换开关点位如图 11-28 所示。

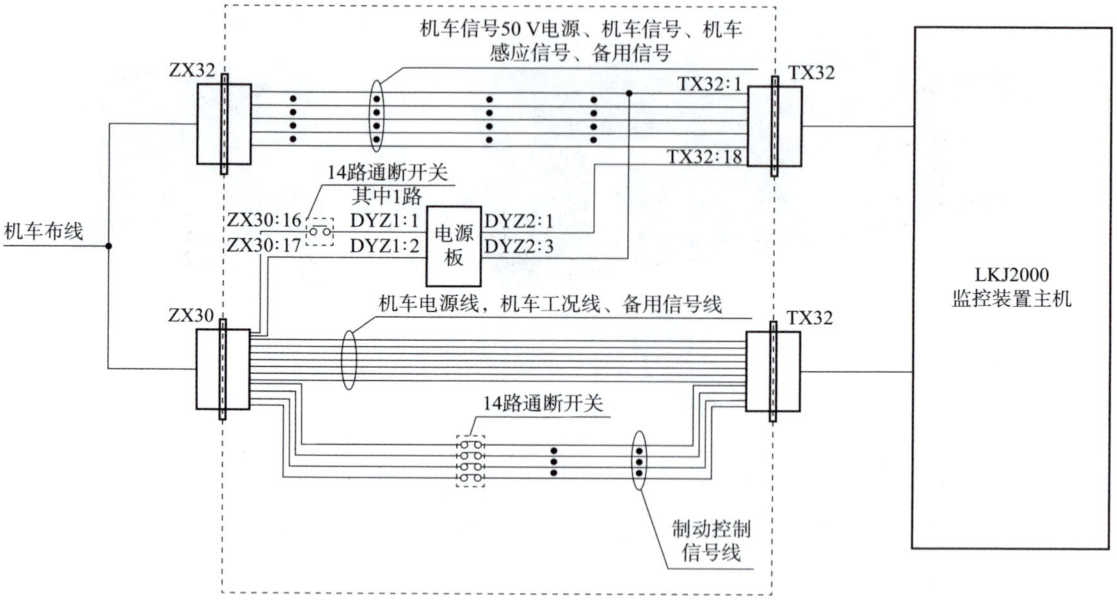

图 11-27　本/补切换装置内部结构

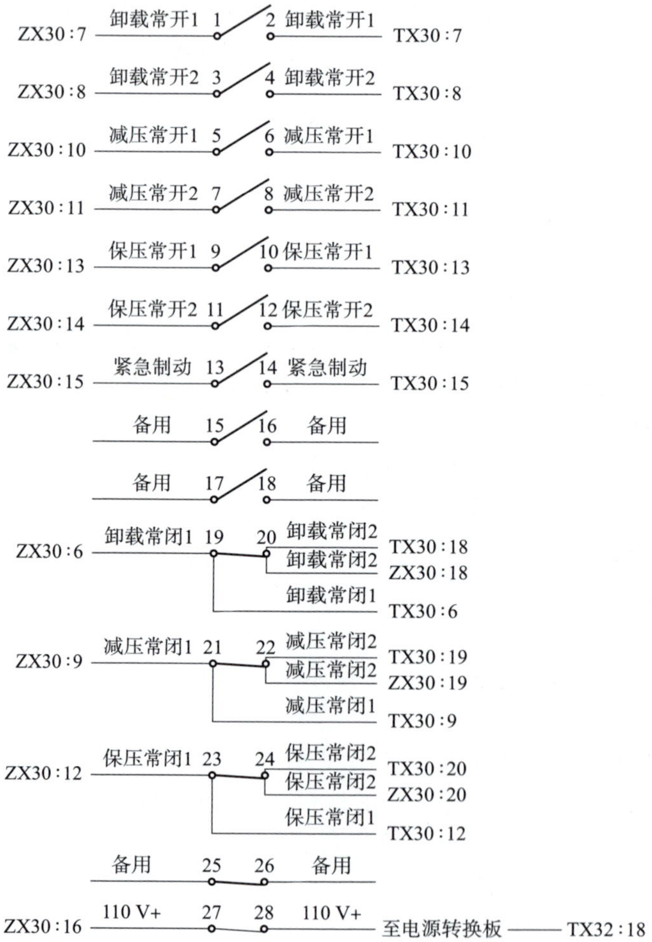

图 11-28　TPK36(A)型本/补切换装置切换开关点位

以减压信号为例，说明其补机控制功能。

(a)开方式制动。对于减压常开方式，信号流向说明如图 11-29 所示。

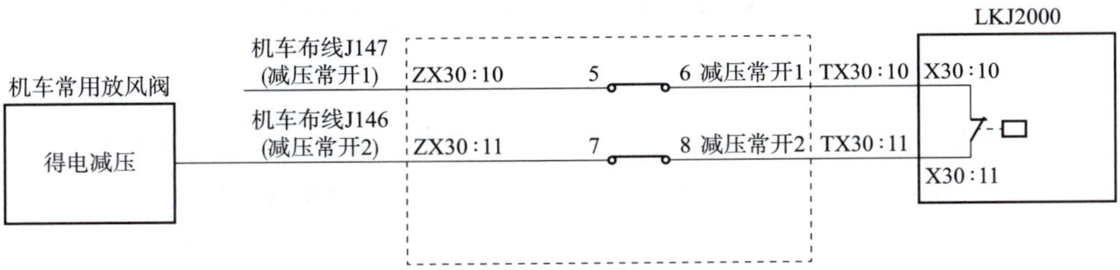

(a)开关处于【本务】状态时

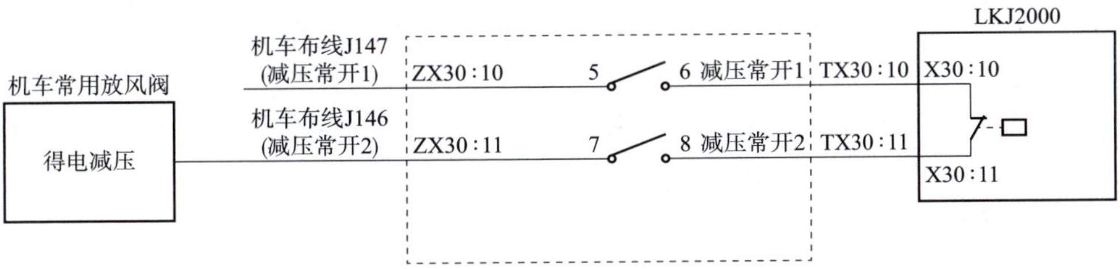

(b)开关处于【补机】状态时

图 11-29 减压常开信号流向说明

(b)当开关处于【本务】状态时，减压常开 1 信号、减压常开 2 信号直接与 LKJ 装置连接，LKJ 可以实施减压控制；当开关处于【补机】状态时，减压常开 1 信号、减压常开 2 信号则通过选择开关处于断路状态，无论 LKJ 是否输出减压控制指令，机车常用放风阀始终无输入，不会进行减压动作。

(c)常闭方式制动。对于减压常闭方式，常闭信号流向说明如图 11-30 所示。

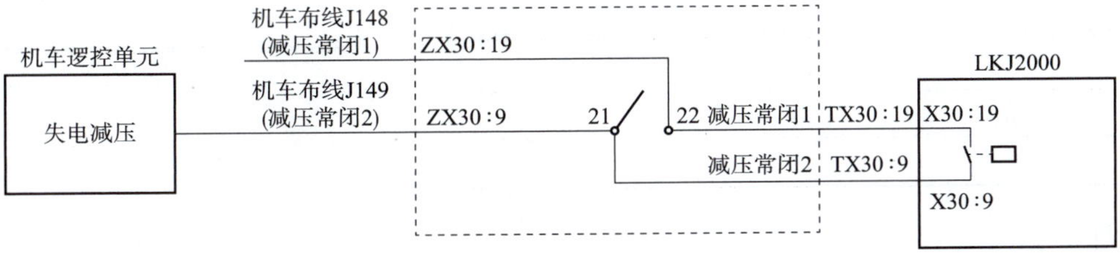

(a)开关处于【本务】状态时

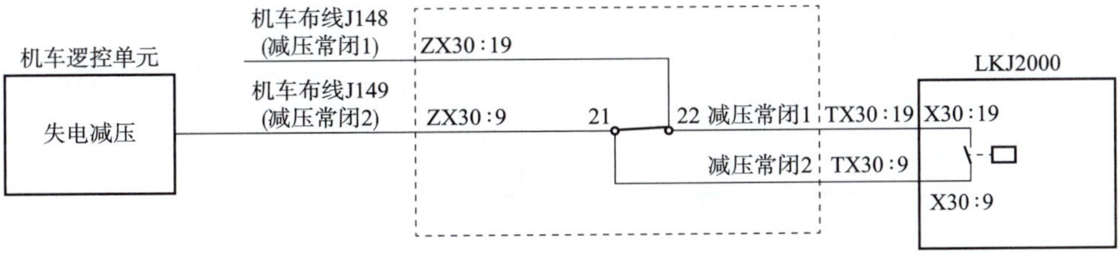

(b)开关处于【补机】状态时

图 11-30 常闭信号流向说明

(d)当开关处于【本务】状态时,减压常闭1信号、减压常闭2信号直接与LKJ装置连接,LKJ可以实施减压控制;当开关处于【补机】状态时,减压常闭1信号、减压常闭2信号则通过选择开关短接在一起,无论LKJ是否输出减压控制指令,机车逻控单元始终得电,不会进行减压动作。

c. 非制动控制线

LKJ需实现全程运行记录的功能,机车电源输入、机车工况信号线、50 V电源输入、机车信号线以及机车感应信号将不经由切换开关,直接在ZX插座和TX插座之间点对点相连接。

d. 50 V信号、直流电平信号:

TPK36型本/补切换装置输出给LKJ2000主机的DC 50信号,是通过电源板,将输入的DC 50～150 V电源转换成DC 50 V信号,输出至X32连接器。电源板输出的DC 50 V地与通过本补切换装置X32:18脚的50 VG连接后共地。

TPK36(C)型本/补切换装置输出给LKJ2000主机的直流电平信号,是直接取机车电源,通过切换开关控制,输出给LKJ2000主机。

(4)调车灯显接口盒

调车灯显接口盒为LKJ系统的配套设备。

①设备配置及结构说明。

调车灯显接口盒内部主要由电源板、信号板、船形开关、内部布线组成,型号包括:TLH2、TLH3、TLH5。TLH2型、TLH3型调车灯显接口盒结构外形如图11-31所示,TLH5型调车灯显接口盒结构外形如图11-32所示。

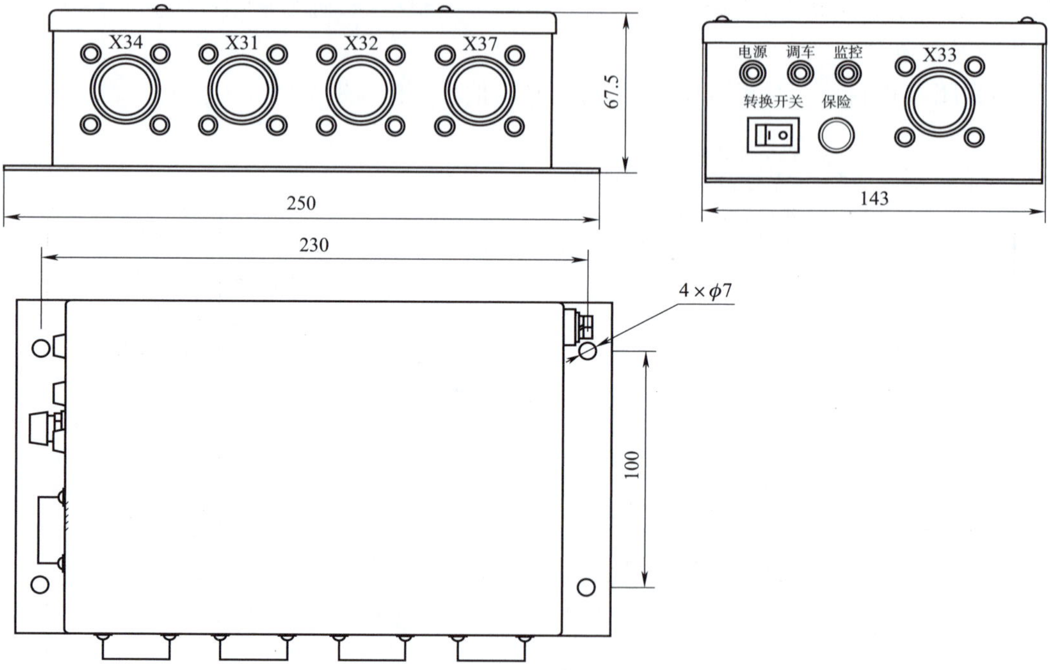

图11-31 TLH2型、TLH3型调车灯显接口盒结构外形(单位:mm)

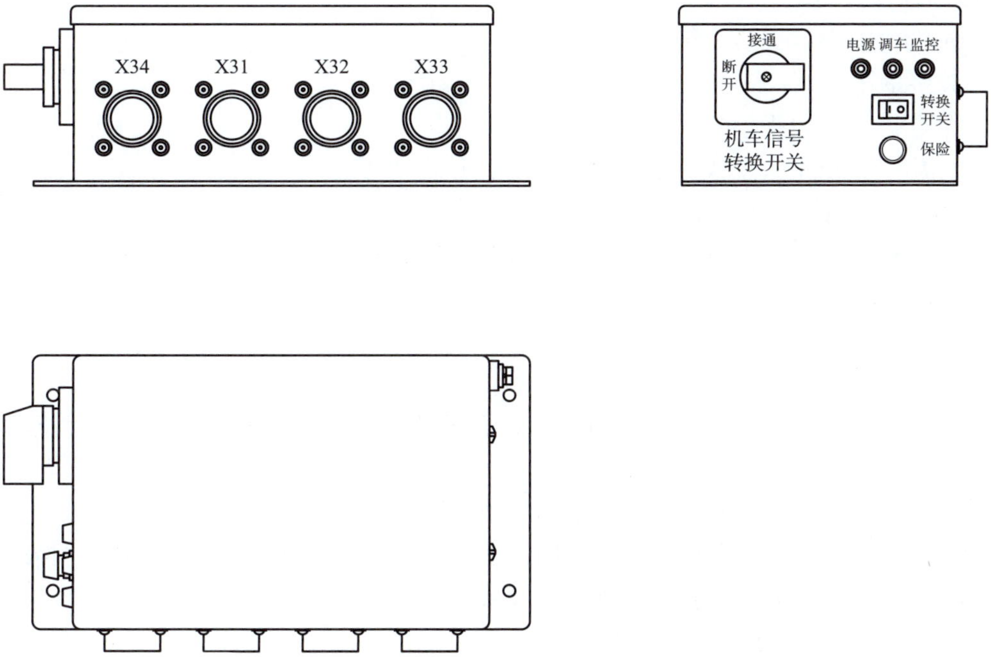

图 11-32 TLH5 型调车灯显接口盒结构外形

②设备正常使用条件。

a. 海拔：不超过 1 400 m。

b. 环境温度：装置周围的空气温度为－25 ℃～45 ℃，但直接临近电子元件处的空气温度允许在－25 ℃～＋70 ℃之间变化，短时(10 min)可达 85 ℃。

c. 存储温度：允许在不低于－40 ℃的环境温度下存放。

d. 相对湿度：最湿月月平均最大相对湿度不大于 90%(月平均最低温度为 25 ℃)。

e. 安装条件：装置应安装在能防止风、沙、雨、雪直接侵袭的车体内。

③设备功能。

a. 具备切换机车信号与无线调车灯显信号的功能。

b. 将无线调车灯显设备的调车信号转换为 LKJ2000 主机可识别的信号。

c. 向固定式无线调车灯显设备提供工作电源。

④设备技术参数。

a. 工作电压范围

TLH2 型、TLH5 型：DC 77～137.5 V。

TLH3 型：DC 51.8～92.5 V。

b. 功耗：小于或等于 50 W。

c. 输出电源：DC 10.8～13.2 V，最大输出电流为 2 A。

d. 数字量输入。

识别高电平：DC 4.5～5.5 V。

识别低电平：小于 DC 0.5 V。

输入通道数:6 路。

每通道最大消耗电流:小于或等于 8 mA。

e. 数字量输出。

信号类型:直流电平信号。

电平幅值:高电平大于或等于 35 V,低电平小于 10 V。

驱动电流:不小于 10 mA。

输出方式:继电器触点输出,DC 50 V 输出时,触点容量大于或等于 100 mA。

通道数:6 路。

⑤设备接口说明。

a. 人机接口。

船形开关:置于“|”位,即“接通”位,LKJ 接收平面调车灯显信号;置于“○”位,即“断开”位,LKJ 接收机车信号。

注意:TLH5 型调车灯显接口盒,还具备“故障隔离开关”。

故障隔离开关:置于“断开”位,此时 LKJ 能正常接收监控或平调信号;置于“接通”位,此时保持接通监控灯显信号,拨动转换开关无效。

工作指示灯定义如下:

电源指示灯亮:电源工作正常。

调车指示灯亮:LKJ2000 主机接收调车信号。

监控指示灯亮:LKJ2000 主机接收机车信号。

b. 电气接口。

调车灯显接口盒电气接口:

X31/X32 插座接入机车信号和机车电源。

X33/X3 插座接入车务平面调车信号。

⑥设备结构。

a. 内部结构如图 11-33 所示。

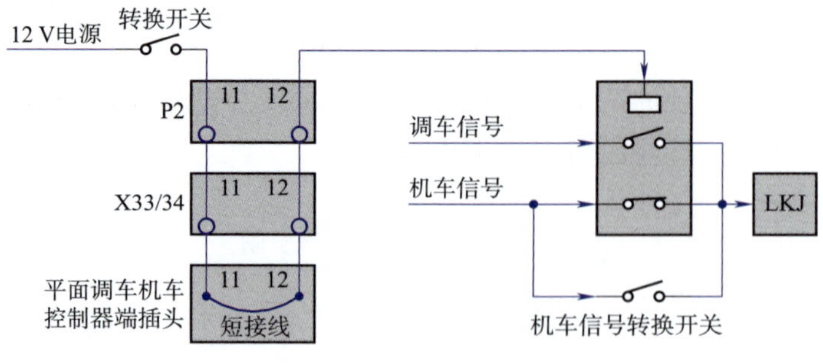

图 11-33 调车接口盒内部结构

转换开关与短接线为串联形式。

对于固定式机控器,通过转换开关可实现调车/监控的切换。

对于便携式机控器,将转换开关置于“接通”位,通过插拔机控器插头可实现调车/监控的切换。

b. 布线结构如图 11-34 所示。

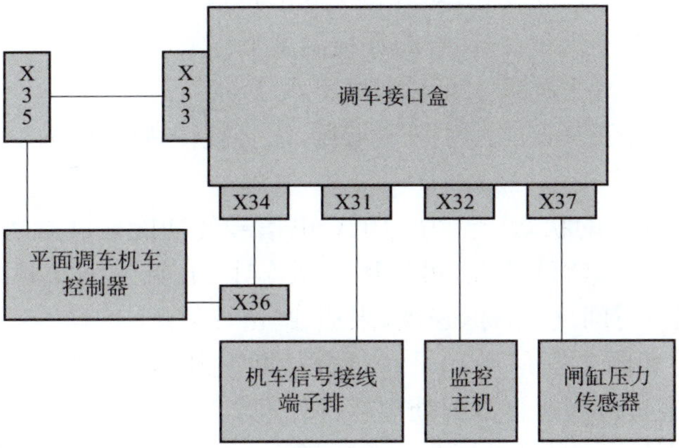

图 11-34　调车接口盒布线结构

(5)LKJ 功能扩展盒

LKJ 功能扩展盒为 LKJ2000 系统的配套设备。

①设备配置及结构。

LKJ 功能扩展盒型号包括：TAJ6、TAJ6 A。LKJ 功能扩展盒外形如图 11-35 所示。

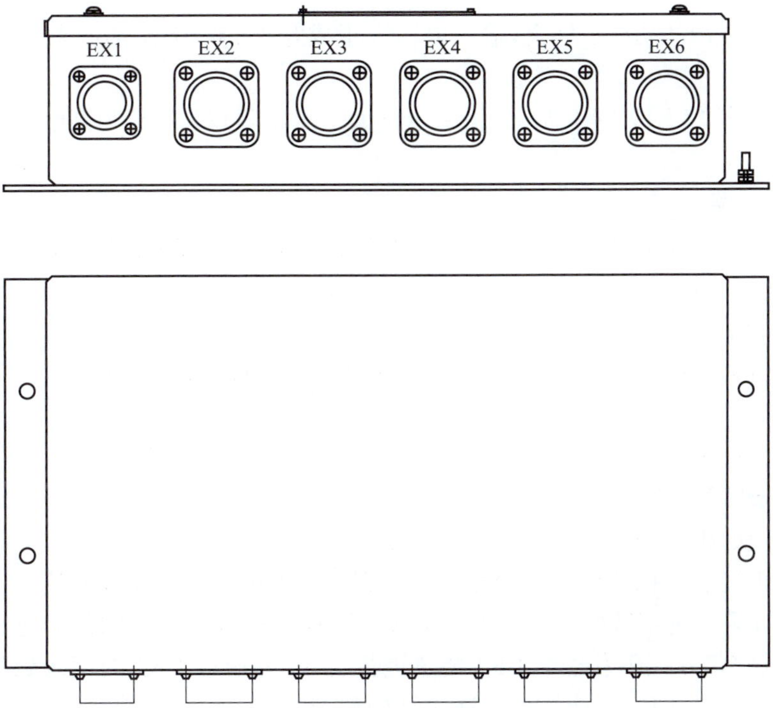

图 11-35　LKJ 功能扩展盒外形

②设备正常使用条件。

a. 海拔：不超过 2 500 m。

b. 环境温度：装置周围的空气温度为−25 ℃～45 ℃，但直接临近电子元件处的空气温度允许在−25 ℃～+70 ℃之间变化，短时(10 min)可达 85 ℃。

c. 存储温度：允许在不低于−40 ℃的环境温度下存放。

d. 相对湿度：最湿月月平均最大相对湿度不大于 90%。

e. 安装条件：装置应安装在能防止风、沙、雨、雪直接侵袭的车体内。

③设备功能。

a. 鸣笛转换器将风笛的状态转换为 110 V 电信号经功能扩展盒送入 LKJ 装置进行记录；通过地面运行数据处理软件处理，可以区分机车Ⅰ、Ⅱ端的鸣笛状态；检索机车鸣笛情况，包括鸣笛开始/结束时间、公里标、速度、限速、鸣笛等信息。

b. 可将自动过分相断主断信号和手动过分相断主断信号(110 V)经功能扩展盒送入 LKJ 装置进行记录，通过地面运行数据处理软件处理实现分析和检索。

c. 可将其他扩展输入信号经扩展盒汇总后送入 LKJ 装置进行记录。

d. 预留Ⅰ端、Ⅱ端自动鸣笛控制接口。

④设备技术参数。

a. 功耗：小于或等于 10 W。

b. 数字量输入。

c. 信号类型：直流电平信号。

d. 电平幅值：

(a)TAJ 6 型的 LKJ 功能扩展盒，输入电压大于或等于 DC 77 V 为高电平，小于 DC 60 V 为低电平。

(b)TAJ 6A 型的 LKJ 功能扩展盒，输入电压大于或等于 DC 52 V 为高电平，小于 DC 25 V 为低电平。

e. 通道数：8 路。

f. 通信接口：CAN，2 路，与 LKJ2000 主机扩展 CAN 通信连接的通信接口。

⑤设备接口说明。

a. 人机接口。

正常工作指示灯定义：电源灯亮表示电源正常，工作灯闪表示工作正常。

b. 电气接口。

机车电源+：EX1：1。

机车电源−：EX1：2。

⑥设备连接示意。

LKJ 功能扩展盒在机务行车安全系统的基础上，充分利用了现有的技术、设备条件，使用独立接口装置采集鸣笛转换器产生的 110 V 开关量信号，对采集的信号进行滤波、缓存，通过 CAN 总线将信号代码发送给 LKJ 装置进行记录，并通过 LKJ 的记录数据处理系统实现地面的分析和检索，LKJ 功能扩展盒连接结构如图 11-36 所示。

3. 工作原理

LKJ2000 系统车载部分主要由主机箱、显示器、事故状态记录器(选件)、速度传感器、压力传感器、双针速度表组成。装置主机采用双套热备冗余工作方式，由 A、B 两组完全独立的控制单元组成，每组单元都有完整的信号输入及控制输出接口模块连接，单元内部各不带

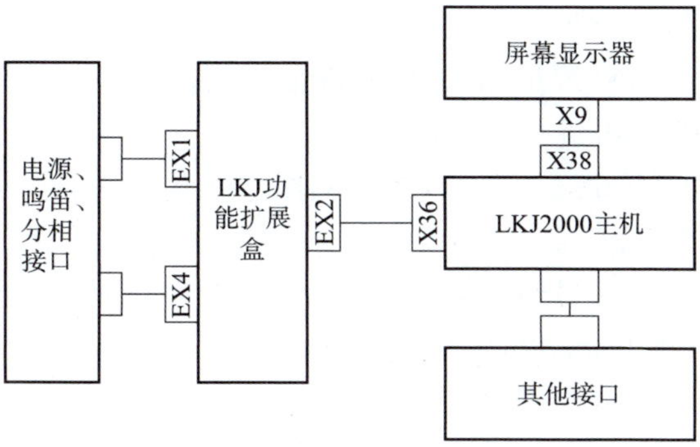

图 11-36 LKJ 功能扩展盒连接结构

CPU 的插件之间采用 VME 并行总线与监控记录插件连接。不带 CPU 的插件包括模拟量输入/出插件、数字量输入插件、数字量输入/出插件及电源插件；带 CPU 的插件之间采用 CAN 标准串行总线连接，这些模块包括监控记录插件、地面信息处理插件及通信插件。系统内部串行通信网络也采用 A、B 两组冗余方式。A、B 组两个监控记录插件之间采用同步通信方式进行数据交换。主机箱与显示器及事故状态记录器之间采用与主机箱内部网络相同的双路 CAN 网络进行连接。组合天线实现无线射频信号的收发，内部集成通信天线和 BDS/GPS 天线，LKJ2000 系统工作原理如图 11-37 所示。

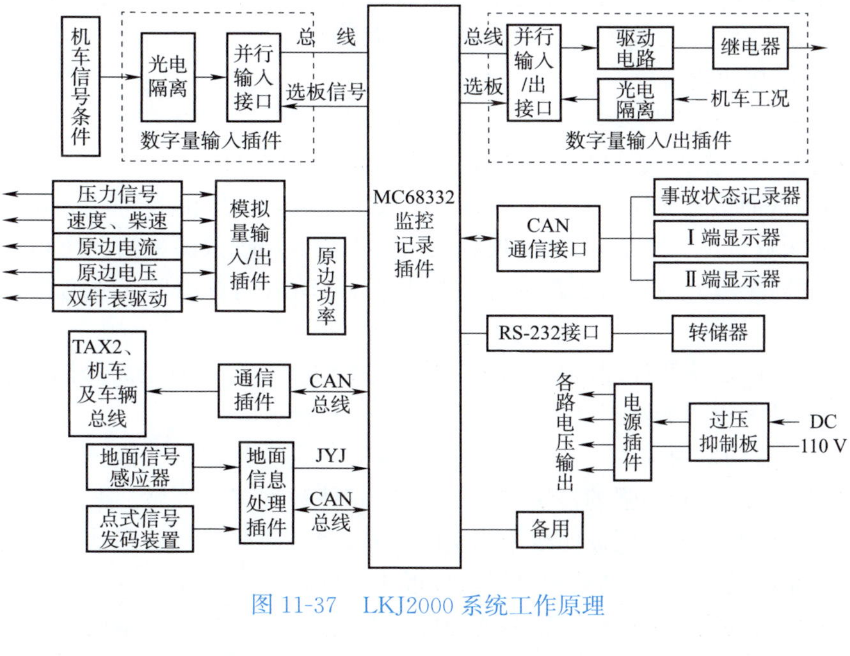

图 11-37 LKJ2000 系统工作原理

（1）MC68332 监控记录插件是监控装置的核心。它负责对各种外部信息进行采样并根据采集的数据和自行设定的数据对制动设备进行控制。

（2）色灯信号及机车工况信息由 MC68332 通过数字量输入插件、数字量输入/出插件的并行口采集。

（3）模拟量输入/出插件负责频率信号、模拟信号的采集（输入）及输出：模拟量输入信号通过模拟量输入/出插件的信号条件变换电路、A/D 转换器进行 A/D 转换后，送上数据总线，由 MC68332 进行读取、处理。

(4)速度、转速信号通过模拟量输入/出插件信号的信号条件变换电路后送到 MC68332 的 TP 输入口，由 MC68332 再进行处理。

(5)速度输出信号由 MC68332 输出，通过模拟量输入/出插件的信号调整电路，D/A 转换、V/I 转换后驱动双针速度表。

(5)原边电流、原边电压信号经模拟量输入/出插件上“乘法器”电路处理后，产生原边功率信号(频率信号)，送入 MC68332 的 TP 输入口。

(6)通信插件通过 CAN 总线与 MC68332 交换信息，通过 RS-485 串口与外部设备(如 TAX2)交换信息。

(7)地面信息处理插件通过 CAN 总线接收 MC68332 送出的信号制式，送出的过绝缘节(JYJ)信息则送到 MC68332 的外部中断 IRQ4 端，由监控记录插件的 CPU 进行过机校正处理。同时地面信息处理插件(含点式信息接收模块)，接收点式信息发码装置发送的点式信息，并通过双口 RAM 实现与 TMS320 系统之间的信息传递。并通过 CAN 总线把点式信息传送给监控记录插件。

(8)常用制动、紧急制动继电器接点输出由 MC68332 通过数字量输入/出插件的并行口控制。

(9)MC68332 通过 CAN 总线与显示器、事故状态记录器交换信息。

(10)机车 110 V/74 V 电源经过过压抑制板进行滤波及干扰信号吸收处理后送入电源板进行电源变换产生 5 V、15 V、24 V、±12 V 等各路输出电压。

4. 主要特点与功能

(1)主要特点

①装置的基本工作方式是事先将全程运行线路的参数存储于主机中，作为监控工作的依据，并能够与地面信息交换，采用车载或车载数据与地面信息相结合的控制模式。

②系统采用双机热备冗余方式(模块级冗余)，当主机出现故障的情况下，自动切换到备机工作，当任意一个单元或通道出现故障的情况下，自动启用备用单元或通道，大大提高了工作的可靠性。

③采用先进的 32 位微处理器 MC68332 作为系统主 CPU，具有较高的执行速度、控制精度，较高的稳定性和很强的数据处理能力。

④采用控制器局域网(CAN)作为系统内部通信方式进行数据交换。CAN 总线器件本身带 CRC 校验功能，具有高强的检错与容错的能力，使数据传输可靠性进一步提高。

⑤监控功能的制动模式限速曲线采用实时计算，并考虑客/货车，制动机种类、线路坡度等因素对制动距离的影响，使制动距离尽量接近于实际。

⑥对故障导向的安全措施作了较多的考虑。对速度信息故障、机车信号信息故障、过绝缘节校正故障，通信故障等都有具体的的处理。

⑦采用 10 英寸 TFT 高亮度液晶显示屏(也可选用数码显示器)作为显示界面，以图形、文字、曲线的方式预示前方的桥隧、坡道、曲线、车站、道岔、线路限速等情况，使装置与司机之间更好地交换信息。

⑧具备大容量 IC 卡读写功能，能够解决对乘务员的参数输入，临时限速的控制，大交路大轮乘文件转储困难等问题。

⑨具备列车事故状态记录器(黑匣子),可以详细记录事故前 30 min 的内容,结构合理,不易损坏。

⑩在系统内比 LKJ-93 型多安装了机车闸缸压力传感器,可以记录和检查机车小闸使用的情况。

⑪采用带背光面膜,光线暗时,面膜自动点亮,方便操作。

⑫采用 6U 标准插件及机箱结构,具有灵活、维修方便等优点。

⑬系统电磁兼容性满足 IEC61000 标准三级要求,抗干扰能力强,工作可靠性高。

(2)主要功能

①LKJ 在列车速度超过安全行车允许的速度时启动制动设备;当列车速度低于安全行车允许的速度时,LKJ 不得影响列车的正常运行。

②LKJ 依据机车信号信息进行限速控制,以防止列车越过关闭的信号机。

③LKJ 应防止列车超过线路允许速度、机车允许速度、车辆允许速度及其他允许速度中的最低值。

④LKJ 可按揭示命令要求控制列车在规定的施工区段速度不超过临时限速。

⑤LKJ 应防止列车超过规定的调车限速。

⑥LKJ 应根据车载数据和输入条件,计算产生输出不同控制指令的控制曲线。

⑦当列车达到报警速度时,LKJ 应报警,若列车速度超过 LKJ 设定的动作值,则解除牵引动力、实施常用或紧急制动,控制列车减速或停车。

⑧LKJ 应防止列车溜逸运行。

⑨LKJ 启动制动设备实施列车制动后,对于紧急制动方式,必须停车后才可缓解;对于常用制动方式,在列车速度低于 LKJ 设定的速度时,LKJ 提供人工缓解条件。

(二)LKJ-15 系统

1. 系统功能及特点

(1)系统功能

LKJ-15 型列车运行监控系统(以下简称 LKJ-15 系统)安装于我国各型机车和动车组,适用于 ZPW-2000/UM71,移频(含 18 信息移频),交流计数等轨道电路信号制式的自动闭塞,自动站间闭塞和半自动闭塞线路;系统包括主机单元、扩展单元、人机界面单元(DMI)、速度传感器、压力传感器、BTM、机车信号主机等。系统实时计算生成目标—距离模式曲线,监控列车安全运行,用于各型机车和动车组等的超速、溜逸防护。LKJ-15 系统运用场景如图 11-38 所示。

(2)设备特点

①系统同时支持车载计算机预存基础数据和地面应答器提供基础数据两种方式。

②采用全路统一数据编码,确保全路数据的准确性和唯一性。

③采用无线安全通信技术,实现车载基础数据的自动换装。

④采用热备冗余技术设计人机界面单元。

⑤采用引导式的人工操作方式。

⑥采用二乘二取二的安全计算机技术,系统安全完整性等级达到 SIL4 级。

(3)使用环境条件

①工作温度(装置周围环境温度):-25 ℃～$+70$ ℃。

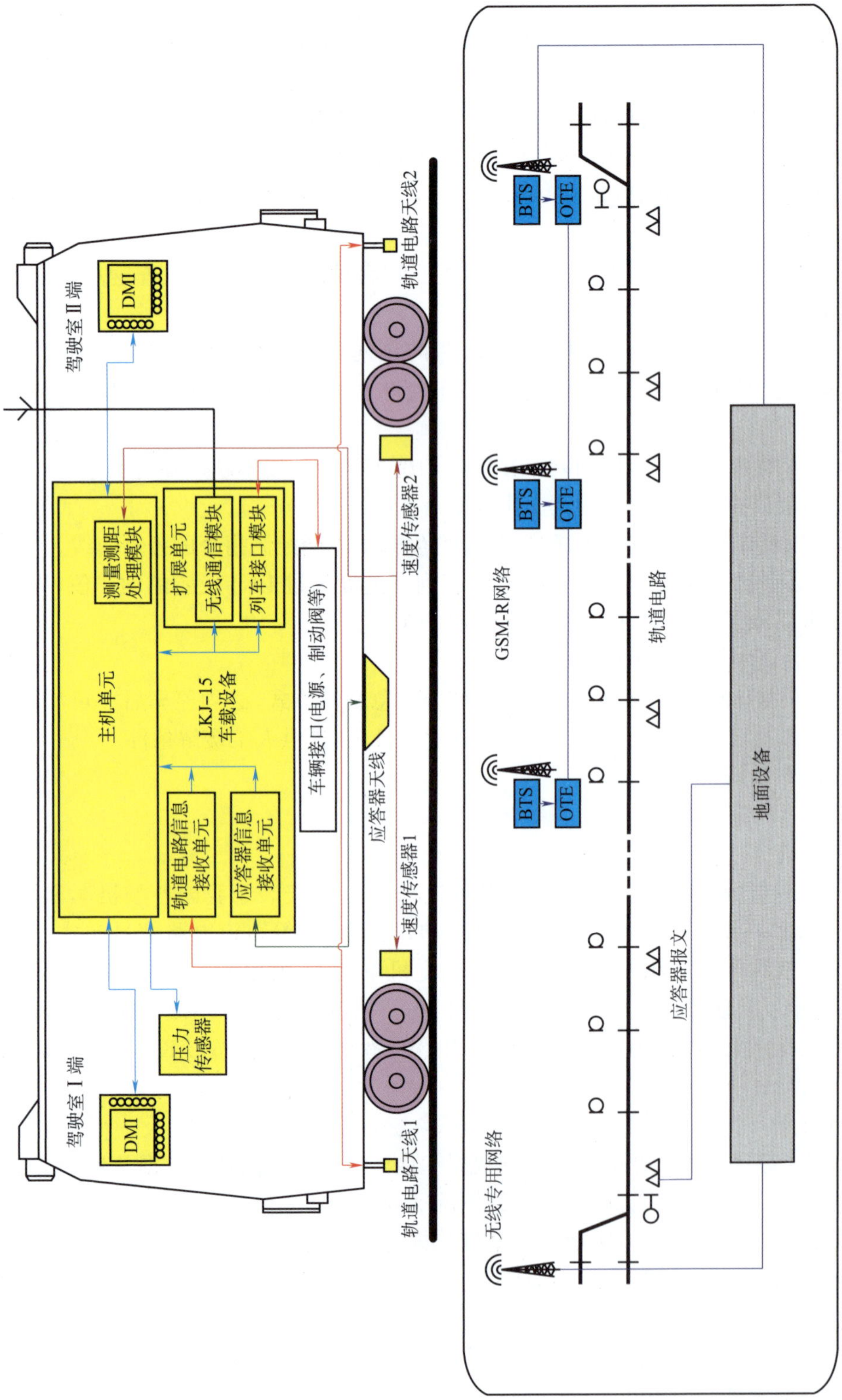

图 11-38 LKJ-15 系统运用场景

②工作电压范围：DC 77～137.5 V。

③功耗：小于或等于 700 W。

④相对湿度(该月月平均最低温度不低于 25 ℃)：不大于 95%。

⑤海拔：≤2 500 m。

⑥振动与冲击：应能承受使用时的振动和冲击而无损坏或故障，符合《轨道交通　机车车辆设备　冲击和振动试验》(GB/T 21563—2018)相关条款要求。

⑦安装位置：能防风、沙、雨、雪的车厢内。

2. 系统构成

LKJ-15 系统有分布式和集成式两种组成形式，其系统部件及硬件配置详见表 11-2。

(1)分布式系统包含主机单元、扩展单元、人机界面(DMI)、轨道电路信息读取单元(机车信号)、轨道线圈、压力传感器、速度传感器、隔离模块等。根据运用需求，可增配雷达传感器(选配)、司法记录器(选配)、应答器信息接收单元(BTM)(选配)、BTM 天线(选配)。

(2)集成式系统包括主机柜(集成了主机单元、扩展单元、BTM 主机)、人机界面单元、轨道信息接收单元(机车信号)、轨道线圈、压力传感器、速度传感器、BTM 天线、司法记录器(选配)、雷达传感器(选配)等。

表 11-2　LKJ-15 系统部件名称及硬件配置

序号	名　称		数量	备注
1	主机单元	电源插件	2 块/台主机	
2		数字量插件	2 块/台主机	
3		模拟量插件	2 块/台主机	
4		通信插件	2 块/台主机	
5		主控插件	2 块/台主机	
6		输出检测插件	2 块/台主机	
7		制动输出	1 块/台主机	安全继电器冗余配置
8		记录插件	2 块/台主机	
9		隔离开关插件	1 块/台主机	机柜式内置
10		冷却插件	1 块/台主机	选配
11	扩展单元	电源插件	2 块/台主机	
12		功能扩展插件	1 块/台主机	
13		平面调车插件	2 块/台主机	
14		数模转换插件	1 块/台主机	
15		主控插件	2 块/台主机	
16		数据交换	1 块/台主机	
17		安全通信插件	1 块/台主机	
18		信号采集插件	1 块/台主机	选配
19	人机界面单元(DMI)		1 或 2 个/台机车	每司机操纵台 1 个
20	转速速度传感器		2 个/台机车	通道数 6，不同轴冗余配置
21	压力传感器		10 个/台	分别用于列车管、制动缸、均缸Ⅰ、均缸Ⅱ、总风缸压力采集，冗余配置，双通道的为 5 个/台

续上表

序号	名　称	数量	备注
22	应答器信息接收单元(BTM)	1套/台机车	选配
23	轨道电路信息读取单元	1套/台机车	
24	司法记录器	1个/台机车	选配
25	专用电缆	1套/台机车	

注释:以上插件配置为出厂标准配置,如有加装插件等单独说明。

3. 主要设备及功能

(1)主机单元

LKJ-15 系统主机单元外观如图 11-39 所示。

①采用二乘二取二架构,包括主控模块、测速测距模块、压力信息采集模块、列车接口模块、运行记录模块及通信接口模块等。

②主控模块应实时计算生成目标—距离模式曲线,监控列车安全运行。

③测速测距模块应能对速度传感器信号进行处理,计算列车运行速度和走行距离、识别运行方向。

④压力信息采集模块应能采集列车管、制动缸、均衡风缸、总风缸等的压力。

⑤列车接口模块应能采集列车工况信息、输出控制指令。输出控制指令包括牵引动力解除、常用制动、紧急制动。指令输出应适应机车、动车组的不同接口条件,紧急制动指令输出应具备得电制动和失电制动两种方式。

⑥运行记录模块应能记录列车基本信息、列车状态信息、司机操作信息、运行状态信息、指令输出信息等。

⑦通信接口模块用于主机单元与其他设备或模块的通信管理。

⑧主机单元能够根据轨道电路信息、应答器信息等进行距离误差校正,能够对加速度超过规定范围的异常速度值进行折算。

图 11-39　LKJ-15 系统主机单元外观

LKJ-15 系统主机插件排列示意如图 11-40 所示。

a. 电源插件

为系统内插件及速度传感器、压力传感器等提供电源,保证系统工作能源供应。

冷却插件Ⅰ								冷却插件Ⅱ							
隔离开关	电源Ⅰ	数字量入Ⅰ	模拟量入Ⅰ	通信Ⅰ	主控Ⅰ	输出检测Ⅰ	制动输出	输出检测Ⅱ	主控Ⅱ	通信Ⅱ	模拟量入Ⅱ	数字量入Ⅱ	电源Ⅱ	记录A	记录B

图 11-40　LKJ-15 系统主机插件排列示意

b. 数字量入插件

负责采集机车工况、制动输出回采状态，然后将采集状态送主控插件。

c. 模拟量入插件

负责采集速度传感器、压力传感器信息，然后将采集信息送主控插件。

d. 通信插件

实现和机车信号，扩展单元，ATP 等设备的信息交互，并及时告知主控插件。

e. 主控插件

负责收集由各插件采集的机车工况、速度传感器、压力传感器、外部接口设备（机车信号、BTM 等）等信息，并负责数据的运算、处理、判断以及控制指令的生成。

f. 输出检测插件

负责与主控、输出制动共同完成制动输出各端口的故障系切除的功能。

g. 制动输出插件

是系统的控制输出的执行机构，包括常用制动和紧急制动输出，通过继电器触点的搭接，完成系统间的控制切换。并且回送继电器触点状态，满足制动输出各端口进行闭环检测的需求。

h. 记录插件

负责对列车基本信息、列车状况信息、柴油机转速、司机操作信息、运行状态信息、设备基本信息的记录，它要满足用户接口中可维护性的需求，提供与扩展单元的信息交互接口，与 EMU 的信息交互接口。

i. 隔离开关插件

使用物理方式切除关风，减压，卸载或紧急制动等控制指令输出，同时把该隔离开关状态告知主控插件。

(2)扩展单元

LKJ-15 系统扩展单元如图 11-41 所示。

扩展单元包括开关量信号采集、BDS/GPS 信息接收、车地无线通信及对外通信接口等。

LKJ-15 系统扩展单元主机插件排列如图 11-42 所示。

①电源插件负责将机车电源转变为系统内各插件及速度传感器的电源。

②功能扩展插件负责采集鸣笛、过分相等数字量信息。

③平面调车插件负责无线调车设备发出的调车灯显信号信息的采集。

图 11-41 LKJ-15 系统扩展单元

电源插件1	电源插件2	备用扩展4	数模转换	安全通信	数据交换	主控插件1	主控插件2	平面调车1	平面调车2	功能扩展	备用扩展1	备用扩展2	备用扩展3

图 11-42 LKJ-15 系统扩展单元主机插件排列示意

④数模转换插件负责双针表、里程计的驱动。

⑤主控插件负责完成信息的收集、处理及判断，按照通信协议提供给主机单元使用。

⑥数据交换插件负责提供插件间的数据通信通道。

⑦安全通信插件负责与外部无线通信设备通信，实现基础数据远程无线换装功能。

(3)人机界面(DMI)

LKJ-15 系统 DMI 如图 11-43 所示。

DMI 是系统的人机交互平台，主要用于控制信息及运行状态信息显示；临时控制参数、临时数据等的输入；播放语音及电鸣音提示等。

DMI 主要电路采用冗余结构。各模块具体功能说明如下。

①核心模块

两块核心模块完全一致，其完成 CPU 最小系统功能，对采集的数据进行处理，产生显示的图像和需提示的语音数据，并执行与主机单元的通信。

②显示模块

将核心模块产生的显示图像进行传输，并通过 LCD 进行显示，并可控制背光亮度，显示画面白天黑夜风格等。

③语音模块

预录制好的音源存放在核心模块的存储器内，需要时通过解码，经过音频转换，功率放大，至扬声器发声。

④通信模块

扩展通信接口，执行与 LKJ 主机单元进行通信，并可与 IC 卡进行通信，预留 CAN，RS-485 通信接口。

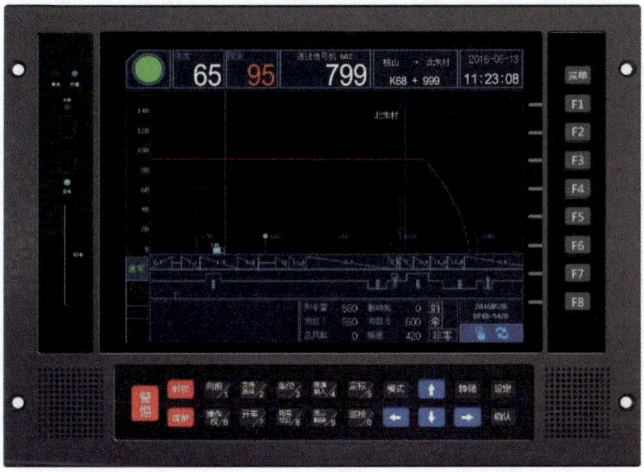

图 11-43　LKJ-15 系统 DMI

⑤输入操作模块

包含物理键盘及电路，触摸屏及驱动电路，提供信息输入通道。

⑥IC 卡模块

提供 IC 卡通信通道，可将数据从 IC 卡载入或写入 IC 卡。

⑦供电模块

为电路提供所需电压。

⑧辅助模块

提供主备切换电路，及其他所需辅助功能。

4. 主要功能

(1)监控功能

按照《列车运行监控装置(LKJ)控制模式设定规范》要求，系统应实现以下监控功能：

①系统在列车速度超过安全行车允许的速度时输出制动指令，当列车速度低于安全行车允许的速度时，系统不得影响列车的正常运行。

②系统依据机车信号信息进行速度监控，以防止列车越过关闭的信号机。

③系统应按照线路允许速度、机车允许速度、车辆允许速度及其他允许速度中的最低值确定允许速度，监控列车运行。

④系统应具备按照临时限速监控列车运行的功能。

⑤系统应具备按照调车限速监控列车运行的功能。

⑥系统应根据 LKJ 车载基础数据或应答器数据，计算产生目标—距离控制曲线。

⑦系统应具备防止列车溜逸的功能。

⑧系统输出制动指令后，对于紧急制动方式，必须停车后才可撤除制动指令。对于常用制动方式，在列车速度低于系统设定的速度时，系统允许撤除制动指令。

(2)记录功能

①系统具有运行数据实时记录功能，记录的数据能通过专用 IC 卡方式转储。

②系统应记录以下信息：

a. 列车基本信息，包括机车、动车组机型，机车、动车组编号，轮径，司机号，车次和列车编组等信息；

b. 列车状态信息，包括运行速度、风管压力、机车信号信息、应答器信息、机车工况和动车组工况信息等；

c. 司机操作信息，包括股道号输入、支线选择输入及其他操作指令信息；

d. 运行状态信息，包括控制模式切换、数据调用、执行临时控制要求及其他控制过程信息；

e. 设备基本信息，包括设备编号、软件版本信息、数据版本信息等；

f. 指令输出信息，包括解除牵引动力指令、常用制动指令、紧急制动指令等。

(3)显示功能

DMI 应能显示如下信息：

①日期和时间。

②机车信号信息。

③列车运行速度与限速。

④距前方信号机距离。

⑤机车、动车组所在位置的里程坐标。

⑥控制模式和列车制动状态。

⑦列车最近走过的不少于 1.5 km 以内的运行速度值轨迹曲线。

⑧机车、动车组当前位置至前方不少于 4.5 km 以内的制动模式曲线。

⑨以曲线、符号和文字形式，沿线路里程的延展显示机车、动车组运行前方不少于 4.5 km 以内的线路曲线、坡道坡度、道口、桥梁、隧道及车站、信号机、电气化铁路接触网分相标等设置情况。

⑩其他需要显示的信息。

(4)DMI 进行下列各类信息的声音提示：

①LKJ 报警。

②机车信号变化。

③解除牵引动力、常用制动或紧急制动指令输出。

④允许缓解。

⑤车机联控。

⑥股道号的输入。

⑦警惕报警。

⑧防汛地点提示。

⑨其他需要的语音提示。

5. 技术参数

(1)硬件主要技术指标

系统记录容量不小于 16 MB。

车载基础数据存储空间不小于 16 MB。

系统与 GPS/BDS 授时功能匹配后，系统显示时钟误差不大于 2 s。

系统制动、解除牵引动力等指令输出电信号节点容量不小于 300 mA。

正常环境条件下，系统的绝缘电阻应大于 20 MΩ，在交变湿热试验后应大于 2 MΩ。

(2)测速测距主要技术指标

测速测距模块测速误差不大于±1%(在运行速度低于 100 km/h 时,测速误差不大于 1 km/h)。

测速测距模块测距误差不大于±1%(在运行距离低于 100 m 时,测距误差不大于 1 m)。

(3)DMI 主要技术指标

显示屏:10.4 寸彩色。

分辨率:不低于 800×600。

功率:不超过 70 W。

(4)压力信号技术指标

压力信号采集模块允许误差不大于 10 kPa。

(5)柴油机转速信号技术指标

系统采集柴油机转速信号允许误差±30 r/m。

(6)驱动双针表信号技术指标

系统驱动双针表的实际速度、限制速度信号允许误差±1.5%。

(7)速度传感器

电源电压:DC 10～30 V,标称电压:DC 15 V。

输出通道数:6 通道。

输出波形:方波脉冲,上升沿、下降沿时间小于 10 μs。

输出脉冲幅度:高电平≥0.8U(U 为工作电源电压),低电平≤1 V。

工作温度:-40 ℃～+125 ℃。

环境湿度:最大相对湿度(该月月平均最低温度为 25 ℃)≤95%。

电磁兼容性:满足 GB/T 24338.4—2018 标准要求。

6. 工作关联关系

LKJ-15 型系统与地面设备、外围设备及各种接口之间的关联关系如图 11-44 所示。

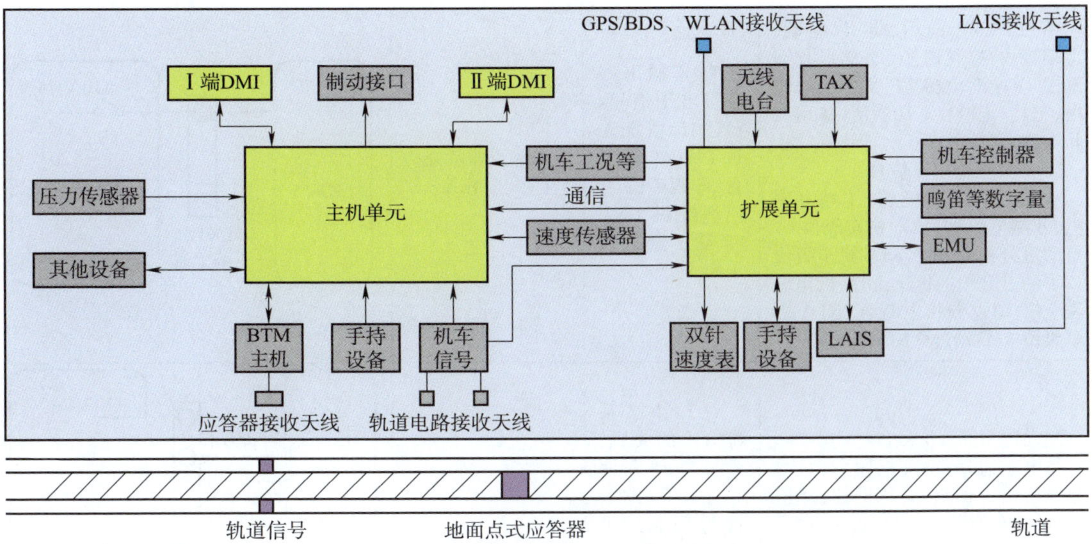

图 11-44　LKJ-15 系统与其他设备关联关系

(1)列车输入

①供电

LKJ-15 系统列车电源输入见表 11-3。LKJ-15 系统额定电压为 DC 110 V/DC 74 V,功耗小于或等于 700 W,冷启动最大冲击电流 40 A(50 ms 内)。建议厂家使用 DC-C-10 A-2P 空气开关(每端配置 1 个)。LKJ-15 配置独立的接线端子盒,只需要接入 1 路电源,由接线端子盒对电源进行分配。

表 11-3　列车电源输入

名称	接口要求	电气性能要求	示意
电源	LKJ-15 系统所在端司机室被钥匙激活时输出。在 LKJ-15 端子盒上输入电源	700 W 以上	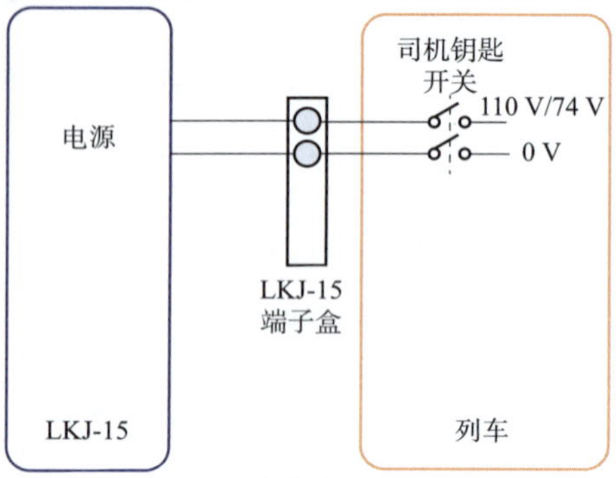 通常配置

②列车数字量信号输入

列车数字量信号输入详见表 11-4。列车提供工况手柄状态、警惕、鸣笛等数字量信号给 LKJ-15 系统。LKJ-15 系统直接采集工况等数字量信号(兼容采集 DC 110 V/DC 74 V 数字量信号)。

表 11-4　列车数字量信号输入

名称	接口要求	电气性能要求	图示
1. 安全数字量信号: 零位、向前、向后、牵引、制动、Ⅰ端警惕/控制切换(动车)、Ⅱ端警惕/单端巡检/ATP 紧急制动输出、车挡(土挡)、Ⅰ端激活(备用)、Ⅱ端激活(备用); 2. 非安全数字量信号: Ⅰ端鸣笛、Ⅱ端鸣笛、Ⅰ端电喇叭、Ⅱ端电喇叭、ND5 机车级位 0/自动过分相断主断、ND5 机车级位 1/手动过分相主断分、ND5 机车级位 2/手动过分相主断合、ND5 机车级位 3/自动过分相预断主断	列车输出数字量电平信号,LKJ-15 系统通过 LKJ-15 端子盒采集(也可以不经过 LKJ-15 端子盒直接采集)	输出触点驱动能力 ≥20 mA	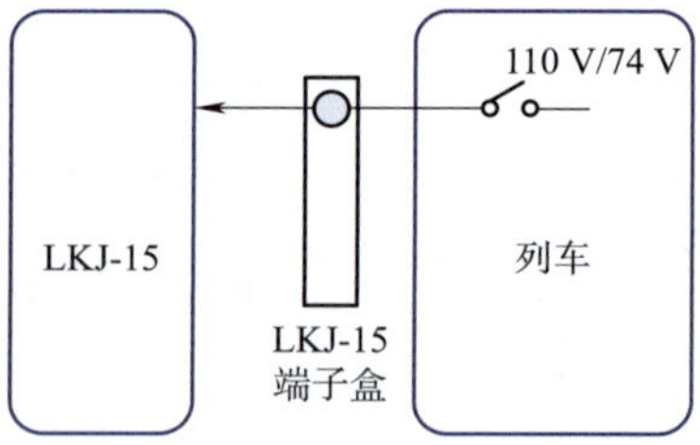
制动输出回读信号: 得电紧急回读、失电紧急回读、最大常用 7 回读、关风回读、减压回读、卸载回读	对 LKJ-15 系统输出的关风、紧急制动等信号在端子排上进行回读。确认输出状态		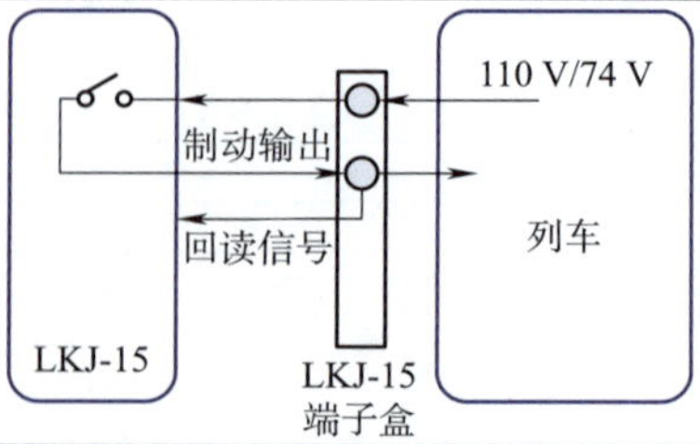

③速度信号输入

LKJ-15 系统采用 2 个不同轴端的六通道速度传感器采集列车车轮转速，其速度信号电缆连接示意如图 11-45 所示。

LKJ-15 系统主要使用霍尔速度传感器和光电速度传感器两种。速度传感器类型由机车厂家视轴端结构决定。

速度传感器应尽量避免安装在有车辆防滑装置的轴端上。推荐轴端类型为动轴＋无制动力的拖轴，如动车组车辆不满足条件，至少应选取切除紧急制动的两个拖轴。因 LKJ-15 设备需判断列车速度方向，应确定安装位置与布线方式后，再决定速度传感器电缆点位（相序）。如列车两端安装采用非中心对称，则两端电缆可能会因点位或长度不同而不能通用。

LKJ-15 系统可采集 1 路速度传感器信号，用于驱动双针表显示实速、限速、里程计功能。

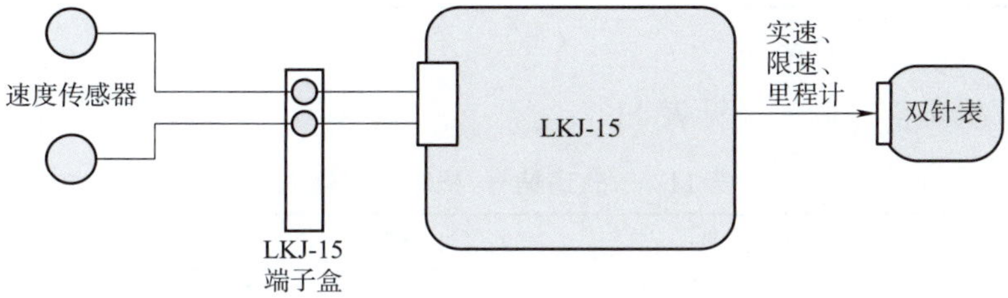

图 11-45　LKJ-15 系统速度信号电缆连接示意

注意：如速度传感器安装时需要跨越动车组车厢，过桥线应由动车组厂家自行设计。

④模拟信号输入

模拟信号输入详见表 11-5。

表 11-5　模拟信号输入

名称	接口要求	电气性能要求	图示
柴速信号输入	列车柴速传感器输出柴速信号，LKJ-15 系统直接采集（也可以经过 LKJ-15 端子盒采集）	0～40 V 正弦波频率信号	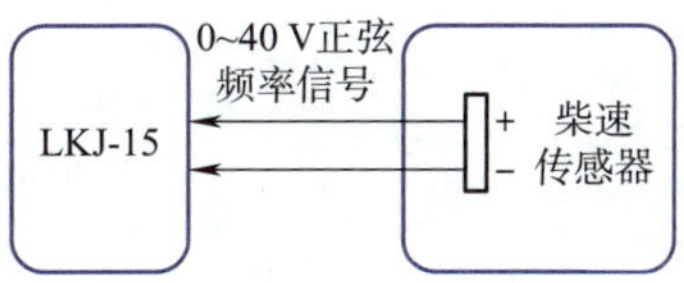
压力信号输入：列车管、制动缸、均衡缸 1、均衡缸 2、总风缸	LKJ-15 为列车压力传感器提供 DC 24 V 工作电源，压力传感器输出压力信号，LKJ-15 系统直接采集	4～20 mA 电流信号	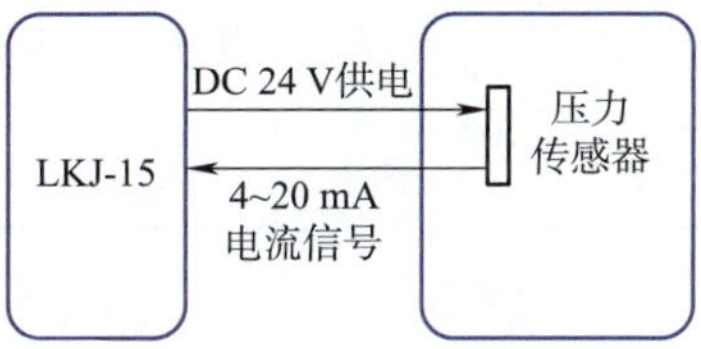

⑤平面调车信号输入

平面调车信号输入详见表 11-6。

表 11-6 平面调车信号输入

名称	接口要求	电气性能要求	图示
平调信号输入：绿灯、黄灯、双黄灯、红黄灯、红灯、白灯	列车平调控制器输出平调信号，LKJ-15 系统直接采集（也可以经过 LKJ-15 端子盒采集）	DC 5 V 数字电平信号	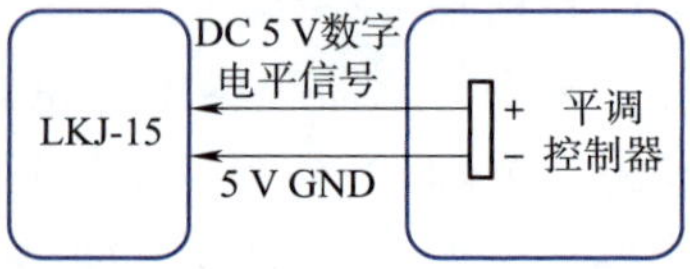
自动进平调信号	LKJ-15 输出 DC 5 V 电源平调控制器，平调控制器短接该电源，输出一个自动平调入信号给 LKJ-15 采集	DC 5 V 数字电平信号	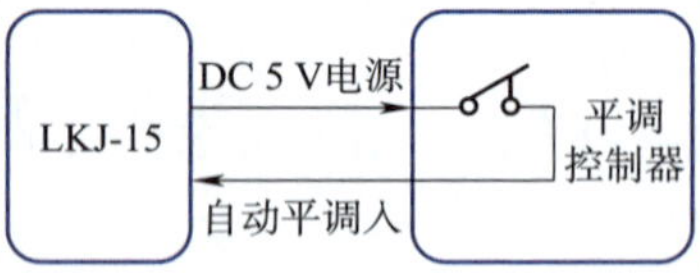

⑥轨道信号/机车信号输入

轨道信号/机车信号输入详见表 11-7。

表 11-7 轨道信号/机车信号输入

名称	接口要求	电气性能要求	图示
轨道信号输入	LKJ-15 可直接从列车上安装的 FSK 接线盒上接收轨道信号，并解码为色灯信号，控制列车运行（预留功能）	ZPW-2000/UM71 等制式的轨道信号	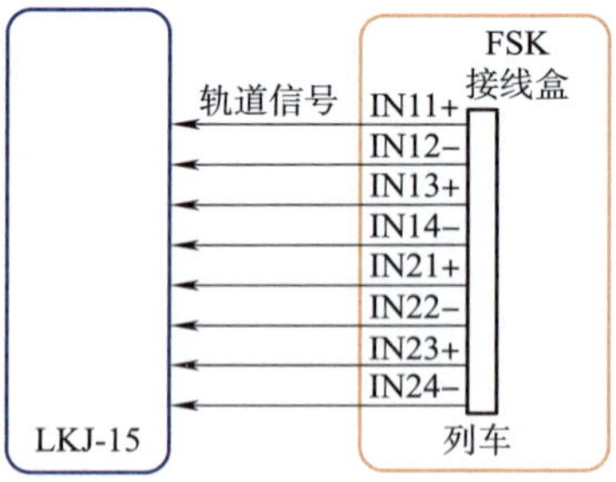
机车信号输入： 1. 50 V 机车信号采集：绿灯、绿黄灯、黄灯、黄 2 灯、双黄灯、红黄灯、红灯、白灯、速度等级 1、速度等级 2、速度等级 3、绝缘节； 2. 采集 1 路机车信号主机输出的 DC 50 V 电源信号； 3. 采集 1 路经过机车信号主机的轨道信号，用作绝缘节识别信号	1. LKJ-15 从机车信号主机上采集 12 V 路 DC 50 V 机车信号； 2. 机车信号主机上输出 1 路 DC 50 V 电源信号给 LKJ-15； 3. LKJ-15 从机车信号主机上采集 1 路经过机车信号主机的轨道信号，用作绝缘节识别信号		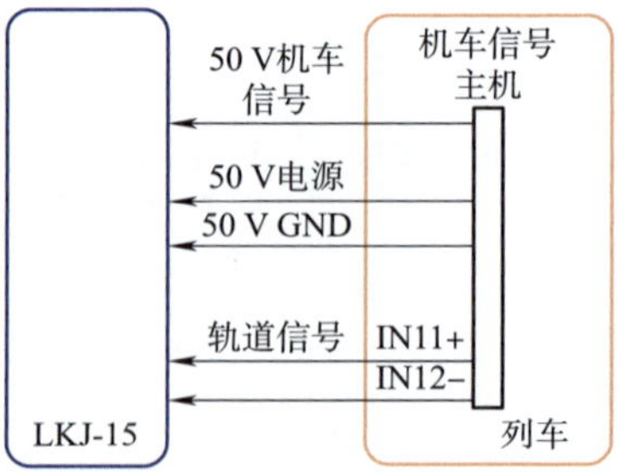

(2)制动输出

LKJ-15 设备向列车的输出紧急制动、关风、减压、卸载、隔离状态等信号，信号特性见表 11-8。

表 11-8 LKJ-15 向列车输出的制动信号

名称	接口要求	电气性能要求	指令模式	图示
得电紧急 1-常闭	110 V/74 V 直流输入输出各 1 路	最大电流不超过 0.3 A（阻性）	1. 列车制动阀/机得电表示制动； 2. 任一路得电，均表示输出紧急制动； 3. 当 LKJ-15 系统关机或者宕机时，常闭触点闭合，输出制动信号； 4. 当 LKJ-15 系统完成上电初始化后，系统正常时，常闭触点弹开，列车缓解； 5. 当 LKJ-15 系统正常工作时： 输出紧急制动时，常闭触点闭合；缓解时，常闭触点弹开	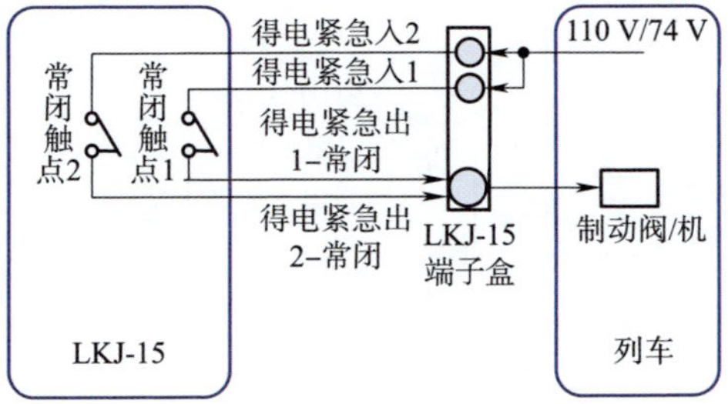
得电紧急 2-常闭	110 V/74 V 直流输入输出各 1 路	最大电流不超过 0.3 A（阻性）		
失电紧急出 1-常开	110 V/74 V 直流输入输出各 1 路	最大电流不超过 0.3 A（阻性）	1. 列车制动阀/机失电表示制动； 2. 当 LKJ-15 系统关机或者宕机时，常开触点断开，输出紧急制动； 3. 当 LKJ-15 系统完成上电初始化后，系统正常时，常开触点闭合，列车缓解； 4. 当 LKJ-15 系统正常工作时： 输出紧急制动时，常开触点断开；缓解时，常开触点闭合	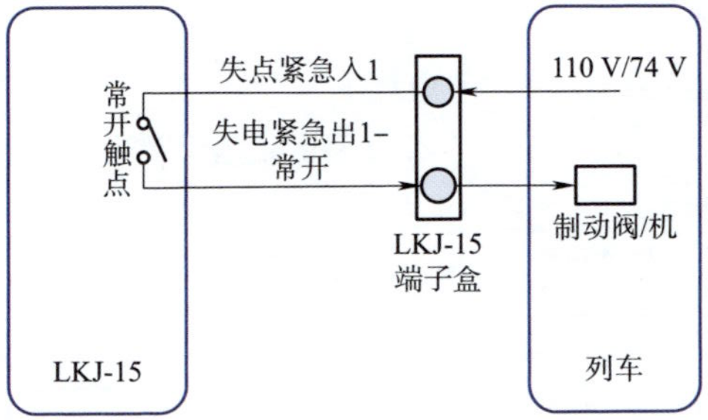
失电紧急出 2/最大常用 7 出-常开	110 V/74 V 直流输入输出各 1 路	最大电流不超过 0.3 A（阻性）	1. 列车制动阀/机失电表示制动； 2. 当 LKJ-15 系统关机或者宕机时，常开触点断开，输出紧急制动 2/最大常用 7 制动； 3. 当 LKJ-15 系统完成上电初始化后，系统正常时，常开触点闭合，列车缓解； 4. 当 LKJ-15 系统正常工作时： 输出紧急制动 2/最大常用 7 制动时，常开触点断开；缓解时，常开触点闭合	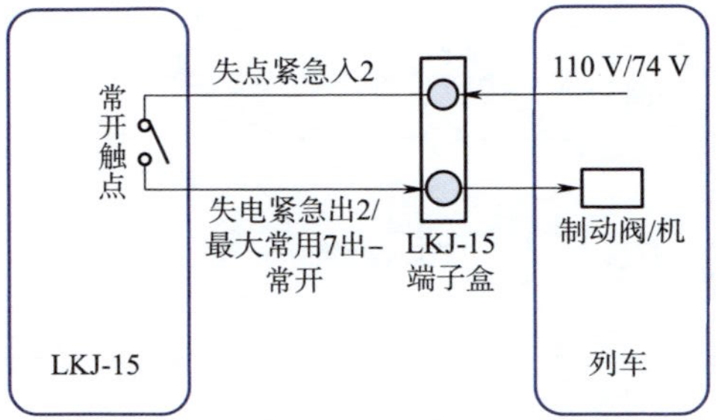

续上表

名称	接口要求	电气性能要求	指令模式	图示
关风常开/最大常用 4 输出-常开	110 V/74 V 直流输入输出各 1 路	最大电流不超过 0.3 A（阻性）	1. 列车制动阀/机得电表示关风/最大常用 4 动作； 2. 当 LKJ-15 系统关机或者宕机时，常开触点断开，不输出关风/最大常用 4 制动； 3. 当 LKJ-15 系统完成上电初始化后，系统正常时，常开触点断开，列车缓解； 4. 当 LKJ-15 系统正常工作时： 输出关风/最大常用 4 制动时，常开触点闭合；缓解时，常开触点断开	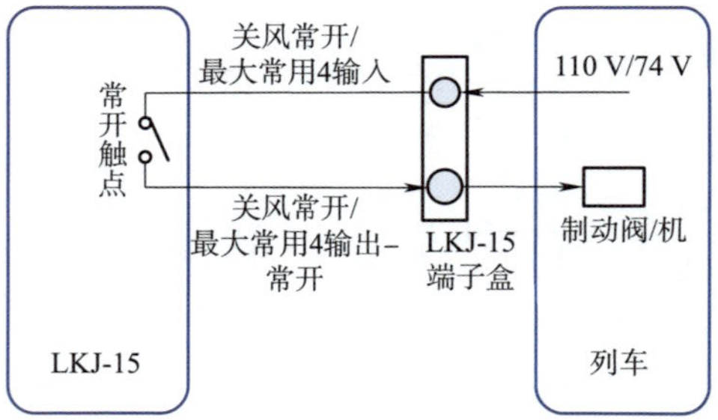
关风常闭	110 V/74 V 直流输入输出各 1 路	最大电流不超过 0.3 A（阻性）	1. 列车制动阀/机失电表示关风动作； 2. 当 LKJ-15 系统关机或者宕机时，常闭触点闭合，不输出关风制动； 3. 当 LKJ-15 系统完成上电初始化后，系统正常时，常闭触点闭合，列车缓解； 4. 当 LKJ-15 系统正常工作时： 输出关风制动时，常闭触点断开；缓解时，常闭触点闭合	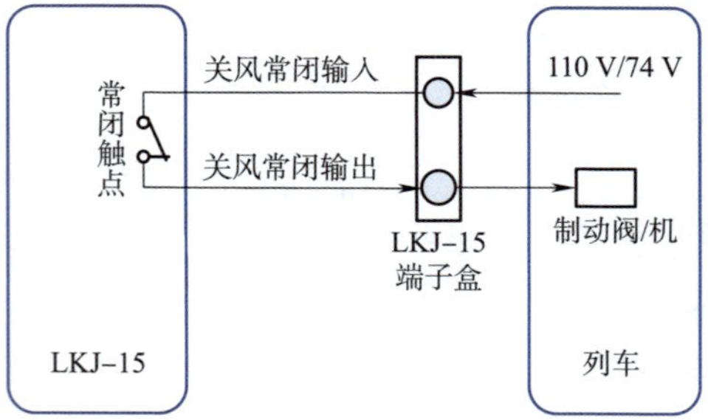
减压常开/最大常用 1 输出-常开	110 V/74 V 直流输入输出各 1 路	最大电流不超过 0.3 A（阻性）	1. 列车制动阀/机得电表示减压/最大常用 1 动作； 2. 当 LKJ-15 系统关机或者宕机时，常开触点断开，不输出减压/最大常用 1 制动； 3. 当 LKJ-15 系统完成上电初始化后，系统正常时，常开触点断开，列车缓解； 4. 当 LKJ-15 系统正常工作时： 输出减压/最大常用 1 制动时，常开触点闭合；缓解时，常开触点断开	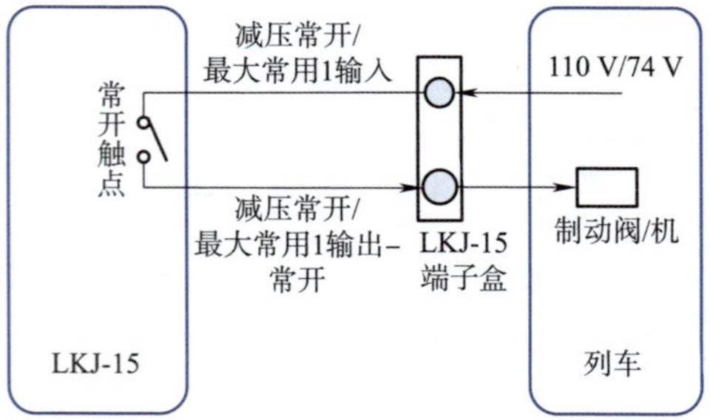

续上表

名称	接口要求	电气性能要求	指令模式	图示
减压常闭	110 V/74 V 直流输入输出各1路	最大电流不超过0.3 A（阻性）	1. 列车制动阀/机失电表示减压动作； 2. 当LKJ-15系统关机或者宕机时，常闭触点闭合，不输出减压制动； 3. 当LKJ-15系统完成上电初始化后，系统正常时，常闭触点闭合，列车缓解； 4. 当LKJ-15系统正常工作时： 输出减压制动时，常闭触点断开；缓解时，常闭触点闭合	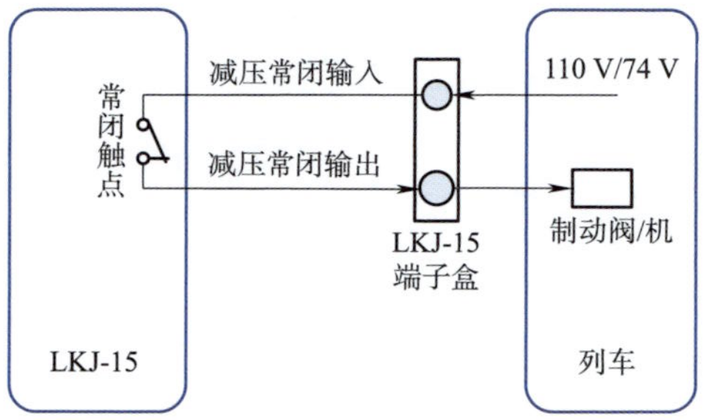
卸载常开	110 V/74 V 直流输入输出各1路	最大电流不超过0.3 A（阻性）	1. 列车制动阀/机得电表示卸载动作； 2. 当LKJ-15系统关机或者宕机时，常开触点断开，不输出卸载制动； 3. 当LKJ-15系统完成上电初始化后，系统正常时，常开触点断开，列车缓解； 4. 当LKJ-15系统正常工作时： 输出卸载制动时，常开触点闭合；缓解时，常开触点断开	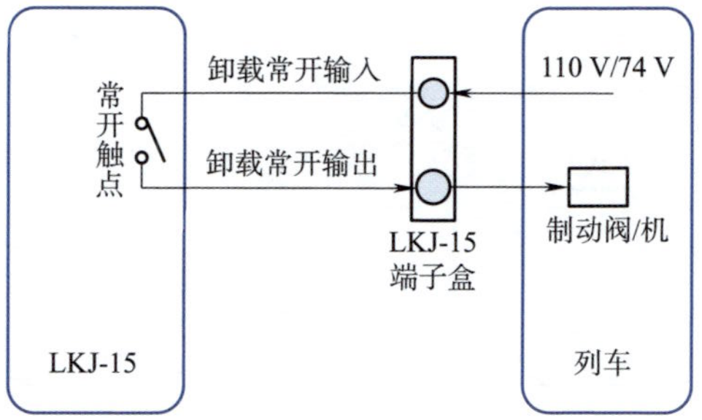
卸载常闭	110 V/74 V 直流输入输出各1路	最大电流不超过0.3 A（阻性）	1. 列车制动阀/机失电表示卸载动作； 2. 当LKJ-15系统关机或者宕机时，常闭触点闭合，不输出卸载制动； 3. 当LKJ-15系统完成上电初始化后，系统正常时，常闭触点闭合，列车缓解； 4. 当LKJ-15系统正常工作时： 输出卸载制动时，常闭触点断开；缓解时，常闭触点闭合	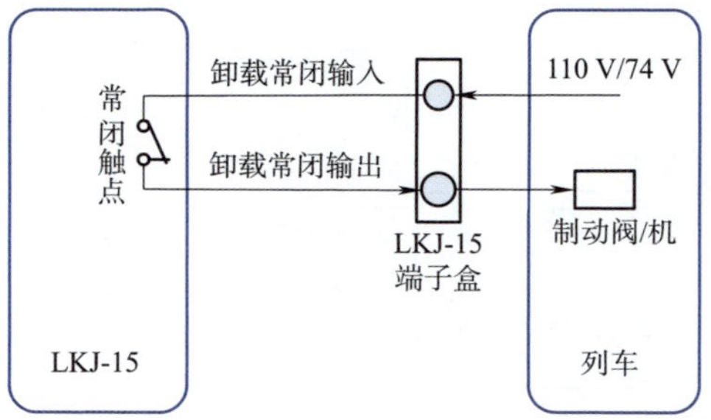

续上表

名称	接口要求	电气性能要求	指令模式	图示
信号输出-常开(包括:制动状态输出-常开、过分相使能输出-常开、过分相状态输出-常开、备用 1 输出-常开、备用 2 输出-常开、备用 3 输出-常开、备用 4 输出-常开、备用 5 输出-常开)	110 V/74 V 直流输入输出各 1 路	最大电流不超过 0.3 A (阻性)	1. 列车制动阀/机得电表示对应功能动作; 2. 当 LKJ-15 系统关机或者宕机时,常开触点断开,不输出对应制动信号; 3. 当 LKJ-15 系统完成上电初始化后,系统正常时,常开触点断开,列车缓解; 4. 当 LKJ-15 系统正常工作时: 输出对应信号制动时,常开触点闭合;缓解时,常开触点断开	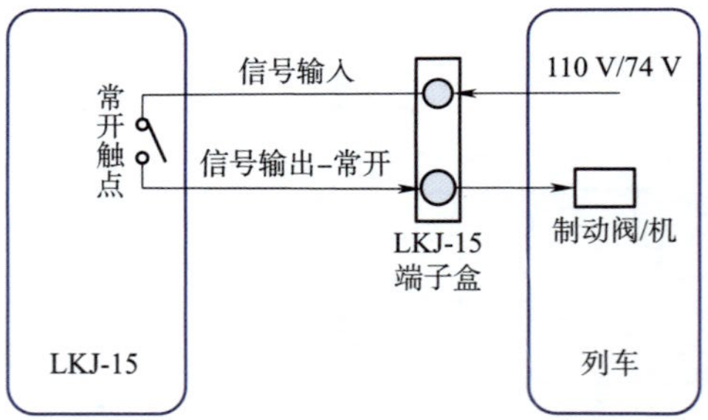
隔离输出-常开	110 V/74 V 直流输入输出各 1 路	最大电流不超过 0.3 A (阻性)	1. 隔离开关在"正常位"时,不输出 DC 110 V/74 V 直流信号; 2. 隔离开关在"隔离位"时,输出 DC 110 V/74 V 直流信号	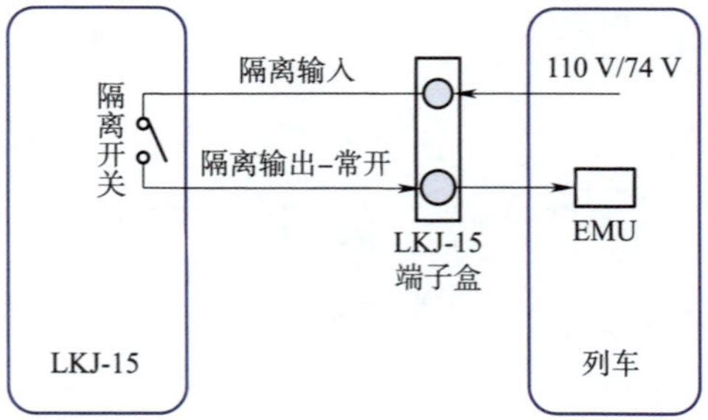

(3)通信接口

LKJ-15 系统与外部设备通信接口见表 11-9。

表 11-9　LKJ-15 系统通信接口

名称	接口要求	电气性能要求	图示
与机车信号主机通信	CAN 接口 2 路		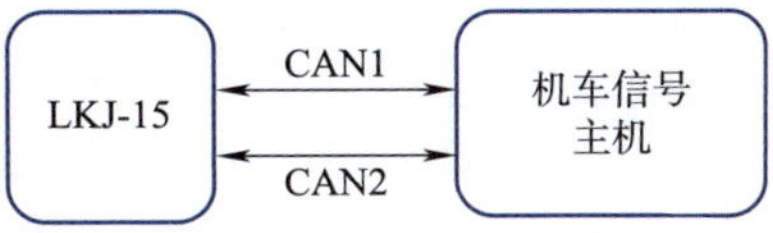
与 BTM 通信	CAN 接口 2 路		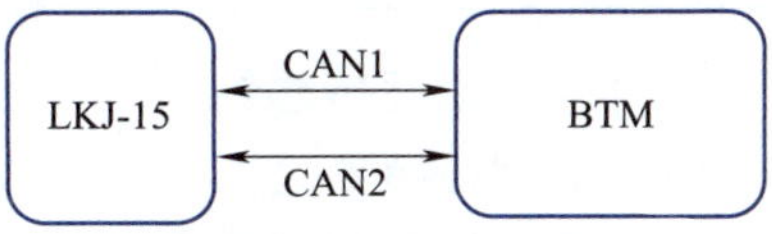
与雷达通信	RS-485 两路并联输出		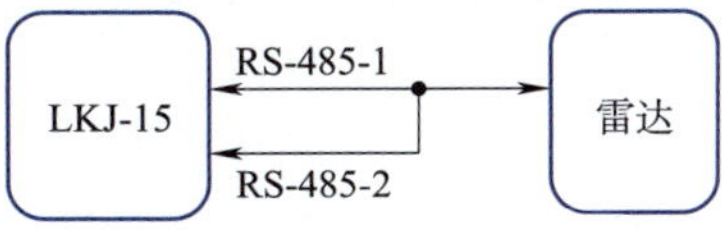
与 ATP/ITCS 通信	RS-422 两路并联输出	ATP 设备可以通过 RS-422 通信接口向 LKJ-15 发送机车信号、运行速度、允许速度、应答器报文、ATP 设备状态等信息。同时,从 LKJ-15 设备接收时间、车次号、司机号等信息	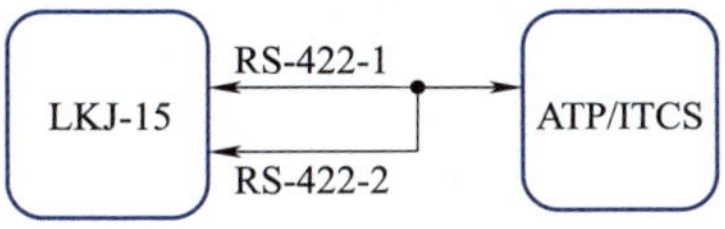
与 ATO 通信	以太网交换机接口 2 路	要求 ATO 端不能采用交换机扩展,避免环网	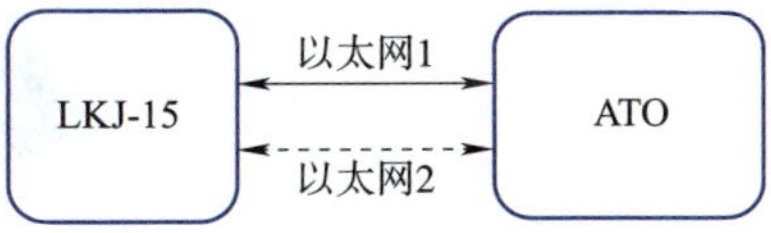
与 LAIS 通信	以太网接口 1 路		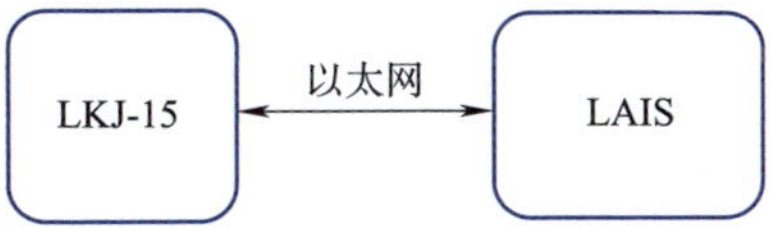
与司法记录器通信	以太网接口 1 路		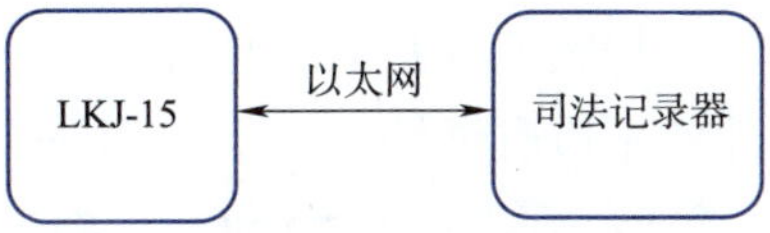
与 TAX07 通信	CAN 接口 2 路		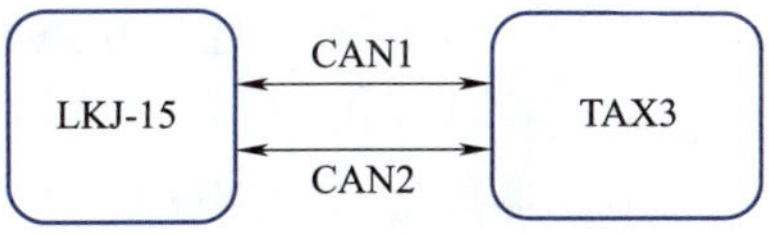
与 EMU/文博调监通信	1. 与 EMU 通过 1 路电流环、1 路 RS-485 通信; 2. 与文博调监通过 1 路 RS-485 通信(复用 EMU 通信通道)		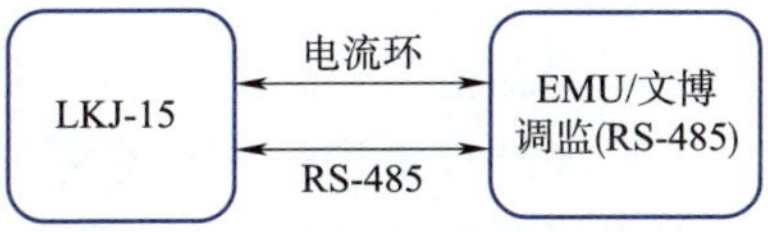

续上表

名称	接口要求	电气性能要求	图示
与 CIR 通信	RS-422 接口 1 路		LKJ-15 ←RS-422→ CIR
与 TAX2 通信	RS-485 接口 1 路		LKJ-15 ←RS-485→ TAX2

(三)LKJ 速度传感器

LKJ 速度传感器是 LKJ2000 系统和 LKJ15 系统通用的配套设备，主要为光电速度传感器和霍尔速度传感器两种。

1. 光电速度传感器

(1)设备配置及结构说明

TQG15 系列光电转速传感器(以下简称“传感器”)安装在机车、动车组轴端，用于测量列车轮对转速，输出 1～6 通道与机车、动车组车速成正比的速度信号，提供给 LKJ 或 ATP 系统。光电速度传感器产品实物如图 11-46 所示。

图 11-46　光电速度传感器实物

(2)外观特性

①传感器外观质量良好，外壳表面应无明显划痕、撞击痕迹，不应有影响使用的缺陷，金属部件不应有锈蚀和变形。

②线缆及其护套无脏污、烫伤、磨损刮伤。

③铭牌、标识清晰、无脏污、字体易识别。

④电连接器无破损、变形、松脱现象，连接器针孔无缩针现象。

⑤传感器外形尺寸如图 11-47 所示，其中电缆长度 L、轴长 L_1 可根据车型选用。

(3)使用条件

①海拔不超过 3 000 m。

②环境温度为－40 ℃～＋70 ℃，允许在不低于－40 ℃的环境温度下存放。

③最湿月月平均最大相对湿度不大于 95%(该月月平均最低温度为 25 ℃)。

④安装在机车、动车组轴箱外盖上，能承受风、雨、雪、盐雾、粉尘等的侵袭。

⑤满足 GB/T 21563—2018 中 3 类车轴安装的冲击和振动而无损坏和故障。

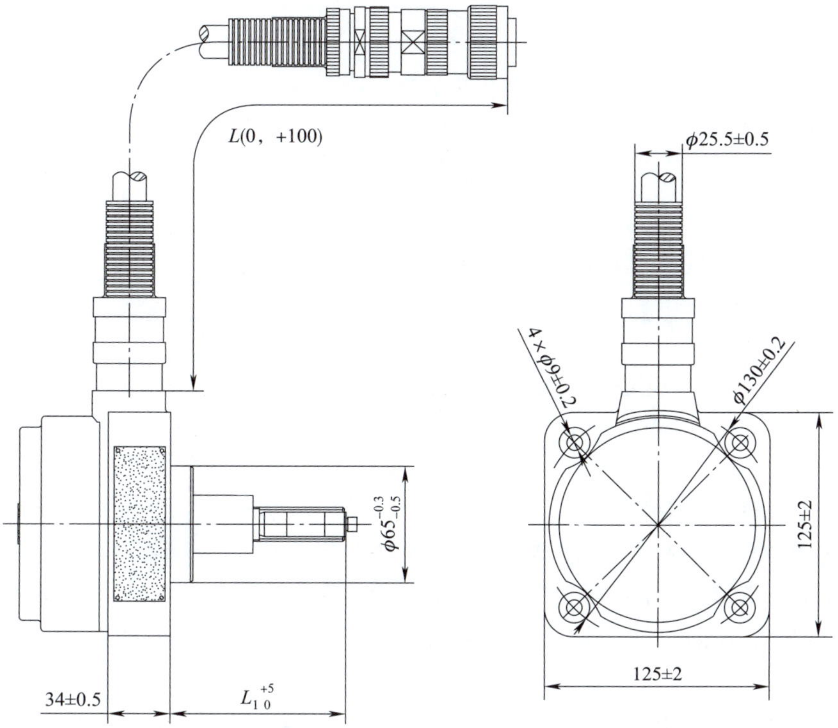

图 11-47　传感器外形尺寸(单位:mm)

(4)技术参数

①工作电源 U_n:DC $15^{+2.25}_{-2.25}$ V;DC $24^{+3.6}_{-3.6}$ V 波动范围 0.85～1.15 U_n。

②空载消耗电流:每个通道≤50 mA。

③测速范围:用于机车时,0～1 500 r/min,用于动车组时,0～3 000 r/min。

④负载电阻:每个通道不小于 3 kΩ。

⑤每转脉冲数 96、200(可根据需求定制其他脉冲数)。

⑥输出信号波形:方波脉冲,上升沿、下降沿的电压变化率≥3.5 V/μs(阻性负载),占空比 50%±10%。

⑦输出脉冲幅度:负载电阻为 3 kΩ 时,高电平≥0.8 U_n,低电平≤2 V。

⑧相位差:有相位关联的两个通道间的相位差应为 90°±30°,车轴旋转方向与相位关系如图 11-48 所示(可根据需求定制其他相位差要求)。

⑨绝缘电阻:用 DC 500 V 兆欧表进行测试,传感器各通道之间、各通道(含屏蔽线)与外壳之间的绝缘电阻≥100 MΩ。

⑩绝缘强度:传感器各通道之间应能承受 AC 1 500 V(50 Hz 60 s),漏电流≤3 mA,传感器应无击穿或闪络现象;普通型传感器(-1)和抗干扰型传感器(-T)各通道(包括屏蔽)对外壳应能承受 AC 1 500 V(50 Hz 60 s),漏电流≤2 mA(两通道传感器)、3 mA(三通道传感器)、4 mA(四通道传感器)、6 mA(六通道传感器),传感器应无击穿或闪络现象;高耐压抗干扰型传感器(-Tn)各通道(包括屏蔽)对外壳应能承受 AC 1 500 V(50 Hz 60 s),漏电流≤2 mA(两通道传感器)、3 mA(三通道传感器)、4 mA(四通道传感器)、6 mA(六通道传感

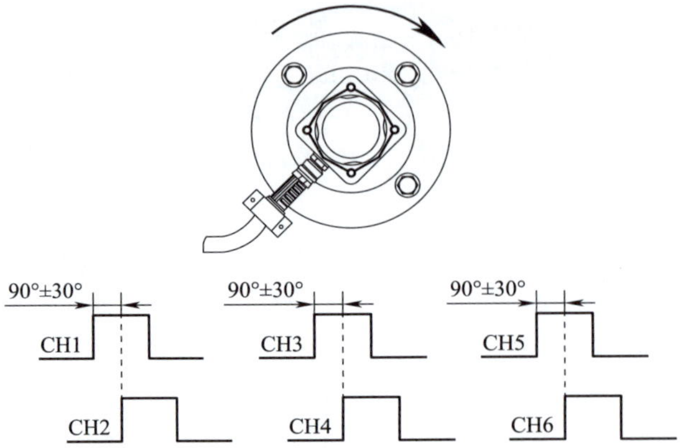

图 11-48 车轴旋转方向与相位关系

器),传感器应无击穿或闪络现象。

⑪抗干扰能力:抗干扰型传感器(-T)和高耐压抗干扰型传感器(-Tn),在转速分别为0 r/min、20 r/min、500 r/min 的条件下,在传感器的外壳和电源负之间施加峰峰值为 500 V,频率为 1 kHz、5 kHz、8 kHz 的模拟干扰信号,传感器输出频率与预设转速对应的频率相等,无误脉冲输出。

⑫电源极性保护:当电源正负极接反后,不应对传感器产生任何损害或故障。

⑬输出短路保护:当负载电路短路后,不应对传感器产生任何损害或故障。

⑭信号瞬断:在相关标准规定的振动、恒加速度、碰撞条件下,传感器任何电气连接部分(包括电连接器)的接触件应无大于 1us 的瞬断。

⑮机械寿命:传感器方隼与机车或动车组轮轴同轴度偏差为 ϕ4 mm 时,1 000 r/min 转速时运行 3 000 h 后应无损坏和故障。

(5)设备接口特性

①连接器插座开孔尺寸如图 11-49 所示。

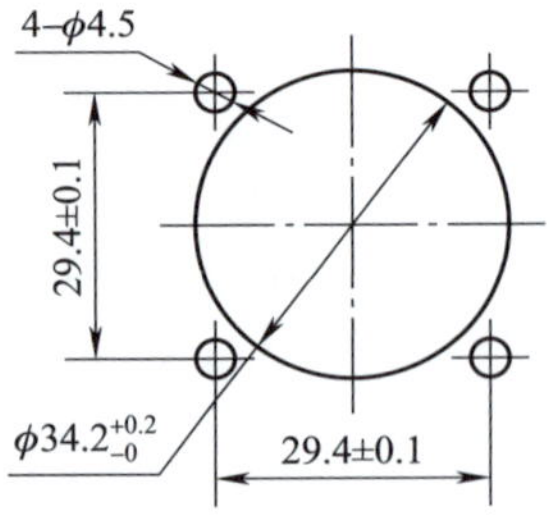

图 11-49 连接器插座开孔尺寸(单位:mm)

②传感器电气接口。

传感器电气接口应采用专用的 JL5 型电连接器。1～4 通道传感器电气接口采用 14 芯电连接器,插头为针;6 通道传感器电气接口采用 19 芯电连接器,插头为孔。14 芯连接器的外形如图 11-50 所示;19 芯连接器的外形如图 11-51 所示。

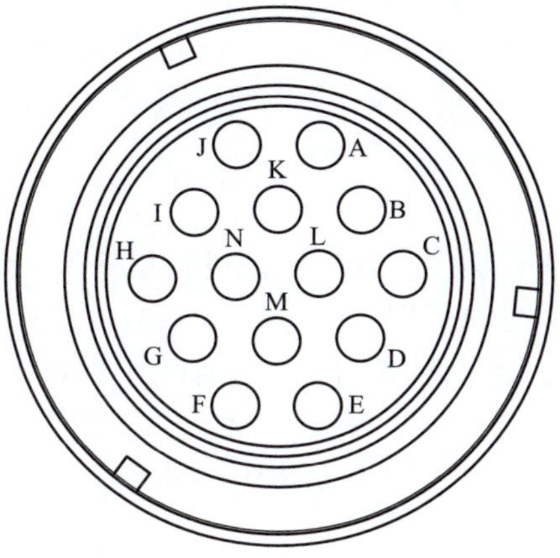

图 11-50　14 芯连接器外形

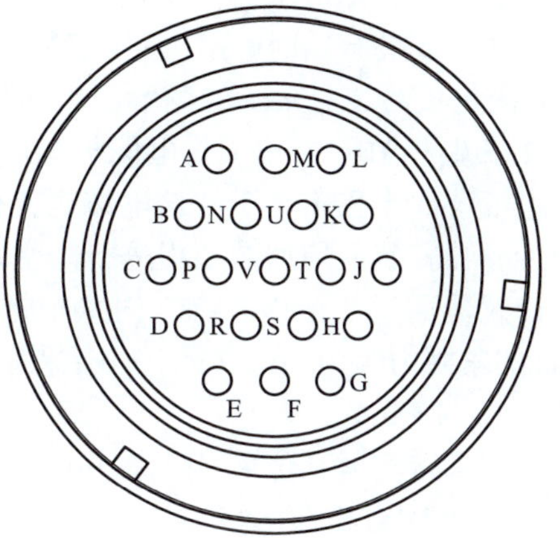

图 11-51　19 芯连接器外形

(6)安装与维护要求

①安装要求

光电速度传感器安装结构如图 11-52 所示。

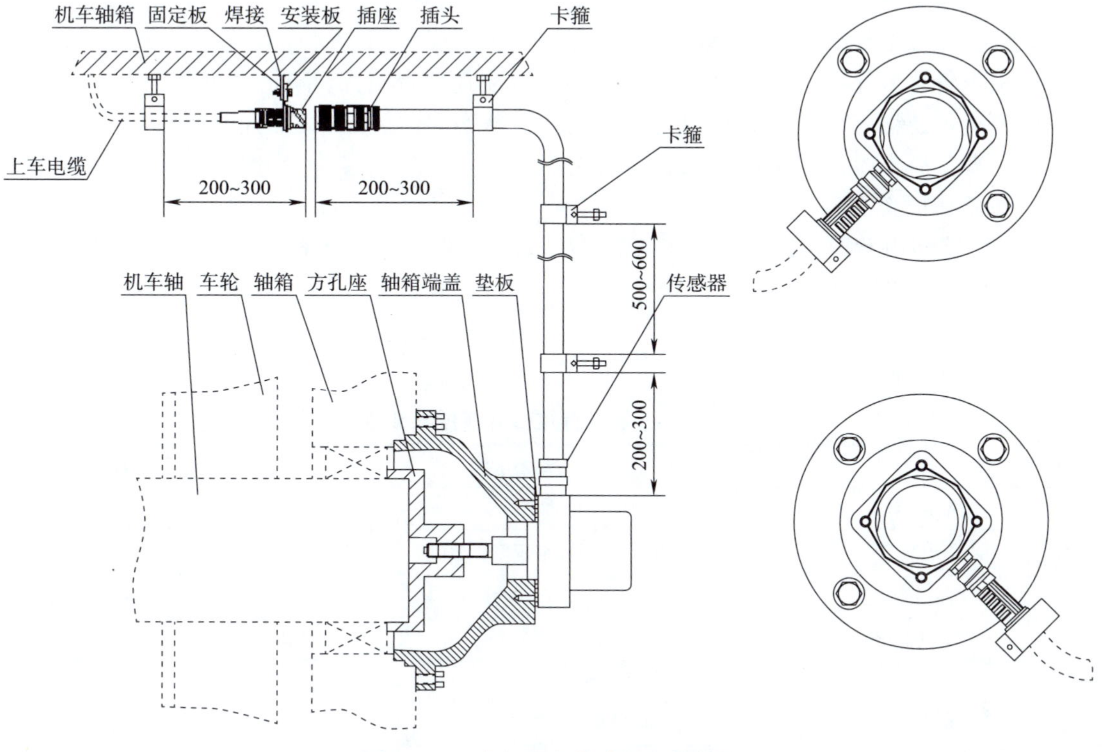

图 11-52　光电速度传感器安装结构

a. 传感器输出电缆终端为电连接器插头部分，插座部分安装在车体底架侧梁内侧固定板上，固定板焊接位置左右至少各有 400 mm 空间，以方便连接器拆装。

b. 安装时，在车轮轴端方孔四壁均匀涂一层润滑脂(同车轮轴承用油脂)。

c. 安装时应保证传感器传动轴与机车主轴的偏心度不大于 ϕ4 mm。

d. 传感器安装布线时，在传感器安装座端距离接头长度约 200 mm 的位置和连接器端距离安装固定板约 200 mm 的位置，及每间隔 600 mm 的位置，分别将电缆固定。固定时应对电缆做好保护措施，防止损伤电缆护套。

e. 电缆弯曲半径不小于 6 倍电缆线直径。

f. 传感器安装面须加装垫板进行防水，垫板应根据应用环境定期进行更换。

g. 传感器通过 4 个 M8×50 内六角螺钉固定在轴箱端盖上，采用不锈(A2-70)材质时 4 个螺钉的紧固力矩为 20～25 N·m；采用 8.8 级/镀彩锌/72H 材质时 4 个螺钉的紧固力矩为 25～28 N·m。

h. 安装螺钉拧紧到位后，用 ϕ1 mm 左右的钢丝穿过四个安装螺钉头将其串接起来并扎紧，用于防止螺钉松动回转。

②维护要求

传感器如不使用，尽量不要开封，应存放在干燥通风处。保存时间超过一年的传感器装车运行前应检查传动轴的润滑状况是否需要重新加润滑脂。

严格按照国铁集团颁发的相关检修规程对传感器进行以下检修维护：

a. 检查安装固定状况，清洁安装表面。

b. 清洁插头、插座(专用接线盒)。

c. 检查连接器插头、插座及线缆外观，安装是否正确紧固。

d. 检查各连线布线是否合理，外观是否完整，捆扎是否整齐、牢固。

e. 检查传感器弹性方榫联轴节与方孔套连接状态，弹性是否良好，润滑是否良好。

f. 速度传感器性能指标参数是否符合技术要求。

2. 霍尔速度传感器

霍尔传感器由转速传感器体和上车电缆组成，用来向机车车辆电气控制系统提供与车轮转数成比例的电脉冲信号。

(1)技术参数

技术参数见表 11-10。

表 11-10 霍尔速度传感器技术参数

序号	项目	指标要求	备注
1	测速范围	0～20 kHz	
2	电源电压(V_{cc})	DC 15 V，允许波动范围 DC 15(1+20%)V	
3	负载能力	−15 mA～+15 mA	负载电阻不小于 1 kΩ
4	每转脉冲数	72	
5	输出通道数	6 通道	
6	输出波形	方波脉冲，不应小于 3.5 V/μs	
7	输出脉冲幅度	高电平≥0.8U(U 为工作电源电压)，低电平≤2 V	
8	占空比	50%±20%	
9	相位差	90°±30°	
10	空载消耗电流	≤35 mA(每通道)	

(2)外形尺寸

霍尔传感器外形及安装接口如图 11-53 所示。

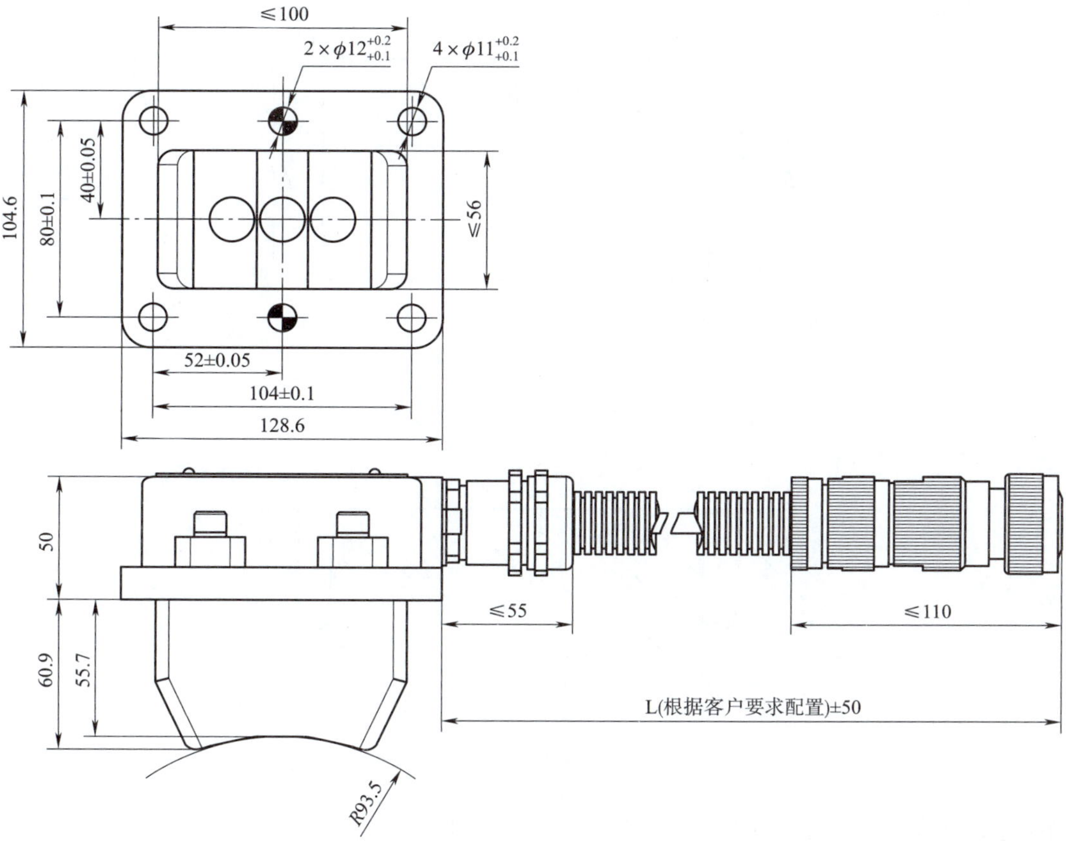

图 11-53　速度传感器外形及安装接口(单位:mm)

①外形尺寸:128 mm(长)×104 mm(宽)×118 mm(高)。

②安装尺寸:4 个 ϕ9 mm 的安装孔均布在 ϕ130 mm ±0.2 mm,高不大于 20 mm。

(3)安装要求

传感器的安装需要对机车、动车组的轴端箱盖进行改造并在轴箱中安装测速齿轮。

①传感器机械接口尺寸如图 11-54 所示。

②测速齿轮技术参数

a. 测速齿轮类型:标准渐开线直齿圆柱齿轮。

b. 齿数:72。

c. 有效齿宽:≥30 mm。

d. 模数:2.5。

e. 精度等级:GB/T 10095-7LF。

f. 材料:45 号钢表面处理氧黑或镀锌。

③传感器电缆分自带电缆和上车电缆。自带电缆是指传感器自带引出线电缆。上车电缆是指插座引出线到机车端子排电缆。安装是通过加装在机车上的安装板来固定上车电缆

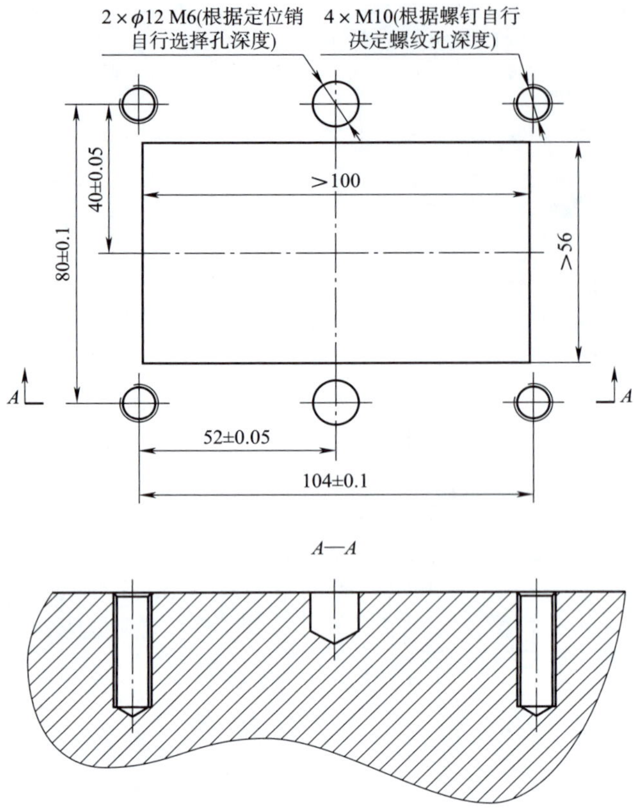

图 11-54　传感器机械接口(单位:mm)

中的连接器插座后与自带电缆连接器插头对接来过渡。

安装板接口尺寸如图 11-55 所示。

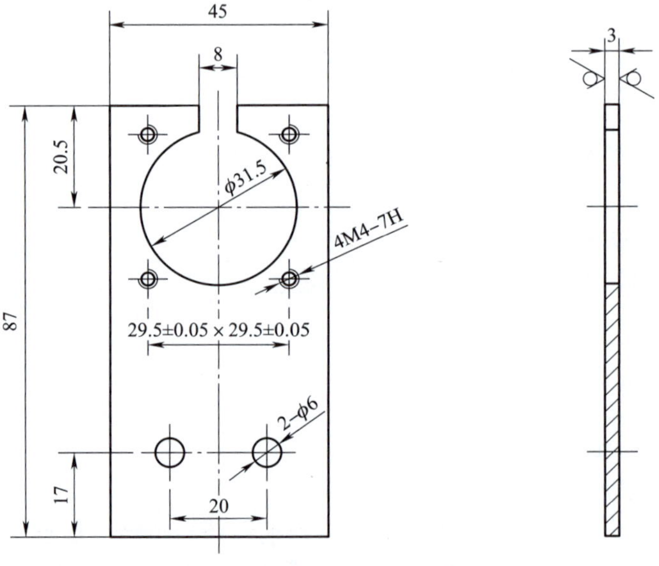

图 11-55　安装板尺寸(单位:mm)

④安装传感器时，传感器安装气隙为 1.0～1.5 mm 之间，用四颗 M10×50 mm(头部带 ϕ2 防松铁丝孔)的螺钉固定在轴箱端盖上，螺钉按规定扭矩拧紧见表 11-11，并用 YB/T 5294—2006 SZ-E-1.2 低碳钢丝拴紧固定。轴箱端盖上传感器安装面涂装一层密封胶防止水进入轴箱。

表 11-11　传感器安装螺钉紧固力矩(单位：N·m)

螺钉规格	性能等级		
	4.8	A2-70	8.8
M10	21	35	48

布设电缆时，弯曲半径不得小于规定最小弯曲半径如图 11-56 所示。

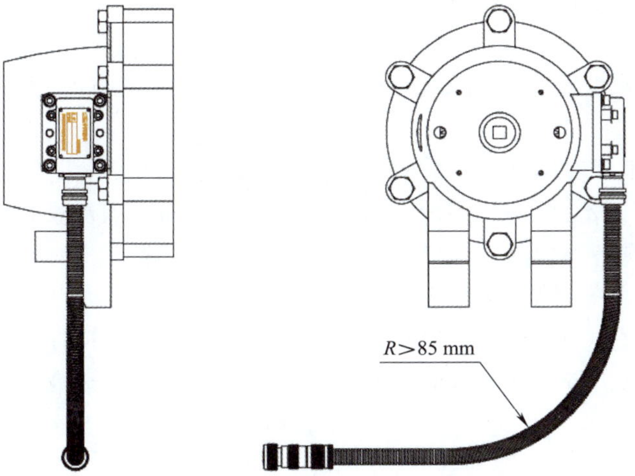

图 11-56　传感器走线示意图

传感器自带电缆采用 AD28.5(内径为 23 mm)波纹管做防护，两端配 M25×1.5 防水接头。电缆外采用波纹管(或其他护套管)进行防护，其外径为 24～29mm。

(四)LKJ 车载设备 TAX 装置

1. 发展过程

LKJ 车载设备的 TAX 装置是 LKJ2000 和 LKJ-15 通用的相关设备。

为方便机车上众多监测装置实时获取 LKJ 采集的时间、公里标、速度、车号和车次等列车运行信息，综合各功能模块单元的检测信息，统一时间、公里标作为基准进行监测记录，在原铁道部统一部署下，1998 年开始 TAX 型机车安全信息综合监测装置(简称 TAX 装置)的自主研发，2000 年开始 TAX 装置在全路批量装车；TAX 装置作为机车行车安全系统的重要组成部分，已在全路电力机车、内燃机车、调小机车、轨道车和动车组上广泛应用，并成为全路新造机车出厂必装的重要安全装备之一。

TAX 装置的成功研发和应用，既解决了不同研制单位生产的辅助安全设备自成一体，不便于维护和检测的问题，节约了资源；又实现了所有检测信息的以统一时间、公里标作为基准坐标记录的核心基础；还可通过 TAX 装置自身的 TSC 车地无线传输预留接口，以实现车地信息实时传输，方便实现对机车的动态跟踪管理，提高对机车的周转率和利用率。

早期的TAX2装置的投入运用为DMIS、TMIS系统运行提供了列车运行信息，为轨道动态检测、弓网检测、无线列调语音录音等机车车载监测设备提供了统一的工作平台。但随着列车提速对行车安全提出更高要求和机车信息化应用技术的迅速发展，对于采用单一的RS-485、RS-232通信方式、有限的扩充空间、落后的数据下载方式的TAX2装置来讲，无论在技术构成还是在系统结构方面均不能适应当前和发展的需要。

TAX07/TAX3装置作为TAX2型的升级产品，它继承了TAX2装置"通过实时获取LKJ采集的时间、公里标、速度、车次等重要列车运行信息，再综合装置中各功能单元检测的信息，以统一的时间公里标作为基准坐标进行记录"的特点。TAX07/TAX3装置新增加了双CAN总线、USB、以太网等先进技术，同时保留了原来的RS-485总线，完全兼容现有TAX2装置上的所有插件，并增加了多个预留插件位置，根据实际情况选配不同的机箱，实现单机功能或者双机冗余功能。

2. 设备概述

TAX装置是一种集列车运行安全有关检测设备和信息传输设备于一体的信息共享的工作平台。

在原铁道部的组织安排下，一些与机车运行有关的辅助安全信息的检测及数据传输设备(如轨道动态检测设备、弓网检测设备、轴温检测、无线列调语音录音设备、TMIS及DMIS列车运行信息传输设备等)，以标准模块单元置于TAX装置中。一方面，各类辅助安全设备通过TAX装置工作平台中的通信记录单元获取统一的LKJ的时间、公里标、速度和车次等信息，另一方面将各自检测到的信息进行记录，记录的格式与LKJ的数据记录格式相同，可以用监控装置转储器进行记录数据的转储，并利用LKJ运行记录数据处理软件实现地面分析处理和数据管理。

3. 设备组成

TAX装置采用4U标准机箱及插件单元式结构，以电源单元、通信记录单元作为基本单元配置，其他功能单元有：轨道检测单元、弓网检测单元、TMIS单元、DMIS单元、走行部检测单元、无线列调语音记录单元等；另外预留了数个单元位置用于备用功能单元的扩展。TAX2装置各单元配置前面板布置示意如图11-57所示。

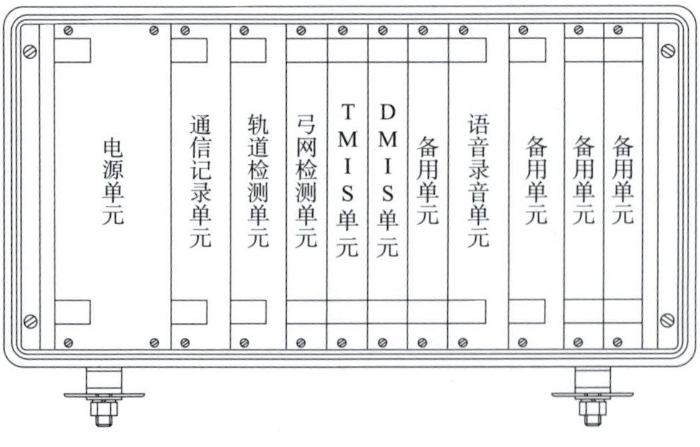

图11-57 TAX2装置前面板布置示意

TAX装置采用了标准的4U插件单元式结构，开放式接口。对每一个插件都提供了一个标准的 48PIN 接口，并带有独立的防插错槽，每一路 48PIN 接口对外都预留了不同的接口到后盖板的插座。

为改进 TAX2 装置通信速率低、信息内容无法扩充，插槽不足、电源容量不足、对外接口不足等问题，开发研制了 TAX07 装置。TAX2 装置实物如图 11-58 所示，TAX07/TAX3 装置实物如图 11-59 所示。

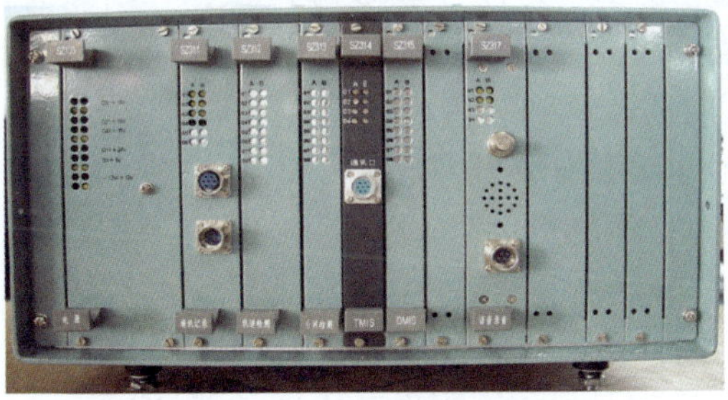

图 11-58　TAX2 装置实物

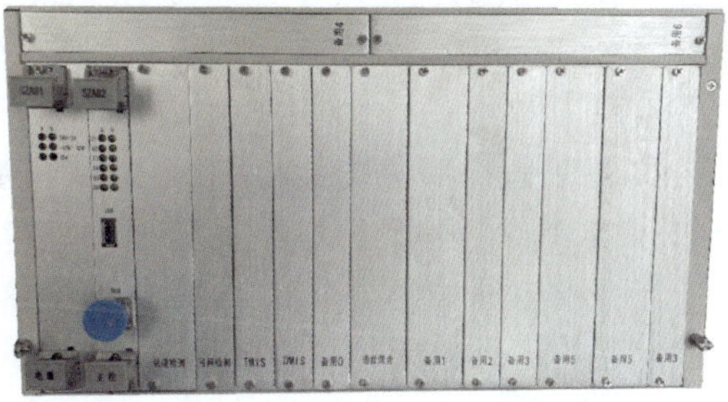

图 11-59　TAX07/TAX3 装置实物

(1)TAX2 装置电源单元

电源插件给各插件统一供电。电源插件提供了+5 V、±12 V、+15 V、+24 V、+110 V 的电源供各功能单元取用。各插件可以根据电源配给方案直接使用电源插件提供的电源。

电源输出分成两大组，其中：+5 V，1 A；±12 V，0.5 A；+24 V，0.2 A 为一组，输出功率 21.8 W；另一组+15 V，1 A；+15 V，0.2 A；+15 V，0.3 A，输出功率 22.5 W。

电源单元具有如下保护功能：

+5 V 输出回路过压保护：6 V±0.2 V，不可自恢复；

原边输入欠压保护：40 V±5 V，可自恢复；

原边输入过压保护：185 V±5 V，可自恢复。

(2)TAX07/TAX3 装置电源单元

TAX07/TAX3 装置支持工作电压为 DC 110 V 或 DC 74 V 机车电源。电压波动范围为 0.7～1.25 倍工作电压，直流纹波因数不应大于 15%。

(3)TAX2 装置通信接口

与功能单元的通信：RS-485 通信方式，波特率 28.8 kbit/s；

与转储器的通信：RS-232 通信方式，波特率 28.8 kbit/s。

(4)TAX07/TAX3 装置通信接口

①与 LKJ 通信

RS-485 总线：通信速率为 9.6 kbit/s；

CAN 总线(可选)：通信速率为 500 kbit/s。

②与功能单元通信

RS-485 总线：通信速率为 28.8 kbit/s；

CAN 总线(可选)：通信速率为 500 kbit/s。

③文件转储

RS-232 转储：通信速率为 28.8 kbit/s；

USB 转储：兼容 USB2.0 协议。

(5)TAX装置中,各功能单元均采用电源隔离、通信接口隔离和对外输入/出隔离技术,以提高装置的可靠性、安全性和抗干扰性。各单元面板上均设有指示灯或测试孔,以用于各单元的工作状态、故障状态指示及对某些模拟量信号的测量,便于对装置的检测及维护。

4. 系统结构

TAX装置通信记录单元通过RS-485串行通信方式,从LKJ获取年月日、时分秒、公里标、运行速度、机车号、车次、车种、区段号、车站号、司机号、副司机号、列车编组等信息,并将这些信息通过另一个RS-485接口每隔50 ms周期地传送到装置内各功能单元。

TAX装置内部滤波引入外部110 V电源,及由电源单元转换提供+5 V、±12 V、+15 V、+24 V电源给各单元的电路及其相关外部设备(如:传感器、机车标签等)供电。各单元选用任何一种电源均必须采取DC-DC变换器等方式与系统电源隔离,以提高系统电源工作可靠性。通信记录单元为装置的核心,通过它获取LKJ的运行信息,完成对各功能单元反馈信息的记录及对外数据转储功能。装置中除电源单元外,其余各单元均带有单片机和通信接口。TAX装置系统结构如图11-60所示。

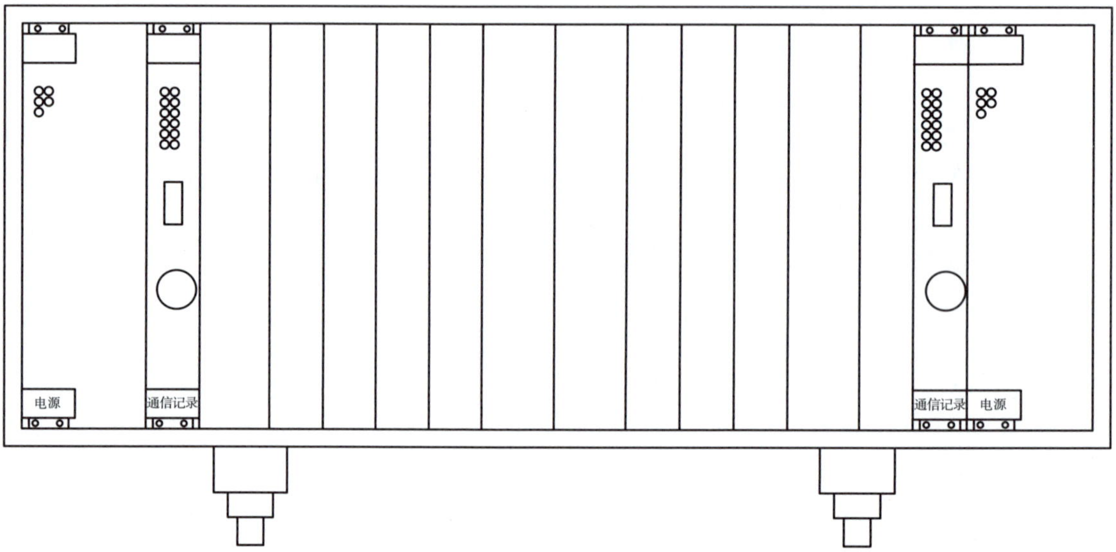

图11-60 TAX装置系统结构

5. 主要特点与功能

(1)主要特点

①采用4U标准机箱及插件单元式结构,既符合开放式工作平台结构的要求,也便于装置的标准化、模块化。有利于装置的检测、维护、功能扩充和规范管理。

②TAX2装置电源单元与LKJ-93A型列车运行监控记录装置电源一致,性能稳定、通用性强、互换性好。

③通信记录单元采用较先进的Flash存储器技术,记录容量高达1 M字节。不用电池,记录数据可长久保存(10年以上),数据存储的可靠性较高。

④数据记录格式与LKJ数据记录格式完全兼容,能使用LKJ配套的转储器和监控运行

记录数据处理软件对装置记录数据进行转储、分析和管理，不需另外增加地面设备及地面软件的投入和开发，充分利用既有监控装置地面系统软、硬件资源。

⑤各功能单元充分采用电源隔离、通信接口隔离及对外输入/出信号隔离技术，提高了装置的可靠性、安全性和抗干扰性。

⑥各功能单元采用以专用引脚并通过后背板独立插座对外引线的方式，方便维护管理。

⑦TAX 装置为开放式平台结构，各功能单元采用统一的硬件规范和软件通信协议，易于对功能单元的合作开发和功能扩充。

(2)主要功能

①串行通信功能

通信记录插件通过串行通信总线从 LKJ 获取日期、时间、公里标、速度、机车号、车次、车站号、司机号等信息，并能将这些信息通过装置内部的其他串行通信总线周期性地传送给装置内各功能单元。各功能单元将经过分析判断后，将需要记录、显示和发声的信息返回给通信记录单元，通信记录单元再将反馈的发声信息传送给语音箱进行发音，显示信息传送至 LKJ 状态屏显示。

②记录功能

通信记录单元提供以统一时间、公里标作为坐标基准，实时记录各检测单元反馈的信息功能。各检测单元可以将需要记录的信息按照统一的通信协议反馈给通信记录单元，并记录在通信记录单元的 Flash 上。

③数据转储功能

TAX 装置内通信记录单元记录的信息可以利用转储设备将信息下载到地面计算机。

④数据分析处理功能

TAX 装置内记录的信息通过转储设备转储到地面微机后，可使用专用地面分析处理软件进行地面分析和数据管理。

TAX07/TAX3 通信记录单元记录的信息可以利用专用 U 盘进行转储，转储从通信记录插件面板的 USB 接口进行。数据发送到地面微机后，可以通过“TAX 文件分析软件”进行分析处理。通过分析处理，可以再现各检测设备及信息传输设备的工作状态和与机车运行有关的设备的状态，并为设备的维护、管理提供可靠依据。U 盘接上检测正确时，面板上 5B 灯亮，这是将自动开始转储新文件或者最后一个文件，转储开始后，5B 灯开始闪亮。文件分析采用 TAX 文件专用分析软件进行处理，文件名格式：文件名＝TAX-车次-司机号-序号．月日。

(五)LKJ 车载设备 TSC 装置

TSC 是 LKJ2000 和 LKJ-15 通用的相关设备。

1. 发展过程

TSC1 型无线数据传输装置(TSC)是列车运行状态信息系统(简称 LAIS)的重要组成部分，以列车行车安全监控，运行状态在线监测、智能化故障诊断等装置提供的列车运行状态信息为处理对象，实现机车设备的远程诊断、报警、实时监测，有利于提高高速铁路行车安全保障和管理能力，有利于调度精准指挥，提高效率。

TSC2 型无线数据传输装置(简称 TSC2 装置)是 TSC1 装置的升级换代产品，兼容 TSC1 装置全部功能(通话功能除外)，具备 3G/4G 通信功能和北斗/GPS 高精度定位功能。

它根据原中国铁路总公司发布的相关规范研制和生产，湖南中车时代通信信号有限公司和河南思维自动化设备有限公司是该设备主要供应商。

2. 设备概述

TSC2 装置是实现数据采集、数据无线传输的车载平台，对外提供以太网、CAN、RS-485、RS-422 等通用总线接口，获取列车运行状态信息和车载设备质量信息，利用公共移动通信(GSM/3G/4G)或铁路专用通信网(GSM-R)、无线局域网(WLAN)和 Internet 互联网及铁路办公网等无线和有线通信网络，建立机车—地面控制中心的列车运行状态信息闭环系统，实现在途列车的实时数据传输和入库机车的大容量数据高速下载，具备卫星定位和授时功能，为铁路各级部门提供列车运行状态和质量状态实时查询，为运输组织和机车管理提供及时、可靠的指挥依据，为维修、救援等提供支持。

3. 设备组成

TSC2 装置由 TSC2 车载主机、鱼鳍组合天线(需选配天线安装支架，还有柱状组合天线，因风阻原因，多选用鱼鳍组合天线)、TAL93 接线盒(LKJ 扩展隔离盒)、机车布线(现场制定方案)组成，同时还需要安装配备 CAN 总线扩展盒。TSC1 装置主机外形如图 11-61 所示，TSC2 装置主机外形如图 11-62 所示。本书主要介绍 TSC2 装置。

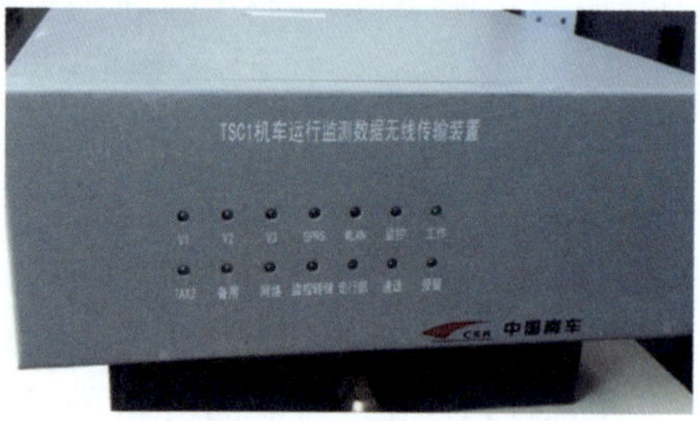

图 11-61　TSC1 装置主机外形

图 11-62　TSC2 装置主机外形

TSC2 车载主机采用前出线方式，对外电气接口位于前面板，安装时需考虑对外连接器及引线所占用的空间。并采用导轨式安装，便于安装拆卸、检修维护。

(1)TSC2 车载主机电源单元

支持工作电压为 DC 110 V 并兼容 DC 74 V 机车电源。电压波动范围 DC 51.8～137 V。

(2)TSC2 车载主机存储单元

内存：128 MB。

程序存储空间：32 MB。

数据存储空间：8 GB。

操作系统：嵌入式 Linux。

(3)对外通信接口

CAN：2 路，500 kbit/s。

以太网：4 路，10/100 Mbit/s。

RS-485：1 路，波特率可达 115 200 bit/s。

RS-422：1 路，波特率可达 115 200 bit/s。

(4)组合天线

组合天线实现无线射频信号的收发,内部集成通信天线和 BDS/GPS 天线。

通信天线工作频段:825～2 600 MHz。

BDS/GPS 天线工作频段:B1(1 561.098 MHz)、L1(1 575.42 Hz)和 L2(1 227.6 MHz)。

4. 工作原理

TSC2 车载主机主控单元实现对各功能单元的控制及数据收发和存储,在主控单元的控制下,信息采集单元实现与外设的通信,移动通信单元实现 GSM/GSM-R 或 3G/4G 联网和远程数据收发,WLAN 单元实现 WLAN 高速数据收发,BDS/GPS 单元提供卫星导航数据。电源单元将输入电源转换为各功能单元所需电源。

TSC2 装置是实现车地无线通信的车载平台,通过各种通信接口接收和处理各种车载设备的数据信息,实现数据的本地存储;将各种运行状态信息和故障信息通过 GSM/GSM-R/3G 网络定时发送到地面,实现地面对在途列车的实时监测,也可通过该网络将 LKJ 记录文件按需要发送到地面,车辆入库后通过 WLAN 网络自动将 LKJ 记录文件转储到地面服务器。数据传输到地面后经解析供分析使用。

TSC2 装置工作原理如图 11-63 所示。

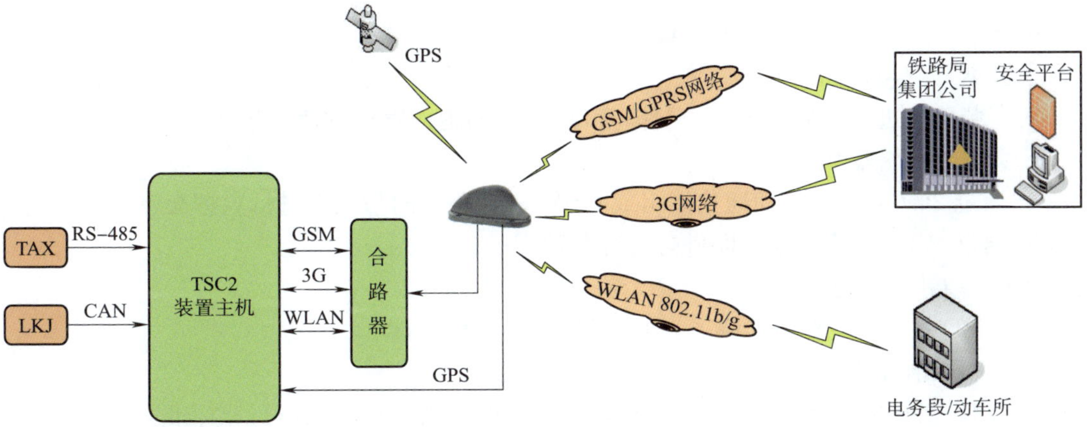

图 11-63　TSC2 装置工作原理

TSC2 装置在 LAIS 系统中的机车布线方案如图 11-64 所示。

5. 主要特点与功能

(1)主要特点

①具备 GSM/GSM-R/3G/4G 通信功能及 WLAN 无线通信功能,可实现车地间信息的传输。

②具备 RS-485、RS-422、CAN 总线、以太网等各种通用串口,可实现与其他车载设备的通信,获取车载数据。

③具备 BDS/GPS 定位授时功能,可进行精确定位。

(2)主要功能

①数据采集功能

a. 通过 RS-485 总线接收 TAX 装置实时信息。

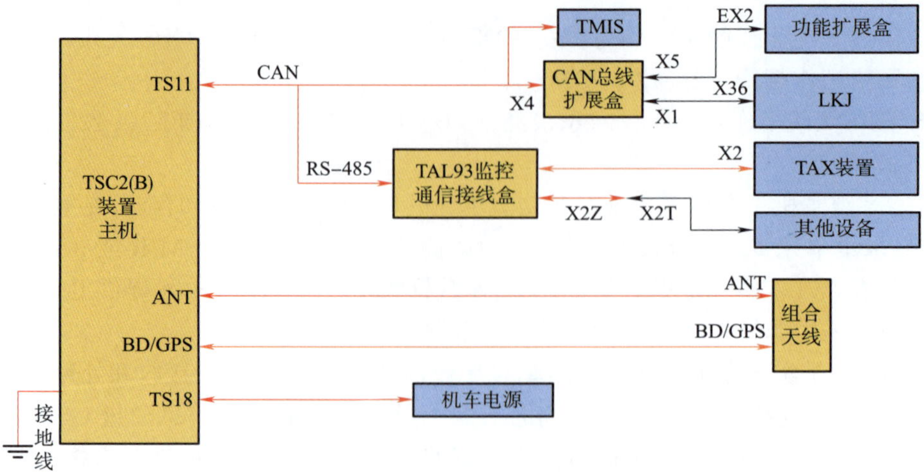

图 11-64　TSC2 装置机车布线方案

b. 通过 CAN 总线接收 LKJ 装置的实时信息和运行记录文件。

c. 预留 4 路以太网用于采集其他设备的数据。

d. 预留 RS-422 用于采集其他设备的数据。

②数据处理与存储功能

对车载信息进行必要的分类、选择、存储，形成向地面发送的信息报文。

③数据无线传输功能

a. 通过 2G/3G/4G 移动通信网络或 GSM-R 铁路专网与地面进行数据交互。

b. 通过 WLAN 网络与地面进行大容量数据的交互。

④BDS/GPS 功能

提供 BDS/GPS 定位授时服务，预留卫星差分定位功能。

⑤移动通信性能

a. 支持全网通，功率等级、接收机和发射机性能等指标符合电信行业标准：

TD-LTE 和 FDD-LTE 符合 YD/T 2683—2013，WCDMA/GSM 多模单待终端设备技术要求；

CDMA2000 符合 YD/T 1558—2013，数字蜂窝移动通信网设备技术要求；

WCDMA 符合 YD/T 2519—2013，双模数字终端技术要求和测试方法；

TD-SCDMA 符合 YD/T 1778—2011，双模单待机数字移动通信终端技术要求；

GPRS 符合 YD/T 1214—2006，900 MHz/1 800 MHz TDMA 数字蜂窝移动通信网通用分组无线业务(GSM/GPRS)设备技术要求。

b. 4G 要求：FDD-LTE 支持 B1、B3 频段，TDD-LTE 支持 B38、B39、B40、B41 频段，LTE 下行峰值速率可达 100 Mbit/s，上行峰值速率可达 50 Mbit/s。

c. 3G 要求：WCMDA 支持 B1 频段；下行峰值速率 21.6 Mbit/s，上行峰值速率为 5.76 Mbit/s；CDMA2000 支持 BC0 频段，下行峰值速率可达 3.1 Mbit/s，上行峰值速率可达 1.8 Mbit/s；TD-SCDMA 支持 B34 和 B39 频段，下行峰值速率可达 2.8 Mbit/s，上行峰值速率可达 2.2 Mbit/s。

d. 2G要求：支持GSM900和DCS1800频段，峰值速率可达85.6 kbit/s。

e. GSM-R要求：支持885～889 MHz与930～934 MHz频段，峰值速率可达9 600 bit/s。

⑥WLAN性能

a. 支持IEEE 802.11a/n标准制式。

b. 工作频段：ISM 5 725～5 850 MHz。

c. 单天线时，最大速率可达150 Mbit/s。

d. 最大发射功率可达25 dBm(可调)；灵敏度优于：−90 dBm±1 dBm(6 Mbit/s)，−71 dBm±1 dBm(54 Mbit/s)。

⑦GNSS性能

a. 支持北斗和GPS双系统。

b. 工作频段：L1工作频段为1 575.42 MHz、L2工作频段为1 227.6 MHz、B1工作频段为1 561.098 MHz。

c. 定位精度：单点定位精度1.2 m(RMS)，预留RTK定位精度可达10 cm。

d. 授时精度：20 ns(RMS)。

e. 冷启动50 s，热启动30 s。

二、设备维护

(一)标准化作业

1. 作业前

(1)工前准备

①组织开工会，布置检修任务，明确作业地点、修程范围、重点任务、作业人员。

②组织开展安全预想，布置劳动和行车安全卡控针对性措施。

③穿戴好防护用品，携带必要的工器具。

(2)确认位置及安全防护

①确认机车制动停稳，在机车司机室下方设置防护红旗(夜间红灯)。

②机器间检修作业时，在操纵端司控器上放置禁动牌。

2. 作业中

(1)检查接收线圈(图11-65)

①接收线圈及接线盒外观无破损，安装牢固无松动，开口销劈开角度60°～90°，各部位悬吊件无松脱、无异物悬挂，安装支架无明显变形、裂纹。检查两个接收线圈外壳表面的指示箭头须方向一致。检查电缆及护套无破损、老化，无挤压、变形，绑扎牢固、走线规范。电缆与车体无碰磨现象。

图11-65　接收线圈

②清洁设备外观无油垢。用检车锤沿螺帽紧固方向敲击各紧固件无松动。在平直轨道上接收线圈底部距钢轨轨面155 mm±5 mm，接收线圈中心距钢轨轨面中心0±5 mm。

(2)检查速度传感器(图11-66)

①检查速度传感器及接线盒外观无破损，紧固件齐全，安装螺丝防松、防水良好；支架无明

显变形、裂纹，电缆及护套无破损、老化，无挤压、变形。电缆绑扎牢固，与车体无碰磨现象。

②清洁设备外观无油垢，检查接头与插座接插到位，无松动、虚接。

(3)检查机车标签(图 11-67)

①检查机车标签外观无破损，紧固件齐全，支架无明显变形、裂纹。

②清洁外观无油垢。检查机车标签安装牢固，电缆固定可靠。

③使用专用标签读取器读取机车标签信息与实际相符。

图 11-66 速度传感器

图 11-67 读取机车标签信息

(4)检查调小机车 STP 设备查询天线和无线数传天线

①检查查询天线外壳无裂纹，安装牢固无松动，开口销齐全，劈开角度 60°～90°，查询天线不旷动、无移位、防尘良好、无撞击变形。

②清洁外观无油垢。检查车顶天线无撞击变形和线缆磨卡情况，电缆固定可靠。

(5)检查 LKJ 显示器、警惕按钮及机车信号机(图 11-68)

①检查显示器及警惕按钮安装牢固无破损。检查信号机外观无破损，铅封锁具完好。

②清洁外观及灯室玻璃无油污尘垢。手动转换上、下行开关动作灵活、无卡滞。

③检查各插头无松动虚接，电缆固定可靠并防护。

④紧固警惕按钮螺丝。平调接口航空插座固定良好，无松动。

(6)检查压力传感器(图 11-69)

①检查压力传感器外观整洁、安装牢固、防松脱可靠、无漏风等现象。

②插头、插座无变形、破损，接触良好；接线紧固，绑扎良好，无老化、破损，防水良好。

图 11-68 机车信号机

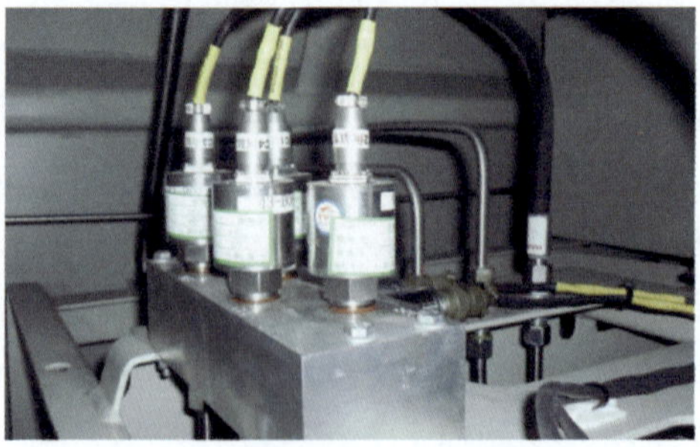

图 11-69 压力传感器

(7)检查第三方设备柜、接线端子排(图 11-70)

①检查 LKJ 主机、机车信号主机、TAX 箱、LAIS 主机、本补切换装置、功能扩展盒及鸣笛转换器、平调接口盒、总线接线盒、TAL93 接线盒(LKJ 扩展隔离盒)等设备外观无破损,可靠接地,铅封锁具完好。电缆捆扎良好留有余量。

②检查专调机车加装的 STP 主机、数传电台、查询器主机等设备外观无破损,电缆捆扎良好留有余量。

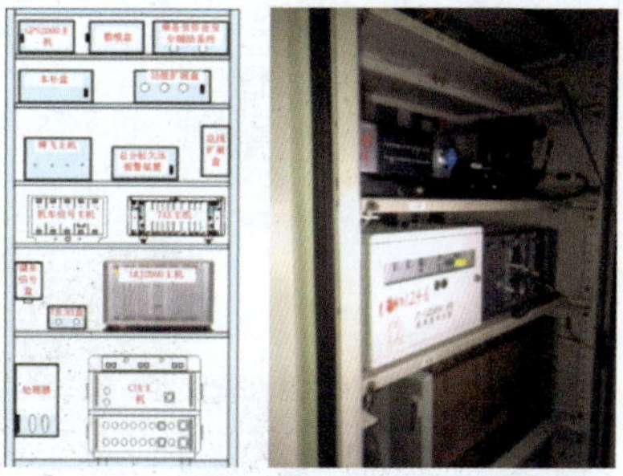

图 11-70 第三方设备柜、接线端子排

③清洁外观无油污尘垢,设备编号齐全清晰。检查主机电源开关作用良好。检查各设备安装牢固,接插件无松动虚接。

④检查线排及接线符合技术图纸要求,接触良好,无过热变色、破损断股(导线断股不能超过 10%)、混线等现象。线耳上套管、编号完好。线耳间空气间距符合要求。

⑤检查端子排接线紧固,紧固件齐全。断开机车控制回路和设备插头测试电缆绝缘符合要求。

(8)LKJ 设备功能测试(图 11-71)

①建立指定车次测试文件。

②查询“系统状态”各插件和模块均为绿色,监控、数据、彩显版本正确,各版本与当前机型版本一致。按压警惕按钮,“警惕”窗口由灰色变为绿色,在“出入库”状态下按压警惕按钮 3 s 以上,发出“呜呜呜”的报警声。

③查询各压力显示与机车相应风压表一致,误差范围±20 kPa。工况显示与机车手柄操纵相对应。检查内燃机车转速显示与柴油机转速表一致,误差范围±30 r/min。检查确认速度通道为主轴速度通道。

④查询装置号、机车型号、轮径、柴油机脉冲、双针表量程等检修参数与实际相符。

⑤显示器字符、图形清晰正确,无闪动、白屏、黑屏现象,背光器作用正常,亮度调节正常,上下辉度一致。键盘检测正常。语音提示清晰、正确,音量适宜并可调。

⑥分别对 A、B 机进行“常用制动试验”,显示器“常用、卸载”灯亮,语音同步提示,列车管减压 110 kPa±20 kPa。进行“紧急制动试验”时,显示器“卸载、紧急”灯亮,语音同步提示,列车管压力迅速降至 0,延时后缓解充风。

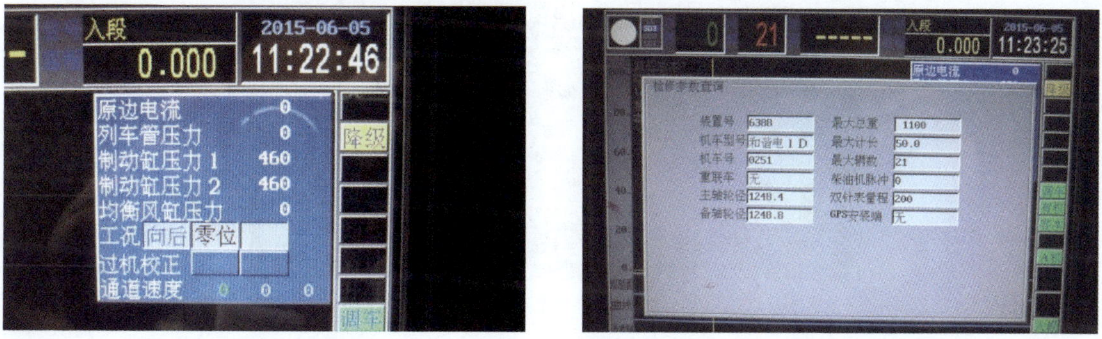

(a)工况、压力等检查　　(b)机车号、轮径参数检查

图 11-71

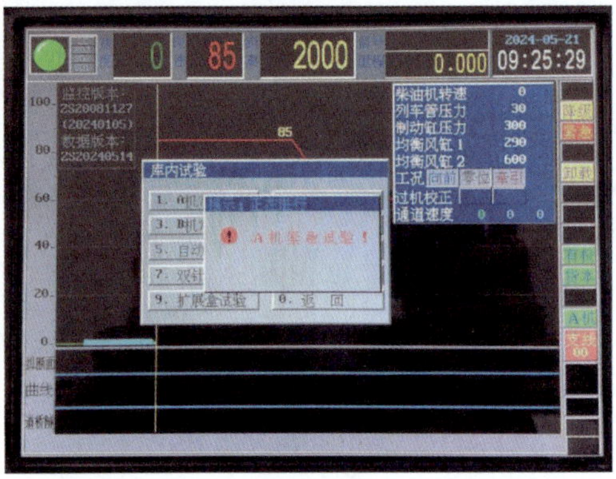

(c)制动试验

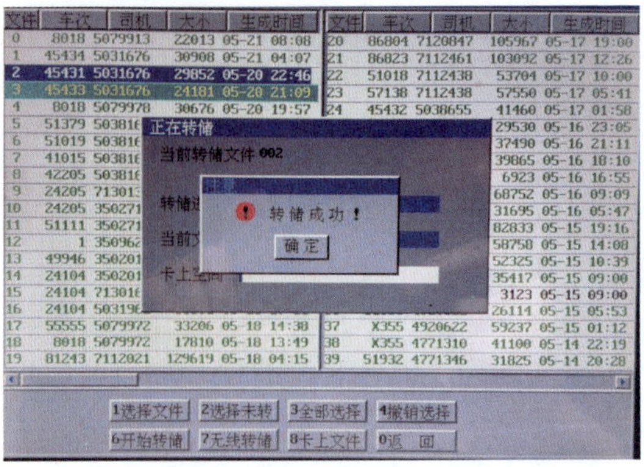

(d)文件转储

图 11-71　LKJ 设备功能测试

⑦用标准时钟校准设备进行日期、时间校准，LKJ 主机板“8B”灯闪亮，系统时钟准确，误差不超过 30 s。

⑧联系机务地勤司机进行动车试验，分别确认各速度通道显示正常。

⑨插入 IC 卡时显示器“IC 卡”灯亮表示卡座功能良好，按要求选择文件转储文件。

(9)机车信号功能测试(图 11-72)

①检查电源板上 50 V、50 VD、110 V 指示灯全亮为正常。用万用表测量 LX30 插座输入电压符合标准。

②检查连接板 A/B 机“正常”“电源”指示灯全亮为正常，“工作”指示灯表示 A 或 B 机主备状态。连接板“SX”“XX”指示灯与主机板对应，其对应关系与机车信号机显示一致。

③手动转换信号机“上/下行”开关试验与指示灯对应。

④进行Ⅰ/Ⅱ端转换试验，信号机“操作端”灯与机车手柄对应。确认运行/测试开关置于“运行”位，由司机配合转换操纵手柄，Ⅰ/Ⅱ端转换正常。

⑤进行 A/B 双机转换试验，接收地面环线低频信号在信号机上显示正常。

⑥使用便携式机车信号发码设备测量机车信号灵敏度符合要求。

⑦使用专用 U 盘插入记录器板 USB 口下载机车运行数据。

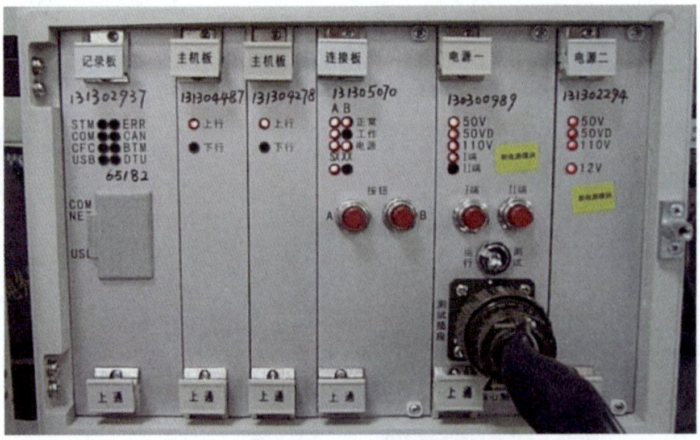

图 11-72　机车信号功能测试

(10)TAX 及相关设备测试(图 11-73)

①检查 TAX 箱电源板指示灯全亮，通信记录板指示灯正常。

②检查 TSC2 车载主机“电源”灯常亮，“工作”“系统状态”“SIM2”“BDS”“LKJ”“TAX”灯闪表示主机正常。按压 LKJ 屏幕显示器“查询＋4＋1”键，查询 TSC2 装置“无线数传”软件版本符合要求。

③接入专用平调测试仪试验平调接口盒功能正常。

④检查功能扩展盒工作指示灯闪亮，鸣笛时彩票上显示定标信息。

⑤检查本补切换装置开关置于“本务”位，且铅封状态正常。

⑥检查专调机车加装的 STP 主机、数传电台、查询器主机各插件指示灯显示正常，检查查询器、数传电台对主机通信正常。

a. 电源单元各指示灯常亮为正常；通信单元电源指示灯应长亮，工作指示灯应闪烁；电台单元电源指示灯常亮，数据指示灯在有通信的情况下闪烁，平时熄灭。

b. JSB 板能量发送指示灯应长亮；收码指示有应答器信息时闪烁；CPU 板 S4 工作指示灯常亮，S3 通信正常时闪烁。

c. 打印机电源指示灯常亮为正常，有打印信息时应能正确打印。

d. 在 LKJ 屏幕显示器上能正常调用 STP 作业站场图形。

(a)TAX 箱电源板

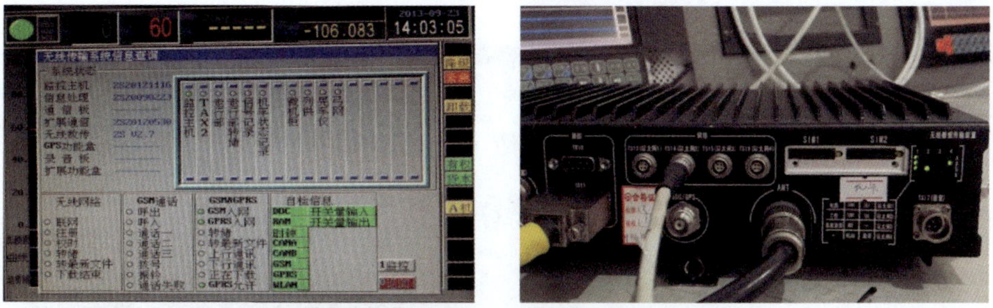

(b)TSC2 装置

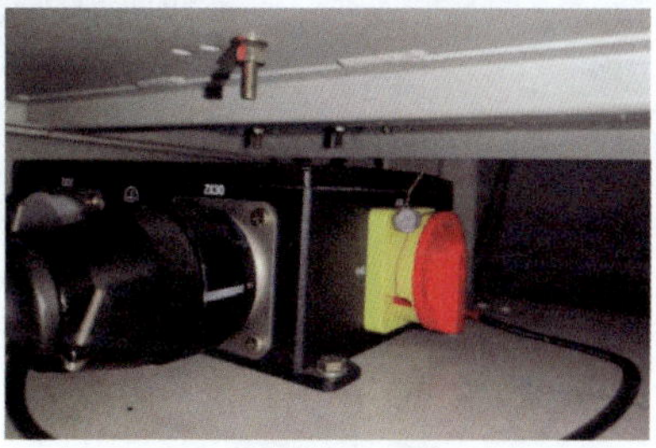

(c)本补切换装置

图　11-73

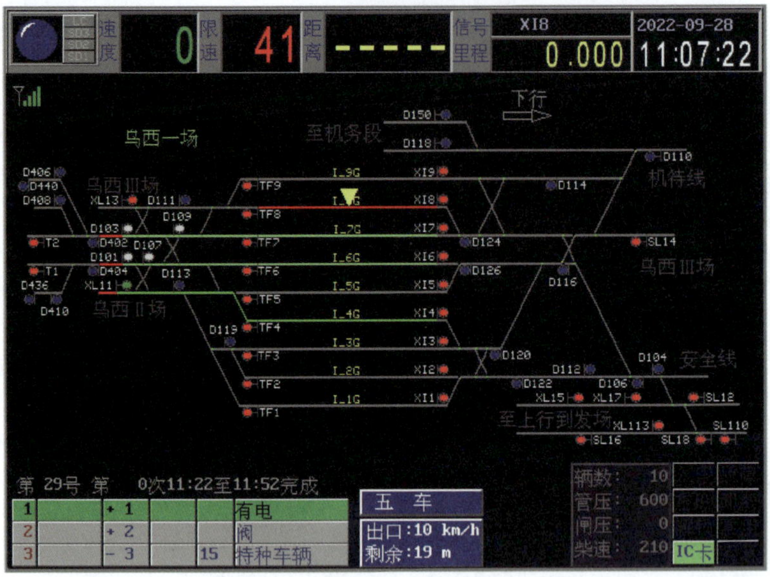

(d)彩屏调用 STP 站场图

图 11-73 TAX 及相关设备测试

3. 作业后

(1)文件转储分析(图 11-74)

①分析 LKJ 作业文件和机车信号文件,记录测试和试验结果准确、完整,无漏项,设备工作正常。

②通过远程监测系统查询机车在线正常,远程传输数据正确。

③通过 LMD 监测系统查询机车设备上线状态。

图 11-74 LMD 监测系统分析查询

(2)检修完毕,作业者自检,工长全部验收。

(3)按规定填写机车台账和记名检修工作单。

(4)与机务部门办理交车手续。

(二)常见问题处理

LKJ2000、LKJ-15 设备常见问题的判断、处理流程基本一致。

1. LKJ 装置无电源(接通电源后,LKJ 装置电源板指示灯不亮)

处理方法:

(1)先检查 LKJ 电源是否打开。

(2)查看其他设备是否正常已验证机车电源。

(3)检查 LKJ 装置保险。

(4)更换 LKJ 主机电源板。

2. 工况无非零位

处理方法:

(1)确认工况无非零位。

(2)根据原理判断无非零位的可能原因是数字量输入/出板故障,或者配线接错都是可能原因,确认 J195 端子排是否接错位置导致常有 110 V 电压。

3. 显示器(LKJ-15 称 DMI)上双紧急制动亮红灯

处理方法:

(1)按压彩屏“查询+4”查看双紧急制动亮红灯。如电力机车制动控制手柄处于紧急制动位,则双紧急制动亮红灯为正常。

(2)检查双系数字量入出板灯显状态。

(3)检查端子接线情况。

(4)更换 LKJ 数字量入出插件。

4. 机车信号接码正常,LKJ 偶尔灭灯

处理方法:

(1)先检查 LKJ 主机后 X32 线缆是否走线规范,绑扎良好,留有松动余量。

(2)查看本/补切换装置 ZX32 和 TX32 线缆是否走线规范,绑扎良好,留有松动余量。

(3)本补切换装置切换开关松动。

(4)切换开关上有一颗紧固螺丝,如松脱则影响切换开关动作。

5. 平调信号无法接收

处理方法:

(1)先检查调车灯显接口盒是否有电源。

(2)查看调车灯显接口盒 X33-X35 和 X34-X36 航插是否完整,能否连接紧固接触良好。

(3)调车灯显接口盒开关位置是否置于“调车”位置或“自动”位。

6. LKJ 运行文件中鸣笛记录频繁

处理方法:

(1)检查 LKJ 功能扩展盒是否工作正常。

(2)检查各鸣笛转换头是否功能正常。

(3)更换相应鸣笛传感器。

7. 速度传感器在正常运转情况下,无信号输出或传感器输出信号异常

处理方法:

(1)检查连接器、接线及安装是否松脱。

(2)检查速度传感器接线,测量端子排工作电压。

(3)更换速度传感器。

8. TAX 装置无电源

处理方法:

(1)先检查连接器 TX8 是否插装到位。

(2)重新打开 TAX 装置电源开关。

(3)更换 TAX 装置。

9. TAX 与 LKJ 通信失败

处理方法:

(1)检查 TAX 装置与 LKJ 装置之间的通信线是否有短路、断路情况。

(2)检查 LKJ 通信板是否正常。

(3)更换 TAX 装置。

10. 机车信号远程监测反馈 TAX 信息(RS-485 信息)异常。

处理方法:

(1)检查 6A 系统设备上机车信息(RS-485 信息)显示是否正常。

(2)检查 CIR 设备上 TAX 信息显示是否正常。

(3)用逐个拆卸 TAX 装置板件(TMIS、DMIS、语音记录单元)方法排除故障。

11. TSC2 装置无电源(接通电源后,TSC2 装置电源指示灯不亮)

处理方法:

(1)先检查连接器 TS18 是否插装到位。

(2)重新打开电源开关。

(3)更换 TSC2 装置车载主机。

12. TSC2 装置软件运行异常(1B 灯不闪烁、1C 灯闪烁)

处理方法:

(1)在 LKJ 屏幕显示器按压"查询+4+1",应能查询到当前 TSC2 装置的软件版本,确认与现场所使用的软件版本是否一致。

(2)更换 TSC2 装置车载主机。

(3)重新更新 TSC2 装置车载程序。

13. TSC2 装置联网失败(2 A 和 2B 指示灯均常灭)

处理方法:

(1)确认 SIM 是否欠费或到期,重新插拔 SIM 卡排除接触问题,更换备品 SIM 卡测试。

(2)观察 SIM 卡信号,排查信号覆盖问题。

(3)检查 ANT 接口是否完好,检查 ANT 线缆是否插装到位,采用备品天线排除天线和馈线问题。

(4)更换 TSC2 车载主机。

注:TSC2 装置须注意检查 TSC2 装置面板 LED 指示灯状态,以作判断依据。

①1A 表示主机 5 V 电源,常亮表示电源正常。

②1B 表示主机工作状态,闪烁表示主程序运行正常。

③1C 表示系统状态，闪烁表示系统工作正常。

④2B 表示 SIM2 状态，闪烁表示远程数据通信，常亮表示已注册网络并进入数据服务。

⑤2C 表示 BDS 状态，闪烁表示正接收 BDS 导航信息，常亮表示收到 BDS 无效信息。

⑥3A 表示 LKJ 状态，闪烁表示与 LKJ 通信正常。

⑦3B 表示 TAX 状态，闪烁表示与 TAX 通信正常。

其他指示灯暂不做检查要求。

（三）常见故障处理

1. 故障处理流程：故障现象分析→判断故障原因→现场问题处理→设备检测→登记台账故障件返修。

2. LKJ2000 常见故障处理。

（1）LKJ 主机开机后插件面板指示灯不能正常显示

故障现象：LKJ 主机开机后电源插件工作正常，其他插件灯显异常。

故障原因：此种现象多为插件不能正常自检，有 CPU 的插件，应重点检查 CPU 及周围电路或写入程序，没有 CPU 的插件，要重点检查错误指示的相应通道电路。

故障处理：检查各插件指示灯指示情况，更换相应插件，更换 LKJ 主机。

（2）显示器不能正常显示，或自检不正常

故障现象：LKJ 主机工作正常，显示器不能正常显示。

故障原因：彩屏本身是一个独立的 CPU 系统，如果自检不正常，多为彩屏本身的问题。如果不能正常显示，可以检查另一端的彩屏显示是否正常，如果显示也不正常，应怀疑监控记录插件，否则可能是通信电缆或彩屏有故障。

故障处理：检查主机与显示器连线正确后，更换显示器或更换监控记录插件。

（3）无压力显示或压力显示不正确

故障现象：显示器工况窗口显示的压力数值与机务风压表显示不一致或者显示零。

故障原因：LKJ2000 型可以同时引入四路压力信号，压力信号是通过压传感器将 0～1 000 kPa 的压力信号转换成 0～5 V 的电压信号，送入模拟量输入/出插件，处理后送到监控记录插件。所以出现这种现象多为压力传感器故障、压力传感器工作电压不正常、模拟量输入/出插件故障所致。

故障处理：检查压力传感器连线，检查压力传感器工作电压，更换压力传感器，更换模拟量输入/出插件。

（4）无速度信号显示或速度显示不正确

故障现象：彩屏工况窗口的显示的 3 个速度通道数值不一致或者显示零。

故障原因：速度信号是通过光电速度传感器送给模拟量输入/出插件，经过整形、滤波处理后送给监控记录插件。如果无速度信号显示多为速度传输通道故障，使传感器发出的脉冲信号不能传入；如果速度显示不正确，可以检查机车轮径输入与实际是否相符或传感器有无故障，实际发出的脉冲数/周与理论值不符；如果速度显示不稳定，多为机车上各种信号干扰所致，应先检查机车的速度传感器部分以及模拟量输入/出插件的速度通道中的抗干扰部分。

故障处理：检查速度传感器通道连线，更换速度传感器或更换模拟量输入/输出插件，检查机车轮径值是否设置正确。

(5)机车信号接码正常,LKJ 显示灭灯

故障现象:机车信号系统工作正常,LKJ 彩屏上显示灭灯,LKJ 未接收灯位信息。

故障原因:机车信号工作正常,则为机车信号 X22 航插与 LKJ 系统连接以后的相关设备故障。

故障处理:先检查 LKJ 主机后 X32 航插是否连接紧固,接触良好,连接线功能是否正常,再查看本补切换装置 ZX32 和 TX32 航插是否连接紧固,接触良好,连接线功能是否正常,最后检查调车灯显接口盒装置电源、熔断器及有关连线,连接线功能是否正常。根据实际情况更换 LKJ 主机电源板、数字量输入板、调车灯显接口盒或本补切换装置等。

现场处置优先检查有关连接线缆、开关位置,替换调车灯显接口盒设备,并进行彻底试验良好。

(6)工况无非零位(其他工况信息异常类似处理)。

故障现象:机车手柄置于“1”位时,彩屏上无“非零位”显示。

故障原因:根据原理判断无非零位的可能原因是数字量入出板故障、配线接错都是可能原因。

故障处理:确认 J195 端子排是否接错位置导致常有 110 V 电,先检查 LKJ 主机后 X30 航插是否连接紧固,接触良好,连接线功能是否正常,查看本补切换装置 ZX30 和 TX30 航插是否连接紧固,接触良好,连接线功能正常。根据实际情况更换 LKJ 主机数字输入/出板、本补切换装置及有关线缆等。

(7)双紧急制动亮红灯。

故障现象:显示器上“查询+4”界面双紧急制动亮红灯。

故障原因:排除 LKJ 主机故障,双套设备同时故障概率低,查询与紧急制动相关的公共环节。

故障处理:

首先检查双系数字量入出板灯显,再检查本补切换装置开关位置是否处于“本务位”,最后检查机车端子接线情况。现场处置优先检查有关连接线缆、开关位置,替换本补切换装置设备,并进行彻底试验良好。

(8)LKJ 功能扩展盒故障

故障处理:现场处置优先检查有关连接线缆,替换 LKJ 功能扩展盒设备或对应故障鸣笛转换头,并彻底实验良好。LKJ 功能扩展盒故障维修需由专业单位实施。

(9)显示器定屏故障

故障现象:

①显示器当中的数据可能和 LKJ 主机中的数据不一致。

②检查地面数据,数据可能有相同信号机编号,有不连续的车站代号;支线转移、交路转移的标号定义有可能同名。

③显示器内部 CPU 卡、底板故障。

判断故障原因:显示器定屏区别于黑屏和白屏故障,更偏向于软件是否兼容和数据是否正确,在排查完这些方面的诱因后可确定为内部硬件故障。

故障处理:现场优先以显示器直接替换处理。落修设备可以更换数据,检测数据是否有相同信号机,如检查均正常则更换显示器内部 CPU 卡或底板。

(10)显示器无语音

故障现象:显示器无语音输出。

故障原因:显示器语音输出与喇叭、CPU 卡、IC 卡语音板以及 12 V 功放电源有关。

故障处理:现场优先以显示器直接替换处理。落修设备检查相关组件,可以更换喇叭、CPU 卡、语音芯片、IC 卡语音板或者电源板。

(11)显示器 IC 卡灯常亮、IC 卡不能读写

故障现象:在 IC 卡插入时显示器上 IC 卡灯不亮,且 IC 卡不被识别;无 IC 卡插入时显示器上 IC 卡灯常亮。

故障原因:该现象仅与显示器自身 CPU 卡,IC 卡语音板,IC 卡座有关。

故障处理:现场优先以显示器直接替换处理。落修设备检查相关组件,可以更换 CPU 卡、IC 卡语音板或 IC 卡座。

(12)显示器面膜不发光

故障现象:显示器面膜在外界光线较暗时无背光功能,不便于夜间或是室外强光时操作显示器。

故障原因:与显示器发光面膜、高压板、电源板 12 V 输出以及显示器右上角的光敏三极管有关。

故障处理:现场优先以显示器直接替换处理。落修设备检查相关组件,可以更换发光面膜、高压板(逆变器坏可能性较大)、电源板、光敏三极管。

(13)显示器复位重启

故障现象:显示器在工作时复位重启,有短暂的黑屏现象。

故障原因:与显示器 CPU、电源有关,或是受外界干扰影响。

故障处理:现场优先以显示器直接替换处理。落修设备检查相关组件,可以更换 CPU 卡,或测试 5 V 电压,如低于 4.9 V 显示器容易重起复位,此种现象可考虑更换电源板,如果在柴油机启动或打空压机时复位,可能是电源板上的保护电路起作用,此种现象可考虑更换电源板。

(14)显示器 CAN 通信故障

故障现象:显示器右上角 CAN 故障指示灯亮。

故障原因:LKJ 主机与显示器之间连线接触不良,或者是显示器内部故障(CPU 卡或底板)。

故障处理:现场优先以检查有关连接线缆为主,显示器直接替换处理,如为线缆故障则须替换有关线缆。落修设备检查相关组件,可以更换显示器 CPU 卡或底板。

(15)显示器黑屏

故障处理:

①无电源,检查保险管、110 V 及+12 V 输入回路;检查电源的输出,可用万用表测量 CPU 卡上电子盘的 16 脚(地)、32 脚(VCC)之间电压是否为 5 V。更换电源板。

②CPU 卡坏,更换 CPU 卡。

③高压逆变电路坏,更换高压板。

④液晶显示屏坏,更换液晶显示屏。

(16)显示器白屏

故障处理:

①如果按键仍有反应,则可能液晶屏损坏或 CPU 卡与液晶屏的 40 芯连线损坏。

②CPU 卡损坏，更换 CPU 卡。

(17)TAX 装置无电源显示

故障现象：TAX 装置与 LKJ、TSC 等设备接在同一电源接线柱上，排除共性故障点的可能。

故障原因：先检查 LKJ、TSC 等设备是否都有电源显示。检查 TAX 装置电源开关和熔断器状态。确认 TAX 电源单元工作状态。

故障处理：联系机务人员共同上车检查机车监控系统电源空气开关是否存在接触不良。

(18)TSC2 装置与 LKJ 通信失败

故障现象：查询 TSC2 装置车载主机 1B 闪烁，3 A 不闪烁。

故障原因：TSC2 主机—总线扩展盒—LKJ 之间的通信线缆故障。LKJ 扩展通信板、总线扩展盒或 TSC2 主机故障。

故障处理：检查 TSC2 主机、总线扩展盒、LKJ 装置之间的通信线是否有短路、断路或点位错误。检查 LKJ 扩展通信板、总线扩展盒等设备是否正常。更换 TSC2 装置车载主机。

(19)TSC2 装置与 TAX 通信失败

故障现象：查询 TSC2 装置车载主机 1B 闪烁，3B 不闪烁。

故障原因：TSC2—TAL93 接线盒（LKJ 扩展隔离盒）—TAX 之间的通信线缆故障。TAX、TAL93 接线盒（LKJ 扩展隔离盒）、TSC2 主机故障。

故障处理：检查 TSC2 装置主机、TAL93 接线盒盒（LKJ 扩展隔离盒）、TAX 装置之间的通信线是否有短路、断路或点位错误。检查 TAX、TAL93 接线盒（LKJ 扩展隔离盒）等设备是否正常。更换 TSC2 装置车载主机。

3. LKJ-15 系统常见故障处理。

(1)主机单元故障

主机单元采用双系冗余结构，单系故障不影响系统工作。当系统检测到双系均处于故障状态时，应输出紧急制动指令。

(2)DMI 故障

DMI 主要电路采用主备冗余结构，可人工切换。

(3)系统不工作

分析：此种现象多为供电部分异常所致，重点检查供电部分。

故障处理方法：查检系统电源开关是否打开；检查设备电源开关；检查设备熔断器；更换设备。

(4)主机单元开机后插件面板指示灯不能正常显示

分析：此种现象多为插件不能正常自检，应要重点检查错误指示灯的相应通道电路，如重点检查 CPU 及周围电路或写入程序。

应急处理方法：检查各插件指示灯指示情况；更换相应插件；更换主机箱。

(5)紧急制动无输出

分析：监控装置对列车实施紧急制动时，是将监控装置经过计算和表决后，转化输出的继电器触点电平信号，作为紧急制动控制信号输出，驱动机车电磁阀工作。出现这种故障现象首先要判断是监控装置故障还是机车制动执行机构故障，若电磁阀为得电制动，检查 110 V 信号是否送入电磁阀是判断谁故障的关键；若电磁阀为失电制动，检查 0 V 信号输出是否送入电磁阀是判断是谁故障的关键。

应急处理方法：

【得电制动情况】紧急制动时，测量电磁阀是否得电，得电则需要更换电磁阀，否则执行下面后三步。

【失电制动情况】紧急制动时，测量电磁阀是否失电，失电则需要更换电磁阀，否则执行下面三步。

检查紧急制动接线；更换制动输出插件；检查隔离开关状态是否在“隔离”位。

(6)常用制动无输出

分析：监控装置对列车实施常用制动时，是将监控装置经过计算和表决后，转化输出的继电器触点电平信号，作为常用制动控制信号输出，驱动机车电磁阀工作。如果常用制动不能动作首先要判断是LKJ-15系统故障还是常用制动装置故障。若电磁阀为得电制动，检查110 V信号是否送入电磁阀是判断谁故障的关键；若电磁阀为失电制动，检查0 V输出是否送入电磁阀是判断是谁故障的关键；如果减压量不正确，多为排风速率调整不对。

应急处理方法：

【得电制动情况】常用制动时，测量减压电磁阀是否得电，得电则需要更换电磁阀，否则执行下面步骤。

【失电制动情况】常用制动时，测量减压电磁阀是否失电，失电则需要更换电磁阀，否则执行下面步骤。

检查常用制动输出连线；检查常用制动装置是否正常；更换制动输出插件；调整常用制动排风速率。

(7)不能进入通常模式

分析：如果不能进入监控状态，多为输入的交路号或车站代码非法或地面数据有问题。如果监控功能不正常，在保证软件设置正常的情况下，一般为主机/主控插件故障。

应急处理方法：检查控制参数、车次表等文件是否正确；检查是否有基础地面数据；检查所输入的数据参数；更换主机/主控插件。

(8)无工况显示

分析：主机单元数字输入插件主要功能是采集机车工况，该插件采用二模冗余设计，DC 110 V开关量信号送给数字输入插件上二模中的各模进行采集(A模、B模)，二模相互独立，通过通信总线与主机/主控插件相连，实现数字量输入插件和主机/主控插件之间的信息交换。数字输入通道共两组，两组冗余。出现这种现象多为连线出问题或110 V数字输入插件出故障导致。

应急处理方法：检查机车工况连线，更换数字输入插件。

(9)无速度或速度不正确

分析：在保证控制参数中设定的速度脉冲和实际速度传感器脉冲一致的情况下，如果无速度信号显示多为速度传输通道故障，使传感器发出的脉冲信号不能传入；如果速度显示不正确，可以检查机车轮径输入与实际是否相符或传感器有无故障，实际发出的脉冲数/周与理论值不符；如果速度显示不稳定，多为机车上各种信号干扰所致，应先检查机车的速度传感器部分以及速度信号采集插件的速度通道中的抗干扰部分。

应急处理方法：检查控制参数脉冲值；检查机车轮径是否正确；更换安全频率输入插件；

检查速度传感器通道连线；更换速度传感器。

(10)无压力值显示

分析：LKJ-15 主机单元的模拟输入插件采用冗余设计，压力传感器信号分别送给两系模拟输入插件，两系相互独立。本插件通过内部总线与主控/主机插件相连，实现模拟输入插件和主控/主机插件之间的信息交换。

所以出现这种现象多为压力传感器故障、压力传感器工作电流不正常、模拟量插件故障所致。

应急处理方法：检查压力传感器连线；检查压力传感器工作电流；更换压力传感器；更换模拟输入插件。

(11)无柴速显示或显示不准确

分析：柴速信号采集由 LKJ-15 主机单元采集。如果司机控制台双针表柴速显示柴速信号正常，而 LKJ 显示器无柴速信号显示，多为接线错误或插件故障所致。如果柴速值显示不正确，可以检查所设置柴速脉冲和实际是否一致。

应急处理方法：检查柴速通道连线；检查柴速脉冲；更换柴速信号采集插件。

(12)DMI 故障

分析：显示器本身是一个独立的 CPU 系统，如果自检不正常，多为显示器本身的问题；如果不能正常显示，可以检查另一端的显示器或切换到另一模(A/B 机切换)是否正常；如果显示也不正常，应怀疑主控/主控插件，否则可能是通信电缆或显示器有故障。

应急处理方法：进行 A/B 机切换；检查主机与显示器连线正确后；更换显示器；更换主控/主机插件。

(13)机车信号故障

分析：如果机车信号显示正常，而 LKJ-15 型 DMI 单元无任何信号显示，多为机车信号主机与 LKJ 的 CAN 通信线断路故障；如果 DMI 显示与机车信号显示不一致，多为 CAN 通信线路受到干扰，数据发生反转、丢失，也有可能由于通信插件数据解析错误。

应急处理方法：检查与机车信号主机的连线，更换与机车信号主机通信的插件。

(14)无鸣笛

分析：无鸣笛除程序异常外，多为通信线断路故障。

应急处理方法：检查鸣笛连线；检查扩展单元和主机单元通信；更换扩展单元对应的鸣笛信号采集插件。

(15)无线换装失败

分析：无线换装的工作流程为地面上传数据到扩展单元的无线通信插件(LKJ-15)/安全通信插件(LKJ-15)，当启用换装时再通过主机单元与扩展单元之间的通信总线，以及主机单元内部的通信总线与主机单元的主控插件建立数据连接。

应急处理方法：检查无线通信插件(LKJ-15)/安全通信插件(LKJ-15)工作状态；检查扩展单元和主机单元的通信；更换无线通信插件(LKJ-15)/安全通信插件(LKJ-15)(需重新上传数据进行换装)。

(16)IC 卡读写失败

分析：IC 卡未插到位；IC 卡损坏；DMI 的 IC 卡卡座故障。

应急处理方法：重新拔插 IC 卡；更换正常的 IC 卡；更换 DMI 的 IC 卡卡座。

三、风险提示

1. LKJ 软件、数据版本不一致。

原因：未落实 LKJ 数据换装过渡期盯控，重点盯控委托和受委托换装未逐台核实盯控。

危害：将导致延误工程开通、列车非正常停车或冒进信号的危害或后果。

处理：

(1)组织制定针对性试验方案，细化换装方案安全关键的卡控措施。

(2)结合 LMD 监测系统确认 LKJ 系统日期时间正确、数据版本正确。

(3)更换车载设备主机或相关插件必须确认软件版本符合要求。

2. 机车轮径值未确认或人为擅自修改。

原因：未及时与机务部门进行轮径修改通知单的交接、确认，未及时修改轮径参数。

危害：将导致列车非正常停车或冒进信号的危害或后果。

处理：在机车进行相关修程后，严格执行与机务段轮径修改通知单的交接、复核、修改；将轮径值修订纳入每日重点盯控内容。

3. 违章机车登顶检修作业。

原因：未确认机车停放在非电气化区段，擅自上车顶检修天线等设备。

危害：将会导致人员伤亡或触电的危害或后果。

处理：车顶作业必须在非电气化区段并使用安全带，禁止禁忌症人员登顶作业。

4. 机车信号主机不译码。

原因：电务作业人员擅动机务设备。机信主机“运行/试验”开关错误置于“测试”位。

危害：将影响 LKJ 设备运行中接码，导致列车非正常停车。

处理：

(1)Ⅰ/Ⅱ端转换试验由机务人员操纵机车手柄配合。

(2)检查两个接收线圈外壳表面的指示箭头须方向一致。

(3)检修完毕后，必须确认机车信号主机“运行/试验”开关置于“运行”位。

5. 设备储存养护不当

设备应储存在通风良好、温度不低于－40 ℃、空气相对湿度不大于 80%、周围无带酸、碱或其他有害气体的库房中。储存期超过半年以上，应通电进行常温检验。

第四节　轨道车运行控制设备(GYK)

为保障轨道车、大型养路机械等自轮运转特种设备的安全运行，均已安装轨道车运行控制设备(GYK)，该设备通过接收轨道电路发送的机车信号，来监控轨道车运行。其作用一是防止轨道车超过机车信号允许速度运行，二是防止轨道车越过关闭的信号机，能够实现轨道车“两冒一超”即防止冒进信号和防止超速运行的功能。

轨道车运行控制设备应用应答器信息进一步解决了高速轨道车在既有线、客专、高铁线路的运行安全，提高运行速度和作业效率。该系统总体方案基于应答器信息传输技术，通过地面应答器向轨道车运行控制设备提供更精确的里程信息、线路数据、轨道电路数据以及临时限速等关键信息，充分利用应答器信息作为轨道车运行控制设备控车数据，完善轨道车监控设备控车模式功能，确保轨道车行车速度达到 120 km/h 以上时的安全性。

一、设备认知

（一）设备组成

GYK 由主机（含主控及记录模块、轨道电路信息读取器（TCR）、BTM 通信模块、语音记录模块、接口模块、电源模块）、人机界面单元（DMI）、机车信号机和外部接口（主机与压力传感器、机车信号接收线圈、速度传感器、电磁阀、熄火装置、列调电台、轨道车工况、GMS 车载设备/公用数据箱、BTM 设备的接口、无线调车监控设备的接口）等组成。其组成结构如图 11-75 所示。

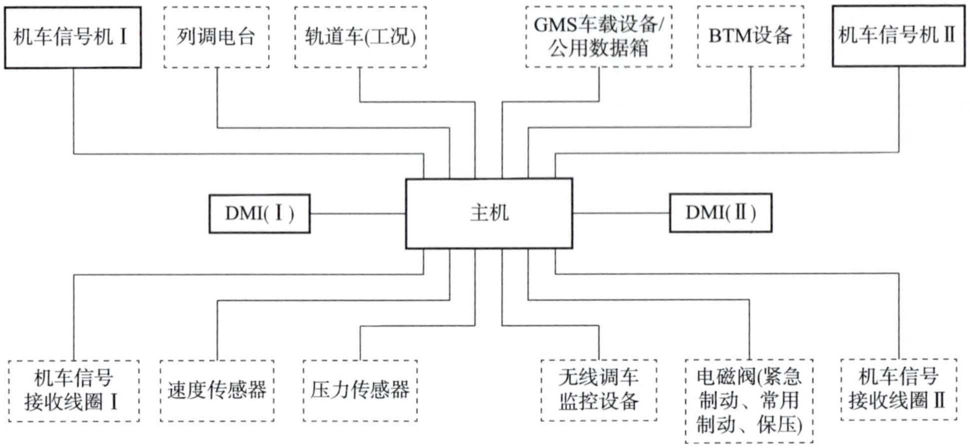

图 11-75　轨道车运行控制设备组成结构

1. GYK 主机

主机采用 4U（高度）标准机箱结构，其宽度尺寸为 46R（R＝5.08 mm），外形如图 11-76、图 11-77 所示。

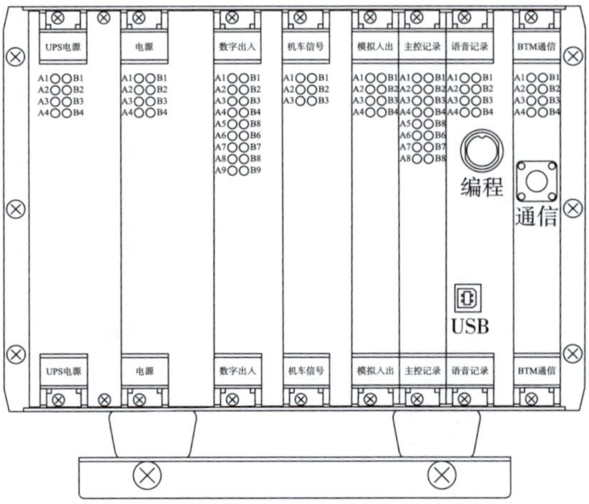

图 11-76　GYK 主机正面

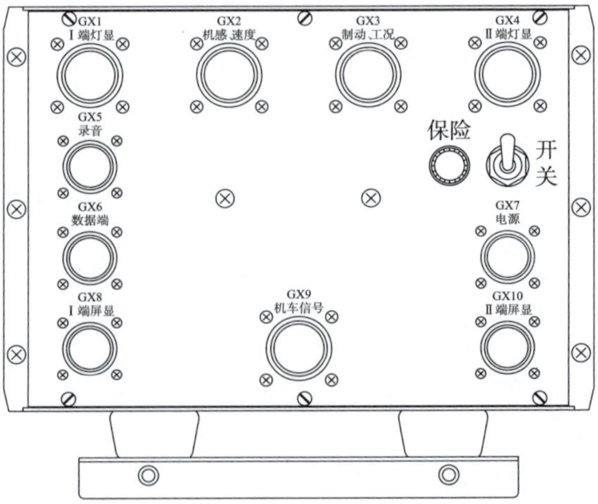

图 11-77　GYK 主机背板

主机插件顺序为：UPS 电源 8R、电源 8R、数字入出 6R、机车信号 6R、模拟入出 4R、主控记录 4R、语音记录 6R、BTM 通信 4R。

UPS 电源插件用于轨道车发动机启动时保证 GYK 正常工作；电源插件提供主机及外部传感器的电源；数字入出插件用于数字量输入/出；机车信号插件实现轨道电路信息接收；模拟入出插件用于模拟量输入/出；主控记录插件实现轨道车的运行控制和数据记录功能；语音记录插件实现车机联控话音记录；BTM 通信插件实现与 BTM 设备进行数据通信，接收应答器信息。

2. DMI

DMI 采用 TFT 高亮度彩色液晶显示屏。

（二）控制原理

根据轨道车运行和作业特点，GYK 具有五种监控模式：正常监控模式、调车模式、目视行车模式、区间作业模式、非正常行车模式。

轨道车在区间正常运行时采用速度分级控制：根据机车信号信息，以进入闭塞分区后 700 m 处为目标点，计算产生控制曲线，防止轨道车超速或越过关闭的信号机。

轨道车在区间作业和限速区段采用速度连续控制：以轨道车计划停车地点或限速区段起点为目标点，计算产生连续的速度控制曲线，防止轨道车越过设定的停车点，防止超过限速区段的限制速度。

当轨道车速度达到控制模式曲线时，GYK 对轨道车实施常用制动、熄火及紧急制动，防止轨道车“两冒一超”。

1. GYK 的主要特点

(1)24 V 电源供电，整机功耗低。

GYK 设备由 24 V 供电，可直接接到轨道车电源；GYK 整体功耗小于 100 W，对轨道车电瓶影响小。

(2)体积小，功能集成度高。

按照 4U 高度设计，适合各类型轨道车，尤其是安装空间小的大型养路机械；GYK 具有运行监控、轨道电路信息接收、应答器信息接收、语音记录、轴温等功能；为 GYK 定制的机车信号适用于 ZPW-2000/UM-71 型、移频(含 18 信息移频)、交流计数等轨道电路信号制式的自动和半自动闭塞区段线路。

(3)五大控制模式满足轨道车运行作业需求。

五大控制模式能满足轨道车普速铁路与高速铁路不同线路上运行与作业；与 BTM 设备配合，可以在高速铁路提速至 120 km/h。

(4)GYK 内置机车信号单元，适用于 ZPW-2000/UM-71 型、移频(含 18 信息移频)、交流计数等轨道电路信号制式的自动和半自动闭塞区段线路。

(5)GYK 基本数据数据较少，换装次数较少；采用专用转储器换装 GYK 基本数据，换装操作简便。

(6)GYK 紧急制动采用失电制动方式，非法关机时制动装置将放风制动。

(7)库内自检与临时输入方式适合轨道车分散作业特点。

轨道车分散作业，库内检测缺乏专职检测人员，因此需要简便的自检方式，信号自检、紧急自检等设备自检功能，适合轨道车出库前自测；轨道车分散作业，不能及时获得有计划揭示，人工临时限速、绿色许可证等输入方式适合临时输入。

2. GYK 主要功能

(1)轨道电路信息接收功能

可人工进行上行/下行频率选择,单轨条移频区段可增设专用选择装置。

可提供绝缘节信息、制式信息。

(2)应答器信息接收功能

实现与 BTM 数据通信,接收 BTM 传输的地面应答器信息,包括里程信息、线路数据、轨道电路数据以及临时限速等信息。

(3)监控功能

根据控车数据、机车信号信息、应答器信息和前方目标距离,自动生成目标距离速度控制曲线,采用连续或分级速度控制方式,监控轨道车安全运行。

可对机车信号信息、应答器信息进行限速控制,防止轨道车超速或越过关闭的信号机。

防止轨道车运行速度超过线路允许速度;防止轨道车运行速度超过轨道车编组的最低构造速度;防止轨道车运行速度超过线路临时限制速度;防止轨道车高于规定的调车运行速度进行调车作业;防止轨道车高于规定的限制速度进行区间施工作业;防止轨道车溜逸。

在关闭的通过信号机前停车后,允许轨道车以不超过规定的限制速度越过该信号机;遇特殊情况时,允许乘务人员按解锁键进行人工解锁。

在站内侧线无码的状态下,防止轨道车越过关闭的出站信号机。

监控轨道车正确进行支线转移和交路转移运行。

(4)警醒功能

当轨道车速度大于 20 km/h 时,间隔 120 s 进行报警,要求司机按压手动按钮或脚踩踏板进行应答,否则实施紧急制动,以保障轨道车运行安全。

(5)数据记录功能

具有运行数据记录功能,实时记录日期、时间、公里标、机车信号信息、应答器信息、BTM 状态、轨道车工况、运行状态、检修人员/司机操作、系统自检、揭示信息等内容。数据记录密度应满足对轨道车运行状态进行安全分析和事故分析的要求。

记录的数据能够采用转储器转录到地面计算机系统,通过地面分析软件进行统计、分析及打印。

地面分析软件功能,能够实现全程记录分析、多重查询、曲线回放、司机报单、统计分析和网络化管理。

(6)语音记录功能

记录车机联控语音,并记录相应的日期、时间、公里标等信息。

采用固态电子存储媒介;存储卡应采用卡式插拔结构,便于信息的长久存储和提取。

存储卡支持在电脑上直接播放。支持 U 盘转储,电脑直接播放。

具备在 DMI 上监听、放音、查询等功能,且不影响正常录音。

(7)人机交互功能

①输入信息

a. 具备参数输入及揭示信息输入功能,输入方式为按键手动输入和转储器输入。

b. 输入信息:司机号 1、司机号 2、车次号、线路代码、编组信息、公里标及增减趋势、编组限速、上下行等。

c. 揭示信息：临时限速、绿色许可证、路票、区间作业调度命令等信息。

②DMI 显示信息

a. 日期和时间。

b. 机车信号信息。

c. 轨道车运行速度与限速。

d. 目标距离。

e. 轨道车所在位路的公里标。

f. 监控模式和轨道车制动状态。

g. 轨道车走过的不少于 1 km 以内的运行速度轨迹曲线。

h. 轨道车当前位路至前方不少于 3 km 以内的模式限制速度曲线。

i. 前进/后退指示、上行/下行指示。

j. 线路名称、机车信号制式。

k. 列车管风压。

③DMI 应具备转储器转储记录数据的功能和接口。GYK 与 GMS 车载设备连接后，能实现远程数据上传/下载的功能。

(8)故障报警功能

①GYK 在下列单元发生故障时，应有故障提示：

a. 数字入出单元。

b. 模拟入出单元。

c. 语音记录单元。

d. DMI(与主机通信故障)。

e. BTM 通信单元。

f. BTM 设备。

②GYK 在下列条件之一时应发出故障报警，输出紧急制动命令：

a. 机车信号故障。

b. 速度信号故障。

③GYK 在下列条件下，应发出故障报警，提醒司机切换隔离开关，并切断 GYK 电源。当报警时间达到 3 min 时，GYK 实施紧急制动。

a. 主控记录单元故障。

b. 制动系统故障。

c. UPS 电源单元、电源单元故障。

(三) GMS 系统

轨道车远程维护监测系统(简称 GMS)是轨道车运行控制设备(GYK)的配套使用设备，其主要实现 GYK 基本数据远程更换、运行揭示远程载入、控制软件远程升级、运行记录数据远程下载和轨道车运行状态信息实时监测等功能，是提高轨道车运用安全和设备维护管理的重要设备，用好管好 GMS 对轨道车运用安全和提升管理质量具有很大意义。

GMS 系统由 GMS 车载设备、GMS 系统服务器、用户终端、通信链路、GMS 应用软件和外部接口等组成，GMS 系统总体结构如图 11-78 所示。

GMS 系统网络结构由无线和有线两部分组成，无线网络依托铁路专网或公网，主要完

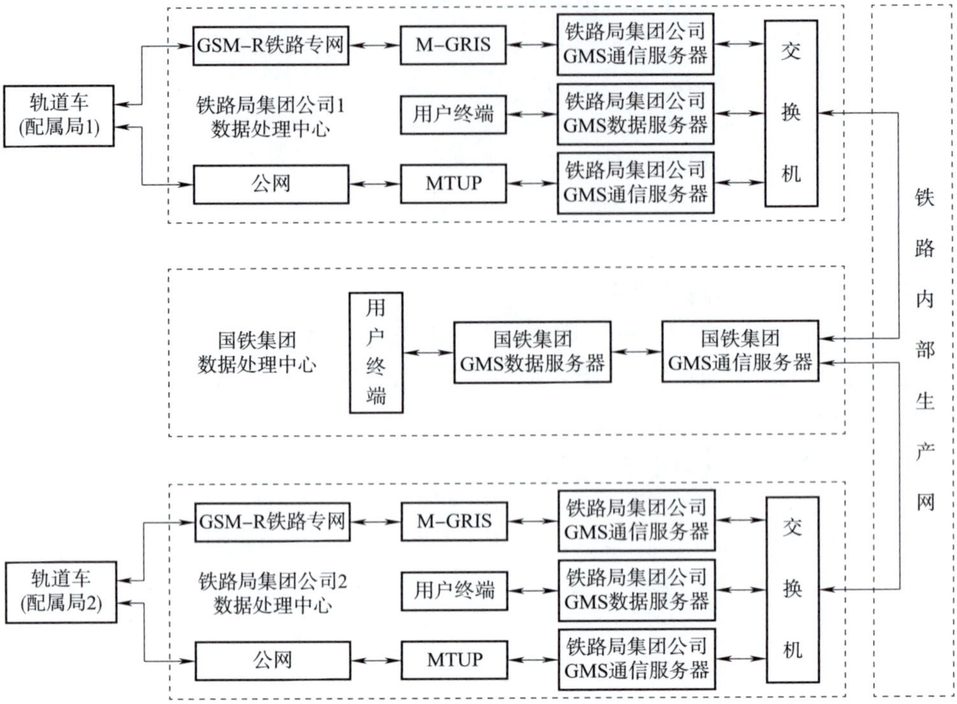

图 11-78　GMS 系统总体结构

成轨道车与 GMS 系统服务器间的远程业务数据传输；有线网络利用铁路内部网络完成国铁集团、集团公司、站段三级网络范围内的数据信息传递。远程业务数据通过安全传输平台(铁路专网无线应用接口 M-GRIS 和移动公网安全传输平台 MTUP)经地面数据网关进入铁路内网，完成铁路内网与外网数据通信的物理隔离，确保铁路内网的安全。轨道车 GYK 远程维护监测系统车载设备由车载主机、4G 车载天线、GPS 模块和连接电缆等组成。

二、设备维护

(一)标准化作业

1. 作业前

(1)召开作业准备会，工长布置任务，明确作业地点、作业内容和分组情况。

(2)组织开展安全预想，由安全员布置劳动和行车安全针对性措施。

(3)准备检修工具、仪表、材料、联络工具、照明灯等。

(4)按规定穿戴防护用品，携带防护用品。

(5)访问司乘人员，掌握车载 GYK 设备运用情况。如有车载设备行车故障，及时询问司机，记录司机反馈的不良反应，结合本次检修及时处理。

注意：GYK 系统设备检修分为Ⅰ级修(季度巡检)、Ⅱ级修(与轨道车年度修同步进行)、Ⅲ级修(与轨道车大修修程同步进行)。本文以Ⅰ级修(季度巡检)作业为例进行展开。

2. 作业中

(1)设置安全防护。

(2)接收线圈及安装支架检查：支架、设备安装牢固、螺丝垫片齐全，外壳无损伤，开口销齐全且开口角度大于 60°，防松脱措施良好；车下电缆固定良好，防护措施完善，接收线圈引线出口及接线盒电缆出处口防水良好，电缆余量适当，无破损；目测线圈高度一致。

（3）速度传感器检查：安装牢固、螺丝垫片齐全，外壳无损伤，防松铁丝紧固良好；插头、插座连接紧密，防水良好，连接电缆无破损。大型养路机械自带的速度传感器除外。

（4）DMI 检测：屏幕显示器安装牢固，屏幕、按键面膜无破损；插头插座连接紧密，连接导线留有余量，捆扎规范、无破损；上电检查显示宽度上下一致，字符、图形显示正确清晰；列车管压力显示与轨道车风压表显示符合标准；工况检查与实际一致；语音提示正确清晰。

（5）机车信号机检测：机车信号机安装牢固、螺丝垫片齐全，机构完整，表面清洁无破损；插头插座连接紧密，捆扎规范，无破损；发送低频信号与机车信号Ⅰ、Ⅱ端灯位显示一致，灯室之间互不串光；机车信号Ⅰ/Ⅱ端、上/下行试验良好。

（6）警醒、警惕按钮及踏板检测：外观无破损，安装牢固；线缆无破损、绝缘护套无老化断裂等现象；按压警醒按钮时，DMI 有语音提示。

（7）主机检查：主机安装牢固、螺丝垫片齐全，表面清洁无破损；插头插座连接紧密，连接导线留有余量，捆扎规范、无破损；电源开关动作灵活可靠，各熔断器安装良好，无松动；主机面板安装螺丝齐全，各插件紧固，插件捏手完整；上电检查主机自检正常，进入工作状态正常，各指示灯显示正常。

（8）电气线路检查：外部电缆线护套齐全，无破损、油水浸蚀现象；线束绑扎整齐牢固，与车体无碰磨，导线留有自由长度，无过紧、过松现象；检查接线端子排，线鼻子无变色、烧损现象，接触良好；接线端子与导线连接处线芯无烧损、破损、断股、混线等现象，线号齐全、清晰、正确；过孔处出线口有防护措施，穿线孔防护胶皮良好。

（9）设备参数检查：日期、时间显示准确；轨道车型号车号、轮径等参数与实际相符；数据版本正确；参数输入功能正常，列车管压力显示与工况显示符合标准；语音提示正确清晰，能形成测试记录文件。

（10）程序、数据检查：控制模式和基础数据版本正确，与标识相符。

（11）功能性检测试验。

①常用制动试验：试验前将手柄放置在运转位，选择“常用制动试验”，按压“确认”键；轨道车排风，屏幕显示器显示“常用”状态灯亮，列车管压减压 120 kPa±10 kPa，检查泄漏量；人工按压“缓解”键缓解，列车管压恢复正常。

②紧急制动试验：试验前大闸至运转位，选择“紧急动作试验”，紧急制动后列车管压力应降为 0 kPa，人工按压“缓解”键缓解方能正常充风。对安装有熄火装置的轨道车，在紧急制动时，柴油机同时熄火。

③键盘检测试验良好。

④录音测试：测试语音录音功能正常。

（12）转储测试文件。

3. 作业后

检修结束，设备检测合格后，作业人员填写合格证、巡检记录、粘贴巡检标识，与轨道车司机办理交接手续，设备交由自轮运转设备单位使用。回段后对转储的数据进行分析并保存，重点对硬件设备、工况、管压、信号、程序、数据版本等重要信息进行质量分析，发现问题，及时处理。

巡检合格基本技术要求：

(1)各设备安装牢固、布线整齐、外观清洁，空气管路、连接密封处无泄漏。

(2)电缆线铺装完毕未连接设备前绝缘检查正常。

(3)各设备之间的连接电缆根据系统布线图连接正确可靠，连接电缆应绑扎牢固。

(4)设备上电自检过程及工作状态指示灯显示正确。

(5)显示器的屏幕显示、语音、按键等工作状态正常。

(6)GYK 系统日期、时间正确，系统管理参数正确，工况显示正确。

(7)轨道车型号、车号设置正确。

(8)风压显示正常。

(9)信号接收线圈接收信号正常，机车信号机显示与接收一致，显示正确。

(10)运行时速度显示正常。

(11)常用制动、紧急制动和熄火功能正常。

(12)GYK 运行记录数据转储功能正常。

(13)制动隔离装置工作正常。

（二）常见问题处理

1. 不能开机

(1)用万用表测量 GYK 电源线(GX7)是否有 DC 24 V，如果有，查看 GYK 保险管是否损坏；如果没有，检查电源制动盒保险管及电源连接线是否正常。

(2)上述检测均正常后，可更换 UPS 板。GYK 不能开机故障处理如图 11-79 所示。

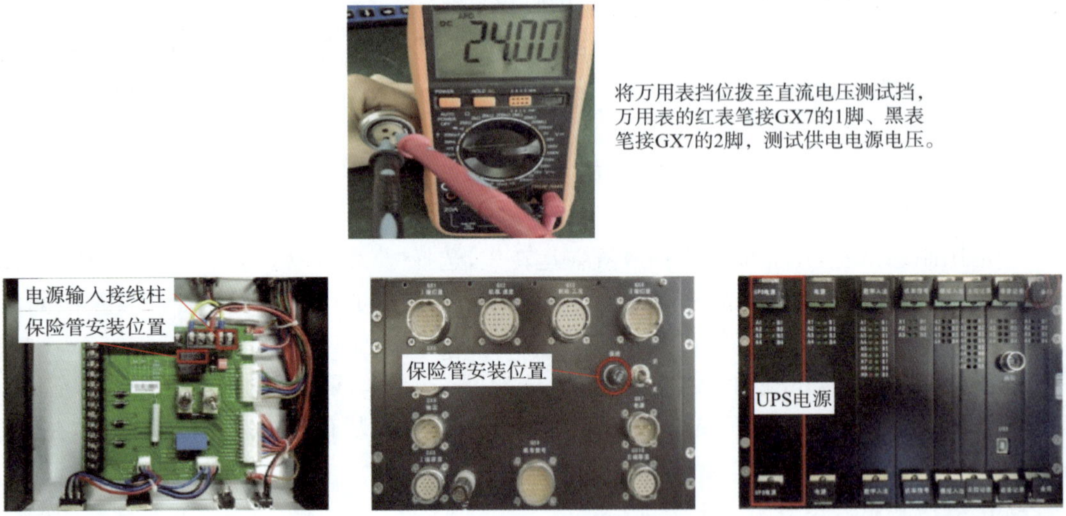

图 11-79　GYK 不能开机故障处理

2. 不能上码

(1)检查 GYK 设备的信号上下行、线圈Ⅰ、Ⅱ端设置是否正确。检查线圈接线是否正常。

(2)更换机车信号板。GYK 不能上码故障处理如图 11-80 所示。

3. 无工况

(1)检查数字入出板工况高低电平设置是否与轨道车工况高低电平设置一致，如不一致

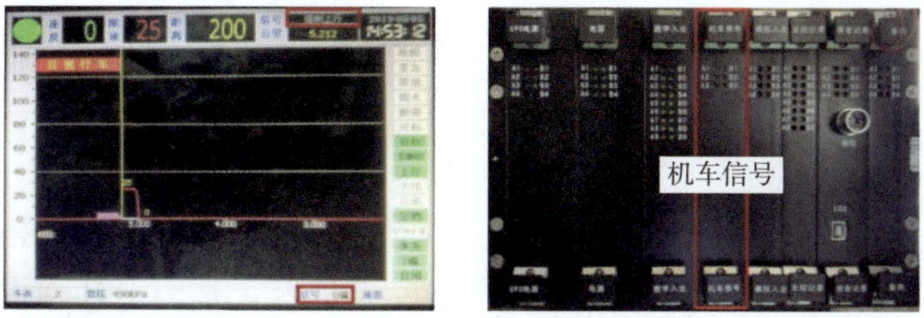

DMI主界面信号上下行及线圈Ⅰ/Ⅱ端设置是否正确，若不正确，进行修改。

图 11-80　GYK 不能上码故障处理

设置成一致。

（2）检查 GYK 设备Ⅰ、Ⅱ端工况线与轨道车连接是否正确。

（3）更换数字入出板。GYK 无工况故障处理如图 11-81 所示。

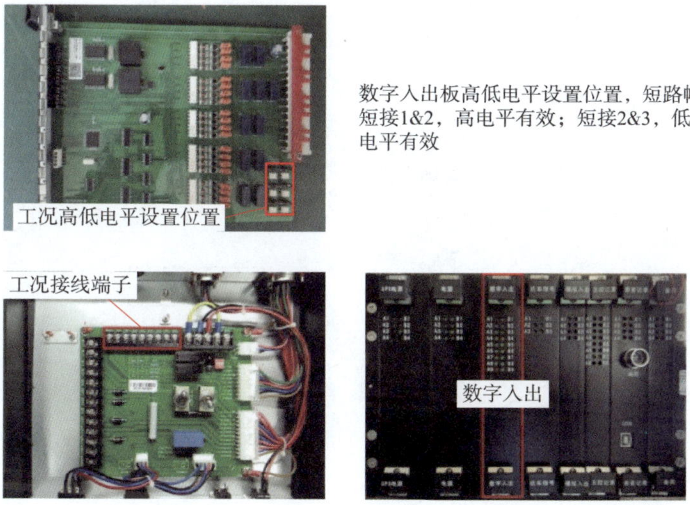

数字入出板高低电平设置位置，短路帽短接1&2，高电平有效；短接2&3，低电平有效

图 11-81　GYK 无工况故障处理

4. 无紧急制动

（1）打开 GYK 设备，选择设备自检，选择紧急自检。在车下用万用表测量紧急制动阀有无 24 V 电压，如果没有则紧急制动阀坏，更换紧急制动阀。（设备正常：没有紧急制动时，急制动阀上有 24 V 电压，紧急制动时，紧急制动阀上无电压）

（2）如果有 24 V 电压，查看电源制动盒制动隔离开关。

（3）更换电源制动盒

（4）更换 GYK 主机的主控记录板。GYK 无紧急制动故障处理如图 11-82 所示。

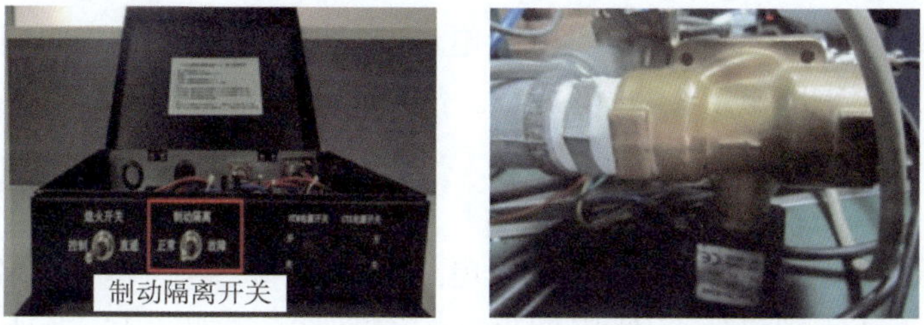

万用表直流电压挡测量紧急制动阀电压。

图 11-82　GYK 无紧急制动故障处理

(三)常见故障处理

1. 电源系统故障

(1)不能开机

原因分析:保险管熔断、电源线断路、UPS 电源板故障。

处理办法:用万用表测量 GYK 电源线(GX7)是否有 DC 24 V,如果有,查看 GYK 保险管是否损坏;如果没有,检查电源制动盒保险管及电源连接线是否正常。上述检测均正常后,可更换 UPS 板。故障处理流程如图 11-83 所示。

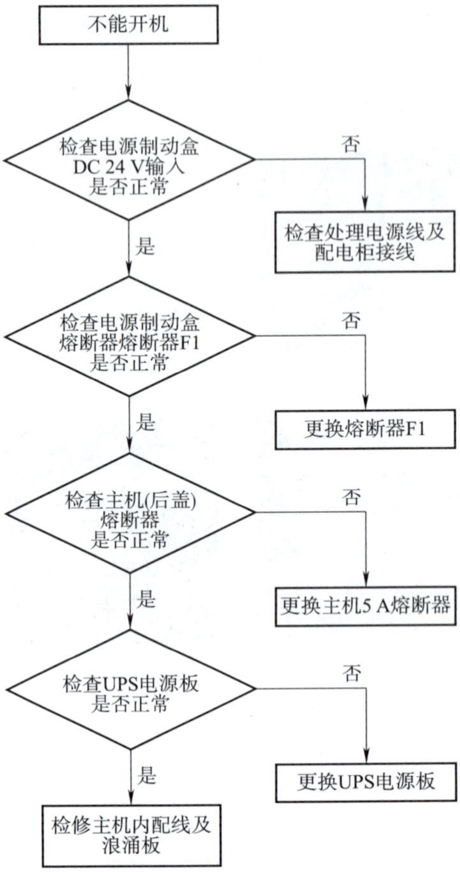

图 11-83 “不能开机”故障处理流程

(2)关机不延时

原因分析:UPS 电池或 UPS 电源板故障。

处理方法:用万用表测量 UPS 电源板的电池电压是否正常(24 V),如果不正常,更换 UPS 电池,如果电池电压正常则更换 UPS 电源板。故障处理流程如图 11-84 所示。

(3)打车重启

原因分析:UPS 电池或 UPS 电源板故障。

处理方法:用万用表测量 UPS 电源板的电池电压是否正常(24 V),如果不正常,更换 UPS 电池,如果电池电压正常则更换 UPS 电源板。故障处理流程如图 11-85 所示。

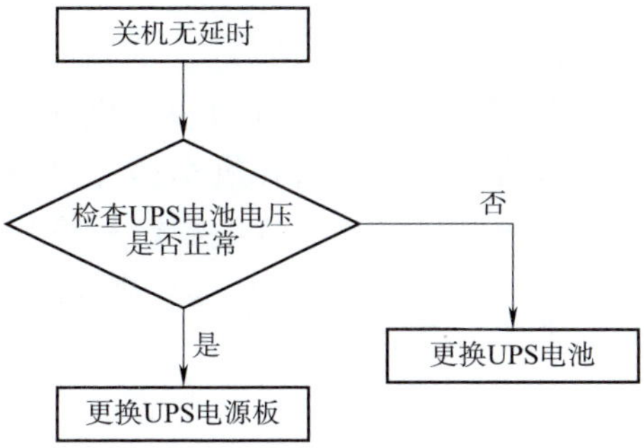

图 11-84 “关机不延时”故障处理流程

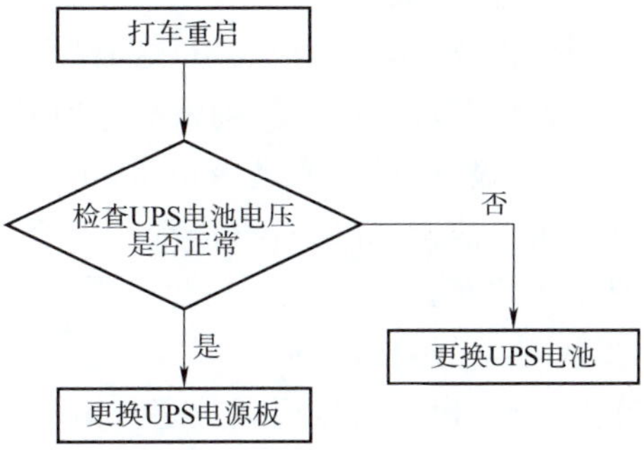

图 11-85 “打车重启”故障处理流程

2. 机车信号接收异常

(1)不上码

原因分析:信号上下行或线圈Ⅰ、Ⅱ端设置不正确、线圈接线故障、机车信号板故障。

处理方法:检查 GYK 设备的信号上下行、线圈Ⅰ、Ⅱ端设置是否正确。检查线圈接线是否正常,若不正常则更换机车信号板。故障处理流程如图 11-86 所示。

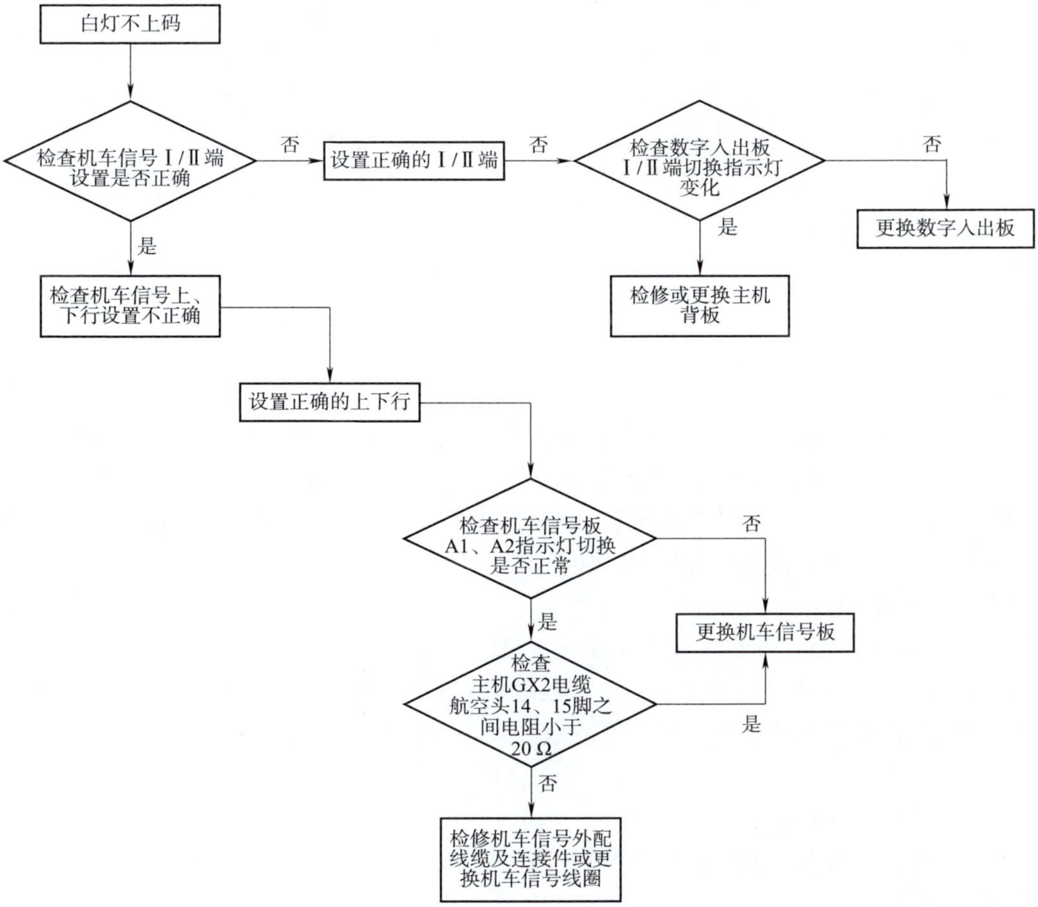

图 11-86 “不上码”故障处理流程

(2)机车信号灭灯

原因分析:机车信号板故障、灯显故障、主机到灯显连接线缆故障。

处理方法:看设备状况,确认机车信号板工作状态是否正常。正常则检查主机到两端机车信号机(灯显)连接线缆是否正常,不正常则更换机车信号板。主机到机车信号机线缆正常则更换机车信机(灯显),不正常则检修主机到机车信号机之间的连接线缆。故障处理流程如图 11-87 所示。

(3)不能信号自检

原因分析:机车信号板或数字入出板故障。

处理方法:更换机车信号板或更换数字入出板。故障处理流程如图 11-88 所示。

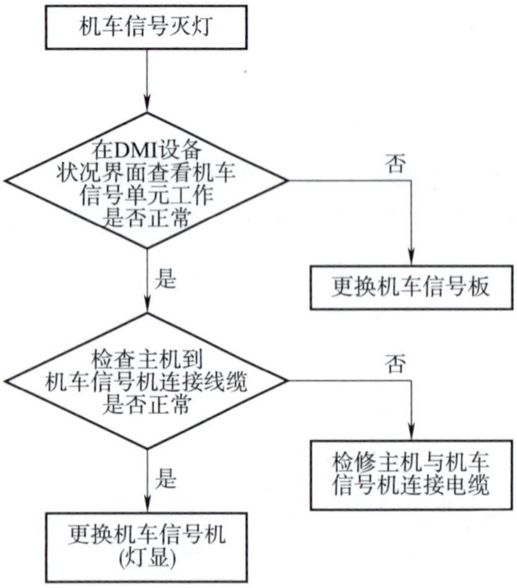

图 11-87 “机车信号灭灯”故障处理流程

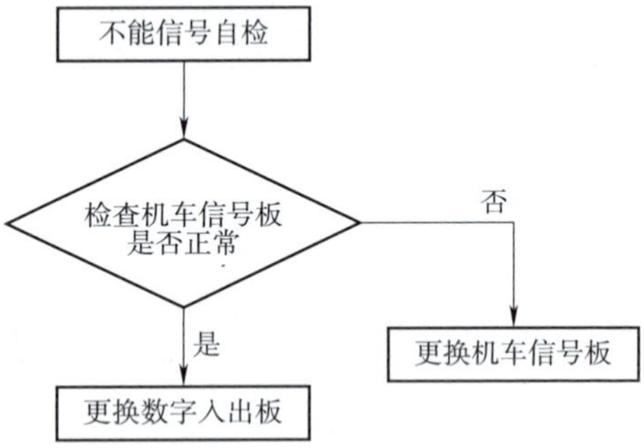

图 11-88 “不能信号自检”故障处理流程

3. 工况显示故障

(1)无工况显示

原因分析:数字入出板高低电平设置不正确、数字入出板故障、工况接线不正确。

处理方法:检查数字入出板工况高低电平设置是否与轨道车工况高低电平设置一致,如不一致设置成一致。检查 GYK 设备Ⅰ、Ⅱ端工况线与轨道车连接是否正确,若不正确则更换数字入出板。故障处理流程如图 11-89 所示。

(2)工况显示错误

原因分析:工况线接线错误或工况线路故障。

处理方法:检查 GYK 设备Ⅰ、Ⅱ端工况线与轨道车连接是否正确。检查 GYK 设备Ⅰ、Ⅱ端工况线是否存在短路或断路的情况。故障处理流程如图 11-90 所示。

4. 制动故障

(1)常用制动不排风

原因分析:常用制动阀或常用阀线路故障、主控单元故障、数字入出单元故障、制动盒熔断器 F2 熔断。

处理方法:查看设备状况,确认主控记录单元和数字入出单元工作状态是否正常。检查

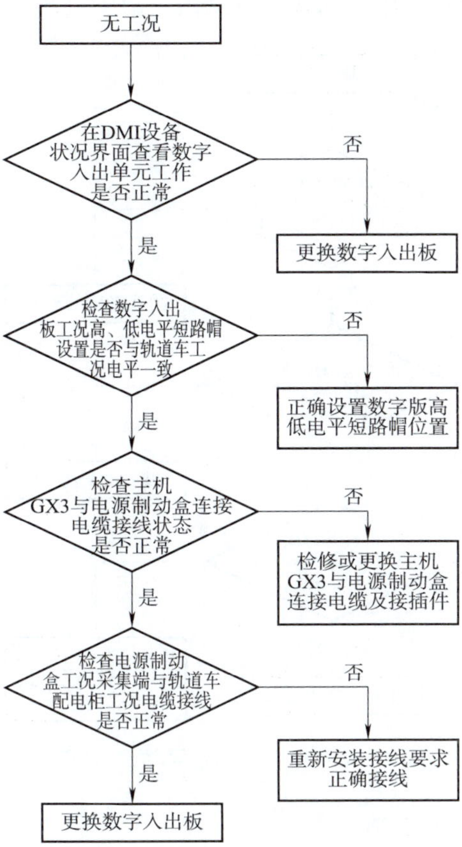

图 11-89　"无工况显示"故障处理流程

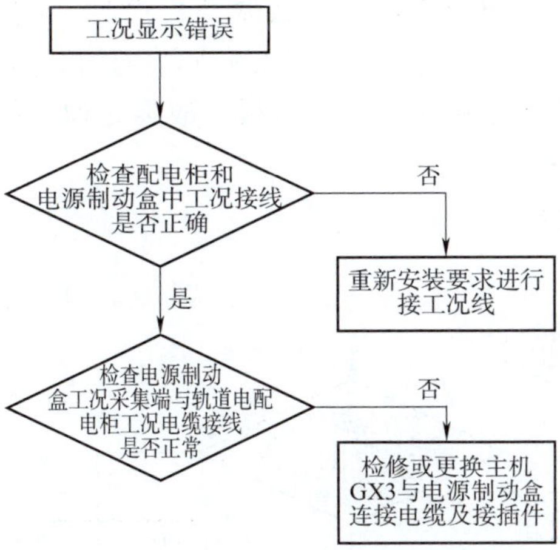

图 11-90　"工况显示错误"故障处理流程

电源制动盒内熔断器是否熔断。打开 GYK 设备，选择设备自检，选择常用自检。在车下用万用表测量常用制动阀有无 24 V 电压。如果有，表明常用制动阀损坏，可更换常用制动阀。（设备正常：没有常用制动时，常用制动阀上没有电压，常用制动时，常用制动阀上有 24 V 电压)如果没有 24 V 电压,检查常用制动线缆及接线。故障处理流程如图 11-91 所示。

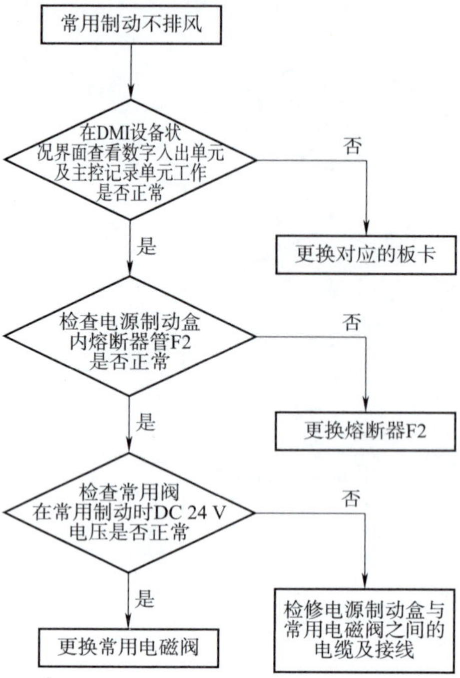

图 11-91 “常用制动不排风”故障处理流程

(2)无保压(常用制动时不上闸)

原因分析:保压阀或保压阀线路故障、电源制动盒故障、主机背板及线路故障。

处理方法:进行常用自检或紧急自检时,用万用表测量保压阀两端是否有 DC 24 V 电压,有电压,说明保压阀损坏。进行常用自检或紧急自检时,检查电源制动盒保压输出的电压是否正常,如果没有 DC 24 V 电压,更换电源制动盒。检修电源制动盒与保压阀之间的线缆及接线,确认是否正常,不正常则更换主机背板。故障处理流程如图 11-92 所示。

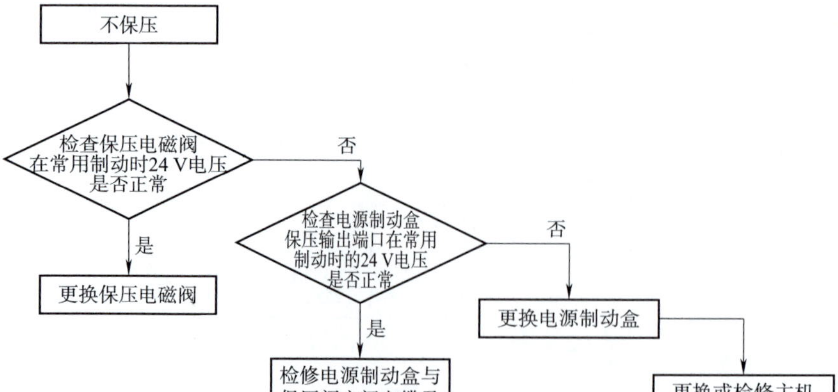

图 11-92 “无保压”故障处理流程

(3)无紧急制动

原因分析：紧急电磁阀或线路故障、电源制动盒故障、数字入出单元故障、主控记录单元故障、主机背板故障。

处理方法：打开 GYK 设备，选择设备自检，选择紧急自检。在车下用万用表测量紧急制动阀有无 24 V 电压，如果没有，紧急制动阀坏，更换紧急制动阀。设备正常：没有紧急制动时，紧急制动阀上有 24 V 电压，紧急制动时，紧急制动阀上无电压；如果有 24 V 电压，查看电源制动盒制动隔离开关。进一步，更换电源制动盒或更换 GYK 主机的主控记录板或更换 GYK 主机背板。故障处理流程如图 11-93 所示。

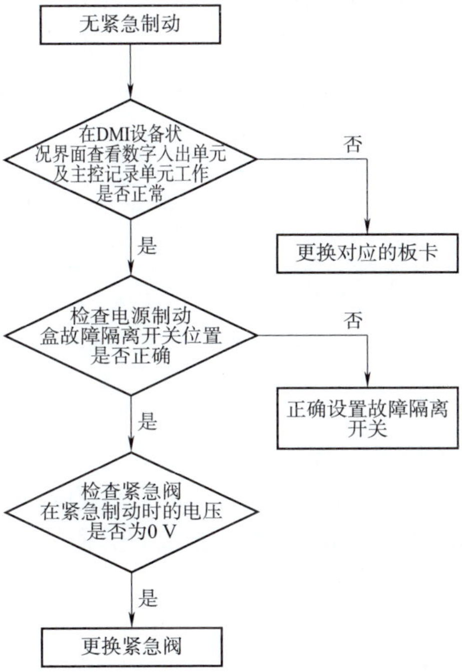

图 11-93　“无紧急制动”故障处理流程

5. 风压显示故障

(1)无风压显示

原因分析：模拟入出板故障、风压传感器或线路故障、电源板故障。

处理方法：

①在管理设置界面确认风压通道设置的通道与实际连接的风压通道是否一致。

②如果一致，用万用表测量风压传感器连接线航空头的第 1 和 4 脚是否有 DC 15 V 电压，如果有电压，表明风压传感器损坏，可更换风压传感器。

③如果测量无 DC 15 V 电压，用万用表测量风压传感器另外一路连接线航空头的第 1 和 4 脚是否有 DC 15 V 电压。如果有电压，将该风压传感器的连接线与风压传感器进行连接，并在 DMI 进行风压传感器路数设置；如果测量无 DC 15 V 电压，可能是模拟入出板故障，可更换模拟入出板。

故障处理流程如图 11-94 所示。

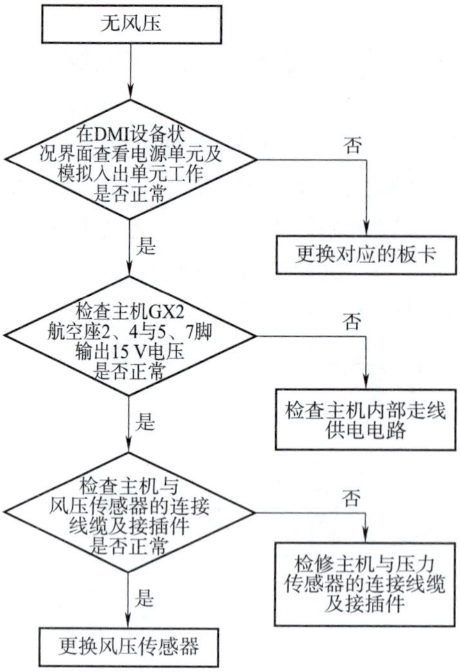

图 11-94 “无风压显示”故障处理流程

(2)风压不准

原因分析:模拟板故障、风压传感器故障。

处理方法:①调节模拟入出板上对应通道的电位器(RW1 或 RW2),电位器 RW1 代表一路,电位器 RW2 代表另外一路,使 GYK 风压值与仪表值一致。②更换模拟板。

故障处理流程如图 11-95 所示。

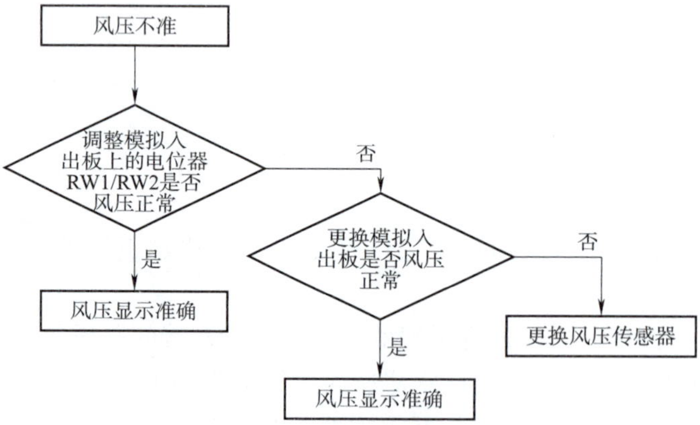

图 11-95 “风压不准”故障处理流程

6. 速度显示故障

(1)无速度显示

原因分析:模拟板故障、速度传感器故障、速度线缆故障。

处理方法:①用万用表测量 GYK 设备与速度传感器连接线的航空头 B、D 脚之间是否有 DC 15 V 电压,如果有 DC 15 V 电压,表明速度传感器可能损坏,可更换速度传感器。②如果无 DC 15 V 电压,表明模拟入出板可能损坏,可更换模拟入出板。

故障处理流程如图 11-96 所示。

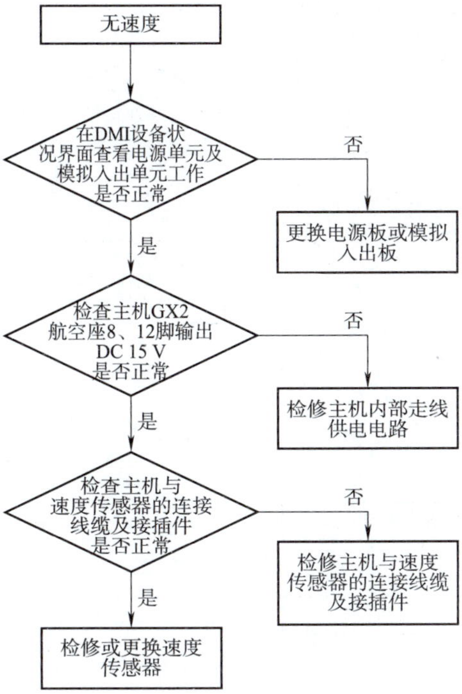

图 11-96　“无速度显示”故障处理流程

(2)速度不准

原因分析:脉冲或轮径值设置不正确、模拟板故障、速度传感器或线路故障。

处理方法:①在管理设置界面确认 GYK 设备轮径、脉冲数设置是否与轨道车实际参数一致,如果不一致按照轨道车实际参数进行设置。②检查速度传感器是否安装正确。③检查速度传感器与主机之间连接线缆及接插件是否正常。④更换速度转感器。

故障处理流程如图 11-97 所示。

7. DMI 故障

(1)DMI 显示与主机通信故障

原因分析:主控记录单元板故障、主机与 DMI 连接线缆及接插件故障、DMIARM 板故障。

处理方法:①查看设备状态,确认主控记录单元工作是否正常,如不正常更换主控记录单元板。②检查主机与 DMI 连接线缆及接插件是否正常。③更换 DMIARM 核心板。

故障处理流程如图 11-98 所示。

(2)DMI 无显示

原因分析:DMI 电源板或供电电路故障、主机与 DMI 供电电路故障。

处理方法:①检查主机 GX8/GX10 航空座 1、2 脚输出 24 V 电压是否正常,以及线路是否正常。②更换 DMI 电源板。③更换 DMI。

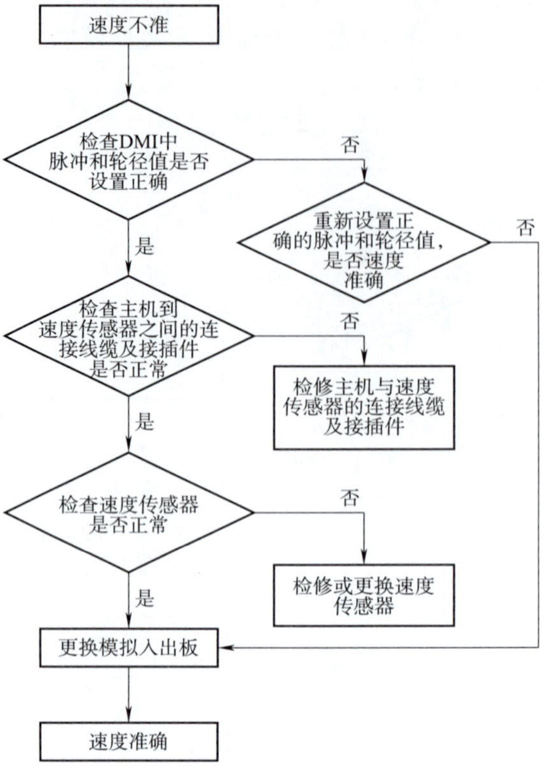

图 11-97 “速度不准”故障处理流程

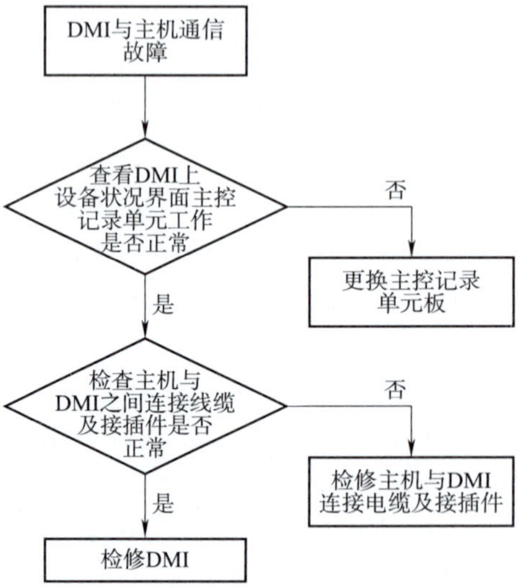

图 11-98 “DMI 与主机通信故障”处理流程

故障处理流程如图 11-99 所示。

(3)黑屏

原因分析：DMI 电源板故障、DMI 高压板

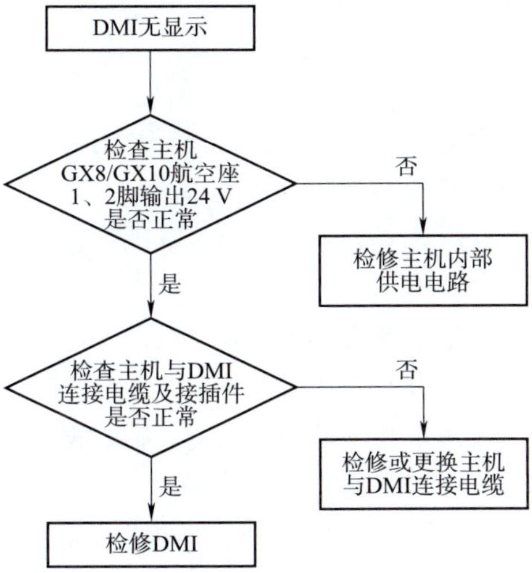

图 11-99 "DMI 无显示"故障处理流程

故障、液晶屏或排线故障、ARM 故障。

处理方法:①检查 DMI 电源板输出 DC 12 V 电压是否正常,如不正常更换 DMI 电源板。②检查液晶屏背光供电是否正常,如果不正常更换高压板。③检查液晶屏排线接触是否正常,如不正常更换液晶屏排线。④上述检查均正常,先更换 ARM 板,如不正常,再更换液晶屏。

故障处理流程如图 11-100 所示。

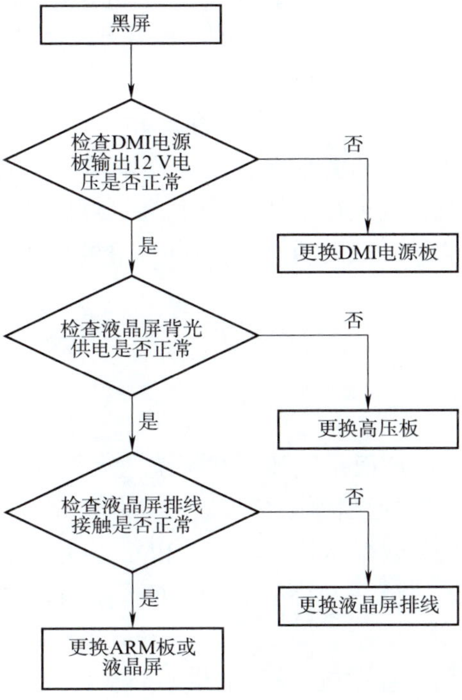

图 11-100 "黑屏"故障处理流程

三、风险提示

1. 设备换装风险

原因：设备更换时卡控不严造成时间、程序、数据版本错误。

危害：GYK 控制功能异常，危及行车安全。

处理：确认日期时间正确、GYK 控制程序版本、基础数据版本正确。

2. 数据换装风险

原因：数据换装时卡控不严造成程序、数据版本错误。

危害：GYK 控制功能异常，危及行车安全。

处理：确认日期时间正确、GYK 控制程序版本、基础数据版本正确。

3. 作业人身伤害风险

原因：电气化区段作业、车顶作业、车底作业、制动机试验防护措施不到位。

危害：危害自己或危害他人。

处理：电气化区段，身体及所持工具须与牵引供电设备高压带电部分保持 2 m 以上的距离，与回流线、架空地线、保护线保持 1 m 以上的距离；禁止在车辆行驶中检修车外部的 GYK 设备。禁止从行驶中的轨道车跳上、跳下，禁止上、下抛递工具或器材；轨道车在柴油机启动状态，严禁进入车底部作业或靠近轨道车发动机。

第五节　BDZ 型调机自动化系统

BDZ 型调机自动化系统（简称 BDZ 系统）是一套应用于编组站调车机车自动控制的系统，该系统集推峰机车信号、推峰机车遥控、调车作业信息（包括进路、地面信号、调车计划等）、车上显示、调车作业过程监控等功能为一体，利用无线通信通道，完成对站场内所有调车机车日常作业的监控和特定作业的自动控制。

BDZ 系统采用 5G 或 400 M 无线通信方式将调车作业相关的信号、道岔、轨道电路区段信息传送到调车机车，并在车载人机界面单元上实现调车机车信号及站场联锁等信息的实时显示，反映调车车列（含单机）的运行条件。同时，通过对调机运行前方信号和车站相关基本信息的处理，实现车站中联锁区域内的调车车列（含单机）速度监控；在驼峰推峰作业中实现驼峰机车遥控。

一、设备认知

（一）系统组成

BDZ 型调机自动化系统由地面系统和车载系统两大部分组成。地面系统用于实现站场数据的逻辑运算、存储、回放、远程诊断接入以及与相关系统接口等功能，车载系统用于实现车载信息显示、机车控制、数据回执等功能。BDZ 系统数据通信网络可以利用编组站综合集成自动化系统（CIPS）的统一网络平台，也可单独构建，BDZ 系统结构如图 11-101 所示。

BDZ 系统地面设备包括：地面主机、卫星定位差分基站及天线、无线通信地面电台及天线、有线网络通信设备（交换机、路由器等）、电源设备、与 CIPS 或联锁系统接口设备等。

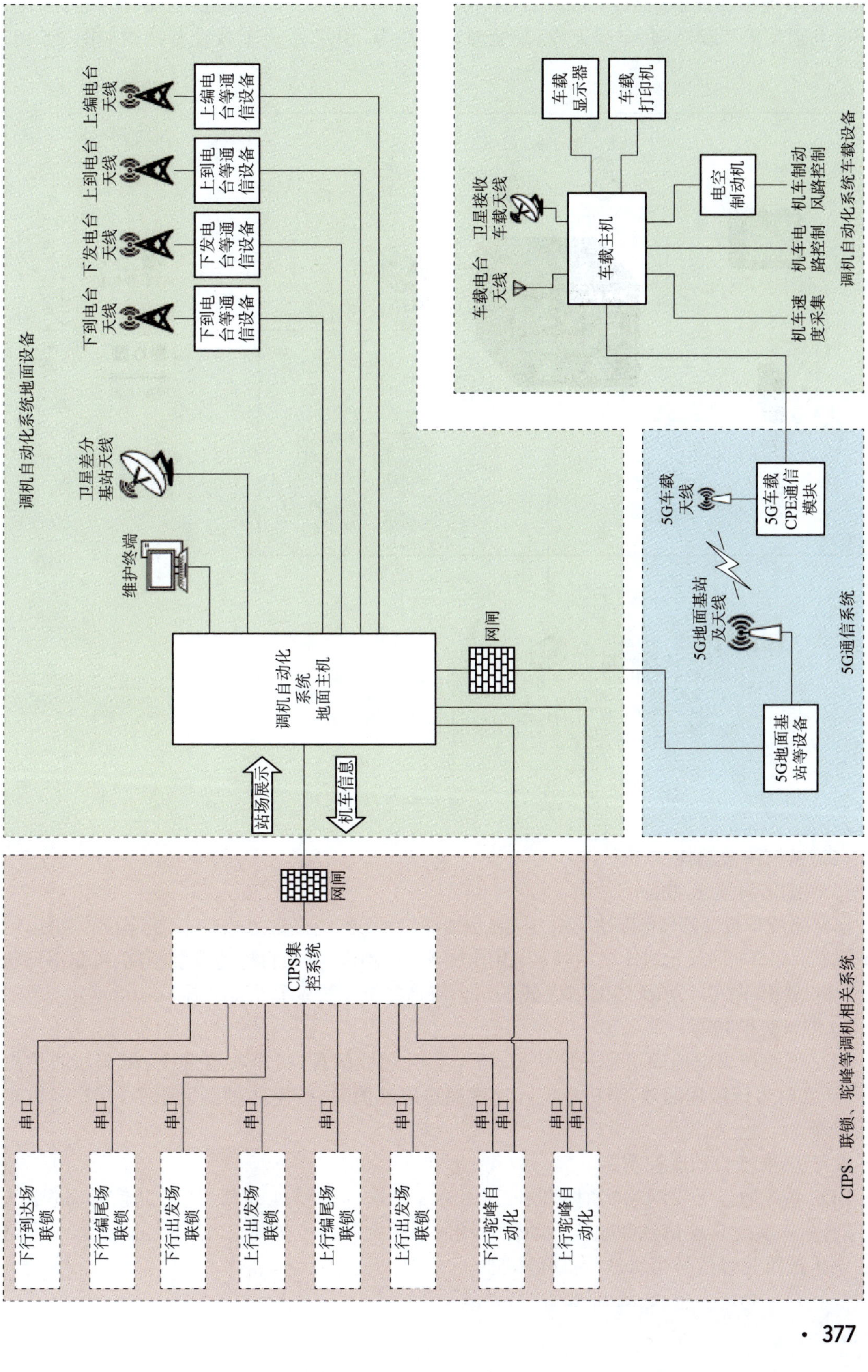

图 11-101　BDZ 系统结构

BDZ 系统车载设备包括：车载主机、车载显示器（主副两台）、电源控制器、车载打印机、车载电空制动机和双向阀、车载天线、车地通信模块等，BDZ 系统车载设备结构如图 11-102 所示。

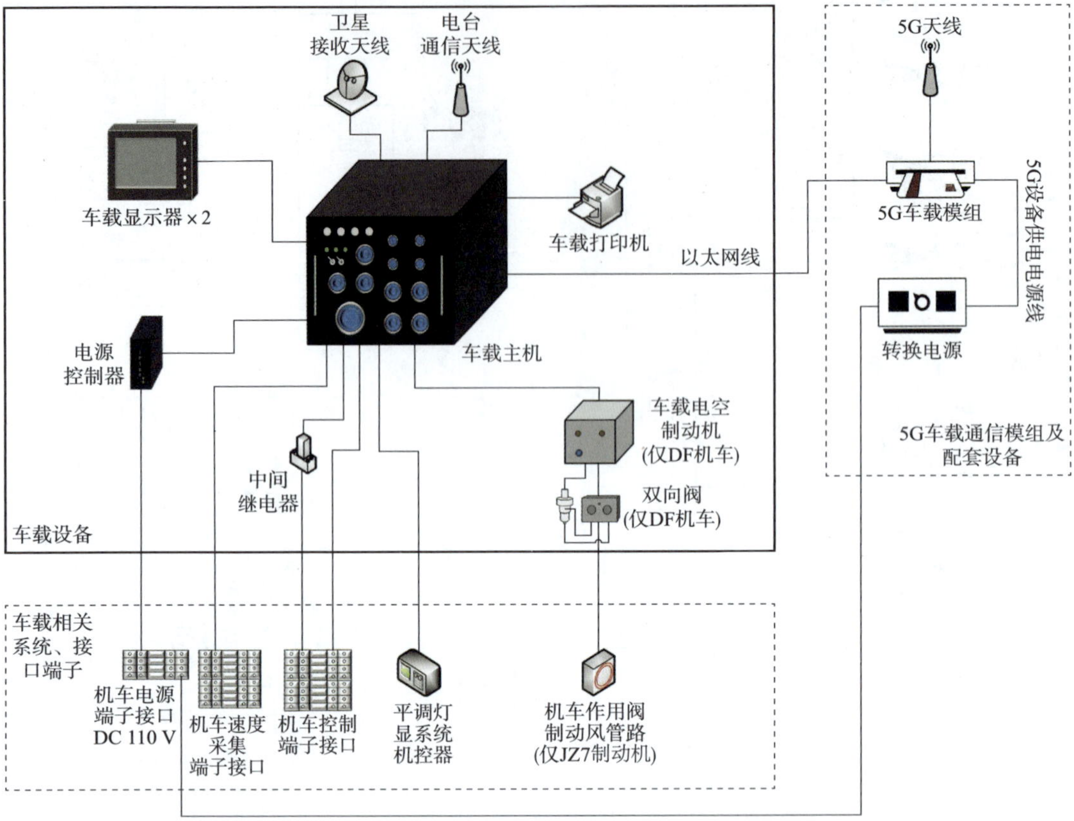

图 11-102　BDZ 系统车载设备结构

（二）系统主要功能

1. 车载信息显示功能

BDZ 系统车载设备具备以站场图方式显示地面信号、道岔位置、进路状态、机车位置功能，同时车载显示器可实时显示机车实时速度、距前方停车点距离、推峰目标速度和距离、机车手柄状态、柴油机转速、调车计划、无线网络状态等功能，BDZ 系统车载显示界面如图 11-103 所示。

2. 调车防护功能

BDZ 系统可根据地面信号开放状态、机车实时定位信息、机车实时速度、机车与防护点间距离，实时生成限速曲线，当机车实际速度超过限速值时，产生防护制动指令，并控制机车自动停车。

3. 驼峰推峰自动遥控功能

BDZ 系统通过无线网络实时接收 CIPS 系统发送的驼峰地面信号、辅助信号、进路状态，结合机车实时定位信息和驼峰自动化系统发送的控制命令等信息，自动控制在推峰进路上的调机按照驼峰信号指示进行推峰作业。

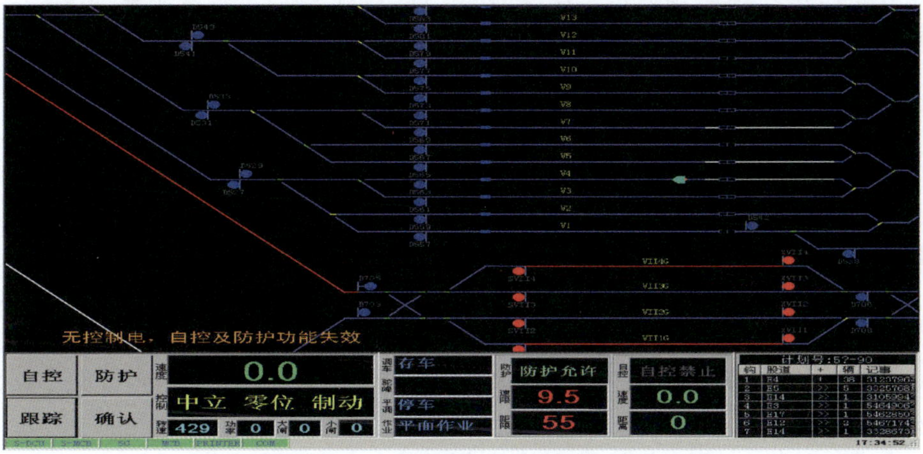

图 11-103 BDZ 系统车载显示界面

二、设备维护

(一)标准化作业

1. 作业前

(1)准备工作

①预测预判。

通过 BDZ 系统维修机日志浏览和询问机车乘务员，对被检设备运行情况进行分析，重点结合各类报警信息研判存在问题，同时将问题库待克服问题纳入计划，编制针对性方案。

②班前布置会，工具、仪表、防护用具准备。

召开班前布置会；检查、试验仪表、联络工具良好；维修工具整套齐全，工具包内应有应急小零件和维修材料；按规定穿戴防护用品，携带防护用具。

(2)联系登记

①电务联络员联系、登记、要点。

②联系车务人员了解列车运行情况，根据天窗修计划、日常巡视以及整修作业内容进行登记、要点，经车务人员同意、签认后方可进行作业。

(3)说明事项

①BDZ 系统铁塔需安排或委托具备专业资质人员、机构检修。

②严禁调机作业期间进行 BDZ 系统检修作业。

2. 作业中

(1)日常巡视

①室内设备日常巡视。

a. 机柜状态检查：机柜内部清扫；检查机柜内部配线良好规范、线缆来去向标识清楚、无脱落；检查地面主机、电务维护终端、地面无线通信设备、交换机等网络通信设备、电源、防雷等设备工作状态正常，无异常现象；检查系统与其他系统接口连接状态，无异常现象；检查机柜、主机的风扇运行情况，保持机柜通风良好；各种电路板及接插件、熔断器插接状态、工作状态正常，无异常现象。

b. 系统工作状态检查(电务维修终端检查数据记录)：地面设备报警数据分析，机车设备报警数据分析，作业机车入网退网数据分析，站场各有关股道及存车线中车辆存放及线路空闲状态，机车工作是否正常，制动次数等。

②室外设备日常巡视。

a. 无线通信地面电台天线检查：是否安装牢固，有无被遮挡影响信号，各级接地是否良好，天线有无损坏。

b. BDZ 铁塔检查：塔基周边环境清理，塔基稳定性检查，塔身有无倾斜，引下线状态是否良好。

③车载设备日常巡视。

a. 设备外观检查：车载设备完整、标识清楚、安装牢固，设备插接良好、线缆绑扎整齐，车载天线安装牢固。

b. 工作状态检查：车载主机工作状态良好，无过热、异响等问题；车载显示正常，系统连接、通信状态良好，能正确显示站场、速度、信号等信息；车载打印机工作正常。

(2)集中检修

①室内设备集中检修。

a. 与其他系统接口设备、地面主机、电务维护终端、地面无线通信设备、交换机等网络通信设备、电源等设备及附属设备清扫，接插件及各部螺丝检查、紧固。

b. 设备地线、防雷地线、各部配线测试。

c. 清理地面主机、地面电台、UPS 通风防尘网。

d. 电源设备检查测试，UPS 充放电试验，电源直供切换试验。

e. 采集信息校核，与 CIPS 或联锁核对站内信息显示一致。

f. 维修机存储文件整理，释放存储空间。

g. 防雷元件检查测试，测试不达标的进行更换。

h. 熔断器装置测试、检查、更换、整修。

i. 切换主(A)、备(B)机运用(含电源)。

②室外设备集中检修。

a. 无线通信地面电台天线检查：紧固天线各部螺丝；检查各部有无锈蚀，并做防锈处理；各级接地测试；损坏天线更换。

b. BDZ 系统铁塔检修：塔身垂直度检查；各部连接螺栓紧固；防雷接地测试；检查各部有无锈蚀，并做防腐除锈处理；塔基沉降检查。

③车载设备集中检修。

a. 硬件设备检修：显示器触屏操作良好；设备安装牢固、线缆紧固良好、核对标识完整准确。

b. 系统状态检修：车载软件版本核对正确；与地面核对站场、信号、速度等信息一致；无线通信状态检查、测试；调车计划打印；与 CIPS 系统时钟校核，时差应小于 30 s；语音报警功能正常；车载电源测试及供电、控制开关功能试验；调车防护功能试验；推峰自动控制功能试验。

3. 作业后

(1)确认车载、地面、CIPS 系统显示状态良好，无异常报警。

(2)确认车载设备状态良好后，填写交验单、合格证，并交付机务。

(3)清理工器具、仪表，并放置至规定位置。

(4)召开完工会，汇报作业情况，做好相关记录。

(二)常见问题处理

1. 机车定位错误，无法显示机车位置或位置显示错误

原因分析：无线网络问题或定位模块问题。

处理方法：定位错误时，切换车载主显示器界面到系统设置界面，点击"重新定位"按钮，清除当前定位并重新计算机车位置。

注意事项：

(1)如果定位错误时机车处于自控状态，必须立即退出自控，定位错误时严禁投入遥控功能。

(2)如果重新定位时，长时间无法自动定位，应联系维护人员进行手动定位。

2. 调机注册失败

原因分析：机车号输入错误、调机号错误、调机号冲突、无线网络中断，地面服务器拒绝入网。

处理方法：核对机车编号和调机号，确认机车编号和调机号正确，且站内无调机号冲突，检查无线网络状态。

注意事项：注册失败后，可进入车载显示器主界面进行测试、维护、检查操作。

3. 调车计划无法打印

原因分析：打印机故障、无线网络中断、车站值班员操作错误。

处理方法：检查打印机状态、与车载主机网络连接状态、车载设备无线连接状态，询问车站值班员打印操作是否正确、调机选择是否正确。

注意事项：BDZ 系统无法打印时，车站应人工取送调车计划。

(三)常见故障处理

1. 故障处理流程

BDZ 系统故障处理流程如图 11-104 所示。

2. 故障案例

(1)无线通信中断

故障现象：CIPS 系统不能显示机车位置，BDZ 车载设备不能显示地面信息。

故障分析：无线网络问题或车地通信模块故障。

判断处理：司机应目视瞭望行车，通知通信部门检查无线通信设备，通知信号部门检查 BDZ 地面设备。

注意事项：

①无线通信中断后，车载设备无法接收地面信号状态，车载显示器主界面上所有信号机名称闪烁，操作人员应注意确认地面信号，保证行车安全。

②无线通信中断时，禁止投入自控。在自控状态下通信断失，车载设备会进入制动状态，通信恢复后，如果依然处于遥控状态，系统会根据当前实时状态继续进行控制。

③车地无线通信中断后，机车防护功能自动禁用，车地无线通信恢复正常后，防护功能自动投入。

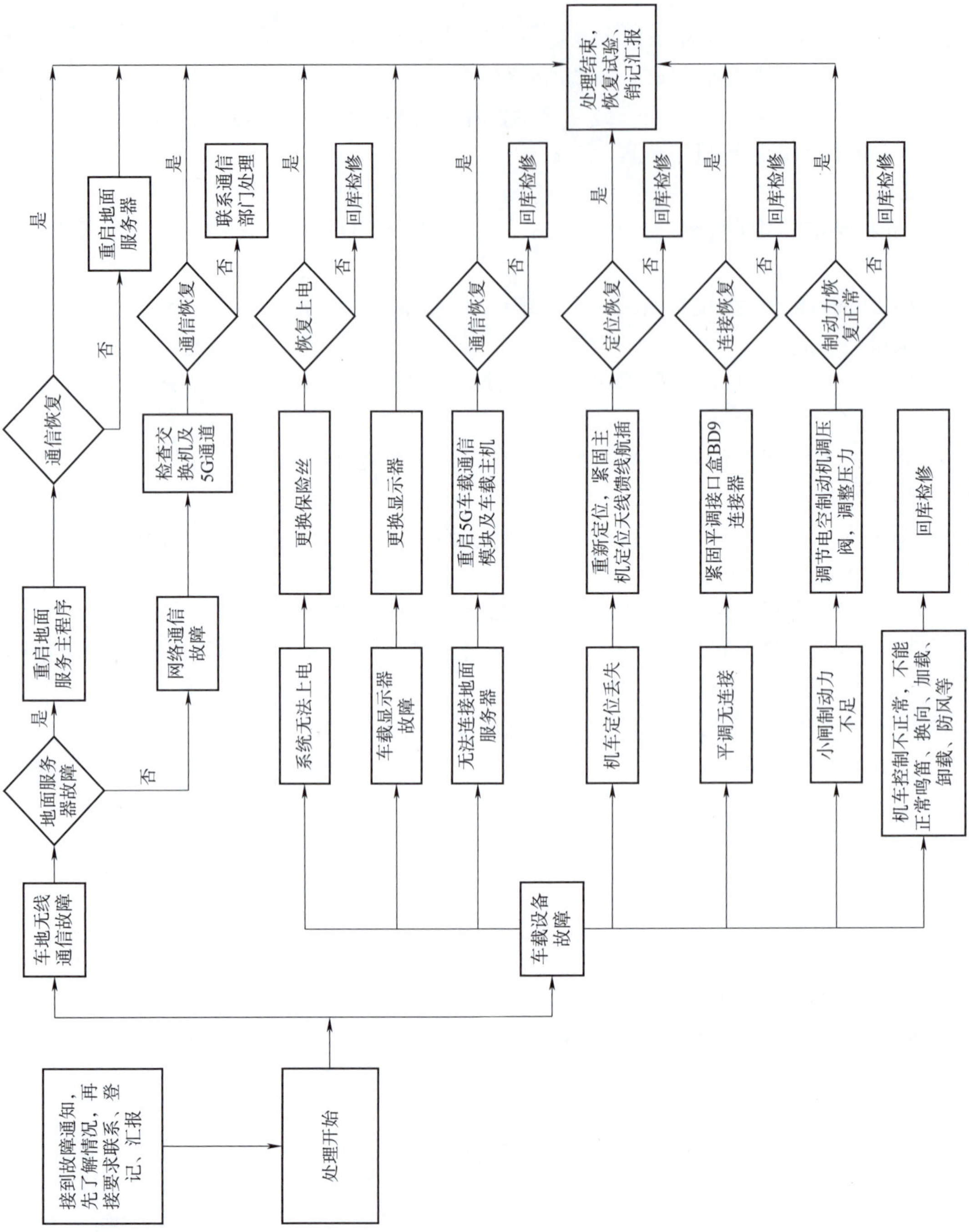

图 11-104 BDZ 系统故障处理流程

(2)BDZ 系统站场表示信息中断

故障现象:无线通信状态正常,但 BDZ 系统车载设备不能显示站场表示信息。

故障分析:BDZ 系统地面服务器与 CIPS 系统接口故障。

判断处理:检查 BDZ 系统、CIPS 系统间接口服务器和接口程序,重启接口程序。

注意事项:

当 BDZ 系统地面服务器与 CIPS 站场表示服务的连接发生故障时,车载显示器所有调车信号机均显示蓝灯,无进路显示。此时车载显示器的信号显示失效,系统的信息显示、防护、自控功能均失效,操作人员需要确认地面信号后再行车。

(3)车载设备功能失效

故障现象:BDZ 系统车载设备部分功能无法正常使用。

故障分析:车载主机故障或车载软件出错。

判断处理:重启车载程序、车载主机,不能恢复时关闭车载设备电源,返所检修。

注意事项:

①速度显示与实际不符、转速显示与实际不符、方向显示与手柄不符、挡位显示与实际不符、制动显示与实际不符、制动测试不正常时应立即退出遥控功能,检查车载主机设备及车载软件状态,联系信号部门分析处理。

②速度显示与实际不符、制动状态与手柄状态不符、紧急制动状态异常时应立即禁用防护功能,联系信号部门对车载主机、车载控制接口进行检查处理。

③车载设备功能全部失效时,立即关停车载设备电源,转人工操作,回所检修。

三、风险提示

1. 车地无线通信中断

原因:无线网络问题或车地通信模块故障。

危害:BDZ 系统车地无法通信,调机防护功能和自控功能均无法使用,自控状态时通信中断会触发紧急制动。

处理:司机应目视瞭望行车,通知通信部门检查无线通信设备,通知信号部门检查 BDZ 系统地面设备。

2. 软件换装错漏

原因:车载设备软件更换时卡控不严、换装错漏。

危害:软件版本非最新,导致 BDZ 系统防护或自控等功能无法正常使用,影响调机作业。

处理:严格落实软件换装卡控措施,规范换装流程,避免出现换装错漏问题。

3. 轨道长度数据错误

原因:人工测量长度出现误差,或人工测量数据与 BDZ 系统录入数据不符。

危害:可能导致提前触发制动或闯蓝灯未触发制动。

处理:对轨道长度数据进行复核、比对、拉车试验,并通过数据分析等措施确保数据准确。

4. 定位不准

原因:无线网络问题、定位模块故障或地面差分基站故障。

危害:BDZ 系统无法获取调机准确位置,自控功能无法正常使用。

处理:立即退出自控模式,排查定位相关车、地设备问题,排除后在车载设备上操作重新定位,车载设备不能重新定位时,通知地面维护人员人工定位。

5. 车顶作业人身伤害

原因:触电伤害、坠落伤害。

危害:危及作业人员人身安全。

处理:与机务办理停电隔离手续,悬挂红色信号旗或红灯,并在操纵手柄上悬挂红色“禁止操纵”牌,设专人进行防护,穿戴防护用具。

6. 车顶天线坠落

原因:安装紧固不良、机车震动、外物撞击、机务检修误碰。

危害:设备损坏、撞击临线车列或作业人员。

处理:落实检修、检测作业标准,加强与机务部门信息反馈,加强对天线安装状态检查验收。

第十二章 常用专业仪表及工具的使用

第一节 常用专业仪表的使用

一、MF14 型万用电表

MF14 型万用表主要由指示部分、测量电路、转换装置三部分组成，外形如图 12-1 所示。

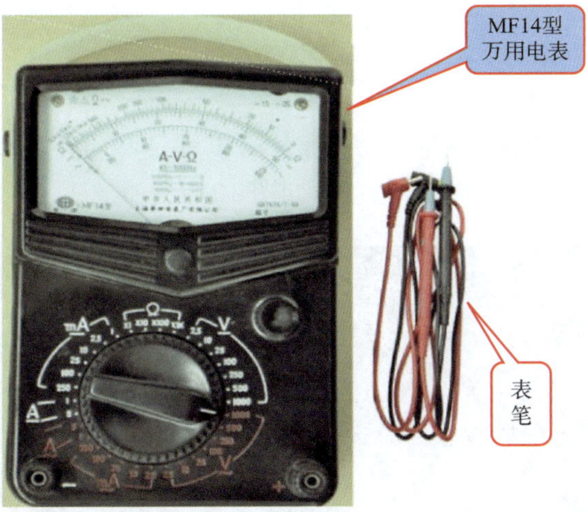

图 12-1 MF14 型万用表外形

1. 设备组成

(1)表头符号含义

MF14 型万用表是高灵敏度的磁电式电表，其主要性能指标基本上取决于表头的性能。表头的灵敏度是指表头指针满刻度偏转时流过表头的直流电流值，这个值越小，表头的灵敏度愈高。测电压时的内阻越大，性能就越好。表头上有 30 条刻度线，它们的功能如下：

①A－V－ Ω 表示可测量电流、电压及电阻。

②“～”表示交流、“—”表示直流。

③第一条刻度线(从上到下)标有“∞”或“Ω”，指示的是电阻值，转换开关在欧姆挡×1、×10、×100、×1 K 时，即读此条刻度线。

④第二条刻度线标有“—”，指示的是直流电压值和直流电流值，当转换开关量程在直流电压 2.5 V、10 V、25 V、100 V、250 V、500 V、1 000 V 挡或直流电流 1 mA、2.5 mA、10 mA、25 mA、100 mA、250 mA、1 A、5 A 位置时，即读此条刻度线。

⑤第三条标刻度线有“∽”，指示的是交流电压值和交流电流值，当转换开关量程在交流电压 2.5 V、10 V、25 V、100 V、250 V、500 V、1 000 V 挡或交流电流 1 mA、2.5 mA、10 mA、25 mA、100 mA、250 mA、1 A、5 A 位置时，即读此条刻度线，如图 12-2 所示。

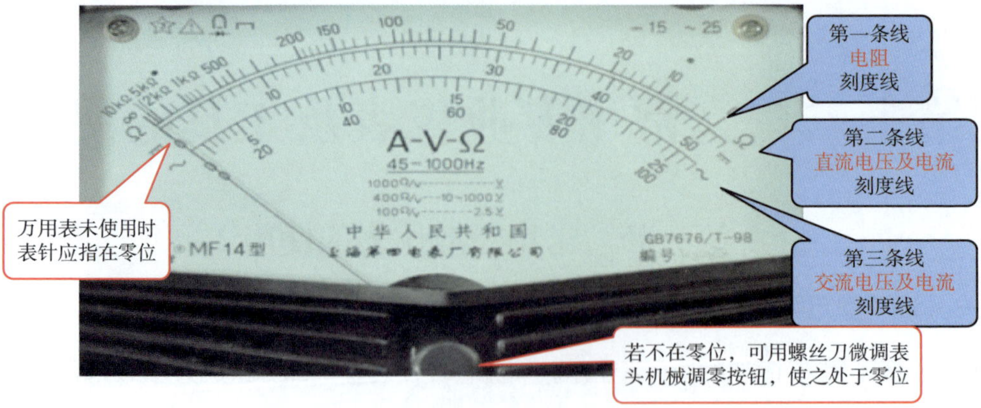

图 12-2　MF14 型万用表指示部分

2. 转换开关

转换开关的作用是选择各种不同的测量线路，以满足不同种类和不同量程的测量要求。转换开关只有一个，标有不同的挡位和量程，如图 12-3 所示。

图 12-3　转换开关

3. 操作要点

(1)使用前—调整零点：应注意水平放置时，表头指针应处于交直流挡标尺的"0"刻度线上，否则读数会有较大的误差。若不在零位，应通过机械调零的方法(即使用小螺丝刀调整表头下方机械调零螺钉)使指针回到零位。

(2)进行测量前—先检查红、黑表笔连接的位置是否正确。红色表笔接到红色接线柱或标有"十"号的插孔内，黑色表笔接到黑色接线柱或标有"一"号的插孔内，不能接反，否则在测量直流电量时会因正负极的反接而使指针反转，损坏表头部件。

(3)在表笔连接被测电路之前，一定要查看所选挡位与测量对象是否相符，否则，误用挡位和量程，不仅得不到测量结果，而且还会损坏万用表。在此提醒初学者，万用表损坏往往就是上述原因造成的。

①测量时：须用右手握住两支表笔，手指不要触及表笔的金属部分和被测元器件。

②测量中：若需转换量程，必须在表笔离开电路后才能进行，否则选择开关转动产生的电弧易烧坏选择开关的触点，造成接触不良的故障。

③在实际测量中，经常要测量多种电量，每一次测量前要注意根据每次测量任务把选择开关转换到相应的挡位和量程，这是初学者最容易忽略的环节。

二、FLUKE 17B 型数字表

FLUKE 17B 型数字表外形如图 12-4 所示。

1. 使用方法

(1)使用前，应认真阅读有关的使用说明书，熟悉电源开关、量程开关、插孔、特殊插口的作用。

(2)将电源开关置于 ON 位置。

(3)交直流电压的测量：根据需要将量程开关拨至 DCV(直流)或 ACV(交流)的合适量程，红表笔插入 V/Ω 孔，黑表笔插入 COM 孔，并将表笔与被测线路并联，读数即显示。

(4)交直流电流的测量：将量程开关拨至 DCA(直流)或 ACA(交流)的合适量程，红表笔插入 mA 孔(＜200 mA 时)或 10 A 孔(＞200 mA 时)，黑表笔插入 COM 孔，并将万用表串联在被测电路中即可。测量直流量时，数字万用表能自动显示极性。

(5)电阻的测量：将量程开关拨至 Ω 的合适量程，红表笔插入 V/Ω 孔，黑表笔插入 COM 孔。如果被测电阻值超出所选择量程的最大值，万用表将显示“1”，这时应选择更高的量程。测量电阻时，红表笔为正极，黑表笔为负极，这与指针式万用表正好相反。因此，测量晶体管、电解电容器等有极性的元器件时，必须注意表笔的极性。

图 12-4　FLUKE 17B 型数字表外形

2. 注意事项

(1)如果无法预先估计被测电压或电流的大小，则应先拨至最高量程挡测量一次，再视情况逐渐把量程减小到合适位置。测量完毕，应将量程开关拨到最高电压挡，并关闭电源。

(2)满量程时，仪表仅在最高位显示数字“1”，其他位均消失，这时应选择更高的量程。

(3)测量电压时，应将数字万用表与被测电路并联。测电流时应与被测电路串联，测直流量时不必考虑正、负极性。

(4)当误用交流电压挡去测量直流电压，或者误用直流电压挡去测量交流电压时，显示屏将显示“000”，或低位上的数字出现跳动。

(5)禁止在测量高电压(220 V 以上)或大电流(0.5 A 以上)时换量程，以防止产生电弧，烧毁开关触点。

3. 操作面板各按钮的作用

(1)黄色键的作用：按下黄色按钮，在交流或直流电流测量间切换，选择电阻模式，按下黄色按钮两次，以激活通断性蜂鸣器，如果电阻低于 50 Ω，蜂鸣器将持续向其表明出现短路，如果电表读数 0L，则电路断路。

(2)HOLD：数据保持，锁定键。

(3)RANGE：手动量程。

(4)REI：归零开关。当短路表笔时，与机械表测电阻时的调零旋钮功能类似。

(5)Hz%：测频率和占空比，按一下测频率，再按一下测占空比。

占空比：是频射、微波电路、低频交流和直流电流等多个领域的一个概念，表示在一个周期内，工作时间与总时间的比值，有多个具体定义方式。测量占空比一般可以用示波器(波形显示)或万用表(数值显示)来完成。调节信号发生器可以提供占空比可变的脉冲信号。

占空比信号可以控制电磁阀的开启度，如碳罐清除阀和自动变速器等机构中的液压控制阀等。碳罐清除阀大约每隔 4 min 开启 1 min。但由于发动机有不同的工作状况，简单地全开、全闭不能满足要求。采用占空比控制信号，能通过脉冲电流的脉宽在 0～100%间控制碳罐清除阀的开度。

(6)将表置于温度挡，然后用表带的专用探头接触到要测的物体，得到的就是所测物体的温度，测量时只插探头，表笔不要接在其他插孔内，防止产生误差。

三、兆欧表

兆欧表外形如图 12-5 所示。

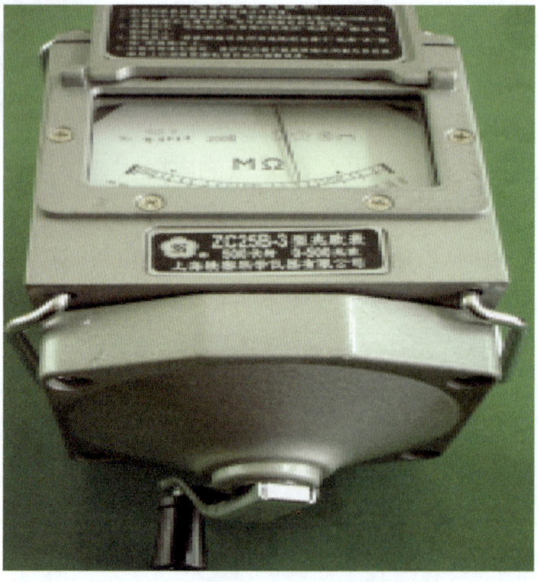

图 12-5　兆欧表外形

兆欧表又称摇表，是用来测量被测设备的绝缘电阻和高值电阻的仪表，它由一个手摇发电机、表头和三个接线柱(即 L：线路端、E：接地端、G：屏蔽端)组成。

1. 使用方法

(1)校表。测量前应将兆欧表进行一次开路和短路试验,检查兆欧表是否良好。将两连接线开路,摇动手柄,指针应指在"∞"处,再把两连接线短接一下,指针应指在"0"处,符合上述条件者即良好,否则不能使用。

(2)被测设备与线路断开,对于大电容设备还要进行放电。

(3)选用电压等级符合的兆欧表。

(4)测量绝缘电阻时,一般只用"L"和"E"端,但在测量电缆对地的绝缘电阻或被测设备的漏电流较严重时,就要使用"G"端,并将"G"端接屏蔽层或外壳。线路接好后,可按顺时针方向转动摇把,摇动的速度应由慢而快,当转速达到 120 r/min 左右时(ZC-25 型),保持匀速转动,1 分钟后读数,并且要边摇边读数,不能停下来读数。

(5)拆线放电。读数完毕,一边慢摇,一边拆线,然后将被测设备放电。放电方法是将测量时使用的地线从兆欧表上取下来与被测设备短接一下即可(不是兆欧表放电)。

2. 注意事项

(1)禁止在雷电时或高压设备附近测绝缘电阻,只能在设备不带电,也没有感应电的情况下测量。

(2)摇测过程中,被测设备上不能有人工作。

(3)兆欧表线不能绞在一起,要分开。

(4)兆欧表未停止转动之前或被测设备未放电之前,严禁用手触及。拆线时,也不要触及引线的金属部分。

(5)测量结束时,对于大电容设备要放电。

(6)要定期校验其准确度。

四、钳形(电流)表

钳形表外形如图 12-6 所示。

钳形表是一种用于测量正在运行的电气线路的交流电流大小的仪表,可在不断电的情况下测量交流电流。

1. 结构及原理

钳表实质上是由一只电流互感器、钳形扳手和一只整流式磁电系有反作用力仪表所组成。

2. 使用方法

(1)测量前要机械调零

(2)选择合适的量程,先选大,后选小量程或看铭牌值估算。

(3)当使用最小量程测量,其读数还不明显时,可将被测导线绕几匝,匝数要以钳口中央的匝数为准,则读数=指示值×量程/满偏×匝数。

(4)测量时,应使被测导线处在钳口的中央,并使钳口闭合紧密,以减少误差。

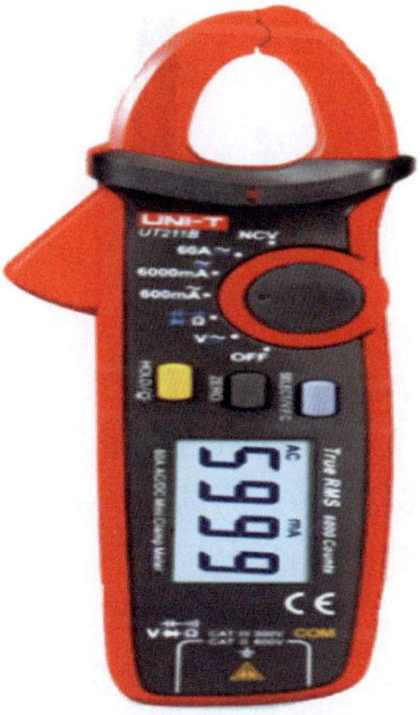

图 12-6　钳形表外形

(5)测量完毕,要将转换开关放在最大量程处。

3. 注意事项

(1)被测线路的电压要低于钳表的额定电压。

(2)测高压线路的电流时,要戴绝缘手套,穿绝缘鞋,站在绝缘垫上。

(3)钳口要闭合紧密不能带电换量程。

五、轨道电路诊断仪

轨道电路诊断仪外形如图 12-7 所示。

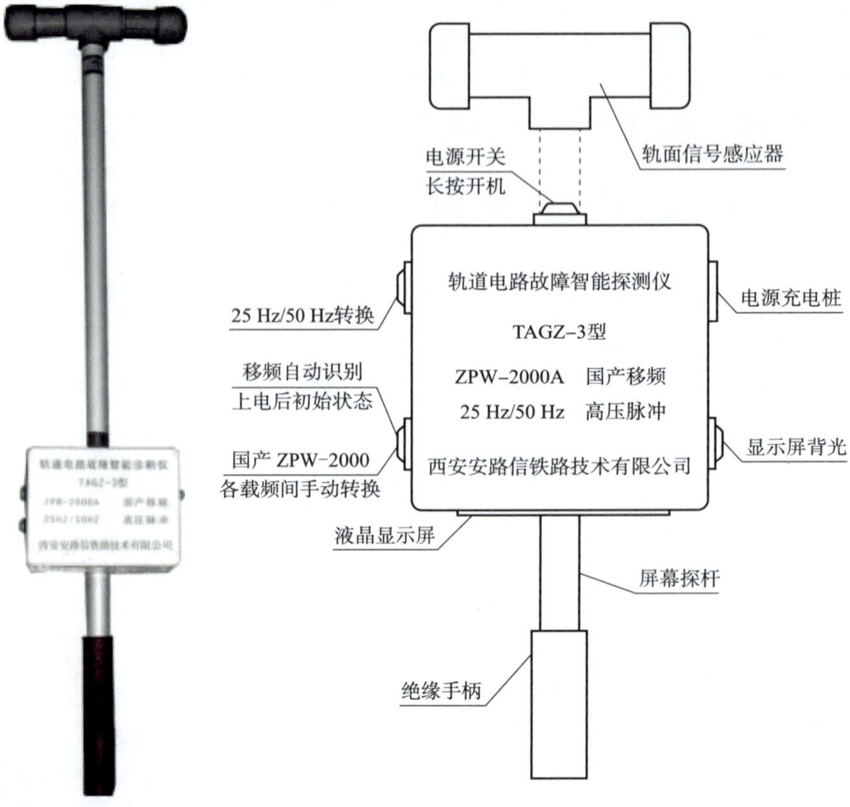

图 12-7 轨道电路诊断仪

主要功能如下:

(1)判断轨道电路开路断路故障,判断轨道轨距杆的绝缘状况,判断轨道电路连接线是否接触良好,测试频率:25 Hz、50 Hz,国产移频:550～850 Hz,ZPW-2000:1 700～2 600 Hz、高压脉冲 3 Hz。

(2)液晶屏自动显示频率及相应电流值

①若电流小于 400 mA,蜂鸣声发出报警提示,有断路和接触不良故障,报警时轨道电流均小于 400 mA(无须显示)。

②25 Hz、50 Hz、高压脉冲、按键可选择不同频率显示值。

③设置移频按键,上电后可自动显示相主信号频率及相应电流值,手动触发按键可显

示 550 Hz、650 Hz、750 Hz、850 Hz、1 700 Hz、2 000 Hz、2 300 Hz、2 600 Hz 频率及电流值。

④高压脉冲，频率、脉头及脉冲尾幅值判定等。

六、CD96-3Z 型移频在线测试记录表

CD96-3Z 型移频在线测试记录表外形如图 12-8 所示。

1. 仪表特点

(1)具有双测量输入端口，可以实现 25 Hz 和 50 Hz 相敏轨道电路的电压相位差测试，也可实现轨道补偿电容、铆接塞钉、调谐单元、空芯线圈等室外装置的在线阻抗实时测试。

(2)作为 ZPW-2000 系列无绝缘移频轨道电路的专用维修测试仪表，具有该系统轨道电路在线故障检测功能，在不拆除任何使用设备配线的条件下，实现对室内外各项设备电气参数的在线测试。

(3)适用于 UM71 或 WG-21A 无绝缘移频信号制式站内、区间轨道电路安装、调试及日常维护管理使用。

(4)适用于 4 信息、8 信息、12 信息、18 信息有绝缘移频制式站内、区间轨道电路安装、调试及日常维护管理使用。

(5)适用于 25 Hz 和 50 Hz 相敏轨道电路的选频电压、选频电流、电压相位差和电压波形失真度测量。

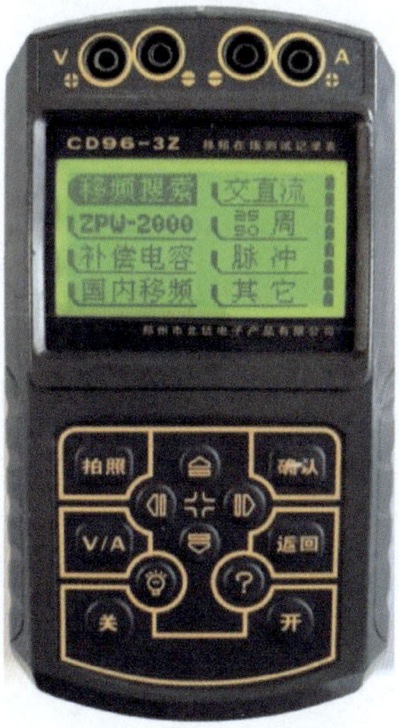

图 12-8　CD96-3Z 型移频在线测试记录表

(6)适用于 25 Hz 信号、50 Hz 信号与移频信号相混迭的场合测试使用。

(7)具有 ZPW-2000 调整表调用查阅功能，此项中储存有“ZPW-2000A 轨道电路调整表”等多种调整表，可供调用查阅。

(8)具有通用测试记录功能。在测试过程中，只需按动一下“拍照”键，可将测试瞬间的显示屏幕抓拍成照片加以记录保存。

(9)具有轨道补偿电容专用在线测试记录管理功能，实现近 900 只轨道补偿电容的多次测试数据的记录保存管理。

2. 仪表功能

(1)作为 ZPW-2000 系列无绝缘移频轨道电路的专用维修测试仪表，在不拆除任何使用设备配线条件下，CD96-3Z 型移频在线测试记录表实现对室内外各项设备的在线阻抗测试，包括：

①塞钉接触阻抗测量；

②补偿电容测试记录；

③调谐单元零阻抗、极阻抗测量；

④空芯线圈阻抗测量；

⑤匹配变压器电缆侧/轨道侧输入阻抗、输出阻抗测量；

⑥引接线阻抗测量；

⑦室内接收器输入阻抗测量；

⑧绝缘轨距杆漏泄电流测量；

⑨0.06 Ω、0.15 Ω 等类型的分路线阻值校准等。

⑩ZPW-2000 多载频、单载频频率、电压测量；

⑪ZPW-2000 调整表调用查阅；

⑫国内移频信号测量(含 4、8、12、18 信息)；

⑬相敏轨道电路电压相位差测量；

⑭相敏轨道电路电压波形失真度测量；

⑮交直流通用测项；

⑯测试抓拍照片资料。

(2)测试连接组件的使用。

专用测试连接组件的核心是“公用测试线”。

如图 12-9 所示，“公用测试线”的测试端设计标准测试插柄(或称之为标准测试插头)，可以换插附有标准插孔的各种测试插换头，方便针对不同测试对象进行测试连接，以满足现场各种场合单人测试的连接需求。

测试插换头的名称与用途如下：

①测试磁吸：可以吸附于钢轨轨面，实现轨商电压的测试连接。“测试磁吸”使用后，请务必从钢轨轨面上收回，以防发生意外。

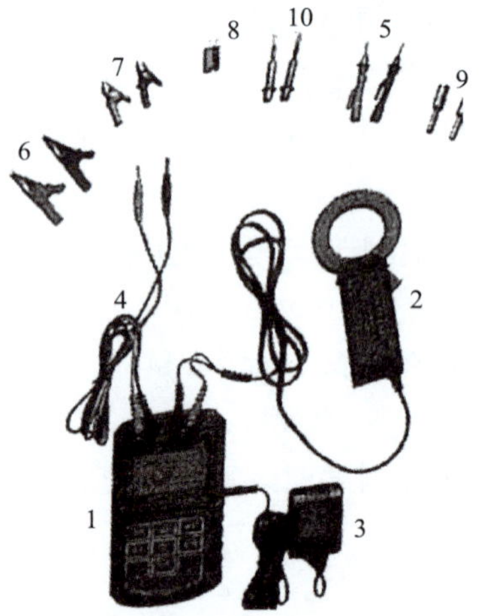

注：1—测试主表；2—双频段电流钳；3—专用充电器；4—公用测试线；5—测试表笔；6—大测试鳄鱼夹；7—小测试鳄鱼夹；8—测试塞头；9—测试磁吸；10—测试夹钩

图 12-9　CD96-3Z 型移频在测试记录表及其组件

②测试鳄鱼夹：啮夹于传输信号的引接线、螺栓、连接片之上，实现其测试连接。

③测试塞头：插塞于设备测试塞孔之上，实现其测试连接。

④测试夹钩：夹钩于传输信号导线裸露头上或元器件引脚之上，实现其测试连接。

⑤测试表笔：用途同于通常使用的测试表笔。

在专用测试连接组件的使用过程中，应根据现场测试连接实际需要，合理地选用各种测试插换头，确保测点良好接触。

(3)键盘定义。

开键:仪表供电电源开启;

关键:仪表供电电源关断;

△键:上移光标/上选载频/数字增加;

▽键:下移光标/下选载频/数字减少;

⇨背光键:显示屏背光照明打开/关闭;

▷、◁键:左、右移动选项光标;

V/A 键:开通 V(或 A)端口,且切断 A(或 V)端口;

确认键:选中、确认;

返回键:返回、退出;

拍照键:测试全屏锁定反显。

(4)显示屏中特定提示符的含义。

$F_{中}$:移频中心频率的标题代号;

$F_{上}$:移频上边频的标题代号;

$F_{下}$:移频下边频的标题代号;

25:25 Hz 基波的标题代号;

50:50 Hz 基波的标题代号。

(5)使用方法。

①室内设备在线测试,将仪表公用测试线与主表上方“V”测试孔连接。将公用测试线与测试塞头连接。测试电源电压等直流电压。在主菜单选择“交直流通用测项”,按“确认”键进入,然后移动“△”“▽”键至“直流电压幅值”项,按“确认”键即可。在衰耗器面板的“发送电源”、“接收电源”和 GJ、XGJ 等塞孔上进行系统设备的直流电压参数测试。

②测试发送功出载频信号。在主菜单选择“ZPW-2000”项,按“确认”键进入,移动“△”“▽”键至“单载频选频测量”项,按“确认”键,在衰耗器面板的相应塞孔进行测试。可测得信号的上、下边频频率和电压值,测得移频信号的中心频率和电压值,测得低频信息的频率值。

③测试轨入和轨出载频信号。在主菜单选择 ZPW-2000”项,按“确认”键进入,移动“△”“▽”键至多载频选频测量”项,按“确认”键进入,移动“△”“▽”键,选择四载频或双载频测项,在衰耗器面板的相应塞孔进行测试。可测得移频信号的中心频率和电压值,测得低频信息的频率和电压值。

④室外塞钉与钢轨交流接触电阻的在线测试。

塞钉接触阻抗测试属于微量值测试,应严格按要求进行操作。塞钉接触电压测试,必须使用出厂配备的“塞钉测试线”,不允许使用“公用测试线”,“塞钉测试线”测试端的一个测试插柄选插“小测试鳄鱼夹”,另一个测试插柄选插“测试磁吸”,并插入磁吸侧面的塞孔中。

将塞钉测试线和 DLH-09 型电流钳(选择至Ⅰ侧)分别插入仪表上端的 V、A 测试端口。

在主菜单选择“ZPW-2000”项进入,再选中“在线阻抗测项”,在测试选项屏移动“△”“▽”键至“塞钉接触阻抗”测项。将电流钳卡人塞钉引接线;“塞钉测试线”测试的“小测试鳄鱼夹”啮夹在塞钉引接线的线员上,过吸吸附于“小测试鳄鱼夹”啮夹点垂直方向的钢轨面上(这时须注意“测试磁吸”的引线与“小测试鳄鱼夹”的引线所形成的平面应尽量与钢轨垂直),按动“确认”键,此时,同屏实时测量显示两组在线电压、电流值及其换算的接触阻抗。

在测试过程中，测试人员须站在轨道外侧。测试表距离钢轨轨面高度应不低于 60 cm，以避免钢轨电流电磁场干扰过大影响仪表测量。

⑤补偿电容器容值、调谐单元（简称 BA）阻抗、匹配变压器（简称 TAD）阻抗、空芯线圈（简称 SVA）阻抗、机械空芯线圈（简称 SVA'）阻抗、分路灵敏度线电阻、绝缘轨距杆的在线测试：

在主菜单选择"ZPW-2000"项进入，再选中"在线阻抗测项"，在测试选项屏移动"△""▽"键选中相应选项。

⑥相敏轨道电路相位差测量。

在主菜单选择"相敏轨道电路"项进入，选中"25 周电压相位差"或"50 周电压相位差"。

将测试表"V"端测试线连接局部电压测点，"A"端测试线连接轨道电压测点，按"确认"键，同屏显示仪表"V"输入端口和"A"输入端口两路电压信号的电压值和相位差，以及"V"端口电压信号的频率值。

⑦取消仪表节电自动关机功能的方法。

在开机时，先按住仪表键盘左上角的按键不拾，再按电源"开"键，则取消仪表节电自动关机功能。

七、FC-2G 型防雷元件测试仪

FC-2G 型防雷元件测试仪外形如图 12-10 所示。

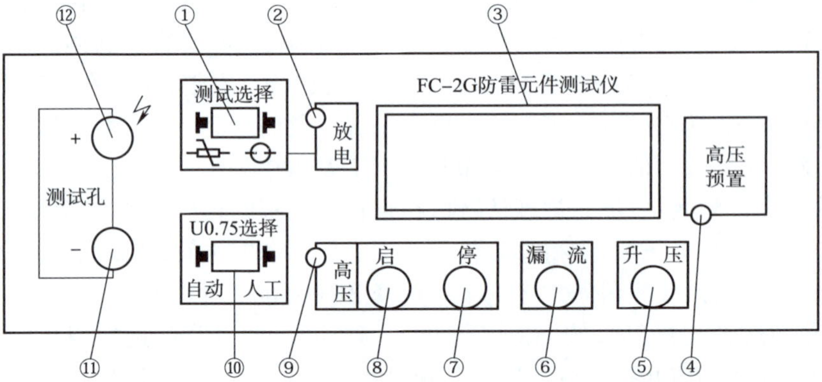

注：1—测试选择键；2—放电指示灯；3—LCD 显示窗；4—高压预置旋钮；5. 升压键；6—漏流键；7—高压停健；8—高压启键；9—高压指示灯；10—U0. 75 选择健；11—测试孔（－）；12—测试孔（＋）

图 12-10 FC-2G 型防雷元件测试仪外形

1. 主要技术指标

（1）压敏电阻指标（表 12-1）

表 12-1 测量压敏电阻技术指标

技术指标	测量范围	工作误差	测试条件
起始动作电压 U_{1mA}	0～100 V	≤±2 V±1d	1 mA±5 μA
	0～1 700 V	≤±2%±1d	
漏电流 $I_{0.75U1mA}$	0～199.9 μA	≤2 μA±1d	$0.75U_{1mA}$≤±2%±1d

(2)放电管测量指标(表 12-2)

表 12-2 测量放电管技术指标

技术指标	测量范围	工作误差	测试条件
直流击穿电压 V_{sdc}	20~1 700 V	≤±2%±1d	电压上升率 100 V/s±8%
放电电压记忆显示时间	1.5~3.5 s		

注:工作误差中的"d"是数字仪表表头显示误差,"1d"误差为 1;如 100 V 时±2%±1d 表示 98~102 V 再±数字表头显示的误差,结果为 97~103 V。

2. 主要技术指标释义

起始动作电压 U_{1mA},即击穿电压、阈值电压、压敏电压、标称电压、导通电压、额定电压:是指压敏电阻对雷击造成的过电压的峰值部分进行限制的导通特性。在实验测试过程中,指在规定温度和直流电流下的电压值,即用 1 mA 直流电流通入压敏电阻时(即被击穿、启动、工作)测得的电压值,压敏电阻电压范围可以从 10~9 000 V 不等,表征了压敏电阻导通后,过电压被限制的量值。所以压敏电阻又被称为限幅型防雷元件或组件。

漏流 $I_{0.75U1mA}$:即泄漏电流。是指压敏电阻在无过电压侵袭、被保护对象(线路、设备、系统)正常工作的状况下的关断特性(即线路损耗)。在实验测试过程中,是指取起始动作电压 U_1mA 值的 0.75 倍的电压,施加给被测压敏电阻两端时,流经压敏电阻的电流值。

直流击穿电压 V_{sdc},即直流放电电压、点火电压:指当外加电压以 500 V/s 的速率上升,放电管产生火花时的电压为击穿电压,气体放电管具有多种不同规格的直流击穿电压,其值取决于气体的种类和电极间的距离等因素,由于放电的分散性,直流击穿电压是一个数值范围,常用的有 90 V、150 V、230 V、350 V、470 V 和 600 V 等。其误差范围:一 般为±20%,也有的为±15%,还有个别的为±10%或±5%。

3. 面板按键操作、设置

本机通过仪器面板和背板上的开关和操作键的设置和操作,使仪器对机内测试电源的电压、电流输出及显示方式进行控制,以完成对压敏电阻和放电管主要技术参数的测试及对仪器性能的自检。

(1)测试选择键:是选择测量对象的种类的按键开关。按键置高位(不按下去)测量压敏电阻;置低位(按下去)测量放电管。

(2)U0.75 选择键:选择"自动"位(按键置高位),配合高压启键、高压停键、漏流键可完成对压敏电阻的 U_{1mA} 和 $0.75U_{1mA}$ 的测量。若同时配合使用仪器背板的显示选择开关,可完成对仪器性能的自检。此时的"升压"键和"高压预置"旋钮丧失功能。

(3)选择"人工"位(按键置低位),漏流键丧失功能。仪器可对压敏电阻的单一指标进行测试或进行放电管测试。

(4)高压启键:是指开启机内的实验测试电源。高压启动后有以下几种情况:

①U0.75 选择键选择"自动"位:高压启动后,机内的实验测试电源是电流源工作方式,因此,测试孔"+""-"端钮开路时,开路电压可高达 2~3 kV,但仪器只显示 1 800~1 999 V 间的电压值(设计上只保证 0~1 700 V 间的电压示值的准确度)。当测试孔"+""-"端钮间接有测量范围内的负载(≤1 700 V/1 mA 的压敏电阻、线性电阻等)时,实验测试电源输出精确、恒定的 1 mA 电流。负载端电压(即测试孔"+""-"端钮间的电压)值高于 1 700 V 后,实验测试电源输出的 1 mA 电流将退出恒流状态而逐渐减小,直至进入开路状态。

②U0.75 选择键选择“人工”位：高压启动后，机内的实验测试电源是电压源工作方式，测试孔“＋”“－”端钮间的电压受高压预置旋钮控制，可在 20～1 500 V 电压范围任意调节。

但是，当负载电流为 1 mA 时，机内的实验测试电源由恒压源自动转换为 1 mA 恒流源，测试孔“＋”“－”间的电压随着负载电阻值的不断减小而降低，直至负载短路、电压值为“000 V”。这和“自动”位 U_{1mA} 测试情况完全一样。

(5)高压停键：是指关闭机内的实验测试电源。使仪器处于省电待机状态。

(6)漏流键：测试选择键置“压敏电阻”位、U0.75 选择键选择“自动”位时，漏流键才具有以下功能：按住漏流键不放时，仪器自动将此前测试孔“＋”“－”端钮间的电压的 0.75 倍值采取、保持、控制于此时，持续时间可达 5 min。这是测试压敏电阻的漏流 $I_{0.75U1mA}$ 值时对实验测试电源提出的要求。

(7)高压预置旋钮：仪器设置此功能的目的，一是将机内实验测试电源当通用稳压电源使用，当然也可灵活地用于测试防雷元件的一些参数。二是可以将预置电压作为测量放电管时的上升电压的起始点，从而减少电压上升所需时间，提高测试效率。

(8)上升键：U0.75 选择键选择“人工”位时有效。启动上升键，测试孔“＋”“－”端钮间的电压从预置电压值开始按 100 V/s 速率匀速上升。这是测试放电管的直流击穿电压 V_{sdc} 值时对实验测试电源提出的要求。

(9)显示选择开关：由背板上的两个钮掷开关组合而成，按箭头方向可组合为自动、电压、电流三种显示方式。

①自动显示：对应于压敏电阻自动测试时选用。选用后，启动高压，仪器显示器显示 U_1m 值；按住“漏流”键不放时，仪器显示器自动转为显示 $I_{0.75U1mA}$ 电流值。

②电压显示：对应于压敏电阻测试时选用。选用后，启动高压，仪器显示器始终显示测试孔“＋”“－”端钮间的电压。与自动显示不同的是，按住“漏流”键不放时，仪器显示器显 $0.75U_{1mA}$ 电压值。这就是检查了测试漏流值时测试条件的真实性和准确性(所谓仪器自检)。

③电流显示：对应于压敏电阻测试时选用。选用后，启动高压，仪器显示器始终显示流经负载的电流值(从测试孔“＋”流入测试孔“－”的电流)。与自动显示不同的是，测试压敏电阻 U_{1mA} 值时，仪器显示器显示 1 000 μA(即 1 mA)电流值。这就是检查了测试起始动作电压值时测试条件的真实性和准确性(所谓仪器自检)。

显示选择功能与放电管测试无关。

4. 使用方法

(1)使用“自动”位测试压敏电阻。

①将前面板“测试选择”键置“压敏电阻”位；将“U0.75 选择”键置“自动”位，将后面板“显示选择”两拨动开关置“自动”位后开启电源。

②将被测压敏电阻用测试键接入“测试孔”的“＋”“－”端，轻触“高压启”键，仪器显示值即为起始动作电压 U_{1mA} 值。此时按住(不松开)“漏流”键，仪器便显示 0.75Um 条件下的漏流($I_{0.75U1mA}$)值。

③轻触“高压停”键后取下被测压敏电阻。

④连续使用时从②开始。

(2)使用“人工”位测试压敏电阻，此设置后，漏流键即丧失功能(只能进行单一指标测试)。

①将“测试选择”键置“压敏电阻”位；将“U0.75 选择”键置“人工”位；将“显示选择”开关

置“电压”位，开启电源和高压。调节“高压预置”旋钮，使仪器显示的电压值高于被测试的压敏电阻的 U_{1mA} 标称值至少 1.2 倍以上(绝对值应≥100 V)之后，可连续接入压敏电阻进行起始动作电压 U_{1mA} 单一指标的测试。

②根据已测压敏电阻 U_{1mA} 值计算出 $0.75U_{1mA}$，将仪器预置电压调节到此值，再将“显示选择”开关拨至“电流”位。之后，可连续接入 U_{1mA} 值相同的压敏电阻进行漏流 $I_{0.75U1mA}$ 单一指标的测试。

(3)放电管测试。

①将“测试选择”键置“放电管”位；“U0.75 选择”键置“人工”位；开启电源和高压。

②调节“高压预置”旋钮，使仪器显示的预置电压值低于被测放电管的直流击穿电压(V_{sdc})100 V 以下，直至调至起始位置(约 15 V)。

③将被测放电管用测试键接入“测试孔”的“＋”“－”端，轻触“升压”键，待绿色“放电指示灯”亮时，仪器稳定显示出的值为该放电管直流击穿电压(V_{sdc})值。

继续测试时，需待预置电压显示值稳定后，再接入放电管，启动“升压”键。

(4)其他功能。

①自检功能，在压敏电阻测试过程中，变换“显示选择”开关，可检查本仪器测试条件技术参数的正确性。如测 U_{1mA} 值时，“显示选择”开关置电流位可显示 1 mA 电流的即时值；测漏流 $I_{0.7U1mA}$ 时，“显示选择”开关置电压位可显示 0.75U，电压的即时值。

②“U0.75 选择”键置“人工”位，用调节“高压预置”旋钮，使预置电压缓慢上升的方法进行测试。测试压敏电阻，配合使用“显示选择”开关，可给出该压敏电阻的 V/A 特性曲线；测试放电管，将 100 V/s 上升速率条件下的测试值与之比对，以判断其正确性。

5. 关于多功能机型

为方便电信部门快速挑选 190～260 V 的放电管，多功能机型在普通机型的基础上增设了放电管连续、筛选测试功能；

(1)连续测试(测量范围 20～265 V)

将后面板上的“放电管测试正常/连续”开关置“连续”位，“筛选开/关”置“关”位，启动“高压”和“升压”键，仪器便在预置电压 20～265 V(最高电压量程)之间，连续给出 100 V/s 上升速率的测试电压。可连续接入 20～265 V 的放电管进行测试，接入时机应选在绿色(点火)指示灯点亮期间。当击穿电压值≥265 V 时，显示器只显示 265 V(最高量程值)，此值无效。

(2) 筛选(判别范围 190～260 V)

在连续测试的基础上将“筛选开/关”置“开”位，仪器在放电管点火后或 265 V 时，点亮绿色指示灯，显示电压示值并发出声音：短促低声表示点火电压值在 190～260 V 范围内，拖长高声表示点火电压在此范围外。以此来检验、判别与挑选放电管。

以上功能在不使用时，即“放电管测试正常/连续”开关置“正常”位，“筛选开/关”置“关”位，仪器使用方法完全同普通机型。

6. 注意事项

(1)“自动”位测试压敏电阻时，须避免开路时启动高压，以免损坏本表。

(2)测试时，不要触及测试孔、测试线夹等高压处，以免高压电击伤人。

(3)仪器应避免受潮、雨淋、暴晒、跌落。

八、驼峰专用测速仪器

常用的雷达测速仪外形如图 12-11 所示。

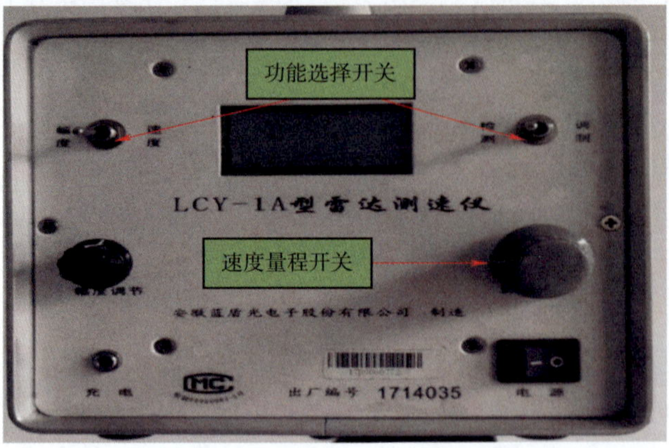

图 12-11　驼峰专用测速仪器外形

1. 模拟速度测试。将测速仪放在距离雷达天线 10 m 最大辐射处,“功能选择开关”置“速度”、“调制”挡,“速度量程开关”分别放置在“3”“6”“12”“24”km/h 四挡,在信号输出端可测得输出交流电压与对应频率(195 Hz、390 Hz、780 Hz、1 560 Hz),则认为工作正常。

2. 雷达最大辐射方向调整。将测速仪置于减速器出口轨道中心处,仪器高度与车辆车钩一致,“功能选择开关”置“幅度”“检测”挡。调整雷达在箱内的位置,当仪器接收到最大雷达信号时,确认该雷达方向已调好,同时将固定螺丝拧紧。

3. 雷达灵敏度测试。将测速仪置于雷达前方 10 m 处,调整雷达方位,当仪器确认已对准雷达时分别送入 3 km/h、6 km/h、12 km/h、24 km/h 调制信号,在雷达输出端应接收到相应的 195 Hz、390 Hz、780 Hz、1 560 Hz 频率信号。

九、电缆故障测试仪(XK8312 型线缆寻迹及故障定位仪)

XK8312 型线缆寻迹及故障定位仪是由 XK8312F 型发射机和 XK8312J 型接收机及感应式探头,电位差式探测架等组成。是光缆、电缆故障定位测试的专用仪表,适用于具有金属导体(线对、护层、屏蔽层)的各种光缆、电缆。其主要功能为对地绝缘不良点的定位测试,线缆径路的探测以及线缆埋深等的测试。具有体积小、质量轻、待电时间长、便于携带等优点,特别适用于野外作业。

1. 技术指标

(1)探测路由及故障点的距离:市话电缆 3 km,其他线缆可达 20 km 以上。

(2)准确定点的故障绝缘阻值:0~5 MΩ。

(3)定位测试准确度:10 cm。

(4)探测线缆深度:3 m。

2. 工作原理

(1)探测径路工作原理

当交流电流通过一直线导体时,在该导体周围便产生一个同轴的交流电磁场。将一线圈放于这个磁场中，在线圈内将感应产生一个同频率的交流电压，感应电压的大小决定于该线圈在磁场中的位置。当磁力线方向与线圈轴向平行时，线圈感应的电压将最大，如图 12-12 所示。当线圈轴向与磁力线方向相垂直时，感应的电压最小，如图 12-13 所示。由此可判断出线缆的径路，利用接收线圈的 45°法可测出地下线缆的埋深。

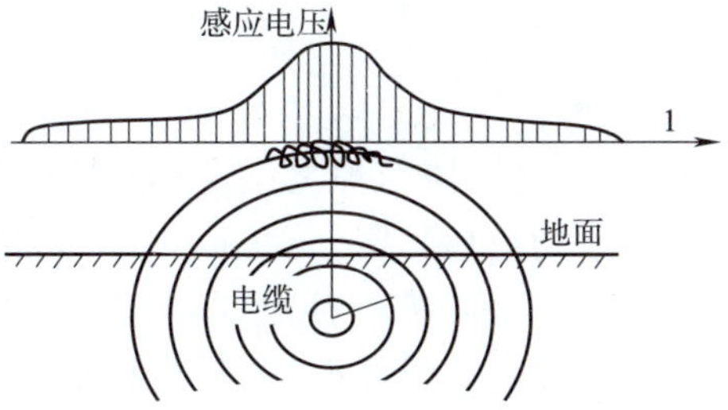

图 12-12　线圈感应电压最大状态

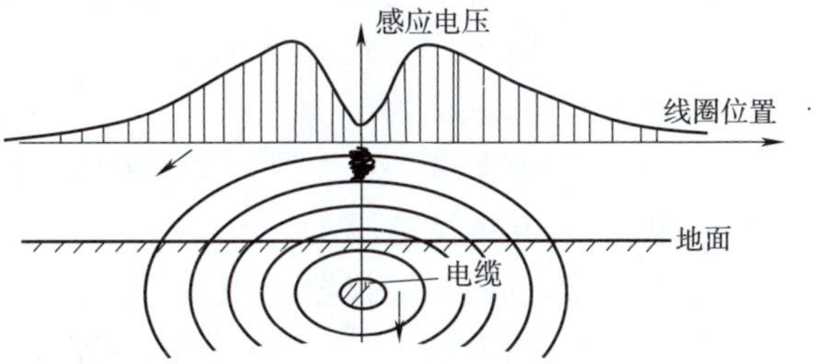

图 12-13　线圈感应电压最小状态

(2)探测故障工作原理

将发射机产生的直流高压脉冲送入被测电缆，通过绝缘不良点入地。在入地点形成点电场，该点电场在地表面形成的电场。接收机中的直流放大器通过电位差探测架取得故障点前后(沿线缆径路)的电位差(跨步电压)，由于故障点前后的电位差符号相反，当电位差探测架的前后顺序不变时，则电位差探测架所取得的电位差(跨步电压)反映在直流放大器的中值表头上将向不同方向摆动、中值表头在故障点前与越过故障点将会有方向的变化。通过表头摆动方向的变化，即可确定线缆对地绝缘不良的故障点位置。根据电场原理，接收机的电位差探测架距离故障点越近，在等距离条件下取得的电位差越大，中值表针摆动也越大；同样，探测架刚离开故障点时，中值表针摆幅也是最大(但与未过故障点摆动方向相反)。如果探架中间正好是故障点，由于电位差为零，则中值表头摆幅也为零。

3. 仪器面板控制机构(图 12-14)

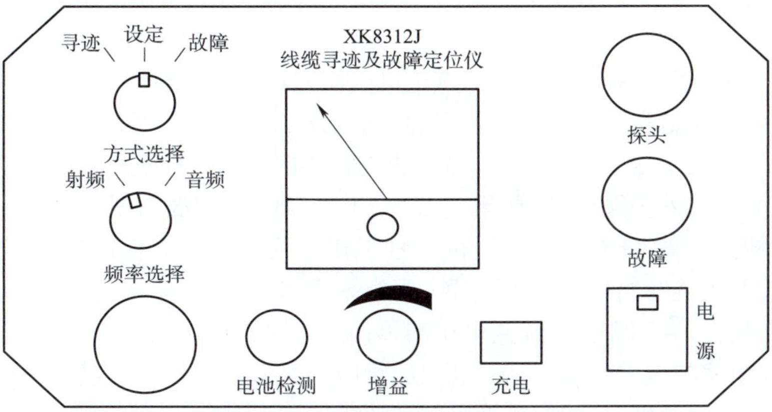

图 12-14　仪器面板控制机构

(1)电源开关：当置“开”时，打开整机电源。

(2)输出阻抗开关：共分为 5 挡，在使用中根据被测线缆的长度选择输出阻抗，挡位数字越大，输出电平越高，表头指示亦越大。

(3)绝缘电阻与信号输出开关：

绝缘电阻：此时仪器相当于一个绝缘电阻表，测试范围 0～30 MΩ，分三段：1～50 kΩ（红色）50 kΩ～1.5 MΩ（白色）1.5～30 MΩ（绿色）。用来测试线缆对地绝缘电阻的阻值。

信号输出：线缆寻迹、故障定位工作方式时输出的射频、音频信号位置。

(4)信号发射工作方式选择开关：

共分为五挡，依次为：

①预测：当电源开关在“关”位时，此时当输出线连接到被测导体与地之间时，仪表相当于一个电压表，其测试范围为：0～600 V。当表头指示电压大于 50 V 时，为危险电压，此时不可使用仪器，以免损坏仪器或伤人：当表头指示电压小于 50 V 时，方可使用仪器。

②线缆寻迹、射频：用来查找线缆径路，线缆埋深。主要用于近距离探测及已开通使用的音频线缆。

③线缆寻迹、音频：用来查找线缆径路，线缆埋深，主要用于未开通使用的音频线缆上任意距离的探测。

④故障定位、音频：用来查找线缆对地绝缘不良点的定位测试，主要用于未开通使用的音频线缆任意距离的探测。

⑤故障定位、射频：用来查找对地绝缘不良点的定位测试，主要用于近距离测试及已开通使用的音频线缆。

(5)“电池检测”按钮：

按下电池检测按钮，如果表头指针位于电池框线内，则说明电池良好，否则说明电池已不足，应充电后工作，或用交流供电工作。

(6)输出(红黑接线柱)：

作为线缆寻迹，故障定位的射频，音频信号输出接线柱。(红色接被测导体，黑色接地)。接地用地线棒与大地良好接触。

4. 使用方法

对地绝缘不良点的定位测试

本仪器可用来探测光缆、电缆外护层(或屏蔽层)及芯线对地绝缘不良的故障，并用电位差式探测架来探出接地点故障的准确位置，其测试方法如下：

①将输出连接线接至 XK8312F 发射机的“信号输出”接线柱上，连接线的另一端的红色接线夹接到被测线缆外护层(或屏蔽层式芯线)上。“地线棒”插入线缆径路的后方，黑色接线夹接在地线棒上。将 XK8312F 发射机信号工作方式选择开关旋在“预测”位置，“绝缘阻值与信号输出”开关旋在“信号输出”位置，观察被测线缆对地有无电压，当电压小于 50 V 时，方可使用本仪器，否则需排除线路电压后再使用本仪器。

②将“绝缘阻值与信号输出”开关旋在“绝缘阻值”挡，可测试被测线路对地绝缘阻值。

③将上述两开关分别旋向“信号输出”和“故障定位”射频(或音频)挡。若在已开通使用的音频线缆上查找故障时，或被测线缆长度小于 1 km 时，可使用射频挡。其他情况用音频挡。

④拨动“输出阻抗”开关，分别置于 1～5 挡，找出表头指针偏动最大位置后，就置于此挡，此时输出最大(多为 2、3 挡)。

⑤将 XK8312J 接收机“频率选择”开关旋到与 XK8312F 发射机对应的工作频率上，“方式选择”开关旋到“故障”挡，将电位差式探测架及感应式探头的引线接到接收机的“故障”“探头”插孔中。打开电源开关，并调节增益电位器旋钮，此时能听到 XK8312F 发射机发出的信号声响。

⑥身背接收机，手拿电位差式探测架及感应式探头，探测架的绿色标记向前，感应式探头对准线缆径路，沿着线缆径路向前走，每走几米把探测架在线缆径路的地面上插入一次。如表头指针左右摆动，无稳定状态，则说明无故障。如表头指针指示逐渐稳定下来，且表头指针指向绿色区域时，则表示故障在测试人员的前方，应继续向前走。如表针偏向红色区域时，则表示故障点位置已过，在测试人员的身后方，此时应后退几步测试。这样往返数次，直到探测架前后移动几厘米的距离，表针就从绿区偏向红区（或从红区偏向绿区）则故障点就在探测架中间下方。

十、电源接地测试仪（TAJD-A 型接地电流测试仪）

该测试仪可应用于机械室电源系统的直流 KZ/KF 或交流 JZ/JF 端的接地漏流测试，可较早发现信号电源接地漏电流故障，保障行车安全，其外形如图 12-15 所示。

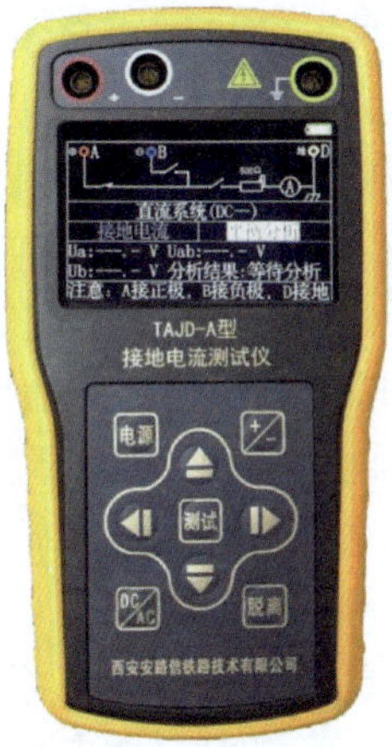

图 12-15　电源接地测试仪外形

1. 仪表的设置

（1）长按“开/关”按钮完成开机关机。

（2）“＋/－”按钮选择的通道。

（3）“交/直”按钮选择交流系统或直流系统。

（4）“← →”按钮选择电流预测或平衡分析。

（5）接地电流项：按“测试”键测试接地电流，每按一次，将接入电阻从 500 Ω 逐挡递减，依次循环减至零欧测试接地电流值。

A 路接地电流较大为 B 路接地不良，B 路接地电流较大为 A 路接地不良。具体状态应配合平衡测试法分析得出准确的判断。

（6）“脱离”按键可随时脱离仪表与被测电源系统的连接。

（7）平衡分析项：按“测试”键，每按一次，完成一次平衡分析，并给出分析结果（分析结果有接地电阻和不平衡度 2 种表示）。

提示：大于或小于阈值：指接地电阻大于或小于仪表内部设定阈值。R 值：指实际测试的接地电阻值。

（8）设置进入方法：

同时按下“↑ ↓”按钮超过 3 s，进入系统设置界面，分别设置交流接地电流阈值、直流接地电流阈值、接地电阻阈值、不平衡度标准、平衡分析显示选择，设置完成后再次按测试按钮退出并保存设置。

注：

①电流预测时，电流超过设置阈值，会自动脱开，并保持最后电流的显示。

②不平衡度定义：不平衡度＝电压大值÷电压小值。

（如 $U_A > U_B$，则，不平衡度＝U_A/U_B）。

2. 使用方法

(1)直流电源接地的判断

直流电源接地较易判断,可使用接地电流测试仪来测量。开始接通时,电压较高,随后逐渐下降,若正、负极对地电压值均为电源电压半值,则可判断是电缆分布电容充电结果。反之,若一极对地电压为零,另一极接近电源电压时,可以判断电源有接地现象。

(2)交流电源接地的判断

交流电源的接地和“假接地”现象较难判断。一般单相电源用测量两极的对地电压来确认。若两电源线对地电压值接近并均为电源电压半值,通常是电缆分布电容所致。反之,若有一极对地电压接近电源电压,而另一极对地电压为零,则对地为零者表示有接地想象。

(3)电源接地的测试

①交流电源对地电压、电流测试

测交流电源对地电压时将接地电流测试仪黑表笔接地,另一红表笔分别与 JZ 相接,所测电压为 JF 电源接地电压;若与 JF 电源相接,所测电压为 JZ 接地电压。

各种交流电源未接负载时,两极接地电压之比不小于 3;当接入负载时,两极接地电压之比应不大于 3。

测交流电源对地电流方法,通过上下按键逐挡减小接地电流预测仪内部电阻 R 所测电流为 JZ 或 JF 电源接地参考电流。如果电源屏接地参考电流大于(大站 200 mA、中站 120 mA、小站 100 mA),说明 JZ 或 JF 接地严重,不得再将电阻调小,以防电源短路。遇到这种情况应将接地故障点查出排除。如果接地参考电流小于(大站 200 mA、中站 120 mA、小站 100 mA),可将接地电流预测仪内置电阻快速调小至零,以测出直接接地电流值。

当电源输出端接有负载时,信号点灯电源、轨道电源、道岔表示电源、表示灯电源对地电流均不得大于 20 mA。当电源屏空载时,上述电源对地电流均应为零。

②直流电源对地电流、电压测试(测试方法同上)

测直流电源对地电压时将接地电流测试仪黑表笔接地,另一红表笔分别与 DZ(或 KZ)相接,所测电压为 DF(或 KF)电源接地电压;若与 DF(或 KF)电源相接,所测电压为 DZ(或 KZ)接地电压。

电源输出有负载时,电动转辙机动作电源(无道岔转换时)及继电器电源接地电流均不得大于 1 mA;电源屏空载时,上述两种电流电源接地电流应为零。

3. 注意事项

(1)空载状态下测试电源屏的直流 KZ 或 KF 及交流 JZ 或 JF 端对地的电压比值(不平衡度)应小于 3 操作较为安全。

(2)测试时各负载挡电流超过 200 mA,仪器都会 300 ms 后自动脱离测试系统进行安全保护。

(3)测试时应在 20 s 内完成各挡位电阻切换至零欧,避免长时间停留在电阻挡造成仪器内部功率电阻发热。

十一、轨道绝缘测试仪(GDJY-B 型)

电务系统发生的行车故障中大部分是由道岔和轨道电路故障引起,而轨道电路故障又大部分由绝缘破损、道床泄漏、塞钉接续线接触不良引起。

轨道绝缘破损多数是由于电化学腐蚀、机械变位等原因引起的，轨道绝缘包括钢轨轨端绝缘、道岔安装装置绝缘、轨距杆绝缘等各种轨道绝缘。采用在线测量判断轨道绝缘特性的好坏是提前预见故障发生、提前排除故障隐患的有效方法。

1. 测试方法(图 12-16 至图 12-20)

测量前须将接头轨面除锈露出光泽金属，便于测试表笔尖接触良好。仪表开机默认在线阻抗(Ω)挡测试，用测试表笔分别接触需测试轨道绝缘轨面两端，直读在线单边绝缘阻抗值。测试表笔线出厂时缠绕成麻花状，用于消除表笔线自身高频阻抗。在线绝缘节阻抗值大于 20 Ω 为良好，小于 20 Ω 测试数据变为蓝色预警，小于 10 Ω 变为红色预警，但无“滴滴”报警声音，并且夹板阻抗值大于 100 Ω 建议增加测试频次。

注：岔后绝缘、复式交分绝缘、渡线绝缘为并联回路，在线阻抗测试值会比标准值低的属于正常特性(须依据各集团(路局)标准判定)。

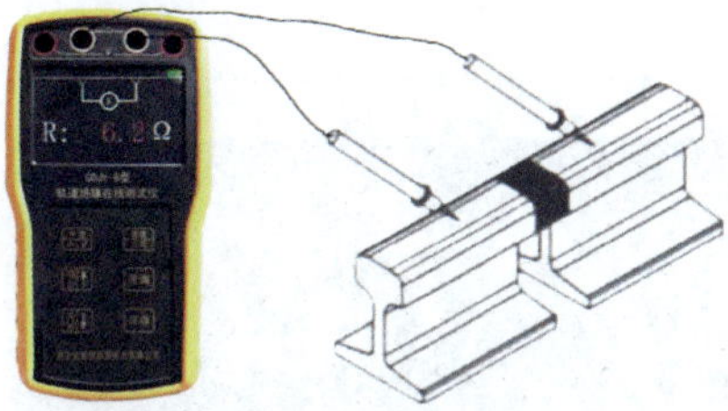

图 12-16　轨道绝缘节检查

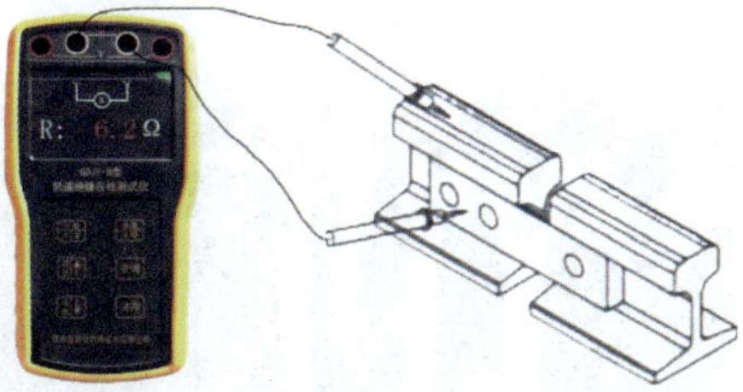

图 12-17　轨道鱼尾夹板绝缘检查

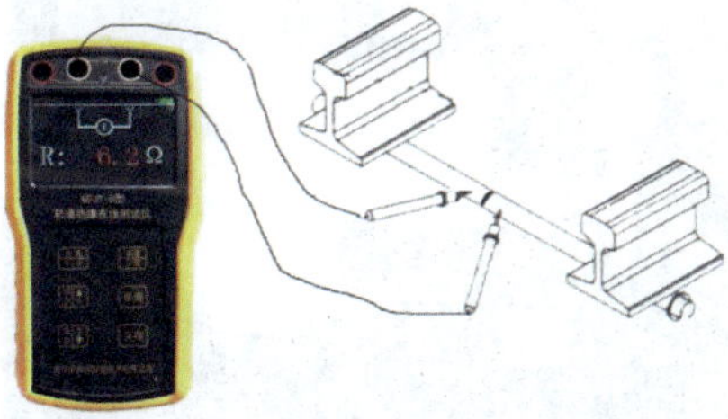

图 12-18　轨距杆绝缘检查

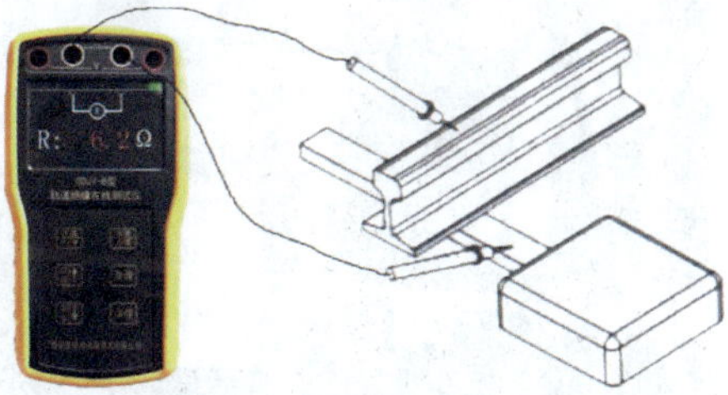

图 12-19　电动转辙机基础角钢绝缘检查

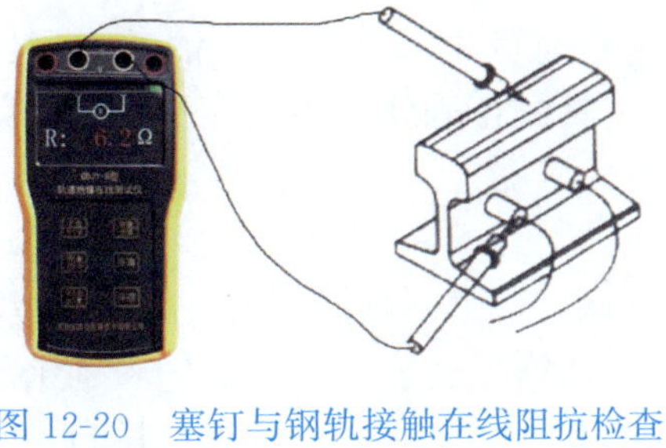

图 12-20　塞钉与钢轨接触在线阻抗检查

2. 注意事项

(1)使用前请确认电池容量。电量不足时仪表发出滴滴报警声，则应对仪表进行充电，以免影响测试结果。

(2)充电时,充电器一头插在电源插座,另一头插在测试仪表的“充电”孔中,即可开始充电。一般情况下充电 10 h 右。

(3)仪表开机使用 10 min 后自动关机,再次使用请按压电源开关。

(4)仪表,当电池电压较低时,自动保护关机,充电后方可再次开机使用。

(5)在长期不使用的情况下,为了延长电池使用寿命,每月定期充放电两次。

(6)一般情况下,不需要更换电池,充电即可,充电次数 1 000 次。当需要更换电池时,拆掉电池盒盖更换即可。

(7)为确保仪表测量准确性,应采用通过第三方计量的(来电索取)标准交直流电阻器进行定期校准。

第二节 常用专业工具的使用

铁路信号工常用专业工具如图 12-21 所示。

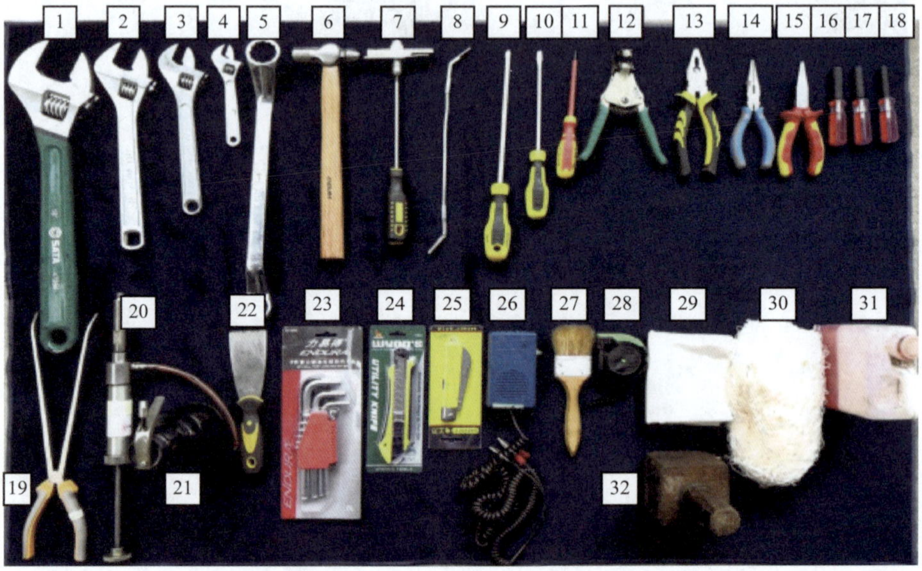

图 12-21 常用专业工具

铁路信号工常用工具包括套筒扳手、活口扳手、钢丝钳、尖嘴钳、扁嘴钳、斜口钳、锤子、十字螺丝刀、一字螺丝刀等。工具的正确使用不仅能提高工作效率和质量,而且能减轻劳动强度、保障安全,延长工具的使用寿命。

1～4:活络扳手

活络扳手又叫活扳手、活口扳手,是一种旋紧或拧松有角螺丝钉或螺母的工具。活络扳手由头部和柄部组成,头部又由活络扳唇、呆板唇、蜗轮和轴销等构成,旋动蜗轮可调节扳口的大小。规格是用全长来表征,如 450 mm 活口扳手全长为 450 mm。电工常用的活络扳手有 150 mm (6 英寸)、200 mm (8 英寸)、250 mm (10 英寸)、300 mm (12 英寸)、450 mm (15 英寸)。

活络扳手的使用方法:

扳动大螺母时,需用较大力矩,手应握在接近柄尾处。扳动小螺母时,因需要不断地转动蜗轮，收紧活络扳唇，防止打滑。

5：双头梅花扳手

双头梅花扳手的两端具有带六角孔或十二角孔的工作端，适用于工作空间狭小、不能使用稍大扳手的场合。

6：圆头锤

用于需要敲击的工作，检查设备状态等。现场使用的规格为 0.75 kg(0.75 kg 指金属锤头的重量)。

7：密贴检查锤

密贴检查锤是用于检测道岔密贴状态的工具。

8：缺口检查尺

缺口检查尺是用于检测道岔表示缺口的工具。

9～11：螺丝刀

螺丝刀是拧紧或旋松头部带一字或十字槽螺钉的工具。

使用技巧：螺丝刀较大时，除大拇指、食指和中指要夹住握柄外，手掌还要顶住柄的末端以防旋转时滑脱。螺丝刀较小时，用大拇指和中指夹着握柄，同时用食指顶住柄的末端用力旋动。

注意事项：

带电作业时，手不可触及螺丝刀的金属杆，以免发生触电事故。作为电工，不应使用金属杆直通握栖顶部的螺丝刀，为防止金属杆触到人体或邻近带电体，金属杆应套上绝缘管。

12：剥线钳

剥线钳为内线电工工具，是电动机修理、仪器仪表电工常用的工具之一。由刀口、压线口和钳柄组成。剥线钳的钳柄上套有额定工作电压 500 V 的绝缘套管。剥线钳适用于塑料、橡胶绝缘电线、电缆芯线的剥皮。

使用剥线钳削剥导线绝缘层时，先将要削剥的绝缘长度用标尺定好，然后将导线放入相应的刃口中(比导线直径稍大)，再用手将钳柄一握，导线的绝缘层即被剥离。

13：克丝钳

克丝钳和钢丝钳，由钳头和钳柄两部分组成。钢丝钳在电工作业时，用途广泛。

使用前，检查钢丝钳绝缘是否良好，以免带电作业时造成触电事故。在带电剪切导线时，不得用刀口同时剪切不同电位的两根线(如相线与零线、相线与相线等)，以免发生短路事故。

14：尖嘴钳

尖嘴钳又称修口钳、尖头钳、尖嘴钳。它由尖头、刀口和钳柄组成。尖嘴钳钳柄上套有额定电压 500 V 的绝缘套管，是一种常用的钳形工具。主要用来剪切线径较细的单股与多股线，以及给单股导线接头弯圈、剥塑料绝缘层等。

注意事项：

一般用右手操作，使用时握住尖嘴钳的两个手柄，开始加持或剪切工作。不用尖嘴钳时，应在表面涂上润滑防锈油，以免生锈或支点发涩。使用时注意刃口不要对向自己，以免受到伤害。若使用尖嘴钳带电作业，应检查其绝缘是否良好，并在作业时金属部分不要触及人体或邻近的带电体。

15:扁嘴钳

扁嘴钳主要用于弯曲金属薄片和金属细丝成为所需形状。

16～18:套筒扳手

套筒扳手是由套筒头、套筒连接杆、套筒弯柄共同作用使用,是常用的扳手之一。常用于转辙机内部接线端子螺帽的拆装,铁路信号箱盒螺帽的拆装,方便快捷,规格对应的是螺杆的直径,如“5 mm 套筒扳手”,用于拧直径为 5 mm 螺杆的螺帽。

19:长嘴钳

长嘴钳的主要作用是用于狭小工作空间的取物和清洁。

20:注油器

用于液压转辙机缺油时加注液压油。

21:注油枪

在防锈、润滑时用于涂防锈机油或润滑油。

22:刮刀

主要用于清除附着在道岔滑床板、轨腰等处的油泥、污物,以保障道岔良好的转换状态。

23:内六角扳手

用于调整和紧固内六角螺母或螺杆。

24:美工刀

用于切割材料、剥除电缆外皮等。

25:电工刀

电工刀是用来剖削导线绝缘外皮、切割绳索、削制木板、木桩的专用工具。

用电工刀剖削导线绝缘层时,可把刀略微翘起一些,用刀刃的圆角抵住线芯。切忌把刀刃垂直对着导线切割绝缘层,因为这样容易割伤电线线芯。

注意事项:

不得用于带电作业,以免触电。应将刀口朝外剖削,并注意避免伤及手指。剖削导线绝缘层时,应使刀面与导线成较小的锐角,以免割伤线芯。使用完毕,随即将刀身折进刀栖。

26:联络电话

现场作业时用于驻站联络员与现场防护员之间的联系,每次使用前均须试验其状态良好。

27:毛刷

一是用于电器端子、箱盒内部的清洁,使用时须用绝缘胶带包扎其金属部分,以免短路。二是在防锈、润滑时用于涂防锈机油或润滑油。

28:卷尺

用于测量道岔开口等参数,不得用于轨逢、轨距等可能造成短路的测量。

29:白市布

主要用于清洁电器接点和某些对洁净度要求较高的部件。

30:棉纱

清洁安装螺丝,安装杆件,机械传动、接触、摩擦部分等。

31:10 号航空液压油

用于液压转辙机油路缺油时加注(不能使用其他油料)。

32:防挤木

防挤木的用途是在道岔处作业时,将其放置在尖轨和基本轨间(置于第3块滑床板处),为保证作业人员不受伤害。应注意的是,未经室内联络员允许,不得随意放置。作业完毕后,一定要及时取出,以免转辙机不能转换至所需位置而影响行车。